CHRONIQUES ECCLÉSIASTIQUES

DU

LIMOUSIN

PUBLIÉES ET ANNOTÉES

Par l'Abbé A. LECLER

CURÉ-DOYEN DE COMPREIGNAC

TULLE

IMPRIMERIE DE JEAN MAZEYRIE

1890

ARCHIVES HISTORIQUES

DE LA MARCHE ET DU LIMOUSIN

PUBLIÉES SOUS LA DIRECTION

DE MM. ALFRED LEROUX ET RENÉ FAGE

TOME II

AVERTISSEMENT

Le xviie siècle a vu s'établir, en Limousin comme dans toutes les provinces de France, un fort grand nombre de communautés religieuses d'hommes et de femmes, dont l'action sociale a été considérable. Ce que nous savons de ce mouvement nous est raconté fort brièvement par les chroniqueurs du temps qui, ne se préoccupant que des origines et des circonstances de chaque établissement, ne nous initient pas à son histoire même. Aussi ne peut-on guère apprécier avec sûreté le rôle qu'ont joué ces auxiliaires de la restauration ecclésiastique, ni ressaisir directement l'esprit qui les animait.

Mais il en est tout autrement quand on se reporte aux chroniques que les couvents du xviie siècle ont rédigées, à l'exemple des abbayes des xie-xiiie siècles. Par la surabondance de détails dans laquelle elles se complaisent, par la large place qu'elles font aux individualités même modestes, ces chroniques, dans le cadre restreint qu'elles ont adopté, fournissent un instructif apport à l'histoire de notre province. Dans leurs récits ordinairement sincères, bien qu'ils n'excluent pas toujours le souci de la postérité et se tiennent trop souvent en dehors du monde réel, on voit, pour ainsi dire, en action nombre de ceux qui ont le plus efficacement travaillé au grand œuvre du xviie siècle et l'on pénètre la psychologie, le genre de vie, les sentiments particuliers, le degré d'instruction de ces milieux monastiques.

Si l'on désire connaître cette époque sous toutes ses faces, on ne négligera sûrement pas l'étude de nos chroniques ecclésiastiques, et si, loin de s'en laisser détourner par leur tendance à l'édification, on veut bien les interroger avec critique, suivant cette méthode légitime qui consiste à induire de l'existence de certains faits, l'existence de faits opposés, on découvrira qu'elles contiennent d'utiles indications sur les principales forces morales qui luttaient alors pour la direction du monde.

Ce sont là les considérations qui nous ont déterminés à charger M. l'abbé A. Lecler de publier et d'annoter les copies qu'il possédait de la plupart de ces documents et de quelques autres tout semblables. Sa collaboration dévouée a ainsi rendu possible, au plus grand profit de notre histoire provinciale, le second volume des *Archives historiques de la Marche et du Limousin*.

Limoges, 25 octobre 1890.

ALFRED LEROUX, RENÉ FAGE.

I

RELATION

DE CE QUI S'EST PASSÉ A L'ÉTABLISSEMENT DE L'HOPITAL GÉNÉRAL DE LIMOGES, DE LA MISSION ET DU SÉMINAIRE [DES ORDINANDS] PAR MONSIEUR DE SAVIGNAC; ET A LA FONDATION DU PETIT-COUVENT DE SAINTE-CLAIRE PAR LA RÉVÉRENDE MÈRE MARIE DU CALVAIRE.

Le manuscrit contenant la *Relation* suivante, encore inédite, est un in-4° d'environ 162 pages, qui appartient au grand séminaire de Limoges. Il est sur beau papier portant la marque P. P. 1688, et d'une belle et large écriture du xviie siècle. L'auteur y a fait de nombreuses corrections et additions. On y trouve une *Préface*, la *Relation* elle-même divisée en trois livres, et une *Biographie* de la Mère du Saint-Sacrement, placée à la fin du second livre.

La relation a été écrite après la mort de la Mère de Puylaurens arrivée en 1685, mais antérieurement à 1702, date de la mort de M. Bourdon.

L'auteur ne s'est pas fait connaître, et rien dans le texte de ce premier manuscrit ne peut faire découvrir son nom.

En 1712, après la mort de la dernière des demoiselles de Meilhac, il retoucha son œuvre pour l'offrir à madame la Présidente d'Aiguillon. Le séminaire possède aussi la copie de cette seconde édition. C'est un manuscrit in-4° de 105 pages, auquel on a mis le titre moderne de *Vie de monsieur de Savignac et de la sœur du Calvaire sa nièce*. Il ne contient ni la préface, ni la biographie de la Mère du Saint-Sacrement, mais il est précédé d'une dédicace signée : « PÉRIÈRE, de la Compagnie de Jésus. »

Les religieuses de Saint-Alexis, de Limoges, ont aussi une copie en tout semblable à ce dernier manuscrit. M. Laforest (1) y a lu Penere, au lieu de Périère. Je ne crois pas qu'il y ait à hésiter, pour le nom de cet auteur, dont M. le chanoine Arbellot a déjà publié la biographie suivante :

« Jean Périère naquit à Limoges vers 1640. Il était fils de Jean de Périère, président au présidial de Limoges, conseiller au conseil d'Etat, pensionnaire du roi, consul de Limoges en 1661, et de dame Marie Volondat. L'exemple de ses ancêtres l'appelait au barreau et aux charges de la magistrature ; mais ses goûts et sa vocation le firent entrer dans la Compagnie de Jésus. Le P. Périère enseigna ses cours avec honneur, et remplit dignement les divers emplois qui lui furent confiés. Doué de rares talents pour la chaire, il se consacra tout entier à l'éloquence chrétienne et devint un des prédicateurs les plus renommés de la province. L'éloge funèbre de la duchesse de Montausier, qu'il prononça le 2 décembre 1671 dans la cathédrale d'Angoulême, fut fort admiré (2). En 1704, il fut appelé à faire l'oraison funèbre de Madame Elisabeth d'Aubusson de Lafeuillade, abbesse de la Règle ; et, en 1708, celle du prince Frédéric-Maurice de la Tour d'Auvergne, gouverneur du Limousin. Le P. Périère mourut en 1713 (3).

« On a de lui les discours suivants :

« 1° *Oraison funèbre de haute et puissante dame Julie-Lucine d'Angennes, duchesse de Montausier*, prononcée dans l'église

---

(1) *Limoges au XVII° siècle*, p. 457-557.
(2) Vitrac, *Annales de la Haute-Vienne*, 1813, 15 janvier, p. 17. — Leymarie, *Bourgeoisie*, T. I, p. 430.
(3) Le Long, *Bibliothèque historique de la France*, édition Fontette, T. I, n° 14,895.

cathédrale d'Angoulême le deuxième jour de décembre 1671, par le Père Périère, de la Compagnie de Jésus. — Angoulême, Mathieu Pelard, imp. (s. d.), in-4° de 29 pages (1).

« 2° *Oraison funèbre de Madame Elisabeth d'Aubusson de la Feuillade, abbesse de Notre-Dame de la Règle*, prononcée à Limoges le vingt-troisième jour d'avril 1704, dans l'église abbatiale de la Règle, par le Père Périère, de la Compagnie de Jésus. — A Limoges, chez Pierre Barbou, imprimeur du Roy, et du collège, proche Saint-Michel, 1704 (2).

« 3° *Oraison funèbre de haut et puissant prince Frédéric-Maurice de la Tour d'Auvergne, lieutenant général des armées du Roy, colonel de la cavalerie légère, gouverneur du Haut et Bas-Limousin*, par le P. Périère, de la Compagnie de Jésus, à Tulle, par Jean-Léonard Dalvy, 1708, in-4° (3).

« Le prince Frédéric-Maurice, né le 15 janvier 1642, et mort le 23 novembre 1707, était le neveu du grand Turenne, auquel il avait succédé dans le gouvernement du Limousin » (4).

Je reproduis intégralement le manuscrit primitif, en y ajoutant la lettre à Madame la Présidente d'Aiguillon qui se trouve dans celui de 1712. J'avais aussi commencé à intercaler dans le texte primitif, en les plaçant entre crochets, les additions faites en dernier lieu par l'auteur ; mais voyant qu'elles n'ajoutaient rien aux faits déjà connus, et qu'elles développaient seulement des idées assez longuement exposées, je les ai négligées dans les deux derniers livres.

Les dates extrêmes de cette *Relation* sont la naissance

---

(1) Bibliothèque communale de Limoges.
(2) On en trouve un exemplaire au grand séminaire de Limoges.
(3) La bibliothèque du grand séminaire possède un exemplaire de ce discours.
(4) Semaine religieuse de Limoges, T. XVIII, p. 969.

de M. de Savignac, en 1616, et la mort de la dernière de ses nièces, en 1711. Elle contient donc la vie de :

Martial Maledent de Savignac, 1616-1670 ;

Anne-Marie Maledent de Meilhac, Mère du Calvaire, 1644-1673 ;

Marie-Thérèse Maledent de Meilhac, Mère Thérèse de Saint-Joseph, 1711 ;

Louise Maledent de Meilhac, sœur Louise de Saint-François, 1706 ;

Louise de l'Age de Puy-Laurent, Mère de la Purification, morte en 1685 ;

Marie-Valérie Lapine, Mère du Saint-Sacrement, 1656-1703 ;

MM. Bourdon, mort en 1702, et Pierre Mercier, aumônier de l'hospice, prêtre de la Mission et official, mort en 1670.

« Les biographies contenues dans cet ouvrage paraîtront, peut-être, affecter une couleur trop exclusivement religieuse ; mais cette couleur est celle de l'époque. Altérer ou dissimuler le caractère des faits et des personnes, ne serait plus écrire l'histoire ; ce serait la dénaturer » (1).

---

(1) P. Laforest, *Limoges au XVIIe siècle.*

RELATION

DE CE QUI S'EST PASSÉ A L'ÉTABLISSEMENT DE L'HOPITAL GÉNÉRAL DE LIMOGES, DE LA MISSION, ET DU SÉMINAIRE [des Ordinands] PAR MONSIEUR DE SAVIGNAC; ET A LA FONDATION DU PETIT-COUVENT DE SAINTE-CLAIRE PAR LA RÉVÉRENDE MÈRE MARIE DU CALVAIRE.

PRÉFACE

L'auteur de cette relation n'avait pas cru qu'on dût la donner au public; il n'avait en vue que de satisfaire la piété de quelque personne prévenue d'une estime singulière pour feu Monsieur de Savignac et sensible aux bienfaits qu'elle a reçus de la Mère du Calvaire, à qui elle se reconnaît redevable de tout le bonheur dont elle jouit dans la Religion. Le seul dessein de répondre à son zèle pour la mémoire de cet excellent serviteur de Dieu et de cette illustre fondatrice avait engagé l'auteur de ce récit de faire un abrégé des choses les plus considérables qui concernent leur conduite et leurs vertus. Mais puisqu'on a jugé qu'il était de la gloire de Dieu et de l'édification publique de mettre au jour ce petit ouvrage, il importe de donner deux avis au lecteur.

Le premier est qu'il ne trouvera pas ici l'histoire complète que mérite la vie de monsieur de Savignac et celle de sa vertueuse nièce. Ce que l'un et l'autre ont fait pour leur propre sanctification, pour le service de Dieu et pour le bien du public, est d'une trop grande étendue pour pouvoir être renfermé dans une Relation aussi courte qu'on s'est proposé de la faire. On n'a prétendu que donner le plan de ce qu'on écrira quelque jour, avec plus d'étude, lorsque le temps que Dieu a marqué pour faire connaitre les ouvrages de sa grâce sera arrivé, et lorsqu'il aura appelé à soi les personnes dont la vie et la présence doivent gêner l'écrivain averti par le sage d'éviter des louanges prématurées, *ante mortem ne laudaveris hominem.*

Les bénédictions que Dieu répand chaque jour sur le Petit Couvent de Sainte Claire préparent une ample matière à ceux qui étendront quelque jour les justes éloges de la fondatrice. Les vertus de ses chères filles d'autant plus solides qu'elles ont plus de soin de les cacher, éclateront quand il faudra ; et on doit présentement répondre au lecteur qui les trouvera à dire dans ce petit recueil ce que saint François de Borgia répondit à l'empereur Charles-Quint, au sujet de sa société naissante, lorsque ce prince lui dit qu'il serait à souhaiter que la perfection de ses frères se manifestât au monde avec une entière réputation : Seigneur, lui répondit ce saint homme, doit-on être surpris de voir que les enfants d'une mère aussi jeune ne soient pas encore vieux? Les fruits de la grâce, beaucoup plus que ceux de la nature, ont besoin de temps pour atteindre cette maturité qui les rend utiles aux hommes, à qui ils profiteraient peu, si on les leur présentait avant le terme que la Providence leur a assigné. D'ailleurs l'Hôpital général se perfectionne chaque jour par le zèle de messieurs les Administrateurs qui n'omettent rien de tout ce qu'on peut attendre de leurs soins, de sorte qu'on a lieu d'espérer, qu'il se trouvera bientôt en état de faire connaître l'étendue des obligations qu'il a à l'homme admirable que Dieu suscita pour son établissement. On a sujet de se promettre la même chose du Séminaire, qui quoique déjà digne d'être égalé à ceux qui sont les mieux réglés et les plus édifiants, méritera dans peu d'années de se distinguer d'une manière singulière. Enfin, le progrès que fait dans tous les endroits de ce grand diocèse la ferveur des ouvriers infatigables de la Mission, sera seul capable de grossir le volume dont cette Relation abrégée n'est que l'ouverture. Toutes ces considérations ont persuadé l'auteur qu'il devait se borner à tracer simplement et sincèrement l'ordre des choses qui se sont passées jusqu'ici par une conduite de Dieu si merveilleuse qu'elle mérite que la mémoire en soit éternelle, et que le nom des personnes dont il a voulu se servir pour le succès de ses desseins passe jusqu'à ceux qui doivent dans la suite du temps profiter de tant de services signalés qu'on leur a rendus.

Le second avis qu'on doit donner à ceux qui liront cette Relation est que, quoiqu'on ne se fût pas proposé de la communiquer au public, et quoiqu'on ne l'ait écrite que pour la consolation particulière de celle qui la souhaitait, on n'a pas laissé d'y donner toute l'application et toute l'exactitude dont on a été capable. On n'avance rien qui ne soit ou de notoriété publique, ou autorisé par un témoignage irréprochable. Tout ce qui s'est fait pour les établissements de l'Hôpital général, du Séminaire, de la Mission et du Petit Couvent est rapporté d'après les actes juridiques. Pour ce qui concerne en particulier la Mère du Calvaire, elle a eu autant de témoins de sa vie qu'il y a eu de sœurs qui ont été éclairées par ses actions et animées par ses exemples. A l'égard de son intérieur et des dons merveilleux de la grâce, dont elle fut si libéralement avantagée, on en a été pleinement instruit par ses directeurs, hommes d'une probité reconnue. Tels furent : le Père N... (1), Provincial des Carmes déchaussés, très éclairé et très expérimenté dans la conduite des âmes, qui ne pouvait assez marquer la haute estime qu'il faisait de celle-ci. Monsieur de Bretonvilliers (2), ce zélé serviteur de Dieu, dont le nom sera toujours en vénération, qui, dès que cette admirable fille lui eut ouvert son cœur déclara qu'il y avait trouvé de rares trésors du Saint-Esprit, et qu'il estimait heureux ceux à qui la garde en était confiée. Monsieur Mercier (3), official de ce diocèse, qui a plus de part qu'aucun autre, dans tout ce que l'oncle et la nièce ont fait de grand pour la gloire du Seigneur, et qui ayant eu la conduite spirituelle de la Mère du Calvaire depuis son enfance jusqu'à sa mort, a étudié tous les mouvements de son cœur, l'a obligée à mettre par écrit ce qui s'y passait de plus secret, et nous a laissé des mémoires très fidèles de toute sa vie. Mais quand toutes ces instructions auraient

(1) Le Père Vidaud, provincial des Carmes déchaussés, qui prêcha à la prise d'habit de Thérèse de Meilhac, sœur de la Mère du Calvaire, le 8 septembre 1661.

(2) Le Ragois de Bretonvilliers, qui en 1657 succéda à M. Olier, fondateur du séminaire de Saint-Sulpice à Paris.

(3) Pierre Mercier, d'une des plus anciennes familles de Limoges, prêtre, docteur en théologie, curé de Saint-Priest-sous-Aixe, quitta de bonne heure cette cure pour se consacrer, à Limoges, au service des pauvres. On le voit mêlé à toutes les œuvres de l'époque. Il participa à la création de l'Hôpital général, à l'œuvre de la Mission, à la fondation du Grand-Séminaire, à l'établissement des Hospitalières de Saint-Alexis, et enfin à la fondation si importante du Couvent réformé de Sainte-Claire. L'évêque François de La Fayette le désigna, dans l'acte de ses dernières volontés, pour être l'un de ses exécuteurs testamentaires. Louis Lascaris d'Urfé, successeur de François de La Fayette, l'eut aussi en grande vénération, et le nomma en 1677 official du diocèse. Ce saint prêtre, décédé à Limoges le 9 février 1690, fut inhumé dans le caveau de l'église de la Mission à côté de François de La Fayette et de Martial de Malden.

Pierre Mercier excellait dans la conduite des âmes. Il fut le directeur spirituel de Marie de Petiot, et de la Mère du Calvaire ; il imposa à celle-ci l'obligation de rendre compte par écrit de son intérieur, et rédigea depuis, concernant cette Mère, des mémoires qui sous une forme incorrecte et diffuse, contiennent des renseignements précieux.

(Laforest, *Limoges au XVIIe siècle*, 2e édition, p. 546.)

manqué à celui qui s'est chargé de cette Relation il aurait pu en appuyer la vérité, non seulement sur ce qu'il a appris de plusieurs personnes d'une probité reconnue, qui furent témoins de tout ce qu'on avance, et qui eurent des liaisons très particulières avec cette servante de Dieu, mais sur ce qu'il a éprouvé lui-même, avec tant de certitude qu'il aurait cru être en droit de dire *quod vidimus, quod audivimus testamur*, et ce témoignage serait d'autant moins suspect qu'il vient beaucoup plus des effets qu'une si grande vertu a opérés dans son âme, que des réflexions qu'il lui a fournies.

Au reste, loin qu'on doive craindre que la complaisance et l'intérêt en fassent dire trop, on peut protester qu'on supprime beaucoup d'excellentes choses qu'on a cru ne devoir pas publier et qu'on a laissées parmi ces mystères de la vie mystique qu'on peut appeler *arcana verba quæ non licet homini loqui*, soit parce que tout le monde ne les pénétrerait, ni ne les goûterait comme il faut, soit parce que Dieu ne permet pas qu'on les révèle indiscrètement à des personnes qui n'en ont ni l'étude ni l'expérience.

Enfin l'auteur de ce petit ouvrage déclare qu'il ne prétend point par ce récit, quelque sincère qu'il soit, faire préjuger des sentiments de l'Eglise catholique, apostolique et romaine, à qui seule appartient le jugement décisif des vertus, et l'infaillible connaissance de la sainteté, et à qui tout ce qui va être rapporté est pleinement soumis. Aussi ne le rapporte-t-on que dans la seule vue de glorifier Dieu, d'édifier le prochain, d'animer la charité de ceux qui peuvent donner leur assistance aux pauvres, inspirer à ceux qui sont appelés au sacerdoce des sentiments dignes d'un état si saint et si vénérable, de désabuser les filles des erreurs du monde, de leur faire connaitre la perfection à laquelle elles peuvent aspirer avec le secours de la grâce et de les pousser à l'amour de la solitude et de la pénitence.

C'est dans cette vue qu'on a cru ne devoir s'attacher ni à la politesse du style, ni aux agréments de l'histoire, et qu'on s'est persuadé que le lecteur ne s'occuperait que du caractère des personnes, et de la qualité des matières dont il s'agit.

A Madame la Présidente d'Aiguillon.

Madame,

La Relation que j'ai l'honneur de vous présenter, vous sera d'autant plus agréable, que vous y trouverez les merveilles qu'il a plu à Dieu d'opérer par le zèle et par les vertus de Mes Dames vos chères sœurs fondatrices du couvent de Sainte-Claire de cette ville, et dignes instruments dont la Providence s'est servie pour l'établissement des maisons de la Mission, du Séminaire et de l'Hôpital général avec tant de succès et d'édification, que la postérité en bénira l'auteur et le consommateur de la grâce.

Ces saintes et fidèles épouses de Jésus-Christ n'ont pu souffrir qu'on parlât d'elles tandis qu'elles ont vécu sur la terre et on n'a pas voulu faire de violence à leur modestie et à leur humilité, qui a toujours été leur caractère.

Mais puisque la dernière qui fut autrefois Mademoiselle de Meilhac et qui dans la religion porta le nom de Sœur de Saint-Joseph a suivi les deux autres, et qu'après avoir soutenu toute l'ardeur de leur zèle et toute la ferveur de leur vertu, et après avoir charmé la communauté par une patience inaltérable pendant plus de trente années de maladie continuelle, elle vient, en consommant le sacrifice de sa sainte vie, de mettre la dernière consommation à l'œuvre de Dieu (1), il est temps que nous fassions connaître par ce petit abrégé quelque partie de la conduite que Dieu a gardée sur elles pour leur propre perfection et pour l'accomplissement de ses desseins, en attendant qu'il lui plaise de relever leur mérite avec tout l'éclat dont il a

---

(1) Ce qui précède indique l'époque à laquelle cette lettre et la seconde édition de cette *Relation* ont été écrites. Mlle Marie-Thérèse de Maleden, en religion sœur Marie-Thérèse de Saint-Joseph, celle des trois sœurs qui mourut la dernière, expira en 1711. L'auteur mourut lui-même en 1713. C'est donc entre ces deux dates qu'a été écrit le second manuscrit.

accoutumé d'honorer les âmes qu'il a choisies pour sa gloire et pour celle de son Eglise.

Vous trouverez, Madame, dans ce petit recueil, l'accomplissement de ce qu'on prophétisa à Madame d'Andraud, le jour qu'elle voulut bien se résoudre de donner au Seigneur des filles qui lui étaient si chères, et qu'on lui promit, que loin que l'obscurité du cloître les lui fit perdre, ce serait leur humilité qui ferait briller la gloire de leur illustre famille, et qui donnerait l'immortalité à leur nom. Vous y trouverez, Madame, le rapport de leurs vertus à celles qui vous sont propres ; cette piété édifiante qui vous distingue dans le monde beaucoup plus que ne le fait le rang que vous y tenez, fera connaître que vous êtes la digne sœur de ces fidèles servantes de Dieu, et le crédit qu'elles ont auprès de sa Divine Majesté vous attirera le comble des grâces et des bénédictions que vous souhaite,

Madame,

Votre très humble et très obéissant serviteur.

Signé : Périère, de la Compagnie de Jésus.

RELATION

De ce qui s'est passé à l'établissement de l'Hôpital général de Limoges, de la maison de la Mission, du Séminaire et du Petit Couvent de Sainte-Claire, par Monsieur de Savignac et la Révérende Mère du Calvaire.

LIVRE PREMIER

[NAISSANCE, ÉDUCATION DE MONSIEUR DE SAVIGNAC, SON CHOIX
DE VIE, SES DIVERS ÉTABLISSEMENTS.]

Ceux qui peuvent comparer l'état où se trouvent présentement dans la ville de Limoges les pauvres qui sont les membres de Jésus-Christ, les prêtres qui sont ses ministres, et les vierges qui sont ses épouses, avec l'état où on les a vus, il y a peu d'années, n'ont pas besoin de cette Relation pour admirer les merveilles de la grâce, puisqu'ils ont été les témoins des voies extraordinaires par lesquelles elle a commencé, conduit et consommé son ouvrage, en surpassant les vues et les forces de la prudence humaine. Mais parce qu'il importe d'en informer la postérité, ce n'est que dans la vue de l'en instruire et d'attirer à Dieu des louanges éternelles, qu'on a entrepris d'écrire cette histoire, [par le mouvement de piété et de reconnaissance que le prophète nous inspire : *Confitebimur tibi, Deus, confitebimur tibi, narabimus mirabilia tua* (1). Nous vous louerons, Seigneur, nous vous louerons, nous annoncerons vos merveilles, et nous n'oublierons pour les faire connaître par le fidèle récit que nous en ferons.]

I. — *L'ordre de cette Relation.*

L'établissement de l'Hôpital général, de la Mission, du Séminaire et du second couvent de Sainte-Claire, porte des marques si éclatantes de la Providence divine, qu'il est peu de projets où

---

(1) Psaume LXXIV.

elle ait paru d'une manière plus surprenante ; et comme pour y réussir elle s'est également servie du zèle de monsieur de Savignac, et de la piété de la Mère du Calvaire sa nièce, on ne saurait séparer leurs intérêts, ni dérober rien à l'un qui n'appartienne à l'autre ; et toutefois pour ne pas confondre les choses, pour rendre avec plus d'exactitude ce qu'on doit à la mémoire de ce grand serviteur de Dieu, et à tant de rares qualités de son excellente imitatrice, et pour garder dans cet écrit l'ordre que Dieu a tenu dans sa conduite, on a cru devoir donner le premier livre à l'oncle, le second à la nièce, et réserver le troisième aux vertus qui feront voir l'union de leur esprit et celle de leur cœur. On est pourtant obligé d'avertir ceux qui jetteront les yeux sur ce double portrait qu'ils n'y verront qu'à demi et comme en profil les objets qu'on leur présente, puisque l'amour d'une vie intérieure et presque toute cachée aux yeux des hommes n'a laissé apercevoir que ce que le zèle de la gloire de Dieu a fait échapper au dehors et ce qu'une sainte curiosité a pu remarquer.

Mais il ne sera pas mal aisé de juger du fond de ces belles âmes par l'éclat qu'elles n'ont pu supprimer, quelque étude que l'humilité, qui fut leur caractère, ait faite pour cela. Ceux qui ne les ont pas étudiées avec une attention particulière pendant leur vie, n'y auront peut-être découvert rien de fort rare ; mais ceux qui avec un œil dessillé par la foi, auront éclairé de plus près leur conduite, avoueront qu'elle est d'autant plus digne de l'admiration du public, qu'ils l'ont mieux méritée en s'efforçant de l'éviter, et qu'aujourd'hui, brillant de la lumière que Dieu répand sur les humbles, ils peuvent dire avec l'apôtre : *sicut qui ignoti, et cogniti* (1). Au reste, il y a si peu de temps qu'on a perdu de vue ces deux illustres personnes, et on expose à tant de témoins le récit de leurs actions, qu'on n'a pas sujet de craindre le soupçon de la flatterie et qu'on a même lieu d'espérer que chacun ajoutera ses réflexions particulières à ce qui échappera à la plume de l'écrivain, et à la brièveté qu'il affecte.

II. — *Naissance de Monsieur de Savignac et son éducation.*

Martial de Maledent, sieur de Savignac, dont j'entreprends l'histoire, que Dieu avait choisi pour le bonheur de cette province et pour l'exécution des vastes desseins de sa providence, naquit à Limoges, au mois d'avril de l'année 1616, de M. Mathieu de Maledent, trésorier-général de France, et de Madame Pei-

---

(1) IIe Aux Corinthiens, VI, 8.

ronne de Benoît, fille du baron de Compreignac, l'un et l'autre sorti des familles les plus considérables de cette ville, soit par leur ancienneté, soit par l'étendue de leurs alliances, soit par la probité et par le mérite de leurs ancêtres, soit par les services importants qu'ils ont rendus au roi et à la patrie dans les premières charges de la robe et des finances (1).

Mais on peut dire que cet heureux enfant, sans avoir d'obligations aux avantages de la nature dans lesquels l'orgueil du monde trouve souvent plus de fonds que la vertu chrétienne, et sans avoir besoin d'emprunter la gloire de ses ayeuls, les combla de celle de ses éminentes vertus. Il naquit d'une complexion délicate qui pourtant n'énerva jamais la vigueur de son courage. Sa taille était médiocre, son air agréable, son regard doux, son esprit droit et solide, et toutes ses manières accompagnées d'une modestie et d'une modération si naturelles, qu'elles lui attiraient le respect et l'amour de tous ceux qui l'approchaient, [de sorte qu'on peut dire que la grâce n'opéra jamais sur un sujet plus susceptible des impressions qu'elle devait faire quelque jour sur lui.]

On l'éleva avec toutes sortes de soins à l'étude de la vertu et des bonnes lettres, et on ne négligea rien de tout ce qui pouvait contribuer à former un parfait honnête homme. Il prit les premiers principes de son éducation dans le collège de la Fèche, de

(1) Pierre de Maleden, receveur des décimes du diocèse, épousa Narde Petiot, dont Mathieu, qui suit.

Mathieu de Maleden, seigneur de Meilhac et de Sauvignac, trésorier-général de France, épousa, par contrat du 24 janvier 1604. Peyronne Benoît, fille de Martial Benoît, trésorier-général de France en la généralité de Limoges, seigneur de Compreignac et du Mas-de-l'Age, et de Jeanne de Douhet. De ce mariage naquirent : 1º Pierre de Malden, seigneur de Meilhac, qui suit ; 2º Martial de Maleden, seigneur de Savignac, dont il s'agit ici ; 3º Thérèse de Maleden, qui épousa le baron Morel de Fromental, président au siège présidial de Limoges, qui mourut le 6 décembre 1647 ; 4º Louise de Maleden, religieuse au couvent de Sainte-Claire, où elle mourut le 19 juin 1665.

Pierre de Maleden, seigneur de Meilhac, conseiller au parlement de Bordeaux, épousa, à Saintes, Marie Goy de La Bayne, dont : 1º Anne-Marie de Maleden, en religion Mère du Calvaire ; 2º Marie-Thérèse de Maleden, qui fit profession au Petit Couvent de Sainte-Claire en 1661 ; 3º Louise de Maleden, qui fit profession au même couvent en 1666.

L'acte de baptême de M. de Meilhac me semble bien être le suivant : 15 octobre 1612, baptême de « Michel, filz de l'honorable Mᵉ Mathieu Maledent, recepveur des tailhes et décimes, et de damoyselle Peyronne Benoist ; honorable Mᵉ Michel Maledent, greffier des insinuations, et maraine damoyselle Jeane Douhet, femme de M. Benoist, thrésorier général. » (Registres paroissiaux de Saint-Pierre-du-Queyroix.)

la Compagnie de Jésus, et dans l'université de Bourges. Il y fit voir d'excellentes dispositions aux grands desseins que Dieu avait sur lui. Sa jeunesse fut irréprochable, et toujours à l'abri des passions dangereuses auxquelles cet âge est ordinairement exposé. Mais quelque régulière que fut sa conduite, elle ne laissa pourtant voir dans ses premières années aucun présage de ce qu'il devait être un jour, et quelque inclination qu'il eût pour la vertu il ne prit aucune détermination touchant l'état de vie qu'il devait embrasser. On le vit même quelque temps flotter entre Dieu et le monde, sans trop de pente vers celui-là, mais sans une ouverte déclaration pour celui-ci. Il resta quelque temps dans cette neutralité où les faux sages du siècle se flattent de pouvoir se maintenir en ne prenant de parti ni pour la vanité de la terre, ni pour l'austérité de l'Evangile, état d'autant plus périlleux qu'il paraît moins suspect et que sans leur donner de défiance de la corruption de notre cœur, il laisse, comme dit le pape saint Grégoire, cette faible barque exposée au torrent du monde qui l'emporte insensiblement dans son rapide courant. [*Instar navis contra ictum fluminis stare minimè permittitur, ad ima relabitur nisi ad summa conetur*. On n'est que trop convaincu de cette vérité par le malheur de tant de jeunes personnes qui se laissant séduire à la bonté de leur naturel, et aux semences de vertu qui germent dans leur âme, abandonnent le sort de leur salut aux hasards de la vie, comptant qu'ils (*sic*) ne peuvent s'égarer en marchant sur les traces des autres, et se persuadant qu'il faut aller par où l'on va, sans étendre la vue jusqu'au terme où l'on doit aller, *pergentes non quà eumdum est, sed quà itur*, comme disait le philosophe romain.] La main du Seigneur soutint assez longtemps monsieur de Savignac contre les flots. Comme il avait un aîné qui se distinguait dans le Parlement de Guienne, et aspirait aux premiers rangs de cette illustre compagnie, il croyait, ne devant rien au public, être en droit de goûter à l'aise les douceurs d'une vie privée, qui a de puissants charmes pour un esprit modéré, lorsque par le rang de la naissance il se trouve moins intéressé à l'ambition de sa famille et plus dispensé des embarras du siècle. Mais la miséricorde de Dieu pour le tirer de cet état d'indifférence se servit de deux personnes qui le déterminèrent à un choix digne des grâces qu'il lui préparait.

III. — *Le choix de son état de vie.*

Mademoiselle Petiot, sortie d'une des meilleures familles de la ville de Limoges (1), fille d'une vertu distinguée, dès ses tendres années fit voir des sentiments d'une piété extraordinaire et par une secrète impulsion se destina dès lors au service des pauvres dans le petit hôpital dont elle devait être quelque jour l'appui et l'ornement. Ses parents aussi susceptibles des inspirations du monde, qu'elle l'était de celles du Saint-Esprit, traversèrent longtemps son dessein, et l'obligèrent d'entrer dans des routes que la Providence ne lui avait pas ouvertes. Elle essaya de se former à la vie religieuse dans le monastère de la Visitation, qui s'était toujours maintenu dans la première ferveur d'une régularité très exacte, et auquel tant d'excellents sujets qui le composaient alors et tant d'exemples édifiants de toute sorte de vertus qu'on y remarquait et qu'on y remarque encore aujourd'hui, l'auraient agréablement attachée, si ses peines intérieures et ses continuelles maladies ne l'avaient mise dans la nécessité de suivre les premiers attraits de la grâce. Une hydropisie formée dont elle guérit subitement par un secours visible du ciel, l'obligea d'acquitter, dès le lendemain de sa guérison, la promesse de se faire porter sous le toit qui servait de retraite aux pauvres, et ce fut sur ce théâtre qu'on la vit pendant plusieurs années, dans une langueur continuelle, faire éclater la grandeur de son courage et se préparer, par l'exercice des vertus les plus héroïques, à la part, que, comme nous verrons, Dieu lui donna à l'œuvre de la charité. L'estime singulière qu'elle avait conçue pour monsieur de Savignac, à qui elle tenait même par les liens de la parenté, l'engagea à lui communiquer les faveurs célestes dont elle était comblée, et à lui inspirer du zèle pour les pauvres. Il ne lui fut pas difficile d'y réussir, car, outre qu'elle était extrêmement insinuante, que sa ferveur donnait de l'énergie à ses paroles et à ses exhortations, elle travaillait sur un fonds aussi heureux, de sorte qu'on peut dire qu'il fut redevable aux prières, aux désirs et aux sages avis de cette vertueuse fille des premiers mouvements qui ébranlèrent son cœur. Voici ce qui l'enleva entièrement.

Il vit mourir une sœur pour qui il avait toujours conservé une tendresse singulière, et qui avait aussi toujours répondu à sa sainte amitié par une affection pleine de confiance. C'était madame Thérèse de Maledent, épouse de monsieur Moreil, président au Présidial de Limoges, baron de Fromental. Il la vit

---

(1) Née à Limoges en 1612, fut la fondatrice de la Congrégation des sœurs hospitalières de Saint-Alexis, dont il est parlé plus loin. M. Laforest a publié sa biographie : *Limoges au XVIIe siècle*, p. 404.

mourir dans la fleur de son âge, avec des sentiments de foi si vive, d'une espérance si solide, et d'un mépris si généreux des choses de la terre, que dès ce moment il commença de mourir au monde et à lui-même. Il en fut encore plus fortement touché par les nouvelles qu'il crut que cette chère sœur lui avait apportées, de son état, la nuit qui suivit sa mort, soit que la vive douleur dont il était pénétré lui fit cette douce illusion, et que son regret imposât à son imagination, soit en effet que Dieu voulût le favoriser de cette grâce, comme il n'en douta plus, après que le confesseur qui avait assisté cette dame dans ce passage, l'eut assuré qu'il en avait reçu une semblable visite. C'était le Père Nicolas Dussaut, recteur du collège des Jésuites, homme d'une piété consommée qui a laissé à la postérité un fonds si riche de consolation dans le beau *Traité de la confiance en Dieu* (1). Mais quoi qu'il en soit de cette aventure, il est certain qu'il fit voir dès ce jour un changement de conduite qui surprit et qui édifia toute la province. Il entra dans la retraite sous cet habile directeur, il s'y revêtit de la vertu d'en haut, et après de sérieuses réflexions sur la grâce de sa vocation, convaincu que sa faible constitution ne serait pas à l'épreuve des austérités de la vie religieuse, pour laquelle il était prévenu d'une haute estime, il résolut de se consacrer à l'autel du Seigneur en qualité de simple prêtre et de se dévouer au service des pauvres dont il ne comprenait pas encore qu'il devait être le père et l'insigne bienfaiteur. C'est de la sorte que Dieu a accoutumé d'éprouver l'obéissance qu'on rend aux attraits de sa grâce, conduisant ses serviteurs par des sentiers obscurs, sans découvrir le terme où il les mène d'autant plus sûrement, qu'ils le suivent avec plus d'humilité et de simplicité d'esprit. En effet les vues particulières de son état et de celui de sa famille lui dérobaient celles de la Providence qui sont toujours infiniment plus sûres et plus étendues que les nôtres.

Monsieur son père vivait, son aîné avantageusement marié dans la Saintonge avait des héritiers, le peu de bien sur quoi il pouvait compter suffisait pour soutenir le plan qu'il s'était fait d'une vie cachée.

Mais quelle apparence qu'il trouvât jamais des facilités pour des établissements capables d'épuiser la fortune la plus opulente. Voici les moyens dont Dieu se servit pour avancer l'œuvre

---

(1) Le P. Nicolas du Sault, de la Compagnie de Jésus, professeur et ensuite recteur du collège de Limoges. Il occupait cette dernière charge en avril 1648 jusqu'en mars 1650.

de sa gloire. Ils furent si merveilleux et si supérieurs à tous ceux que la prudence et l'industrie humaine peuvent employer, qu'on a sujet de bénir sa puissante main et de s'écrier : *Dextera Domini fecit virtutem* (1).

IV. — *Les voies de Dieu pour le conduire à ses desseins.*

Les mouvements de la Guienne en 1649, obligèrent monsieur du Bernet, premier président du Parlement de Bordeaux, oncle de monsieur de Savignac (2), de sortir d'une province qui, par le malheur des guerres civiles, se trouvait élevée contre le roi dont ce fidèle ministre ne pouvait ni défendre, ni abandonner les intérêts. Monsieur le trésorier Maledent, son beau-frère, le conduisit à Limoges. Monsieur de Meilhac, conseiller à la cour, les y suivit avec sa famille, et sous toutes ces démarches de la prudence humaine la sagesse divine cachait celles dont nous admirons aujourd'hui les succès.

Monsieur le Premier Président mourut peu de temps après sa retraite. La douleur que lui causa le désordre de sa province avança la fin de ses jours ; mais il se crut heureux de les finir entre les bras d'un neveu qui avait su mourir de si bonne heure aux vanités de la terre. Cette mort fut bientôt suivie de celle de monsieur de Meilhac. Les langueurs de sa maladie, qui détruisirent peu à peu les forces du corps sans affaiblir la vivacité de l'esprit, la lui laissèrent voir de près avec tout ce qu'elle avait d'affreux, et parce que la vue de la mort fait de beaucoup plus fortes impressions que ne saurait faire sa peinture, et qu'elle élève d'étranges mouvements dans le cœur des grands de ce monde, elle éveilla dans celui de ce jeune officier qui se trouvait dans l'affluence des biens et dans la prospérité de ce monde, l'amour excessif qu'il avait pour la vie, dans un âge où il en goûtait les plus grandes douceurs et dans des conjonctures où elle lui paraissait plus nécessaire. La vue d'une mort inévitable lui fit verser des pleurs, tourné, comme Ezéchias, vers les objets

---

(1) Psaume CXVII, 16.
(2) Martial Benoît, seigneur de Compreignac et du Mas-de-Lage, président, trésorier général de France en la généralité de Limoges, qui avait épousé Jeanne de Douhet, eut entre autres enfants : 1º Catherine Benoît, mariée à Joseph du Bernet, avocat général au grand conseil, puis premier président au Parlement de Bordeaux, qui mourut à Limoges en 1652 et fut inhumé dans le tombeau de son beau-père : 2º Peyronne Benoît, mariée par contrat du 24 janvier 1604, à Mathieu de Maledent, receveur des tailles en l'élection de Limoges, fils de Pierre, receveur des décimes dudit diocèse et de Narde de Petiot.

de la terre. Mais le prophète qui le consola dans sa tristesse ne fit pas remonter devant ses yeux les ombres de l'horloge (1), il lui en fit connaître la vanité et le persuada qu'une vie aussi fragile et aussi courte que la nôtre était indigne des regrets d'un sage et beaucoup plus des larmes d'un chrétien. Il lui fit accepter la mort avec une humble soumission par l'effet d'une grâce signalée ; mais le comble des faveurs de Dieu fut de la lui rendre même agréable et de lui faire souhaiter le moment heureux de sa délivrance.

Une maladie lente, de celles qui, en nous garantissant des surprises d'une mort précipitée, nous laissent la vue libre et tranquille de l'éternité, donna à monsieur de Savignac le temps de faire des impressions si fortes sur le cœur de ce cher frère, qu'on le vit perdre tous les sentiments de l'amour-propre, ne soupirer que pour le ciel, attendre avec joie son départ, demander même sa sépulture parmi les pauvres et ordonner que son tombeau fût honoré du bâton et de l'écuelle qu'on imprime sur celui de ces sacrés membres de Jésus-Christ (2), comme s'il eût présagé qu'ils devaient être quelque jour les héritiers de son bien et de la gloire de son sang. Il est vrai que Madame son épouse crut lui devoir les honneurs qu'on rend aux personnes de sa qualité, [de

---

(1) Voici le passage d'Isaïe auquel l'auteur fait allusion :

« En ce temps-là, Ezéchias fut malade jusqu'à la mort ; et le prophète Isaïe fils d'Amos, l'étant venu trouver lui dit : Voici ce que dit le Seigneur : Donnez ordre aux affaires de votre maison ; car vous mourrez, et vous n'en réchapperez point.

« Alors Ezéchias tourna le visage du côté de la muraille, et pria le Seigneur,..... et répandit beaucoup de larmes.

« Alors le Seigneur parla à Isaïe et lui dit : Allez, dites à Ezéchias : Voici ce que dit le Seigneur, le Dieu de David votre père : J'ai entendu vos prières et j'ai vu vos larmes : j'ajouterai encore quinze années à votre vie....

« Voici le signe que le Seigneur vous donnera, pour vous assurer qu'il accomplira ce qu'il a dit : je ferai que l'ombre du soleil, qui est descendue de dix degrés sur le cadran d'Achaz, retournera de 10 degrés en arrière. Et le soleil remonta de dix degrés, par lesquels il était déjà descendu. » (Isaïe, chapitre XXXVIII.)

(2) Un usage très répandu dans nos contrées aux siècles précédents était de graver sur la tombe des défunts certains objets ou instruments rappelant leur profession. Dans un très grand nombre d'églises on voit encore sur des pierres tombales le calice indiquant la sépulture d'un prêtre. Dans le cimetière de Compreignac on trouve l'épée et le bouclier d'un chevalier, dans l'ancien cimetière de Roussac le marteau et les tenailles d'un forgeron, etc., etc. L'auteur nous apprend ici, qu'il était d'usage à Limoges de graver sur la tombe des pauvres mendiants le bâton et l'écuelle comme une marque distinctive.

son mérite et de sa vertu, et qu'elle ne put pas se résoudre à renoncer aux sentiments de son estime et de son amour, comme il avait renoncé à ceux de sa gloire. Ce fut ce qui l'obligea de s'opposer au mélange de ses précieuses] cendres avec celles des pauvres, mais lorsque, quelques années après, elle vit les merveilles de la main de Dieu dans l'établissement de l'Hôpital, elle se reprocha sa résistance aux saintes inclinations de ce cher défunt plus glorieux par l'amour de la pauvreté que par l'éclat de la pourpre. [En effet, dit saint Chrysostôme (1), l'Evangile nous fait la peinture du riche, qui dépouillé de sa superbe pourpre, mourut couvert d'opprobre, et ne trouva sa sépulture que dans l'enfer; au lieu que Lazare, illustre par le mépris des choses de la terre, sortit de ce monde brillant de gloire *clarus egressus est*, et fut porté avec pompe dans le sein d'Abraham. On déplore chaque jour le sort des riches qui donnent à leur cupidité plus d'étendue qu'ils n'en ont pu donner à leur vie, qui joignent à l'ombre de la mort celle de leur vanité, et qui avec leur bien font passer leur orgueil sur leurs héritiers. On trouvera peu d'exemples d'un détachement aussi prompt et aussi généreux, que le fut celui de monsieur de Meilhac, parce qu'il est rare de trouver des grâces aussi pénétrantes que celles que lui attira monsieur de Savignac].

V. — *Les obstacles qu'il eut à surmonter.*

Il semble que le décès de monsieur le trésorier de Maledent, son père, le 15 ou le 16 février 1657 (2), achevant de rompre tous ses liens, devait l'affranchir de toutes les sollicitudes du siècle, et c'est pourtant ce qui lui fit craindre de se voir engagé à de nouveaux embarras par la nécessité où il se trouvait de prendre la place de ceux que la mort venait de ravir, et de servir de père à trois jeunes nièces qui, depuis que Madame leur mère eut passé à de secondes noces, n'avaient d'autres ressources que dans la bonté d'un oncle aussi charitable. Et toutefois, cet obstacle qui semblait devoir rompre les projets de la Providence, fut le premier et le plus sûr expédient qui les fit réussir. Mademoiselle de Meilhac qui sera éternellement connue sous le nom de la Mère du Calvaire, tourna ses inclinations vers le cloître, d'une manière d'autant plus merveilleuse qu'elle n'y était pas portée par les mouvements de la nature, et qu'elle s'en trouvait éloi-

---

(1) Homélie IV, *in* Matth.
(2) « En 1650 » dit le manuscrit de 1712.

gnée par la tendresse de sa faible complexion et par les conseils de ses parents, mais sans rien donner aux sentiments de la chair et du sang, elle n'ouvrit son cœur qu'à ceux de la grâce et elle les fit même passer sur ses chères sœurs. Elles y entrèrent avec tant [d'inclination et tant d'ardeur qu'il fut visible que Dieu prétendait les unir beaucoup plus étroitement par les liens de son amour qu'elles ne l'étaient par ceux de la nature et qu'il avait confié le bonheur de leur vocation à l'aînée qui n'eut pas de peine à les attirer par l'efficace de son exemple et par l'odeur de ses vertus. Aussi a-t-on vu depuis plusieurs généreuses épouses du Seigneur marcher en ferveur d'esprit sur les traces qu'elle leur a marquées pour justifier la prophétie de David : « On présentera au roi les vierges qui le suivront, ses plus proches compagnes vous seront amenées. »(1)]

Le généreux dessein des nièces ouvrit à l'oncle une nouvelle espérance pour l'établissement de l'hôpital ; mais avant de parler de l'application avec laquelle il y travailla, il importe de prendre l'histoire de cette maison dès son origine.

La ville de Limoges qui s'est toujours distinguée de toutes les autres du royaume par la pureté de sa foi, par les pratiques de la piété chrétienne et principalement par la charité envers les pauvres, leur avait ouvert depuis longtemps deux hôpitaux (2), l'un appelé de Saint-Martial, où des revenus de l'aumônerie du chapitre on avait formé un fonds pour la subsistance de 24 pauvres ; l'autre, sous le nom de Saint-Gérald, près de l'église qui en porte le titre, et qui autrefois n'était qu'une même chose avec cette maison, qui est aujourd'hui un prieuré de chanoines réguliers de Saint-Augustin. Tout ce qu'on sait de cet ancien hôpital, est que les pauvres y vivaient sous la conduite d'un prêtre nommé Elie. Il aurait été nécessaire qu'il eût pris le soin d'informer la postérité de l'état où étaient alors les choses et qu'il eût mis les intérêts des pauvres à l'abri des injures du temps. Tout ce que nous tirons des mémoires de l'antiquité, c'est qu'il parait que cet hôpital était fondé dès le onzième siècle, et que outre les charités des fidèles il était soutenu de bons revenus et des deniers d'un hospice des pauvres au-delà du

---

(1) Psaume XLIV, verset 16, *Adducentur Regi virgines post eam, proximæ ejus afferentur tibi.*

(2) On peut voir des détails sur les hôpitaux de Limoges dans l'*Inventaire des Archives départementales*, par M. Leroux. (Archives hospitalières. Introduction.)

pont Saint-Martial vendu pour le soutien de cet hôpital. Il paraît même, par les anciennes masures, qu'il était d'une étendue considérable, que son emplacement donnait une vaste retraite à un grand nombre de personnes, que les hommes et les femmes y étaient logés séparément dans deux corps de logis, et que la foule des uns et des autres y était souvent si excessive qu'on trouve dans les ordonnances de nos Seigneurs les Evêques de fréquents empressements à porter le peuple à de nouvelles contributions. On aime mieux attribuer au malheur des années la ruine de cette sainte maison que d'en accuser les passions des hommes. Il conste pourtant que l'an 1390, la nomination de deux prieurs de Saint-Gérard forma une funeste division, que, du partage des cœurs, elle passa à celui des intérêts particuliers, qu'elle affaiblit la portion des pauvres et qu'elle ne leur laissa qu'un petit logis au bas étage avec le seul revenu de douze setiers de seigle, c'est-à-dire la moindre partie de ce qui leur appartenait.

Ce désordre dura jusqu'au règne de Charles IX, qui pourvut les hôpitaux d'administrateurs laïcs, comme beaucoup plus propres pour le maniement des revenus, et pour le recouvrement des biens aliénés. Les premiers qui remplirent cette charge dans cette ville, recherchèrent les prieurs de Saint-Gérard et les firent condamner par provision à cent setiers de seigle et vingt-quatre charges de vin annuellement ; avec quoi et le secours de quelques charités, on fit un fonds pour l'entretien de 20 pauvres. Ce premier succès réveilla le zèle de quelques particuliers. Monsieur Mauplot, trésorier général de France (1), s'appliqua à faire élever le toit de cette maison et à rendre le logement plus commode. Monsieur Pinot, sollicité par l'admirable serviteur de Dieu, le sieur Bardon de Brun, dont la mémoire sera toujours en bénédiction, et au mérite duquel on doit ce qu'on voit aujourd'hui de plus édifiant dans ce pays, laissa son héritage aux pauvres avec la fondation d'un médecin, d'un apothicaire et d'un chirurgien. Tous ces secours furent d'une moindre utilité qu'on n'aurait dû espérer, soit parce que les administrateurs, chargés solidairement de cette hérédité, provenant de vente de quelques offices, craignaient de s'engager au compte qu'il en fallait rendre, soit parce que le nombre des pauvres surpassait

---

(1) Jean de Mauple, ou Mauplot, trésorier général de France au bureau de Limoges, était seigneur de Peineveyre, (commune de Verneuil) ; il acheta d'Anne Audier, en 1594, le fief de la Borie près Limoges. Il mourut en 1615.

ces subsides. On se voyait chaque jour dans la nécessité d'attendre quelque ressource plus abondante. La providence de Dieu en avait réservé toute la gloire à monsieur de Savignac, pour qui elle avait ménagé des conjonctures si favorables au succès de cet ouvrage, comme nous allons le voir.

Avant qu'il se trouvât en état de fournir lui seul aux frais d'un bâtiment complet, l'adresse de sa charité avait su attirer les petites aumônes de certaines personnes avec qui il avait pris des liaisons de zèle, et c'était avec ces légères sommes qu'il avait élevé d'un côté la salle des femmes malades, et de l'autre celle des hommes, séparées par une chapelle dont l'ouverture donne à ceux-ci et à celles-là le moyen de participer à la célébration de nos Mystères et d'assister fort commodément et avec le respect et la dévotion qu'il faut au saint sacrifice de la messe, dont jusqu'alors ils avaient été privés, par l'impossibilité où l'on s'était trouvé de leur procurer ce secours spirituel, [qui comme le plus important à la gloire de Dieu et à la consolation des malades, doit toujours être le premier en vue à ceux qui travaillent à loger les pauvres. Aussi connaît-on dans ce royaume divers hôpitaux qui n'ayant eu d'abord d'autre soutien que celui de la piété, avec laquelle on avait gravé sur leur frontispice *Pauperes evangelizantur*, les pauvres sont instruits, se sont bientôt trouvés au comble des bénédictions même temporelles, Dieu se faisant un honneur de signaler sa protection à ceux qu'un zèle plein de foi et de soumission confié à sa providence, de laquelle il est dit : On vous a abandonné l'intérêt du pauvre, vous lui ferez éprouver les effets de votre assistance.]

Ce fut en ce temps que plusieurs personnes de la première qualité firent éclater leur zèle dans la capitale de ce royaume et employèrent leur bien et leur crédit pour arrêter l'inondation des pauvres vagabonds. Ils réussirent à renfermer ces coureurs libertins qui sous le nom honorable de membres de Jésus-Christ déshonorent son corps mystique à force de le rendre hideux et haïssable, qui vivent dans le sein du christianisme presque sans foi et sans loi, à la porte des églises sans prendre part à nos mystères, au milieu du bercail sans reconnaître de pasteur, et souvent sans paroisse, dans le mariage sans sacrements, chargés d'enfants sans baptême et sans éducation, qui tombés dans le désespoir ne gardent plus aucune mesure d'honnêteté et de bienséance, suspects au prince par l'incertitude de leur séjour et la licence de leurs courses, dangereux au peuple par la profession ouverte du vol et du mensonge, pernicieux à l'état et à la police des villes et des citoyens par la contagion de leurs maladies, et capables d'infecter tout à la fois l'air, les yeux et le cœur des hommes.

On entreprit de les contenir dans la clôture des hôpitaux généraux et on leur prescrivit des règlements si sages et si heureux, que dans chaque province les villes principales entrèrent par une sainte émulation dans le même dessein. Monsieur de Savignac profita de cette conjoncture ; il employa l'autorité que lui donnait sa charge d'administrateur et remontra à l'assemblée du corps de ville que c'était une chose injuste et honteuse de consommer les aumônes des fidèles à nourrir des fainéants qui pouvant travailler profitaient de l'oisiveté pour ravir les assistances dues aux vrais pauvres, que ces vagabonds étrangers enlevaient le pain des enfants et que par l'importunité de leurs clameurs ils nous forçaient de donner à l'impudence ce qu'il faudrait réserver à des besoins reconnus ; qu'il était impossible parmi ce tas confus de gens qu'on ne connaissait presque pas, et de vices scandaleux qu'on ne connaissait que trop, de donner à la charité chrétienne les mesures de la circonspection et de l'équité sans lesquelles l'aumône ne peut être ni presque d'aucun mérite à ceux qui la font, ni d'une vraie utilité à ceux qui la reçoivent ; qu'il était de la gloire de cette ville de faire revivre l'esprit de ses ancêtres et de rétablir le bon ordre qu'ils avaient mis autrefois à la nourriture et à l'instruction des personnes nécessiteuses ; qu'il était aisé d'en venir à bout si on l'entreprenait sérieusement, que les obstacles qu'on y avait trouvés jusqu'alors ne venaient que du peu de confiance en la providence de Dieu, et du défaut d'un zèle ferme et vigilant ; qu'il fallait rechercher les fonds destinés à cet entretien et faire voir de la résolution pour les retirer des mains de ceux qu'on trouverait chargés de ces dépouilles. Enfin, il parla avec tant de force que le 4ᵉ de novembre 1657, il obtint un acte authentique pour l'établissement d'un hôpital général et pour la réunion de celui de Saint-Martial à celui de Saint-Gérard, dans lequel on recueillerait désormais les aumônes qui se dissipaient en coulant par des canaux peu fidèles. Il n'agit pas avec moins de succès auprès de Monseigneur François de la Fayette (1), prélat très pieux et très éclairé, qui depuis longtemps cherchait un expédient pour secourir le pauvre peuple, et qui était persuadé de ce que dit

---

(1) Mgr François de la Fayette gouverna le diocèse de Limoges de 1627 à 1676.

saint Ambroise, que personne n'a tant d'intérêt au soulagement des pauvres que les évêques, puisqu'il n'est personne à qui on s'adresse avec plus d'avidité et d'empressement, *nusquam major aviditas petitionis*. Ce prélat ne se contenta pas d'approuver et de bénir ce projet, il l'appuya par ses libéralités et il le fit confirmer par lettres patentes de Sa Majesté. Le soin qu'il prit pour le succès de cette affaire, mérite que la postérité révère sa mémoire et qu'elle le mette au rang des plus illustres pasteurs, ayant gouverné ce diocèse, qui conservera toujours le souvenir de ses rares qualités et la gratitude qu'il doit à sa bonté, dont il a si souvent ressenti les effets pendant le cours d'une longue vie.

Il y eut bien plus de peine à échauffer les membres de la ville, qu'il y en avait eu à animer tout le corps ; l'avarice avait si fortement glacé la charité dans les veines des particuliers, qu'à la première quête générale qu'on fit dans cette ville, une des plus peuplées et alors des plus opulentes du royaume, on ne trouva que soixante-quatorze livres. Cette dureté qui rebuta le zèle des autres, ralluma celui de monsieur de Savignac. Il fortifia ce petit fonds par la somme de quatre mille livres de son bien, il répondit à chacun des libéralités qu'ils voudraient faire, et s'engagea à la remise de leur argent au cas qu'il fût inutile et que le projet qu'on avait formé ne pût pas réussir. Enfin il remit si bien le cœur à tous les habitants que la seconde quête fut grossie de quatorze mille livres, outre divers meubles que plusieurs personnes se firent un mérite de consacrer à la maison du Seigneur, tant il est vrai, dit saint Ambroise, que la bonté est une vertu populaire qui plaît à tout le monde, qui s'insinue agréablement dans les esprits, et qui charme facilement les cœurs, surtout lorsqu'elle est accompagnée de modération, d'affabilité et de patience, *popularis et grata est omnibus bonitas*.

IX. — *Enlèvement de mademoiselle de Meilhac.*

Mais pendant que cet homme si zélé travaillait avec tant d'application et tant de succès à réformer les pauvres, il apprit que les épouses de Jésus-Christ n'étaient pas en sûreté dans leur sainte clôture. Comme il se disposait à célébrer la messe, le jour de la Purification de la Vierge, 2ᵉ de février 1658, on lui apporta la nouvelle que mademoiselle de Meilhac venait d'être enlevée du monastère de Sainte-Claire, dans lequel elle se préparait avec beaucoup de piété à embrasser la vie religieuse (1). On avait

---

(1) Les détails publiés par M. Laforest dans la 2ᵉ édition de son bel ouvra-

couvert avec tant d'adresse le piège tendu à cette jeune héritière et on s'était si bien assuré d'une porte du jardin, où on l'attira sous prétexte de lui faire prendre de l'air, qu'avant d'être en état de se mettre en défense et d'appeler les religieuses à son secours, elle se vit enlevée comme l'oiseau que le perfide chasseur fait tomber à terre au moment qu'il vole avec plus de vitesse vers le ciel, *cœperunt me quasi avem* (1). Ce fut ainsi que, dans un jour aussi saint, et peu de temps après la communion, elle donna dans les filets du démon, qui n'osant pas l'attaquer de front et dans un juste combat, ne pouvait réussir qu'en la prenant en trahison. Cet attentat qui ne fit aucune brèche au chaste cœur de la nièce, ne jeta pas le moindre trouble dans l'esprit de l'oncle, sûr de la protection de Dieu et de la vertu de celle dont le monde triomphait sans l'avoir vaincue. Il ne perdit rien de son calme ordinaire, mais il ne laissa pas de faire éclater son juste ressentiment avec tant de fermeté et tant de succès, que la proie ne demeura presque pas entre les mains du ravisseur, et qu'on vit, en peu d'heures, cet homme généreux faire pour sa nièce, ce que le plus saint des patriarches fit autrefois pour son neveu, *reduxit eum et omnem substantiam ejus* (2). La réparation qu'il obtint de cette injure n'en effaça pas seulement la honte, elle lui en fit même revenir tous les avantages qu'il pouvait espérer pour l'œuvre de la Providence. Car, au lieu que jusqu'alors mademoiselle de Meilhac n'avait eu que des sentiments de mépris pour le monde, elle commença d'en avoir de l'horreur, et au lieu qu'elle s'était bornée aux pratiques ordinaires de la religion, elle forma le dessein d'enchérir sur les austérités de la règle et d'en porter l'observance jusqu'à la dernière rigueur comme nous verrons dans la suite de cette histoire. D'un autre côté, au lieu que monsieur de Savignac avait jusqu'alors limité ses vues à l'établissement de l'hôpital, il les étendit alors à tous les ouvrages que sa piété, enrichie par les satisfactions qu'on lui fit de cet outrage, se vit en état d'entreprendre.

La poursuite d'un long procès, les frais nécessaires dans ces sortes d'affaires et les embarras inévitables ne retardèrent point le bâtiment qu'il avait commencé, il y donna ses soins avec la

---

ge sur *Limoges au* XVIIe *siècle* font parfaitement connaître les acteurs de cet enlèvement et la manière dont il eut lieu.

(1) Lamentations de Jérémie, chap. III, verset 52.
(2) Le passage de l'Ecriture Sainte auquel on fait ici allusion, se trouve dans la Genèse, chap. XIV, v. 16. *Reduxitque omnem substantiam, et Loth fratrem suum cum substantia illius.*

même tranquillité et la même vigueur ; il n'omit rien de ce qu'il devait à la justice et à la charité et on le vit travailler à l'édifice du temple de la miséricorde, comme l'Israélite travailla à celui de Jérusalem, la truelle à une main et l'épée dans l'autre, *una manu faciebat opus et altera tenebat gladium* (1), de sorte qu'en peu de temps les pauvres trouvèrent un vaste et commode logement dans l'endroit où peu d'années auparavant, on les avait vus à l'étroit et dans l'indigence. Après quoi, si messieurs les administrateurs veulent bien soutenir les desseins de cet homme admirable, avancer le projet qu'il avait formé d'une manufacture, presser les débiteurs pour le recouvrement des sommes qu'ils doivent aux pauvres et ne rien relâcher de leur assiduité aux assemblées du bureau, la ville de Limoges pourra bientôt comparer son hôpital avec le plus fameux de ce royaume, et le regarder comme la source des bénédictions publiques. On en trouvera peu moins incommodes au public et plus favorables aux pauvres pour l'emplacement, la situation, le bon air et l'ordre régulier. Mais il sera difficile d'en trouver qui portent des marques plus visibles de la conduite extraordinaire de Dieu. Il a suscité en divers endroits de la France des princes, des seigneurs, des communautés qui sur de gros revenus ont fait des établissements considérables pour les pauvres, au lieu qu'il a voulu qu'un simple prêtre qui à peine pouvait compter sur le fonds d'une médiocre légitime, ait entrepris seul parmi tant d'opposition, un édifice qui doit son commencement, son progrès, et son appui à la seule Providence.

Cette Providence s'est déclarée dans la suite des années par les diverses bénédictions dont elle n'a pas cessé de combler cette sainte maison, et par les attraits qu'elle a donnés à plusieurs personnes charitables, qui vivement animées du zèle de monsieur de Savignac ont fait éclater le leur dans toute sorte d'occasions, mais dans deux principales très importantes à la gloire de Dieu et à l'édification publique.

X. — *Soin des enfants trouvés.*

La première fut en faveur des enfants trouvés à qui la débauche donne la vie et que la cruauté expose à la mort, mais qui pour être des fruits d'iniquités n'en sont pas moins chers à leur Créateur et n'ont pas moins de part au sang de Jésus-Christ. Quoique l'hôpital n'ait ni d'obligation de les recevoir, ni de fonds

---

(1) II. Esdras, chap. IV, verset 17.

pour leur subsistance, il n'a pas laissé de leur ouvrir ses portes et d'étendre les soins de messieurs les administrateurs sur ces petits malheureux, sans que le nombre souvent excessif, et sans que l'abus que les libertins font de leur facilité et de leur miséricorde, ait encore pu les ralentir, quoiqu'il n'y ait presque point d'hôpital et de manufacture en ce royaume, qui ne se fasse une loi de se délivrer de cet embarras, surtout lorsqu'on ne s'y trouve engagé par aucune condition. D'autant mieux que les besoins de ces enfants abandonnés demandent une application toute particulière. Ils la trouvèrent ici. On les pourvoit de nourrices, et en veillant sur leur conduite, on les oblige de représenter chaque mois ce dépôt qu'on leur confie, et dès qu'on peut les retirer on pourvoit avec toute sorte de compassion et de prudence à leur éducation et à leur établissement. Le plus charitable aussi bien que le plus chrétien des rois fournit avec sa magnificence ordinaire à la dépense nécessaire qui monte souvent à des sommes très considérables.

XI. — *Le Refuge.*

Le Refuge, bâti vis-à-vis de l'hôpital, pour les femmes et pour les filles que l'esprit de la pénitence fait passer du désordre d'une vie scandaleuse à une conduite réglée et édifiante, n'est pas un moindre effet de la charité chrétienne, ni une moindre preuve des bénédictions du ciel. Le Père Honoré, capucin célèbre dans toute la France par ses missions apostoliques, donna le premier mouvement pour cette bonne œuvre. Il laissa un petit fonds provenant des aumônes et des restitutions des pénitents. Des particuliers l'augmentèrent, et la dame de Montaigu (1), persuadée que les maladies de l'âme sont encore plus dignes de notre pitié, beaucoup plus fréquentes et incomparablement plus difficiles à traiter et à guérir que celles du corps, et qu'il n'en est point de plus périlleuses que celles que cause la dissolution des mauvais commerces, contribua par des sommes considérables à assurer un asile à ces infortunées victimes du libertinage, qui souvent ne donnent dans les embûches qu'on tend à leur faiblesse que parce qu'elles ne savent où mettre le pied. Messieurs les administrateurs de l'hôpital général se sont volontiers surchargés des soins périlleux que demande la conservation de ces pénitentes qui par la vigilance et par l'attention qu'on a pour tout ce qui les concerne,

---

(1) Epouse de Philippe Chapelle de Jumilhac, seigneur de Montaigne (*Nobiliaire Limousin*), t. I, 2ᵉ édition, p. 358, et t. II, p. 605.

vivent dans une profonde paix, dans un sincère regret de leur égarement, et dans les exercices d'une piété exemplaire. De sorte qu'on voit, avec une consolatation sensible, dans cette terre sainte, où la Providence de Dieu a, en si peu de temps, donné une heureuse retraite aux pauvres et aux pécheurs, l'étendue de ses bontés pour les corps et pour les âmes, ce qui paraîtra beaucoup plus par les secours qu'il a donnés aux uns et aux autres, comme nous allons le découvrir dans ce qui nous reste à dire. Car parce que l'édifice matériel de l'hôpital général aurait été inutile sans les pierres vives qui doivent le soutenir, il fallut pourvoir aux besoins des pauvres pour l'économie du temporel et beaucoup plus pour la direction spirituelle. Ce fut dans cette vue que monsieur de Savignac qui savait que la solidité et la durée des bonnes œuvres dépendent de l'esprit intérieur qui les anime, travailla incessamment à l'institution des sœurs de Saint-Alexis et des ouvriers apostoliques qui doivent se dévouer au service des pauvres, à quoi il réussit de la manière que nous allons voir.

XII. — *Etablissement des sœurs de Saint-Alexis.*

Cette vertueuse fille dont nous avons déjà parlé, mademoiselle Pétiot, qui depuis tant d'années languissait sur un lit, surpassant par l'ardeur de son zèle et par le secours de la grâce, sa faiblesse naturelle, n'agissait pas avec moins d'activité pour le service de Dieu, que si elle eût possédé une pleine santé ; les forces qui avaient abandonné le corps ayant, comme disait saint Eucher, passé dans l'âme, *vires corporum in virtutes transfunduntur animorum* ; immobile qu'elle était par la paralysie de ses membres, elle donnait le mouvement aux sœurs qui s'unirent à elle et dont elle fut la première supérieure. Ces ferventes filles, sous le nom de Saint-Alexis, portent, comme l'ange de l'Apocalypse, un pied sur la terre et l'autre sur la mer, exactes à garder le silence et la clôture, et régulières dans toute leur conduite autant que les religieuses les plus intérieures et les plus séparées du monde, elles ne rompent leur solitude que pour s'employer aux ministères de l'hôpital, dont elles prennent tout le soin pour le temporel. Les unes sont occupées à distribuer le travail de la manufacture, sans souffrir d'oisiveté à ceux des pauvres qui ont assez de force ou d'industrie pour s'exercer à quelque sorte d'ouvrage. Les autres dans les salles des malades qu'elles tiennent dans l'ordre et dans la propreté que demande ce temple du Seigneur. Les autres appliquées aux drogues, aux médicaments et à l'appareil des plaies qu'elles traitent et qu'elles pansent avec une charité héroïque qui a souvent inspiré l'amour de la charité à ceux qui les ont vues se rabaisser avec joie aux services les plus abjects et les plus opposés à la délicatesse naturelle aux filles. Les autres dans les offices pour la nourriture des valides et des malades qu'elles leur distribuent ponctuellement aux heures marquées. Tout cela sans que ni la multitude, ni la variété de tant d'hommes et de tant de femmes, de jeunes et de vieux, de sains et d'infirmes, dont les besoins sont si différents, ni les maladies contagieuses, ni la crainte de mille dangers imminents fassent reculer ces généreuses épouses du Fils de Dieu, qui parfaitement mortes au monde et à l'amour-propre, ne respirant que pour Jésus-Christ et pour ses pauvres, se regardent continuellement comme des victimes destinées au sacrifice.

On en choisit ordinairement une d'entre elles pour recueillir les aumônes aux portes des églises et dans les grandes célébrités, emploi exposé à bien des fatigues et des humiliations inévitables, mais qui a souvent paru dans des nécessités pressantes récompensé par les merveilles surprenantes des libéralités qu'on n'aurait pas dû attendre, mais qui ne manquent jamais à une humble confiance. C'est à cet homme zélé que nous devons le secours de ces mères des pauvres, c'est lui qui les a animées par l'efficace de ses paroles et de ses exemples, et qui leur a imprimé si profondément les principes de la charité chrétienne (1).

XIII. — *Etablissement de la maison de la Mission.*

Mais les pauvres avaient encore plus besoin de l'aumône spirituelle, je veux dire de l'instruction évangélique, de l'usage de la prière et de l'administration des sacrements, aumône beaucoup plus noble dans le sentiment des Pères, beaucoup plus nécessaire aux âmes des fidèles et beaucoup plus agréable à Dieu que celle qui se fait par la distribution de l'argent, soit parce qu'elle coule de plus près de la source du cœur, et qu'elle rentre par le même canal dans la source d'où elle est sortie, soit parce que sans jamais se consumer elle est inépuisable, qu'elle s'augmente par l'usage, et qu'elle se maintient avec d'autant plus de plénitude qu'elle se répand sur plus de personnes, *pecunia minuitur hæc usu augetur*, comme dit saint Ambroise.

Mais si jamais l'exercice de la charité spirituelle a éclaté, on

---

(1) Voir à la fin de la *Relation*, note Ire, les constitutions de cette congrégation.

peut dire que ce fut dans l'établissement de la maison qui fut d'abord ouverte pour le seul service des pauvres et qui depuis, par le zèle qu'elle a étendu sur tout le diocèse, a pris le nom de la mission. On joignit cette maison à celle de l'hôpital, afin que les ministres sacrés fussent comme les anges tutélaires des pauvres, qu'ils ne les perdissent jamais de vue, et qu'ils se trouvassent avec une vigilance et une préparation de cœur continuelle, à toute heure du jour et de la nuit, en état de leur donner du secours et de s'appliquer à la sanctification de leurs âmes. Ils les instruisent par les catéchismes fréquents et réguliers, ils les consolent dans leurs maladies, ils règlent le temps et la méthode de la prière, ils leur administrent les sacrements et leur rendent les derniers devoirs de la sépulture avec tant d'édification que cet hôpital est aujourd'hui un objet d'envie à tous ceux qui sont touchés du vrai désir de vivre et de mourir chrétiennement.

Pour l'édifice de cette nouvelle maison il fallut acquérir une place qui joignait l'hôpital dont MM. les administrateurs tiraient à peine quinze livres de rente ; il fallut acheter le jardin d'où il leur en revenait cent et quarante. Monsieur de Savignac traita avec eux en 1662 (1). Il fonda une messe chaque jour à perpétuité pour les bienfaiteurs de l'hôpital, et s'engagea à faire servir les pauvres continuellement et gratuitement dans tous leurs besoins spirituels par les prêtres de cette maison qui sert à l'hôpital comme de forteresse contre les assauts des démons.

Mais parce que le zèle apostolique de ces fervents ecclésiastiques ne put pas se contenir dans les bornes étroites de leur enclos, et qu'il s'étendit sur tout le diocèse par de fréquentes et presque de continuelles courses qu'ils y font avec une merveilleuse utilité des peuples, ils partagèrent les flammes de leur charité en sorte que pendant que les uns sont attachés aux lits des pauvres malades, et à l'instruction des valides, les autres se portent avec ferveur dans les villes et dans les campagnes qui les appellent pour le ministère de la parole et pour l'exercice des bonnes œuvres, et c'est de là que cette sainte communauté s'est attirée le nom de la mission (2).

---

(1) Voir à la fin de la *Relation*, note II, la délibération des administrateurs de l'hospice.

(2) Les supérieurs de la Mission qui me sont connus sont :
MM. Bourdon (Michel), 1668-1705.
    Maurensanne, 1722.
    Romanet (Jacques), mort en 1738 à l'âge de 55 ans.
    Servientis, 1767.
    Devoyon, 1767, mort en 1790 à l'âge de 80 ans.
    De Chabans, 1790, mort en Espagne pendant la Révolution.
    Sénamaud, 1792.

Après cela il semblait que le feu du zèle de monsieur de Savignac ne pouvait pas se porter plus loin, et toutefois on le vit croître par la nouvelle matière qu'on lui fournit pour l'établissement du Séminaire comme nous allons dire.

XIV. — Etablissement du Séminaire.

Il y avait longtemps que Monseigneur de la Fayette, attentif aux besoins de son diocèse, un des plus étendus du royaume, cherchait les moyens de former un Séminaire, persuadé que ce n'était que par là qu'il pouvait parfaitement sanctifier les peuples que Dieu avait commis à son zèle, corriger les abus qui s'étaient glissés, surtout à la campagne, dans les fonctions sacrées, arrêter la témérité et la précipitation avec laquelle on entrait dans le sanctuaire, s'assurer de la vocation de ceux qui y sont appelés, les remplir de la science des saints, leur inspirer une haute idée de leur état, et enfin renouveler la vigueur de la discipline ecclésiastique.

Pour y réussir, il fallait trouver un lieu propre, un fonds considérable et des directeurs capables d'une conduite aussi importante et pour tout cela il y avait, comme dans toutes les œuvres de Dieu et dans tous les projets qu'on forme pour sa gloire, de grandes difficultés à surmonter.

On essaya d'abord d'unir le Séminaire à la maison de la mission. Mais outre qu'elle n'était pas d'une étendue suffisante, et qu'on craignait le tumulte de l'hôpital, et les distractions continuelles que donneraient les divers besoins des pauvres, on jugea qu'il fallait distinguer par une entière séparation ceux qui devaient recevoir les prémices de l'esprit, d'avec ceux qui en possédaient la plénitude et qui en exerçaient les ministères les plus laborieux. On jeta les yeux sur l'église paroissiale et le presbytère de Saint-Pierre. Mais le grand nombre des prêtres qui desservaient cette paroisse, la première et la plus considérable de la ville, et la diversité des emplois dont on s'y occupe continuellement pour le bien du peuple, parurent incompatibles avec la retraite nécessaire à l'éducation des jeunes clercs. On forma quelques desseins pour la cure de Saint-Maurice, mais on y trouva divers obstacles. Le zèle et la charité de Monseigneur de la Fayette l'engagèrent à se priver de la maison d'Isle, à une lieue de Limoges. Ce fut là que pendant quelque temps on disposa aux saints Ordres ceux qui devaient y être admis. Mais il plut enfin à Dieu de découvrir l'endroit que sa Providence avait choisi, et de faire trouver dans un moment ce qu'on avait jusqu'alors inutilement cherché.

Ce prélat s'entretenant sur ce sujet avec monsieur de Savignac à une fenêtre de la maison de la mission, d'où l'on découvrait un agréable vignoble entre le prieuré de Saint-Gérard et l'église de Sainte-Valérie, et comme ils regardaient l'un et l'autre avec application cet objet sur lequel Dieu, par un dessein de sa Providence avait porté leur vue, ils aperçurent une vigne, qui par la beauté de la situation, par la douceur de l'air et par l'étendue de l'emplacement leur parut si conforme au plan qu'ils s'étaient fait, que dans cet instant, inspiré d'en-haut, il s'écria : Voilà la vigne où il faut assembler les ouvriers destinés à celle du Seigneur. Il fallut travailler à l'acquisition de cette place, ce qui fit naître de nouvelles difficultés.

Monsieur de Savignac qui s'était déjà épuisé pour le bâtiment de l'hôpital et pour celui de la mission, et qui s'appliquait actuellement à élever l'église de Saint-Alexis (1), se trouvait arrêté par l'incertitude du sort de sa troisième nièce qui n'étant pas encore engagée par les vœux de la religion, ne lui permettait pas de compter sur le bien de feu monsieur de Meilhac. Il ne perdit pas cœur pour cela. Son zèle fut animé par celui de la Mère du Calvaire qui prenait un intérêt singulier à ce nouvel ouvrage. Elle l'exhorta à franchir les bornes humaines qui s'opposaient aux desseins de Dieu, et lui fut caution de la générosité avec laquelle sa sœur devait renoncer au monde ; et elle pouvait lui en répondre sur les lumières dont Dieu la favorisait, sur le fonds des grâces qu'il lui avait confié et sur l'efficace de l'exemple qu'elle avait donné et dont on vit bien tout le fruit.

Il ne méprisa pas le petit présent que lui fit un curé des mieux intentionnés du diocèse (2), de la somme de trente pistoles ; il regarda cette légère aumône comme les arrhes de ce que la Providence lui préparait. En effet ces premiers deniers attirèrent la somme de dix mille livres par la contribution de divers ecclésiastiques qui se firent un mérite d'avoir part à cette grande œuvre. Avec ce fonds et ce qu'il tira de sa bourse, il commença de mettre la main à la maison du Seigneur.

Il ne perdit pas un moment, et il donna tant de soins à ce nouveau bâtiment que depuis le jour de la Visitation de la Vierge

---

(1) Voir à la fin de la *Relation*, note III, l'acte de donation de cette chapelle.

(2) Cette donation fut faite par M. Nicolas de Broa, curé de Saint-Maurice à Limoges de 1633 à 1664.

qu'on y jeta la première pierre jusqu'à celui de sainnt Martin (1), il eut la consolation de voir les murailles élevées de la hauteur de quatorze pieds, et dans peu de temps la maison capable de recevoir ceux qui du château d'Isle avaient été transportés dans celle de la mission le 1er jour de mars 1664. L'état où est aujourd'hui cette magnifique maison, qui peut le disputer aux plus beaux Séminaires de France (2), le grand nombre d'ecclésiastiques qui y trouvent un logement commode et l'ordre avec lequel ils s'y acquittent de tous leurs devoirs, sont des preuves sensibles des bénédictions dont Dieu a récompensé la piété des fondateurs; mais on en est entièrement convaincu par la qualité des directeurs qui ont été préposés à leur conduite.

XV. — *Choix des directeurs du Séminaire.*

On aurait inutilement donné tant de soins à la composition d'un corps, si on n'avait travaillé avec plus d'application à lui former un chef, puisque, comme dit Lactance, on peut vivre sans les autres membres, au lieu qu'on cesse de respirer du moment qu'on a perdu le principe du sentiment qui réside dans la tête, *sine membris vivi potest, sine capite non potest.* Mais il serait encore plus avantageux à un corps d'être destitué de tête que d'en porter une dont les influences fussent pernicieuses. On pouvait sans doute trouver dans nos provinces d'habiles maîtres ; on y en connaissait d'une probité exemplaire pour édifier, et d'une science solide pour instruire les jeunes clercs des devoirs de leur état, mais il s'en fallait beaucoup qu'on put en trouver du caractère de ceux que Dieu a suscités dans ce siècle pour rétablir la dignité du sacerdoce et rendre à l'esprit de la cléricature la sainteté dont elle était déchue.

On vit naître, l'an 1608, monsieur Jacques Olier comme un beau soleil qui venait dissiper les ombres dont l'horreur de la nuit avait obscurci les lieux les plus saints. Ce grand serviteur de Dieu qui, par sa naissance et par ses qualités, était en droit d'aspirer aux plus hautes dignités, après avoir refusé l'évêché de Châlons-sur-Marne et remis à monsieur le cardinal Richelieu d'une manière très édifiante et très rare le brevet qu'il lui avait envoyé de la part du roi, et après s'être même défait de son carrosse et de son train, se dévoua entièrement au service de Dieu, dans l'esprit de l'humilité et de la simplicité chrétiennes

---

(1) Depuis le 2 juillet jusqu'au 11 novembre.
(2) Les bâtiments du grand Séminaire sont aujourd'hui la caserne de cavalerie.

dont il nous a laissé des sentiments si vifs et si pénétrants dans ses œuvres spirituelles.

Il fit d'abord éclater le feu de son zèle dans les Missions en diverses provinces de ce royaume, et principalement en Auvergne, où était située son abbaye de Pebrac. On en vit des fruits tellement considérables que monsieur Vincent crut signaler sa piété en l'associant à ses fervents missionnaires. Mais comme M. Olier dans ses courses apostoliques se convainquit que les désordres des mœurs ne venaient que de la nonchalance des prêtres et du peu de disposition qu'ils avaient pour les fonctions sacerdotales, *sicut sacerdos, sic populus,* il entreprit avec quelques ecclésiastiques d'une rare vertu d'établir un séminaire où l'on put former les ministres des autels. On en fit le premier essai dans la ville de Chartres. Mais on reconnut bientôt que Paris était beaucoup plus propre pour le succès d'un ouvrage aussi considérable. Dans cette vue monsieur Olier loua une maison à Vaugirard en 1642, il y fit l'ouverture des exercices spirituels, il y donna les premières leçons du ministère ecclésiastique dont il avait puisé l'esprit à Rome et à Notre-Dame de Lorette, où il avait été s'instruire quelque temps auparavant.

Quatre mois après, monsieur de Fiesque, curé de Saint-Sulpice, le pria de se charger de cette grande paroisse. Il profita de cette occasion pour retirer de Vaugirard les ouvriers que Dieu avait destinés à des emplois plus étendus. Il partagea avec les uns le soin de cette église; et il réserva les autres pour servir de pierres fondamentales à ce saint et fameux séminaire, qui formé sur les saints canons des Conciles et sur les règles des Évêques les plus éclairés et particulièrement sur celles de saint Charles Borromée et de saint François de Sales, est devenu le parfait modèle de ceux qu'on a depuis établis et qu'on établira dans la suite des temps. Les séminaires de Nantes, de Viviers et du Puy en Vellai furent les premiers ruisseaux qui de cette source coulèrent dans les provinces avec tant d'utilité, que nos Seigneurs les évêques ont tâché à l'envie de les dériver dans leurs diocèses. On appela même dès lors au delà de la mer, dans la nouvelle France, ces excellents ouvriers qui y travaillent avec tant d'édification et tant de progrès au salut de ces peuples sauvages.

Les choses étaient en cet heureux état, lorsque monsieur Olier attaqué d'une dangereuse maladie eut la consolation de voir passer sa cure, son esprit et son zèle dans la personne de monsieur de Bretonvilliers, savant disciple d'un si grand maître, et digne héritier de ses vertus. Ce grand homme dont la mémoire sera toujours vénérable et le nom toujours cher à ceux qui travaillent à la sanctification de l'Église, profita de la grâce dont le ciel le favorisa, lorsque passant autrefois par la ville de Limoges, longtemps avant qu'on eût formé le projet de fonder un séminaire, et célébrant le sacrifice divin à l'autel de saint Martial, il fut averti d'une manière sensible par cet apôtre de la Guyenne du service qu'il devait rendre au diocèse de Limoges dans la suite du temps. Il s'en expliqua dès lors à ses amis, et l'événement a justifié la vérité de cette inspiration prophétique. Car du moment que monsieur de Savignac vit le succès de la fondation du séminaire et que de l'édifice matériel il crut devoir, comme dit saint Paul, porter ses soins au spirituel, il se persuada qu'il ne pouvait lui donner de perfection et de stabilité que par l'union avec celui de Saint-Sulpice. Il vit son choix appuyé du sentiment et de l'inclination de Monseigneur son évêque; il écrivit par son ordre à monsieur de Bretonvilliers, et il l'engagea à venir lui-même adopter cette nouvelle maison. C'est ce qu'il fit le 29 d'octobre 1666. Il accepta la donation de monsieur de Savignac de quarante mille livres qu'il avait employées pour le séminaire, et monsieur de Savignac fit dépendre sa donation de l'union au séminaire de Saint-Sulpice par un contrat honoré du seing de nos Seigneurs de Limoges, de Tulle et de Causerans (1). Ce dernier, dans l'éloge qu'il fit, peu de jours après, de saint Charles Borromée, patron du séminaire de la Mission, félicita avec beaucoup d'éloquence Monseigneur de la Fayette et tout le diocèse des avantages spirituels qu'ils tireraient de cet établissement.

XVI. — *Fruits du Séminaire.*

On ne tarda pas à les sentir par le choix des directeurs et des ouvriers qu'on envoya de Paris, par le zèle plein de prudence et de modération qu'ils firent paraître dans toute [leur conduite (2). Dès le 19e de mars 1662, monsieur Bourdon, doc-

---

(1) L'évêque de Causerans dont il est parlé ici doit être Isaac-Jacques de Verthamon, fils de Guillaume de Verthamon, chevalier, baron de Chalusset, trésorier de France à Limoges, etc., et de Catherine de Romanet. Il entra jeune dans la Congrégation de l'Oratoire, devint vicaire général de Jean-Baptiste de Verthamon, évêque de Pamiers, son parent, puis évêque de Causerans. Il mourut en 1725. (Nobiliaire, IV, 640.)

(2) La feuille 53 du manuscrit a été enlevée et remplacée par une autre d'une écriture peu différente. Dans le présent alinéa on voit que l'auteur

teur de Sorbonne, un des premiers directeurs du séminaire de Saint-Sulpice, était arrivé pour prendre la conduite de celui-ci. Il fut suivi peu d'années après par monsieur son frère, docteur aussi de Sorbonne et curé du Havre de Grâce. L'un et l'autre consacrèrent tous leurs soins au service de ce diocèse. Le premier en qualité de supérieur du séminaire, et le second en qualité de supérieur de la maison de la Mission (1), chargé depuis du soin de tout le diocèse dans l'emploi de vicaire général qu'il exerce encore aujourd'hui avec une application pleine de zèle et de succès.

Le regret qu'a eu tout le diocèse de perdre M. Bourdon, décédé le 21e du mois d'août de l'année 1702, âgé de soixante-dix-huit ans, nous laisse du moins la consolation de pouvoir bénir la Providence de Dieu d'avoir donné au clergé de ce grand diocèse un ouvrier apostolique qui par les soins d'un zèle infatigable, par sa vigilance, et par l'exemple de sa rare piété a rendu des services si importants à toute cette province pendant plus de quarante ans, qu'on doit avouer que la sainteté du sacerdoce lui est redevable de la bonne odeur qu'elle répand aujourd'hui dans toutes les églises du Limousin, et qu'on peut dire véritablement de ce grand homme : *in diebus suis corroboravit templum* (2).

Un séminaire naissant et un premier dessein de réformation du clergé dans un vaste diocèse, où par le malheur des temps la rigueur de la discipline ecclésiastique s'était entièrement affaiblie, avaient besoin de la direction d'un homme aussi éclairé et aussi édifiant que l'a été celui-ci : parfaitement instruit de tous les devoirs que l'Église demande de ceux qui se consacrent au service de l'autel, d'un sens droit, d'un jugement solide, d'une fermeté d'esprit invariable, d'une prudence pleine de modération, d'une douceur et d'une charité qui lui gagnait tous les

---

écrivait du vivant de M. Bourdon. Dans le suivant, on le dit mort en 1702. C'est pour introduire dans le texte ce dernier renseignement que la feuille a été changée.

(1) Voir à la fin de la *Relation*, note IV, le règlement conclu entre le Séminaire et la Mission.

(2) Ecclésiast., 1. 1. — M. Bourdon est l'auteur du *Pastoral de Limoges*, ouvrage en trois volumes in-12, imprimé en 1702 chez Pierre Barbou. Une seconde édition, revue, fut imprimée chez le même en 1703. Celle de 1731 est de Jean Barbou. On en a aussi fait des éditions dans notre siècle.

La Bibliothèque des manuscrits du Grand-Séminaire de Limoges possède un volume in-4°, de près de 400 pages, qui a pour titre *Mémoires pour la bonne conduite d'un diocèse*, par M. Bourdon, vicaire général.

cœurs et qui faisait aimer la vertu par un air insinuant et des manières aisées et agréables, qui lui ont toujours attiré la vénération et la confiance de tous ceux qui l'approchèrent. De sorte qu'on peut dire qu'il est rare de trouver un directeur plus accompli de toutes les qualités nécessaires à former un séminaire, que l'a été monsieur Bourdon, d'autant plus digne de la justice que chacun rend aujourd'hui à sa mémoire, qu'il a paru pendant tout le cours de sa vie sans aucun retour sur lui-même et sans aucune attention à son propre intérêt. Le bon ordre et le parfait règlement qu'il a laissé à tous ceux qui se disposent à la cléricature fait chaque jour son éloge : leur assiduité à l'oraison, l'exactitude de leur étude pour le chant des offices divins et des saintes cérémonies de l'Église, leur édifiante modestie, leur éloignement des mœurs et des manières du siècle, la pureté de la doctrine qu'on leur enseigne dans les leçons de la théologie pour les dogmes de la Foi et pour les principes de la morale, avec une méthode qui sans enfler l'esprit édifie le cœur, le sage et respectueux intervalle qui leur fait distinguer les différents degrés des saints ordres auxquels ils se disposent, tout cela, dis-je, relève le mérite de ce grand homme, qui le premier s'est rendu la forme du troupeau, et qui avec tant de soin a préparé au Seigneur de fidèles serviteurs.]

Il fut honoré de l'estime et de la confiance singulière de trois prélats qui ont eu le bonheur de voir leur séminaire sous sa conduite et qui ont fait rejaillir sur lui la gloire du bon ordre de ce diocèse. Il fut consulté de tous ceux qui voulurent s'instruire des moyens de salut. On écouta ses conseils comme des oracles. Il serait mal aisé de dire combien de différentes personnes croient devoir à ces sages avis le règlement de leur vie. Enfin la mort qui découvre les sincères sentiments des cœurs, fit éclater ceux dont on était pénétré pour lui. Jamais personne n'a été si généralement, ni si sérieusement pleuré et regretté. Chaque communauté séculière et régulière, chaque paroisse non seulement de la ville de Limoges, mais dans toutes les villes, tous les bourgs et toutes les églises du Haut et du Bas-Limousin, signalèrent leur douleur par des prières publiques et des services solennels, et l'on vit le deuil étendu sur tout ce vaste diocèse. On n'a pu se consoler d'une aussi grande perte que par le mérite de celui qui a pris sa place, monsieur Le Tanoarn, docteur de Sorbonne et un des plus considérables directeurs du séminaire de Saint-Sulpice. Le choix qu'on en a fait pour celui de Limoges a été d'autant plus agréable qu'il avait été inspiré par feu monsieur Bourdon, qui se sentant ployer sous le faix des années et des affaires aurait marqué à monsieur le supérieur général l'estime qu'il avait des rares qualités de monsieur Le Tanoarn pour la conduite d'un grand séminaire et le bien que celui-ci pouvait en espérer. En effet, on retrouve l'un dans l'autre ; et le regret de ce qu'on a perdu sert à faire plus vivement sentir la joie de ce qu'on possède (1).

Mais tout ce qu'on vient de dire n'est qu'une étendue des bénédictions que monsieur de Savignac continue à attirer sur ce diocèse. Nous finirons l'abrégé de ce qui le concerne en disant qu'après que cet illustre serviteur du Seigneur eut par ses soins et par ses largesses donné un asile aux pauvres, une maison aux ministres de l'Evangile destinés aux missions, un séminaire aux jeunes clercs et un monastère aux épouses de Jésus-Christ, n'avait plus qu'à donner à sa sainte vie une fin digne de la terminer. Quelque faible que fût toujours sa santé, la Mère du Calvaire, sa chère nièce, en avait jusqu'ici répondu, et dans de périlleuses maladies elle avait hardiment prononcé qu'il ne cesserait de vivre que lorsque par les ordres d'en-haut il cesserait d'agir. Mais nous pouvons dire qu'il ne fit jamais voir tant d'activité pour les intérêts de Dieu que dans ce dernier moment.

XVII. — *Mort de monsieur de Savignac.*

Au mois d'octobre 1670, une fièvre continue de seize jours lui donna le temps de faire remarquer toutes les grâces et toutes les vertus qui rendent la mort des justes précieuse aux yeux de

---

(1) Voici la suite des supérieurs du séminaire des Ordinands :
1. Bourdon (Jean), docteur de Sorbonne 1662-1704.
2. Tanoarn (Julien de), docteur de Sorbonne, 1704.
3. Dumont, 1713-1726.
4. Finet, 1748-1756.
5. Bridier, *alias* Bordier (J.-B.-Pierre), docteur de Sorbonne, 1756-1758.
6. Girard, 1758-1774.
7. La Selve de Saint-Avit, 1774-1787.
8. Sicelier (Jacques-Lazare), 1787-1791.
9. Chudeau (François), 1802-1811.
10. Massinguiral (Jean-Joseph), 1814-1815.
11. Berthelot (Edmond), appelé à Limoges en 1815, nommé supérieur en 1816 jusqu'à 1835.
12. Brun (Pierre), 1835-1857.
13. Fermin, 1857-1863.
14. De Vaillac (Justin-Marie Tournier), 1863-1886.
15. Gaignet, 1886.

Dieu et à ceux des hommes : une fermeté d'âme pour soutenir ce rude combat; un calme de conscience qui n'avait rien à se reprocher, un parfait mépris du monde dont il avait connu de si bonne heure les vanités, un ardent désir d'aller jouir de celui pour qui seul il avait respiré tant d'années. Le peu de moments même que la malignité de la fièvre lui aliéna l'esprit, il ne se perdit qu'en Dieu, dont il chantait les louanges et à qui son cœur adressait ses derniers soupirs, lorsque sa raison était hors d'état de les accompagner.

Comme il lui restait encore à se dépouiller de sa terre de Meilhac, il en fit un dernier présent à la maison de la Mission qu'il avait toujours tendrement aimée, mais il donna incomparablement plus en se donnant lui-même et choisissant sa sépulture dans l'église de Saint-Alexis, commune aux missionnaires et aux pauvres, afin de reposer dans le sein des uns et des autres jusqu'au jour où il sera, comme nous l'espérons, couronné par leurs mains. Ce fut le 17 d'octobre que, âgé de 54 ans, après avoir reçu tous les sacrements de l'Eglise avec les sentiments d'une foi vive et d'un cœur pénétré d'amour pour Dieu, il rendit son âme à celui qui l'avait comblé de ses grâces (1).

Il fut considéré de Monseigneur de la Fayette. Ce prélat qui l'avait souvent visité pendant sa maladie avec des marques d'une estime et d'une tendresse singulière et qui depuis tant d'années l'avait regardé comme l'ange qui donnait le mouvement à son diocèse et comme l'ouvrier le plus utile à la vigne du Seigneur, fit éclater la vive et juste douleur que lui causait une perte aussi considérable et n'omit rien de tout ce qui pouvait honorer ses funérailles. Il célébra la messe, il présida à l'office et il porta bien plus loin les devoirs qu'il rendit à sa mémoire. Mais le plus solide témoignage de son souvenir et de son amour, fut le soin que ce prélat prit de ses ouvrages, et le zèle qu'il fit encore plus paraître depuis cette mort pour tous les intérêts de l'hôpital, de la Mission, du Séminaire et du petit couvent de Sainte-Claire. Et lorsque dans son extrême vieillesse, il crut devoir demander un coadjuteur, on peut dire sans témérité qu'il obtint, par le crédit de monsieur de Savignac auprès de la Divine Majesté, la nomination du roi pour Monseigneur Louis de Lascaris d'Urfé, ce saint évêque, qui sans rien dérober aux soins de son diocèse,

---

(1) Les registres paroissiaux de Saint-Maurice conservent au 17 octobre 1670 l'acte mortuaire de « vénérable Mr Mᵉ Martial Maledent, prestre, Sʳ de Savignac et de Meilhac, mort en odeur de sainteté » avec un long récit de sa vie et de ses fondations. (A. Thomas. Invent. des archives commun. de Limoges, GG. 84.)

donna sa plus forte application à conserver et à cultiver les établissements de cet illustre fondateur : Prélat qui dans ce siècle nous a fait voir le caractère des pasteurs de l'Eglise primitive, par son désintéressement, par son union continuelle avec Dieu, sa tendre dévotion et ses longues veilles dans l'exercice de la méditation, par les rudes macérations de son corps, et surtout par la douceur et la facilité qui le rendait humain et affable à toutes sortes de personnes, et qui ne laissa jamais voir de fiel contre ceux qui ont pu lui faire quelque peine. La juste douleur que causa à tout le peuple la mort qui l'enleva le 1er juillet 1695 n'a pu trouver de solide consolation que dans les rares qualités de Monseigneur François de Carbonel de Canisi, qui prit sa place et ses inclinations, et qui du moment qu'il a paru a donné à toute la province d'heureux présages de la félicité dont elle va jouir sous sa conduite (1).

[Nous devons à la fidélité et à l'exactitude de cette *Relation* les justes louanges qu'ont méritées plusieurs personnes d'une rare vertu qui héritèrent du zèle et de l'esprit de monsieur de Savignac et qui le firent revivre par leur application à perfectionner ce qu'il avait plu à Dieu de faire par son ministère. Mais on n'oubliera jamais les soins infatigables de monsieur Mercier, et les services signalés qui ont rendu sa mémoire vénérable (2). Dès

---

(1) Mgr Louis de Lascaris d'Urfé fut coadjuteur de Mgr François de La Fayette en 1676, et gouverna le diocèse de Limoges jusqu'en 1695.

(2) Les Mercier figurent sur la liste des consuls de Limoges de 1514, 1516, 1556. Leur famille était des plus anciennes et des plus honorables de cette ville.

Pierre Mercier était prêtre, docteur en théologie et curé de Saint-Priest-sous-Aixe. Animé d'une vertu insigne, il quitta cette paroisse et vint, avec sa sœur Hélène, se consacrer au service des pauvres et des malades de l'hôpital de Limoges. Ils y employèrent tout leur temps, tous leurs biens et toutes leurs facultés.

Le frère et la sœur virent avec joie leur sainte amie Marie Petiot, se disposer à venir les y rejoindre. Pierre Mercier s'employa à lui en faciliter les moyens ; il aplanit les obstacles et présida aux arrangements. Lorsque tout fut prêt, en 1647, Marie Petiot, la future fondatrice des sœurs de Saint-Alexis, qui ne pouvait marcher, se fit transporter à l'hôpital.

Pierre Mercier participa à toutes les œuvres de monsieur de Savignac. Mgr de La Fayette le désigna pour être un de ses exécuteurs testamentaires.

Nommé official par Mgr Louis Lascaris d'Urfé, en 1677, il décéda à Limoges le 9 février 1690, et fut enterré dans le caveau de l'église de la Mission, entre Mgr de La Fayette et M. de Savignac.

Pierre Mercier excellait dans la conduite des âmes ; il fut le directeur spirituel de Marie Petiot et de la Mère du Calvaire. Il a laissé des *Mémoires*

ses premières années il se dévoua à l'hôpital en qualité d'aumônier perpétuel des pauvres, dans le temps de leur plus grand abandon, avant qu'ils eussent reçu du ciel le secours qu'il leur a envoyé depuis. Son assiduité au chevet des malades, et sa charité dans tous leurs besoins édifièrent longtemps le public, pendant que sa sœur Hélène, animée d'un amour singulier pour cette pauvre maison, pourvoyait presque seule à sa subsistance, en recueillant les aumônes avec un soin si fervent et si industrieux, qu'on le vit souvent honoré des effets très rares d'une providence extraordinaire, et qu'on eut sujet d'admirer les ressources sûres que les pauvres dénués de toutes choses, trouvaient dans les mains de cette vertueuse fille. L'exemple de la charité de monsieur Mercier et ses avis salutaires ne contribuèrent pas peu à la résolution que monsieur de Savignac prit de renoncer à l'esprit du monde et de ne plus s'occuper que des affaires de Dieu. Les fréquentes visites qu'il rendait aux pauvres, le firent entrer dans de fortes liaisons avec leur aumônier. Il s'édifia de la simplicité et du désintéressement avec lesquels il les servait. Il goûta ses maximes; il lui ouvrit son cœur; il concerta avec lui les projets que la grâce de sa vocation lui inspirait, et comme il trouva dans cet homme hardi et entreprenant pour tout ce qui regardait Dieu un grand fonds de courage et d'adresse, il en tira des secours considérables soit pour les affaires de sa famille, dans lesquelles il lui fut très utile, soit pour les divers bâtiments dont il fut le principal ouvrier, soit pour les voyages et pour les sollicitudes nécessaires aux affaires auxquelles il s'appliqua avec beaucoup de succès.

Le décès de monsieur de Savignac ne ralentit point son ardeur. Il redoubla même ses empressements pour tous les intérêts du Séminaire et principalement pour ceux du Petit Couvent, au service duquel il s'attacha toute sa vie, d'une manière très obligeante. Tout le diocèse a ressenti les effets de son zèle dans l'emploi d'official, dont il s'est acquitté avec la satisfaction de tous ceux qui ont eu besoin de son zèle et de sa justice. Les saintes dispositions avec lesquelles il finit ses jours en couronnèrent le mérite. Il fit éclater jusqu'à ce dernier moment son attachement pour les pauvres, et son oubli de ses parents à qui il ne laissa que l'exemple de ses vertus.]

concernant la Mère du Calvaire, formant un in-4° de 36 pages et appartenant aux religieuses de Sainte-Claire.

Sa sœur, Hélène Mercier, succéda en 1667 à Marie Petiot dans la charge de supérieure des sœurs de Saint-Alexis.

Il est temps que nous passions au détail de ce qui regarde la Mère du Calvaire, fondatrice du monastère de Sainte-Claire, qu'elle se fait un honneur d'appeler le Petit Couvent, et, comme nous venons de voir, la part qu'elle eut à tout ce que son oncle fit de grand, il est juste que nous voyons dans ce deuxième livre, la part que Dieu a donnée à l'oncle à tout ce qu'il a fait de merveilleux par la nièce. La grâce unit leurs cœurs bien plus étroitement que la nature n'avait su le faire, et il sembla même que celle-là laissa sa place et ses devoirs à celle-ci. Cette heureuse fille qui dès son enfance perdit monsieur de Meilhac son père, en trouva un second dans monsieur de Savignac. Il devint dès ce moment le Mardochée de cette Esther, *sibi eam adoptavit in filiam* (1), et dès ce moment cette Esther lui marqua une confiance et une déférence filiale : *Quidquid enim ille præcipiebat observabat Esther* (2). Ce fut aux soins et à la vigilance de cet oncle qu'elle fut redevable de son éducation dans le cloître, de la délivrance de sa captivité et des rares qualités qui l'ont rendue une des plus illustres filles de son siècle. Le grand exemple qu'elle avait devant les yeux lui inspira le désir de se donner à Dieu, et après qu'elle s'y fut consacrée par la profession religieuse, ce fut par ses avis salutaires et sous sa direction qu'elle s'éleva à ce haut point de perfection que nous verrons dans la suite de cette *Relation*. Mais il faut aussi avouer que s'il travailla à cultiver ce fonds fertile, il en cueillit des fruits très abondants pour sa propre consolation et pour l'avancement de ses desseins. Plus il rendit sa nièce agréable au Seigneur, plus il la trouva puissante auprès de sa divine Majesté pour lui obtenir des grâces signalées. Comme il l'aida de ses conseils, il profita des siens dans des occasions importantes, et comme ce fut par le secours de son bien qu'il fit ses établissements, ce fut par celui de ses ferventes prières, qu'il attira les bénédictions qui les accompagnèrent. Il recourait à elle comme à son oracle, et il aurait souvent perdu cœur parmi les obstacles qui s'opposaient à son zèle, si elle n'avait pas relevé son courage par les lumières d'en-haut, et par les promesses qu'elle lui faisait d'un heureux succès. C'est ce qu'on verra dans le petit abrégé que nous allons faire de son histoire.

---

(1) Esther, II, 7.
(2) Esther, II, 20.

LIVRE SECOND

[NAISSANCE, ÉDUCATION DE LA MÈRE DU CALVAIRE, SON ENTRÉE EN RELIGION, FONDATION DU PETIT COUVENT DE SAINTE-CLAIRE.]

XVIII. — *Rétablissement de l'esprit primitif de Sainte-Claire.*

Parmi un grand nombre de personnes spirituelles qui ont étudié l'établissement du monastère de Sainte-Claire, qui porte le nom de Petit Couvent, et qui ont réfléchi sur tout ce qui s'est passé dans cette nouvelle fondation, il n'en est point qui n'y ait remarqué des traits visibles de la Providence divine et qui ne se soit récrié qu'il y voyait l'impression du doigt de Dieu : *Digitus Dei hic est* (1).

Il n'en est pas du ciel de l'Eglise comme de celui du firmament qui depuis sa création n'a pas reçu de nouvel astre et qui n'a fait voir à l'univers que la révolution perpétuelle de ces premières beautés qui ne vieilliront jamais. Dieu n'a point cessé depuis la fondation de son Eglise de l'orner dans tous les lieux et dans tous les temps de nouveaux saints, et de susciter aux anciens ordres religieux des personnes d'une rare vertu, qui ont renouvelé l'esprit de leurs patriarches et qui se sont appliquées à rétablir la rigueur de la discipline lorsque par le malheur des temps elle s'est relâchée. Mais on peut dire qu'il a pris un soin particulier de maintenir la gloire de la règle de saint François d'Assise et de sainte Claire dont l'exacte pureté et l'extrême rigueur n'a pu se défendre des impressions que le temps fait sur les choses les plus solides, et n'a que trop souvent ressenti les effets de la faiblesse humaine, mais on l'a vue bien vite refleurir et acquérir même une nouvelle splendeur par les fréquentes réformes qui de siècle en siècle, jusqu'à nos jours, ont conservé la ferveur des premières austérités. C'est ce qui paraît visiblement dans la *Relation* que nous écrivons de l'établissement du Petit Couvent des religieuses déchaussées de Sainte-Claire dans la ville de Limoges. En effet, soit qu'on considère le sujet que Dieu choisit pour l'exécution de ce dessein, soit qu'on examine la grandeur de l'entreprise, soit qu'on compte les obstacles qu'il a fallu surmonter, on avouera que la prudence terrestre n'a pu avoir aucune part dans cet ouvrage tout divin : *A Domino factum est*

---

(1) Exode, VIII, 19.

istud, et est mirabile in oculis nostris (1). Il suffit d'en faire le simple récit et prendre la chose dès son origine.

XIX. — *Naissance et éducation de mademoiselle de Meilhac.*

Anne Marie de Maledent, fille aînée de monsieur de Meilhac, conseiller au Parlement de Guyenne et de madame de Goy de la Bayne, naquit à Saintes le 12e de février 1644. Dieu qui l'avait destinée à triompher des faiblesses de la nature et à relever la gloire de sa grâce, voulut qu'elle naquît d'une complexion extrêmement délicate, qui du cours de sa vie fît une suite d'infirmités continuelles, et qu'elle fût élevée tendrement entre les bras de madame sa grand'mère, Anne de Montagne, d'une des plus anciennes et illustres maisons de la Guyenne, dont le nom est célèbre dans le monde par les services que plusieurs officiers d'un mérite extraordinaire ont rendus à l'État, et par la plume de celui qui nous a laissé ses excellents ouvrages.

Ce fut aussi par une conduite particulière de Dieu qu'elle se trouva, dès son berceau, dans l'agitation des guerres civiles, qu'elle perdit dès son enfance monsieur son père, et qu'elle fut dès lors regardée comme une riche héritière peu propre aux austérités de la vie religieuse par la tendresse de son tempérament, et en état de prendre de grands engagements avec le monde. C'est ainsi que Dieu se plaît à couvrir ses desseins impénétrables à la sagesse humaine et à faire voir que les opérations de sa grâce sont indépendantes des dispositions de la nature, ou pour mieux dire, avec l'apôtre, que les faiblesses de la nature sont les ombres qui relèvent les perfections de la grâce, *virtus in infirmitate perficitur* (2).

XX. — *Sa vocation à la vie religieuse.*

A peine cette heureuse fille commença-t-elle de paraître qu'on lui présenta des partis considérables, et qu'on lui fit des propositions capables de flatter l'orgueil et l'amour propre ; jusqu'à ce qu'enfin, lorsqu'on la trouva indocile aux recherches, on en vint à la force et à l'enlèvement, d'une manière si violente, qu'on a peu d'exemples d'un attentat aussi hardi. Il paraît aujourd'hui que la Providence ne permit tout cela que pour faire réussir ses projets avec plus d'éclat. Car, quoique mademoiselle de Meilhac se fût dès l'âge de dix ans dévouée au cloître, qu'elle eût passé ses années les plus innocentes dans l'abbaye de Saintes,

---

(1) Psaume CXVIIe, 22.
(2) Saint Paul, IIe épître aux Corinthiens, XII, 9.

et qu'elle se préparât actuellement dans le monastère de Sainte-Claire de Limoges à en embrasser la règle, Dieu permit qu'on la ravît de la manière que nous avons dit, afin que d'une extrémité elle se jetât dans l'autre et qu'elle se vengeât de la violence que le monde venait de lui faire par celle qu'elle ferait à ses inclinations naturelles, le reste de ses jours, dans la nouvelle religion dont nous allons voir la fondation.

XXI. — *Projet de fondation du Petit Couvent selon l'esprit primitif.*

On servait Dieu avec beaucoup d'édification dans le grand couvent de Sainte-Claire (1), on y observait exactement la règle de saint François, mais on l'y observait mitigée par les Souverains Pontifes qui l'avaient mise à la portée de la faiblesse humaine. Le patriarche saint François, qui ordonna l'observance de sa règle à la lettre effraya ses frères, et vit ses premiers gens ployer sous la pesanteur du joug. Car si la plupart des chrétiens et ceux mêmes qui sont touchés d'un vrai désir du salut trouvent la pureté des conseils évangéliques si amère qu'ils ne peuvent se résoudre de les embrasser, quelque soin qu'on prenne de les adoucir, comment des hommes faibles pourraient-ils en accepter toute l'austérité, et sans se contenter de l'esprit qui vivifie s'attacher à la lettre qui tue l'infirmité de la nature ? Ils plaidèrent pour ses intérêts, ils représentèrent à ce Moyse qui descendait de la montagne qu'ils perdaient cœur à la vue d'une loi si terrible, et qu'il était de sa prudence de ne les pas jeter dans des engagements insoutenables, lorsque ce Père séraphique, qui ne portait pas cette loi écrite sur des tables de marbre, mais gravée dans son cœur encore plus ferme, et qui, comme saint Chrysostôme disait au sujet des apôtres, était devenu lui-même une loi vivante et un Évangile animé, *viva lex, vivum Evange-*

---

(1) Les Filles de Sainte-Claire s'établirent pour la première fois à Limoges le 18 novembre 1619, dans la cité, et occupèrent la chapelle aujourd'hui détruite, de Notre-Dame-du-Puy, dont il faut chercher l'emplacement près le local actuel des Carmélites. En 1637, les religieuses bâtissent un couvent sur la place de la cité, et construisent, en 1641, leur chapelle sur les ruines de l'antique église de Saint-Genest. En 1752, huit sujets composaient toute la communauté. A tort ou à raison, c'est ce que je n'ai pas à examiner ici, le gouvernement s'empara de la maison, la donna aux Bénédictines de Notre-Dame des Alloîs, et assigna aux religieuses évincées une pension alimentaire de deux cent cinquante livres chacune. (P. Laforest. — *Limoges au XVIIe siècle*, p. 544.)

(2) Homélie 1re sur saint Mathieu.

lium (2), leur fit entendre que rien n'était impossible à la grâce de Jésus-Christ, qu'elle tirait sa force de notre faiblesse et que l'on n'est jamais si vigoureux que lorsqu'on se trouve dans l'humble sentiment de l'infirmité naturelle, et qu'il leur répondait, de la part de Dieu, de ce que Job n'avait pu se promettre lorsque, accablé de maux, il disait que sa chair n'était point d'airain et qu'il n'était pas impénétrable comme les pierres (1).

Ce fut pour les rassurer qu'il leur fit voir, dans un sexe plus tendre que le leur, la vertu toute-puissante du Saint-Esprit inspirant à sa chère fille sainte Claire la résolution de suivre les conseils de l'Évangile, à la lettre et dans toute leur rigueur. Cette généreuse héroïne, tirée du côté de ce nouvel homme, leva comme lui l'étendard de la pénitence, et entreprit, haussant le courage des filles, de les porter malgré leur délicatesse naturelle à le disputer aux hommes.

En effet, cette sainte mère laissa aux héritiers de son esprit l'amour d'une régularité si exacte, d'une si parfaite pauvreté, d'une si humble obéissance et d'une perpétuité de jeûnes, de veilles et de macérations si rigoureuses que le monde en fut frappé d'étonnement, et que quand le temps aurait pu effacer dans les saints Livres les caractères de l'Évangile, on les aurait trouvés retracés dans la personne de ces fidèles imitatrices de François et de Claire.

Que si dans la suite des années, ce premier feu battu du vent de nos passions s'est tant soit peu éteint, on l'a vu d'abord rallumé par les nouvelles ferveurs de celles que Dieu a animées du zèle de la réforme, telle que fut sainte Colette et plusieurs autres qui rétablirent la perfection de la règle avec un merveilleux succès, mais qui se portèrent à des austérités que le cœur humain, qui chaque jour s'affaiblit de plus en plus, ne se trouva pas capable de soutenir longtemps. L'Eglise crut devoir en modérer la rigueur excessive. Urbain IV, sans affaiblir l'esprit de la pénitence, qui avait toujours régné dans ce saint ordre, s'appliqua à l'adoucir par de sages tempéraments ; et toutefois sa mitigation parut encore si austère, qu'on crut que son respect pour la fondatrice l'avait emporté sur la compassion dont il avait été touché pour ses filles. Il fallut qu'Eugène IV y ajoutât de nouveaux adoucissements et de plus larges dispenses à la faveur desquels les disciples de saint François et les filles de sainte Claire ont

---

(1) Voici le texte auquel il est fait allusion : *Nec fortitudo lapidum fortitudo mea, nec caro mea œnea est.* (Job, VI, 12.)

depuis porté agréablement le joug que la faible nature n'avait pu soutenir. Il s'en trouva pourtant plusieurs dans la suite des siècles qui animés du désir d'une perfection plus sublime soupirèrent pour le rétablissement de l'esprit primitif, et dirent souvent avec Job : *Quis mihi det ut sim juxta dies pristinos* (1). Mais il n'était pas aisé de se remettre dans cet état; et il y avait eu moins de peine à le former qu'il ne s'en trouvait à le réformer.

XXII. — *Difficulté de la réforme.*

Car il fallait pour ressusciter cet esprit primitif et renouveler la pureté de la règle se condamner à l'abstinence perpétuelle et à des jeûnes très fréquents, très longs et très rigoureux, pendant lesquels on s'interdit les œufs, le beurre et le laitage, pendant le Carême et l'Avent tous les vendredis et les jours de jeûnes généraux. Il fallait se résoudre à la rudesse de l'habit, à la nudité des pieds et à la dureté du lit. Il fallait se consacrer au silence et à la solitude, jusque dans les parloirs où l'on n'accorde ni aucune curiosité aux yeux, ni aucune licence à la langue. Il fallait s'appliquer sans relâche à l'oraison, à la contemplation, à la célébration de l'office divin pour lequel on interrompt le sommeil à minuit et qu'on récite debout avec une révérence digne des sentiments du cœur qui font seuls toute la mélodie du chant. Il fallait pour cela resserrer la pauvreté dans les bornes étroites d'où elle était sortie, ne faire aucun quartier à l'esprit de propriété, fermer la porte aux largesses des parents, des amis, purger les cellules de toute superfluité, et bannir des autels mêmes du Seigneur et des ornements sacrés, d'ailleurs très propres et très édifiants, l'or, l'argent, la soie et tout ce qui peut étaler d'autres richesses que celles de la foi et de la piété chrétienne. Enfin il fallait faire un entier divorce avec tous les plaisirs du corps et toutes les commodités de la vie que l'indulgence avait jusqu'alors accordés aux servantes du Seigneur.

Voilà ce qu'il fallait entreprendre pour parvenir à une parfaite réforme, et voilà ce que dans ce dernier siècle Dieu a fait entreprendre à une fille, une fille de seize ans, toujours infirme, sans intrigue, sans secours humains et sans d'autres expédients que ceux de la Providence, seule capable de forcer les obstacles qui s'opposèrent de toute part au succès de ce dessein.

---

(1) L'auteur cite de mémoire l'Ecriture Sainte. Voici le texte : *Quis mihi tribuat, ut sim juxta menses pristinos*. (Job, XXIX, 2.)

XXIII. — *Obstacles qu'il fallut surmonter.*

Le premier fut celui que forma le cœur même de la fondatrice. Sa vocation à la religion ne fut pas comme celle des autres filles qui suivent ordinairement quelque attrait, et qui sont portées au cloître ou par l'horreur que leur inspire la corruption du monde ou par les charmes qu'elles trouvent dans la vie religieuse, souvent par un heureux hasard, par la disgrâce d'une famille ruinée ou d'une fortune déchue, par l'humeur incompatible des parents et par la dure captivité de l'Egypte qui obligea les Israëlites d'aller à travers les flots chercher leur repos et leur félicité dans le désert. Celle-ci ne s'engageait dans cet état par aucune considération naturelle mais par la seule impulsion de la grâce, qui n'empêchait pas qu'elle fût combattue intérieurement par des tentations très violentes et d'autant plus dangereuses qu'elles étaient moins suspectes et qu'elles se trouvaient fortifiées par les sentiments qu'on lui inspirait et par les pièges qu'on lui tendait de toutes parts.

Les pensionnaires ses compagnes lui donnaient du mépris pour la religion et de l'amour pour les fausses douceurs de la vie, dont souvent on les sèvre trop tard, en ne les confiant au cloître qu'après que le monde a déjà prévenu leur esprit et gagné leur cœur d'autant plus susceptible de ses impressions qu'il est plus tendre et moins défendu. Tant il est vrai que les monastères ont sujet de craindre la contagion de ces sortes de filles infectées des vanités séculières et de se défier de ces espions mal intentionnés, qui comme ceux d'Israël n'entrent dans la terre promise que pour en décrier le séjour et en débiter de fausses nouvelles(1).

Elle eut à soutenir des assauts encore plus rudes du côté des parents que la nature et l'intérêt rendent toujours trop éloquents dans ces rencontres. Ils lui reprochèrent la témérité de son dessein et la présomption de ses forces qui lui manquaient souvent pour de moindres efforts. Ils lui représentèrent l'incertitude du succès et l'immensité des peines et des frais auxquels elle s'engageait. Ils lui prouvèrent qu'elle pouvait travailler avec plus de facilité à son salut dans le monde, ou, si elle était dans la résolution de le quitter, qu'elle trouverait des retraites plus sûres dans divers monastères ; que si elle ne goûtait pas l'institut de Sainte-Claire, celui de la Visitation devait lui plaire par sa douceur, sa régularité et son exactitude, d'autant mieux qu'elle en avait déjà

---

(1) Nombres, XIII.

fait l'essai, et que si enfin sa ferveur lui donnait de la pente pour la solitude et pour les macérations du corps, les carmélites fondées par son ayeule (1) se feraient un plaisir de lui ouvrir leur porte. De tout cela ils concluaient qu'elle ne pouvait sans imprudence préférer à des voies de salut, si pleines et si ouvertes, le hasard d'un nouvel établissement ; d'autant mieux que ni le temps n'était nullement propre à le former, ni son âge assez mûr pour l'entreprendre, ni les esprits disposés à l'approuver, et qu'à en bien considérer toutes les circonstances il ne pouvait paraître que mal entendu. La voix de Dieu qui brise les cèdres lui suggérait intérieurement des réponses capables de détruire toutes les subtilités de la chair et toutes les fausses vues de la prudence terrestre.

Il y eut bien plus de peine à vaincre l'éloignement de Monseigneur de La Fayette. La jeunesse de cette fondatrice, son peu de santé, la difficulté de former un nouveau monastère et de le fournir de dignes sujets, les frais nécessaires qui paraissaient beaucoup plus utiles aux bâtiments commencés par monsieur de Savignac dont la consommation paraissait d'une plus grande importance à la gloire de Dieu et au bien public, et plusieurs autres considérations l'affermissaient dans le refus de sa permission. Mais sa fermeté ne servit qu'à relever bientôt l'efficace de la vocation divine, qui changea si subitement son cœur, que non content de donner son consentement, il donna ses soins et sa protection à cet ouvrage, et qu'il déclara hautement qu'on ne pouvait plus douter que Dieu n'eût de merveilleux desseins sur cette jeune fille, pour qui il conserva toujours depuis une estime singulière et à qui il se fit un mérite d'accorder toute sorte de grâces.

L'obstacle qui parut le plus juste et le plus invincible fut celui que formèrent les religieuses de l'ancien monastère de Sainte-Claire. Comme leur conduite avait toujours été très régulière et très édifiante, elles crurent qu'il n'y avait rien à ajouter à la fidélité de leur observance ; qu'elles ne devaient pas souffrir que ce nouvel établissement déchirât l'unité de leur institut ; qu'on ne pouvait le faire sans leur enlever des sujets dont elles avaient

---

(1) Jeanne de Douhet, épouse de Martial Benoît, seigneur de Compreignac et du Mas-de-l'Age, trésorier général de France à Limoges. Leur fille Peyronne Benoît épousa Mathieu de Maleden, seigneur de Meilhac et de Savignac. C'est en 1618 qu'eut lieu cette fondation des Carmélites à Limoges. On peut en voir les détails dans M. Laforest : *Limoges au* XVIIe *siècle*, page 359.

besoin; qu'il était de l'intérêt de tout l'ordre de s'opposer à cette nouveauté; qu'il fallait se pourvoir auprès des supérieurs majeurs, et pour cet effet elles dépêchèrent un exprès au Père Provincial qui était alors dans le cours de sa visite. Mademoiselle de Meilhac en dépêcha un autre de son côté, et avant qu'on pût en recevoir aucune réponse elle ne balança pas à publier le consentement dont elle avait eu des nouvelles plus promptes que celles qui vinrent par la voie des hommes. En effet, ce supérieur, contre toutes les apparences et contre son propre intérêt, consentit à l'indépendance que le nouvel ordre devait avoir de sa juridiction et permit la sortie de quatre religieuses, pour l'ouverture d'une nouvelle maison, sous la conduite de madame de Puylaurens, personne d'un mérite extraordinaire, sœur du duc de Puylaurens et beaucoup plus illustre par sa vertu et par sa longue expérience de la vie religieuse que par sa naissance et par ses qualités naturelles. En tout cela on aperçut la main de Dieu et on connut le pouvoir que commençait d'avoir auprès de sa majesté une aussi jeune mais une si fervente fille.

XXIV. — *Commencement de l'établissement du Petit Couvent.*

La victoire de tant d'oppositions faisait voir trop évidemment l'œuvre du ciel pour qu'on en différât l'exécution. Celles qu'il avait destinées à ce nouveau genre de vie, sortirent avec une promptitude digne du zèle qui les animait; et en attendant de trouver une maison propre à leurs fonctions elles firent leur premier essai dans un logis emprunté, très incommode, soit que Dieu voulût faire voir que la régularité de l'esprit intérieur ne dépend pas de l'édifice matériel, soit qu'il voulût leur inspirer dès les premiers jours un abandon entier à sa Providence. Aussi peut-on dire qu'il n'y eut jamais moins de secours temporels, ni moins d'empressement à en rechercher que dans cette fondation à laquelle ni l'intrigue, ni l'industrie n'eurent aucune part. On vit ces généreuses épouses du Seigneur se défendre du monde sous ces faibles retranchements aussi rigoureusement qu'elles l'auraient fait sous les remparts de leur cloître.

XXV. — *Entrée de mademoiselle de Meilhac en religion.*

La petite chapelle qu'elles ouvrirent fut une fidèle image de la Portioncule de leur Père saint François; mais l'autel qu'elles y dressèrent sera éternellement célèbre par le sacrifice de leur fervente fondatrice. La vie religieuse qui lui avait paru d'abord affreuse, lui fut mise dans un point de vue si charmant après la communion du jour de la Conception de la Vierge de l'an 1658, et le Saint-Esprit lui en fit un portrait si vif et si touchant que, comme elle l'a déclaré dans ses écrits, tout ce qu'on en trouve dans les livres n'en approche pas. Dès cet heureux moment elle ne soupira que pour sa délivrance, elle demanda le voile sacré avec des instances très pressantes, et enfin elle le reçut solennellement avec une générosité et une consolation extraordinaires le 12 du mois d'août de l'an 1659. L'édification de tous ceux qui furent témoins de son courage, les ravit d'admiration de voir une fille de 16 ans fouler aux pieds tous les avantages que le monde lui promettait, et lever le premier drapeau d'une règle si austère.

XXVI. — *Elle prend la qualité de sœur converse et le nom de sœur du Calvaire.*

Ce fut en qualité de sœur converse qu'elle se donna à la religion, et ce fut sous le nom de sœur du Calvaire, afin que l'humilité et la mortification fussent les principes de sa conduite, comme elles doivent être les fondements d'un si saint institut. Par là elle se défendait des pièges que l'orgueil et l'amour-propre tendent à ceux qui se signalent par des œuvres de piété qui jettent de l'éclat. Un esprit de vanité, d'autant plus subtil qu'il est plus imperceptiblement mêlé aux intérêts de Dieu, fait souvent rejaillir sur nous la gloire que nous prétendons lui procurer. Nous exerçons volontiers l'empire sur les âmes que nous lui conquérons, et lors même que nous reconnaissons la vertu de sa grâce, nous nous applaudissons que ce soit par notre ministère que sa grâce opère. L'amour-propre nous suit dans le cloître ; en nous faisant renoncer au monde il échange ses plaisirs contre ceux de la religion et il ne manque jamais de gagner au change, infiniment plus satisfait de ces douceurs célestes, qu'il ne l'aurait été de celles du siècle, mais trompé par leur illusion, lorsqu'il ne ne veut les goûter que sur le Thabor, et qu'il fuit le Calvaire. Celle qui s'y porta dès le premier pas qu'elle fit dans la maison de Dieu, y trouva une parfaite abnégation d'elle-même dans le rang de sœur converse, et le crucifiement général de toutes ses passions. Nous verrons dans la suite combien cette humble qualité lui fut chère et combien le nom mystérieux du Calvaire eut de rapport à ses vertus et au caractère des grâces qu'elle reçut du ciel.

XXVII. — *Son noviciat et sa profession.*

Dans cette année d'épreuve elle fit éclater toute la ferveur d'une novice qui travaillant à sa perfection se croyait obligée de tracer le chemin à celles qui marcheront sur ses pas ; ou pour mieux dire ce ne fut pas une ferveur de novice qui s'exhale avec le temps, semblable à ces faibles chaleurs de l'été qui élevant des vapeurs les laissent aussitôt retomber sur la terre. Elle fit voir dès son entrée dans la maison du Seigneur une vertu solide qui ne se démentit jamais ; car, quoiqu'on n'eut pas encore écrit de constitutions, elle les portait gravées dans le centre de son cœur, et elle en faisait voir le premier rayon dans sa conduite édifiante, persuadée de ce que disait saint Augustin, que la vigueur des lois et l'observance de la discipline dépendaient de l'exemple qui prépare les sujets à une parfaite obéissance, ce qui obligeait ce grand docteur d'exhorter les néophytes qui étaient entrés dans l'Eglise par le baptême, de commencer par chercher parmi les fidèles un modèle digne de régler leur mœurs : *Eligite quem imitamini ;* et s'ils étaient assez malheureux pour n'en pas trouver, il leur déclarait que c'était en vain qu'ils avaient reçu le baptême : *Si non inveneritis, sine causa tot homines baptizant.* Ce fut dans cette vue que cette fervente novice fit éclater toutes les vertus qu'on peut attendre de la maturité d'une religieuse accomplie. L'altération de sa santé et les premières duretés de la vie religieuse qui éteignent ordinairement une faible vocation ne servirent qu'à enflammer la sienne. Le jour de sa profession ne fut pas plutôt échu que sans perdre un moment elle s'engagea par les vœux publics de la religion et qu'elle en ajouta de secrets, qui, comme nous le dirons en son lieu, portèrent son courage à des extrémités d'une rare ferveur.

XXVIII. — *Transport du Petit-Couvent.*

Ce généreux sacrifice attira de nouvelles bénédictions de Dieu. Il délivra ses servantes des embarras que leur causait l'incommodité du logement et il leur marqua l'endroit qu'il avait choisi pour sa gloire et pour leur repos. Une petite chapelle hors des murs de la ville, au-delà de la porte des Arènes de l'ancien prieuré de Saint-Jacques, n'était presque plus d'aucun usage pour le ministère auquel elle avait été autrefois destinée. On trouva des facilités pour traiter avec monsieur Du Bois, qui en était le titulaire, et outre que l'échange qui lui fut proposé par monsieur de Savignac lui fut avantageux, sa piété le porta à y donner les mains, piété qui fut récompensée par la grâce que Dieu lui fit de finir ses jours dans la retraite de la Mission et de consommer sa vie au service des pauvres malades de l'hôpital.

L'emplacement aurait été trop étroit sans l'acquisition de quelque maison et de quelque fonds du voisinage. La chose ne se fit pas sans de nouvelles peines. Mais enfin on les surmonta et on y bâtit en peu de jours ce Petit-Couvent qui est grand aux yeux de Dieu et magnifique par la seule pauvreté dont il fait sa gloire (1). On y transporta cette sainte colonie ; et, comme on avait dressé le premier autel pour le sacrifice de la sœur du Calvaire, dès que le second fut en état, on y célébra celui de sa chère sœur Thérèse de Saint-Joseph, le jour de la Nativité de la Vierge, l'an 1661 (2), et on le prépara pour la troisième victime qui n'attendait que son heure pour s'immoler à l'exemple de ses sœurs.

XXIX. — *Difficultés pour les constitutions.*

On vécut dès les premiers jours de ce nouveau monastère, comme on vit dans les plus anciens et les plus réguliers. Tout y était dans l'ordre, dans la ferveur et dans une profonde paix, lorsque Dieu qui se fait un honneur de bâtir sur la mer au milieu de la tourmente, *super maria fundavit cum et super flumina preparavit eum* (3), permit que cette maison, à peine formée, fût agitée de trois rudes tempêtes, qui en firent craindre la ruine aux sages du monde, mais qui en présagèrent la stabilité et la gloire à ceux qui, avec l'œil de la foi, pénètrent les desseins de Dieu.

La sévérité de la règle qui devait faire revivre l'exactitude de la première observance, n'élevait pas moins de frayeurs et ne faisait pas naître moins de difficultés que le premier jour qu'elle parut dans le monde. Il fallait la réduire à de certaines lois et à des constitutions stables et perpétuelles à quoi il y avait d'autant moins d'espérance de pouvoir réussir, que les personnes qui composaient cette nouvelle communauté se trouvaient dans des dispositions fort différentes. Les unes qui avaient déjà fait profession de la règle dans l'ancien monastère, selon qu'elle s'y observait saintement, croyaient que leur premier engagement était incompatible avec le second, et que leur âge et la conduite qu'elles avaient gardée jusqu'alors ne permettait pas à leur prudence d'entrer si tard dans de nouvelles manières. On persuadait aux autres que la tendresse de leur complexion ne pouvait se

---

(1) La rue où fut établi ce couvent porte encore aujourd'hui le nom de rue des Clairettes.

(2) La date de 1662 donnée par La Biche de Reignefort est inexacte. C'est, comme dit ici l'auteur, le 8 septembre 1661 que Marie-Thérèse de Maleden de Meilhac fit ses vœux.

(3) Psaume XXIII.

promettre de persévérance que des dispenses qu'on devait leur accorder. Mais d'ailleurs il paraissait aussi dangereux d'affaiblir pour quelques-unes les constitutions que d'en ordonner à toutes l'uniformité. Et c'était pourtant de cette uniformité que dépendait toute la gloire de l'esprit régulier et toute la vigueur de la discipline.

Dans cette conjoncture il fut difficile à la sagesse humaine de trouver de justes mesures. Mais celle de Dieu sut, comme dit saint Augustin, tirer un concert mélodieux des cordes qui, quoique différentes dans leurs qualités et dans leurs sons, n'étaient pas contraires dans leur harmonie. *Ex diversis, sed non adversis chordis.* En effet, dans le temps qu'on appréhendait que cet embarras n'arrêtât le projet qui avait eu de si heureux commencements, les constitutions furent reçues le 6 d'octobre 1670, sans distinction, par la conspiration générale des anciennes et des jeunes, des saines et des infirmes qui ne firent toutes qu'un cœur et qu'une âme.

XXX. — *Sainteté de ces constitutions.*

Quoique nous ayons déjà donné quelques légères idées de ces saintes constitutions, il importe à l'édification publique d'en faire connaître plus en particulier ce que les gens du monde sont capables d'en apprendre. Outre les devoirs communs à toutes les personnes religieuses, on peut dire que cette règle particulière a porté la pauvreté et la mortification du corps et de l'esprit jusqu'au suprême degré de perfection que le patriarche saint François, et sa fidèle coadjutrice sainte Claire, ont prétendu lui donner.

Elle habille les sœurs d'une étoffe rude et grossière dont la couleur même fait voir la livrée de l'humilité, sans mettre de différence entre l'hiver et l'été, et sans distinguer les rigueurs de l'un des chaleurs excessives de l'autre.

Elle ne leur donne pour le repos de la nuit qu'un grabat élevé de terre d'un pied, sans rideaux et sans tour de lit, une cellule de huit pieds de longueur et autant de largeur, avec un seul escabeau, un oratoire sans façon, et point de table, point de nappe sur celles du réfectoire, chacune y suppléant par l'étendue de sa serviette.

Elle interdit même aux meubles sacrés de l'église, aux chapes, aux chasubles et aux parures de l'autel, les passements et les galons d'or et d'argent, à la réserve des voiles et des bourses auxquels elle consacre la soie. Les chandeliers y sont de simple bois, et ce n'est que dans ce saint lieu, ou à l'oratoire intérieur de la communauté, qu'on voit des tableaux à l'huile et à la détrempe.

Au reste, pour bannir de cette pauvre maison tout esprit de propriété, et pour dégager le cœur des moindres liens qui pourraient l'attacher, on tire au sort chaque année les cellules, les bréviaires, et tout ce qui sert à l'usage de la vie, jusqu'au rang même qu'on doit tenir.

Cette règle n'est pas moins exacte pour tout ce qui peut mortifier la chair et les passions. Outre l'incommodité des habits, la dureté de la couche et la nudité des pieds dans les plus âpres rigueurs du froid, elle oblige à l'abstinence perpétuelle, elle étend les jeûnes à huit mois de l'année, pendant lesquels elle ne tolère ni les œufs, ni aucune sorte de laitage durant l'Avent, toute l'année les vendredis, le Carême, et tous les autres jeûnes de l'Eglise. On n'y omet aucune macération du corps par les instruments de la pénitence, on se lève à minuit pour l'office divin, et on ne s'assied que pendant les leçons et à l'office des morts. On y fait une profession singulière du silence.

L'entretien des sœurs aux heures de récréation est toujours accompagné du travail des mains. Elles ont des jours de retraite pendant lesquels elles gardent une sévère solitude, pour entrer dans l'intérieur du désert et se séparer non seulement de toutes les créatures mais autant qu'il est possible d'elles-mêmes.

La clôture des parloirs est inviolable; une toile clouée en rend l'ouverture impossible, et la grille même de l'église ne laisse de passage qu'au divin Epoux dans la communion et qu'à la parole de son Evangile.

Telles sont en abrégé les constitutions qui furent reçues de toutes les sœurs avec une plénitude de joie et de ferveur dans un temps où toute la prudence terrestre s'élevait contre elles. Mais à peine commença-t-on d'en voir l'observance qu'on la vit exposée à un second et à un troisième orage à l'occasion que nous allons dire.

XXXI. — *Obstacles à la bulle de confirmation.*

Pour donner à ce nouvel établissement un crédit canonique et une vigueur apostolique selon les saints canons, il fallut en obtenir la confirmation du Saint-Siège, et ce fut à quoi l'on trouva des difficultés presque insurmontables. La cour de Rome, toujours très exacte à toutes les formalités qu'il faut observer, n'en garde jamais de si sévères que pour tout ce qui porte le caractère de nouveauté, principalement en fait d'établissements monastiques, qui engageant les âmes à l'étude de la perfection et à la pratique des vertus les plus éminentes, obligent les supérieurs à une attention particulière à leur vocation. D'ailleurs on trouva la cour de Rome fortement prévenue contre celui-ci, par l'intrigue de ceux qui prenaient intérêt à sa ruine. Mais ce qui forma le plus grand obstacle fut la qualité de la supplique présentée au nom de la sœur du Calvaire. Car comme il y était fait mention de son enlèvement, cette aventure éleva des ombrages qu'on eut bien de la peine à dissiper pendant les trois années qu'on y travailla. De là les bruits qui commencèrent à courir dans le monde, qu'on allait voir tomber cet édifice mal entendu. De là les frayeurs qu'on inspira à celles qui prétendaient y entrer. De là les scrupules qu'on jeta dans la conscience des sœurs qu'on ne croyait pas en sûreté de salut, ni en état de trouver le repos qu'elles avaient quitté, et qu'elles cherchaient inutilement dans une communauté à laquelle l'Eglise n'avait pas mis son sceau. Les instances qu'on faisait à Rome étaient sans succès. Le retardement passait pour un refus, et les plus zélées pour la règle commençaient à s'écrier avec le prophète, qu'à force d'espérer elles tombaient dans le désespoir: *Defecerunt oculi mei dum spero in Deum meum* (1).

XXXII. — *Maladie de la Mère de Puylaurens.*

Les choses étaient en ce triste état lorsque pour un comble d'affliction la Mère de la Purification (c'était le nom de madame de Puylaurens, à qui la fondatrice avait confié toute sa conduite,) fut attaquée d'une maladie si dangereuse, qu'on ne crut pas qu'elle en put échapper. Son éminente vertu, sa prudence singulière, la douceur de son gouvernement, la jeunesse et le peu d'expérience de la plupart de celles qui composaient cette nouvelle communauté, les infirmités continuelles de la sœur du Calvaire, qui à peine avait atteint sa vingtième année, la conjoncture des affaires et plusieurs autres raisons rendaient cette supérieure si nécessaire, que du moment qu'on désespéra de sa vie on ne douta plus que cette barque sans patron ne dut échouer parmi des écueils si dangereux : tant il est ordinaire aux hommes de mesurer les œuvres de Dieu aux vues de la politique terrestre. Cependant ce fut précisément dans ce moment qui paraissait fatal, qu'un souffle favorable de la Providence fit voguer heureusement ce vaisseau et le fit surgir au port.

---

(1) Psaume LXVIII, 4.

XXXIII. — *Bulle de la confirmation.*

Alexandre VII accorda agréablement la bulle de la confirmation et répandit en abondance les bénédictions du Saint-Siège sur cette réforme au mois d'août de l'an 1664, qui fut le VIIe de son pontificat.

La Mère de la Purification revint des portes de la mort avec un surcroît de forces qui lui ménagèrent la vie pour bien des années, qu'elle rendit si utiles à cette maison qu'on n'oubliera jamais les services dont elle lui est redevable.

XXXIV. — *Les vertus de la Mère de Puylaurens et sa mort.*

Les vertus de cette excellente religieuse ont été si édifiantes et toute sa conduite si pleine de tant de sagesse et de piété, qu'on doit à la gloire de Dieu et à sa mémoire qui sera toujours vénérable le petit récit que nous ajoutons à cette relation et qui en forme une des plus essentielles parties.

La noblesse de l'ancienne et illustre maison de l'Age de Puy-Laurens est assez connue dans le monde (1), et personne n'ignore l'estime et la faveur que le duc de Puy-Laurens s'attira à la cour de France par son mérite et par ses services. Mais on peut dire qu'elle doit aux yeux de Dieu son plus solide éclat, à la vertu de cette généreuse sœur, qui renonçant aux vanités du siècle, se consacra au cloître dans l'ordre de Sainte-Claire, à l'exemple de ses aînées, dont la première était entrée dans le monastère de la Visitation, et la seconde dans celui de l'Annonciade de Bourges. Chacune d'elles se signala dans l'esprit de la règle, mais il est certain que la Mère Louise de la Purification se distingua d'une manière fort singulière dans le couvent de Sainte-Claire de Limoges, qu'elle gouverna avec beaucoup de prudence, et dans le Petit-Couvent dont elle fut la première supérieure et qu'elle conduisit pendant plusieurs années avec un esprit de zèle, de ferveur et de régularité, mais surtout avec une douceur et une charité

---

(1) René de l'Age, chevalier, sous-gouverneur du duc d'Orléans, seigneur de Puy-Laurens, commune de Saint-Georges-les-Landes, etc., épousa en 1602 Jeanne Pot, fille de Guillaume Pot, chevalier, grand-maître des cérémonies de France, etc. De ce mariage naquirent : 1º Antoine, qui fut duc d'Aiguillon ; 2º Anne, supérieure des religieuses de Sainte-Marie à Bourges ; 3º Madeleine, religieuse à l'Annonciade de Bourges ; 4º Louise, religieuse à Sainte-Claire de Limoges.(Nobiliaire du Lim. I, 2e édit., p. 4.) — La Biche de Reignefort a publié la biographie de la Mère de Puy-Laurens dans *Six mois de la Vie des Saints du Limousin*. T. II, p. 482.

qu'on ne peut assez louer. Depuis l'âge de dix ans, jusqu'à celui de près de quatre-vingts, elle fournit sa vaste carrière avec une exactitude et une fidélité qui ravirent d'admiration tous ceux qui en furent les témoins. Ce fut en vain qu'avant sa profession on tenta son courage et qu'on fit des efforts pour lui enlever le voile de novice et lui faire accepter les partis considérables qu'on lui offrait dans le grand monde. Le duc, son père, essaya inutilement de lui persuader qu'elle pouvait sacrifier au Dieu vivant dans l'Egypte, ou que du moins elle devait choisir un ordre et un monastère plus proportionnés aux desseins qu'il avait pour son élévation. Ce combat qui dura un an entier après la fin de son noviciat ne servit qu'à faire éclater son humilité et l'efficace de sa vocation. Son attrait particulier pour la vie cachée et intérieure lui fit aimer la solitude et l'appliqua à la contemplation, pour laquelle, dès sa jeunesse, elle eut un don particulier. Son recueillement qui fut perpétuel, paraissait dans sa conversation et dans l'acquit de ses emplois. Elle ne perdait presque jamais Dieu de vue, et avait accoutumé de dire qu'un quart d'heure de solitude était capable d'adoucir tous les chagrins de la vie.

Ce fut l'amour de la vie cachée qui lui fit profiter de l'occasion que lui fournit le dessein de la sœur du Calvaire pour l'établissement du Petit-Couvent. Comme Dieu avait uni ces deux belles âmes par le lien d'une charité particulière, leur cœur n'avait qu'un même mouvement; et c'était une chose admirable de voir d'un côté une si ancienne religieuse suivre avec tant de complaisance la nouveauté de cet institut, et de l'autre une aussi jeune professe en embrasser toute l'austérité avec tant de ferveur.

La prudence consommée de la Mère de la Purification et son expérience dans tout ce qui regardait la religion ne permirent pas qu'on lui laissât goûter toutes les douceurs de la vie cachée et le plaisir du repos dans le centre de son humilité pour donner à cette nouvelle famille une digne supérieure. Il fallut porter cette lampe sur le chandelier; mais elle n'y parut que pour éclairer toute la maison. Son exactitude à tous les points de l'observance fut une règle vivante pour les sœurs. Elle les prévenait la nuit pour l'heure de matines; elle se trouvait la première à tous les emplois du jour. Si religieuse pour son silence, que quoique très humaine et très complaisante, dès qu'il se présentait quelque occasion de le rompre, elle disait d'un air agréable à ses sœurs : « Amitié jusqu'à la règle. » Son grand âge, ni ses infirmités ne la firent jamais relâcher de sa fidélité; et elle ne trouvait rien de si rude que la nécessité d'accepter des dispenses lorsque ses supérieurs l'obligèrent à ne les pas refuser.

Cet esprit de régularité la porta toujours à l'obéissance. Elle fit souvent des efforts pour quitter la qualité de supérieure. L'obligation indispensable où elle se trouva d'en exercer le ministère pendant 22 ans, ne put pas affaiblir l'inclination qu'elle avait à se soumettre à la volonté des autres; et elle fit voir en qualité de simple et humble religieuse, les dernières années de sa vie, une profonde humilité qui lui ôta toutes les vues du mérite qu'elle avait acquis et des grands services qu'elle avait rendus pendant tant d'années.

Sa précieuse mort répondit à la sainteté de sa vie. La longue maladie qui la prépara à ce dernier passage lui donna lieu de faire paraître le fonds des grandes vertus dont son humilité avait pris le soin de cacher si longtemps tout l'éclat. Ce fut principalement un esprit de résignation et d'abandon aux ordres de Dieu qu'on remarqua dans les dernières dispositions de son cœur. Elle dit souvent dans l'état languissant où elle se trouva que la maladie était un état de dépendance de Dieu et des hommes, que c'était un sacrifice qu'on faisait au Seigneur par l'immolation du corps et de l'esprit et que les médecins en étaient les ministres. Dans cette disposition on ne l'entendit jamais se plaindre ni des remèdes, ni de ce qui échappait à la vigilance et à la charité des infirmières. La supérieure ayant désiré qu'elle dît, avant d'expirer, quelques paroles particulières d'édification, elle se contenta de dire : Que la volonté de Dieu soit faite sur la terre comme elle l'est dans le ciel; et pour ce qui est de ses sœurs qui lui demandèrent sa bénédiction et ses derniers sentiments, l'observance régulière fut la dernière chose qu'elle leur recommanda, et la première qu'elle leur promit de demander à Dieu s'il lui faisait miséricorde. Les deux faveurs qu'elle tâcha d'obtenir avant de rendre l'âme furent premièrement qu'elle eût la consolation de mourir sur la terre comme son Père séraphique saint François, et la seconde qu'on ne lavât pas son corps après la mort. On lui accorda cette dernière grâce, et l'on ne jugea pas devoir suivre l'excès de sa ferveur pour la première. Ainsi mourut, chargée d'années et de mérites, Louise de Puy-Laurens, Mère de la Purification, première supérieure du Petit-Couvent, le 26 octobre, l'an 1685. Mais il faut reprendre la suite de cette *Relation*.

XXXV. — *Ferveur des sœurs dans le Petit-Couvent.*

Depuis que ces fidèles épouses de Jésus-Christ, après tant de secousses, se trouvèrent confirmées dans la possession tranquille de leur règle, elles firent toujours voir une égale ferveur dans son observance, et elles n'y ont jamais souffert le moindre relâchement. L'exactitude de leur conduite attira l'estime de leurs supérieurs et l'amour du peuple. Comme elles sont soumises immédiatement à la direction et à la juridiction épiscopale, elles en ont toujours éprouvé la protection singulière. Elles ont trouvé des pères dans leurs Prélats, qui les ont regardées comme une des plus chères et des plus précieuses portions de leur troupeau. Les ouvriers de la Mission se sont personnellement chargés de la culture de ce champ qui leur rapporte au centuple des fruits dignes de leurs soins.

C'est dans ce champ que des filles d'une vertu distinguée ont cru qu'elles devaient chercher le trésor caché, et loin que l'austérité des constitutions ait rebuté leur zèle, elles ont avoué qu'elles avaient été tout leur attrait, jusque-là que, comme le nombre des religieuses fixe et déterminé ne laisse d'entrée qu'à celles qui héritent des places vacantes par le décès de quelqu'une des sœurs, il s'est trouvé des prétendantes qui ont regardé d'un œil jaloux la trop longue vie de celles qui retardaient leur bonheur.

Ce qu'il y a de plus remarquable c'est que de toutes celles qui avec ardeur ont heurté à la porte de cette sainte famille, il n'en est pas une qui n'ait avoué que la seule impulsion du Saint-Esprit l'y a conduite, sans que de la part de cette communauté on ait fait les moindres avances. Aussi la Mère du Calvaire avait coutume de dire que les autres religieuses signalent leur zèle en invitant les filles à leur cloître, mais que c'était à Dieu seul de les attirer au Petit-Couvent qu'elle appelait un nouveau monde, une terre inconnue aux hommes et que Dieu seul savait le chemin qui conduit à ce désert. Il y a conduit des âmes d'élite dont plusieurs ont eu le bonheur de prendre dans le noviciat les leçons de la fondatrice même, qui en avait la direction, et de recevoir les prémices de l'esprit dont elle était animée; de sorte que, quoiqu'elle leur ait été sitôt ravie, on peut dire qu'on la voit encore aujourd'hui vivre dans leurs personnes.

XXXVI. — *Mort de la Mère du Calvaire.*

Les infirmités continuelles faisaient assez juger que Dieu ne la laissait sur la terre que pour lui donner la consolation de voir le succès de tout ce qu'elle avait entrepris pour sa gloire. Et certes il serait difficile de trouver dans l'histoire une vie qui ait été tout à la fois et si courte et si pleine par la consommation de tant de grandes choses en si peu de temps, et la victoire de tant d'oppositions formées de toutes parts, et du côté du monde, et du côté même du ciel, si on peut le dire ainsi, oppositions qui n'ont été surmontées que par la vertu de la grâce, par la seule ressource de la prière et par l'abandon à la Providence divine.

Comme la violence de ses douleurs, la dernière année de sa vie, l'avertit des approches de la mort, dont Dieu lui avait donné de secrets pressentiments, elle se disposa à cet heureux passage par un redoublement de ferveur, par une patience héroïque et par des ardeurs extraordinaires du divin amour, qui fit éclater sa dernière et sa plus vive flamme et qui éveilla l'ardent désir de voir Dieu qui la consumait depuis le moment qu'elle lui avait donné son cœur. Et comme elle avait vécu sur le Calvaire, ce fut sur le Calvaire qu'elle voulut mourir. Pour cet effet elle demanda avec beaucoup d'instance à son époux crucifié trois faveurs singulières. La première de mourir le même jour, à la même heure et de la même manière qu'il était mort. La seconde de mourir avec autant seulement de tranquillité qu'il en fallait pour s'unir d'esprit et de cœur à sa Passion. Et la troisième de mourir entre les mains de ses supérieures, afin de baisser pour la dernière fois la tête sous le joug de l'obéissance. Elle demanda ces trois privilèges et elle les obtint, comme nous le verrons dans la suite.

Ce fut ainsi, après avoir reçu tous les sacrements avec des sentiments d'une piété très édifiante et après avoir donné à toutes les sœurs les dernières marques de son estime et de sa tendresse, que mourut Anne-Marie du Calvaire le vendredi 7me d'avril, l'an 1673 et le 29me de son âge. Fille des plus illustres de ce siècle, digne que l'Eglise, comme nous avons sujet de l'espérer, veuille la mettre en son temps au rang des épouses de l'Agneau qui l'ont suivi avec plus de fidélité et qui ont procuré sa gloire par la pratique constante des vertus les plus solides, par la patience la plus héroïque dans toutes sortes d'épreuves, et surtout par le zèle qu'elle a signalé dans les services les plus importants à la gloire de Dieu.

Monseigneur de La Fayette et tout ce qu'il y avait de considérable soit parmi les ecclésiastiques, soit parmi les laïcs, avec un concours extraordinaire du peuple, honorèrent ses funérailles.

Son corps fut inhumé avec la distinction que lui devait la gratitude et la vénération des sœurs. Chacun essaya de s'enrichir de quelque portion de ses précieuses reliques. MM. de la Mission élevèrent dans leur salle son portrait vis-à-vis de celui de monsieur de Savignac, et il sera éternellement gravé dans le cœur de ceux qui prendront un intérêt sincère à ce que l'un et l'autre ont fait de grand pour Dieu, de glorieux pour l'Eglise, et d'utile au public.

Elle était d'une taille médiocre, les yeux vifs mais qu'elle tenait ordinairement baissés, l'air doux, les manières très honnêtes, le naturel affectueux et complaisant, l'esprit droit, le jugement solide, d'un courage résolu que rien ne rebutait dans l'entreprise des choses les plus difficiles pour le service divin. Son entretien toujours édifiant avait des charmes qui lui conciliaient l'estime et la confiance de tous ceux qui l'approchaient. On ne sortait jamais de sa conversation sans être vivement pénétré des sentiments de piété et de mépris des choses de la terre. Mais parce que ses rares vertus et les dons singuliers qui lui furent propres demandent quelque détail, nous en ferons le sujet du troisième livre, qui comme un tableau à deux faces nous représentant d'un côté l'oncle et de l'autre la nièce, nous fera voir l'accord de leurs grandes qualités et l'union de leur esprit et nous imprimera quelque idée de celle de la gloire qu'ils possèdent, comme nous pouvons le croire, dans le séjour de la béatitude, dont la miséricorde de Dieu ne manque jamais de récompenser ceux qui l'ont servi avec tant de fidélité et qui nous ont laissé de si rares exemples.

Il faut pourtant avertir ici le lecteur que dans ce petit détail des vertus de l'un et de l'autre, il ne trouvera que ce que l'amour d'une vie cachée n'a pu dérober à leur humilité et que ce qu'ils n'ont pu refuser à l'édification publique. Mais il lui sera aisé de juger du cœur par la main, et de l'intérieur par le dehors éclatant des bonnes œuvres par lesquelles ils se sont sanctifiés. L'humble monsieur de Savignac affecta toujours à l'extérieur la conduite ordinaire d'une vie réglée et d'une pratique commune à ceux qui servent Dieu en esprit et en vérité. Mais il s'est distingué par des effets si singuliers que peu de personnes parmi les serviteurs de Dieu ont dans son siècle égalé son mérite. Et pour ce qui concerne la Mère du Calvaire, quoiqu'à la faveur des saintes ténèbres du cloître, elle ait encore plus échappé aux yeux des hommes et que sa vie ait été toute intérieure, il a plu à Dieu d'en faire connaître assez pour nous inspirer une haute idée des merveilles de sa sagesse. Ceux qui auront la consolation de lire, dans ses écrits secrets et dans les mémoires que ses directeurs ont laissés, ce qu'on n'a pas jugé à propos d'insérer dans cette *Relation,* connaîtront que loin que le portrait qu'on va faire soit flatté, il manque des plus beaux traits qu'on aurait pu lui donner (1).

LIVRE TROISIÈME
[VERTUS PARTICULIÈRES DE MONSIEUR DE SAVIGNAC ET DE LA MÈRE DU CALVAIRE.]

I. — *Louanges que méritent ces deux illustres personnes.*

Un célèbre payen, adorateur du soleil, se laissa enchanter à la beauté de cet astre, jusqu'à dire que quand sa course, si lumineuse et si régulière, serait inutile aux hommes, et quand ils n'auraient point de part à ses bénignes influences, il ne mériterait pas moins leur culte d'autant plus pur qu'il serait moins intéressé, *quod adoraretur etiam si otiosum pertransiret.* Cette pensée outrée dans l'esprit de ce profane serait juste et solide dans celui d'un chrétien qui par les principes de la foi jugerait comme il faut de la vénération que nous devons à nos saints, ces astres brillants qui, dans le firmament de l'Eglise, jettent un éclat incomparablement plus vif que celui du soleil. Car, quand il serait vrai que tout occupés de leur propre perfection ils n'auraient donné aucun soin à la nôtre, on ne saurait assez révérer ni le fonds de leurs grâces, ni l'étendue de leurs mérites, ni l'éminence de leur gloire. Et quoique nous ne prétendions pas élever à ce rang les deux illustres personnes dont nous traçons l'histoire on peut pourtant dire sans témérité et par la seule considération de leurs personnes que la conduite édifiante de leur vie devrait nous ravir d'admiration, quand même il n'y entrerait rien de notre intérêt. C'est ce qu'on n'aura pas de peine d'avouer, si on s'applique au détail de leurs vertus, qui, quoique communes à l'oncle et à la nièce, doivent pourtant être regardées à part, puisque, de l'un, elles sont passées dans l'autre, et que celle-ci ne fit que copier le modèle que lui présenta celui-là.

---

(1) M. de Voyon, supérieur de la Mission, publia, vers 1772, un Eloge historique de la Mère du Calvaire. Limoges, chez Pierre Chapoulaud, in-12.

On trouvera, à la suite du livre troisième, la vie de la Mère du Saint-Sacrement, abbesse du Petit-Couvent de Sainte-Claire, qui dans le manuscrit est placée à la suite du second.

II. — *Zèle de monsieur de Savignac.*

Il serait inutile de nous étendre sur le zèle qui enflamma le cœur de monsieur de Savignac et sur les œuvres de charité qui firent toute l'occupation de sa vie, puisqu'il faudrait pour cela retoucher tout ce que nous avons déjà écrit. Il suffit de dire qu'il semble n'avoir vécu que pour s'oublier lui-même et pour servir le prochain, et qu'il s'est rempli de mérites en s'épuisant pour l'assistance des pauvres. Il répondit à un religieux qui lui parlait du bonheur de son état, qu'il regardait avec jalousie la félicité de la vie religieuse pour laquelle il avait souvent soupiré, mais que ne se sentant ni assez fort ni assez de mérite, pour glorifier Dieu dans le cloître, il était obligé de travailler à le faire glorifier par les autres, et qu'incapable de trouver quelque chose de bon dans son fonds, il ne lui restait d'autre ressource de salut que de ménager des âmes qui le logeassent dans le ciel après qu'il aura essayé de les loger sur la terre. L'étendue de son zèle et la qualité des bonnes œuvres dans l'exercice desquelles il a consommé ses biens et sa vie, font assez voir qu'il n'a rien omis de tout ce que la miséricorde corporelle et spirituelle pouvait attendre d'une âme solidement chrétienne et d'un cœur généreux : le logement de tant de misérables qui étaient sans retraite, l'union des deux hôpitaux sous un même toit, le soin des malades, la nourriture des indigents, l'occupation de ceux qui sont en état de travailler, l'instruction de tout le diocèse, par la perpétuité des missions, l'éducation des clercs dans un séminaire des plus réguliers du royaume, l'assiduité des sœurs de Saint Alexis, la vigilance des ministres préposés à la conduite des pauvres, le bon ordre établi dans l'administration, le secours donné aux vierges qui ont renouvelé l'esprit primitif de leur règle, tout cela fait voir l'immensité de la ferveur de ce grand serviteur de Dieu, qui sans mettre de borne à sa charité, a entrepris seul tant de diverses choses, et les a mises en si peu de temps, parmi beaucoup d'obstacles, dans la perfection où il les a laissées. Mais pour ne pas insister à ce que nous avons déjà dit assez au long, nous nous arrêterons au caractère particulier de sa personne, et principalement à la piété et à l'humilité dont il a donné des marques édifiantes.

III. — *Sa piété et sa dévotion.*

Quoiqu'il semblât que monsieur de Savignac fût né pour le grand monde et que ses qualités naturelles, sa bonne grâce, son humeur facile et complaisante, son adresse pour les exercices du corps, et tout ce qui forme l'honnête homme, dussent l'engager à la vie séculière, il en eut toujours de l'éloignement, et dans le temps même qu'il ne s'était pas encore déclaré ouvertement pour Dieu, il ne se sentait aucun penchant pour les vanités de la terre. Celui qui prit soin de ses études au collège de La Flèche, religieux d'une rare vertu et d'un grand discernement, prononça souvent qu'il s'appliquait à élever un saint, plutôt qu'à former un docteur, tant il découvrait dans ce jeune cœur d'heureuses semences de vertu, qui, disait-il, germeraient quelque jour et produiraient des fruits très utiles à l'Eglise. Ses parents et ses amis, suivant les inclinations et les intérêts de la chair et du sang, s'efforcèrent dans plusieurs rencontres de lui faire prendre de l'estime avec des partis capables de tenter la sensualité et de flatter l'ambition. Il fut même fortement sollicité après la mort de monsieur de Meilhac, qui anéantissait son nom et qui éteignait sa famille, de prendre sa charge dans le Parlement de Bordeaux, d'autant mieux que l'état de ses affaires demandait cet appui. Mais toutes ces considérations terrestres qui ont tant de pouvoir sur les hommes et qui leur font prendre des engagements que la politique rend nécessaires et que la fausse prudence fait voir raisonnables, cédèrent à l'inclination qu'il avait toujours eue pour l'état ecclésiastique.

IV. — *Son désintéressement.*

Il est vrai qu'il n'entra pas d'abord dans l'Eglise avec une entière droiture d'intention ; il ne put d'abord se défendre des vues que les gens de qualité portent sur les avantages et sur les deniers de l'autel. Il est peu de jeunes hommes à qui le jour qu'ils entrent dans le vaisseau de saint Pierre, l'ambition ou l'avarice ne crie : *Duc in altum, laxate retia in capturam* (1), avancez votre fortune par les dignités de l'Eglise, jetez vos filets sur des bénéfices d'un gros revenu. Mais il en est peu qui dès qu'il faut ramer et se raidir contre la tempête, dès qu'il faut péniblement travailler, ne regagnent le port. On se fait honneur de l'arche d'Israël tandis qu'elle est une source de bénédictions, mais le jour qu'elle éprouve son hôte par quelqu'un de ses fléaux on la renvoie chez Obédedon (2). On cultive volontiers la vigne du Seigneur tandis qu'elle se charge de fruits, mais aussitôt qu'elle est sèche et stérile on ne songe qu'à l'arracher.

Monsieur de Savignac fut quelque temps susceptible de ces faibles sentiments. Mais du moment que la grâce eut changé son cœur il commença par renoncer expressément à toute dignité et

---
(1) Saint Luc, v, 4.
(2) II, Livre des Rois, vi, 10.

à tout bénéfice, et ce ne fut que sous cette condition qu'il se consacra à l'Eglise, en qualité de simple prêtre, qualité, dit saint Bernard, qui fait rougir ceux dont l'esprit n'est pas pénétré de la grandeur du sacerdoce, *purum esse clericum erubescitur in Ecclesia*. Celui-ci en fit toute sa gloire, et on le vit aussi appliqué à se dépouiller en faveur des pauvres de son patrimoine que plusieurs autres le sont à enlever le patrimoine des pauvres par l'abus des biens sacrés.

Au reste, comme il se fit un honneur du simple caractère de la prêtrise, il s'étudia à l'honorer par la pratique de toutes les vertus qui doivent relever la sainteté de cet état si vénérable, et par l'application infatigable à l'exercice de toutes les bonnes œuvres auxquelles l'esprit d'une piété sincère doit engager un ministre des autels.

V. — *Sa modestie.*

Et pour commencer par le règlement de sa personne, il ajouta à la modestie qui lui était naturelle un air si humble, avec cela si grave et si sérieux qu'il imprimait des sentiments de dévotion à tous ceux qui le voyaient et que cette sainte simplicité lui attirait plus de respect que n'auraient pu le faire l'éclat des distinctions les plus sublimes. Il avait toujours été extrêmement sobre et tempérant, mais dès qu'il fut revêtu de l'habit clérical, il donna des exemples très édifiants de frugalité et d'abstinence. Il rompit tout commerce avec les gens du monde, et lorsqu'il ne pouvait leur échapper, comme il était naturellement honnête et sociable, il s'observait si bien dans les compagnies et il y faisait voir tant de réserve, qu'il n'y laisait jamais apercevoir le moindre goût des choses du siècle. Il eut un don singulier de parler des vérités chrétiennes sans affectation, et il en parla d'une manière si efficace que plusieurs personnes ont avoué devoir à ses entretiens le retour qu'elles ont fait sur elles-mêmes, et la résolution de rentrer dans leurs devoirs.

VI. — *Sa piété et sa dévotion.*

On peut juger par ce dehors de l'intérieur de ce grand homme et de l'union qu'il avait avec Dieu dans l'oraison. Il suivit d'abord la méthode ordinaire, mais par sa fidélité aux heures réglées qu'il donnait chaque jour à ce saint exercice il mérita les faveurs dont Dieu honore ceux qui l'approchent avec le respect et l'amour qu'ils lui doivent, et il fut bientôt digne d'être introduit plus avant dans les celliers de l'Epoux et dans la connaissance intime des divins mystères. En sorte qu'il ne perdit après cela presque jamais la présence de Dieu, qui le tenait dans un recueillement merveilleux et qui lui donnait un empire absolu sur ses passions et sur les mouvements de son cœur, sans qu'on l'ait jamais aperçu dans l'agitation que cause ordinairement le tumulte du monde et qui est presque inévitable dans l'embarras même des bonnes œuvres dont la pénible conduite tire souvent l'âme de l'assiette tranquille où Dieu la veut et où le zèle ne la maintient qu'autant qu'il a mortifié son impétuosité et tempéré sa trop vive flamme.

Mais c'était particulièrement dans le sacrifice de la messe qu'il paraissait pénétré d'une vive foi et des plus tendres sentiments de dévotion. Il ne passait point de jours sans célébrer cet auguste mystère, et c'était ordinairement dans l'hôpital, en qualité d'aumônier des pauvres, persuadé, comme dit saint Chrysostome, dans divers endroits de ses homélies sur l'Évangile, que les pauvres sont l'autel sur lequel on immole le corps mystique de Jésus-Christ, après qu'on l'a immolé réellement sur celui de l'Eucharistie. Il ne se contentait pas de se disposer à cette sainte action par la sainteté d'une vie pure et innocente, il prenait un temps considérable pour bannir de son esprit les fantômes du monde, et délivrer ses sens des images terrestres. Le long recueillement qui suivait ce banquet délicieux lui en faisait longuement goûter les douceurs, et toute sa conduite régulière et fervente en faisait voir les fruits. C'est peut-être tout ce que sa vie cachée nous a laissé connaître du commerce qu'il a eu avec Dieu. Son humilité a moins pu se dérober aux yeux des hommes, plus attentifs à cette vertu qu'à toutes les autres.

VII. — *Son humilité.*

Il faut que l'humilité soit une vertu bien héroïque, puisque notre réparateur en ayant fait son caractère, et en ayant donné des leçons si importantes à ses disciples, il est si rare de la trouver dans le christianisme, qu'on est aujourd'hui presque plus surpris de voir un homme véritablement humble, qu'on ne l'est de voir un Dieu anéanti. Mais s'il est rare de trouver de l'humilité, c'est principalement parmi ceux que la naissance ou que la fortune ont élevé au-dessus des autres. Ils se croient obligés de se distinguer et ils mettent la fierté au rang de leurs devoirs. Il y a même un raffinement d'orgueil encore plus dangereux dans les personnes spirituelles lorsque Dieu les comble de ses dons, qu'il les choisit pour être les instruments de ses merveilles et qu'il leur ménage un succès éclatant, car alors, quelque zèle qu'elles aient pour sa gloire, elles se savent pourtant bon gré que ce soit par leur ministère que Dieu soit glorifié, et, comme dit un père, elles se flattent que le Seigneur leur est en quelque sorte redevable de sa grandeur, *putat ingenii sui esse quod ille magnus est* (1).

Il n'en fut pas de même pour l'humble monsieur de Savignac. Il ne se contenta pas de s'anéantir devant Dieu dans le sincère sentiment de ses faiblesses et dans le profond mépris qu'il fit toujours de sa suffisance ; il garda devant les hommes une conduite si modeste qu'on ne lui remarqua jamais le moindre air de hauteur mais au contraire une simplicité édifiante dans ses habits, une naïveté sincère dans ses paroles, une pleine déférence aux sentiments des autres, une facilité à recevoir également les moindres personnes, un penchant à servir tout le monde d'une manière officieuse, un cœur tendre et secourable pour ceux qui avaient besoin de lui.

Son humilité parut principalement dans la soumission respectueuse qu'il eut toute sa vie pour Monsieur son père, n'ayant jamais rien entrepris sans ses ordres, et lui ayant toujours rendu un service cordial jusqu'au dernier soupir. On fut charmé de son assiduité dans la dernière maladie de ce vieillard. On le vit pendant huit mois au pied de son lit, où il faisait ses prières, et où il récitait son bréviaire, pour ne le quitter pas un moment, et pour être, disait-il, toujours prêt à lui donner toute sorte de secours. Dès qu'il lui eut fermé les yeux, il oublia tout ce que la vanité mondaine emploie à la pompe funèbre des gens de qualité, et à la place de ce faste qui suit les morts jusque dans le sépulcre, où, selon le prophète, leur fausse gloire ne trouve pas d'entrée, il ne laissa voir que les soins d'une humble mais chrétienne charité. Il employa les frais qu'on fait ordinairement avec tant d'inutilité pour un orgueilleux convoi, à faire dire promptement trois mille messes et à s'assurer des prières des pauvres qui sont d'une si grande efficace pour le repos de l'âme. Après cela, on ne s'étonna pas de le voir le reste de ses jours attaché au lit des malades dans l'hôpital et occupé à leur rendre les services les plus abjects.

VIII. — *Sa patience et sa douceur*.

Mais parce qu'il en est de l'humilité comme de ces parfums qui n'exhalent leur douce vapeur qu'à mesure qu'on les agite, cette aimable vertu ne fait connaître ce qu'elle vaut que dans

---

(1) Saint Zénon.

les humiliations et dans les opprobres de Jésus-Christ. Son fidèle serviteur se fit un honneur de les essuyer tous et de relever par ses confusions toute la gloire qu'il lui procurait.

La nouveauté et la hardiesse de ses desseins pour tant de divers établissements éveilla l'envie et la malignité naturelle des hommes, qui froids et indifférents pour Dieu, ne peuvent souffrir la chaleur du zèle des autres. Ces entreprises qui en apparence surpassaient les forces d'un particulier, furent exposées à la censure de la politique. On y remarqua du contre-temps, de la témérité, et de vains efforts d'une piété présomptueuse. On publia qu'un nouvel hôpital serait à charge au peuple, que l'union des deux serait et difficile et injuste, que le bâtiment d'un séminaire qui dans des années plus favorables n'avait pu être entrepris par les évêques ne pouvait pas être l'ouvrage d'un simple prêtre. Mais lorsqu'on aperçut le défaut de la finance, et les bâtiments interrompus faute d'argent, on se fit un plaisir d'avoir lieu d'insulter l'auteur et de pouvoir dire : *cœpit œdifiare et non potuit consummare* (1). Il est aisé d'imaginer la peine qu'il eut à dissiper tous ces bruits et à s'affermir contre les assauts des langues, et dans combien d'occasions il eut à faire des sacrifices de sa réputation et d'abandon de ses désirs, dont il était content que Dieu seul connût la droiture, en s'élevant au-dessus de tous les sentiments humains et de tous les jugements que la passion et l'iniquité des hommes pouvaient faire de sa conduite.

C'est ce qui parut surtout lorsqu'il se vit obligé de porter la main à la fondation du Petit-Couvent, car on peut bien penser que ce transport d'abeilles, d'une ruche dans l'autre, ne se fit pas sans éprouver l'aiguillon. Parmi tant de traverses on n'entendit jamais un mot de murmure, on n'aperçut jamais aucune inquiétude, on vit toujours une merveilleuse modération et une égalité d'âme, qui tout attentive aux intérêts de Dieu, ne se réservait aucune réflexion aux siens propres. Ceux qui ont vécu longtemps avec lui et qui ont éclairé sa conduite dans toute sorte d'occasions, ont assuré, comme nous l'avons déjà dit, n'avoir jamais vu personne se posséder mieux dans tous les accidents de la vie, et conserver mieux son cœur dans une invariable situation, soit dans la santé, soit dans la maladie, dans le temps des consolations ou dans celui des épreuves, toujours maître de lui-même, parce que toujours parfaitement soumis à Dieu, qui, comme le dit saint Grégoire, ne permet que nos passions s'élèvent contre notre raison que parce que notre raison pervertie par le péché se révolte

---

(1) Saint Luc. xiv. 30.

contre son auteur. Mais voici ce qui a relevé son humilité d'une manière singulière.

IX. — *Son désintéressement.*

Plus on a heureusement travaillé pour Dieu, plus a-t-on à craindre la complaisance d'y avoir réussi, et plus l'ouvrage est accompli, plus l'ouvrier croit-il devoir s'en faire honneur. Il est pourtant vrai que celui dont il s'agit ici ne pouvait souffrir qu'on lui donnât aucune part à ce que la Providence avait fait par ses mains. Le nom de fondateur et de bienfaiteur était pour lui un nom injurieux ; il ne prenait que celui de serviteur inutile, ou tout au plus de dépositaire, à qui le divin Maître avait bien voulu confier ce qui n'est qu'à lui seul. En effet il habitait comme étranger la maison qu'il avait bâtie, et il paraissait dans toute sa conduite qu'il avait entièrement oublié tout ce qu'il avait pu y contribuer du sien. Il n'y prit jamais la moindre ombre d'autorité.

Voici ce qu'on tient d'un religieux, son ami et son parent, qui passant par Limoges, eut la curiosité, ou comme il disait, la dévotion de voir monsieur de Savignac, aussi célèbre dans le monde par ses belles actions qu'il prétendait être caché et inconnu à tous les hommes. Il se rend pour cela à la maison de la Mission où était alors le séminaire. On le conduit à la chambre de cet humble serviteur de Dieu qui le reçut avec sa douceur et son humanité ordinaire, et comme de sa fenêtre il aperçut une foule de jeunes ecclésiastiques avec leurs directeurs à l'heure de la récréation, il ne put s'empêcher de dire à monsieur de Savignac, qu'il les estimait heureux de vivre sous sa conduite, ne doutant pas qu'ils ne le révérassent comme leur père, qu'ils ne le chérissent comme leur insigne bienfaiteur, et qu'ils ne l'étudiassent comme le modèle sur lequel ils devaient se former. Ce compliment l'offensa et le jeta dans une confusion qui ne fit pas moins de peine à celui qui rendait la visite qu'à celui qui la recevait. Il parut être dans un trouble d'indignation, et la surprise de sa modestie ne lui laissa que cette réponse : « Il paraît bien, mon Père, que je ne vous suis pas connu. Je ne suis qu'un pauvre prêtre à qui Dieu a donné peu de lumière et peu de talent. C'est beaucoup que ces Messieurs veuillent me souffrir dans leur maison. » Il dit cela, ajoute le religieux, d'une manière qui faisait bien voir qu'il en pensait encore davantage. Après quoi, dit-il, il s'étendit sur la charité avec laquelle on l'avait placé dans une chambre aussi commode, et donna des marques d'une aussi parfaite reconnaissance qu'aurait pu faire un pauvre à qui on aurait accordé le couvent par une pure charité.

X. — *Ses vertus à l'heure de la mort, et l'estime qu'il a méritée.*

Ce fut dans ce sentiment d'une profonde humilité qu'il passa le reste de ses jours, et ce fut dans ce sentiment qu'il les finit, oubliant à l'heure de la mort tout ce qu'il avait fait de grand pendant sa vie, et n'ayant en vue que les faiblesses qu'il croyait devoir se reprocher, et les infidélités aux grâces de Dieu, dont il s'accusait avec le cœur pénétré d'une douleur sincère. Toute la faveur qu'il demanda fut d'être enterré en pauvre et avec les pauvres dans l'église de Saint-Alexis qu'il avait commencée de bâtir en l'honneur de ce patron des pauvres et de ce modèle des humbles serviteurs de Jésus-Christ, des vertus duquel il s'était fait une règle de conduite : il désira que ses cendres fussent cachées sous les matériaux de cet édifice. Mais celui qui relève les humbles après la mort, autant qu'ils se sont rabaissés pour son amour pendant la vie, fit éclater dans ce moment la haute estime que tout le monde avait conçue d'une vertu si extraordinaire.

Monsieur du Hâvre (1), supérieur de la Mission, en fit l'éloge public avec d'autant plus de justes applaudissements qu'il était et l'orateur et le témoin, et que tous ses auditeurs étaient par avance pleinement persuadés de tout ce qu'il disait de grand de cet homme admirable.

Monseigneur de La Fayette ne crut point en dire trop en déclarant hautement que, depuis l'apôtre saint Martial, personne n'avait rendu des services aussi importants à ce diocèse que cet illustre défunt; et pour marquer combien il en était persuadé et combien il comptait sur ses mérites et sur le secours qu'il s'en promettait auprès de Dieu, il ordonna, dans son dernier testament, qu'on inhumât son corps dans l'église de Saint-Alexis, aux pieds de celui de son cher ami monsieur de Savignac, espérant que comme il avait suivi ses traces sur la terre, il aurait le bonheur de le suivre, sur ses mêmes pas, dans le séjour de la gloire, où nous avons sujet d'espérer de la miséricorde de Dieu qu'il a reçu l'un et l'autre.

---

(1) Monsieur Bourdon, qui avait été curé du Havre avant d'être supérieur de la Mission à Limoges.

XI. — *Vertus de la Mère du Calvaire.*

Les vertus de la nièce ne seront qu'une suite de celles de l'oncle, et tout ce qu'on dira de la Mère du Calvaire ne servira qu'à relever ce qui resterait à dire de monsieur de Savignac puisque cette illustre fille apprit dans son école et sous sa direction les sublimes leçons qu'elle mit en pratique dans le cours de sa vie, car quoique dès son enfance elle eût fait admirer l'innocence de ses mœurs, la pureté de son cœur, le mépris des grandeurs du monde, une tendre dévotion, une confiance filiale en la sainte Vierge qu'elle prit dès lors pour sa mère, un soin singulier de s'attirer la protection de saint Joseph, de saint François d'Assise et de sainte Claire, et en un mot toutes les vertus dont une jeune fille était capable. Il faut pourtant avouer qu'on ne connut la haute perfection à laquelle Dieu l'appelait, qu'après qu'elle se fut formée sur l'exemple et sur les règles de son cher oncle et de son vrai père. Ce fut alors qu'elle fit remarquer les dons et les qualités non-seulement d'une religieuse, mais d'une fondatrice qui devait servir de modèle à toutes les autres. Aussi est-ce à ces sortes de vertus qui sont le fondement de la religion, que je m'attacherai dans cette *Relation*.

Comme elle se consacra à Dieu en qualité de fille du Calvaire, et que cette qualité fut tout à la fois un présent que Jésus-Christ lui fit par une prédilection singulière, et un choix de son cœur généreux, qui ne crut pouvoir mieux s'unir à son Époux que par la croix, elle trouva dans ce nom mystérieux de puissants engagements à l'abnégation, à la mortification et à l'obéissance : trois choses qui la portèrent à un sublime degré de perfection.

XII. — *Son abnégation.*

Son abnégation ne parut pas seulement dans la générosité avec laquelle elle laissa à Dieu sa dépouille, et dans le mépris de tout ce qui pouvait flatter une riche héritière ; elle la fit principalement éclater dans l'ardeur qui la porta à embrasser l'entière austérité de sa règle, pour tout ce qui regarde la pauvreté, sans vouloir profiter des dispenses que les supérieurs offraient à son âge et à ses infirmités, et sans qu'on ait pu la faire entrer dans les égards indulgents que son ordre avait obtenus, et que l'Eglise accorde à la faiblesse humaine.

On ne peut imaginer un dénûment plus parfait que celui dans lequel elle vécut. Loin de la voir sensible aux présents des amis et des parents dont la tendresse est toujours trop engageante, elle se fit une loi de renoncer même à la charité de ses supérieures. Ennemie des permissions générales, elle ne demandait chaque fois qu'une partie des choses nécessaires, pour avoir lieu de tendre souvent la main, et on lui entendit souvent dire que pour être pauvre selon l'esprit de saint François et de sainte Claire, il fallait se voir réduite à l'aumône ; qu'on n'avait le goût délicieux de cette aimable vertu qu'autant qu'on sentait les besoins et qu'on éprouvait les rigueurs d'une vie malaisée et nécessiteuse ; que c'était un bonheur dans la religion de manquer de beaucoup de choses, pour avoir le mérite de les demander souvent.

Il n'y avait rien de si simple, ni de si dépouillé que sa petite cellule, quelque rudes et quelque grossiers que soient les habits des sœurs, elle trouvait dans le sien de la pompe et de l'ornement si on ne lui permettait pas d'y coudre des haillons et d'y mettre de vieilles pièces ; peu contente d'être pauvre si elle ne paraissait l'être et si elle n'en éprouvait pas les effets.

XIII. — *Son détachement de cœur.*

Et toutefois ce premier degré d'abnégation dont les philosophes mêmes ont été capables, serait, selon les Pères, peu considérable s'il n'était soutenu du parfait dégagement du cœur, où la pauvreté évangélique éteint l'amour des sensualités et des plaisirs terrestres. L'épouse de Jésus-Christ crucifié ne trouvait sur son calvaire que solitude et qu'abandon. Elle ne comprenait pas qu'on pût tout à la fois être à Dieu et prendre des liaisons avec les créatures. Sa devise était dans ce beau mot du prophète : *Quid mihi est in cœlo et quid a te volui super terram.* On le lui entendit souvent répéter : « Est-il quelque objet dans le ciel ou sur la terre capable de me toucher hors de vous, mon Dieu ! » En effet ce serait inutilement qu'on ferait profession d'une pauvreté extérieure, si on se réservait la possession des cœurs et le pouvoir de disposer du sien en l'engageant et l'aliénant comme on voudrait. C'était pour cela qu'elle avait appris à distinguer trois sortes d'attaches dans les monastères qui en bannissaient la sainteté : celle de l'ambition pour les charges et les emplois de la religion ; celle de l'inclination particulière pour quelqu'une des sœurs, et celle d'une tendresse trop vive et trop empressée pour les parents, ce qui l'obligeait de demander instamment à Dieu qu'il écartât ces trois monstres du Petit-Couvent.

On lit dans un des journaux de ses retraites : « J'ai promis à Dieu de lui immoler d'innocentes victimes. » Et comme son directeur voulut qu'elle lui en expliquât le sens, elle lui dit qu'elle n'avait remarqué que des hosties sans fiel et sans venin sur les autels de l'ancienne alliance ; qu'on en éloignait les tigres et les bêtes féroces pour n'y immoler que des agneaux et des moutons ; que par la miséricorde de Dieu, les religieuses, et surtout celles qui n'ont plus de commerce avec le monde, n'ont plus à craindre de société dangereuse, qu'elles ne laissent pas pourtant de se trouver quelquefois exposées aux visites et aux entretiens des personnes qui quoique spirituelles n'en sont pas pour cela moins insinuantes, ni moins capables de faire naître des inclinations trop naturelles ; que c'était ces victimes pures et innocentes dont elle avait voulu faire l'immolation.

Sa délicatesse sur ce point allait jusques à la confiance avec laquelle on se découvre aux directeurs de conscience, auxquels pourtant elle rendait une soumission pleine d'une humble simplicité et d'une entière déférence. Mais une de ses maximes était qu'il ne fallait le faire : 1° qu'à ceux précisément qui sont préposés à notre conduite ; 2° que par le seul mouvement de l'obéissance qu'on leur doit ; 3° avec une ouverture d'âme qui ne laisse entrer l'ami de l'Époux que pour introduire l'Époux même et qui ne nous permette de voir dans le ministre du sacrement que l'auteur et le consommateur de la grâce, puisqu'il n'y a rien, disait-elle, de si funeste à la vie intérieure, qu'une trop large dilatation du cœur par où presque toujours il se fait une dangereuse dissipation d'esprit, lorsque notre confiance ne se tient pas dans les bornes de la circonspection et dans les règles du parfait détachement.

Une personne pour qui elle se sentait un grand fonds de zèle et en faveur de qui elle s'employait avec une charité extraordinaire et pour qui elle agissait avec beaucoup de ferveur auprès de Dieu, la remerciant de ses bontés, lui dit qu'elle trouvait une consolation très sensible dans l'union de ses prières, et que l'attachement..... Elle la coupa à ce mot, et sans lui en laisser dire davantage elle se récria : « Attachement, mon Dieu, pourrait-on vivre, si on tenait par un seul filet, un seul, à quelque créature ! » C'est ce qu'on a su de la personne même à qui elle fit une déclaration aussi édifiante.

XIV. — *Sa pureté et son innocence.*

Ce saint et sage dégagement doit faire juger de la pureté de cette excellente religieuse, et du témoignage qu'a rendu celui qui, pendant presque tout le cours de sa vie, a présidé à sa conduite, de ne lui avoir jamais trouvé le moindre dérèglement sur ce sujet. Elle paraissait même si peu instruite de ce qui peut blesser cette aimable vertu, qu'on a lieu de croire qu'elle l'a portée dans le tombeau avec toute la beauté de sa première innocence.

XV. — *L'oubli de ses intérêts.*

Mais parce que l'abnégation évangélique consiste principalement dans la renonciation à soi-même et à tous les intérêts de la nature, elle en a donné des preuves signalées dans la recherche d'une vie cachée, dans l'humble profession qu'elle fit de sœur converse, dans l'ardeur qu'elle montra pour les emplois les plus abjects, dont on ne la retirait qu'en lui faisant comprendre qu'elle s'en acquittait mal et qu'elle faisait souffrir ses sœurs par son peu d'habileté.

Son enlèvement avait fait naître des soupçons désavantageux à sa réputation, on parlait diversement de sa conduite, et la malignité ordinaire des hommes du monde ne manquait pas de profiter des ombrages que donnent communément ces sortes d'accidents. Elle n'ouvrit jamais la bouche pour éclaircir la vérité ; elle laissa toute sa défense à la modestie et à la réserve qu'elle avait toujours fait paraître. Elle se fit même un plaisir de voir le lis entouré d'épines, et ce fut avec une extrême joie qu'elle remarqua qu'on lui avait fait cet outrage le jour de la Purification de la Vierge, jour auquel la plus pure des filles avait vu l'éclat de sa virginité éclipsé sous le voile de la loi de Moyse.

XVI. — *Son mépris de la vie.*

Il ne restait qu'à joindre au sacrifice de son honneur celui qu'elle fit de sa vie à la fleur de son âge, et pour en connaître le mérite il est à propos de faire voir ici la copie du testament qu'elle écrivit peu de temps avant sa mort, le 25 de mars 1672. Elle le conçut en ces termes qui font voir le fonds de grâces et le trésor de vertus qu'elle avait accumulées en si peu d'années. En voici la fidèle copie :

« Très sainte et très adorable Trinité, prosternée aux pieds de votre divine majesté, je vous demande par la Très Sainte Vierge un million de pardons de tous les péchés de ma vie.

« Je vous offre ma mort et me condamne à être mangée des vers pour rendre hommage à votre grandeur. J'accepte de tout mon cœur cette destruction de mon être, et quand il serait à mon pouvoir de l'empêcher, je ne le ferais pas. Je me soumets à l'arrêt de ma mort, que je ne voudrais pas différer d'un moment.

« J'adore par avance le jugement que vous ferez de ma pauvre âme, ô mon divin Sauveur ! J'entre dès ce moment dans les saintes dispositions que vous eûtes sur la croix, et en particulier l'état de l'abandon dans lequel vous vous trouvâtes lorsque vous rendîtes l'esprit à votre Père.

« Recevez présentement tous les actes que je ferai à cette heure dernière, et au cas que je n'aie pas la liberté d'en faire alors, agréez que j'y supplée par ceux que je fais aujourd'hui.

« Je renouvelle toutes les promesses qu'on fit à mon baptême. Je crois tout ce que notre mère la sainte Eglise enseigne. Je meurs sa fille ; et s'il était besoin je donnerais jusqu'à la dernière goutte de mon sang pour le soutenir.

« Je renonce à toutes les tentations que je pourrais avoir. Je renouvelle mes quatre vœux de religion et les autres que j'ai faits. Je vous demande pardon de mes infidélités et de la mauvaise édification que j'ai donnée à notre communauté.

« Je vous supplie par le précieux sang que vous avez versé pour moi, de m'accorder la grâce, le reste de mes jours, de me conformer pleinement à votre sainte volonté, dans un esprit de sacrifice continuel, de tout ce que je suis, à votre gloire. Je me consacre tout de nouveau à l'exercice de votre saint amour. Je me soumets, ô mon Dieu, à toutes les peines, privations et abandon qu'il vous plaira, et à toutes les rigueurs de votre justice.

« Je vous remets, ô mon cher Jésus, ce qui vous appartient, mon corps et mon âme ; faites-en tout ce qui vous plaira. Je ne vous demande point de part dans le ciel, m'en voyant si indigne, mais je ne laisse pas de mettre toute mon espérance en votre miséricorde, et ne vous demande que la grâce de vous aimer éternellement. Je confie mon âme à vos divines mains.

« Je demande très humblement les sacrements de pénitence, d'eucharistie et d'extrême-onction, notre saint habit, notre cordon, et notre voile, et le pardon de nos chères sœurs pour le mauvais exemple que je leur ai donné. Je m'unis à tout ce qu'elles feront pour le repos de mon âme.

« Et vous, ma Révérende Mère, ayez la bonté de me pardonner mes désobéissances et de m'imposer à l'heure de la mort une pénitence qui expie les fautes de ma vie, que je désire finir en obéissant. Dieu soit loué à jamais. Ainsi soit-il. »

Tel fut le testament d'Anne-Marie du Calvaire, un an avant sa mort, pour se trouver à ce dernier passage dans l'état d'une parfaite abnégation de toutes les choses de la terre et de tous les sentiments et intérêts humains.

XVII. — *Sa mortification et ses souffrances.*

Le second engagement qu'elle trouva dans le nom qu'elle portait fut celui de la mortification et des souffrances, puisque, comme elle disait, on ne monte sur le Calvaire que pour y souffrir une entière destruction.

En effet elle n'y monta sur le Calvaire que pour faire admirer avec plus de fermeté d'âme et plus de constance qu'on ne devait en attendre d'une jeune personne, mais qu'on devait pourtant remarquer dans la fondatrice d'un institut dévoué à la croix. Elle passa ses jours dans les langueurs, dans les maladies habituelles et souvent très aiguës, dans les douleurs continuelles d'une oppression de poitrine, de vomissements très fréquents, d'enflure des mains et des pieds exposés par la nudité aux rigueurs de l'hiver, d'une toux très violente et de plusieurs autres infirmités, mais sans traîner sa croix et sans se relâcher de ses ferveurs. Elle la porta avec un courage héroïque, et quoique accablée de tant de maux, elle se défendit autant qu'elle put de toutes sortes de dispenses; et lorsqu'elle fut obligée de se soumettre aux remèdes, on lui entendit dire agréablement, que ce qu'ils avaient de plus amer était qu'ils sentaient la mitigation de laquelle son cœur avait tant d'éloignement.

Les peines intérieures, les sécheresses, les désolations, les tristesses firent, jusqu'au dernier moment de sa vie, une épreuve beaucoup plus rude de sa patience. Elle comparait son âme à un jardin quelquefois inondé de la rosée céleste, mais beaucoup plus souvent arrosé de sa sueur. Et cependant elle préférait l'aridité à la douceur des consolations sensibles qu'elle appelait des trésors qui accablent ceux qui les possèdent.

Parmi les servantes du Seigneur on en trouvera peu qui aient soutenu de plus rudes et de plus longs assauts du démon que celle-ci, dont la vie n'a été qu'un combat continuel, et qu'une suite de triomphes. On ne saurait lire sans frayeur et sans admiration le détail que par l'ordre de ses directeurs elle nous a laissé des tentations violentes et opiniâtres qui ont essayé sa fidélité. Mais tout cela ne l'empêcha pas de dire que le plus grand mal qu'elle craignait après le péché, était d'être séparée un moment de la croix de son Époux, par la privation de souffrances, la seule chose, dit-elle, que les anges envient aux hommes qui vivent sur la terre, jaloux de la grâce qu'ils ont de participer à la croix du Seigneur et à la communion de son sacrifice par l'eucharistie.

Ce désir de souffrir lui fit naître celui de mourir un vendredi, jour de sa naissance et de son baptême. Elle l'obtint comme elle l'avait souvent demandé, et pour un comble de faveurs, elle expira à la même heure que son Époux crucifié, dans un état d'abandon et de désolation comme lui, et dans les sentiments d'une parfaite conformité, et véritablement si la mort nous répond de la vie et si c'est à ce dernier moment que Dieu découvre avec plus d'éclat le caractère de ses élus, on peut dire que ce fut dans ce passage qu'il fit connaître la Mère du Calvaire.

XVIII. — *Son obéissance*.

L'obéissance fut la troisième disposition à laquelle elle crut s'être engagée par sa qualité de sœur du Calvaire. Aussi cette vertu lui fut toujours si chère, qu'il fallait que ses supérieures gardassent beaucoup de précautions dans les commandements qu'elles lui faisaient, de peur qu'une aveugle simplicité ne la portât à des excès dont la prudence de ceux qui ordonnent doit répondre. Elle a laissé en cette matière des exemples qui seraient peu approuvés des sages du siècle, mais qui seront admirés de ceux qui savent estimer le sacrifice qu'on fait dans la religion de l'amour-propre et de l'orgueil de la raison.

Le goût de son humilité dans l'emploi de sœur converse lui donnait tant de complaisance pour cet état, que la plus rude épreuve de sa vertu, fut le commandement qu'on lui fit après quelques années de le quitter, et de passer à la condition de sœur de chœur. Elle fit voir dans cette rencontre la soumission dont elle donnait des preuves dans toutes les occasions.

Elle s'ouvrait avec beaucoup de peine sur le sujet des grâces extraordinaires qu'elle recevait de Dieu. Mais du moment que ses directeurs employaient leur autorité, ou qu'ils la commettaient même à des étrangers tout à fait inconnus, en leur déclarant qu'ils n'avaient qu'à lui ordonner de leur part, et qu'à se servir du terme de commandement, ce terme était suivi, comme ils l'ont déposé, d'une déclaration si prompte et si simple, que son obéissance leur était une preuve solide de la sincérité de son âme et de la vérité des choses qu'elle leur apprenait.

XIX. — *Sa régularité*.

Son exactitude à l'observance de la règle fut si parfaite que dans le temps qu'on crut que sa nouvelle maison battue des tempêtes dont il a été parlé allait s'ébranler, et que l'institution ne pouvait plus tenir contre les efforts de ceux qui la combattaient, elle se sentit assez de courage pour déclarer que, quand elle serait seule à garder les règlements, elle leur conserverait une fidélité inviolable et s'y engagea même par la promesse qui s'est trouvée dans ses écrits conçue en ces termes :

« Monseigneur Jésus-Christ, je vous supplie très humblement de me présenter à l'adorable Trinité. C'est là qu'en la présence de ma Mère la sainte Vierge, de saint François et de sainte Claire je prends le ciel et la terre à témoin que je veux, avec le secours de votre grâce, garder même toute ma vie l'esprit primitif de la règle. »

Elle le garda dans ses plus grandes infirmités et ne s'en dispensa jamais que lorsqu'elles la forcèrent de tenir le lit, avec tant de douleur de ce relâchement nécessaire qu'en sortant de l'infirmerie elle se présentait au réfectoire sans voile, la corde au col et la torche au poing pour en faire une amende honorable, et qu'elle se plaignait souvent à Dieu de ce qu'il avait voulu charger une si sainte communauté d'un sujet aussi inutile et aussi incommode.

Madame d'Andraud, sa mère (1), ayant obtenu par une grâce singulière, en qualité de mère de la fondatrice, la permission de passer quelques jours dans le couvent, y reçut la prière de sa chère fille que ce fût sans aucun préjudice de sa régularité, qu'elle pût garder son silence aux heures qui y sont consacrées, qu'elle remplît tous les devoirs de la communauté et que lorsqu'elle mangerait à sa table on ne lui servît que la portion des sœurs. Cette dame fut si charmée de ces sages précautions et si pénétrée de tous les sentiments de piété que cette parfaite religieuse lui inspira, qu'elle bénit Dieu des grâces célestes qu'elle avait reçues dans cette maison et des résolutions qu'elle y avait prises pour travailler avec plus d'application à son salut.

Son confesseur ne fut pas moins édifié de cet esprit de régularité dans l'extrémité de sa dernière maladie. Obligé d'entrer avec précipitation pour la secourir dans une défaillance où elle était tombée, dès qu'elle en fut revenue et qu'elle le vit sans surplis, selon les règlements, elle lui en marqua avec respect sa peine et s'accusa d'avoir donné lieu à cette inobservance.

A peine eût-elle expiré que monsieur le vicaire général, qui

---

(1) Sa mère avait contracté un second mariage, et l'auteur l'a désignée ici par le nom de son second mari.

l'avait assistée (1), demanda à la supérieure que son cœur fût inhumé avec celui de monsieur de Savignac. Elle lui répondit que la sœur du Calvaire n'était pas moins régulière après la mort qu'elle l'avait été pendant la vie; et que si elle pouvait encore être sensible à quelque chose, ce serait à la pudeur et à la modestie qui lui avaient toujours été si propres; qu'elle ne souffrirait jamais les yeux et la main d'un homme, elle qui dans des extrêmes besoins de sa maladie n'avait pu souffrir celle de son infirmière.

C'est sans doute à de si grands exemples qu'on doit l'exacte régularité qu'on garde dans le Petit-Couvent, où l'esprit de la fondatrice sera toujours vivant, et où le temps justifiera ce qu'elle a prédit des bénédictions que Dieu préparait à cette maison qu'il a comblée de tant de ferveurs dès sa naissance.

XX. — *Son oraison et ses communications avec Dieu.*

Tant d'excellentes vertus furent dès ce monde récompensées par des dons de la grâce fort extraordinaires. Dieu se communiqua à cette âme humble dans les oraisons et dans les communions qui étaient très fréquentes et presque de tous les jours, d'une manière si intime, si sublime et si rare, que ceux qui ont été chargés de sa conduite n'ont pu assez marquer leur admiration.

C'était ordinairement Dieu qui lui parlait, et ses oraisons, le plus souvent, se faisaient plus par le silence intérieur que par le mouvement de l'esprit. Il l'instruisait par des figures et des images intellectuelles de tout ce que la vie mystique a de plus élevé. C'est ce qu'on voit dans le sincère détail qu'elle a écrit par obéissance de ce qui se passait entre Dieu et elle, et on n'a pas de sujet d'y craindre d'illusion, si on fait attention premièrement à ce qu'elle dit des mystères les plus relevés de la foi, avec des idées qui surpassaient la portée d'une aussi jeune personne dont l'esprit n'avait jamais paru naturellement fort vif, et qui parmi tant d'infirmités qui accablaient le corps n'avait pu s'instruire qu'auprès de Celui qui se plaît à converser avec les âmes humbles et à darder ses rayons sur les sujets qui lui en renvoient fidèlement tout l'éclat.

On en trouve une autre raison dans le caractère de l'humilité et de la sincérité qui a mis toute sa conduite hors de tout soupçon et surtout dans le témoignage authentique que lui ont rendu

---

(1) M. Pierre de Maillard, docteur en théologie, official et vicaire général de Mgr l'évêque de Limoges, conseiller du roi et son aumônier.

des hommes très intérieurs et très habiles dans la vie spirituelle, auxquels son directeur ordinaire, pour mieux sonder son cœur, l'a souvent confiée. Quelque grande que fût leur prévention contre elle et quelque peu de dispositions qu'ils eussent à la flatter, ils ont été obligés, après avoir pénétré le fond de son âme, de se récrier qu'ils y apercevaient le doigt de Dieu.

La première conférence que M. de Bretonvilliers eut avec elle, l'engagea à une seconde. Celle-là en lia plusieurs autres ; et après la pleine connaissance qu'il eût pris de sa conduite, il déclara hautement ce qu'il en pensait. Il dit à son confesseur que Dieu avait déposé entre ses mains un riche trésor de ses grâces, et depuis ce temps-là il prit d'étroites liaisons avec elle ; et quelque éloigné qu'il fut, il ne cessa jamais de lui marquer par ses lettres son estime et sa confiance.

XXI. — *Son discernement.*

Parmi les autres dons de Dieu, celui du discernement des esprits et de la connaissance des cœurs, inspiré d'en haut, comme on a lieu de le croire, fut un des plus signalés. Une personne qui vit encore et qui publie les obligations qu'elle a à son zèle et à sa charité, a déposé très souvent, qu'ayant eu le bonheur de conférer plusieurs fois avec elle de ce qui regardait son salut, elle l'a trouvée toujours pleinement instruite de ce qui se passait de plus secret dans son âme. Qu'elle lui a découvert les mouvements les plus cachés de son cœur, et que son expérience ne lui permet pas de douter qu'elle n'ait eu des connaissances qui ne pouvaient lui venir que de Dieu seul. Elle ajoute que quoique dans ses conversations elle crut ne devoir pas lui avouer la vérité des faits dont elle la trouvait si savante, elle ne pouvait s'empêcher, en sortant du parloir, d'entrer dans l'église pour y rendre grâce à Dieu des lumières qu'il donnait à sa servante et du secours qu'elle tirait de ses avis salutaires.

On lui recommanda de s'intéresser dans ses prières pour un jeune homme qui s'égarait dans les voies du monde, et quoiqu'il n'eût point de rapport avec elle, il éprouva, peu de jours après, le crédit qu'elle avait auprès de Dieu par une soudaine conversion et par un entier et constant changement de vie.

C'est ce qui lui attirait la confiance de ceux qui se trouvaient dans des affaires épineuses et beaucoup plus de ceux qui travaillaient à leur perfection et qui prenaient du goût aux choses de Dieu, dont elle parlait d'une manière pleine d'onction et d'agrément.

Mais elle n'en parlait jamais sans que la Sainte Vierge eût une grande part aux sentiments de sa dévotion. Elle l'appelait à chaque mot sa bonne mère. Aussi s'était-elle consacrée à son service par un engagement très particulier, comme on le voit dans l'acte de donation qu'elle lui fit le 25 de mars de l'année 1672. Elle ne se contenta pas du vœu qu'elle avait fait à Dieu, de chercher, autant qu'elle pourrait, dans toutes ses actions, sa plus grande gloire ; elle lui en fit un singulier de s'appliquer à tout ce qu'elle connaîtrait être le plus agréable à sa sainte Mère. Après cela elle avait sujet de se persuader qu'elle était redevable à Marie de toutes les faveurs qu'elle recevait de son Fils.

Ces faveurs extraordinaires étaient si rares qu'on peut sans témérité compter sur plusieurs connaissances qu'elle croit avoir eues de l'état des âmes du purgatoire. Elle en a parlé si précisément, et avec cela avec tant de modestie et de soumission à ceux à qui elle ouvrait son âme au sujet de quelques-unes de ses amies, que, quelque précaution qu'il faille garder dans la créance qu'on donne à ces sortes de nouvelles de l'autre monde, on peut se laisser aller, sur ce qu'elle en a dit, aux douces pensées de leur heureux sort. Elle en marque même quelqu'une de celles qui s'étaient liées d'amitié avec elle pendant cette vie, à qui Dieu a permis de lui rendre une visite sensible et lui apprendre le bonheur de sa délivrance.

Ces dons si rares et si surprenants, et plusieurs autres que l'on omet, ne trouveront pas d'indocilité dans l'esprit de ceux qui jugeront comme il faut de ses grandes vertus, et des bontés du Père des miséricordes, pour ceux qui le servent avec fidélité et qui le suivent jusque sur le Calvaire. Que s'il s'en trouve qui aient de la peine à croire de si rares opérations de la grâce dans la corruption de ce dernier siècle, ils n'ont qu'à attendre le temps que Dieu a marqué pour faire éclater aux yeux des hommes le mérite de ceux qui n'ont vécu sur la terre que pour lui procurer de la gloire.

On se contentera cependant de cette *Relation* abrégée, dans laquelle on n'a eu en vue que de donner une idée fidèle de la suite des choses les plus remarquables qui se sont passées dans les établissements dont il a été parlé, pour en conserver la mémoire et éveiller le zèle de ceux à qui Dieu inspirera de faire admirer avec plus d'étendue les merveilles de sa providence dans ces divers établissements, et l'effusion de la grâce sur celui qui les a entrepris avec tant de piété et tant de courage, et sur celle qui les a soutenus par la largesse de ses biens et par la force de ses prières.

ABRÉGÉ

DES VERTUS DE LA RÉVÉRENDE MÈRE DU SAINT-SACREMENT, ABBESSE DU PETIT-COUVENT DE SAINTE-CLAIRE, DÉCÉDÉE LE 5 AVRIL 1703.

La mort qui termina la sainte vie de la Mère du Calvaire ne termina pas la gloire dont il a plu à Dieu d'honorer sa mémoire, non seulement par le souvenir qu'on conservera toujours de ses vertus, mais principalement par les bénédictions qu'elle a attirées sur ses chères sœurs depuis qu'elles ont perdu sa présence. Les fondements de sa maison étaient en apparence si faibles, et ils trouvaient si peu d'appui dans les secours humains qu'il était visible qu'elle n'a subsisté jusqu'ici, et qu'elle ne subsistera désormais que par la seule protection d'une providence extraordinaire. Le Petit-Couvent est un des ouvrages de la grâce qui tire sa perfection des obstacles de la nature qui semblent devoir le menacer de sa ruine. Ce saint institut ne laisse rien voir au dehors qui ne blesse les vues de la prudence terrestre, par l'austérité de sa règle. On ne peut l'embrasser que par le mouvement du seul amour des plus pures maximes de l'Evangile. Nul attrait humain n'y peut attirer les filles qui joignent au désir de se sanctifier celui de ménager la délicatesse naturelle à leur sexe ; et quoiqu'on doive laisser à chacune l'attrait de sa vocation selon la mesure des grâces et des dons du Saint-Esprit, on ne peut pourtant assez féliciter celles qui ont le bonheur d'être appelées à ce qu'il y a de plus noble et de plus héroïque dans les conseils évangéliques. Il n'est pas nécessaire que toutes les filles qui ont le courage de quitter le monde suivent l'ange du Seigneur jusque sur le faîte de la montagne ; elles trouvent un asile dans le vallon, et leur salut dans Ségor et elles peuvent dire *Salvabor in ea* (1). Mais on doit admirer celles qui plus courageuses que Loth ont pu gagner le sommet sans craindre comme ce saint homme de n'être pas à l'épreuve de l'air trop pur dans cette haute région : *Nec possum in monte salvari, ne forte apprehendat me malum et moriar* (1).

En effet, on a été surpris dans la suite du temps de voir des épouses du Seigneur d'une tendre complexion et souvent avec une santé à demi ruinée, donner leur choix à l'austérité de ce saint institut, par préférence à tous les autres monastères où elles auraient pu se sanctifier par la pratique d'une piété édifiante

---

(1) Genèse, XIX, 19, 20.

et régulière, mais plus proportionnée à leur faiblesse naturelle. On les y a entendues dire, avec l'apôtre, qu'elles tiraient toute leur force de leur faiblesse (1), et que leur infirmité ne servait qu'à relever la vertu de la grâce ; et véritablement de la manière qu'on les a vues porter avec des excès de joie le joug du Seigneur, on n'a pas pu douter du pouvoir que la Mère du Calvaire a auprès de Dieu pour leur obtenir l'abondance des grâces de leur vocation, et que c'est à elle qu'on est redevable de voir fleurir le désert (2) qui n'est ouvert, comme elle avait accoutumé de dire, qu'à ceux que Dieu y appelle et à qui il en montre le chemin.

Mais une des plus évidentes preuves de l'esprit de Dieu dont elle fut animée parut dans le zèle qu'elle fit éclater en faveur de la vocation de celle qu'elle prévit devoir être un des plus solides appuis de la religion, et qui depuis lui a rendu de signalés services sous le nom de Mère du Saint-Sacrement. On a lieu d'espérer que Dieu fera connaître en son temps le mérite de ses excellentes vertus, dont la mémoire encore fraîche ne nous permet que de marquer peu de choses, dans ce petit abrégé, où il est d'autant plus juste qu'on lui donne quelque place, que c'est par son inspiration et par la vénération qu'elle avait pour Monsieur de Savignac et pour la Mère du Calvaire qu'on a entrepris de l'écrire, ne comptant pas qu'on dût le finir dans le temps que le ciel nous l'a enlevée.

Marie-Valérie Lapine naquit à Limoges l'an 1656, le 22 du mois de septembre. Son père, très honnête homme, d'une des plus considérables familles de cette ville (3), fit voir dans toute sa conduite une piété si constante et si régulière, une probité et une droiture si irréprochables, tant de douceur et tant d'affabilité dans toutes ses manières, et en un mot tant de vertus, qu'on peut dire que depuis bien des années cette province n'a pas con-

---

(1) *Nam virtus in infirmitate perficitur.* II Epître aux Corinthiens, XII, 9.

(2) *Lœtabuntur deserta et invia, et exultabit solitudo et florebit quasi lilium.* Isaie, XXXV, 1.

(3) Cette famille était des plus estimées à Limoges, où l'on trouve en 1489 Jean-Baptiste Lapine *junior* et Jean-Baptiste Lapine *senior*, l'un et l'autre licenciés ès lois (Registres consulaires, I, 48, 52, 63), Jean Lapine, religieux à Saint-Martial et maître des novices, 1508-1513 (Idem. I, 10, 292), Marie Lapine qui épousa vers 1520 François Lamy, avocat du roi (Nobiliaire, III, 443), Louise Lapine, fille du sieur de Vaubrune ou Riaubrune qui épousa, le 1er décembre 1668, François Xavier Descoutures. (Généalogie Des Coutures).

nu d'homme généralement plus aimé et plus estimé, ni plus digne de l'honneur que lui fera toujours son illustre fille. La tendresse qu'il avait pour elle n'était pas tant un sentiment de la nature, qu'un mouvement de la grâce qui lui faisait chérir le penchant qu'il lui trouvait à la vertu, et le mépris que, dès ses tendres années, elle avait conçu pour le monde, dans lequel elle aurait pu se promettre tous les agréments que son esprit, son naturel charmant et un bien considérable pouvaient lui faire espérer. Mais quelque plaisir qu'il se fît de lui trouver d'aussi saintes dispositions, il ne laissa pas de craindre la ferveur prématurée qui la porta dès l'âge de douze ans à embrasser la règle du Petit-Couvent dont la nouvelle et austère institution donnait de justes frayeurs à ceux qui n'étaient pas encore bien informés des grâces et des bénédictions que Dieu lui préparait. Car, comme cette maison naissante eut dès son commencement à forcer de grands obstacles, les saintes épouses que le Seigneur y appela n'en eurent pas moins à surmonter, et, parce que celle-ci fut la première à en ouvrir le chemin, elle eut besoin de tout le zèle et de tout le courage dont elle fut animée. Ce fut en vain que monsieur son père et que tous ses parents firent des efforts pour la retirer de cette forteresse où elle soutenait tous les assauts de la chair et du sang, avec une fermeté d'âme que rien ne put ébranler. Ce fut en vain qu'on employa les prières et qu'on fit valoir les raisons qu'on a d'éprouver la vocation des filles qui souvent, sans consulter la mesure de leurs forces et de leurs grâces, suivent l'impétuosité d'une vocation téméraire et inconsidérée. Celle-ci que l'esprit de Dieu conduisait par un attrait extraordinaire et qui avait donné par avance tant de preuves de la maturité de sa vertu ne crut pas devoir se laisser toucher à l'amour de monsieur son père, ni à la tendresse de mademoiselle sa mère, qui lui fit sentir tout ce que le cœur maternel a de plus fort. Enfin elle ne crut pas devoir accorder à la prudence humaine un temps inutile, et qui n'est que trop souvent pernicieux aux opérations de la grâce ; et pour rompre tous les liens qui pouvaient l'attacher au monde, elle commença par ceux de ses beaux cheveux qu'elle enleva elle-même de dessus sa tête, et dont elle fit un généreux sacrifice entre les mains de la Mère du Puy-Laurens son abbesse, qui ne s'attendait à rien moins qu'à une action aussi hardie, et dont elle n'avait pas encore vu d'exemple. Elle crut devoir la blâmer d'avoir entrepris sur les ciseaux de la religion, que la cérémonie du voile sacré a accoutumé d'attendre jusqu'au jour qui lui est marqué. Mais elle lui répondit agréablement que si Dieu réunissait ses cheveux à sa tête, elle connaîtrait qu'elle les avait coupés sans son aveu, mais qu'à moins de voir ce miracle elle demeurerait persuadée que perdant ses cheveux, elle avait, comme Samson, fait perdre au monde et à la nature toute la force qu'elle pouvait redouter.

D'ailleurs la Mère du Calvaire qui, toute jeune qu'elle était, avait un pressentiment du peu de jours qui lui restaient à vivre, déclarait hautement que la volonté de Dieu, qui ne mesure pas ses grâces au nombre des années, était que cette fille ne réglât pas sa vocation sur l'infirmité des siennes, et qu'elle se consacrât au plus tôt à son service dans cette maison naissante dont elle serait quelque jour un des plus illustres ornements. Et parce que les parents peu contents de cet empressement en portèrent leurs plaintes à Monseigneur de La Fayette, ce sage prélat leur répondit avec sa douceur et sa piété ordinaire qu'il leur conseillait de ne pas se compromettre avec la Mère du Calvaire, et qu'il ne s'était pas lui-même bien trouvé d'avoir quelquefois résisté aux mouvements extraordinaires de l'esprit d'en-haut dont elle était animée, et auxquels enfin il s'était rendu. En effet ce saint évêque, sans écouter les prières qu'on lui fit et sans attendre un âge plus avancé, voulut lui-même donner le voile sacré à cette innocente vierge, lui accorder le nom qu'elle demandait de sœur du Saint-Sacrement, et faire paraître par des larmes de joie, à quel point il était touché et édifié de son zèle et de son amour pour Jésus-Christ. Ce fut un spectacle fort extraordinaire et fort édifiant, de la voir embrasser d'aussi bonne heure et avec une merveilleuse ferveur, la croix du Seigneur et se couvrir du voile sacré de ses épouses, le 10 mai, l'an 1671, âgée seulement de quatorze ans, mais dès lors prévenue des grâces et des lumières d'une piété et d'une sagesse prématurée, et faisant voir que la vertu, loin de dépendre du nombre des années, jette d'autant plus d'éclat qu'elle brille sur un fond plus pur et plus innocent. Mais parce que la profession des vœux doit attendre le temps que l'Eglise lui a prescrit, il fallut donner deux années aux épreuves de son noviciat. Aussi avait-elle besoin de prendre des racines d'autant plus profondes que la haute perfection à laquelle elle était appelée devait être plus éminente. Elle eut pendant un assez long temps le loisir de profiter des saintes leçons de la Mère du Calvaire et de se remplir de l'esprit de cette fervente et zélée fondatrice, qui s'appliquait d'autant plus à former sa disciple, qu'elle prévoyait, comme elle l'avait dit, devoir bientôt la quitter et lui laisser la place. En effet, dès qu'elle l'eut consacrée à la religion par la solennité des vœux, l'an 1672, le 25e de septembre, âgée de seize ans, elle crut n'être plus nécessaire à l'œuvre de sa réforme, et se hâta, toute jeune qu'elle était, de demander sa délivrance que Dieu lui accorda le 7e d'avril de l'année 1673. Cette perte qui semblait devoir être fatale au premier commencement du Petit-Couvent ne diminua point l'esprit de la ferveur. Car, outre que la Mère du Calvaire y laissa ses deux chères sœurs héritières de son zèle, et qui avec elle avaient travaillé à l'établissement de cette maison, à laquelle elles avaient consacré leurs biens et leurs personnes, la Mère du Puy-Laurens gouvernait cette sainte communauté avec une sagesse et une charité qui ne laissaient rien à craindre. Cependant la jeune professe faisait chaque jour de si grands progrès dans la vertu, qu'elle mérita dans peu de temps d'entrer dans les emplois les plus importants. Elle fut maîtresse des novices à l'âge de 21 ans et élue supérieure pour la première fois à l'âge de 31 ans, charge dans laquelle elle fut continuée 6 ans, et réélue 3 ans après pour y rendre le même service, jusqu'à ce qu'il plut à Dieu de couronner ses mérites.

Il serait malaisé de nous étendre dans le détail de ses vertus, puisque l'étude qu'elle a toujours faite d'une vie intérieure en a supprimé le plus grand éclat et ne nous a laissé connaître que ce qu'elle n'a pas pu dérober à nos yeux et refuser à l'édification publique. Tout ce que nous pouvons dire en général est qu'il est rare de trouver dans quelque autre l'alliage de tant de vertus qui paraissent ordinairement incompatibles : une union aussi intime avec Dieu avec une aussi continuelle effusion de charité sur le prochain, tant d'éminentes qualités de la nature et de la grâce avec une humilité aussi profonde, tant de pureté de cœur et d'innocence de vie avec une aussi austère pénitence.

L'esprit de recueillement qu'on lui a toujours remarqué faisait assez voir son intime et perpétuelle union avec Dieu. Son amour pour l'oraison ne se bornait pas aux heures marquées par la règle, elle continuait trois et quatre heures de suite. Elle demeurait souvent dans le chœur après la fin des matines de la nuit. Elle a passé plusieurs années sans se coucher, et si quelque maladie la retenait dans sa cellule, on l'y trouvait à genoux, récitant son bréviaire et s'excusant sur ce qu'il lui aurait été impossible de dormir pendant que ses sœurs chantaient les louanges de Dieu. On connaîtra à quel degré de contemplation elle fut élevée lorsqu'on pourra communiquer au public ce qu'elle a été obligée d'écrire par l'ordre de ses supérieurs sur le sujet des lumières et des grâces dont Dieu l'a favorisée dans l'application à ce saint exercice. C'était de là que lui venait la vive foi et l'esprit de religion qu'elle faisait éclater dans toutes les cérémonies de l'Eglise : son attachement et son exactitude dans les offices divins, dans lesquels elle faisait voir tant de modestie et tant de recueillement, qu'ils suffisaient à ses sœurs pour être pénétrées de dévotion ; sa profonde vénération pour les prêtres à qui elle ne parlait ordinairement qu'en se tenant sur ses genoux, son respect pour la sainteté de leur caractère, sans pouvoir souffrir que la moindre parole lui donnât quelque atteinte, et le soin qu'elle prenait de demander des prières pour eux au temps de l'ordination. Enfin c'était de là que naissaient les sentiments de sa tendre piété dans ce qu'on regarde comme peu considérable dans le christianisme. L'air dévot et édifiant avec lequel elle assistait à la bénédiction de la table et à l'action de grâce après le repas faisait voir l'élévation de son âme dans les choses les plus matérielles, et elle disait agréablement que, quand les viandes seraient empoisonnées on ne devrait plus les craindre du moment qu'elles ont été bénites avec une plénitude de foi et de sincères sentiments. On ne peut rien ajouter à l'exacte fidélité qu'elle demandait de ses sœurs pour toutes les rubriques du bréviaire, pour la lente et modeste prononciation des psaumes et des hymnes sacrés, sans souffrir qu'on en négligeât le moindre point, ni le moindre accent, leur disant avec le Seigneur que *iota unum aut unus apex non præteribit* (1), et les priant de réfléchir sur ce que l'apôtre n'exhorte pas seulement les vierges à s'occuper de Dieu, mais encore à tout ce qui appartient au culte de Dieu : *cogitat quæ Dei sunt* (2). On peut juger du fruit qu'elle tirait de la lecture des Saintes Ecritures par l'humble et respectueuse posture dans laquelle elle se tenait, ne les lisant ordinairement qu'à genoux. Elle a toujours fait voir un goût délicieux pour la parole de Dieu dans les sermons et les fréquentes exhortations qu'elle procurait à la communauté, et quoiqu'elle fût d'un discernement fort fin et fort spirituel pour les choses divines, et que dans les entretiens que sa charge l'obligeait d'en faire à ses sœurs elle en parlât avec beaucoup d'élévation, on lui trouva toujours une très grande estime pour tous les ministres de l'Evangile quel que fût leur talent.

Mais ce fut principalement pour l'adorable personne de Jésus-

---

(1) Saint Mathieu, v, 18.
(2) *Cogitat quæ Domini sunt*. Saint Paul. Epitre I aux Corinthiens. vii, 34.

Christ qu'elle fit éclater une singulière dévotion et un amour plein d'ardeur et de tendresse. Elle avait accoutumé de préparer son cœur à la célébrité des mystères du Verbe incarné, de distribuer aux sœurs les diverses réflexions qui pouvaient les pénétrer des sentiments propres à ces différentes solennités, et surtout à tout ce qui regardait l'auguste sacrement de l'Eucharistie et la vie cachée du Seigneur sous les voiles de cet aimable et vénérable mystère. L'une était priée d'honorer par son silence celui que le Seigneur garde dans ce sacrement; l'autre son sacrifice par quelque mortification extraordinaire; l'autre son amour par quelque acte de charité; et on ne doit pas douter qu'elle ne prît pour elle l'union de toutes les dispositions qu'elle divisait entre les autres. Ses fréquentes communions, le profond recueillement qu'elle y faisait paraître, les longues heures qu'elle passait le jour et la nuit auprès du divin Époux, l'adoration perpétuelle pour laquelle elle obtint l'association authentique de sa communauté à celle des sœurs du Saint-Sacrement de Paris, et à celle de tous les confrères de ce royaume, sont d'illustres preuves de sa piété et de son amour pour le plus saint de nos mystères dont elle voulut porter le nom dès qu'elle se consacra à la religion.

Elle joignit cet auguste nom à celui de Marie par l'attachement singulier qu'elle eut toute sa vie à honorer la Sainte Vierge, à qui elle tâcha toujours de procurer toute sorte d'honneur, priant les prédicateurs, les jours de ses fêtes, de s'étendre sur les louanges de cette reine du ciel, et les remerciant de tout ce qu'ils avaient dit à sa gloire, d'une manière qui faisait voir l'intérêt qu'elle y prenait. Elle récitait chaque jour, outre les prières du Saint Rosaire, celles du petit chapelet de son esclavage, le seul petit mais précieux meuble qui après sa mort fut trouvé dans sa pauvre cellule et qui est chèrement gardé par la personne qui a eu le bonheur d'en hériter.

Cet esprit de dévotion et de recueillement, cette union perpétuelle avec Dieu, cet amour singulier pour Jésus-Christ et sa sainte Mère, cet attrait à l'oraison et à la vie intérieure ne dérobèrent rien à l'effusion de sa charité et de sa communication avec le prochain. Comme elle était naturellement douce, d'un air toujours gai et ouvert, et que toutes ses manières étaient agréables et insinuantes, elle n'avait pas besoin d'étude pour se concilier l'amour de ses sœurs, et elle n'omettait pourtant rien de ce qui pouvait lui gagner leurs cœurs, soit en prévenant leurs besoins, soit en leur accordant tout ce qu'elles pouvaient attendre d'une tendresse maternelle, soit en les charmant par l'agrément qu'elle donnait à la conversation, toujours édifiante mais toujours facile et familière, soit en les secourant dans leurs maladies avec une assiduité et une vigilance dont elle a donné des marques jusqu'au dernier jour de sa vie, qu'elle finit immédiatement après avoir fermé les yeux à une de ses plus chères et saintes sœurs. Aussi peut-on dire qu'on a vu, et qu'on verra peu de supérieures plus tendrement et plus constamment aimées que l'a toujours été celle-ci, et pour laquelle on ait eu tout à la fois tant de respect et tant de confiance.

Et pour ce qui est des personnes séculières que l'odeur de cette sainte maison attirait au parloir, elles y trouvaient tant de consolation dans les visites qu'elles rendaient aux épouses du Seigneur, et surtout à la Mère du Saint-Sacrement, qu'on leur a souvent ouï dire qu'il n'y avait rien d'affreux dans le Petit-Couvent que les premières approches, qu'on y allait avec quelque sorte de frayeur et qu'on n'en revenait que pénétré de joie et de consolation. En effet, loin qu'on trouvât dans l'entretien de cette parfaite et aimable servante de Jésus-Christ, cet air d'austérité, dont une vertu sauvage se fait souvent gloire, et cette morne sévérité qui épouvante au lieu d'édifier, et qui fait haïr la sainteté sous les noires couleurs qu'on lui donne, il n'y avait rien d'amer ni d'incommode dans la société qu'on avait avec elle; on lui trouvait un air également dévot et dégagé, un cœur plein de tendresse, un sincère intérêt aux peines qu'on lui communiquait, des avis salutaires dans les conseils qu'on voulait prendre de ses lumières, et personne ne se séparait d'elle, qui ne fût pleinement persuadé qu'il quittait une sainte mais cordiale amie. Détachée qu'elle était de la chair et du sang dès ses plus tendres années, elle n'avait pas perdu les sentiments que la nature inspire à tous les bons cœurs et que la grâce autorise dans ceux des vrais saints, en qui la charité a réglé les différents droits que les parents et les étrangers ont sur le fonds de notre amour. Depuis le jour que monsieur son père en fit un généreux sacrifice sur l'autel de la religion, il ne l'aima plus que selon l'esprit et que dans la seule vue de Dieu; mais il l'aima avec tant de tendresse, tant d'estime et tant de confiance, que ses plus fréquentes et ordinaires visites étaient pour cette chère fille, de qui il prenait ses conseils, sa consolation et l'onction de la piété qui éclatait dans toute sa conduite. Leur conversation finissait par celle que cet homme d'oraison allait avoir avec Dieu dans l'église du Petit-Couvent, où on l'a souvent vu remercier le Seigneur des grâces dont il continuait de combler sa chère fille, qui était beaucoup plus à lui, depuis qu'il en avait fait un sacrifice à la religion. Les sentiments d'estime et d'amour qu'elle conserva toujours pour madame sa sœur, et qu'elle devait à sa vertu, à ses bonnes qualités, et à la tendre confiance qu'elle avait pour elle, firent voir que deux sœurs ne s'aiment jamais si parfaitement que lorsqu'elles se trouvent dans Dieu, et que le lien de la grâce sanctifie et affermit celui de la nature. On ne saurait croire combien de différentes personnes ont déclaré après sa mort qu'elles comptaient avoir perdu leurs plus douces consolations et leur plus solide ressource dans tous leurs besoins.

Mais sa charité ne se bornait pas aux vivants, elle éclatait principalement dans le secours qu'elle procurait aux morts. On a vu peu de personnes plus touchées de compassion pour les âmes du purgatoire, et singulièrement pour celles de ses sœurs. Elle ne se contentait pas de leur ménager tout ce qu'elle pouvait de messes, de prières et de suffrages ; son industrieuse piété engageait ses chères filles à offrir chacune à Dieu quelque particulière satisfaction qui eût du rapport aux peines dont elle voulait acquitter ces saintes âmes, demandant à l'une quelques heures de silence extraordinaire, à l'autre quelque plus sévère abstinence, à l'autre quelque plus forte application à la prière en réparation des légères fautes que les défuntes avaient peut-être à expier dans le purgatoire pour la négligence de ces saints exercices. On pourrait dire beaucoup de semblables choses qui feraient voir combien il est rare de trouver dans une épouse de Jésus-Christ tant d'amour pour la retraite, tant d'éloignement du monde et tant d'application à la vie intérieure, avec tant de charité, tant d'affabilité et tant de sincère cordialité pour le prochain.

Mais on n'a pas moins de sujet d'admirer l'union qu'elle sut faire des grandes qualités dont Dieu l'avait avantagée et des sentiments de profonde humilité qui fit son vrai et propre caractère. Il n'est personne de tous ceux qui ont approché la Mère du Saint-Sacrement, qui ont conversé avec elle, ou qui ont vécu sous sa conduite, qui, sans craindre la flatterie, ne déclarent hautement qu'ils ne lui ont rien trouvé qui ne surpassât beaucoup les vertus et les dons propres de son sexe : un esprit élevé, un sens droit, un fin discernement, un cœur généreux, ferme et constant, à l'épreuve de toutes les variétés et de toutes les disgrâces de la vie, dans lesquelles on ne lui a jamais remarqué le moindre trouble, une prudence pleine de vue et de lumière dans tout ce qu'elle entreprenait, et une résolution invariable dans tout ce qu'elle avait entrepris malgré tous les obstacles qui s'y opposaient. Ces qualités de l'âme étaient soutenues par celles du corps. Elle était naturellement gaie, agréable, facile, et elle portait dans ses yeux un air de douceur qui charmait ses sœurs, et qui leur faisait dire qn'elle n'avait besoin que de regarder pour se faire aimer.

Elle seule ne s'apercevait de rien de tout cela. Pénétrée d'un sincère sentiment de son néant, elle ne pouvait assez exprimer le mépris qu'elle faisait de toute la conduite de sa vie, et cependant toute la conduite de sa vie répondait des solides sentiments de son humilité. Elle ne put jamais souffrir la moindre chose qui tournât à son honneur. Elle avait souhaité qu'on fît un petit abrégé des principales vertus de la Mère du Calvaire, et parce que celui qui en avait pris le soin marqua dans la préface qu'il s'en était chargé pour satisfaire la dévotion de quelque personne à qui la mémoire de cette excellente servante de Dieu était chère et vénérable, elle le conjura d'effacer ce mot, de crainte, dit-elle, qu'on ne put peut-être penser qu'on eût eu quelque considération pour elle. Elle s'étudia toujours à ne laisser rien voir au dehors qui put la distinguer des autres. On n'aurait jamais connu qu'elle entendait la langue latine, sans que personne la lui eût montrée, si sa dévotion et son zèle n'eussent pas souvent surpris sa modestie. Car la vive attention et le goût qu'on lui remarquait dans le chant des psaumes et des hymnes sacrées faisait bien connaître qu'elle savait plus que les chanter, et le soin qu'elle prenait d'en faire pénétrer le sens à ses sœurs, joint à ce qu'elle leur débitait dans les conférences pleines de l'esprit et de la science de Dieu, découvrait malgré elle les lumières dont son âme était éclairée. Chacun sait avec quelle peine, quelles larmes et quelle douleur elle se vit obligée par l'exprès commandement de ses supérieurs d'accepter la supériorité, ce qu'elle fit pour en être déchargée et tout ce qu'elle mit en œuvre pour se rabaisser par l'endroit même qui servait à son élévation. Supérieure par le rang qu'elle tenait, mais en effet servante de toute sa communauté, ne profitant de son autorité que pour obliger les sœurs à l'avertir de ses fautes, et les officières à lui réserver le rebut de tout ce qui ne pouvait pas servir aux autres; on ne lui trouva jamais cet air de domination qui est presque inséparable de l'empire qu'on a sur des inférieurs. Sa conduite était pleine d'attrait et de douceur, et on n'avait nulle peine à lui obéir en voyant l'exacte obéissance qu'elle rendait à ses supérieurs. Car elle se fit une loi inviolable non seulement de ne jamais résister à leurs volontés, mais de ne prendre pas même la liberté de leur rien représenter après qu'ils avaient donné quelque ordre, à moins qu'elle s'y crut forcée par quelque intérêt de conscience. Elle a souvent déclaré à ceux à qui elle ouvrait le fond de son âme, que sa plus grande peine en cette vie était de se voir dans la place que les sœurs lui avaient donnée ; qu'elle croyait les déshonorer par sa mauvaise conduite et qu'elle croyait se rendre coupable de la ruine d'une si sainte maison. C'était en vain qu'on l'assurait de l'amour et de l'estime de toutes les sœurs, elle répondait qu'elle reconnaissait leurs grandes vertus dans la grande patience qu'elles avaient à la souffrir, et c'est de quoi elle les remercia à l'heure de la mort ; et elle l'aurait fait d'une manière plus étendue si son confesseur ne lui eût ordonné de n'en pas dire davantage, car aussitôt son humble obéissance lui fit faire un sacrifice de tout ce qu'elle aurait voulu dire pour prendre congé d'elles.

La seule satisfaction qu'elle trouvait dans sa charge était de pouvoir contenter son amour pour la régularité et pour l'esprit de réforme, et de pouvoir acquitter ce qu'elle avait promis sur ce sujet à la Mère du Calvaire : promesse qu'elle renouvela avec ses vœux, aux pieds de cette chère et sainte maîtresse. Car ce fut là que parmi ses larmes et ses soupirs elle s'engagea à ne jamais consentir au relâchement de la règle. Et toutefois, quelque zèle qu'elle eût pour le Petit-Couvent, à qui elle ne voulut jamais souffrir qu'on donnât d'autre nom, et de quelque désir qu'elle fût touchée de le voir se remplir de bons sujets, on ne lui remarqua jamais d'y attirer aucune fille, ni la moindre inquiétude lorsqu'il ne s'en présentait pas ; ayant toujours à la bouche ces deux mots : abnégation et abandon. Et en effet, Dieu (qui, comme disait la Mère du Calvaire, savait seul le chemin du Petit-Couvent), l'a ouvert par une vocation extraordinaire à celles qui ont eu le bonheur de recevoir le voile sacré de la main d'une supérieure, qui n'avait de ressource que dans sa providence, et qui a toujours compté sur elle dans les temps qui semblaient ne lui laisser aucune espérance pour le soutien de sa communauté.

Si l'union de tant de grandes qualités avec une humilité aussi sincère fut l'ouvrage du Saint-Esprit, on n'a pas moins de sujet d'admirer celle d'une aussi parfaite innocence avec une aussi sévère austérité. On est redevable au directeur de cette sainte âme de l'entière connaissance qu'on a de la pureté de sa vie, par l'ordre qu'il lui donna de lui mettre au long sur le papier le compte de sa conscience. Nous apprenons dans cet écrit, qui est encore entre nos mains, ce que son humble et ingénue obéissance lui a fait déclarer de toute sa conduite, depuis qu'elle a pu se connaître. Elle s'y accuse avec amertume de cœur d'avoir commencé de pécher dès l'âge de trois ans, ayant, dit-elle, eu dès lors une pleine connaissance de ses devoirs. Mais les plus grands péchés qu'elle reproche à son enfance, seraient peut-être de grandes vertus à un âge plus avancé. Elle se trouve coupable de certains déguisements et de certains faux prétextes dont elle se servait pour échapper à la compagnie des hommes, et pour éviter les caresses qu'ils ont accoutumé de faire aux petites filles et elle avoue qu'elle se sentait dès lors un si fort éloignement pour les personnes d'un sexe différent, qu'elle prit la liberté d'arrêter même les tendres marques d'amitié que lui donnait monsieur son père. Elle ne se pardonna pas le penchant naturel qu'elle avait aux petites vanités et aux petits divertissements dont les jeunes filles commencent de se sentir de si bonne heure. Et parce que Dieu la prévenait dès lors de beaucoup de grâces et de beaucoup d'inspirations elle se charge d'autant de lenteur et d'autant d'infidélité à y répondre comme elle aurait dû. On peut juger par ce commencement de sa vie, qu'elle croit fort criminelle, de la sainteté des années qu'elle passa dans le cloître. Ceux qui ont reçu ses confessions déclarent, que sans vouloir pénétrer dans les vues de Dieu, ils croient qu'elle lui a porté l'innocence de son baptême, et qu'elle a été assez heureuse par le secours de sa grâce pour ne faire d'autres chutes que celles qui sont inévitables à notre fragilité. Mais quoi qu'il en soit, il est certain que ceux qui l'ont éclairée de près, n'ont rien remarqué dans sa conduite qui ne leur ait laissé l'impression d'une fort constante et régulière vertu.

On en jugerait autrement par les rigueurs de sa pénitence, et par la dureté avec laquelle elle maltraitait son corps. Il semblait qu'on ne put rien ajouter à l'austérité de la règle capable d'effrayer ceux qui n'ont pas goûté les douceurs intérieures dont elle est détrompée. Cette fervente fille de sainte Claire voulut enchérir sur la perpétuité de l'abstinence et sur l'étendue des jeûnes en se privant des aliments qu'elle pouvait dérober aux besoins de la vie, en se refusant le sommeil pendant plusieurs nuits qu'elle a passées sans se coucher, et en macérant sa chair par de très rudes et de très fréquentes disciplines et par l'usage des instruments de la mortification la plus sévère. On l'a vue, pendant plusieurs hivers, ne se présenter presque jamais au feu : on a vu ses pieds gelés de froid jusqu'à en perdre les ongles, et y souffrir des plaies dont la douleur ne la dispensait pas d'assister régulièrement aux offices divins, toujours debout, et sans appui. Et parce que sa faible complexion n'était pas à l'épreuve de son courage, on l'a vue souvent ployer sous le faix de la pénitence par de dangereuses maladies. Il fallut souvent que Monseigneur d'Urfé, son évêque, la blâmât de ses excès, et ce saint prélat, tout austère qu'il était en lui-même, ne recommandait rien tant aux confesseurs et aux directeurs de la Mère du Saint-Sacrement que de modérer son ardeur pour les pénitences. Aussi était-ce la seule chose qui leur donnait de la peine dans sa conduite.

Mais elle s'appliquait bien plus fortement à la mortification intérieure et à l'empire de ses passions. Il serait difficile de dire qu'on lui en ait remarqué de dominantes, tant on lui a toujours trouvé de tranquillité d'esprit et d'égalité d'humeur dans la santé et dans la maladie, et dans les différentes épreuves qu'il a plu à Dieu de faire de sa vertu. Son entrée dans la religion ne fut pas seulement traversée par les oppositions de ses parents, elle fut combattue par de rudes tentations, par des dégoûts, des aridités et des nuages qu'elle a décrits dans le compte de sa conscience. Elle y dit que pendant assez longtemps elle ne tenait à Dieu que par le seul attrait de sa grandeur, sans aucune consolation sensible; que Dieu ne la conduisit que par la main pendant son noviciat, et que ce ne fut qu'après sa profession qu'il la prit entre ses bras. Mais ces diverses dispositions ne firent jamais voir de trouble, ni d'inconstance dans sa conduite, toujours égale et toujours fidèle à la grâce de sa vocation.

C'est ainsi que vécut cette servante du Seigneur jusqu'à l'âge de quarante-six ans, qu'elle fut trouvée digne (comme nous avons tout lieu de le croire) de recevoir la couronne de tant de mérites. Elle mourut le 4e d'avril de l'an 1703, avec toutes les marques d'une piété qui répondait à celle qu'elle avait fait éclater dans tout le cours de sa vie ; et ce ne fut pas sans une faveur particulière de la Providence, qu'ayant toujours été pénétrée d'un amour et d'une tendre dévotion pour le très Saint-Sacrement dont elle portait le nom, elle eut le bonheur d'expirer le jour que l'Eglise en célèbre l'institution, pour être appelée au banquet céleste des noces de l'Agneau.

Le sensible regret que causa à tout le public la perte d'une si chère et si édifiante religieuse, fit éclater la haute et générale estime qu'on avait conçue de son mérite. On entendit les rues de la ville retentir des louanges que lui donnèrent ceux mêmes qui ne l'avaient connue que par l'odeur de sa réputation. Mais ceux qui avaient eu quelque liaison avec elle furent touchés d'une si vive douleur, qu'on leur entendit dire qu'ils n'en avaient jamais senti de pareille, et qu'ils n'avaient pu arrêter les larmes que la mort de leurs plus intimes amis et de leurs plus chers parents n'avait pu leur arracher.

Ses chères filles n'ont pas encore essuyé les leurs, et le temps ne sert qu'à leur faire connaître de plus en plus le précieux trésor qu'elles ont perdu. Et comme on a entendu souvent dire à cette illustre défunte qu'il fallait attendre l'heure que Dieu a marquée pour relever sur la terre la gloire de la Mère du Calvaire, nous attendons celle qu'il a réservée à l'éclat des vertus de la Mère du Saint-Sacrement.

Le petit abrégé que nous venons de faire est d'autant plus à couvert de tout soupçon de flatterie que la mémoire de tout ce qu'on a dit d'elle est encore si fraîche et autorisée de tant de témoins, qu'on n'a plus lieu de craindre qu'on y trouve à dire beaucoup de choses qu'il a fallu supprimer en attendant le temps qu'on pourra les communiquer au public avec l'étendue qu'elles méritent. Et on a lieu de croire qu'elles seront reçues avec d'autant plus d'estime et d'édification qu'on voit dès à présent l'empressement du peuple à s'enrichir de quelques précieuses dépouilles d'une si sainte pauvre. On a été obligé, pour satisfaire la dévotion d'un grand nombre de personnes, de mettre en lambeau la grossière et rude robe qu'elle n'avait jamais quittée ni jour ni nuit pendant quinze années. On n'a pu se dispenser de la mettre en pièces et d'en former des scapulaires chers et précieux à tous ceux qui croient avoir sujet de compter sur le crédit qu'elle a auprès de Dieu. Il a fallu même en venir jusqu'à désenfiler son chapelet pour contenter la piété et la confiance d'un plus grand nombre de personnes qui nous sont un préjugé de la gloire que Dieu lui prépare lorsque son mérite sera tout à fait connu.

I

APPROBATION DES CONSTITUTIONS

de la communauté et congrégation des religieuses de Saint-Alexis de la ville et du diocèse de Limoges, donnée par Mgr l'Illustrissime et Révérendissime Evêque de Limoges.
Du 24 septembre 1659.

Nous, François de La Fayette, par la grâce de Dieu et du Saint-Siège Evêque de Limoges, veu les règlements ci-dessous, à nous présentés par mademoiselle Marie de Petiot, nommée par nous Supérieure de la communauté des filles de Saint-Alexis, destinée pour le service des pauvres malades et renfermés dans l'hôpital général de la présente ville, après les avoir meurement considérés et examinés, nous les avons jugés nécessaires pour le maintien de leur société, soulagement et service des pauvres dudit hôpital. C'est pourquoy nous les avons approuvés et approuvons par ces présentes, pour être gardés et observés à perpétuité ; à quoy nous les exhortons en Notre Seigneur.

Donné dans le palais épiscopal de notre cité de Limoges, ce vingt-quatrième jour de septembre, mil six cent cinquante-neuf.

† FRANÇOIS, *Evêque de Limoges.*

[Suit le calendrier où sont seulement marqués les jours de communion.]

Janvier.
1. La Circoncision.
6. L'Epiphanie.
15. Saint Jean Calibitte.
20. Saint Fabien et Saint Sébastien.
29. Saint François de Sales.
31. Saint Pierre Nolasque.

Février.
1. Saint Ignace, martyr.
2. La Purification.
7. Saint Romuald.
8. Saint Etienne de Muret.
10. Sainte Scholastique.
24. Saint Mathias.

Mars.
8. Saint Jean de Dieu.
18. Sainte Gertrude.
19. Saint Joseph.
21. Saint Benoît.
25. L'Annonciation.

Avril.
2. Saint François de Paul.
25. Sainte Catherine de Sienne.

Mai.
1. Saints Jacques et Philippe.
3. L'Invention de la Ste-Croix.
14. Saint Pacôme.
19. Saint Pierre Célestin.
26. Saint Philippe de Néry.

Juin.
6. Saint Norbert.
11. Saint Barnabé.
24. La Nativité de Saint Jean.
29. Saint Pierre et Saint Paul apôtres.
30. Saint Martial.

Juillet.

2. La Visitation.
12. Saint Gualbert.
16. Notre-Dame du Mont-Carmel.
17. Saint Alexis.
20. Sainte Madeleine.
30. Saint Ignace de Loyola.

Août.

2. Notre-Dame des Anges.
3. L'invention de Saint Etienne.
4. Saint Dominique.
6. La Transfiguration.
7. Saint Cajetan.
10. Saint Laurent.
12. Sainte Claire.
15. L'Assomption.
16. Saint Roch.
20. Saint Bernard.
24. Saint Barthélemy.
25. Saint Louis.
28. Saint Augustin.

Septembre.

8. La Nativité de la Sainte Vierge.
14. L'Exaltation de la Sainte Croix.
21. Saint Mathieu.
29. Saint Michel.

Octobre.

2. Les Saints Anges Gardiens.
4. Saint François d'Assise.
6. Saint Bruno.
13. Saint Gérald, patron de la paroisse.
15. Sainte Thérèse.
18. Saint Luc.
21. Sainte Ursule.
28. Saints Simon et Iude.

Novembre.

1. Tous les Saints.
2. Les Morts.
4. Saint Charles Borromée.
11. Saint Martin.
21. La Présentation.
25. Sainte Catherine.
30. Saint André.

Décembre.

8. La Conception.
10. Sainte Valérie.
21. Saint Thomas.
23. Saint Servule.
25. La Nativité de Notre Seigneur.
26. Saint Etienne.
27. Saint Jean l'Evangéliste.
28. Les Saints Innocents.

Outre les jours marqués dans ledit calendrier précédent, les sœurs de Saint-Alexis communieront tous les dimanches et les jeudis de l'année, à moins que quelques-unes des fêtes qui sont marquées dans le dit calendrier ne tombent le mercredi ou le vendredi ; auquel cas, les sœurs communieront le jour de la fête et non pas le jeudi.

De plus, elles communieront les trois fêtes de Pâques et à celles de la Pentecôte, à la fête de l'Ascension, la Fête-Dieu, le mardi suivant et le jour de l'Octave.

Elles ont aussi accoutumé de communier tous les mardis du carême...... Elles communieront aussi le jour de leur patron de chaque mois, et de religion, le jour anniversaire de leur baptême et de leur profession.

II

Mandement de Monseigneur l'Illustrissime et Révérendissime Évêque de Limoges concernant les statuts et règlements des Filles de Saint-Alexis, 1692.

Louis, par la miséricorde de Dieu et la grâce du Saint-Siège apostolique Évêque de Limoges. A nos chères filles en Jésus-Christ, salut et bénédiction. Comme vous nous avez représenté plusieurs fois et que nous avons même reconnu par notre expérience dans les dernières visites que nous vous avons faites dans votre couvent, qu'il y avait plusieurs choses qui avaient besoin d'être éclaircies dans les règlements qui vous ont été donnés ; qu'il y en avait d'autres qui ayant été établies par rapport à votre ancienne demeure dans l'enceinte de l'hôpital, devaient être changées depuis que vous aviez changé de logement ; et qu'enfin il y avait plusieurs chapitres qui, traitant d'une manière trop succincte des charges les plus importantes de la communauté, demandaient une instruction plus étendue sur les obligations attachées à ces emplois, nous nous sommes appliqué sérieusement à les mettre dans le meilleur qui nous a été possible.

A ces causes, désirant favoriser votre intention, et contribuer de tout notre pouvoir à établir dans votre communauté une régularité plus parfaite, après avoir mûrement examiné tous vos règlements, nous les avons réduits dans la forme et manière qui s'en suit :

Chapitre I. — De la fin de la congrégation. — La petite congrégation des filles de Saint-Alexis est fondée sur ces paroles du Fils de Dieu : Tu aimeras Dieu de tout ton cœur, et ton prochain comme toi-même, et a, pour application particulière, d'honorer Jésus-Christ dans sa vie cachée et l'exercice de sa charité envers les pauvres, qu'on lui portait de toutes parts.

Pour parvenir à la fin de cet institut les sœurs devront se tenir dans un détachement général de toutes choses, mais principalement d'elles-mêmes ; mourir perpétuellement à tout ce qui est du vieil homme et n'avoir d'autre vue que la seule gloire de Dieu.

Elles doivent, pour remplir dignement la seconde et la plus essentielle fin de leur institut, donner tous leurs soins et s'occuper continuellement au secours et au service des pauvres, soit malades, soit autres, dans l'hôpital général de Saint-Alexis, sans se lasser jamais dans un si saint emploi, ni se rebuter par la peine qu'on y prend et le dégoût que la rusticité des pauvres cause toujours à la nature..... On les appellera les sœurs de Saint-Alexis, qu'elles prendront pour leur patron, parce qu'il a été un fidèle portrait de la vie cachée de Jésus-Christ..... Elles ne prendront ni dedans, ni dehors l'hôpital aucun nom de dame ou de demoiselle, mais seulement de sœur et humble servante des pauvres..... Elles porteront toutes au col, sur leur habits, une de ces médailles [de Saint-Alexis]. Cette petite congrégation étant fondée sur l'amour et la charité, on n'entend pas (hors les vœux) obliger pas une des sœurs à l'observance des statuts suivants à peine de péché. Elle veut même, pour le vœu d'obéissance, que la supérieure ne puisse jamais rien commander sous peine de péché mortel, si ce n'est en choses graves et approuvées de vive voix, ou par écrit de Mgr l'Evêque, ou de M. son grand vicaire, qui servira en sa place.

Chapitre II. — Du Supérieur. — Toute la congrégation sera entièrement soumise à l'autorité, à la juridiction, et à la justice de Mgr l'Evêque de Limoges, ou de M. son grand vicaire qui en sera le supérieur..... Il y aura une supérieure qui sera élue par la majeure partie des suffrages de la communauté, et sera confirmée par Monseigneur, ou par M. son grand vicaire..... et toutes les autres sœurs seront obligées de lui porter beaucoup d'honneur et de respect, et de lui obéir, et elles ne pourront rien faire sans sa permission,

Chapitre III. — De la confession. — Toutes les sœurs se confesseront au confesseur ordinaire, qui sera un prêtre approuvé et agréé par Mgr l'Evêque..... La Mère supérieure aura soin que toutes les sœurs se confessent tous les trois mois à un confesseur extraordinaire; et même si quelqu'une a besoin hors ce temps là, et que la supérieure le juge nécessaire pour le repos de la conscience de cette sœur, elle lui donnera la liberté de se confesser à un autre qu'à l'ordinaire.

Chapitre IV. — De la réception et profession des sœurs. — On pourra recevoir dans ladite congrégation les filles et les veuves qui auront les qualités d'esprit et de corps nécessaires pour s'acquitter dignement des emplois de la congrégation, et qui pour leur entretien et leur nourriture ne lui seront point à charge. Elles ne pourront néanmoins excéder le nombre de vingt, en tout, si ce n'est que Mgr l'Evêque ne jugeât qu'il fût nécessaire d'en avoir un plus grand nombre pour le service des pauvres. Elles n'y seront reçues qu'à la majeure partie des suffrages des sœurs, et après avoir été un mois ou deux en habit séculier. Le noviciat sera de deux ans ; et après avoir atteint l'âge de vingt ans complets, elles feront trois vœux, savoir celui de chasteté, d'obéissance et de stabilité dans la congrégation. Aucune novice ayant fait les deux années de probation, et atteint l'âge ci-dessus, ne pourra demeurer dans ladite communauté sans faire les trois vœux ; et aucune n'y pourra être reçue au-dessus de 40 ans, sans permission expresse de Monseigneur. On ne donnera point le nom de sœur à aucune, qu'après la prise d'habit.

Chapitre V. — De l'habit de la congrégation. — Les sœurs de Saint-Alexis seront vêtues de noir par dessus, et de gris par dessous, le plus modestement qu'il se pourra.....

Chapitre VI. — Des vœux de chasteté, d'obéissance et de stabilité.

Chapitre VII. — De l'emploi du temps. — Les sœurs se lèveront à 4 heures et demie...

Chapitre VIII. — Du silence et de la retraite.

Chapitre IX. — De la sainte communion et des pénitences. — Les sœurs communieront toutes les grandes fêtes de l'année, tous les dimanches et jours de fêtes que l'Eglise solennise, le jour de saint Alexis et de saint Jean-Calybite, saint Servule, sainte Gertrude, saint Ignace, martyr, fondateurs et fondatrices des Religions, et tous les jeudis, si ce n'est qu'il y eût quelqu'une des fêtes ci-dessus le mercredi ou le jeudi. Pour les autres jours la supérieure ne donnera point permission à la communauté de la faire sans le consentement du supérieur.

Les sœurs ne seront obligées qu'au jeûne de l'Eglise, à la veille de la très Sainte Vierge et de saint Alexis.....

Chapitre X. — De la reddition des comptes et de l'assemblée.

Chapitre XI. — De la charité et de l'union qui doit (*sic*) être entre les sœurs.

Chapitre XII. — De l'élection de la supérieure et des officières. — On fera l'élection de la supérieure de trois ans en trois ans, le jour de l'octave de saint Alexis. La supérieure ne pourra être continuée après six ans, sans la permission de Monseigneur, ou de son vicaire général, qui pourra le permettre s'il le juge à propos. Toutes les sœurs professes auront voix à l'élection..... qui se donnera par billets secrets.....

Tous les ans après l'octave de saint Alexis, le dimanche, on fera l'élection de l'assistante et des conseillères.....

Chapitre XIII. — De la supérieure.

Chapitre XIV. — De l'assistante.

Chapitre XV. — De la maîtresse des novices.

Chapitre XVI. — Des conseillères et zélatrices.
Chapitre XVII. — De l'économe.
Chapitre XVIII. — De l'infirmière.
Chapitre XIX. — De l'apothicairesse.
Chapitre XX. — De la sacristaine.
Chapitre XXI. — De la portière.
Chapitre XXII. — De la dépensière ou cuisinière.
Chapitre XXIII. — De la lingère et robière.

[Tous ces chapitres renferment respectivement les devoirs et les obligations de chacune des officières qui y sont désignées.]

Lesquels susdits règlements nous avons approuvés et approuvons par ces présentes, et voulons être à l'avenir inviolablement observés dans notre communauté de Saint-Alexis, nous réservant de faire d'autres règlements, si nous les jugeons nécessaires pour votre avancement spirituel, ou pour l'utilité et soulagement des pauvres.....

Donné à Limoges, ce 20 janvier 1692.

† Louis, Evêque de Limoges.

[Suivent la manière de recevoir les filles hospitalières de Saint-Alexis à l'habit; la manière de recevoir à la profession les sœurs de Saint-Alexis; et la manière de renouveler les vœux. — Nota. Ces constitutions n'ont jamais été imprimées. L'extrait ci-dessus est pris d'un exemplaire manuscrit, communiqué par une religieuse de cette maison (1).]

---

(1) Legros. Mélanges manuscrits, III, 319. — Outre ce résumé fait par l'abbé Legros, on peut voir celui d'un autre manuscrit, qui est du XVIIIe siècle, dans l'*Inventaire des archives hospitalières de Limoges*, F. 26, par M. Leroux. On y a ajouté quelques chapitres concernant les emplois des sœurs. Ces constitutions ont été imprimées depuis lors, en 1804, mais avec quelques modifications.

M. Roy de Pierrefitte a publié en 1860 une notice sur les *Sœurs hospitalières de Saint-Alexis*, avec la liste des supérieures depuis la fondation jusqu'à nos jours.

III

Bail du jardin de l'hôpital, 1663 (1).

Aujourd'huy unziesme jour d'aoust mil six cens soixante trois, au bureau de l'hospital general où estoient assemblés Illustrissime et reverandissime Messire François de La Fayette, seigneur évesque de Lymoges, conseiller du roy en ses conseils, Messieurs Maistres Barthelemy Chenaud, prestre chanoine de Saint-Martial, Pierre de Douhet sieur de la Gorce, François Verneuil sieur de l'Age, conseiller du roy, lieutenant particulier, assesseur esleu en la présente élection, Martial Martin sieur de la Bastide, conseiller du roy, juge magistrat au siège présidial de lad. ville, François Duverdier escuier, Etienne Maledan sieur de La Borie, conseiller du roy, trésorier général de France, Pierre de La Biche sieur de Reignefort, conseiller du roy, juge magistrat au siège présidial, Pierre Chastagnac sieur de Masliaguet, conseiller du roy, trésorier général de France, tous directeurs et administrateurs de l'hospital general de Saint-Alexis, a esté proposé par le sieur de Savignac que, par acte de délibération prinse en la maison commune de la ville de Limoges du quinziesme may mil six cens cinquante neuf pour la poursuite des lettres patentes nécessaires pour l'establissement de l'hospital general, il avait esté permis entre autres choses au dit sieur de Savignac de pouvoir construire la maison où il loge à présent et porter icelle jusques au chemin que l'on va de Saint Géral à Sainte-Valérie, aux conditions que ladite maison ne pouroit servir que pour loger des personnes qui s'emploiront pour le service des pauvres. Comme aussy luy avait esté accordé et permis par la même délibération de prendre dans le jardin de l'hospital St-Géral une place d'estandue suffisante et joignant le bastiment de l'hospital general pour y faire un corps de logis au bout et à l'extrémité dudit bastiment joignant à icelluy pour y establir et loger un séminaire d'esclésiastiques, lesquels parmy leurs autres fonctions seront obligés suivant les offres faites par ledit sieur de Savignac de s'appliquer à l'instruction des pauvres dudit hospital general, à les visiter, consoler, instruire, catequi-

---

(1) Tiré des Mélanges manuscrits (III, 537) de l'abbé Nadaud, d'après le premier Registre des délibérations de l'hôpital général de Limoges (1661-1726), aujourd'hui perdu.

ser, conduire et diriger pour le spirituel ainsi qu'il est porté plus amplement par la teneur dudict acte, à condition que lesdits esclésiastiques ne pourront estre troublés ny empeschés en telle sorte et manière qui puisse estre dans la pocession et habitation de la maison par eux bastie, quoy qu'elle se trouve dans ledit fondz dudit hospital et aux termes et conditions aussy portées par icelluy que l'ediffice de laditte maison serait fait aux diligences, frais et depens desditz esclésiastiques, lesquels pour raison du service et instruction qu'ils pouroient donner aux pauvres, n'auront droict ores et pour l'avenir de prétendre aucun salaire, nourriture ou entretenement, ny mesme aucune contribution de la part dudit hospital pour les frais et avances dudit bastiment lequel estant fait et achevé ne pouroit servir à autre uzage qu'à celuy desd. esclésiastiques, en exécution de quoy et conformement à laditte délibération ledit sieur de Savignac auroit faict travailler à la construction d'un corps de logis convenable à ce establissement, dans lequel il auroit employé une grande despance, laquelle désirant continuer pour accomplir un desseing sy utile et advantageux aux pauvres, auroit requis Messieurs les administrateurs d'approuver et authoriser ce qu'il auroit déjà fait en conséquence de lad. délibération et luy permettre de faire porter sa maison, lorsqu'il en voudra continuer le bastiment jusques au chemin susdict qu'on va de St-Géral à Sainte-Valérie aux conditions esnoncées cy-dessus, que ladite maison par luy habitée maintenant et le bastiment qu'il y adjoustera en suite ne poura servir qu'à des personnes appliquées au service des pauvres, suivant le choix et la destination qu'il en fera, voulant neantmoins et consentant dès à présent que l'une des salles dépendant de lad. maison où se faict l'assemblée de Messieurs les administrateurs, soit affectée pour toujours au service et à l'uzage desd. sieurs administrateurs, pour leurs dittes assemblées, requérant en outre led. sieur luy vouloir permettre de faire travailler comme il offre de faire incessament pour la construction et achevement de l'ediffice du seminaire pour lequel il ne prétend aucune chose de la part desdits sieurs administrateurs sy ce n'est qu'ils luy laisseront, tant eux que leurs successeurs, la pocession et habitation de la maison bastie pour led. seminaire libre et paisible tant à luy qu'aux esclésiastiques qui seront appelés et à leurs successeurs sans pouvoir estre troublés ores et pour l'avenir, à la charge et condition aussy par lesdits esclésiastiques de s'appliquer en nombre suffisant à instruire et catequiser les pauvres, leur faire faire les prières tous les jours, matin et soir, prendre le soing de leur faire entendre la Sainte Messe à l'heure qui sera réglée, leur administrer les sacrements et generalement de faire toutes les fonctions nécessaires pour la discipline et conduite spirituelle desdits pauvres, sans que pour raison de ce ils puissent prétendre aucun salaire, nourriture et contribution de la part desd. sieurs administrateurs qui sont à présent en charge; ny de leurs successeurs à l'advenir, promettant pour et au nom des esclésiastiques qui habiteront ladite maison d'exécuter et faire exécuter les choses cy-dessus, car sans cette condition il ne leur auroit este concede de bastir dans le fondz dud. hospital general par lesditz sieurs administrateurs. Mais d'autant que laditte maison proche et contigue à l'hospital serait tout à fait inhabitable sy elle n'estait accompagnée de quelque jardin pour servir aux nécessités et besoings de lad. maison et mesme au soulagement desdictz esclésiastiques qui y seront appelés et qu'ils ne sauraient y subsister longtemps dans des emplois si laborieux et dans une application et un commerce sy fréquant avecq les pauvres et les malades sans un péril inévitable de leur santé, s'ils n'avoient un lieu un peu spacieux proche de leur maison pour y respirer quelque meilleur air que celuy qu'ils auroient pu contracter dans l'hospital parmy les infirmes, led. sieur de Savignac auroit proposé ausdictz sieurs administrateurs faisant tant en son nom que pour et au nom des esclésiastiques qui se sont joinctz a luy pour ce desseing et pour les autres qui se joindront à luy en après, ou qui luy succederont, de prendre à bailh perpetuel le jardin de l'hospital tenu en afferme à présent par le nomme...(1) pour le prix et somme de unze vingtz livres, offrant pour l'avantage dudict hospital de faire la condition meilleure des pauvres par led. bailli et paier annuellement et perpétuellement aud. hospital la somme de douze vingt livres de rente qui est trente livres pour chacun au plus que ne monte ladicte afferme et en outre de faire dire et célébrer tous les jours une messe dans l'esglise dud. hospital par l'un des esclésiastiques qui seront dans lad. maison, aux fins de satisfaire à l'intention de ceux qui pourroient avoir faict des fondations de messe dans l'hospital de St-Martial ou Sainct Geral, unis aud. hospital general autre toutefois que celle qui a este faite par le defunct recepveur sieur Pinot, pour lesquelles fondations, sy aucune y en a, il sera faict

---

(1) Le nom a été laissé en blanc. Dans le Règlement de 1674 ce jardin est appelé de Pinot.

estat et suivant icelluy la messe célébrée aux jours portés par icelles, et les autres jours, où il ne se trouvera y avoir de fondation, la messe sera célébrée à l'intention des biens faiseurs de l'hospital general, et ce que ledict sieur de Savignac regarde principalement le bien et l'avantage dudit hospital, il offre encore d'accepter le bailh dudit jardin outre les choses cy-dessus aux conditions de laisser toutes fois et quant qu'il en sera besoing pour l'utilité et commodité des pauvres toute la place qu'il conviendra prendre dans led. jardin, ou pour estendre la cour des manufactures, ou pour autre desseing, qui sera jugé convenable pourvu toutesfois que la dicte place qu'on prendra n'exède pas le coin de la muraille qui sépare l'hospital général de la maison et séminaire des ecclésiastiques, laquelle muraille aussy bien que celle qui sépare la cour dud. hospital du petit jardin accordé pour le service de la maison dud. sieur de Savignac, seront communs et mitoiens entre led. hospital général et la maison dudict sieur de Savignac et séminaire pour être reffaictes et réparées à communs frais lorsque besoing sera sans que néangmoins ledict sieur de Savignac et Seminaire puisse prétendre aucun droict pour apuier sur lesd. murs, lesquels d'ailleurs demeureront en l'estat qu'ils sont, et où il serait jugé nécessaire de prandre toute l'expace du jardin qui est au-dessous des manufactures dans les limitations susd. et depuis le coing de la muraille qui sépare l'hospital du séminaire joignant iceluy, il sera laissé une allée de trente pieds de large au bout et à l'extrémité de ladicte place pour servir de passage ausdictz esclésiastiques pour aller de leur jardin dans le chemin que l'on va de St-Géral à Saincte-Valérie a la quelle réserve le dict sieur de Savignac sera tenu (?) de laisser la place marquée cy-dessus dans ledict jardin si elle est nécessaire à l'avenir et ce nonobstant le bailh qui luy en sera faict en diminuant néangmoins la rante au prorata de ce que le jardin pourra estre restrain par l'augmentation de lad. cour ou autre ouvrage et entreprize qu'on estimera commode et avantageuze cy-après pour led. hospital general se soubmetant encore ledict sieur de Savignac à ce que ledict jardin ne poura estre vandu ny alliéné, ny mesme employé à autre uzage qu'au service de ladicte maison et des esclésiastiques qui l'habiteront dans les conditions susdictes et où ils auront cessation de paiement de laditte rante pendant trois ans sera loisible ausdictz sieurs administrateurs ou leurs successeurs de reprendre la propriété, possession et jouissance dud. jardin laquelle ledit sieur de Savignac consent estre réunie sans autre forme ny figure de procès audit hospital comme elle l'est à présent. A faute dudict paiement sans préjudice ausd. sieurs administrateurs de se pourvoir pour les arrérages desdictes trois années dont le payement sera deub sur les biens et revenus ou meubles de ladicte communauté des esclésiastiques, lesquels seront tenus audict cas de remettre ledit jardin en bon estat et non détérioré. A ces fins consent ledit sieur de Savignac qu'il en soit faict procès verbal après l'adiudication qui luy en sera faicte, se soubmettant de recepvoir dans ledit jardin les eaux qui servent à netoyer les conduits, destinés à la descharge des lieux communs dudit hospital, lesquels conduits demeureront comme ils sont à présent dans led. jardin, lequel nonobstant led. bailh sera subjet à tous les autres servitudes dudit hospital, ainsy qu'il auroit pu estre auparavant. Soubz lesquelles conditions ausquelles ledit sieur de Savignac offre de se soubmettre, faisant comme dessus, il requiert l'assamblée de vouloir consentir audict bailh et moyennant icelles permettre que le jardin luy soit adiugé en la forme et manière qu'il se doibt estre, déclarant qu'il ne s'engagerait dans la grande dépance qui est nécessaire pour la construction dudit bastiment et de laditte maison sy elle n'estait accompagnée du jardin pour les raisons qui ont esté dictes cy-dessus, signé de Maledan. Surquoy la chose proposée par ledit sieur de Savignac ayant esté mise en délibération, a este conclud qu'il sera permis audit sieur de Savignac de continuer le bastiment de sa maison toutesfois et quantes que bon luy semblera; et icelle porter jusques au chemin que l'on va de la place Sainct Geral à l'église de Saincte-Valérie. Comme aussy a esté conclud et accordé audict sieur de continuer le bastiment par luy commancé dans la place accordée par l'acte susdict de la maison de ville pour seminaires des esclésiastiques aux charges et conditions esnoncées cy-dessus et offertes par ledit sieur de Savignac en faveur duquel et des esclésiastiques par luy proposés a este pareillement résolu de laisser bailh perpétuel le jardin dependant de l'hospital sainct Geral qui est au-dessous des manufactures et du bastiment commansé par ledict sieur de Savignac pour le séminaire desdictz esclésiastiques à la charge de la rente annuelle et perpétuelle de deux cens cinquante livres par luy offert, laquelle se paiera une chascune année de la feste nostre Dame d'aoust, et commancera audict jour et feste de l'année prochaine. Outre quoy seront aussy obligés lesdicts esclésiastiques dudict séminaire de donner une messe tous les jours, qui sera célébrée à l'heure qui sera réglée; à l'intention de ceux qui auront faict des fondations dans les hospitaux de Sainct-Martial et

Sainct-Geral, unis audict hospital general, suivant l'estat qui en sera faict pour les jours que les dictes messes debvront estre célébrées. Et pour les autres jours ausquels n'y aura d'obligation pour lesdites fondations, seront lesdittes messes celebrées pour les bienfacteurs dudit hospital general; laquelle messe sera dicte tous les jours et entendue par les pauvres dudict hospital general, et sera prins soing par les autres esclésiastiques de la leur faire entendre, ensemble de faire toutes les autres fonctions offertes cy-dessus et contenues dans le présent acte. Comme aussy seront obligés lesd. esclésiastiques nonobstant le bailh qui se faict dudict jardin d'en délaisser toutes fois et quantes la place qui sera jugée necessaire, utile et convenable pour le lieu sainct ou commodicte dudict hospital general dans les limitations cy-dessus expéciffiées; et à la charge de la desduction de la rante à proportion de ce qui se retranchera de lad. place, sans que pour raison dudict retranchement on puisse retrancher la messe aucun des jours, laquelle se célébrera perpetuellement par une obligation indispensable, pendant tous les jours de l'année pour les pauvres dudict hospital et pour les intentions susdictes. Ou lesdictz esclésiastiques desisteraient de paier ladicte rante deux cens cinquante livres par trois ans, sera loisible aux sieurs administrateurs dudict hospital general de reantrer dans la propriété, pocession, jouissance, dudict jardin sans autre forme ny figure de procès et de se pourvoir contre lesd. esclésiastiques pour le payement des ouvrages (1) desd. trois années sur les meubles ou immeubles que lesdicts esclésiastiques pourront posséder, ensemble pour les détériorations qu'ils pourront avoir causées dans ledit jardin, dont procès verbal sera faict en présence du scindicq dudict hospital general pour estre inséré dans le bailh dudict jardin, lequel pareillement ne pourra servir a autre uzage ainsin qu'il a esté offert, qu'à celluy de ladicte maison du séminaire et des esclésiastiques qui l'habiteront et s'appliqueront ainsin que sont obligés et nombre suffisant au service des pauvres. Ne pourra aussy ledit jardin estre vendu ny aliéné par lesditz esclésiastiques par tel pretexte et occasion que ce puisse estre, ains demeurera subjet a recepvoir les eaux pour le nettoyage des canaux qui servent à la descharge des lieux communs et aux autres services nécessaires audit hospital, ainsy qu'il auroit pu estre avant ledit bailh; soubz lesquelles conditions sera ledit bailh

---

(1) Ce mot est très nettement écrit, mais il faut probablement lire : arrérages.

consanty en faveur dudict sieur de Savignac qui sera tenu de le poursuivre à ses frais et despans et d'en fournir une coppie en bonne et d'hue forme ausdictz sieurs administrateurs, pour estre mise dans le trésor du dict hospital general. Ainsin signé à l'original des présentes : François de La Fayette, Evesque de Lymoges, De Douhet, de Verneuil, Martin, Duverdier, Maledent, De La Biche, Chastagnac, Chenaud et moy

    DARFEUILLE, secrétaire de l'hospital.

IV

DONATION DE LA CHAPELLE DE L'HÔPITAL, 1665.

François de la Fayette par la grâce de Dieu et du Sainct Siège apostolique Evesque de Lymoges. A tous ceux que ces présentes verront, salut. Scavoir faisons que ce jourd'huy neufviesme du mois de novembre de la présente année mil six cens soixante cinq, dans nostre palais épiscopal de nostre cité de Lymoges s'est présenté maistre Martial de Maledent, prestre, seigneur de Meilhac et de Savignac, lequel après avoir basti une maison pour un séminaire d'esclésiastiques à ses despans dans le fondz proche et hors les desseng des bastimans de l'hospital general en consequance de l'acte faict dans une assemblée de la maison commune de la présente ville de Lymoges le quinziesme jour du mois de may de l'année mil six cent cinquante neuf, et du traité faict avec Messieurs les administrateurs dudict hospital le unziesme jour du mois d'aoust mil six cens soixante trois, dans laquelle maison nous avions transféré de nostre authorité le séminaire qui estait cy-devant dans nostre chasteau d'Isle, puis le dixiesme jour du mois de mars de l'année dernière, pour y demeurer jusqu'à ce que l'autre maison qui se bastit dans la place ditte le clos de Saincte Valerie, soit achevée et en estat de recevoir et loger des esclésiastiques qui se disposeront à l'ordination. Et considéré qu'il était très important pour la gloire de Dieu qu'il y eut une église proche et joignant lad. maison, il l'auroit aussi faicte bastir à ses despans dans la place qui avoit esté destinée pour l'entrée et basse-cour. Et parce qu'elle n'avoit que quarante cinq piedz en quarré et bornée du chemin qui allait à la Croix-Verte et n'estoit suffisante pour la bastisse de ladicte église, ainsy qu'il l'avoit projettée, il auroit acquis la vigne d'Audoin Taillandier de six journaux ou environ qui estoit audelà dudict chemin et icelluy transféré dans ladicte vigne, comme il est à présent et basti dans ladicte place, chemin ancien et partie de ladicte vigne, une esglise de six vingtz et quatorze pieds de longueur et quarante piedz de largeur ou environ, ayant deux sacristies et deux chapelles avec leurs chœurs aux deux costés d'icelle, laquelle, par la grâce de Dieu est achevée, le tout de ses deniers propres et particuliers et à ses despens, forts et réservé de la chapelle et chœur des sœurs de Saint-Alexis qui est du costé de l'espistre suivant le contract du cinquiesme du présent mois. Et parceque son dessein et son intention a esté de bastir ladicte esglise pour le séminaire et de luy en faire donnation afin que ladicte esglise puisse servir aux esclésiastiques qui sont et qui seront dans la dicte maison destinée pour la Mission et service des pauvres ou qui habiteront à l'avenir celle qu'on faict dans ledit clos de saincte Valérie pour loger les esclésiastiques qui se préparent pour l'ordination ; exécutant icelluy, il a faict comme il faict par ces présentes don et donnation pure et simple et à jamais irrévocable audict séminaire, maistre Jean Bourdon, docteur de Sorbonne, supérieur par nous establi dudict séminaire, présent, tant pour luy en la dicte qualité que pour le séminaire de l'une et autre maison stipulant et acceptant de lad. esglise ainsy qu'elle est bastie, sol d'icelle, chapelles et sacristies, hors de la chapelle des sœurs de Saint-Alexis, bastimans, matériaux, appartenances et deppendances et tout ainsy qu'elle est à présent soubz les charges et conditions suivantes, que ladicte esglise sera perpetuellement soubz le nom et titre de Sainct-Alexis et que le jour de la feste de ce sainct on y faira l'office solennel et prédication, que les clauses portées par le traitté faict avec messieurs les administrateurs de l'hospital général le onziesme jour du mois d'aoust de l'année mil six cens soixante trois et contract avec les sœurs de Sainct-Alexis du cinquiesme du présent mois seront plainement et entièrement exécutés en tous leurs pointz. Que le séminaire sera obligé de fournir à ses despens, ores et pour l'avenir toutes les choses nécessaires pour l'autel de la chapelle qui est du costé de l'Evangile; qu'il veut perpetuellement estre destinée pour les pauvres dudit hospital de l'un et de l'autre sexe, soit paremans, aubes, chasubles, luminaire, nappes et autres choses requises pour la célébration de la saincte messe et décorations des sainctz autelz, de faire à toujours toutes les réparations, couvertures de lad. chapelle et chœur des pauvres, mesme de faire faire à présent, et d'entretenir à l'avenir une balustrade de la hauteur de dix piedz qui servira de clausture aux pauvres et les séparera de lad. chapelle les laissant dans le chœur d'icelle ; et affin que les pauvres qui seront dans le chœur de ladicte chapelle puissent voir le grand autel, entendre les prédications, catéchisme et autres fonctions qui se feront dans lad. esglise, la place qui est entre l'arcade qui sépare lad. chapelle de l'esglise ne pourra jamais estre fermée que d'une balustrade et de telle manière que les pauvres puissent avec liberté et commodement avoir la vue sur le grand autel et chœur de lad. esglise ; que le second dimanche de l'advent, jour auquel s'est faict l'enfermement des pauvres ; on y fera l'office solempnel pour remercier Dieu de l'establissement de l'hospital général et qu'on y dira aussi la messe de *requiem* pour les bienfacteurs defunctz dud. hospital le lendemain du jour de la feste. de Saint-Alexis, et affin que Messieurs les administrateurs puissent assister aux susdictes deux cérémonies et autres qui se feront dans lad. esglise dans une place séparée, il veut et entend que le banc qu'il faict faire pour les placer proche et joignant la pile qui sépare la chapelle des pauvres du chœur d'icelle leur soit perpetuellement acquis et conservé et qu'en cas que ledit séminaire de l'une et l'autre maison qui ne fait présentement qu'un corps vient dans la suite des temps à former deux corps séparés il veut et entend que lad. esglise serve à l'une et à l'autre maison de la manière qu'elle faisoit auparavant, et que s'il arrivoit quelque difficulté entre les deux maisons touchant la présente disposition et usage de lad. esglise que le tout soit jugé, réglé et déterminé par nous et nos successeurs en nostre esveché toutes lesquelles conditions ayant esté acceptées par led. M. Jean Bourdon au susd. nom et qualitez M. Martial de Maledent nous ayant très humblement supplié de luy vouloir donner acte de la susd. donnation et icelle aucthoriser et ordonner qu'elle sera exécutée suivant sa forme et teneur, le tout soubz nostre authorité, dependance pleine et entière jurisdiction, Nous avons approuvé et aucthorisé, approuvons et aucthorisons lad. donnation, voulons et ordonnons qu'elle soit exécutée suivant sa forme et teneur dans toutes ses clauses et conditions, le tout soubz nostre aucthorité, dependance pleine et entière jurisdiction et qu'elle sera mise et régistrée dans le greffe de nostre evesché pour y avoir recours que de besoing. Ainsy signé à l'original des présentes : François de la Fayette, E. de Limoges. De Maledent, donnateur susd. Bourdon acceptant susd. et moy. Et plus bas : Par commandement de mondit Seigneur. PALAYS, S.

V

SÉPARATION DE BIENS ENTRE LE SÉMINAIRE DE LA MISSION
ET LE SÉMINAIRE DES ORDINANDS DE LIMOGES, 1674.

Aujourd'huy vingt et quatriesme jour du mois d'avril de l'année mil six cens soixante et quatorze, en présence de Monseigneur l'Illustrissime et Révérendissime Messire François de la Fayette Evesque et seigneur de Lymoges, se sont assemblés dans la salle du séminaire du dyocèze dudit Lymoges, M. Jean Bourdon prestre, docteur de Sorbonne, supérieur dudit seminaire, M. Raymond Faye, prestre docteur de Sorbonne, M. Claude Bottu de la Barmondière prestre docteur de Sorbonne, M. Gabriel Joseph Bardon prestre, et M. Pierre Masson prestre, tous directeurs dudit séminaire d'une part. Et M. Michel Bourdon prestre docteur de Sorbonne, supérieur de la maison de la Mission dudit dyocèse de Lymoges, M. Jacques Donnet prestre, bachelier en théologie de la faculté de Paris, directeur dans les missions qui se font dans ledit diocèse, et M. Pierre Mercier prestre scindic du séminaire de la Mission d'autre part, tous ensemble faisant le corps du séminaire estably par mon dit Seigneur, tant pour disposer les ordinands aux saincts ordres, que pour former des ouvriers pour l'instruction de son diocèse et travailler aux missions, le tout en vertu des Lettres Patentes obtenues de Sa Majesté le quinziesme janvier mil six cents cinquante sept deuement vérifiées aux Parlemans de Paris et de Bordeaux. Lesquels prestres ainsy légitimement assemblez, après avoir fait lecture d'autres Lettres Patentes accordées par Sa Majesté le vingt septiesme mars de l'année passée mil six cents soixante et treize pour la séparation des biens temporels de la maison des Ordinands et de la maison de la Mission, en conséquence et en vertu des dittes Lettres deuement vérifiées au Parlement de Bordeaux le vingt sixiesme avril de l'année passée mil six cents soixante et treize, de l'advis, consentement, et soubs le bon plaisir de mon dit Seigneur l'Illustrissime et Révérendissime Evesque de Lymoges, pour conserver l'union et bonne intelligence des prestres qui ont, ou auront à l'advenir la conduite et administration des deux dittes maisons de l'ordination et de la Mission ; et afin de prévenir les différents qui pourraient naistre à l'advenir, après une meure déliberation ont arresté et sont demeurés d'accord d'un commun consentement des articles suivants :

1º Que conformement aux dittes Lettres Patentes du vingt septiesme mars mil six cents soixante et treize, lesdittes maisons de l'Ordination et de la Mission fairont deux corps qui auront leurs biens temporels entièrement séparés, sans que jamais à l'advenir les biens destinez pour une maison puissent estre appliquez à l'autre soubz quel pretexte que ce soit.

2° Que les prestres qui auront la conduite et administration de l'une ou l'autre desdittes maisons, auront le pouvoir chacun séparement, de s'assembler, déliberer et déterminer validement tout ce qui concernera les biens et affaires de chasque maison en particulier, et pourront avoir chacune leur scindic.

3° Que chascune des deux maisons en particulier pourra vendre, acquérir, emprunter, constituer procureur et faire tous autres contrats et actes de justice separement, sans que l'autre puisse estre recherchée en quelque manière que ce soit pour aucune debtes, emprunts, achapts, procèz et generalement tous autres actes de justice qui pourroient avoir esté faits par l'autre maison.

4° Que tout ce qui pourroit avoir esté donné, ou seroit donné à l'advenir par testaments, donations, ou de quelqu'autre manière que ce soit à chascune des deux maisons en particulier, de l'ordination ou de la Mission, lui appartiendra en propre, sans que l'autre y puisse rien prétendre, non plus qu'aux pensions, benefice et généralement tous autres biens qui pourroient à l'advenir estre specialement unis et affectes à chascune des dittes deux maisons en particulier.

5° Pour éviter la confusion qui pourrait naistre de la ressemblance des noms, la maison de la Mission s'appellera dans tous les actes publics, la maison ou le séminaire de la Mission du dyocèse de Lymoges, et la maison de l'Ordination, où sont à présent les ordinands, s'appellera aussy dans tous les actes publics le séminaire de l'Ordination ou des ordinands, ou bien séminaire du dyocèse de Lymoges, ou simplement le séminaire. En telle sorte que dans toutes les donations testamentaires ou entre vifs et generalement dans tous autres actes faits en faveur et à l'advantage du séminaire, laditte maison de la Mission n'y pourra rien prétendre, à moins qu'elle ne soit expressément désignée par ces mots : Seminaire de la Mission, mais le tout appartiendra au séminaire des Ordinands, quand mesme les Ordinands n'y seraient plus et qu'on les mettroit dans une autre maison, mesme dans celle de la Mission pour y demeurer et y faire leurs exercices.

6° Conformement au traité fait entre mondit seigneur l'Illustrissime et Reverendissime Evesque de Lymoges et monsieur de Bretonvilliers, supérieur du séminaire de Saint Sulpice, du quatriesme novembre mil six cens soixante six, le clos de Sainte Valérie et le bastiment fait en iceluy qui joint, du costé de l'orient, un grand chemin qui va de la croix Saint Gérard au pont Saint Martial, du costé du septentrion le clos de Saint Gérard, une muraille entre deux, du costé du couchant, le grand chemin qui va de l'hospital general à l'esglise de Sainte Valérie, du costé du midy un chemin qui va du fausbourg Manigne a laditte esglise de Sainte Valérie et une petite vigne du sieur Croisier, appartiendront en particulier, irrévocablement et à perpétuité à laditte maison de l'Ordination, ensemble tous les meubles, ustensiles et generalement toutes les choses qui sont à présent à l'usage du séminaire de l'Ordination.

7° Ledit Séminaire de l'Ordination jouira du jardin appelé de Pinot, qui joint le susdit clos de Sainte Valérie, un grand chemin entre deux du costé de l'orient, le jardin de la Mission, une muraille entre deux du costé du septentrion, le chemin qui va de la Croix Verte du costé du couchant, un jardin des Vimières appartenantes à divers particuliers du costé du midy. Lequel jardin de Pinot a esté delaissé à laditte maison de l'Ordination à bail perpetuel par messieurs les administrateurs de l'hospital general de la presente ville de Lymoges, aux clauses et conditions spécifiées par ledit contract du vingt et deuxiesme décembre mil six cents soixante trois.

8° Que la somme de deux mille livres imposée annuellement sur les benefices du dyocèze par mon dit Seigneur l'Evesque de Lymoges et les députés de son clergé, les mulctes (1) et defauts de synodes, ensemble la pension créée sur la cure de St Martin Terresus, appartiendra aussy en propre audit Séminaire de l'ordination, pour la subsistance et entretien des susdits prestres dudit séminaire et de leurs successeurs, sans que jamais ils en puissent estre privez soubs quelque prétexte et raison que ce soit, conformement au susdit traité du quatriesme novembre mil six cents soixante six, toutes lesquelles sommes seront payées sur les simples acquits et quittances du scindic dudit séminaire de l'Ordination.

9° Ledit séminaire de l'Ordination sera chargé de payer à monsieur le Marquis de La Motte-Fénelon, suivant et au désir de la donation faite par feu monsieur de Savignac en faveur dudit séminaire le vingt septiesme octobre mil six cents

---

(1) Mulcter (de *mulctare*, condamner, punir) est un terme de jurisprudence peu employé de nos jours. Mulctes est synonyme d'amendes.

soixante six, la rante annuelle de trois cents vingt et cinq livres au sort principal de six mille cinq cents livres qui ont esté employez au bastiment dudit séminaire.

10° Conformément à la donation de feu monsieur de Savignac et son testament du 27e aoust 1666, reçu par Rogier notaire royal, les bastimens et édifices construits dans le fonds de l'hospital général joignant ledit hospital général du costé de l'orient, le grand chemin de la Croix-Verte du costé du septentrion et de l'occident, le jardin de la Mission du costé du midy, appartiendront en particulier, irrévocablement et à perpétuité à laditte maison de la Mission, ensemble tous les meubles, ustensiles et généralement toutes les choses qui sont à présent à l'usage de laditte maison de la Mission.

11° Laditte maison de la Mission jouira du jardin qui joint au bastiment de laditte maison de la Mission et dudit hospital général du costé du septentrion, au chemin de la Croix-Verte du costé du couchant, au jardin du Séminaire de l'Ordination, une muraille entre deux, du costé du midy, et au chemin tendant de Saint-Gérald à Sainte-Valérie du costé de l'orient, suivant le contract de bail perpétuel passé par messieurs les administrateurs dudit hospital général, audit feu sieur de Savignac, pour l'usage desdits prestres de la Mission, du onziesme aoust mil six cents soixante trois.

12° Suivant la donation dudit feu sieur de Savignac du premier avril mil six cents soixante sept, receu Chazaux, et son testament du vingt septième d'aoust mil six cents soixante six receu Rogier, les prestres de laditte maison de la Mission jouiront plenement et entièrement comme donataires et seuls héritiers dudit feu sieur de Savignac de la terre de Meilhac et de tous les autres biens et effets par luy délaisses comme appartenant à laditte maison de la Mission en propre et particulier, à raison de laditte donnation et dudit testament, à la charge neantmoins que lesdits prestres de la Mission présents et à venir rempliront et accompliront seuls les charges portées par lesdittes donnations et testaments faits en leur faveur, et qu'ils payeront toutes les debtes contractées par ledit feu sieur de Savignac, sans que le susdit Séminaire de l'Ordination puisse estre aucunement recherché et obligé à quoy que ce soit pour les dittes charges et debtes soubs quelque pretexte et raison que ce puisse estre.

13° A l'égard de l'esglise qui jusqu'à présent a esté commune à toutes les deux maisons, il a esté expressément convenu et accordé qu'elle demeurera propre et particulière à laditte maison de la Mission, nonobstant la donation faite par feu monsieur de Savignac et ce qui est porté par les Lettres Patentes de Sa Majesté, qu'elle demeurera commune à toutes les deux maisons, à laquelle donation et à ce qui est dit dans lesdittes Lettres pour ce qui regarde le droit de laditte église, le Séminaire des Ordinands a renoncé, comme il renonce, sans que les esclésiastiques dudit Séminaire, puissent estre obligés à aucunes réparations passées, présentes et à venir, non plus qu'à y faire l'office, ou y assister en aucun jour de l'année.

14° Que pour ce qui se trouverait estre deu par chacune des dittes maisons de l'Ordination et de la Mission en particulier aux marchands bouchers, drapiers et autres, pour la nourriture, entretien, ameublement et autres choses fournies et employées pour chascune des dittes deux maisons en particulier, les dittes debtes seront acquitées des deniers appartenant à chascune des dittes maisons sans que l'autre en puisse estre aucunement recherchée.

15° Les dittes deux maisons de l'Ordination et de la Mission moyennant le compte qu'elles arresteront et soubs l'accord portant quittance generalle et naturelle qu'elles passeront aujourd'huy pardevant notaire et témoins demeureront jusques à ce jour quittes de tout ce qu'elles pourront prétendre l'une à l'égard de l'autre, sans que pour quelques prétentions, noms, raisons et actions l'une des deux maisons puisse rien demander à l'autre pour le passé soubs quelque titre ou pretexte que ce soit.

Tous lesquels articles ayant esté ainsy déliberez, arrestez et déterminez d'un commun consentement, tous les susdits prestres de l'Ordination et de la Mission, ont supplie mondit Seigneur l'Illustrissime et Reverendissime Evesque de Limoges de les vouloir approuver, confirmer, authoriser et homologuer, à laquelle supplication ayant esgard, reconnaissant l'équité, l'utilité et la necessité desdits articles pour maintenir le bon ordre et conserver l'union qui est entre les dittes deux maisons conformement et au desir des susdittes Lettres patentes de Sa Majesté du vingt septiesme mars mil six cents soixante treize, il a approuvé, confirmé, authorisé et omologué tous et chascuns lesdits articles pour estre à l'avenir inviolablement observés, selon leur forme et teneur, sans neantmoins que le tout puisse aucunement préjudicier à l'authorité, supériorité et juridiction, que ledit Seigneur Evesque a sur les dittes deux maisons et ordonné que la présente délibération par luy ainsy confirmée, authorisée et homologuée, sera enregistrée au greffe de l'evesché et que deux actes authentiques en seront expédiés pour estre mis dans les archives de chascune des dittes deux maisons. En foy de quoy mon dit Seigneur a signé et ordonné que son grand sceau y sera apposé, et ensuite tous les susdits prestres ont signé les jour, mois et an que dessus.

  François, E. de Limoges. I. Bourdon. R. Gaye.
 Cl. Bottu de la Barmondière. G. I. Bardon.
   P. Masson. M. Bourdon. Bonnet.
    Mercier. Palays, commis du secrétaire.

Place du sceau (1).

---

(1) Cette pièce, qui est l'original même, conserve les dix signatures et le sceau de Mgr de La Fayette où sont ses armes *d'azur à la bande d'argent à l'orle de vair*.

II

EXTRAITS

DE LA

CHRONIQUE DES FRÈRES PRÊCHEURS

DE LIMOGES

Chaque maison religieuse du diocèse de Limoges avait sa chronique manuscrite, où un membre de la communauté consignait soigneusement tout ce qui pouvait avoir quelque intérêt. C'est dans ces recueils, écrits sans aucune prétention, qu'il faut aller chercher les détails les plus intéressants de notre histoire locale.

Beaucoup de ces chroniques ont été perdues ou détruites pendant la Révolution. Celles des Cordeliers et des Frères Prêcheurs de Limoges, souvent citées par l'abbé Nadaud, sont de ce nombre. N'espérant plus retrouver la dernière, j'ai pensé qu'il était bon de recueillir les fragments qui en sont encore conservés. Ils se trouvent dans le tome II des *Mémoires manuscrits* de l'abbé Nadaud, conservés à la bibliothèque du Grand Séminaire de Limoges.

Cette chronique des Frères Prêcheurs semble avoir été écrite, en grande partie, aux XVIe et XVIIe siècles ; mais les différents religieux qui y ont travaillé ont fait remonter leurs recherches jusqu'à l'époque de leur installation à Limoges et même quelques années plus haut. Quoiqu'elle ait été continuée jusqu'à la Révolution, les dates extrêmes des fragments qui nous restent sont seulement de 1200 à 1658.

C'est en 1220 (vieux style 1219) que saint Dominique envoya à Limoges frère Pierre Cellani, pour y fonder un couvent de Frères Prêcheurs. Leur église, qui est actuellement l'église paroissiale de Sainte-Marie, fut commencée en 1241 ; mais bâtie lentement, à cause de la pauvreté des religieux, elle ne fut consacrée que vers la fin du xive siècle, par l'évêque de Limoges Aimeric Chatti de l'Age-au-Chat. Pendant la Révolution, elle fut horriblement dégradée, ayant été transformée en atelier spécial pour la fonte des cloches. Le couvent, rebâti peu avant 1789, est aujourd'hui affecté à la manutention des vivres et au service des fourrages militaires.

EXTRAITS
DE LA
CHRONIQUE DES FRÈRES PRÊCHEURS
DE LIMOGES
(1200-1658.)

Anno 1200, crematum est castrum Lemovicarum fere omnino, in festo S. Hugonis (29 avril).

Anno Domini M. CC. XLI, in Nativitate Beate et Virginis Marie celebratum fuit capitulum provinciale apud nos.

Anno Domini 1253, fuit celebratum capitulum provinciale in festo Nativitatis Beate Marie, et frater G. de Frachet erat prior provincialis (1), à Limoges.

Jean de Châteauneuf, chanoine de Saint-Junien (2), par son testament fit exécuteurs le prieur des Frères prêcheurs de Limoges et frère Aymeric Taynes, alors chanoine de l'église de Saint-Junien. Il donna à chaque religieuse demeurant dans le Limousin un pain de trois deniers, excepté aux religieuses de la Règle (3),

---

(1) C'est sous Gérald de Frachet, un des premiers membres et un illustre rejeton de la grande famille dominicaine, que fut fondée, en 1241, l'église des Frères prêcheurs. Durand d'Orliac, évêque de Limoges, protecteur de l'ordre naissant, en posa la première pierre le 2 avril 1241. Aimeric Palmuz, chanoine du Dorat, avait acheté à l'extrémité du faubourg Manigne le terrain nécessaire à la nouvelle construction, et Guillaume de Maumont, archidiacre de Limoges, oncle de Gérald de Frachet, donna les fonds nécessaires pour bâtir une partie de l'église. C'est ce qui est rapporté dans l'épitaphe de ces deux bienfaiteurs. En 1250 on y célébra la première messe : il y avait alors deux travées faites avec le porche. (Arbellot. — Revue archéologique. p. 31.)

(2) Jean de Châteauneuf, fit construire, à ses frais, la grande infirmerie du monastère des Frères prêcheurs à Limoges. Il fit bâtir la chapelle de cette infirmerie et la pourvut d'ornements. C'est dans cette chapelle, dite de Saint-Jean, qu'il fut inhumé le 28 février 1259.

(3) La Règle, abbaye de filles, près de la cathédrale de Limoges. Elle était déjà célèbre en 817, et a existé jusqu'à la Révolution. Le grand séminaire diocésain occupe le peu de bâtiments qui en restent.

de Boubon (1) et de Montaigut, paroisse de Compreignac (2), par des raisons qu'on ne dit pas. Ses exécuteurs testamentaires, Frère Aymeric Taynes et Frère Jean de Chastanhs, jugèrent à propos de rendre ce légat perpétuel en fournissant à chaque communauté de quoi acheter des rentes. Le 9 février 1270 (vieux style), ils se transportèrent à Bonnesaigne (3) où ils assignèrent quinze sols de rente aux 60 religieuses qui composaient cette abbaye pour faire l'anniversaire du bienfaiteur le dernier jour d'avril.

Le lendemain, 10 février, ils allèrent au monastère d'Obazine pour convenir avec l'abbé du nombre des religieuses de Coyros (4) et ils leur assignèrent vingt sous pour le vin et la pitence, et cinq septiers de froment pour le pain ; ce qui suppose qu'elles étaient très nombreuses. Le lendemain ils en trouvèrent 20 à Derces, paroisse de..... (5) ; on leur assigna cinq sols ; la supérieure s'appelait Hysabelle. Le 12 ils allèrent à Montchalm (6) paroisse de Saint-Santin, où elles étaient huit : on leur assigna deux sous ; la prieure s'appelait Dulcie.

Le 16 mars, ce Frère Aymeric et Frère Guillaume de Forcellis

---

(1) Boubon, monastère de l'ordre de Fontevraud, commune de Cussac, canton d'Oradour-sur-Vayres (Haute-Vienne.) Fondé par le bienheureux Robert d'Arbrissel en 1106, grâce aux libéralités de Pierre de Montbrun, Ithier de Bernard et Aymeric Brun, il a existé jusqu'à la Révolution. On n'y trouve aujourd'hui que les restes insignifiants d'un cloître.

(2) Le prieuré de Montaigut-le-Noir, paroisse de Compreignac (Haute-Vienne) existait avant 1196. Aujourd'hui on y distingue à peine les restes de la chapelle. Près de la fontaine on trouve encore une belle clef de voûte sculptée dans le goût du XIIe siècle.

(3) L'abbaye de Bonnesaigne, qui est en la commune de Combressol, canton de Meymac (Corrèze), aurait été fondée, si l'on en croit la tradition, vers l'an 730, par Eude, duc d'Aquitaine. Parmi ses abbesses on en trouve deux de la famille du testateur : Mathe Brune de Châteauneuf, en 1183, et Mathe de Châteauneuf en 1276. M. Roy de Pierrefitte a publié une notice sur cette abbaye dans le *Bulletin* de la Société archéologique de Limoges. T. XI, p. 65.

(4) Le prieuré de Coyroux fut fondé par saint Etienne d'Obazine en 1142. Il est situé dans la commune d'Obazine, canton de Beynat (Corrèze). M. Roy de Pierrefitte a aussi publié une notice sur Obazine et Coyroux.

(5) Derces, prieuré de filles de l'ordre de Citeaux, dans la commune de Saint-Hilaire-Peyroux, canton de Tulle. Il avait été fondé par les religieuses de l'Esclanche vers 1159. Voyez sur ce prieuré une notice de M. Clément Simon dans le *Bulletin de la Société archéologique de Brive*, 1889, p. 547.

(6) Le prieuré de Saint-Jean-de-Montchalm est cité en 1187 dans le cartulaire d'Obazine. Il est dans la paroisse de Saint-Xantin, réunie aujourd'hui à Malemort, canton de Brive. Les bâtiments n'étaient plus que des masures en 1712.

allèrent à la Drouille Blanche, paroisse de Bonnac (1), dont Agnez était prieure ; elles étaient 40 et eurent dix sols de rente. Dans l'acceptation il n'est aucunement parlé du prieur de Grandmont, parce que auparavant elles n'étaient pas encore sous sa juridiction, mais elles avaient alors un chapelain ou curé *capellanus*.

Le 20, ils allèrent à Masgaude, paroisse de Meulzac (2), dont Julienne était prieure ; elles étaient dix religieuses ; on leur assigna deux sous et six deniers. Le 22 juin 1271 ils assignèrent quinze deniers aux cinq religieuses d'Esurac (3) ; elles avaient un recteur de leur maison qui avait son sceau. Le 9 juillet ils assignèrent cinq sous et neuf deniers aux 23 religieuses de Villevalles, ou autrement Villevalleix (4), dont la prieure s'appelait Nators, dans son sceau elle tient de la main droite un bâton qui monte jusqu'à ses yeux et est terminé en haut par un T.

On n'a pas conservé les autres distributions faites aux autres communautés de filles du diocèse.

1321. — Le dimanche avant l'Epiphanie 1321, vieux stile, noble Gui de Pierrebuffierre (5) par son testament élit sa sépulture dans le monastère de Saint-Martial devant le sépulcre du saint ; donne un muid de vin blanc de rente sur le vignoble d'Aix, en ce que le couvent, chaque samedi de Carême, chantera solennellement après vêpres, sur sa tombe, l'antienne *Salve Regina*, et qu'immédiatement après ils feront collation avec ce

(1) La Drouille-Blanche, commune de Bonnac, canton d'Ambazac (Haute-Vienne). Ce monastère avait été fondé bien avant le XIII° siècle et était occupé par des religieuses bénédictines. Il fut ensuite soumis à l'ordre de Grandmont. Aujourd'hui il n'en reste rien.

(2) Masgaudes, commune de Meuzac, canton de Saint-Germain-les-Belles, (Haute-Vienne). Ce prieuré dépendait de l'abbaye de Ligueuil en Périgord en 1188. Il est quelquefois appelé Masgrondet et même Mas du Mont. Il était ruiné au siècle dernier.

(3) Esurac qu'on appelle aujourd'hui Usurat, est situé sur la rive droite de l'Aurance à l'extrémité de la commune de Limoges. Il s'agit ici du Petit-Esurac, ou la Mongie, où il y avait des religieuses qui se donnèrent à Saint-Martial en 1205. Usurat a conservé le titre de paroisse jusqu'à la fin du siècle dernier.

(4) Villevaleix, commune de Sainte-Anne-Saint-Priest, canton d'Eymoutiers, (Haute-Vienne.) Ce prieuré de filles, d'après un règlement de l'abbesse de Bonnesaigne, de 1291, ne devait avoir que 18 religieuses. Au XVII° siècle il fut uni à l'abbaye de Bonnesaigne.

(5) Gui était fils de Pierre, seigneur de Pierrebufierre et de Châteauneuf ; il épousa Guischarde et ils vivaient tous deux en 1307. (Nobiliaire limousin, III, 329.)

vin. A leur refus il veut être enterré chez les Frères prêcheurs et leur transporte ce legs.

1571. — Le jour de saint Martial apôtre, 30 juin, *tandis qu'on tenait la foire entre trois et quatre heures du soir*, le feu du ciel tomba sur le sommet et pointe de l'aiguille du grand clocher de Saint-Etienne de la cité de Limoges, lequel s'y prit si vivement, qu'on ne put l'éteindre par aucun artifice. La dite aiguille était couverte de plomb, et faite d'un riche ouvrage et de la hauteur de deux piques, *la fondit avec les cloches et toute la charpente fut brûlée*. Le feu s'étant attaché à la boiserie et charpenterie des cloches, les fit fondre. Il y en avait onze en tout, et faisaient en leur son une parfaite mélodie. Les deux grandes tombèrent à demi fondues avec l'horloge et son attirail. C'était chose fort horrible à voir tomber des barres de fer ardentes, *de la grosseur d'un bras d'homme*, mêlées avec du métal fondu. L'aiguille du clocher n'a pas été remise, ni le nombre des cloches qui y étaient lors, et même les petites pointes de pierre qui entouraient cette aiguille, ont été presque toutes abbatues par la foudre. *Le feu y demeura de cinq à six heures. Depuis cette année on ne tint plus la foire le jour de saint Martial, après cet accident et un autre arrivé précédemment, où dans la foire environ 500 bœufs s'entretuèrent* (1).

1596. — Le 20 juin 1596, le chapitre de la cathédrale donna consentement à l'établissement des Pères Recollets, sur la requête présentée par les dits R.R. P.P. Le 1er août les mêmes Pères Recollets furent reçus dans la ville et prirent possession de l'église de Sainte-Valérie, fondée au lieu qu'elle fut decollée, et le samedi suivant, jour de saint Etienne, y firent le service divin avec grande solennité. Et parce qu'il n'y avait aucun bâtiment, les dits Pères logèrent durant quelque temps ès maisons du prieuré de Saint-Gérard, qui avait été rebâti l'an 1300.

Les PP. Recollets avec les aumônes des habitants bâtirent le couvent de Sainte-Valérie. Il servit de premier noviciat à leur réforme. Ils recevaient tant de charités qu'ils entretenaient plus de 80 religieux. Ils donnèrent l'habit à un si grand nombre,

---

(1) Nadaud n'a extrait de la chronique des Frères prêcheurs que ce qui ne se trouvait pas dans les autres chroniques. Dans ce passage, ce sont les phrases soulignées. Pour le reste du récit il renvoie au Père Bonaventure, page 790, col. 2.

Il s'est servi du même procédé dans plusieurs des extraits suivants. J'indiquerai en notes les pages auxquelles il renvoie.

qu'ils ont peuplé une partie de la France, et élevé quantité de célèbres prédicateurs (1).

1598. — L'année 1598, les Pénitens noirs commencèrent leur confrérie en l'église de Saint-Michel de Pistorie. Quelques bons prêtres et pieux bourgeois avec la direction des religieux donnèrent commencement à cette érection des confrairies de penitens. Le principal auteur fut M. Bernard Bardon de Brun, qui donna commencement à la compagnie des Penitens noirs (comme il avait aussi aidé à celle de Toulouse y étant écolier) (2) en l'église de Saint-Michel de Pistorie, sous le titre et dévotion de la Sainte-Croix. Il y a encore cinq autres compagnies.

Toutes ces congrégations de pénitens outre les processions qu'elles ont accoutumé de faire dès leur institution, chacune au jour de leur patron, visitent le Jeudi Saint le Saint Sacrement exposé dans les églises, chaque procession séparément.

1599. — Le 18 juillet 1598 le chapitre de Saint-Etienne donna attestation aux Jésuites, à la requête du Père Solier, du bien qu'ils avaient apporté pendant un an, dans le diocèse, par leurs prédications, exhortations et instruction de la jeunesse (3). Les mêmes Pères, qui avaient demeuré quelque temps à Limoges sans être installés, le furent l'année suivante, le premier jour de carême 1599, et bâtirent la maison où ils habitent, des contributions qu'ils levèrent des bourgeois et marchands de Limoges et des bienfaits de M. Palays qui leur donna entre autres biens son prieuré d'Aureil. On peut voir et expérimenter les fruits qu'ils ont produits dans ce diocèse. Les premiers Jésuites qui moururent avant d'avoir un cimetière béni furent enterrés dans la sépulture des Recollets de Sainte-Valérie. Ils eurent la place de l'ancien college de Limoges, où des professeurs séculiers enseignaient ci-devant ; ils l'aggrandirent et achetèrent les maisons de quelques prêtres du côté de Saint-Pierre. Ils ont érigé trois congrégations pour les bourgeois, les écoliers et artisans (4).

---

(1) Bonaventure de Saint-Amable, page 808, col. 2.
(2) Bonaventure de Saint-Amable, page 810, col. 1.
On peut voir sur cette question : *Les confréries de Pénitents en France et notamment dans le diocèse de Limoges*, par M. Louis Guibert, Limoges. 1879, in-8°, p. 94.
(3) Bonaventure de Saint-Amable, page 809, col. 2.
(4) Voir : *L'ancien collège de Limoges*, par M. A. Leroux, dans l'*Inventaire des Archives départementales*, série D. Limoges, 1882.

1607. — La première pierre de l'église que les Pères Jésuites ont à présent, ne fut mise que le 10 juillet de l'an 1607 (1), par les mains d'Henri de la Martonie, évêque de Limoges, et les consuls. Dédiée depuis à l'honneur de l'Assomption de la sainte Vierge pour accomplir le vœu de Louis XIII, lorsqu'il était devant la Rochelle, et qui leur donna, dit-on, 20,000 livres. Les communes des paroisses et villages du pays leur fournissaient les charrois par ordre du magistrat. En 1655 et 1656, ils firent bâtir un beau corps de logis de 12 ou 15 mille livres qu'ils héritèrent du testament de M. Nicolas, libraire, qui demeurait près du collège, et de sa femme Anne, ensevelis dans l'église.

1609. — L'an 1609, le 5 novembre, arriva en la ville de Limoges le R. P. Archange Amessa, Sicilien de nation, Patriarche de Constantinople et Général universel de tout l'ordre de Saint-François (2). Les Frères mineurs furent au devant de lui jusqu'au pont Saint-Martial, où était dressé un autel. Les Recollets ne voulurent se mettre sous la croix, ni en la compagnie des Cordeliers, mais marchèrent en procession avec leur croix jusqu'au pré Saint-Yrieix.

Le 15 juillet furent célébrées les funérailles du défunt roi Henri IV, en l'église de Saint-Etienne, où les consuls seuls assistèrent. Les trésoriers y voulurent assister en corps avec MM. de la Justice, lesquels prétendaient précéder, ce qu'ils ne purent obtenir à Paris. Il fut défendu à MM. de la Justice d'y aller.

MM. de la Justice, le 9 juillet, furent en corps à Saint-Martial et firent un service à l'autel de saint Yves.

Le 12 juillet MM. les chanoines de Saint-Martial célébrèrent durant trois jours les mêmes obsèques, et aussi les Pères Jésuites, le 14 et durant trois jours.

1613. — L'an 1613, Jean Regnaud, docteur de Sorbonne fut nommé abbé de Saint-Augustin de Limoges (3).

Le 14 juillet, les pluies étant continuelles, on fit une procession générale pour demander du beau temps.

1614. — Les P.P. Recollets vivaient dans leur couvent de Sainte-Valérie à Limoges avec tant d'édification, et rendaient tant de services à la ville par leurs prédications, confessions,

---

(1) Bonaventure de Saint-Amable, page 810, col. 2.
(2) Bonaventure de Saint-Amable, page 821, col. 2.
(3) Bonaventure de Saint-Amable, page 823, col. 1.

visites des malades et autres bons offices, qu'on leur donna une seconde maison, qui est l'hospice de Saint-François.

C'est la maison qu'on appelait *le bâtiment*, où les bateleurs et les comédiens faisaient auparavant leurs exercices. La première pierre de la chapelle des Recollets fut posée le 14 juillet 1616. Ils y ont introduit une confrérie pour les femmes (1).

1638. — Environ ce temps là, étant conventuel de Saint-André de Limoges, je fus plusieurs fois, en qualité de compagnon du prieur, en la maison de (2) Léonarde Vidaud, sœur d'un conseiller et veuve de M. Londey, laquelle, depuis près de 30 ans, était alitée d'une maladie incurable de sortilège. Ce sortilège lui causait de si violents tremblements et agitations de tout le corps à chaque fois qu'elle prenait sa réfection, c'est-à-dire de 24 en 24 heures, qu'ils ne cessaient qu'en lui donnant chaque jour et à même temps que le mal la prenait (qui était d'abord qu'elle avait cessé de manger et boire, ne buvant pour cela qu'une fois et de l'eau) le Très Saint-Sacrement de l'autel. La sainte hostie n'était pas sitôt sur sa bouche que les émotions et les tremblements lui cessaient. Elle obtint d'avoir dans sa chambre, près de son lit, une petite chapelle et un autel, sur lequel un prêtre lui disait tous les jours la sainte messe et consacrait l'hostie dont il la communiait. Ce qui confirme davantage ce miracle c'est qu'au commencement du mal, un certain médecin ou opérateur étranger, fameux dans son art, passant par Limoges et voyant l'effet du Saint-Sacrement, représenta que peut-être le mal ne la pressait pas à la sainte communion comme lorsqu'elle prenait d'autre nourriture plus grossière, parce, disait-il, que l'hostie étant de fort petite quantité ne causait pas d'efforts comme les plus solides. Pour éprouver son sentiment il convint avec le prêtre qui la communiait qu'au lieu de l'hostie consacrée, il lui donnerait à l'heure de la communion une autre hostie de la même grandeur et de la même quantité, sans l'en avertir, qui ne serait pas consacrée. Ce que le prêtre, sans faire attention au sacrilège, exécuta ponctuellement. Mais dès qu'elle eut cette hostie non consacrée dans sa bouche, son mal la prit avec violence, et elle s'écria, ne sentant pas la vertu du corps de Notre Seigneur, qu'on

---

(1) Bonaventure de Saint-Amable, page 324, col. 1.

Le *bâtiment* et l'église de Saint-François, après avoir eu plusieurs destinations, ont été démolis en 1886 et remplacés par une école municipale, dite de l'Ancienne-Comédie. On peut voir à ce sujet l'article de M. L. Guibert : *Limoges s'en va*, dans le journal *La Gazette du Centre* (6 février 1886).

(2) Bonaventure de Saint-Amable, page 842, col. 1.

l'avait trompée. Ce que voyant le prêtre, marri de sa faute, lui demanda pardon, et lui donna sur-le-champ l'autre hostie consacrée qu'il avait réservée. Et d'abord qu'elle l'eut dans sa bouche, le mal cessa. M. Chabodie, fameux medecin de Limoges, mais huguenot, qui était présent à cette action, ne put s'empêcher d'avouer qu'il y avait quelque chose de surnaturel et de divin dans l'hostie. M. de Ventadour, archevêque de Bourges, étant à Limoges, alla voir cette dame avec M. l'évêque.

1643. — Les compagnies des pénitens commencèrent l'an 1643, par l'autorité épiscopale, de venir tous ensemble vêtus de leurs sacs et capuces, pieds nus, leur flambeau en main, à la procession générale le jour de l'octave de la Fête-Dieu, chaque congrégation sous sa croix particulière et selon le rang de son institution. Le principal moteur de cette assistance à la procession générale fut Pierre Du Bois, sieur de Chamboursat, prieur des pénitens noirs, homme zélé et exemplaire.

En 1644, fut érigée aux cordeliers une congrégation du tiers ordre de Saint-François pour des hommes, à laquelle donna commencement M. Moulinier, prêtre et chanoine de Saint-Etienne, par la direction du P. Hugon, un des premiers et des principaux pères et supérieurs de l'ordre, personnage renommé et de mérite, religieux de ce couvent. Cette congrégation ne subsista guère après sa mort.

1645. — Le 10 mai 1645 fut enterré dans l'église de Saint-Michel des Lions (1), devant le grand autel, à l'entrée du chœur, Messire François Rivet, dit Renier, prêtre de la communauté de l'église, qui avait vécu l'espace de 14 ans dans un grabat affligé des gouttes. Plusieurs personnes se recommandaient à luy dans leurs plus grandes affaires avec bon succès. Il fut visité en sa maladie, deux ou trois fois, par Monseigneur l'évêque de La Fayette; et deceda en opinion de sainteté à l'age de 70 ans. Il fut accompagné à sa sepulture des pénitens noirs de la congrégation desquels il était, et on fit son oraison funèbre.

1646. — Mme la générale Benoît (2), ne pouvant se faire reli-

---

(1) Bonaventure de Saint-Amable, page 849, col. 2.
(2) Jeanne de Douhet, épouse de Martial Benoît, seigneur de Compreignac et du Mas-de-Lage, dont il est parlé au *Nobiliaire*, T. I, 2ᵉ édition, page 174, et dans la *Vie des saints du Limousin*, par La Biche de Reignefort T. II. p. 353, 355.

gieuse à cause de sa grande vieillesse, conversait souvent avec les sœurs et par une permission particulière entrait souvent dans leur monastère. Elle mourut en 1646, âgée de près de 100 ans, et fut ensevelie dans leur monastère en habit de carmélite.

1648. — En 1648 les capucins qui n'avaient pu encore s'établir à Limoges après plusieurs poursuites, firent un dernier effort pour obtenir la permission et employer dix mille francs que M. Benoît, seigneur de Compreignac, leur avait légués à cet effet par son testament. Le P. Martial de Brive, fameux prédicateur parmi eux, ayant prêché l'Avent et le Carême à la cathédrale, gagna si bien la faveur de M. l'évêque, qu'il en obtint la permission pour tout ce qui touche le spirituel. Mais quand il fallut avoir celle des consuls et de la ville, les bourgeois furent convoqués à la maison du consulat pour donner leur avis, et s'y trouvèrent parmi les habitants des ecclésiastiques et des religieux mandians, surtout les recollets, comme y ayant plus d'intérêt, tous lesquels représentèrent que cela pourrait beaucoup diminuer les aumônes qu'ils recevaient de la ville et de la province. On conclut qu'ils ne seraient point reçus, quoique plusieurs principaux de la ville, et entre autres Mrs Benoît, héritiers de feu M. de Compreignac, s'intéressassent pour eux (1).

Le 26 février 1649, par ordre de la cour, se tint l'assemblée de trois états du Haut-Limousin dans la salle du réfectoire des Frères prêcheurs de Limoges, et s'y trouvèrent l'évêque, le doyen de la cathédrale, les abbés de Saint-Martial, Saint-Augustin et Saint-Martin, les prieurs de Saint-Gérald et Aureil, les curés, nobles, consuls de Limoges et des autres villes de la province. Après les doctes harangues de M. Nicolas, sieur de Traslage, lieutenant général, y présidant par ordre du roi, en l'absence du sénéchal et de M. Pierre Moreil, procureur du roi, et citation des ecclésiastiques, nobles, bourgeois et consuls des villes et communautés, furent députés pour aller aux Etats généraux convoqués à Orléans : pour le clergé le seigneur évêque ; M. Perrière, curé de Saint-Pierre et chanoine de Saint-Martial, fils du président, eut quelques voix. Pour la noblesse M. de Meillars. Pour le tiers état le susdit M. Nicolas de Traslage.

1649. — Charles de Levy, fils d'Anne de Levy, duc de Ventadour, pair de France (2), chevalier des ordres du roi, lieutenant

---

(1) *Registres consulaires de Limoges*, III, 351.
(2) Bonaventure de Saint-Amable, page 852, col. 2.

général au gouvernement de Languedoc et depuis gouverneur du Limousin, mourut à Brive, le 18 mai 1649, âgé de 49 ans. On lui fit, le 12 juin suivant, un service solennel à Limoges dans l'église de Saint-Pierre-du-Queyrois avec oraison funèbre.

1650. — François-Christophe de Levi, duc de Danville, gouverneur du Limousin, vint à Limoges l'an 1650, pour la première fois, et ne voulut pas qu'on lui fît d'entrée ni d'honneurs extraordinaires. Il accepta des thèses que lui dédia le lecteur de théologie des Frères prêcheurs auxquelles il assista avec M. l'évêque, chez lequel il logea. Après quelque séjour il alla à Uzerche, Brive, et de là s'en retourna à Paris. Il était premier écuyer du roi.

1652. — M. de Ventadour, archevêque de Bourges, ayant été fait gouverneur du Limousin, à la place de M. le duc de Danville, vint pour la première fois à Limoges en 1652, en février, où il voulut entendre le P. Jean Cazalas, dominicain, prédicateur de Saint-Martial, et un bernardin, prédicateur de la cathédrale. Il était accompagné de M. l'évêque de Limoges, chez lequel il logeait et en présence duquel il donnait la bénédiction aux prédicateurs et au peuple, et faisait porter la croix devant soi, comme archevêque et primat (1). Il revint de Brive, où il était allé faire son entrée, pour se trouver le mardi de Pâques à l'ostension de la châsse de Saint-Martial. M. l'évêque y célébra la grand'messe, officia pontificalement en présence de l'archevêque auquel il présenta le chef à baiser, l'ayant sorti du coffre, et le baisa ensuite lui-même. Il y eut une très grande affluence de peuple, plusieurs même couchèrent la nuit précédente dans l'église. Quelques jours après il alla à l'église de Saint-Julien à l'assemblée des pénitens blancs ; il leur dit la messe et les communia de sa main, comme étant confrère des pénitens blancs de Meymac. Il se trouva aussi en camail à Saint-Martial quand ces pénitens y furent en procession honorer le corps du saint.

Plusieurs personnes de la campagne vinrent à Limoges pour gagner le jubilé. Jamais on n'avait vu dans cette ville la foule si pressante.

1652. — Ostensions. L'ouverture de la châsse de saint Martial fut faite par l'évêque qui célébra la grande messe pontificalement

---

(1) Cf. A. Leroux, *Invent. des arch. communales d'Eymoutiers*, p. 100 et 101.

en présence de l'archevêque de Bourges, gouverneur du Limousin, auquel il présenta le chef du saint à baiser, et le baisa lui-même. Il y eut une très grande affluence de peuple ; plusieurs même couchèrent la nuit précédente dans l'église. L'évêque fit la clôture après avoir officié pontificalement en présence de l'abbé crossé et mitré à son côté.

Il mourut [Pierre Verdier, abbé de Saint-Martial] le 7 ou le 21 octobre de la même année au château de Beauvais près Limoges, dépendant de son abbaye, et fut enterré quelques jours après dans l'églize des Recollets de Saint-Léonard, que son père avait fondés.

1653. — Charles-François de la Vieuville, abbé de Saint-Martial, n'était que sous-diacre du diocèse de Paris lorsqu'il fut ordonné diacre à Limoges dans la chapelle des Carmélites, en vertu d'un *extra tempora*, le 2 mars 1653, et le 9 du même mois prêtre. Il chanta solennellement sa première messe à Saint-Martial.

En 1653 les moines commencèrent à venir à la procession de l'octave du Saint-Sacrement avec des dalmatiques pour les jeunes et des pluviaux pour les prêtres : ce qu'ils avaient cessé de faire parce que les prêtres des paroisses ne les y voulaient voir qu'avec leurs frocs. Les Feuillans continuèrent même d'y paraître simplement avec leur habit blanc.

1658. — Le 19 mai 1658, 3ᵉ dimanche après l'octave de Pâques, commença à Limoges le chapitre provincial des Frères prêcheurs. Ce jour-là ils allèrent processionnellement au nombre de 70 à l'église de Saint-Martial, où le provincial chanta la messe du consentement du chapitre et on y prêcha. Ils dédièrent des thèses à l'abbé de La Vieuville.

III

CHRONIQUE
DES
URSULINES DE LIMOGES

On a fait récemment de nombreuses recherches sur l'*Instruction primaire en Limousin avant 1789*. Elles aboutissent à constater qu'on ne trouve pas, en dehors des monastères, de traces de l'existence d'anciennes écoles de filles. L'honneur d'avoir établi dans nos contrées l'instruction primaire pour les filles des classes laborieuses, revient aux Ursulines, qui jouirent, dans la province, d'une grande popularité et qui, après des débuts des plus modestes, comptèrent de nombreuses religieuses, réparties entre les maisons des deux diocèses de Limoges et de Tulle (1).

La ville de Brive posséda les premières qui vinrent chez nous. M. de l'Etang, président au parlement de Toulouse et natif de Brive, charmé de tout ce qu'il entendait dire des grands fruits que produisaient les Ursulines partout où elles étaient établies, fut inspiré de Dieu d'en fonder une maison dans sa patrie (2). Il en traita avec la Mère de Vigier, supérieure de celle de Toulouse, et lui demanda deux de ses Filles pour la nouvelle fondation. Celle-ci goûta d'autant plus sa

---

(1) M. Louis Guibert. — Société archéologique de Limoges, 28 décembre 1888.

(2) L'acte de la fondation est dans le *Bulletin* de la Société de Tulle, tome VII, page 686.

demande, qu'elle ne désirait rien tant que de voir son institut se propager, et qu'elle avait alors un grand nombre d'excellents sujets. La Mère de Capdeville fut nommée supérieure de la petite colonie, et on lui donna pour compagne la Sœur de Grison, dont le mérite était assez connu et qu'on jugea capable d'être une des pierres fondamentales de l'établissement de Brive. Cette maison fut ainsi la première fille de celle de Toulouse. Ces deux épouses de Jésus-Christ, toutes brûlantes de zèle, partirent de cette dernière ville, le 1er juin 1608, et arrivèrent à Brive le 4 du même mois. Elles étaient accompagnées de deux Doctrinaires, car l'illustre Antoine de l'Etang fondait à la fois la maison des Ursulines pour les filles, et celle des Doctrinaires pour les jeunes gens.

C'est de Brive que vinrent les Ursulines de Limoges qui, à leur tour, fondèrent la maison d'Eymoutiers pendant que celles de Tulle en établirent dans notre province à Beaulieu, Ussel, Argentat.

Les *Chroniques des communautés d'Ursulines de Limoges, Eymoutiers et Tulle*, encore inédites, sont de véritables livres domestiques de ces maisons qui ont travaillé avec tant de patience, tant de courage, à l'instruction et à l'éducation des filles du peuple. — Instruction élémentaire, mais solide, — éducation dirigée dans l'esprit le plus pratique et le plus élevé à la fois.

Et ce ne sont pas seulement des détails sur la vie intérieure de la communauté que fournissent ces journaux intimes. Les bonnes sœurs, malgré leur vie retirée, ont des relations de toute sorte avec le monde : elles font bâtir, elles ornent leurs chapelles ; elles ont affaire aux voisins, aux bienfaiteurs, à l'hôtel de ville, aux architectes, aux charpentiers, aux couvreurs, aux sculpteurs, aux peintres, aux brodeurs ; à l'évêque et aux membres influents du clergé ; à leurs élèves et aux parents de leurs élèves ; aux familles de leurs religieuses ; aux autres communautés de leur congrégation. Elles notent les mauvaises années, souffrent des disettes, prennent part, dans la mesure que comporte leur état, aux sentiments de la population au milieu de laquelle elles vivent ; en un mot, elles nous gardent l'écho de mille incidents, de mille faits qui ne sont point à négliger et qu'on ne trouve pas aisément dans les livres d'histoire.

Cette *Chronique des Ursulines de Limoges* a été rédigée par des religieuses du monastère. C'est une suite de notes sur ce qui s'est passé dans cette maison depuis sa fondation en 1620 jusqu'à l'année 1690. Le manuscrit original, qui a été communiqué à l'abbé Legros en 1790, n'existe plus ; mais ce dernier y a copié tout ce qui pouvait avoir quelque intérêt pour l'histoire de la ville de Limoges. Cette copie est conservée dans le troisième volume de ses *Mélanges manuscrits*, de la page 289 à la page 306 ; je la reproduis ici en la faisant suivre de quelques pièces qui se rapportent au même sujet.

Les armes des religieuses Ursulines de Limoges sont inscrites dans l'*Armorial général de France*, par d'Hozier. Elles sont *d'argent à une sainte Ursule de carnation, vêtue de sable, tenant sur la main dextre un cœur de gueules, percé d'une flèche en barre d'or, et de la main senestre une palme de même, sur une terrasse de sinople*. Autour de la sainte est écrit, en caractères de sable : Sta *Ursula*.

La communauté des Ursulines de Limoges prospéra jusqu'à la Révolution. Elle avait les sympathies de la ville à cause de ses écoles. En 1789, sa supérieure était Mme de Veyrat, en religion sœur Agathe, élue en 1785 pour succéder à Mme Lamy de Luret, qui était supérieure depuis 1782.

Le fatal incendie de 1790 qui s'étendit sur tout le

quartier qu'elles habitaient, détruisit leur couvent, et elles furent ensuite dispersées par la Révolution. Plusieurs d'entre elles, privées de tout, tombèrent dans l'indigence. Nous voyons « le 23 janvier 1793, Louise et Marie Londeix, ci-devant religieuses à Sainte-Ursule, qui pétitionnent pour obtenir leurs lits, meubles, linges, etc. » (1), qu'on avait arrachés à l'incendie. Mais les autorités de cette époque, plus cruelles que le feu de cet incendie, les leur refusèrent.

Plus tard, elles essayèrent de s'établir de nouveau dans notre ville, mais ne purent réussir. En 1817 on bâtit l'établissement des Bains Chinois sur les ruines de leur communauté.

---

(1) Archives de la Haute-Vienne. — Registre du Directoire, n° 308.

CHRONIQUE DES URSULINES DE LIMOGES

OU EXTRAIT D'UN REGISTRE OU LIVRE QUI CONTIENT LES PRINCIPALES CHOSES QUI SE SONT PASSÉES DANS LA MAISON DES URSULINES DE LIMOGES, DEPUIS LE 23 NOVEMBRE 1620. — COMMUNIQUÉ EN 1790 PAR LA SUPÉRIEURE DE LA MAISON.

Le 4 octobre 1620, fut établi notre monastère de Sainte-Ursule de Limoges. La Révérende Mère de Liberos, ayant présenté requête quelque temps avant, à MM. les Consuls, à M. le Lieutenant Général et à Mgr de Limoges Raymond de la Martonie (1) d'ériger un monastère en cette ville, MM. les Consuls firent convoquer à son de tambour tous les principaux bourgeois, marchands, artisans de la présente ville, pour entendre ce qu'on leur voulait dire et proposer. Etant assemblés, M. le lieutenant-général du Verdier, baron de Murat, et MM. les Consuls leur proposèrent l'établissement de notre monastère, à quoi ils consentirent et en donnèrent acte, lequel est dans le sac de l'établissement (2).

L'an de grâce 1620 fut fait notre établissement, le 21 novembre de la même année, en la ville de Limoges, où il vint trois professes de Brive, savoir : la Révérende Mère Marie de Liberos, de la Trinité ; secondement, la Mère Marie du Verdier de Saint-Joseph (3) ; la Mère Claude du Verdier de Sainte-Ursule ; et la sœur Béatrix de Cosnac, novice (4), et Mlle Louise de la Frague,

---

(1) Voir cette requête et la permission accordée par Mgr l'évêque de Limoges, à la suite de cette chronique, n°s II et III. Raymond de la Martonie occupa le siège de Limoges depuis 1618 jusqu'à 1627.

(2) Voir cette délibération à la suite de cette chronique, n° I.

(3) Marie Duverdier d'Orfeuille. On peut voir la notice que La Biche de Reignefort lui a consacrée dans *Six mois de la Vie des Saints du Limousin*. T. II, p. 284.

(4) Cette novice était Marguerite de Cosnac, fille d'Annet de Cosnac et de Jeanne de Juyée ; elle était née le 3 août 1602, et fit profession le 27 décembre 1621, sous le nom de sœur Béatrix de Saint-Jean. On peut voir les *Chroniques des Ursulines de la province de Toulouse*, par le P. Parayre, augustin, T. II, 4° partie, page 40, et la *Vie des Saints du diocèse de Tulle*, p. 76.

Un peu plus tard sœur Béatrix reçut avec elle sa nièce, Catherine de Cosnac, fille d'Annet de Cosnac et de Claude de Chambreuil, qui fit profession, sous le nom de sœur de Jésus, le 1er janvier 1664. (Nobiliaire, I, 2° édition, p. 440-444.)

postulante. Elles partirent de Brive toutes ensemble, le 21 novembre 1620, et arrivèrent en la dite ville de Limoges le 25 du même mois de la susdite année, et furent reçues de la ville avec grande joie et consolations de tous les habitants, et particulièrement de M. le baron de Murat, lieutenant-général, à qui le monastère a de grandes obligations pour l'avoir favorisé en tout son établissement (1). Il les reçut dans sa maison et les y traita pendant huit jours ; il était beau-frère à la Mère de Saint-Joseph ; et le 3 décembre 1620, elles se retirèrent dans la maison de M. le Conseiller du Peyrat, au-devant de l'église de Saint-Martial, où elles firent tous les exercices de la religion, la chapelle ouverte, jusqu'au 18 mars 1621, veille de saint Joseph, qu'elles se retirèrent dans la maison de M. Dorat, notaire, qu'elles achetètèrent 2100 livres. Présentèrent requête, afin que le dit sieur Dorat fut condamné à leur laisser la dite maison ; à quoi M. le Procureur du roi et les Consuls consentirent. Cette maison est située en la rue Banléger, proche le jeu de paume, où est établi à présent le monastère (2). M. le lieutenant-général fit la quête par la ville, et amassa pour leur faire faire une custode, et fit donner à la ville une petite rue qui était entre le jeu de paume et le monastère, avec le consentement des habitants. C'est tout ce que nous avons eu de fondation de la ville.

Le 4 avril 1621, veille des Rameaux, Monseigneur de Limoges Raymond de la Martonie, bénit la chapelle et y célébra la sainte messe. Le 23 mai de la même année, on prit la clôture, où il y eut grande solennité. Monseigneur y assista et fit planter une grande croix, proche la porte de l'église, entre le couvent et le jeu de paume, qui servit de clôture à la rue que M. le lieutenant-général avait fait donner au couvent.

L'an de grâce 1625, le neuvième jour d'octobre, nous fut concédée notre bulle, par Notre Saint-Père le Pape Urbain VIII, l'an III de son pontificat, en faveur de notre couvent de Sainte-Ursule de Limoges. Elle coûta 740 livres. On peut voir au com-

---

(1) On trouve quelques détails sur Léonard Chastenet, baron de Murat, au Nobiliaire, T. I, 2º édition, p. 370-371. Il avait épousé Antoinette du Verdier, de la ville de Saint-Léonard, sœur de Marie du Verdier, en religion Mère Saint-Joseph.

(2) La réception d'une pieuse veuve, en qualité de novice, leur procura les ressources nécessaires pour l'acquisition de cette maison. Cette première bienfaitrice des Ursulines de Limoges s'appelait Françoise Chambinaud, veuve du sieur Martial Guibert, marchand, de la même ville. Elle fit à la communauté donation pure et simple de tous ses biens. Le contrat de donation est du 15 février 1621, reçu Mouret, notaire royal à Limoges.

mencement du premier livre toutes les grâces et privilèges qu'il nous accorde par icelle (1).

Il est porté par icelle qu'ayant été exposé à Sa Sainteté, de la part de notre Congrégation de Sainte-Ursule de Limoges, qui était érigée depuis peu, qu'une assemblée de filles en la ville de Limoges, sous le titre de Sainte-Ursule, avec la permission de l'ordinaire du lieu, désirait donner plus d'affermissement à leur institut, et s'obliger plus étroitement à leur vocation, et pour la plus grande gloire de Dieu et le bien du public, Sa Sainteté approuvant leur dessein l'a confirmé. Veut et ordonne par la dite bulle que la maison où elles font leur demeure et habitent, soit érigée en monastère et qu'elles fassent les vœux solennels de pauvreté, chasteté, obéissance et clôture ; tout ainsi que font les autres autres religieuses des ordres approuvés en l'Eglise et sous la règle de Saint-Augustin.

De plus Sa Sainteté ordonne que toutes les religieuses qui vivront dans la maison jouissent, en toute façon, de tous les usages, privilèges, libertés, permissions, immunités, exemptions, prérogatives, préférences, indulgences, et autres grâces et faveurs tant spirituelles que temporelles, desquelles jouissent ou peuvent jouir à l'avenir tous les monastères des religieuses de l'ordre de Saint-Augustin.

Il est ordonné d'embrasser l'institut particulier, d'enseigner les filles aux bonnes mœurs et vertus chrétiennes, et leur enseigner à lire, écrire et travailler, et veut que cet institut dure selon la volonté du Saint-Siège.

Il concède indulgence plénière de tous péchés en forme de Jubilé à toutes les filles et femmes qui entreront au dit monastère, lorsqu'elles prendront l'habit et feront profession. La même indulgence est octroyée aux pères et mères qui assisteront à leur vêture et profession, et à tous ceux qui y assisteront étant confessés et communiés.

On gagne la même indulgence le jour de saint Augustin et de sainte Ursule, la même à l'heure de la mort en disant le saint nom de Jésus de cœur ou de bouche, et tout cela pour jamais.

De plus, il est donné pouvoir à la prieure de prendre les fruits et revenus, droits et profits, par elle-même ou par procureur envoyé en son nom, lui donnant corporelle, réelle et actuelle possession, revenus, droits et fruits. Elle pourra demander, exiger et prendre leur vente, et convertir à profit et utilité du

---

(1) Voir le texte de cette Bulle à la suite de cette chronique, n° V.

monastère. Le tout sous la licence de l'évêque. Il veut que le couvent et tous les biens meubles et immeubles, présents et futurs, de quelles qualités, genres, espèces et nature qu'ils soient, soient sujets à la visite, correction et obéissance de l'évêque de Limoges.

Le 2 février 1626, les religieuses qui étaient professes, renouvelèrent leurs vœux et profession, en présence de M. Talois, grand vicaire et official (1), à la grille du chœur bas, en présence des séculiers, et les novices recommencèrent leur noviciat. Monseigneur nous donna dans ce temps les constitutions que nous gardons, qu'il composa avec les Révérends Pères Jésuites, Dubos et Ponjon (ou Ponson), avec le formulaire de la prise d'habit et profession.

L'an 1623, M. Vacherie vint confesser la communauté par l'ordre de Monseigneur l'Évêque. On le logea dans une petite maison qui appartenait à la communauté, avec un de ses neveux pour le servir. On les entretenait de meubles, linges, nourriture, et on lui donnait 150 livres. Il confessa la communauté jusqu'à l'année 1636. Il se retira une année après la mort de la Mère de Liberos (2).

L'an 1627, fut commencé le bâtiment du dortoir, réfectoire et noviciat, par la Révérende Mère de la Trinité de Liberos ; et avant qu'il fût habité par les religieuses, le feu s'y mit ; en sorte que le premier rang des traveteaux tomba en feu dans le réfectoire. Sans le secours, le bâtiment était en danger de se tout brûler (3). Cet accident de feu nous est arrivé plusieurs fois : une

---

(1) M. Talois, docteur en théologie, vicaire général et official de Mgr l'Evêque de Limoges, vivait en 1617, 1644, et était mort avant 1657. On a de lui : *Sermon sur la vie exemplaire et la fin bienheureuse du Vénérable M. Bardon de Brun, prestre de Limoges, décédé le dix-neuviesme de janvier en l'année M. DC. XXV. prononcé en l'église paroissiale de Saint-Pierre du Queyrois, par Pierre Talois, prestre, chanoine et official de Limoges*.— A Limoges par Nicolas Chapoulaud, M. DC. XXVI. — C'est lui qui eut commission du Pape pour la fulmination de la Bulle rapportée plus loin.

(2) M. Bruel, a communiqué à la Société archéologique de Brive « *le Livre de raison* de l'abbé Vacherie, de Sainte-Féréole (Corrèze), et aumônier des Ursulines de Limoges en 1623. Il y est question de quelques faits du règne de Louis XIII, de la politique du cardinal de Richelieu ; puis, comme faits particuliers, entr'autres, d'une source de sang qui aurait jailli du sol, dans un village de la Haute-Vienne, et de la peste et de la famine qui ont sévi à Limoges, etc. » (Bulletin de cette Société, T. IX, p. 25 et ss.)

(3) On voit que ce couvent, qui devait être détruit dans le grand incendie du 6 septembre 1790, avait déjà eu à souffrir du même fléau avant d'être achevé. — Ce qui regarde ces incendies est répété plus loin avec quelques détails nouveaux.

sœur converse laissa une chandelle allumée un soir au bout de son lit et sortit de la chambre ; la chandelle tomba dans le lit et y mit le feu. Les religieuses sortant du chœur virent le feu, et une autre sœur converse se hasarda, prenant une porte qui était dans la chambre, se jeta sur le feu et l'éteignit avec le secours de l'eau qu'on lui apporta.

Une autre fois, la cuisinière mit un soir beaucoup de bûches au coin de la cheminée ; le feu y prit la nuit ; ce qui fit une si grande flamme qu'elle montait plus de deux piques au-dessus de la cheminée et éclairait tout Saint-Gérald et l'Hôpital. On fit un vœu à sainte Agathe, qu'on ferait communier toute la communauté le jour de sa fête. Ce qu'on a observé depuis.

L'an 1628, le blé se vendit jusqu'à dix livres, ce qui fut cause que nous souffrîmes beaucoup. Nous n'avions pas seulement notre aise de pain noir : nous le faisions dans la maison (1).

Le 22 février 1626, fut fulminée la susdite bulle, par M. Pierre

---

(1) Les forléaux de Limoges donnent pour prix moyens de l'année 1628 les suivants : froment, 4 livres le setier ; seigle, 3 livres 10 sous le setier : grosse avoine, 12 sous l'éminal ; vin, 5 livres 5 sous la charge.

« On a beaucoup parlé de l'opulence des communautés. Le lecteur désireux de savoir à quoi s'en tenir sur l'opulence des nôtres, trouvera dans le tableau suivant l'indication du revenu des religieuses de Limoges pour l'année 1743 :

COMMUNAUTÉS	RELIGIEUSES	REVENUS
La Règle.................................	60	7.200
Les Grandes-Claires.................	14	»
Les Carmélites.........................	25	2.500
Les Ursulines...........................	47	2.800
La Visitation.............................	50	2.800
La Providence..........................	27	2.500
Les Filles de Notre-Dame.........	50	3.000
Les Petites-Claires...................	25	2.900
Total.................	298	23.800

Les chiffres qui précèdent sont empruntés à un *Etat manuscrit des communautés du diocèse de Limoges en 1743, dressé par ordre de l'Évêque*, appartenant aujourd'hui à M. Nivet-Fontaubert.

Les Grandes-Claires, réduites à un état voisin de l'indigence, n'ont pas de revenus appréciables.

En résumé, huit communautés de filles, dont six vouées à l'enseignement, comptent 298 sujets, dont les revenus fixes représentent ensemble 23,800 livres, soit en moyenne environ 75 francs par religieuse. Même en faisant acception des rétributions scolaires et de certaines ressources accidentelles, on arrive à cette conclusion, qu'en 1743 l'entretien d'une religieuse coûtait moins que ne coûte aujourd'hui l'entretien du moindre de nos indigents ; conclusion étrange en apparence, au fond toute naturelle ; les couvents ne furent, en un certain sens du moins, que la pauvreté réglementée. (P. Laforest. — *Limoges au XVIIe siècle*, 2e édition, page 117.)

Talois, licencié en droit, chanoine et official général de Limoges, juge exécuteur apostolique en cette partie, et délégué par Notre Saint-Père le Pape Urbain huitième. Notre procureur Jean Mouret lui ayant proposé la dite Bulle que nous avions obtenue de Sa Sainteté, pour être procédé à l'exécution et fulmination d'icelle, la requête présentée et bâillé acte de la présentation, le dit sieur Talois fit procès-verbal de l'état des bâtiments, ornements et parements de l'église, et revenu de notre maison, et se porta dans la dite maison pour avoir le consentement de toutes les filles de la congrégation, sur la Bulle, exécution et fulmination d'icelle, et ouir les témoins sur le fait du procès-verbal en qualité de juge et exécuteur. Il bailla acte au dit Mouret, procureur, de son dire et réquisitoire et offre de procéder ; et suivant icelui, et sans se divertir ailleurs, étant dans le parloir, fut appelée sœur Marie de Liberos, prieure, et toutes les autres religieuses, et interrogées si elles avaient obtenu la dite Bulle et si elles consentaient à la fulmination d'icelle, répondirent que oui. Il fit la visite de tous les offices de la maison. Notre procureur exposa de rechef sa requête. Le dit sieur official concéda acte et ordonna que lecture serait faite de la Bulle par son greffier. Chacune des religieuses fut enquise si elle avait fait obtenir la dite Bulle, et si elle se voulait aider d'icelle ? Toutes unanimement en demandèrent l'exécution. En même temps fut concédé acte de leur réquisition.

Le 2 février 1626, M. Talois, chanoine et vicaire général de Monseigneur de Limoges, se transporta dans notre monastère et après avoir célébré la sainte messe et avoir fait une exhortation d'environ demi-heure, la Révérende Mère de Liberos renouvela ses vœux entre ses mains, et après, toutes les autres qui se trouvèrent professes, au nombre de treize, renouvelèrent leurs vœux à la Révérende Mère de Liberos, supérieure, et toutes en la forme qui est prescrite dans le chapitre XXII des Constitutions : De la façon de faire la profession. Toutes celles qui se trouvèrent novices à la fulmination de la Bulle, recommencèrent un an de noviciat après la réception de la Bulle. Monseigneur de Limoges, Raymond de la Marthonie, nous donna les Constitutions que nous observons à présent. On les fit imprimer avec la Bulle et un petit formulaire des cérémonies pour le jour de la prise de l'habit et profession.

[A la page 13, commence la deuxième partie de ce registre, contenant les acquisitions et achats des maisons qui n'ont rien d'intéressant. Ce n'est qu'un mémoire ou relevé des contrats d'acquisition de différentes maisons, etc., qui ont été achetées pour former le monastère, par la Mère de Liberos, et qui ont coûté au total, au nombre de onze, la somme de 21,290 livres, soit en capital, soit pour les lods et ventes, amortissements, etc.]

L'an 1622, M. Vacherie, vint par l'ordre de Monseigneur l'évêque de Limoges, Raymond de la Marthonie, confesser la communauté. Il demeura les deux premières années précepteur chez Poulaille; il enseignait les enfants qu'on tenait en pension. Après ces deux ans on le logea dans une petite maison appartenant à la communauté, avec un sien neveu pour le servir; on le fournissait de meubles, linges et de nourriture, comme aussi son neveu; on lui donnait 150 livres. Il confessa la communauté jusqu'à l'an 1636.

Le 10 septembre 1625, fut établi le couvent de Cahors, et partirent d'ici sœur Claude du Verdier, dite de Sainte-Ursule, et sœur Moreille Durand, dite de Saint-Augustin (1), sœur Barbe des Cordes, dite de la Nativité, toutes trois professes, dont la première était venue professe de Brive à la fondation de cette communauté, et les autres deux professes d'ici. Elles partirent avec Mme de Pluvinet, femme à M. de Pluvinet, écuyer du roi, ayant marié sa fille à M. de la Capelle-Maravard, en Quercy. Il nous avait procuré un établissement de notre maison dans la ville de Cahors, après avoir obtenu la permission de Monseigneur l'Evêque et des Consuls de la ville. Elle les conduisit avec trois filles de M. de La Capelle. Elles furent reçues avec joie de toute la ville, et pendant trois ans qu'elles y demeurèrent, elles reçurent grande bénédiction de Dieu, et reçurent cinq ou six filles. A la fin desquels trois ans vint grande contagion dans la dite ville de Cahors qui les contraint à quitter leur maison. Sœur du Verdier se retira chez elle; nos deux professes se retirèrent dans notre maison, et firent un an de noviciat sous la Bulle. Après la contagion, les religieuses de Bordeaux s'en allèrent établir dans la ville, et achevèrent ce que les nôtres avaient commencé, assistées des Révérends Pères Jésuites.

L'an 1627 fut commencé le bâtiment du réfectoire, dortoir, noviciat, par la Révérende Mère Marie de la Trinité de Liberos, et devant qu'il fut habité par les religieuses, le feu s'y mit; de

---

(1) Maureille Durand naquit à Limoges en 1602. Son père était négociant de cette ville. Elle prononça ses vœux le 26 mai 1623; elle fut une des fondatrices du couvent d'Eymoutiers, et mourut dans cette ville le 14 décembre 1630. La Biche de Reignefort lui a consacré une notice dans *Six mois de la Vie des saints du Limousin*, T. III, p. 348.

sorte que le premier rang des travateaux tomba en feu dans le réfectoire. Cela arriva qu'on avait fait le soulage de la cheminée fort simple et presque point de terre. Et comme on blanchissait le linge de Monseigneur l'évêque François de la Fayette, et comme on avait fait grand feu, il perça à travers. Le matin à quatre heures, une religieuse passant au devant du dortoir vit tomber tous ces traveteaux en feu dans le réfectoire, et sans le secours du dehors, le bâtiment était en danger de se brûler.

Cet accident nous est arrivé plusieurs fois. Une sœur converse laissa une chandelle allumée sur le bord de son lit, dans une méchante chambre, vieille et rompue. La chandelle tomba sur le lit, et le feu se mit à la paillasse. Les religieuses sortant de l'office virent toutes cette chambre et le lit en feu. Une sœur converse démonta la porte de la chambre et se hasarda, la jetant sur la paillasse où était le feu et elle au-dessus, attendant qu'on portât de l'eau. On pensa tout à fait se perdre.

Une autre fois, la cuisinière ayant mis le soir beaucoup de bois aux côtés des coins du foyer pour le faire sécher, la nuit le feu se mit à toutes ces bûches, et alluma un si grand feu dans la cheminée, que la flamme éclairait Saint-Gérard et les rues, comme en plein jour. Sans le secours, toute la maison se fût brûlée. On fit un vœu à sainte Agathe, qu'on communierait tous les ans, le jour de sa fête : ce qu'on observe tous les ans.

Et le même accident est arrivé deux ou trois fois au même lieu. Il a été sans grand effet. On marque ceci, afin qu'on y prenne garde.

L'an 1628 le blé se vendit jusqu'à dix livres, ce qui fut cause que nous souffrîmes beaucoup, n'ayant pas seulement notre aise de pain noir. On le faisait dans la maison, dans une petite boulangerie joignant le jeu de paume, sans rien au-dessus que des tuiles, et au-dessous passait un ruisseau qui descendait des murailles, en sorte qu'on ne fit jamais de pain qui eût autre forme que celle de la cire, et bien noir : cela dura deux ans.

L'an 1629, le 14 juillet, fut établi notre monastère d'Eymoutiers, de Sainte-Ursule (1). Mlle de Bette, de la maison du Firmigier, de l'Eglise-aux-Bois, femme à M. de Bourdigaux (2), d'Eymou-

---

(1) *Inventaire des arch. commun. d'Eymoutiers*, p. 95.
(2) Le château du Fermiger est en la paroisse de l'Eglise-aux-Bois, canton de Treignac. Antoine de Pichard, écuyer en 1607, eut pour fils Joseph, seigneur de l'Eglise-aux-Bois, et Germain, seigneur de Villefouneix et de Fermiger. Jean Bourdicaud, seigneur de Perigeras, avait épousé Marie-Thérèse de Pichard, il était mort avant 1660. Philippe Bourdicaud, qui est peut-être son

tiers, donna le commencement à cette maison, donnant pour la fondation la somme de mille et cinq cents livres et autres petits ameublements. Mlle l'eslue, sa sœur, donna cinq cents livres, et on acheta de cet argent une maison de M. de l'Eglise-aux-Bois, lequel y laissa quantité de meubles.

La Révérende Mère de Liberos, supérieure de notre monastère de Limoges, alla faire la fondation avec sœur Marie de Jésus de Descordes (1), sœur Moreille de Saint-Augustin de Leros (2), sœur Valérie de Sainte-Ursule de Grandsaigne, sœur Dominique du Bourdigaux, d'Eymoutiers, sœur Gabrielle de Saint-Michel, sœur laie, et deux novices de la ville d'Eymoutiers, l'une appelée Gabrielle de Saint-Benoît de Bardoullat, et l'autre sœur, Jeanne de Saint-Bernard de Bardoullat (3), et une appelée sœur Jeanne Despieds. Elles furent reçues de M. le prévost Josias de la Pomélie et de M. Rolan de la Pomélie son frère, chanoine de Saint-Germain, avec toute la ville, qui témoignèrent une si grande joie et un si grand zèle, qu'ils en jetaient des acclamations par toute la ville. Le dit sieur de la Pomélie avec le chapitre les conduisirent à la grande église, et leur firent voir les reliques. La maison d'Eymoutiers a d'éternelles obligations à ces MM. de la Pomélie, pour l'avoir toujours protégée et assistée spirituellement et temporellement tant qu'ils ont vécu et dans toutes sortes d'occasions. Ils furent les premiers à lui donner des pensionnaires, retirant Mlles de la Pomélie leurs nièces d'un autre couvent, où elles étaient avec Madame leur tante, sœur à ces Messieurs, pour les donner à cette nouvelle maison ; lesquelles ont été toutes deux religieuses, et ont vécu très religieusement (4). Ces Messieurs ont confessé cette communauté d'Eymoutiers plusieurs années gratuitement. Les sœurs furent

---

fils, épousa Marie de Pichard, de l'Eglise-aux-Bois. Cette famille qui avait la seigneurie d'Auriat, de Saint-Priest-Palus, habitait la ville d'Eymoutiers. — Nobiliaire, I, 2e édition, p. 228, et III, p. 324.

(1) Descordes est une ancienne famille de Limoges qui a donné plusieurs de ses membres à l'Eglise. Jean Descordes, né à Limoges en 1570, chanoine de la cathédrale, Antoine Descordes, récollet, vivant en 1610. (Biographie des hommes illustres du Limousin, p. 144.) En 1637, Marie Descordes, dite sœur de Jésus, était prieure et supérieure du monastère d'Eymoutiers, et avait avec elle Barbe Descordes, dite sœur de la Nativité.

(2) Voir plus haut la note sur cette religieuse, Maureille Durant.

(3) On trouve une vie de sœur de Bardoulat dans *Six mois de la vie des saints du Limousin*, par la Biche de Reignefort, T. I, p. 275.

(4) Ce sont Jeanne et Antoinette de la Pomélie, filles de Hercule de la Pomélie et de Françoise d'Aubusson, dont le contrat de la constitution de dot est du 10 septembre 1637.

aussi fort assistées par M. le Juge, M. le Lieutenant, M. de Pradilhon, MM. Bardoulat et Bourdicaut, qui leur donnèrent d'abord leurs filles en pension, comme aussi M. de l'Eglise-aux-Bois. Durant six mois, que la Révérende Mère de Liberos y demeura avec ses compagnes, jamais elle n'achetèrent rien pour la nourriture ; ces Messieurs prenaient chacun leur jour pour nourrir la communauté. Comme elles n'avaient point goûté de pain noir, quelques-unes en eurent envie, et en demandèrent à une fille dévote du voisinage. Ces Messieurs l'ayant appris, s'assemblèrent et vinrent au couvent un peu en furie et emportement, pour reprendre la Mère de Liberos, croyant que nous avions été en nécessité. La communauté dut leur faire mille excuses, leur assurant que ce n'était qu'une envie qu'elles avaient eues de manger de ce pain. Et dès ce jour-là, quand on envoyait le dîner ou le souper avec le pain blanc, on en mettait un peu de noir.

Le 23 novembre 1629, la Révérende Mère de Liberos s'en revint dans son couvent de Limoges, avec la sœur Valérie de Sainte-Ursule Grandsaigne et Gabrielle de Saint-Michel, sœur laie. Elles passèrent par Saint-Léonard et arrivèrent le vingt-huitième du même mois, ayant laissé pour supérieure la Mère Marie de Jésus de Descordes, laquelle y demeura dix ans et quelques jours. Après l'arrivée de la Mère de Liberos, on envoya deux religieuses de céans à Eymoutiers, savoir : la sœur Marie de l'Annonciation, de la Motte-Tersannes, et sœur Catherine de Guibert. Après la mort de sœur Marie, on y envoya sœur Benigne de Liboureys (1). Toutes nos professes s'en revinrent à Limoges par succession de temps, les unes après les autres. Il y mourut trois professes de notre maison : sœur Saint-Augustin, de Durant, sœur Marie et sœur Saint-Dominique d'Eymoutiers.

Voyage d'Eymoutiers de nos religieuses l'année de la contagion, le 28 avril 1631.

Cette ville de Limoges était frappée de la peste. Cela obligea Monseigneur l'évêque de Limoges, François de la Fayette (2) de nous donner permission de nous retirer dans le couvent d'Eymoutiers où nous avions fait la fondation deux ans avant. Les religieuses sortirent de cette communauté au nombre de vingt-quatre, le 28 avril 1631, dont huit, le même jour, furent condui-

---

(1) Cette dernière me semble être Antoinette de Père, fille d'Etienne de Père, sieur de Lavau et du Liboureys (commune de Blanzac, Haute-Vienne), et de Jacquette de Moulins, qui fut religieuse à Sainte-Ursule de Limoges, le 29 août 1621. (Nobiliaire, III, 316.)

(2) Monseigneur de la Fayette fut évêque de Limoges de 1627 jusqu'à 1676.

tes à Eymoutiers. Les autres seize furent conduites le lendemain, par l'ordre de Monseigneur l'Evêque, qui envoya son carrosse dès les six heures du matin pour les conduire au château de Crochat, près de Limoges (1), appartenant à Mme la générale Benoit. Le carrosse fit trois tours. Nous fûmes reçues par un bon vieillard paysan qui demeurait dans le château, lequel témoigna grande joie, et nous dit à toutes de l'appeler parrain. Il nous régala du mieux qu'il put avec des châtaignes sèches et crues, qu'on mangea de grand appétit. On demeura là dix ou douze jours, jusqu'à ce qu'on nous vînt conduire à Eymoutiers, en trois fois. Nous couchions par terre, sur quelques paillasses. C'est le 15 mai 1631, que les dernières arrivèrent à Eymoutiers. On logea toute notre communauté de Limoges dans une vieille maison, où il y avait trois chambres, et un petit lieu sans pavé que la terre, où il y avait des saloirs et l'habitation d'un million de gros rats. On était pour la plupart sans bois de lit, n'en ayant que trois pour toutes. Nous faisions là notre dépense à part et nos exercices ; les novices avaient une de ces chambres. Pour le chœur nous allions toutes ensemble, avec les autres. La Révérende Mère de Liberos avait la surintendance sur les deux communautés pour le spirituel, et cela par l'ordre de Monseigneur l'Evêque. On eut bien à souffrir pendant ce temps, soit pour les vivres, pour le coucher et chauffer ; le blé étant fort cher cette année aussi bien que les précédentes, nous ne mangions que du pain noir, aussi n'en n'avions-nous pas de reste, avec un morceau de lard, ou quelquefois de la velle et quelque peu de pain passé. La plupart dînaient à terre, dans la poussière, sans carreau, et très souvent de gros rats tombaient devant nous pendant le dîner. Pour le coucher, nous avions des bûches posées par terre, nos paillasses et matelas dessus, et trois couchaient ensemble. Pour le chauffer, nous n'avions qu'un feu qui n'était d'autre bois que de brande et de balais, ou autre bois semblable. Cependant Dieu baillait tant de bénédictions à chacune, que jamais on ne passa année avec plus de paix, de joie et d'union, toujours contentes, sans plaintes ni murmures. On souffrait bien tant, que plusieurs en devinrent sèches comme du bois. Le

---

(1) Crochat est situé à l'extrémité de la commune de Limoges, à la jonction des routes de Saint-Yrieix et de Pierrebuffière. Il appartenait à Jeanne de Douhet, épouse de Martial Benoît, qui garda aussi à sa campagne du Mas-de-l'Age, les Carmélites de Limoges, tout le temps que dura la peste. (La Biche de Reignefort : *Six mois de la vie des saints du Limousin*, II, 353 et *Nobiliaire du Limousin*, I, 2⁰ édit, 174.)

médecin ayant ordonné du petit lait à quelqu'une qu'il croyait étique, elle répondit, lorsqu'il fut parti : « Du pain, et non pas du petit lait. » La plupart étaient jeunes et ne venaient que du monde, de familles de qualité et de condition. On peut nommer cette année : année de souffrance. On demeura dans cette maison un an.

Le 2 avril 1632, partirent d'Eymoutiers pour s'en revenir dans le couvent de Limoges, la Révérende Mère de Liberos, la Révérende Mère Béatrix, sœur Françoise, sœur Monique, sœur Angèle, sœur Sainte-Ursule, sœur Catherine, sœur converse, et arrivèrent trois jours après, ayant couché aux Allois. Elles arrivèrent la veille des Rameaux ; on chanta tous les offices de la Semaine-Sainte. Les autres seize qui restèrent à Eymoutiers, se rendirent ici en deux bandes. Les dernières sortirent d'Eymoutiers le 15 mai, arrivèrent le 16 du même mois ici. La Mère de l'Incarnation de Juge (1) et sœur Barbe de la Nativité, demeurèrent à Eymoutiers, et par la suite du temps elle s'en vinrent toutes, sans qu'il en restât aucune des nôtres. Il y mourut trois professes de [notre communauté : sœur de Saint-Augustin de Durant, sœur Marie de la Motte, sœur Dominique d'Eymoutiers.

On a laissé dans le couvent de Limoges, durant le temps de la contagion : Sœur Marie du Saint-Sacrement de Dorat, en qualité de supérieure, sœur Léonarde de Saint-Laurent de Reynou (2), sœur Isabeau de Saint-Augustin d'Ardilhier, sœur Marcelle de Martin de Saint-Martin, sœur Marie de Sainte-Foy, sœur Aimée de Jésus de La Motte, sœur Marie de Sainte-Anne de Vereton, sœur Saint-Ignace de Theveni, sœur Marguerite de Saint-André de Poilevet, sœur Jeanne de Sainte-Madeleine de Chourzat, sœur laie, sœur Paul de Saint-Jérôme de Veyssière, sœur laie.

Toutes onze demeurèrent volontairement, ayant demandé de se sacrifier pour la conservation de la communauté. On leur laissa deux malades : sœur Aimée et sœur Anne qui moururent toutes deux, [cette dernière] le 27 mai 1631, quelques mois

---

(1) Marie de Juge, sœur de l'Incarnation, était fille de Barthélemy Juge, secrétaire de la reine (d'après le P. Parayre), marchand de la présente ville de Limoges. et trafiquant pour le présent royaume d'Espagne et la ville de Madrid (d'après son contrat de dotation du 7 août 1621). — Elle mourut en odeur de sainteté le 25 mars 1666. — Legros, Vie des Saints. Ms.

(2) Léonarde Reynou, fille d'Albert Reynou et de Catherine Lamy, née en 1608, fut reçue dans l'ordre de Sainte-Ursule le 16 novembre 1625, et mourut le 20 septembre 1673. La Biche de Reignefort lui a consacré une notice dans Six mois de la vie des saints du Limousin, T. II, p. 138.

après notre départ ; la sœur Aimée mourut le 23 juillet de la même année. Elles ne moururent pas de cette maladie. On enterra la sœur Aimée dans le jardin, craignant de faire entrer des hommes. On avait averti les religieuses de ne point faire de lessive dans la maison, étant une chose fort dangereuse et qui peut attirer la maladie contagieuse d'un bout de la rue à l'autre. Elles lavaient leur linge dans un bac de pierre avec de l'eau du puits. La sœur Madeleine voyant qu'au mois d'août la contagion commençait de cesser, voulut faire la lessive dans une petite boulangerie, qui était entre le jeu de paume et nous, et comme la maladie était dans ce jeu, elle fut frappée le même jour ; elle en avertit en même temps toutes les autres religieuses, qui poussées de leur zèle et charité la menèrent confesser au Père Isidore, récollet, son cousin, sans lui dire qu'elle fut frappée. Après, elle la montèrent au noviciat, la déshabillèrent et la mirent au lit, action capable de les perdre toutes. Dieu, qui récompense tout ce qu'on fait pour son amour, les conserva, en sorte qu'aucune ne prit de mal. La sœur Paule s'exposa pour servir la sœur Madeleine, et huit jours après, la veille de saint Laurent, elle fut frappée de la maladie ; et on eut pour les soigner une vieille femme qui avait toujours servi la maison et qui avait passé par le mal. Elles furent très bien assistées des médecins, de la sorte qu'elles se sauvèrent toutes deux, et personne plus ne prit de mal. On leur donnait leurs vivres par une corde, depuis le jardin, ou au bout d'un couloir où elles venaient les prendre. Après elles firent leur quarantaine, et puis s'en vinrent avec les autres. Toutes les autres, avec elles, furent bien assistées des Révérends Pères Récollets de Sainte-Valérie, comme aussi du bon Père Dorothée, carme deschaussé, pour lors vicaire à Saint-Etienne, qui les visitait souvent avec M. le chanoine Pabot, de Saint-Etienne, appelée Grandbarbe. Surtout elles furent fort secourues de M. Jacques Martin, père à la sœur Saint-Martin, qui leur envoyait toutes leurs provisions de viande et de farine. On leur envoyait aussi d'Eymoutiers tout ce qu'on pouvait.

Quoiqu'elles fussent peu en nombre, elles ne manquèrent jamais de dire l'office du chœur, et faire tous les autres exercices de la religion, et se comporter avec tant de prudence, de piété et d'union, qu'elles donnèrent bonne odeur dans la ville.

Le 9 septembre 1639, Monseigneur de Limoges François de la Fayette, nous donna pour confesseur M. François de Villemonteys, curé de Saint-Domnolet (1), lequel demeura notre confesseur vingt-neuf ans, et toujours continua sa charité pour la direction de celles qui avaient confiance en lui, avec l'agrément de MM. les Evêques, Monseigneur François de la Fayette et Monseigneur Louis d'Urfé (2), qui lui commandèrent cette charité.

L'an 1648, on fit l'ornement de velours rouge en broderie d'or rehaussée, par la conduite de la Révérende Mère Béatrix. La dite garniture comprenait le devant d'autel, la chasuble et le voile ; et coûta le tout mille 1600 livres *(sic)*, sans qu'on prit rien de la communauté. [Le reste de cette page et la suivante ne contiennent que des détails sur cet ornement.] Tout le reste fut gagné par le travail des religieuses, en boutons d'or et d'argent pour lesquels des marchands n'osaient se fier à des ouvriers. Celles qui gagnaient le moins avaient huit ou neuf sous par jour. On fit aussi quantité de linge pour des marchands et beaucoup de ventes d'*agnus*. Sœur Saint-Louis de Faure, sœur Madeleine de Saint-Bernard, sœur Aimée de Michelon, sœur Marguerite de Saint-Guillaume, travaillèrent toutes quatre tout cet ornement.

Le 26 novembre 1651, la Révérende Mère Béatrix Cosnac, fut envoyée à Brive, par l'ordre de Monseigneur de Limoges François de la Fayette, pour réformer le couvent, et emmena la sœur de Saint-Bernard de Léonard. Elle s'en revint le 21 janvier 1655 ; elle fut reçue au grand contentement de la communauté.

Le 6 du mois de février 1652, la Mère de la Croix de Brunet (3) fit apporter de Paris, par M. Ardant, orfèvre, le porte-Dieu, qui pesait, avec les deux vitres de cristal, 4 marcs et 3 deniers, et sans vitres, 4 marcs moins 3 deniers, au prix de 47 livres le marc. Elle bailla 187 livres ; pour le port, 3 livres, pour la peine de l'orfèvre 8 livres et pour le dédommager 12 livres, pour l'étui du soleil, 2 livres 10 sols. Monte le tout la somme de 212 livres 10 sols, sans le soleil que nous avions, qu'elle donna.

Le 20 décembre 1651, fut élue supérieure la Révérende Mère Euphrasie. Elle fit faire le bluteau, les dalmatiques rouges, la chasuble à fond d'argent, avec les cent écus que la tante Barbe avait donnés à ses trois nièces, sœur Saint-Jean, sœur Séraphi-

---

(1) C'est lui qui fit entièrement réparer l'église de Saint-Domnolet en 1671.

(2) Monseigneur de Lascaris d'Urfé fut évêque de Limoges de 1676 à 1695.

(3) Née à Limoges le 9 août 1605. M. de la Biche de Reignefort a donné sa vie dans son ouvrage qui a pour titre : *Six mois de la vie des saints du Limousin*, T. I, p. 140.

que et sœur de la Résurrection. Elle prit aussi l'argent que l'on avait gagné en commun.

Le 7 de juin 1652, on entreprit de chercher une fontaine, et Chabirou commença à renarder.

Le 1er juillet 1652, on commença le premier épinglier. On demeura à creuser et à trouver l'eau, depuis le 1er juin 1652 jusqu'au 1er mai 1654, que l'on nettoya tous les renards de la fontaine. Bachelier posa le cor (1) de plomb à la source, lequel pesa septente quatre livres. Il est long de seize pieds. Il fut posé par-dessus la source des Pères de Chancelade ; on y travailla plus.

Le 13 du même mois, on couvrit l'épinglier qui est dans la vigne de M. d'Arfeuilhe, à la cime de la dite vigne, où l'on posa une pierre de trois pieds et demi par dessus la voûte. On congédia les manœuvres, on rendit la clef de la vigne à M. d'Arfeuilhe.

Il y a dans les fossés six épingliers et quatre dans la vigne, laquelle nous doit servitude, et pour cela nous avons passé contrat avec M. d'Arfeuilhe, passé par Raymond, et lui avons donné deux cents livres pour le dédommager.

Le 1er juillet 1653, François Dumas, maître-fontainier, tomba du haut du deuxième épinglier de la vigne, y voulant descendre, et se tua tout raide mort. Nous le fîmes ensevelir.

Le 3 juillet 1654, François Mange-profit tomba dans le même épinglier, voulant tirer des terres. On le retira en vie ; il eut le temps de se confesser au Père Prieur des Carmes. Nous le fîmes ensevelir.

Le 3 et le 4 avril 1656 on fit fermer l'ouverture qui est entre les Révérends Pères de Chancelade et nous, qui se rencontra en faisant le renard du second épinglier, où l'on avait trouvé leur source d'eau, qui est plus basse que la nôtre de deux pieds, et fîmes fermer avec des murettes hautes d'une brasse. Les maçons, qui étaient deux, y mirent sept journées.

Le 4 février 1655, on trouva de l'eau à quatre heures du soir, de laquelle on porta une cruche au couvent.

Le 13 novembre 1655, un samedi, à huit heures du soir, l'eau arriva dans le jardin, et nous nous en servîmes dès lors.

Le dimanche matin 14 novembre 1655, on chanta avec grande réjouissance le *Te Deum* de Notre-Dame, auprès de l'eau, en action de grâce à la sainte Vierge, de qui nous la croyons tenir.

---

(1) Mot souvent employé en Limousin comme synonyme de tuyau.

Ensuite, on fit un dîner à tous les manœuvres, dans le grand portail. Ils étaient vingt hommes. On leur donna trois grandes jambes de pourceau, huit pains d'hôtel (1) et de la tourte ; et douze pintes de vin. Maître Martial et son fils et Léonard Delabuce, dînèrent à part.

Le 12 juin 1664, on passa contrat avec maître Bachelier, pour nous chercher par-dessus notre source trente brasses et faire des épingliers dans le chemin de devant la vigne de M. le trésorier Maledent, et s'obligea à fournir tout et rendre tout fait, moyennant la somme de 250 livres. Desvignes passa le contrat.

Le 12 juin 1665, on donna à Martial de chez Lostever, pour la perte du bétail qui s'était tué dans l'épinglier le 28 octobre, la somme de 75 livres. Bachelier en donna autant, étant blâmable de tout, pour n'avoir couvert l'épinglier. C'était du bétail qu'on conduisait à Paris ; il fut épouvanté de l'ouverture et se jeta dans l'épinglier et en mourut. On ferma le dit épinglier sans rien plus chercher.

Le 18 mars 1656, on posa la première pierre du bas du timbre.

Le 16 juin 1656, on posa la tasse à la fontaine, qui nous fut donnée par M. Malevergne, notre scindic.

Le premier jour d'août 1656, M. Gadeau, prêtre à Saint-Pierre fit présent d'un crucifix de plomb, pour mettre à la fontaine.

Le 17 janvier 1657, Mesonnade (2) [porta] une Notre-Dame de plâtre, les pieds sur le dragon à sept têtes, pour servir de modèle ; elle coûta 15 livres.

Quand on posa Notre-Dame sur la margelle, on chanta le *Te Deum* de la Vierge. Sœur de l'Annonciation donna soixante livres de sa pension pour aider à faire [cette statue]. On ne sait pas au vrai ce qu'elle coûte.

La Révérende Mère Euphrasie fit chercher l'eau, avec la sœur de la Croix, procureuse, et de son temps elle fut trouvée et conduite dans l'armoire qui sert d'ouverture dans le jardin. La Révérende Mère Béatrix la fit achever et faire le timbre.

La fontaine a coûté en y comprenant ce que l'on donna à M. d'Arfeuilhe, pour la servitude et les dédommagements, pour

---

(1) Ce n'est qu'après 1840 qu'on a cessé de fabriquer à Limoges le pain d'hôtel : il était formé d'un mélange de seigle et de froment. La tourte, que l'on fait encore, ne contient que du seigle.

(2) Probablement Martial Maisonnade, maître-sculpteur qui vivait en 1638 et 1675. Voir plus loin la note sur différents membres de cette famille.

les Pères de Chancelade, pour accomodement pour ne nous plus inquiéter (il se voit tout par les contrats) (1), de plus pour payer le bétail qui était tombé dans l'épinglier, pour faire conduire l'eau à la cuisine et boulangerie, pour faire convoyer le timbre ; le tout a coûté la somme de 6,689 livres.

L'année 1662 fut eslu par la communauté scindic de cette maison M. Barthélemy de Verthamon, sieur de Chestandeau, avocat au siège présidial (2).

Le 5 avril 1667, la Mère de La Croix de Brunet entreprit, avec le congé de l'obéissance, de faire porter un corps saint de Rome pour la communauté, d'un légat que défunte sa bonne Mère Catherine de Roulhac lui avait laissé à sa mort. Et pour cet effet elle s'adressa au Révérend Père Brunet, son frère, prieur pour lors des Révérends Pères Augustins de Toulouse, lequel en donna la commission au Révérend Père Robert, augustin, qui était à Rome, et Monsieur Croisier reçut de la Mère de La Croix la somme de 300 livres, lequel envoya à son commettant, M. Barbeau, une lettre de change de ladite somme pour la délivrer au Père Robert, suivant le cours de France. Elle donna audit sieur Croisier pour ses droits et port d'argent la somme de 24 livres.

Plus elle donna au sieur Croisier pour le rabais qui se trouva à Rome sur les trois cents livres, la somme de 20 livres.

Les sœurs donnèrent pour faire porter le corps saint de Rome, la somme de 156 livres.

De plus, la Mère de La Croix envoya à son frère le Père Brunet, à Toulouse, une lettre de change que M. Ruaud lui donna pour M. Progen, de la somme de 120 livres ; qu'il envoya au Père Robert à Rome.

Le 6 décembre 1667, un mardi soir, entre trois et quatre

---

(1) Au folio 223 v°, du Terrier de l'hôpital de Limoges, on trouve : Accord entre le prieur de Saint-Gérald et les religieuses de Sainte-Ursule, par lequel le Prieur se déclare satisfait de la somme de 150 livres, à lui payée pour raison de dommages que cause la fontaine des dites religieuses à la fontaine du prieuré ; — Contrat par lequel les religieuses de Sainte-Ursule promettent 200 livres au sieur Darfeuille pour creuser et chercher une source ou fontaine dans la vigne dudit Darfeuille, proche le prieuré des Arènes et le prieuré de Sainte-Ursule.

(2) Barthélemy de Verthamon, sieur de Tandeau, ou de Chez-Tandeau, avocat en la cour de Limoges, était l'époux de Françoise Lafosse. Leur fils Simon-Guillaume, fut baptisé à Saint-Pierre-du-Queyroix, le 12 novembre 1679. (Invent. des arch. comm. GG, 27.) Barthélemy était probablement fils de Jean de Verthamon, sieur de Tandeau, enterré à Saint-Pierre-du-Queyroix le 6 décembre 1668. (*Idem.* GG. 50.)

heures, nous reçûmes de Rome le corps de saint Elizée avec grande joie, et fîmes un autel à la porte conventuelle pour faire poser le coffre où étaient les saintes Reliques, lequel était de bois de cyprès, et ceux qui le portaient le posèrent sur l'autel qu'on avait dressé. On porta ledit coffre au chœur en procession, chacune des religieuses un cierge à la main, chantant l'hymne d'un martyr.

Le 21 février 1668, Mgr l'évêque François de La Fayette, entra, entre neuf et dix heures du matin, et vint faire la vérification du corps saint. Il fit ouvrir le coffre où étaient les Reliques. Il y vit avec grande admiration le saint corps fort beau et tout entier, n'y ayant rien à dire qu'un os de la jambe. Mgr l'Évêque était accompagné de M. Mailhard, son grand-vicaire (1), et ses deux aumôniers, et M. de Villémonteys, notre confesseur, curé de Saint-Domnolet. On prit de ce corps saint beaucoup de Reliques. Monseigneur n'en prit pas, M. Mailhard en prit son plein mouchoir, sous prétexte d'en donner à toutes les religieuses qui n'en touchèrent jamais ; les aumôniers aussi en eurent leur part. Pendant que la Mère de La Croix s'amusait à retirer des pâtes saintes qui étaient dans le coffre, Monseigneur donna [le chef] à baiser, à nu, à toute la communauté dans le petit réfectoire et aux séculiers à la fenêtre de la communion. Après, on retourna le coffre à la tribune haute ; on fit condamner le coffre avec une bande de fer.

Le 28 juillet 1668, la Mère de La Croix fit faire les deux coffres de Reliques, l'un pour le saint chef et l'autre pour le restant des saints ossements, dans lequel est la sainte ampoule de verre où il y a du sang. Lesdits coffres coûtèrent de matière ou de façon la somme de 94 livres, 5 sols, 10 deniers, que la Mère de La Croix paya au Gamby ; la châsse, c'est-à-dire le bois, la somme de 140 livres, et les délivra à la sœur de La Croix. Sur les 140 livres, la Révérende Mère Béatrix donna 84 livres, les sœurs 40 livres, plus un vœu 20 livres, qui monte tout 144 livres.

Sur cela il fit les cadres du tableau, deux paires de chandeliers pour la châsse et deux anges.

On donna à Léonard de Labuce, pour avoir doré la châsse et le cadre du tableau, 57 livres. La Mère Saint-Pol fournit cela.

Plus la sœur de La Croix acheta une jupe de satin pour doubler la châsse, 12 livres.

---

(1) Pierre Mailhard, qu'on trouve aussi avec le titre d'aumônier de Monseigneur, était grand-vicaire en 1661. (Invent. des arch. comm. GG. 19.)

A Dimanche pour la niche, 20 livres. A Tindareau, pour les clefs de la châsse et les ferrements, 6 livres (1). Monte cet article 95 livres.

[La page 39 ne contient qu'un résumé des frais faits pour cette translation et d'autres objets dont nous avons déjà parlé ; et ce résumé est continué à la page 40. Le tout monte à la somme totale de 1,361 livres, 5 sols, 10 deniers.]

Le 1er septembre 1671, M. Mailhard, official et grand-vicaire de Monseigneur de Limoges, François de La Fayette, vint bénir les deux coffres des Reliques. Il mit le chef dans un avec la coupe, et dans l'autre les ossements qui furent fermés par une grille de laiton. Il fit baiser le chef à la communauté.

Le 24 février 1672 on fit l'ostension de saint Elizée durant trois jours, par la permission de mondit Seigneur. Elle commença le mercredi et les deux jours ensuite, et mondit Seigneur donna indulgence de quarante jours. M. Juge, curé de Saint-Pierre (2), l'exposa les trois matins. Monseigneur de Limoges la

---

(1) Martial Tindareau nous est connu par ce qu'en dit l'abbé Legros dans son intéressante *Continuation des Annales de Limoges* : « Vers ce temps-ci, dit-il (vers 1724), mourut à Limoges le nommé Tindareau, habile serrurier de cette ville, qui avait embrassé cette profession après avoir fait toutes ses études, même de théologie. Il a fait beaucoup d'ouvrages méchaniques qui lui firent honneur dans le temps ; mais, ce qui lui en fait beaucoup plus, c'est d'avoir donné toute sa boutique, avec tous les instruments de son métier, à l'hôpital général de cette ville, à condition que celui qui s'en chargerait serait obligé de prendre un apprenti de l'hôpital même, de tenir ladite boutique et d'en entretenir les outils pendant dix ans, au bout desquels, sortant de là, il acquerrait le droit de maîtrise dans la ville, malgré les oppositions de la jurande des serruriers. Tindareau fit son testament olographe en latin et l'établissement susdit a été autorisé par la Cour. »

Legros n'en dit pas davantage, mais son récit est confirmé par les pièces des Archives de l'hôpital. (A. Leroux. — Inventaire, B. 497, 498. E. 1. G. 131.) Les outils de Tindareau furent estimés 1,224 livres. Le Bureau de l'Hopital fit apposer des affiches en ville et un garçon serrurier prit la boutique aux conditions indiquées ; on tira parti des objets laissés par lui de la façon la plus avantageuse pour l'hospice, et on mit en loterie sept tourne-broches trouvés dans la boutique. Le prix des billets était de 12 sols. Cette loterie produisit 392 livres.

Ajoutons, dit M. L. Guibert, que Tindareau n'était pas un serrurier amateur, et que, s'il savait parler le latin, il n'en maniait pas moins le marteau d'une main solide. Il était, du reste, de vieille souche de forgeron. Jean Tindareau, serrurier, figure au rôle de la taille de Limoges pour l'année 1635, et nous avons trouvé antérieurement, vers la fin du XVIe siècle, dans la Cité, un serrurier du même nom.

(2) François Juge, fut curé de Saint-Pierre-du-Queyroix en 1660. Il était docteur en théologie et protonotaire du Saint-Siège. En 1700, il eut pour suc-

ferma les trois jours. Le premier sermon fut fait par le Révérend Père prieur des Augustins; le second par M. Baresge, notre confesseur, et le troisième par le Révérend Père Verneuil, jésuite.

La première messe fut chantée par M. le curé de Saint-Pierre; la seconde par M. Mobaye, et la troisième par M. Baresge.

On l'exposa le dernier jour depuis le matin jusqu'au soir, et il y eut si grande affluence de peuple que Monseigneur fut fâché de n'avoir pas donné les huit jours.

Cette ostension se fit dans la classe proche de l'ancienne église où étaient nos tombeaux, et y descendîmes la châsse et les deux coffres de Reliques pour faire baiser la coupe aux amis et gens de qualité à découvert. On partagea la classe en deux au moyen d'une balustrade, afin que le peuple ne put entrer. Ladite classe avait eu ses murailles couvertes des tapisseries des pénitents de Sainte-Madeleine. Après ces trois jours nous rapportâmes la châsse et les Reliques dans la petite tribune. La Mère Saint-Pol fit tous les frais de ce qui s'était amassé.

Le 4 avril 1673, le mardi de Pâques, Monseigneur l'évêque François de La Fayette nous ordonna de faire l'ostension du corps de saint Elizée, avec les autres corps saints des églises, durant sept semaines. On l'exposa à la pointe du jour jusqu'après midi. N'ayant encore achevé l'église on le fit dans le parloir où le Saint-Sacrement reposait dans le tabernacle. Il y demeura depuis le 29 mai 1672, ayant abattu ce jour et démoli la chapelle qui nous servait d'église depuis l'année 1620. L'ostension acheva le 23 mai 1673. Ce dernier jour il y eut un si grand concours de peuple que Monseigneur donna la bénédiction à la rue sous un portail de buis qui y demeura toute l'ostension, où il fallait sortir souvent les Reliques à cause de la foule du peuple. La châsse demeura dans le grand parloir jusqu'à ce qu'on la transportât où elle est à présent. Le Révérend Père Du Plessi porta cette année en procession le chef de saint Aurélien. Le lundi, au soir, tous les bouchers sous les armes vinrent saluer les Reliques avec une décharge de leurs armes (1). L'offrande

---

cesseur dans cette cure son neveu, Pierre Juge, aussi docteur en théologie. François Juge fut un des principaux instigateurs de l'établissement des conférences ecclésiastiques à Limoges. (Voir *Bulletin de la Société archéologique du Limousin*. T. XXIX, p. 103.

(1) La confrérie des bouchers avait conservé jusqu'à nos jours l'usage de visiter en corps les reliques des saints exposées dans toutes les églises de Limoges à l'époque des ostensions, et de les saluer par des salves de

valut cette annnée 80 livres ; desquelles la Mère Sainte-Ursule, prieure, en donna à M. Pabot, notre aumônier, qui avait pris grande peine, la somme de 22 livres.

La sœur Aymée fut employée par M. La Fosse, son neveu, étant consul, pour faire la calotte de saint Martial, comme nous avons fait aux deux autres ostensions précédentes. Ces Messieurs donnèrent en reconnaissance des flambeaux de cire vierge pour 12 livres. Il fut pris cette année deux dents du chef de saint Élizée (1).

Le 13 janvier 1672, on commença à mener la petite pierre pour le bâtiment et pour l'église. Le 16, on commença à peser la petite pierre : la pesée est de trois quintaux au prix de 2 sols, 9 deniers.

Le 25 janvier 1672, jour de la conversion de saint Paul, maître Martial a commencé avec ses ouvriers à couper la pierre de taille. On achette la charette 2 livres, 15 sols.

Les maîtres Pierre Pied-de-loup et maître Léonard, charpentiers, ont passé contrat avec nous pour la charpente de l'église et tout le bâtiment, et leur avons promis 2,100 livres pour le tout mis sur la fin. On leur donna beaucoup plus pour les empêcher de perdre comme ils faisaient ; et commencèrent à travailler le dernier février 1673.

Le 7 mai 1672, le premier démoliment de l'église a commencé à se faire et avons donné à maîtres Dimanche et Léonard la somme de 61 livres, 6 sols.

Le 29 du même mois s'est fait le démoliment du bâtiment qui coûta 42 livres, 15 sols.

Le 15 avril 1673, maître Dimanche a commencé à travailler à la menuiserie. Toutes les dépenses faites pour l'église et bâtiment, tant pour les ouvriers que pour les matériaux de pierre et de chaux, de bois, de faites, de fer se trouveront spécifiées sur les papiers des procureuses : la sœur de la Passion qui fut la première qui fit travailler, et sœur de Saint-Bernard qui fit achever, ont tout par le menu. Sœur Saint-Bernard laissa les

---

mousqueterie. On lui a refusé cette liberté depuis quelques années, et de plus un arrêté de la municipalité de Limoges, du 7 mai 1880, a interdit les processions qui avaient lieu dans ces solennités septennales.

(1) Le chef de saint Élizée est actuellement conservé dans l'église paroissiale de Saint-Pierre-du-Queyroix. Il fut sauvé dans l'incendie de 1790, par M. de Labiche de Reignefort. Dans le livret de l'ostension de 1820, une faute d'impression fait une *sainte* de notre *saint* Elisée.

comptes, dans le coffre des archives, des principales dépenses qu'elle avait faites.

M. Meysonnade, maître architecte (1), entreprit la conduite de l'église et des bâtiments par l'ordre de Monseigneur l'évêque François de La Fayette et de M. Mailhard, grand-vicaire, official de Monseigneur, qui le voulut absolument. Ledit Meysonnade tira le plan, tant de l'église que des bâtiments, depuis le 8 janvier 1672, jusqu'au 14 du même mois. Le 15, il demeura tout le jour dans la maison pour niveler. Le 7 mars 1672, il entra sous terre dans les fondements. Le 28, il demeura tout le jour à niveler et poser le cordeau.

Le 16 du même mois, on avait commencé à creuser pour les fondements, et on commença par la muraille qui sépare le bâtiment du bas jardin, où est la sacristie et la chambre de communauté. Il fallut descendre 23 et 24 pieds dans terre, et 30 dans le coin de la chambre de communauté.

Le 22ᵉ jour de mars 1672, Monseigneur de Limoges, François de La Fayette, vint poser la première pierre à deux heures après midi, accompagné de M. Mailhard, grand-vicaire et offi-

---

(1) Martial Maisonnade, architecte, épousa Quitterie Salot ; leur fils Joseph Maisonnade, maître-peintre, épousa Léonarde Martin en 1683, et fut enterré à Saint-Pierre le 15 octobre 1717.

Outre Martial Maisonnade, maître-sculpteur, que nous avons vu plus haut, on trouve encore à Limoges :

Pierre Maisonnade, sculpteur, enterré à Saint-Pierre-du-Queyroix le 28 mai 1670.

Annet Maisonnade, maître-sculpteur, époux de Marie Sialot, mort en 1671.

Julien Maisonnade, maître-sculpteur, vivant en 1676.

Jeanne Maisonnade épousa le 17 septembre 1674 Nicolas Desroches, maître sculpteur, dont il est parlé plus loin.

Joseph Maisonnade, maître-peintre, vivait en 1754. C'est à lui que s'adressèrent les administrateurs de l'hospice de Saint-Yrieix, en 1753, lorsqu'ils voulurent faire exécuter des tableaux pour la chapelle. Ils marquent en effet dans leurs comptes : 4 aunes de toile envoyées au sieur Maysonnade, « peintre, faubourg Manigne, à Limoges, pour faire trois tableaux, dans lesquels sera représenté, savoir, dans celuy du milieu, de la hauteur de 5 pieds sur 4 de large, une belle N.-D. ou que soit l'intérieur de la Sainte Vierge ; et dans deux d'à côté, chacun haut de 3 pieds et demy sur 2 pieds et demy de large, le tout dans œuvre, savoir dans l'un l'image de saint Alexis, et dans l'autre l'image de saint Jean-de-Dieu, fondateur de l'ordre de la Charité, le tout moyennant la somme de 50 livres, bon marché. » (A. Leroux, Invent. des archives hospitalières de Saint-Yrieix. — E. 61.)

Le tableau du maître-autel de Saint-Pierre-du-Queyroix était aussi peint par Maisonnade (Éphémérides de 1765) ; il représentait Saint-Pierre recevant le pouvoir des clefs de Jésus-Christ. C'était une copie de Jouvenet. — On voit dans l'église de La Roche-l'Abeille une *Fuite en Egypte* peinte par le même.

cial, et de MM. les aumôniers M. Baresge, M. Constant, M. Verthamont, notre syndic. Toute notre communauté fut le recevoir en procession au portail du jardin bas. Les prêtres portaient la croix que nous avions empruntée de Saint-Pierre, et un bénitier d'argent. On avait dressé un autel auprès des fondements, à l'endroit où est la sacristie des prêtres, dans le coin de la muraille du jardin. Sur lequel autel on avait mis un missel, une plaque de cuivre qui était gravée par Ponroy, le nom et les armes de Monseigneur, avec le jour et l'année. De plus, il y avait une truelle d'argent, que maître Martial avait empruntée, avec une pierre de taille. Monseigneur fit toutes les cérémonies et bénédictions, et à cause de sa vieillesse on ne voulut permettre qu'il descendît dans les fondements (1). Il posa du mortier sur la pierre et frappa dessus, et maître Martial Charles la descendit avec la plaque de cuivre et la mit de côté du soleil levant. Elle est dans le coin de la sacristie des prêtres qui sépare le jardin. Il entra beaucoup de séculiers. Monseigneur se retira après et donna 12 livres aux ouvriers. Il bénit l'église et la dédia à Notre Mère sainte Ursule.

Le 25 mars 1672, trois jours après que l'on eut posé la première pierre, tout le terrier qu'on avait creusé s'éboula la nuit, et remplit de nouveau ce qui était creusé. Il fallut envoyer chercher le maître maçon et ses ouvriers pour appuyer le terrier qui était tout fendu. Le soir, avant que cela arrivât, veille de Notre-Dame de mars, la supérieure et les procureuses étaient assises sur le bord de cet éboulement. On recommença à ôter les terres jusqu'au 29 du même mois que M. Meysonnade fit commencer à maçonner. Il arriva qu'un maçon voulant commencer à travailler, connut, en frappant, qu'on n'avait pas descendu jusqu'à la terre ferme, tellement qu'il fallut retirer la pierre et la plaque que Monseigneur avait posée, et il fallut encore creuser trois pieds plus bas. On fit des arcades, depuis la rue jusqu'au coin de la chambre de communauté, comme aussi pour tout le bâtiment. On trouva beaucoup de choses en creusant qui témoignaient qu'il y avait eu autrefois des choses particulières en cet endroit. La première chose fut une basse fosse très profonde à l'endroit de la croisée des cellules basses, dans laquelle on trouva un réchaud avec des charbons, une écritoire et du papier. Il y avait d'un côté un soupirail, et de l'autre une grande ouverture couverte d'une grande pierre, et un petit degré de

---

(1) Mgr François de La Fayette était né en 1590, il avait donc alors 82 ans.

pierre si étroit qu'à peine pouvait-on descendre. On trouva en creusant en ces endroits du marbre blanc et du noir coupé en forme de degré fort épais. Les carreaux étaient épais de six doigts et s'enlaçaient les uns dans les autres avec de la terre rouge. On trouva aussi comme le carrellement d'une chambre de marbre blanc et noir, coupé comme des dés compassés sur de l'argile ou plâtre qui ne pouvait se déprendre (1). Beaucoup de personnes furent curieuses de voir cela, et la supérieure fit appeler un vieux voisin appelé Vergnaux, âgé de plus de 100 ans, et lui ayant demandé s'il n'avait rien ouï dire à ses ayeux, il lui rapporta que son grand-père avait ouï dire à son ayeul que cet endroit était autrefois l'amphithéâtre où l'on exposait les martyrs aux bêtes et que cette rue était appelée la rue Ducale, parce que la ville était pour lors près de la Vienne et le château du duc était où est à présent la ville et que la rue était large jusqu'à la porte Manigne. Il y avait une porte de ville où est la tour de Sainte-Marie, laquelle on appelait la porte Ducale, parce qu'il n'y avait que le duc et sa maison qui passassent par là. Le bon homme raconta tout le temps de la digue [la Ligue] et dit qu'il avait quarante ans en ce temps-là.

Le 19 juillet 1672, M. Maysonnade et maître Martial eurent dispute. On congédia maître Martial et son fils fit achever de travailler les manœuvres sous la conduite de Maysonnade. Ils travaillèrent 164 semaines; savoir depuis le 25 du mois de janvier 1672 jusqu'au 23 mars 1675, sous le pavé de l'église.

Le 12 mai 1674, la petite croix fut posée sur les tuiles de l'avancement de la communauté.

Le 16 du même mois, M. de Villemonteys bénit la grande croix de dessus le clocher et fut posée le même jour. On régala tous les ouvriers.

Le Très Saint-Sacrement avait reposé dans le tabernacle dans le grand parloir qui nous servait d'église depuis le 29 avril 1672 jusqu'au 20 octobre 1674, que Monseigneur de Limoges, François de La Fayette, un samedi matin, bénit premièrement l'église et les bâtiments, avec grande cérémonie, étant accompagné de M. Maillard, son grand-vicaire; M. Juge, curé de Saint-Pierre; M. Baresge, notre confesseur; M. Pabot, notre aumô-

---

(1) On trouve fréquemment dans les constructions romaines de nos contrées ce carrelage formé de plaques de marbre blanc et noir. — Ce passage de notre chronique a été publié par M. le chanoine Tandeau de Marsac, dans le *Bulletin de la Société archéologique de Limoges*, T. XXVIII, p. 284.

nier ; M. Bardinet et autres prêtres de Saint-Pierre. Ils sortirent du grand portail du bas jardin, ayant passé en procession dans le jardin le long des bâtiments; de même le long de la rue. Ils entrèrent par la porte de l'église, et Monseigneur monta aux premières cellules et les bénit. Après il fut prendre le Très Saint-Sacrement en procession, avec les prêtres, et le mit dans le tabernacle de la nouvelle église et dit la première messe. Le parloir ne servit plus d'église.

Le 21 octobre 1674, jour de sainte Ursule, M. Mailhard dit la première messe de ce jour, exposa le Saint-Sacrement, prêcha après vêpres et fit un très beau sermon qui fut le premier qui se fit dans l'église nouvelle. Madame l'Intendante (1) entendit vêpres et le sermon dans le chœur qui n'était pas encore pavé, ni les fenêtres n'étaient encore aux grilles du chœur, où l'on mit des linceuls. Il y avait avec elle beaucoup de dames et de demoiselles. Après le sermon, Monsieur l'official passa par la sacristie, le commun des prêtres n'était pas encore fait. Il traversa le jardin et se rendit dans la boulangerie, afin de se reposer ; on avait ôté tout ce qui était dedans, et on y avait garni une table d'une somptueuse collation : il y avait un grand bassin plein de confitures sèches, très rares. La Mère de Saint-Pol mit plusieurs sortes de confitures liquides qu'elle avait fait exprès avec beaucoup de massepains, macarons et tortillons. Monsieur l'official ni madame l'Intendante ne touchèrent rien.

Monseigneur, après cela, fit la clôture du Saint-Sacrement.

Le lundi 7 octobre 1675, M. Maillard vint bénir la chapelle qui n'était pas parachevée en ce temps-là. Ce fut un dimanche, le soir à quatre heures. Il monta bénir les cellules. C'était pour soulager Monseigneur, qui était incommodé, et qui n'avait béni, lors de la bénédiction de l'église, que le premier couloir des cellules.

Le 1er juin 1667, on fit porter deux paires de chandeliers d'argent de Paris. On donna la commission à M. Pinchaud, orfèvre ; lesdits chandeliers pesèrent 11 marcs 6 onces et 18 deniers à raison de 36 livres le marc, montèrent 399 livres, 9 sols et 9 deniers. Pour le port 9 livres, 15 sols, pour le profit de les avoir fait apporter et avoir pris le risque à cinq livres pour cent, monta le tout la somme de 428 livres, 13 sols, 9 deniers.

(1) L'intendant de Limoges, en 1674, était M. Joseph Bidé de La Granville, le 17e qui occupait cette place ; il avait été nommé en 1673, et fut remplacé en 1677 par M. André de Bouville. (*Bulletin de la Société archéologique*, tome I, page 187.)

On donna audit Pinchaud, en déduction, une paire de chandeliers pesant trois marcs, trois onces et dix-huit deniers, au prix de 27 livres le marc, montèrent 93 livres, 12 sols; plus une chaîne d'or, qu'on avait prise pour les pensions de la sœur de la Trinité de Juge, et une petite.......... de l'Église-aux-Bois pour sa pension, et deux bagues, le tout pesant 4 onces et 8 deniers au prix de 42 livres, et a monté 261 livres, 11 sols. Nous donnâmes d'argenterie pour 261 livres, 17 sols. La sœur de l'Annonciation donna pour les aider à payer 70 livres. La Mère Sainte-Ursule avait amassé, étant supérieure, la somme de 76 livres, 6 sols, 9 deniers, qui fait en tout ce que coûtent les deux paires, la somme de 408 livres, 3 sols, 9 deniers.

La sœur de Christ fit la garniture de velin (?) blanc, que sa tante et elle ont toujours fournie; comme aussi celle de laine de petits points.

L'an 1665 se fit la garniture blanche de broderie d'or et de soie, laquelle coûta la somme de 665 livres, 4 sols (1).

---

(1) C'est ici que doit être placée, d'après l'ordre chronologique, la mort de Catherine Chorllon, fille du président de ce nom, qui la rapporte ainsi dans ses *Mémoires* :

« Le dimanche XXIII aoust de cette année (1676), entre six et sept heures du matin, en la ville de Limoges, au monastère des relligieuses de Sainte-Ursule, passa de cette vie mortelle à une plus heureuse, Catherine Chorllon, ma très chère et bienaymée et très aymable fille aisnée, de son aage le dix-neufvième, et trente jours accomplis, et le 31e jour de sa maladie, qui fust une fiefvre continue aigue. C'estoit celle de mes enfants dont j'avois eu et attendois plus de consolation; un esprit au dela de son sexe, meure comme si elle eust 40 ans, et qui s'estoit donnée à Dieu depuis trois ou quatre ans d'une manière assez extraordinaire pour son âge, et se préparoit de se donner à luy entièrement et de quitter le monde, mais elle n'estoit pas encore résolue en quelle religion elle devoit entrer. Pour examiner sa vocation, elle estoit à Limoges où je l'avois amenée dès le mois de mars dernier, après que j'eus combattu plus d'un an, voulant toujours la retenir auprès de moy; elle demeura trois mois aux Filles de la Providence, d'où elle vint aux Ursulines, et cela pour examiner sa vocation et sçavoir l'estat et le lieu où Dieu la voulait, qui luy a faict la grâce de se contenter de ses bons désirs qu'elle fist sa couronne en peu de temps et de l'appeler à sa gloire. Je fus deux fois à Limoges pendant sa maladie; j'entrai au monastère et me trouvai à sa mort, et pour sa consolation et celle de ma famille, je fis conduire son corps en cette ville (Guéret), pour avoir presente après sa mort une fille que je n'avois pu retenir pendant sa vie, qu'elle voulait sacrifier à Dieu et à la retraite. » (F. Autorde. *Mémoires du président Chorllon*, p. 98). — L'éditeur de ces *Mémoires*, dans le sommaire analytique qu'il met à la tête de chaque chapitre, dit Catherine Chorllon *Religieuse Ursuline*; on voit qu'elle ne l'était pas encore.

[Les pages 52 et 53 ne contiennent que le détail des dons faits par les religieuses, etc., pour cette garniture.]

L'an 1679, la sœur de l'Annonciation fit agrandir le tabernacle de deux ailes et le fit dorer tout à neuf, ce qui lui coûta la somme de 300 livres.

L'an 1679, la sœur Thomas fit changer le ciboire et donna par dessus la somme de 284 livres. Elle fit faire les grandes burettes d'argent de la vieille custode qui monta 2 marcs, à 42 livres le marc. Elle ne fournit rien. La Mère Saint-Paul acheta le plat d'argent d'une paire de burettes cassées et des piastres qui étaient dans le dépôt depuis longtemps.

Le 20 octobre 1678, fut posé le tableau du grand autel fait par M. Maysonnade le jeune, auquel on donna la somme de 600 livres ; pour le menuisier la somme de..... livres, pour le sculpteur la somme de..... livres, pour le rideau la somme de 24 livres.

Le 9 novembre 1689, la Révérende Mère de la Vierge, supérieure, et la sœur de Notre-Dame Duvier, ont fait marché avec M. Ardent d'une paire de chandeliers d'argent, montant onze marcs et six onces ; le prix du marc est 28 livres, et 5 sols par marc de façon, qui fait 33 livres par marc. Le même jour, la mère donna une croix de vermeil doré qui pesait 3 marcs et 3 onces, qui faisait la somme de 94 livres.

Le 4 mars 1690, M. Ardent, orfèvre, apporta lesdits chandeliers, et la sœur Dhuvier de Notre-Dame a payé la somme de 293 livres, 15 sols ; en même temps elle en a fait présent à notre communauté pour l'autel. Le tout monte, la croix et la somme que ladite sœur a donnée, la somme de 387 livres, 5 sols. Elle a fait le présent dès le commencement de son noviciat.

Le 18 du mois de juin 1687, nous fîmes le marché du rétable avec le sieur Desroches, maître-sculpteur (1), pour la somme de 1,200 livres, et prendre sa fille pensionnaire. Le même jour,

---

(1) Nicolas Desroches ou Deroche, maître-sculpteur, était né à Saint-Martin-d'Auradour, en Poitou ; il épousa, le 17 septembre 1674, à Limoges, paroisse de Saint-Pierre-du-Queyroix, Jeanne Maisonnade. On trouve parmi les témoins de son mariage, Martial Maisonnade, maître-sculpteur, et René Desroches, aussi maître-sculpteur. La fille qu'il mit pensionnaire aux Ursulines doit être Marie Desroches, baptisée à Saint-Pierre-du-Queyroix le 19 septembre 1675, ayant pour parrain Martial Maisonnade, maître-sculpteur, et pour marraine Marie Sialot, veuve d'Annet Maisonnade, aussi maître-sculpteur ; ou autre Marie, baptisée le 10 septembre 1676, dont le parrain est Julien Maisonnade, maître-sculpteur, et la marraine Marie Boyer, femme de Jean Cluzeau, maître-architecte. (Registres paroissiaux de Saint-Pierre.)

nous lui donnâmes pour arrhes la somme de 300 livres. Il commença à le poser le 2ᵉ jour d'août 1689, et fut achevé le 19 du même mois. Je donnais aux deux garçons qui travaillèrent 10 livres.

Comme l'ouvrage ne se trouva pas dans sa perfection, on le fit augmenter.

Le 29 octobre 1689, je donnais 200 livres. Le 16 mars 1690, ledit rétable étant dans sa perfection, j'achevais de payer ledit sieur Desroches et donnais 875 livres. Le tout monte 1385 livres.

[Ce qui suit dans cette page et dans les suivantes, n'est qu'une liste des personnes qui ont contribué aux dépenses de ce rétable.]

Mémoire de toutes les sollicitations et prières que nous avons faites à Sa Majesté par le moyen de Monsieur l'Illustrissime Évêque de Limoges, Louis d'Urfé, notre très digne supérieur (1), qui a eu la bonté de joindre une de ses lettres adressée à M. de Croissy, avec le placet de M. de Verthamon, syndic de notre couvent de Sainte-Ursule de Limoges. M. de La Grange Guillaume, trésorier, étant à Paris, a été employé et prié par notre Révérende Mère supérieure, Jeanne de Blondeau dite de La Vierge, sœur à M. de La Grange, de présenter la lettre et le placet audit seigneur de Croissy pour le présenter à Sa Majesté.

M. Henri Lafosse nous fit la grâce de solliciter M. de Saint-Contest (2), intendant, près duquel il nous servit beaucoup.

LETTRE DE MONSEIGNEUR A M. DE CROISSY (3).

Monsieur,

Je ne puis me dispenser d'appuyer par cette lettre la requeste que nos filles ursulines de cette ville présentent pour être soulagées de l'incommodité qu'elles souffrent dans la situation de leur monastère, dont j'ai été témoing par plusieurs visites que j'ay faites au dedans et au dehors de leur maison, avec Messieurs les intendants. Je prendrai beaucoup de part à la faveur que ces

---

(1) Mgr Louis de Lascaris d'Urfé, d'abord coadjuteur, occupa le siège de Limoges de 1676 à 1695.

(2) De Barberie de Saint-Contest fut intendant de Limoges de 1686 jusqu'à 1690.

(3) Charles Colbert, marquis de Croissy, ministre et secrétaire d'Etat.

bonnes filles recevront dans cette conjoncture, où elles méritent d'être considérées par l'instruction de la jeunesse, à quoi elles s'appliquent utilement. Je suis avec un respect sincère,

L'Évêque de Limoges.

PLACET PRÉSENTÉ A M. DE CROISSY.

Monseigneur,

M. le scindic des Religieuses de Sainte-Ursule de cette ville disant que leur monastère est à l'extrémité de ladite ville et prez des murailles d'icelle ; et d'autant qu'en cet endroit il y a comme une petite terrasse, elles se trouvent fort incommodées par les ordures qu'on y fait, et qu'on y porte, et par les pierres qu'on jette dans leur closture et qu'on pousse jusque dans leur chœur, par les paroles et actions indécentes et infames qui s'y commettent journellement, par des gens sans aveu, qui se servent de cet endroit comme d'un lieu de retraite et éloigné du commerce ordinaire de ladite ville ; que lesdites religieuses sont obligées de se priver de leur jardin qui est fort petit et étroit, où il y a peu d'espace, et de se tenir dans leurs chambres sans oser ouvrir leurs fenêtres pour prendre un peu d'air, ce qui dans la suite pourrait rendre leur monastère inhabitable par les diverses maladies qu'elles contractent. Ce considéré, Monseigneur, il vous plaira de vos grâces, permettre audit sieur Verthamond, pour lesdites religieuses, faire faire deux ailes de muraille qui aboutiront au mur de laditte ville afin de fermer ce passage et étendre leur enclos jusques audit mur de laditte ville, afin que le public et le particulier n'en souffre.

LETTRE DE M. DE LA GRANGE.

Dès le moment que M. l'Intendant aura envoyé son procez-verbal, je feray de mon mieux pour vous rendre mes services de par deçà. Le retardement de M. l'Intendant ne vous est pas désavantageux, car vous pouvez mesnager les esprits qui vous sont contraires. Je souhaite que le tout aille suivant vos souhaits. Contez, M^e, que tout ce qui dépendra de moy je le feray avec joye, n'y ayant personne au monde qui aye tant d'attache que j'en ay pour tout ce qui vous regarde et votre communauté.

Je suis avec respect, LAGRANGE.

Le 10 avril 1688.

AVIS DE M. DE SAINT-CONTEST.

Michel de Barberie, chevalier, seigneur de Saint-Contest, marquis de Courtellie, conseiller du roi en tous ses conseils, maistre de requestes ordinaire de son hotel, intendant de justice, police et finances en la généralité de Limoges.

Vue par nous la requeste présentée par les Religieuses de Sainte-Ursule de la présente ville, par laquelle elles nous auraient exposé que Sa Majesté aurait eu la bonté de leur accorder par ses lettres patentes du mois d'aout dernier une espece de petite terrasse qui est au bout de leur jardin, inutile au public, pour en jouir par elles et leurs appartenantes, ainsi qu'il est plus au long porté par les dittes lettres; et quoique cette terrasse soit de si peu de consequence et de valeur qu'elle ne puisse estre estimée, cependant pour satisfaire à la clause portée par les dittes lettres que payement sera fait aux sieurs consuls de cette ville de la somme par nous arbitrée pour être employée aux réparations des murailles, et autres besoingts publics de la ditte ville; c'est pourquoi elles nous supplient de vouloir bien estimer ce à quoy elles doibvent estre tenues envers lesdits sieurs consuls, pour ladite somme par nous arbitrée estre mise entre leurs mains en donnant bonne et valable décharge. Au bas de ladite requeste et nôtre ordonnance portant que avant faire droit, qu'elle sera communiquée aux prévost et consuls, du 8e du présent mois, signifiée le 9, requeste présentée par lesdits consuls par laquelle ils exposent que attendu l'utilité et l'urgente nécessité de plusieurs réparations de la dite ville et la commodité et bienseance de la dite terrasse donnée auxdites dames religieuses dont le public sera privé, il soit ordonné 2,000 livres ou moindre ou telle autre que il nous plaira. Nostre ordonnance estant au bas de laditte requeste et soit communiqué audit scindic du 20e dudit mois; signification d'icelle du 22e, arrest du conseil du 4e aoust 1688, qui permet auxdittes dames religieuses ursulines suivant et conformément à nôtre avis de faire faire deux ailles de murailles qui aboutiront aux murs de laditte ville, en payant par elles une somme aux consuls qui sera par nous arbitrée et réglée pour estre employée aux besoins de laditte ville, en laissant un passage de cinq pieds y compris le mur pour en pouvoir faire le tour; et que à cet effet toutes lettres patentes signées Louis, et plus bas, par le roi, Colbert, du mois d'aoust dernier par lesquelles Sa Majesté octroy aux dites religieuses ladite terrasse, à la charge de faire faire deux ailles de murailles qui aboutiront aux murs de la ville et de payer par elles aux consuls une somme qui sera par nous arbitrée, pour estre employée aux réparations des murailles de ladite ville, ensemble de laisser un petit passage de cinq pieds, compris le mur pour en pouvoir faire le tour.

Nous maistre des requestes et commissaire susdit, après avoir veu et examiné ladite terrasse, sa scituation, et son innutilité pour le public, nous avons estimé et réglé sa valeur à la somme de 200 livres, conformément aux lettres cy-dessus; laquelle somme sera payée auxdits consuls auparavant que lesdites dames religieuses puissent faire travailler et enclore ladite terrasse, en leur donnant par lesdits consuls bonne et valable décharge; laquelle somme sera employée aux réparations des murailles et autres besoings publics de laditte ville, dont sera fait bail au rabais pardevant nous; et sera notre présente ordonnance exécutée non obstant opposition ou appellations quelconques, sans préjudice d'icelles. Fait à Limoges, le 25ᵉ janvier 1689, signé BARBERIE, et plus bas, par mondit seigneur, ADVENET.

Signifiée à d'Arfeuilhe, procureur desdites religieuses et de Decordes, premier desdits sieurs consuls, parlant à leur clerc, qui ont pris coppie; et somme ledit Decordes de recevoir la somme de 200 livres, comme on les a démontré par moy, le 30 janvier 1689, signé CHAMBON, huissier.

LETTRE DE MONSEIGNEUR L'ÉVÊQUE.

23 avril 1689.

Je ne puis me dispenser de demander l'honneur de votre protection, comme j'ay desja fait, pour nos bonnes filles ursulines de cette ville qui sont enfin obligées de présenter un placet pour la confirmation de la grâce qui leur a été accordée en les mettant à couvert des extrêmes incommodités que leur attire le voisinage des murs de la ville. Elles ont besoing de cette mesme authorité pour faire cesser les longueurs et les chicanes qu'on leur oppose. Ce sont des filles de naissances qui s'appliquent avec fruit à l'instruction de la jeunesse, vivant régulièrement, et qui méritent assurément d'estre appuyées de vos bons offices. Je vous [le] demande en leur faveur dans cette conjoncture et de croire que je suis avec respect sincère.

LETTRE ÉCRITE A M. DE SAINT-CONTEST, INTENDANT DE LA GÉNÉRALITÉ DE LIMOGES, PAR M. DE CROISSY, SECRÉTAIRE D'ÉTAT.

A Versailles, ce 29 avril 1688.

Monsieur, j'ay rendu compte au Roy du procès-verbal que

vous m'avez envoyé touchant les religieuses ursulines de Limoges et Sa Majesté a bien voulu leur accorder, suivant votre avis, la petite terrasse qu'elles ont demandée, mais elle voudrait bien aussi auparavant que de faire expédier leurs lettres patentes qui leur sont nécessaires que vous portassiez les consuls et habitants à y donner leur consentement, et c'est ce que vous pourriez faire de concert avec Monsieur l'Évesque de Limoges qui témoigne s'intéresser pour lesdittes religieuses. Je suis, Monsieur, votre très humble et très affectioné serviteur, DE CROISSY. Tiré sur l'original, ADVENET.

Madame, j'ay veu M. de Croissy, à qui j'avais donné la lettre de Monseigneur l'Évesque de Limoges. Il m'a dit qu'il l'avait vue et qu'il sçavait l'affaire et que M. l'Intendant lui avait envoyé ses verbaux, qu'il les verrait. J'y retournerai dans quelque temps. Il faut suivre cela, j'y apporteroy tous les soings qu'il faudra, n'en soyez en peine, et si je juge qu'il faille donner quelque chose, je mesnageroy comme pour moy auprès des gens, pour qu'on vous y serve, et ce dans le temps que je le jugeroy à propos estant bien aise de vous marquer et à votre communauté combien je vous honore et suis avec respect votre très humble serviteur.

LAGRANGE.

Ce 30 avril 1688.

LETTRE DE M. L'INTENDANT A M. DE CROISSY.

Monseigneur l'Evesque est allé faire la visite de son diocèse et ne sera ici de retour de plus de six semaines. Je n'ai [pu] m'entretenir avec luy de cette affaire. J'ay envoyé chez les consuls à qui j'ay communiqué votre lettre ; je les fait exiter à donner leur consentement. Ils se sont assemblés pour délibérer sur ce qu'elle contient ; j'ai l'honneur de vous envoyer le résultat de leur délibération par laquelle vous verrez qu'il y en a trois qui consentent, du nombre desquels est le prévost, à ce que cette terrasse soit donnée auxdittes religieuses. Les trois autres ont refusé de donner le leur [consentement].

Mais c'est l'usage qui passe à l'avis du prévost quand ils sont partagés comme il est parlé par la délibération (1). Vous remar-

---

(1) Les consuls élus pour l'année 1688 étaient Mᵣₑ Jean Léonard, seigneur de Fressanges, écuyer, conseiller du roi, président trésorier général de France ; Mᵣₑ Martial Des Cordes, seigneur de Gris, conseiller du roi, receveur des décimes ; Mᵣₑ Joseph Limousin, bourgeois et marchand. Ceux de l'année précédente dont les fonctions duraient deux ans étaient : Mᵣₑ Jean Biais,

querez que ceux qui ont donné leur consentement veulent exiger une somme des dittes religieuses qui est considérable, qu'elles achèteraient au quadruple la petite portion qu'elles demandent de cette terrasse, qu'on ne vendrait jamais 200 livres à un particulier à qui elle serait fort utile. Ce n'est pas que les religieuses s'éloignent de donner une somme pour cette portion de terre, mais il me semblerait qu'il faudrait s'en rapporter à leur libéralité, attendu que la chose est de peu de conséquence et autant inutile au public et particulier qu'elle est utile auxdittes dames religieuses, par la raison rapportée par le procès-verbal que je vous ay envoyé. Aussi il ne faut pas compter à quelque opposition de 12 ou 13 personnes qui n'ont point voulu donner leur consentement et la plus part valets de bouchers. Je suis avec un profond respect.

A Paris, du 14 aoust 1688.

Madame, quant à l'affaire de votre communauté, malgré vos ennemis et ceux qui ont depuis peu escrit et verbalisé contre, a réussy et le roy vous a fait don de la place moyennant un dédommagement qui ira à très peu de chose et qui sera réglé, et cependant à vous permis de faire votre closture. L'expédition est au sceau, d'hier. Elle a été scellée ce matin, et le tout est au controlle pour en régler les droits. Je les retireray mardy, et ferai enrégistrer le don à la chambre des comptes pour vous l'envoyer le plustôt que ce pourra, et vous donnerai avis de ce qu'il y aura à faire.

Vous avez une grande obligation à Monsieur votre Évêque, et l'on peut dire que c'est à lui seul à qui vous en devez toute la gloire, et j'estime que si vous pouvez l'obliger à en témoigner sa reconnaissance à M. de Croissy, cela contribuera beaucoup à diminuer le dédommagement, car il est d'une grosse considération dans toute cette famille qui se fait un plaisir de l'obliger. Voila, Madame, en quel estat en sont les choses, et comptés que je me ferai un plaisir de vous tesmoigner en toutes occasions combien je vous suis acquis et à votre communauté, estant avec respect votre très humble et très obéissant serviteur. LAGRANGE.

LETTRE DE MONSEIGNEUR L'ÉVÊQUE A M. DE CROISSY.

Monsieur, j'ai reçu, dans le cours de ma visite, la réponse que

---

seigneur de Nouestre, conseiller du roi, juge au présidial; Mre de Douhet, seigneur du Boucheron, avocat ; Maître Etienne Michel, seigneur de Cintrat, bourgeois et marchand. (*Registres consulaires*. — IV, 58, 59.)

vous prenez la peine de m'écrire au sujet de nos ursulines de Limoges, qui m'oblige à vous remercier de l'honneur de la protection que vous leur accordez, et à vous en demander la continuation, suivant ce que M. de Saint-Contest, intendant, vous en écrit pour la consommation de cette affaire. C'est la grâce que je vous demande en faveur de ces bonnes filles, et pour moy la justice de me croire avec un respect sincère,

Louis, E. de Limoges.

Ce 11 may 1688.

De Paris, ce 21 d'aoust 1688.

Madame, je vous envoie une copie de l'arrêt en commandement et des lettres-patentes du don que le roy vous fait. Vous verrez qu'il est important qu'elles soient enregistrées à la Chambre. J'ai donné 113 livres pour le sceau que M. le Chancelier a taxé au haut des dittes patentes.

Prenez la peine d'escrire à M. de Limoges et le remercier ; il en remerciera M. de Croissy ; il en a agi en sa considération avec attache.

J'estime aussi qu'il est important que vous escriviez à M. l'Intendant et que vous le remerciez et le priez de régler ce que vous devez donner. Je crois qu'il en usera bien, M. de Croissy le lui ayant recommandé. Il est encore en Normandie ; je luy voudrais parler de votre affaire ; il est bien intentionné ; vous pouvez luy escrire en droiture. Madame loge chez M. Dorat, conseiller au Parlement, rue Tournon. S'il n'est de retour elle luy enverra la lettre que vous lui escrirez là où il sera, car je sçais bien qu'il est en Normandie, mais je ne sçais pas l'endroit.

J'auray soing de faire ce qu'il faut à la Chambre, soyez en, je vous prie, persuadée, et je ne perdray de temps, et mesnageroy vos intérêts pour le reste mieux que pour moy, estant bien aise de vous tesmoigner en toutes rencontres combien j'honore votre communauté et vous à qui je suis avec respect, LAGRANGE.

LETTRE DE MONSEIGNEUR L'ÉVESQUE, DU 25 AOUST 1688.

Après vous avoir supplié d'honorer de votre protection mes filles ursulines de la ville de Limoges, je ne puis et je ne dois pas me dispenser de vous marquer mes actions [de grâce] de celle qu'elles viennent de m'apprendre par un exprès, que vous leur avez fait obtenir de Sa Majesté pour augmentation et régularité de la closture de leur monastère. C'est un service digne de votre piété qui évitera bien des maux et causera beaucoup de bien où vous devez [avoir] une juste part. Ce qui me fait demander la continuation de vos bontés pour elles, et pour celuy qui est avec un respect sincère, L., É. de Limoges.

Au bas, LIMOUSIN.

LETTRE DU 22 MAI 1688.

Mesdames, lundy dernier je fus à Versailles et parlay au premier commis de M. de Croissy, touchant votre affaire. Il me dit que les consuls avaient escrit que cette place valait 1500 livres, et que d'autres l'estimaient moins, et que le plus et le moins n'estait pas une affaire. Que dès lors que l'on aurait reçu le paquet de M. l'Intendant et la lettre de M. de Limoges, M. de Croissy en fera son rapport devant le roy. Il y a apparence que M. l'Intendant l'a envoyé par ce dernier courrier, car l'on ne l'avait reçu.

Le roy est allé au camp de Berchère depuis hier, et MM. les ministres sont allés les uns à la campagne et les autres sont venus à Paris. Dès lors que j'ai eu la lettre de M. de Limoges, je me suis informé si M. de Croissy était à Paris pour la rendre, et ayant appris qu'il était à la maison des Champs, à 4 lieues par dela Saint-Germain-en-Lhaye, j'ai sçue aussy en même temps que son premier commis était à Paris, que je vis hier et auquel j'ay donné la lettre de M. de Limoges. Il m'a promis de la rendre en main propre à M. de Croissy, au retour du roy qui sera lundy ou mardy. Vous avez bien de l'obligation à Monsieur votre Évesque, car assurément M. de Croissy témoigne bien qu'il a de grands égards pour luy. J'ay demandé s'il était nécessaire d'aller lundy ou mardy à Versailles pour savoir ce qui se passera dans cette affaire. Il dit que non, qu'il y fallait aller de lundy en huit, parce qu'il avait vu les lettres. Ainsy je ne manqueray de lundy en huit d'y aller pour vous rendre compte de tout ce que j'apprendray. J'assure Madame la Prieure de mes respects et suis,

LAGRANGE.

A Paris, ce 14 août 1688.

Mesdames, je vous donne avis que le don que le roy vous a fait est signé et scellé. Il est au controlle, je le retirerai. Vous avez de grandes obligations à Monsieur votre Évêque. Témoignez-lui vos reconnaissances, car c'est luy qui en a toute la gloire. Il y a des droits pour le sceau et l'expédition, de plus l'enrégistrement de la Chambre. Envoyez une trentaine de pistoles, je mesnageray vos intérêts comme les miens, et j'estime qu'il est bon de faire quelque présent à la personne que vous

sçavez; dans les rencontres l'on en peut avoir besoing. Il en a bien agi et avec chaleur. Je feray au mieux, et comme pour moy. Et même il vous peut servir dans la modération du dédommagement. Je ne sçays point précisément ce que le sceau prendra, ny la Chambre; c'est suyvant la taxe qu'ils se font; cela dépend d'eux.
LAGRANGE.

A Paris, ce 22 may 1688.

Mesdames, je donne avis à Madame votre prieure de toutes choses; je mesnageray vos intérêts comme les miens, n'en soyez en peine. J'attens la lettre que je vous ay demandée de 300 livres. J'en ay donné 113 pour le sceau. La Chambre se taxera, je ne sçays à quoy cela ira. Je mesnageray le présent que vous me mandez de faire au mieux et comme pour moy. Je souhaite que vous soyez contentes. Ne manquez pas de faire ce que je mande à Madame votre prieure, et n'y perdez de temps. Il ne faut négliger les avis que je vous donne pendant qu'on s'en souvient. Les sollicitations de vos parties sont fort étonnés. Tout va bien. Je souhaite que vous jouissiez longues années de ce don. Je feray à la Chambre le plus de diligence que je pourrai [pour] vous envoyer vos patentes.

LETTRE DE PARIS, MONSIEUR DE LAGRANGE, DU 16 AOUST 1688.

Le conseil est d'avis, au sujet de l'affaire que vous avez à la chambre des comptes de Paris, de retirer une copie en forme du Brevet du roy, qui est général au sujet de vostre ordre (1), et l'on croit que si les Dames de Sainte Ursule de Paris ont obtenu des patentes sur ce brevet, qu'elles peuvent estre générales. Quant cela ne serait point, j'ay la déclaration du roy imprimée, et il est sûr que vous n'y estes obligées puisque vous justifiez du consentement de Monsieur l'Évesque et de celuy de la ville avant le temps marqué par la déclaration.

Je m'informeray de la Supérieure de cette ville de toutes choses et retirerai copie du Brevet que je donneray à votre raporteur avec les pièces dont je vous ay parlé cy-dessus.

M. le procureur général, qui est le plus difficile de tous les hommes, a donné ses conclusions purement et simplement à vous accorder ce que vous demandez. Mais le rapporteur s'attache à demander des patentes. Que cela ne vous fasse point de

---

(1) Voir ce Brevet à la suite de cette chronique, n° IV.

peine et ne vous inquiete, car il ne sera pas le seul juge ; il n'a que son advis. Et quand la chambre condamnerait, ce que je ne crois pas, vous n'auriez pas de peine à avoir des lettres de confirmation puisque vous estes fondées de mesme que les religieuses de Saint Cir dont Madame de Maintenon est la protectrice, et que ce sont des religieuses de votre ordre qui dirigent cette communauté sur les mesmes règles. La nièce de Madame de Maleon est parfaitement bien avec Madame de Maintenon, et en cas de besoin vous l'employrez. Je ne crois pourtant pas qu'on en vienne là. J'espère que votre affaire doit réussir.

Vous voyez bien que l'ordre qu'ont donné M. l'Intendant et M. du Carier de voir vos lettres, est un ordre général, et que sur leur verbeaux l'on donnera peut estre une déclaration. Que cela ne vous inquiette, c'est une affaire de rien. Mais comme vous n'estes accoustumées à des traverses, cela vous touche sensiblement. Mais les habiles d'icy comptent cela pour peu de chose. J'assure Madame votre prieure de mes respects.

LETTRES PATENTES SUR UN ARREST CONCERNANT LE DON D'UNE TERRASSE ACCORDÉE AUX URSULINES DE LIMOGES.

Louis, par la grâce de Dieu, Roy de France et de Navarre ; à tous présents et à venir, salut. Nos chères et bien aymées les Religieuses Ursulines establies en notre ville de Limoges nous ont très humblement fait remontrer que nous ayant cy-devant fait supplier de leur accorder le don d'une espèce d'une petite terrasse qui est au bout de leur jardin, inutile au public, et qui leur serait nécessaire si elle était enfermée dans leur enclos ; nous aurions escrit le six mars dernier au sieur de Saint Contest, intendant de justice, police et finances audit pays de prendre connaissance de cette demande, et d'entendre à cet effet les Maire et eschevins de notre ville de Limoges, et autres personnes que besoin serait ; à quoy ayant esté satisfait, ainsy qu'il paraist par le procès-verbal dudit sieur de Saint Contest, du 2 avril aussy dernier, au bas duquel est son advis portant qu'il y a lieu d'accorder la demande que font les dites religieuses, à condition toutefois qu'elles laisseront un petit passage de cinq pieds, y compris le mur, pour en pouvoir faire le tour ; et par l'acte d'assemblée du 7 may en suivant, duquel il résulte que de six des consuls de notre dite ville, trois, dont le prévost est du nombre, consentent que la dite terrasse soit donnée auxdites Dames exposantes à condition qu'elle payeront une somme pour estre employée aux réparations de notre dite ville de Limoges qui seront trouvées utiles et nécessaires au publicq ; nous aurions fait expédier en notre conseil d'état, nous y estant, l'arrest dont l'extrait est icy attaché soubs le contre-scel de notre chancellerie, et ordonné que toutes lettres patentes nécessaires seraient expédiées sur iceluy ; lesquelles les dites exposantes nous ont très humblement fait supplier de leur vouloir accorder. Pour ces causes et autres à ce nous mouvant, avons aux Religieuses ursulines de notre dite ville de Limoges, donné et octroyé, par ces présentes signées de notre main, donnons et octroyons ladite terrasse qui est au bout de leur jardin pour en jouir par elles et celles qui leur succèderont comme de chose qui leur appartient Leur permettons à cet effet de faire faire deux ailles de muraille qui aboutiront aux murs de la dite ville, à la charge toutefois de payer par elles aux consuls une somme qui sera arbitrée et réglée par ledit sieur de Saint Contest, pour être employée aux réparations des murailles et autres besoins publicqs de notre dite ville de Limoges ; comme aussy de laisser un petit passage de cincq pieds y compris le mur pour en pouvoir faire le tour. Sy donnons en mandement à nos amis et feaux les gens de nos comptes à Paris, présidents, trésoriers généraux de France au bureau de nos finances establies à Limoges et à tous autres officiers et justiciers qu'il appartiendra que ces présentes ils ayent à faire enrégistrer et de leur contenu jouir et user lesdites exposantes pleinement, paisiblement, perpetuellement, cessant et faisant cesser tous troubles, nonobstant toutes lettres à ce contraires, auxquelles nous avons dérogé et dérogeons par ces présentes ; car tel est notre plaisir ; et affin que ce soit chose ferme et stable à toujours, nous y avons fait mettre notre scel, sauf en autre chose notre droit et l'autruy en toutes. Donné à Versailles au mois d'aoust l'an de grâce 1688 et de notre règne le 46e.

Signé : Louis.

Registrée en la chambre des comptes .... procureur général du roy, pour jouir par les impétrantes de l'effect et contenu en icelles selon leur forme et teneur, le 14 decembre 1689.

Richer.   Visa : Boucherat.

Pour lettre de don d'une terrasse aux ursulines de Limoges.

Signé : Colbert.

EXTRAIT DES REGISTRES DU CONSEIL D'ÉTAT.

Veu par le Roy estant en son conseil la lettre de cachet du 6 mars dernier; le procès-verbal fait en conséquence par ledit sieur de Saint Contest, intendant de justice, police et finances en la généralité de Limoges le 2 avril en suivant, contenant les dires, réquisition et contestation des Religieuses ursulines de Limoges d'une part, et des prévost, consuls et habitants de laditte ville d'autre part, au sujet du don demandé à Sa Majesté par lesdittes religieuses d'une espece de petite terrasse qui est au bout de leur jardin, inutile au public, et qu'il leur fust permis de faire deux ailes de muraille pour l'enfermer dans leur enclos; avis du sieur de Saint Contest que cette permission leur fust accordée par Sa Majesté, à condition toutefois qu'elles laisseraient un petit passage de cinq pieds y compris le mur pour en pouvoir faire le tour; acte d'assemblée desdits prévost et consuls de Limoges du 7 may dernier par lequel il paraît que de six desdits consuls trois, dont le prévost est du nombre, consentent que ladite terrasse soit donnée aux dites religieuses ursulines à condition qu'elles payeront une somme pour estre employée à des réparations de laditte ville de Limoges, utiles et nécessaires au public et voisins de laditte terrasse; Ouy le rapport et tout considéré;

Le roy, estant en son conseil, conformément à l'avis dudit de Saint Contest, a permis et permet aux dites religieuses ursulines de Limoges de faire faire deux ailes de muraille qui aboutiront aux murs de laditte ville de Limoges en payant toutefois par elles une somme aux consuls qui sera arbitrée et réglée par ledit sieur de Saint Contest, pour être employée aux réparations des murailles et autres besoins publics de laditte ville de Limoges, en laissant un petit passage de cinq pieds y compris le mur pour en pouvoir faire le tour et qu'à cet effet toutes lettres patentes sur ce nécessaires seront expédiées. Fait au conseil d'état du roy, Sa Majesté y estant, tenu à Versailles, le 4 d'aoust 1688.

Signé : COLBERT.

23 novembre.

Pour l'expédition de la chambre des comptes, dix sols pour deux roles.

Veu les lettres patentes du roy données à Versailles au mois d'aoust dernier de la présente année 1688, signées LOUIS, et sur le reply, par le Roy, COLBERT, et scellées sur lacqs de soye rouge et verte du grand scel de cire verte, obtenues par les religieuses ursulines de la ville de Limoges, par lesquelles et pour les causes qui y sont contenues, Sa Majesté donne et octroye auxdittes religieuses une petite terrasse estant au bout de leur jardin, pour en jouir par elles et celles qui leur succèderont, comme de chose qui leur appartient, leur permettant, à cet effet, Sa Majesté, faire faire deux ailes de murailles qui aboutiront aux murs de laditte ville, à la charge de payer par elles aux consuls de Limoges une somme qui sera arbitrée et réglée par le sieur de Saint Contest, intendant de justice, police et finances de la généralité de Limoges, pour estre employée aux réparations des murailles et autres besoins de la ditte ville : comme aussy de laisser un petit passage de cinq pieds y compris le mur pour en pouvoir faire faire le tour ainsy que plus au long le contiennent les dittes lettres, veu lesquelles par la chambre, ensemble l'arrest du conseil signé COLBERT du 4 dudit mois d'aoust y mentionné et attaché sous le contre-scel d'icelles, la requeste présentée à la chambre par lesdittes religieuses ursulines de Limoges affin de vérification et enregistrement des dittes lettres, conclusions du procureur général du roy et tout considéré, la chambre avant faire droit a ordonné que les suppliantes justifieront des lettres de leur establissement deuement vérifiées. Fait le 23e jour de novembre 1688.

Collationné. — Extrait des registres de la chambre des comptes. E. RICHER. XXXI l., IIII s. x d.

LETTRE DE M. MIGNON.

A Versailles, ce 30 may 1689.

Voicy un Brévet qu'on m'a témoigné que vous désiriez et que je me donne l'honneur de vous envoyer. Je me sers aussy de cette occasion pour vous assurer que je me feray toujours un plaisir fort grand de vous bien faire connaître que je suis avec autant de passion que de respect.

PERMISSION AUX URSULINES DE LIMOGES DE FERMER UNE RUELLE QUI EST AU BOUT DE LEUR ENCLOS.

Aujourd'hui 24 may 1689, le roy estant à Versailles, Sa Majesté aurait par arrest de son conseil d'estat du 4 aoust 1688 et lettres patentes expédiées sur iceluy, permis aux religieuses ursulines de la ville de Limoges, de faire faire deux ailes de murailles pour enfermer dans leur enclos une espece de terrasse qui est entre ledit enclos et les murs de la ville, à la charge de laisser un petit passage de cinq pieds y compris les murs pour en pouvoir faire le tour en cas de besoin ; et Sa Majesté ayant veu depuis par la délibération et consentement des consuls et habitants de la ditte ville du 27 avril dernier que ce passage était inutile et peut beaucoup incommoder les dittes religieuses, Sa Majesté, conformément à laditte délibération, a consenty qu'elles fassent mettre dès à présent une porte à chaque costé dudit passage mesmes que lesdittes portes soient murées par dehors et qu'elles puissent en garder la clef jusqu'à ce que les besoins de laditte ville requierront que ledit passage soit ouvert, à la charge toutefois pour les dites religieuses de satisfaire aux closes et condition portée par ladite délibération, m'ayant Sa Majesté commandé de leur expédier toutes lettres nécessaires lorsque le besoing sera ; et cependant pour assurance de sa volonté, le présent brévet qu'elle a voulu signer de sa main et estre contresigné par moy, son conseiller secrétaire d'estat et de ses commandements et finances. Signé : Louis, et plus bas, Colbert.

[Ici finit ce registre, dont tous les autres feuillets sont blanc.]

[Les originaux des pièces suivantes ont été communiqués à l'abbé Legros en 1790 par la supérieure du monastère des Ursulines de Limoges. Ils n'existent plus et ont probablement été détruits dans le grand incendie de cette année même. La copie que Legros nous en a conservée se trouve dans le IIIe volume de ses *Mélanges manuscrits*, page 207.]

I

DELIBERATION DU CORPS DE VILLE DE LIMOGES, PORTANT PERMISSION DE FAIRE CET ÉTABLISSEMENT. 1620 (1).

Aujourd'huy, quatriesme d'octobre, l'an mil six cens vingt, avant midy, en la chambre du conseil de la Maison de Ville, ont esté présents honorables MM. Jehan Bastide, consul prévost, advocat ; Louys Desmaisons, sieur de Bonnefont, homme d'ar-

---

(1) M. Laforest a publié un résumé de cette délibération qu'il a prise dans le manuscrit de Legros. (*Limoges au XVIIe siècle*, p. 113.) On ne la trouve pas dans les *Registres Consulaires*, mais il faut remarquer que ces registres contiennent, après le 15 mars 1620, un feuillet blanc, qui était probablement destiné à recevoir cette délibération qui est du 4 octobre 1620.

Les consuls de cette année étaient : « Maistre Jacques de Petiot, juge royal de Limoges ; Monsieur Desmaisons, sieur de Bonnefont ; Me Balthezard Duboys, advocat ; sieur Jehan Bastide, bourgeois ; Monsieur Dupeyrat, sieur de la Mailhartre ; Me Yzaac Juge, bourgeois. »

mes de la compagnie du Roy; M. Balthezard Dubois, advocat, et Ysaac Juge, procureur au siège présidial, consuls de la présente ville, lesquels ont dict avoyr fait convoquer les habitans, bourgeois et citoyens de lad^e ville, à son de tambour et cry public, à la manière acoustumée pour delliberer sur les affaires qu'ilz entendent leur proposer ; desquelz se sont compareuz M. Mre Leonard de Chastanet, barron de Murat, lieutenant général en la Seneschaussée de Limousin et Siège présidial de Limoges ; sieurs Joseph Decordes sieur de la Grange, Pierre Duboys de la Ferrarye, Balthezard Duboys, Joseph Dauvergne, François Jayac l'aisné, Estienne Peyroche, Martial Ardent, Mathieu Ladrat, Léonard Merlin, Pierre Decordes, Mre Jehan Guy, procureur, François Coulomb, Jacques Maledent, Jehan Douhet, Me Leonard Albiac, advocat, Jacques Essenaud, Guillaume Hardy, Jehan Hardelier, Pierre Barry, Jehan Lespinat, Jacques Parat, Lazare Texandier, Jehan de Beaubreuil, et Helies de Nozerines, ausquelz ledit sieur Prévost a proposé, de la part desdits sieurs consulz, qu'ils ont receu lettres des Religieuses de Saincte Ursulle de la ville de Brive (1), par lesquelles lesdites Religieuses disoyent qu'il leur soit permis de s'establyr en ceste ville, affin d'y ezercer ce qui est de leur fonction, qu'est l'instruction des filhes ; et ne demandent que le pouvoyr de s'y loger et permission d'instruyre les filhes de ladicte ville ; ce que lesdits sieurs consulz ne leur ont voullu accorder, sans prandre l'advis desdits sieurs Lieutenant et habittants ; lesquelz sur ce enquis, l'un après l'autre, et après qu'il a esté faict lecture de la lettre du vingt-neufviesme septembre dernier, signée MARYE DE LIBERE, ont esté d'advis que lesditz sieurs consulz doibvent agréer l'établissement des dites religieuses en la présente ville, et accorder la permission qu'elles demandent de s'y loger et fayre leurs fonctions, pour le bien du publicq, dont et de quoy lesdits sieurs consulz ont re-

---

(1) Les Ursulines furent établies dans cette ville en 1607, par Antoine de l'Estang, président à mortier au parlement de Toulouse, natif de Brive. L'acte de fondation est du 15 février. Elles ne se rendirent, dans cette ville, qu'en 1608, accompagnées de deux Pères de la Doctrine chrétienne, et obtinrent des Lettres-patentes en 1611, et une Bulle du Pape, au mois d'août 1620. Elles ne furent, dans le principe, qu'au nombre de deux. M. de l'Estang ne pourvut pas seulement à tous les frais de leur voyage, il voulut encore les loger dans une maison qui lui appartenait, et leur donna, à chacune, cent livres de pension. Mgr Henri de la Marthonie, évêque de Limoges, et les officiers de la ville, donnèrent leurs consentements respectifs.

quis acte, que leur a esté conceddé par le scribe de lad° Maison de Ville, les jour, moys, et an susdits.

MOURET, scribe de lad° Maison de Ville.

II
REQUÊTE PRÉSENTÉE PAR LES RELIGIEUSES DE BRIVE A L'ÉVÊQUE DE LIMOGES.

A Monseigneur,
Monseigneur le Révérendissime Evesque de Limoges,

Supplie humblement Marie de Liberos, Supérieure indigne du Couvent et Maison de Saincte Ursule, disant que depuis plusieurs années, elle et ses autres sœurs auraient esté solicitées intérieurement à désirer et rechercher l'establissement d'une Maison de leur ordre à Lymoges, ville cappitale de vostre Diocèze ; ce qu'ayant communiqué à diverses personnes, tant Ecclésiastiques que Religieux éminents en piété et doctrine, ilz leur auroient répondu que cet instinc et inspiration venoit de Dieu, qui seroit beaucoup honnoré et servy en lad° ville, par le moyen de l'instruction et bons enseignemens des filles, qu'elles font estat de nourrir et eslever en toutes sortes de vertus chrestiennes et autres exercices honnestes, convenables à leur sexe. Que la multitude et bonne disposition des femmes et filles de ladite ville sembloit ne requerir autre chose que ce secours ; ce qui auroit d'autant plus enflammé le désir de la suppliante et de ses autres sœurs à rechercher les moyens de commencer ledit establissement, pour l'advencement de l'honneur de Dieu ; de manière que vostre Seigneurie estant à Brive au moys de juin dernier, elle auroit prins la hardiesse de vous supplier en toute humilité d'aggréer ledit establissement, ne demandant autre chose, sinon qu'il vous pleust les accepter et bénir leur entreprise, se promettant de la miséricorde de Dieu que le succès en seroit très heureux, si le commencement s'en faisait soubz vostre Pontificat, qui produit tant d'autres fruicts de vertu et de sainteté. A quoi il vous auroit pleu, Monseigneur, leur offrir vostre faveur, après leur en avoir fait ressentir les effetz, tant en la consécration de leur chappelle, qu'en la visite de leur Maison. De manière que, s'appuyant sur ceste demonstration de bienveillance, et sur les autres preuves qu'elles ont de vostre piété, elles auroient depuis quelques jours, soubz vostre bon plaisir, faict entendre à Messieurs les Consuls le même désir qu'elles ont de servir le public par l'instruction des femmes et filles pensionnaires et escholieres, et faict supplier Mesdits Sieurs d'agréer leur establissement en ladᵉ ville de Limoges, et les y assister selon le pouvoir qu'ilz en ont. Laquelle proposition et requeste auroit este présentée par le R. Père Recteur des Pères de la Doctrine, de Brive. Sur quoy Messieurs les Consulz, en plaine assemblée de ville, leur auroient accordé ce que dessus, et accepté leur establissement, du consentement de plusieurs notables habitans, comme vostre Seigneurie verra par l'acte cy attaché passé en la Maison de ville, le quatriesme du présent moys d'octobre mil six cens vingtz, signé Mouret, secrétaire de la Maison de ville. Ce considéré, il vous plaise, Monseigneur, permettre à la suppliante et à ses Sœurs du mesme ordre, prendre une maison en ladᵉ ville de Limoges, et y commencer l'establissement d'un couvent, pour y vivre en la profession qu'elles font de chercher la perfection chrétienne par la vie religieuse, d'instruire et de cathéchiser les femmes et filles qui viennent à elles, et rendre obéissance à Messeigneurs leurs Evesques. Elles s'estimeront très heureuses de vivre soubz vostre authorité, et prieront tous les jours la divine Majesté pour votre prospérité.

Marie de Liberos, supérieure du couvent
de Saincte Ursule de Brive.

III

PERMISSION DE L'ÉVÊQUE DE LIMOGES, DONNÉE SUR LA REQUESTE PRÉCÉDENTE. 1620.

Nous, Raymund de la Martonie, par la grâce de Dieu et du Sainct Siege apostolique, Evesque de Lymoges, Ayant veu la requeste à nous présentée de la part de Sœur Marie de Liberos, religieuse de Saincte Ursule, tenant à présent la place de Supérieure au couvent de Brive, tendant à ce qu'il nous plaise aggréer et approuver l'establissement d'une maison dudict ordre, en la ville de Lymoges, conformément au désir des habitans d'icelle, qui nous a paru par acte public, mantionné en ladicte requeste et attaché à icelle, passé en plaine assemblée de ville convoquée pour cest effect, estant d'ailleurs dhument informé de la bonne vie et saincte conversation desdites religieuses, ensemble du fruict qu'elles font en l'Esglise de Dieu, pour le bon exemple et instruction qu'elles donnent aux femmes et filles, en tous les lieux où elles sont fondées ; permettons auxdites religieuses de Saincte Ursule, et nommément à Sœur Marie de Liberos, à présent supérieure du couvent de Brive, de prendre et accepter une maison en la ville de Lymoges, pour y vivre selon la reigle et constitutions de leur ordre, et faire les autres fonctions mentionnées en ladite requeste. Et néantmoings, jusques à ce que la dicte maison soit suffisamment fondée et dottée, ordonnons que lesdites religieuses résideront en lad° ville de Lymoges; en qualité de Maistresses et Régentes des filles seulement, sans toutesfois les empescher en l'observation de leurs reigles et constitutions, pendant lequel temps que lad° fondation sera differeé ; sauf et réservé qu'elles ne pourront devant ny après icelle, quitter l'office et fonction d'enseigner et catéchiser les femmes et filles, ny rechercher aucune exemption de l'obéissance qu'elles nous doibvent et à nos successeurs Evesques de Lymoges. Donné en notre Château d'Isle, ce dixiesme jour d'octobre mil six cens vingt. RAYMUND, E. de Limoges.

Par commandement de mondit Seigneur : PALAYS.

Au bas est le sceau des armes dudit Seigneur Evêque de Limoges.

IV

BREVET DU ROI PORTANT PERMISSION D'ÉTABLIR DES COUVENTS DE RELIGIEUSES DE SAINCTE URSULE, TANT A PARIS QU'EZ AUTRES VILLES DU ROYAUME. 1611.

Aujourd'huy, dernier de fevrier, l'an mil six cens unze, le Roy estant à Paris, ayant esté bien informé par plusieurs personnes de vertu et de probité du grand profit et édification qu'apportent à ses sujetz les congrégations assemblées depuis peu d'années en ce royaume, sous le nom de Ste Ursule, pour vacquer à l'instruction des petites filles, à la piété et aux bonnes mœurs ; et, désirant Sa Majesté promouvoir par tous les moyens le service de Dieu et le salut des ames entre sesdits sujetz, en faveur et en la recommandation de la Reyne Régente sa mère, a accordé et permis l'establissement desdites congrégations de filles et femmes veuves, tant en ceste ville de Paris, qu'ez autres villes de son royaume, pour s'employer à la d° institution, et prier Dieu pour le salut de Leurs Majestés, paix et prospérité de l'Eglise et de cest estat. En tesmoin de quoy, Sa Majesté m'a commandé en expedier toutes lettres nécessaires ; Et, cependant, le présent Brevet, qu'elle a voueu signer de sa main, et fait contresigner par moy, secrétaire d'Estat et de ses commandemens et finances. [Signé] : LOUIS. [Et plus bas] : BRULART.

Collationné à l'original, par moy, conseiller, notaire, secrétaire du Roy et de ses finances, et audiancier en la chancellerie de Paris. Signé : Brigaud.

Collationné sur ledit collationné, par moy, conseiller, notaire, secrétaire du Roy et audiancier en la chancellerie de Tholose. [Signé] De Cotellon.

Extrait tiré dudit collationné, signé De Cotellon, et collationné sur icellui, par nous, notaires royaux de Tolose soubsignés, exibé et retiré par la partie requerante, à Tolose, ce 24 de novembre 1688. [Signé] Gardeilh et Benoist.

Les Capitouls de Toulouse, juges ez causes civiles, criminelles et de la police en ladite ville, et gardiage d'icelle, à touts ceux qui ces présentes verront, salut : Savoir faisons, et attestons comme Me Pierre Gardeilh et Jean-François Benoist, ci-dessus signés, sont notaires royaux de la présente ville, aux actes desquels foy est ajoutée, tant en jugement que dehors. En temoin de quoy, nous avons fait expédier ces dites présentes par nostre greffier et secrétaire d'aucuns de nous, signées et scélées de nostre scel ordinaire. A Toulouse, ce vingt quatriesme novembre mil six cens quatre vingts huit. [Signé] De la Masloir-Chanard, capitoul ; J. Charlary, capitoul, [et plus bas] : Par lesdits sieurs capitouls : Clausolles.

V

BULLE DU PAPE URBAIN VIII POUR LES RELIGIEUSES URSULINES
DE LA VILLE DE LIMOGES, 1625.

Urbanus, Episcopus, Servus Servorum Dei, Dilecto filio, officiali Lemovicensi, Salutem et apostolicam benedictionem. In apostolice dignitatis culmine et potestatis plenitudine, meritis licet imparibus, summâ Redemptoris nostri benignitate constituti ; ad ea per que monasteria et alia regularia loca, presertim feminei sexûs propagari, Deoque sacre virgines, sub Religionis habitu, disciplina et clausura, perpetuum eidem Redemptori famulatum impendere valeant, propensis studiis intendimus ; ac in his pastoralis officii nostri partes favorabiliter interponimus, prout conspicimus in domino salubriter expedire. Exhibita siquidem nobis nuper, pro parte dilectarum in Christo filiarum nonnullarum virginum et mulierum viduarum petitio continebat : quod ipse, non nullis ab hinc annis, divine glorie zelo, et animarum suarum salutis desiderio ducte, in civitate Lemovicensi, de ordinarii loci licentia, societatem, sub titulo sancte Ursule, inierunt ; ac sub ejusdem sancte auspiciis virginitatem et castitatem, Deo gratas, servare statuentes, orationibusque, jejuniis, meditationibus et aliis spiritualibus exercitiis vacantes; et, ut non suis propriis tantum et privatis, sed etiam publicis commodis consulerent, insimul congregate, tenerioris etatis puellas doctrine christiane rudimentis, pietatisque exercitiis et probis moribus informare, ac legendi, variisque acu laborendi formis sexui hujusmodi convenientibus, erudire ceperunt; et hoc pium earum institutum publico applausu receptum, maximos fructus producere visum est; nec multo post prefate virgines et vidue, perfectiorem vitam ducere desiderantes; utque ab hominum consortio sejuncte virginitatis decus tutiùs conservare possent, quamdam domum, cum situ amplo, et ad monasterium extruendum apto et opportuno, ad formam monasterii reduxerunt; et ab inde citra puellarum hujusmodi eruditioni sedulo incubuerunt, et de presenti incumbunt. Cùm autem, sicut eadem petitio subjungebat, dicta domus, ad monasterii monialium et decentem clausure formam reducta et sacrâ supellectile sufficienter instructa sit; et, tam ex propriis dictarum virginum et viduarum pecuniis, quam et piis diversorum Christi fidelium erogationibus, redditus annuos quadringentorum scutorum monete illarum partium, ex quibus saltem duodecim moniales, cum una Superiore, commodè sustentari possunt, jam habeat, quare, pro parte earumdem virginum et viduarum nobis fuit humiliter supplicatum quatenus in premissis opportunè providere, dictamque domum in monasterium monialium erigere, de benignitate apostolica dignaremur.

Nos igitur, qui Religionis incrementum et propagationem sinceris desideramus affectibus, certam de premissis notitiam non habentes, ac prefatas virgines et viduas, earumque singulas à quibusvis excommunicationis, suspensionis et interdicti, aliisque ecclesiasticis sententiis, censuris et penis a jure vel ab homine, quavis occasione vel causa latis, si quibus quomodolibet innodate existunt, ad effectum presentium dumtaxat consequendum, harum serie absolventes, et absolutas fore censentes, hujusmodi supplicationibus inclinati, ex voto Congregationis sancte Romane Ecclesie Cardinalium negotiis regularium prepositarum, discretioni tue, per apostolica scripta mandamus ut de premissis te diligenter informes; et, si per informationem eamdem preces veritati niti repereris, prefatam domum, si, vel postquam debitâ clausurâ munita et supellectile sacra et profana decenter instructa fuerit, in monasterium monialium, sub titulo et invocatione Sancte Ursule, ac sub Regula et reformata ordinis Sancti

Augustini, pro perpetuis usu et habitatione unius Preposite Matris nuncupende, et tot aliarum monialium, quot ex ipsius monasterii redditibus commodè sustentari poterunt, auctoritate nostrâ, perpetuo, sinè alicujus prejudicio, erigas; illique sic erecto et instituto, pro ejus congrua dote, ac illius Preposite et manialium, in illo pro tempore existentium commoda sustentatione, onerumque eis incumbentium supportatione, dicta quadringenta scuta annua, alioque eidem domui hactemus forsam donata et erogata jura, seu bona, inquibusvis locis illa existant, ac omnia et singula alia proprietates, census, obventiones et emolumenta quecumque in perpetuum vel ad tempus, pro augmento bonorum et reddituum dicti monasterii, ut prefertur, erigendi, illiusque intuitu et contemplatione, in eleemosinam aut aliàs, quantumcumque et qualitercumque, licite tamen elargienda, donanda et assignanda, ex nunc prout ex tunc, et è contra, postquam elargita, donata, assignata et erogata fuerint, ita quod liceat ipsius monasterii, vigore presentium, erigendi, Preposite et conventui pro tempore existentibus, corporalem, realem et actualem illorum omnium, ac jurium et pertinentiarum quarumcumque possessionem, per se vel per procuratores suos legitimos, nomine earum monasterii, propriâ auctoritate libere apprehendere, et apprehensam perpetuo retinere; fructus quoque, redditus, proventus, jura, obventiones et emolumenta quecumque ex eis provenientia percipere, exigere, levare, recuperare, locare, arrendare, ac in monasterii prefati, illiusque Preposite et monialium pro tempore existentium communes usus et utilitatem convertere; diocesani loci, vel cujusvis alterius licentiâ desuper minimè requisitâ, etiam perpetuo, dicta auctoritate, applices et appropries.

Nec non Monasterium prefatum, et illius pro tempore existentes Prepositam, Conventum, Moniales, ac proprietates et bona universa, mobilia et immobilia, presentia et futura, cujuscumque qualitatis, quantitatis, generis, speciei et nature existentia, visitationi, correctioni, obedientie, superioritati et omnimodo jurisdictioni in spiritualibus et temporalibus, nunc et pro tempere existentis Episcopi Lemovicensis, eâdem auctoritate supponas et submittas; ipsique Ordinario quecumque statuta, ordinationes, capitula et decreta, ad monasterii sic erigendi, illiusque personarum, rerum et bonorum, spiritualium et temporalium, curam, regimen, gubernium, administrationem, directionem et prosperum statum, ac ipsarum monialium receptionem, admissionem, numerum, statum, ætates, qualitates, victum, amictum, instructionem, disciplinam, formam precum, orationum et aliorum suffragiorum ac puellorum erudiendarum hujusmodi instructionem pertinentia et aliàs utilia et necessaria, licita tamen et honesta, sacrisque canonibus et constitutionibus apostolicis, conciliorumque generalium, presertim Tridentini decretis, regularibus que institutis prefati ordinis non contaria, faciendi, et quoties, pro rerum et temporum qualitate, seu aliàs expediens videbitur, illa immutandi, corrigendi, moderandi et in melius reformandi, ac etiam alia ex integro condendi, que, postquam condita fuerint, a monialibus pro tempore existentibus, monasterii erigendi hujusmodi firmiter et inviolabiliter, sub penis in illis infligendis, observari et adimpleri debeant, licentiam et facultatem, pari auctoritate, impartiaris.

Necnon Monasterio sic erigendo, illiusque Preposite et monialibus ac personis pro tempore existentibus, ut omnibus et singulis privilegiis, facultatibus, libertatibus et immunitatibus, exemptionibus, prerogativis, preeminentiis, ant elationibus, concessionibus, indultis, indulgentiis, aliisque favoribus et gratiis, tam spiritualibus quam temporalibus, quibus alia monasteria monialium ordinis et instituti hujusmodi, illarum partium, eorumque Preposite, moniales et alie persone, in genere vel specie, etiam per viam simplicis communicationis, aut aliàs quomolibet, de jure, usu, privilegio, consuetudine, aut aliàs quomodolibet utuntur, fruuntur, potiuntur et gaudent ac uti, frui, potiri et gaudere possunt, et poterunt quomodolibet, in futurum, similiter et pariformiter, ac sinè ulla prorsus differentia, et eque principaliter, dummodo sint in usu, et hactenus revocata non fuerint, et sacris canonibus, maximè vero Concilii Tridentini decretis non adversentur, frui, uti, potiri et gaudere possint et valeant in omnibus et per omnia, perinde ac si illa monasterio sic erigendo, illiusque Preposite, monialibus et personis specialiter et expressè concessa essent.

Insuper, ut supradicte Moniales, peculiare institutum alias virgines et puellas, catholicis moribus et virtutibus instruendi, amplecti, illudque in monasterio hujusmodi deinceps perpetuo observare valeant, eisdem Preposite et monialibus, ut preter virgines ad habitum et professionem regulares, in earum monasterio recipiendas, etiam muliares viduas in moniales ejusdem monasterii recipere possint; cum hoc tamen quod prefate vidue, in Prepositam, abque Sedis apostolice licentia eligi nequeant; et qua Preposita ac moniales monasterii hujusmodi seculares puellas, doctrinam christianam ac quecumque aliâ piâ et christianâ virgine, seu puellâ digna docere ; et legendi, scribendique rudimentis, ac variis acu formis consuendi vel laborandi, omnibus que artibus honestis, et in ingenuas virgines docent, instruere ; et, pro instructione hujusmodi, amplum atrium ad alterum porte clausure monasterii hujus modi latus, intra tamen illius clausuram, construi facere debeant ; ad quod atrium mulieres, sorores et Magistre, ad docendum deputate, non prius quam signo schole audito, ac porta exteriori prefati monasterii erigendi observatâ, puellis que in atrium hujusmodi introductis, accedant ; et in loco hujusmodi seculares puelle prefate singulis diebus, preterquam in honoram Dei feriatis, operibus et exercitiis prefatis, mane, per duas horas duntaxat, et totidem post prandium, instruentur : quibus finitis, moniales prius, ad earum cellas, exinde puelle seculares hujusmodi, que non erunt convictrices, ad propriam domum recedant ; ita ut puellis hujusmodi ultra atrium ad id deputatum transire vel divagari nullatenus liceat. Convictrices autem, qui ibidem, juxta morem aliorum ejusdem instituti monasteriorum, retinebuntur, et, in loco ab habitatione Religiosarum separato, intrà tamen eamdem clausuram, habitabunt, ad sua cubicula se queque recipiant. Hoc que institutum docendi puellas, ad nostrum et Sedis apostolice beneplacitum tantum, duret ; et quia multe dictarum virginum et viduarum sunt in ritibus, moribus et institutis predicti ordinis apprimè exercitate, ita ut non indigeant alieno magisterio, illisque decimum sextum sue etatis annum expleverint, per annum cum aliis vixerint, de Regula institutis sint arbitrio tuo satis edocte, ceteris que necessariis qualitatibus predite, ac in reliquiis omnibus habiles, ut ex nunc solemnem professionem regularem ejusdem ordinis absque anno probationis, seu novitiatûs, emittere, et ex earum sic ad professionem admissarum gremio, aliquam in superiorem dicti monasterii sacris canonibus, et concilii Tridentini prefati decretis servatis, eligere possint, dictâ auctoritate indulgeas.

Demùm, ad augendam Christi fidelium devotionem, et animarum saluti consulendum, omnibus et singulis puellis ac mulieribus, que, perpetuis futuris temporibus monasterium erigendum hujusmodi, ad effectum, habitum inibi suscipiendi et professionem regulares suo tempore emittendi pro tempore ingredientur, ac monialium ingressurarum parentibus et consanguineis, aliisque Christi fidelibus utriusque sexûs qui ecclesiam monasterii erigendi hujusmodi, verè penitentes et confessi, ac sacra communione refecti, ipâ die ingressus, seu susceptionis habitûs, aut professionis emissionis hujusmodi; nec non, singulis annis, diebus festis Sancte Ursule et Sancti Augustini à primis vesperis, usque ad occasum solis dictorum festorum, devotè visitaverint, et ibi pro Sancte Matris Ecclesie exaltatione, heresum extirpatione, ac Romani Pontificis et Francie Regis christianissimi salute, ac inter christianos Principes conservanda pace, concordia et unione, pias ad Deum preces effuderint; et ipsius monasterii monialibus, pro tempore existentibus, die illarum receptionis et habitûs regularis susceptionis, ac voti solemni emissionis, eâdem sacrâ communione refectis in earum mortis articulo, nomen Jesu corde, si ore nequiverint, invocantibus, etiam si ante emissam professionem eas decedere contigerit, plenariam omnium suorum peccatorum suorum (1) remissionem et indulgentiam, etiam in forma jubilei, dictâ auctoritate, pariter perpetuo concedas et elargiaris.

Presentes quoque litteras, semper et omni tempore validas et efficaces fore, suos que plenarios et integros effectus sortiri et obtinere, ac ab omnibus et singulis observari debere, neque sub quibuscumque similium vel dissimilium gratiarum revocationibus, suspensionibus, limitationibus, derogationibus, aut aliis contrariis dispositionibus, etiam per nos aut successores nostros Romanos Pontifices, pro tempore existentes, sub quibusvis verborum expressionibus et formis, ac cum quibus vis clausulis et decretis pro tempore factis comprehendi vel confundi, sed ab illis semper et perpetuo excipiet, quoties ille emanabunt, toties in pristinum et validissimum statum restitutas, repositas et plenariè reintegratas, ac de novo, etiam sub quacumque posteriori data, quandocumque eligenda, concessas esse et fore : Sicque per quoscumque judices, ordinarios et delegatos, etiam causarum Palatii apostolici auditores, ac Sancte Romane Ecclesie Cardinales, etiam de latere legatos, et Sedis prefate nuncios, judicari et definiri debere ; irritum quoque et inane quicquid secus super his, à quoquam, quâvis auctoritate, scienter vel ignorenter contigerit attentari, eadem auctoritate decernas, non obstantibus apostolicis, ac in universalibus provincialibusque et synodalibus conciliis editis et edendis, specialibus vel generalibus constitutionibus et ordinationibus ; nec non dicti ordinis, juramento, confirmatione apostolicâ, vel quâvis firmitate aliâ roboratis, statutis et consuetudinibus, ceterisque contrariis quibuscumque.

---

(1) Ce mot est ainsi répété dans l'original.

Datum Rome, apud Sanctam Mariam Majorem, anno Incarnationis Dominice millesimo sexcentesimo vigesimo quinto, nono Kalendas octobris, Pontificatus nostri anno tertio.

Signé sur le repli : L. DE SANCEY, J. GAGNONUS, M. MAUROIS, p. mag.

Plus bas : B. CURTUS, † AMYLENUS, C. MAROTTA, fabrinus, cap.

Et sur le repli : A. CASTELLANUS, Jop. BURLURAULT, R. JOE. fr. RASOTA, CENNUS, etc.

Avec une Bulle de plomb, pendante, attachée avec des cordons de chanvre, sur laquelle on voit d'un côté la face des apôtres saint Pierre et saint Paul, et de l'autre l'inscription : *Urbanus papa VIII.*

FULMINATION DE LA SUSDITE BULLE, 1626.

Petrus Taloys, in juribus licentiatus, Canonicus et officialis generalis Lemovicensis, judex et executor apostolicus in hac parte, à Sancta Sede apostolica specialiter commissus et deputatus : Universis et singulis præsentes executionis nostræ litteras inspecturis, et quorum interest, intererit, aut interesse poterit quomodolibet in futurum, quibuscumque nominibus censeantur, seu quâcumque præfulgeant dignitati, salutem in domino sempiternam, et nostris hujusmodi, imo verius apostolicis firmiter obedire mandatis. Noveritis, ex parte et ad instantiam dilectarum in Christo filiarum, nonnullarum virginum et mulierum viduarum, in ædibus futuri monasterii monialium Sanctæ Ursulæ, in urbe Lemovicensi jampridem in congregationem, sub titulo Sanctæ Ursulæ, ordinariâ auctoritate reductarum, nobis præsentatas fuisse litteras apostolicas Sanctissimi in Christo Patris et Domini nostri, Domini Urbani, divinâ Providentiâ Papæ octavi, in pergameno conscriptas, et ejusdem Sanctissimi verâ Bulla Bullâ plumbea, cum cordula canabis, more Romanæ Curiæ, subdatum Romæ, apud Sanctam Mariam Majorem, anno Incarnationis dominicæ millesimo sexcentesimo vigesimo quinto, nono Calendas octobris, Pontificatûs ejusdem Sanctissimi Domini nostri Papæ anno tertio, signatas supra plicam Jo. Burlurault, sanas siquidem et integras, non vitiatas, non cancellatas, aut in aliqua earum parte suspectas, sed omni prorsus vitio et suspitione carentes, ut in eis primâ facie apparebat, commissionis nobis, officiali Lemovicensi, demandatæ et specialiter directæ, erectionis unius Monasterii monialium, sub titulo Sanctæ Ursulæ, in urbe Lemovicensi, auctoritate apostolicâ, de proximo fiendæ, cum gratiis, indultis, favoribus, privilegiis, jurisdictionibus, aliisque in dictis litteris apostolicis contentis, quâ nos ea quâ decuit reverentiâ et honore recepimus, tenoris ut sequitur : « Urbanus, Episcopus, Servus Servorum Dei, Dilecto filio, officiali Lemovicensi, Salutem et apostolicam benedictionem, In apostolicæ dignitatis culmine, et potestatis plenitudine, etc. » Quæ, propter prolixitatem omissimus ; post quarum quidem litterarum apostolicarum præsentationem et receptionem nobis et per nos, ut præmittitur, factas, debita fuimus cum instantia, pro parte earumdem congregatarum, humiliter requisiti, quatenus ad ipsarum litterarum apostolicarum executionem et fulminationem procedere, juxta formam per easdem nobis traditam, dignaremur, Nos igitur, officialis Lemovicensis, judex et executor supradictus, attendentes requisitionem hujusmodi fore justam et rationi consonam, volentes que mandatum apostolicum nobis in hac parte directum reverenter exequi, ut tenemur ; et quia, per diligentem super omnium et singulorum, per easdem congregatas in iisdem litteris apostolicis expositorum, per nos factam inquisitionem, ac nonnullarum fide dignorum testimonio relationem et testimonium, rite et legitime nobis constitit omnia et singula per easdem Congregatas in eisdem litteris exposita et narrata vera esse et veritate fulciri ; ac fabricam ædium et Monasterii erigendi hujusmodi ad formam Monasterii monialium debitè reductam, ac sufficienti ac tutâ clausurâ munitam, ac sacra et profanâ supellectile sufficienter instructam ; et, tam ex propriis dictarum virginum et viduarum pecuniis, quam ex piis diversorum Christi fidelium erogationibus, redditus annuos quadringentorum scutorum monetæ curentis, ex quibus saltem duodecim Moniales cum una superiore commodè sustentari possunt jam habeat. Propterea œdes præfatos in et ad formam Monasterii Monialium, sub titulo et invocatione ejusdem Sanctæ Ursulæ, ac sub regula reformata Sancti Augustini, pro perpetuis usu et habitatione unius Præpositæ, Matris nuncupandæ, et tot aliarum Monialium quot ex ipsius Monasterii redditibus commode sustentari poterunt, auctoritate apostolicâ nobis concessâ, perpetuo, sine alicujus præjudicio, ereximus ; illique, sic erecto, pro ejus congrua dote, ac illius Prepositæ et Monialium, id illo pro tempore existentium, commoda sustentatione, onerumque eis incumbentium supportatione, dicta quadringenta scuta annua, aliaque eidem domui forsan donata et erogata jura seu bona, inquibusvis locis illa existant, ac omnia et singula alia proprietates, census, obventiones et emolumenta quæcumque in perpetuum vel ad tempus, pro augmento bonorum et reddituum dicti Monasterii, ut præfertur, erecti, illiusque intuitu et contemplatione in eleemosynam aut aliàs quandocumque et qualitercumque, licitè, tamen, elargienda, donanda et assignanda, ex nunc pro ut ex tunc, et è contra, postquam donata, elargita et assignata fuerint; ita quod liceat ipsius monasterii, vigore præsentium erecti, Præpositæ et Conventui pro tempore existentibus, corporalem, realem et actualem illorum omnium ac jurium et pertinentiarum quorumcumque, possessionem, per se vel procuratores suos legitimos, nomine earum Monasterii, propriâ auctoritate, liberè apprehendere, et, apprehensam, perpetuo retinere; fructus quoque, redditus, proventus, jura, obventiones et emolumenta quæcumque ex eis provenientia percipere, exigere, levare, recuperare, locare, arrendare, ac in suos et monasterii præfati, illiusque Præpositæ et Monialium, pro tempore existentium, communes usus et utilitatem convertere, diocesani loci, vel alterius cujusvis licentiâ de super minimè requisitâ, etiam perpetuo, dictâ auctoritate, applicamus et appropriamus. Nec non Monasterium præfatum et illius pro tempore existentes Præpositam, Conventum et Moniales (1) ac proprietates, ac bona universa, mobilia et immobilia, præsentia et futura, cujuscumque qualitatis, quantitatis, generis, speciei et naturæ existentia, visitationi, correctioni, obedientiæ, superioritati et omnimodo jurisdictioni in spiritualibus, et temporalibus, nunc et pro temppre existentis Episcopi Lemovicensis, eâdem auctoritate, supponimus et submittimus ; ipsique ordinario quæcumque statuta, ordinationes, capitula et decreta ad Monasterii sic erecti, illiusque personarum rerum et bonorum spiritualium et temporalium, curam, regimen, gubernium, administrationem, directionem et prosperum statum, ipsarum Monialium receptionem, admissionem, numerum, statum, ætatem, qualitates, victum et amictum, instructionem, disciplinam, formam precum, orationum et aliorum suffragiorum, ac puellarum erudiendarum hujusmodi instructionem pertinentia, et aliàs utilia et necessaria, licita tamen et honesta, sacrisque canonibus et constitutionibus apostolicis, consiliorumque generalium, præsertim Tridentini concilii decretis, regularibusque institutis præfati ordinis non contraria, faciendi ; et quoties, pro rerum et temporis qualitate, seu aliàs expediens videbitur, illa immutandi, corrigendi, moderandi et

---

(1) Dans l'original il y a *Monialem*, mais c'est visiblement une faute du scribe.

in melius reformandi; ac etiam alia ex integro condendi; quæ postquam condita fuerint, a Monialibus pro tempore existentibus, Monasterii erecti hujusmodi, firmiter et inviolabiliter sub pœnis in illis infligendis, observari et adimpleri debeant, licentiam et facultatem, pari auctoritate, impartimur; nec non Monasterio sic erecto, illiusque Preposite et Monialibus ac personis pro tempore existentibus, et omnibus et singulis privilegiis, facultatibus, libertatibus et immunitatibus, exemptionibus, prærogativis, præeminentiis, antelationibus, concessionibus, indultis, indulgentiis, aliisque favoribus et gratiis, tam spiritualibus quam temporalibus, quibus alia monasteria monialium ordinis et instituti hujusmodi illarum partium, eorumque Præpositæ, Moniales et aliæ personæ, in genere vel specie, etiam per viam simplicis communicationis aut aliàs quomodolibet, de jure, usu, privilegio, consuetudine aut aliàs quomodolibet utuntur, potiuntur, fruentur et gaudent, ac uti, frui, potire et gaudere possunt et poterunt quomodolibet in futurum, similiter et pariformiter, ac sinè ullo prorsus, et æque principaliter, dummodo sint in usu et hactenus revocata non fuerint, et sacris canonibus, maxime vero Concilii Tridentini decretis non adversentur, frui, uti, potiri et gaudere possint et valeant in omnibus et per omnia, perinde ac si illa Monasterio sic erecto, illiusque Præpositæ, Monialibus et personis specialiter et expressè concessa essent. Insuper, ut supradictæ Moniales peculiare institutum alias virgines et puellas christianis moribus instruendi amplecti, illudque in Monasterio hujusmodi deinceps perpetuo observare valeant, eisdem Præpositæ et monialibus ut præter virgines et ad habitum et professionem regulares in earum Monasterio recipiendas, etiam mulieres viduas in moniales ejusdem recipere possint; cum hoc tamen quod præfatæ viduæ in Præpositam absque Sedis apostolicæ licentia eligi nequeant; et quod Præposita et moniales monasterii hujusmodi sæculares puellas doctrinam christianam, ac quæcumque alia piâ et christianâ virgine seu puellâ digna docere et legendi, scribendique rudimentis, ac variis acu formis consuendi vel laborandi omnibusque artibus honestis, et quæ ingenuas virgines decent instruere; et pro instructione hujusmodi amplum atrium, ad alterum portæ clausuræ monasterii hujusmodi latus, intra tamen illius clausuram, construi facere debeant, ad quod atrium mulieres, sorores et Magistræ, ad docendum deputatæ, non prius quàm signo scholæ dato, ac portâ exteriori præfati monasterii obseratâ, puellisque in atrium hujusmodi introductis, accedant, et in loco hujusmodi seculares puellæ præfatæ singulis diebus, præterquam in honorem Dei feriatis, operibus et exercitiis præfatis, manè, per duas horas duntaxat, et totidem post prandium, instruantur; quibus finitis, moniales prius ad earum cellas, exindè puellæ seculares hujusmodi, quæ non erunt convictrices, ad propriam domum recedant; ita ut puellis hujusmodi ultra atrium ad id deputatum transire, vel divagari nullatenus liceat; convictrices autem, quæ ibidem juxta morem aliorum ejusdem instituti monasteriorum retinebuntur, et in loco ab habitatione religiosarum separato, intra tamen eamdem clausuram habitabunt, ad sua cubicula se quæque recipiant. Hocque institutum docendi puellas ad dictæ Sedis apostolicæ beneplacitum tantùm duret. Et quia multæ dictarum virginum et viduarum sunt in ritibus, moribus et institutis prædicti ordinis apprimè exercitatæ, ita ut non indigeant alieno magisterio, illæque decimum sextum suæ ætatis expleverint, per annum cum aliis vixerint, de regulæ institutis sunt arbitrio nostro satis edoctæ, cœteris que necessariis qualitatibus prædictæ, ac in reliquis omnibus habiles, ut ex nunc solemnem professionem regularem ejusdem ordinis, absque anno probationis, seu noviciatûs emittere, et ex earum sic ad professionem admissarum aliquam in Superiorem dicti monasterii, sacris canonibus et concilii Tridentini præfati decretis eligere possint, dictâ auctoritate indulgemus. Demùm, ad augendum Christi fidelium devotionem, et animarum saluti consulendum, omnibus et singulis puellis ac mulieribus quæ perpetuis futuris temporibus monasterium erectum hujusmodi ad effectum habitum inibi suscipiendi, et professionem regulares suo tempore emittendi, pro tempore ingrediuntur, ac monialium ingressurarum parentibus et consanguineis, aliisque Christi fidelibus utriusque sexûs qui ecclesiam monasterii erecti hujusmodi, verè pœnitentes et confessi, ac sacrâ communione refecti, ipsâ die ingressûs seu susceptionis habitûs aut professionis emissionis hujusmodi; nec non singulis annis, diebus festis Sanctæ Ursulæ et Sancti Augustini, à primis vesperis usque ad occasum solis dictorum festorum devote visitaverint, et ibi pro Sanctæ Matris Ecclesiæ exaltatione, hæresum extirpatione, ac Romani Pontificiis, et Regis Franciæ christianissimi salute, ac inter Christianos principes conservandâ pace, concordiâ et unione, pias ad Deum preces effuderint, et ipsius monasterii monialibus pro tempore existentibus, die illarum receptionis et habitûs regularis susceptionis, ac voti solemnis emissionis, eâdem sacrâ communione refectis, in earum mortis articulo, nomen Jesu corde, si ore nequiverint, invocantibus, etiam si ante professionem emissam eas decedere contigerit, plenariam omnium suorum peccatorum remissionem et indulgentiam, etiam in forma jubilæi, dictâ auctoritate apostolicâ, pariter et perpetuo concedimus et elargimur. Præsentes quoque litteras semper et omni tempore validas et efficaces fore, suosque plenarios et integros effectus sortiri et obtinere, ac ab omnibus, et singulis observari, debere, neque sub quibuscumque similium vel dissimilium gratiarum revocationibus, suspensionibus, limitationibus, derogationibus, aut aliis contrariis dispositionibus, etiam per dictum Sanctissimum Dominum nostrum Papam, aut successores illius, Romanos Pontifices, pro tempore existentes, sub quibusvis verborum expressionibus ac formis, ac cum quibusvis clausulis et decretis pro tempore factis, comprehendi vel confundi, sed ab illis semper et perpetuo excipi, et quoties ille emanabunt, toties in pristinum et validissimum statum restitutas, repositas et plenæriè reintegratas, ac de novo, etiam sub quacumque posteriori data quandocumque eligenda concessas esse et fore ; sicque per quoscumque judices ordinarios et delegatos, etiam causarum Palatii auditores, ac sanctæ Romanæ Ecclesiæ cardinales, etiam de latere legatos, ac Sedis præfatæ nuncios judicari et definiri debere ; irritum quoque et inane quidquid si secùs super his a quoquam, quâvis auctoritate, scienter vel ignoranter contigerit attentari, eadem auctoritate, decernimus ; non obstantibus apostolicis, ac in universalibus, provincialibusque, vel synodalibus conciliis editis et edendis, specialibus vel generalibus constitutionibus et ordinationibus ; nec non dicti ordinis juramento confirmatione apostolicâ, vel quâvis firmitate aliâ roboratis, statutis et consuetudinibus, cœterisque contrariis quibuscumque. Quæ omnia et singula supradicta vobis, omnibus quorum interest, intererit aut interesse poterit quomodolibet in futurum, intimamus, insinuamus et notificamus, et ad vestram et cujuslibet vestrum notitiam deducimus et deduci volumus per præsentes, ne de præmissis, aut aliquo præmissorum ignorantiam aliquam prætendere valeatis, seu etiam quomodolibet allegare. In quorum omnium et singulorum fidem, robur et testimonium, præsentes executionis nostræ litteras, manu nostrâ signatas, per scribam nostri officialatûs Lemovicensis expediri et signari fecimus, sigilloque ejusdem curiæ jussimus appensione muniri. Datum et actum in civitate Lemovicensi, et domo residentiæ nostræ ; die penultimâ mensis januarii, anno Domini millesimo sexentesimo vigesimo sexto.

Talois, canonicus et officialis generalis Lemovicensis, judex et executor apostolicus in hac parte.

De dicti Domini officialis generalis Lemovicensis, judicis et executoris apostolici, in hac parte, mandato : Buelly, scriba officialatûs Lemovicensis.

IV

CHRONIQUE
DES
URSULINES D'EYMOUTIERS

Cette chronique est l'œuvre d'une des religieuses Ursulines de la communauté d'Eymoutiers.

Le manuscrit original fait aujourd'hui partie de la bibliothèque du Grand Séminaire de Limoges. Elle l'a reçu de M. le chanoine Tandeau de Marsac, exécuteur testamentaire de M. l'abbé Roy de Pierrefitte. Ce dernier a écrit sur la première page : « Nous devons ce précieux manuscrit à la bienveillance de M. Henri Cramouzaud, ancien maire d'Eymoutiers. — Lorsque les Dames Ursulines de la ville d'Eymoutiers furent violemment expulsées de leur couvent par la Révolution, Mme Françoise Cramouzaud, en religion sœur Saint-François, supérieure alors de la communauté des Ursulines de la ville d'Eymoutiers, avait conservé ce manuscrit, qui nous est transmis aujourd'hui par son petit-neveu M. Henri Cramouzaud. »

Les dates extrêmes de cette chronique sont 1617 et 1668. On voit par le texte de la vie de la Mère Aimée de Jésus que l'auteur écrivait en 1668. Il a fait d'abord le récit de la fondation de cette communauté et des événements qui s'y rapportent. Mais c'est surtout la vie des religieuses de cette maison qu'il a longuement écrite : vie remplie de travaux, de privations et de souffrances supportés avec résignation pour la gloire de Dieu et le bien du prochain.

Outre le pensionnat tenu par les religieuses d'Eymoutiers, il y avait, comme dans toutes les autres maisons de Sainte-Ursule, des classes gratuites pour les jeunes filles de la ville. Ces classes étaient ouvertes tous les jours, matin et soir ; elles furent florissantes jusqu'à la Révolution qui les détruisit.

Cette communauté eut des lettres patentes en 1689 ; le manuscrit de cette chronique est complété par l'enquête faite pour leur enregistrement.

En 1761, les Ursulines d'Eymoutiers étaient 27 religieuses de chœur et 7 novices. Un document des Archives de la Haute-Vienne, publié à la fin de cette chronique, compte aussi 27 religieuses en avril 1769, et l'abbé Nadaud, vers 1775, dit qu'elles sont environ 30.

Les bâtiments de l'ancien couvent sont encore debout dans la rue des Ursulines. Ils sont occupés par le personnel du Collège.

CHRONIQUE DES URSULINES D'EYMOUTIERS
1617-1668

À LA PLUS GRANDE GLOIRE DE DIEU

I. — *La fondation du Monastère des religieuses de Sainte Ursule de la ville d'Eymoutiers.*

L'établissement du Monastère des Filles de Sainte-Ursule de la ville d'Esmoutiers se fit en l'an mille six centz vingt-neuf, à la requête que les Consuls et habitants de la ville présentèrent à Mgr l'Illustrissime Révérendissime François de la Fayette, évesque de Limoges. Et par les diligentes poursuites qu'ils en firent, offrant pour cette fondation deux mille livres que deux honorables demoiselles sœurs, de la ville, donnèrent pour cet effet, sçavoir damoiselle Gabrielle Pichard, veuve de feu M. François Bourdicaud, donna quinze cents livres, et sa sœur damoiselle Françoise Pichard, veuve de feu M. Charles Bourdicaud donna cinq centz livres (1), ils obtinrent la permission le 20 juin 1629. Et ensuite Mgr de Limoges donna obedience et mandement à la R. Mère Marie de Liberos, dite de la Sainte Trinité, supérieure du monastère des Ursulines de Limoges, pour cet établissement ; et de prendre pour cette fondation la Mère Marie Decordes dite Marie de Jésus, sœur Maureille Durand dite sœur de Saint-Augustin, Vallerie de Grandsaigne dite de Sainte-Ursule, Esther Rommanet dite de Saint-Dominique, Gabrielle de Saint-Michel sœur converse. Lesquelles arrivèrent en cette ville le 14 juillet 1629,

---

(1) La famille de Bourdicaud était une des plus importantes d'Eymoutiers. Jacques Bourdicaud, conseiller du roi, contrôleur, et élu en l'élection de Bourganeuf, avait épousé Marie de Romanet ; c'est leur fille, Françoise Bourdicaud, que l'on va voir plus loin marraine de la cloche de cette communauté.

jour de saint Bonaventure (1). Le sixième du mois d'aoust en suivant acheptèrent une maison séculière avec le jardin de deffeunt M. Lesglise-aux-Bois (2), qui cousta six mille livres ; où les deux mille de la fondation ci-dessus furent employées et les quatre mille livres restants, sur lesquels la maison fut fondée. MM. les Consuls et habitans se firent cautions pour les religieuses jusques à ce qu'elles peurent acquiter cette somme ; ce qui ne peut estre sitost, à cause que le douaire des filles n'estait que de douze cents livres, outre qu'il fallut achepter des ornements pour garnir la chapelle et faire célébrer le saint sacrifice de la Messe, et les autres choses nécessaires pour l'accommodement d'un monastère, quoyque le tout ressenty l'esprit de la sainte pauvreté de laquelle elles faisaient proffection, et qu'elles pratiquèrent encore plus rigoureusement en leurs personnes, souffrant joyeusement durant quelques années de grandes nécessités, quoyque les habitans les soulageassent en beaucoup de choses, par leurs aumônes et charités. La Vénérable Mère de Liberos tâchait de recognoistre avec ses religieuses les benefices temporels qu'elles recevaient des séculiers par les spirituels qu'elles leur rendaient en contre échange, tant par les exemples de leur sainte vie que par les conférences spirituelles et doctrine chrestiene que la Vénérable Mère faisait publiquement, où toutes sortes de personnes accouraient. Ils jouirent particulièrement de ces faveurs pendant le temps qu'elles furent sans closture, ayant la consolation d'entendre la sainte Messe avec elles et d'assister à leurs lectures, ce qui animait merveilleusement tout le monde à servir Dieu. Apres quoy il fallut se cloistrer, ce qu'elles firent le 15 d'aoust 1629, jour de l'Assomption de la Sacrée Vierge Mère de Dieu. Le mesme jour la chapelle fut béniste par noble Josias de la Poumellie, sieur prevost de l'église collegiale d'Esmoutiers, lequel, accompaigné de tous les messieurs du chapitre de ladite esglise et autres ecclésiastiques, porta solennellement le Tres Saint Sacrement en icelle, où il demeura tout le jour exposé, y

---

(1) Cette arrivée des Ursulines à Eymoutiers est aussi inscrite dans les registres paroissiaux, sous la date du 15 juillet : « Les religieuses de Sainte-Ursule sont arrivées de Limoges en ceste ville pour y establir un couvent, et se sont logées dans la maison de M. Pichard, Sgr de l'Esglize au Bost, laquelle du depuis elles ont achetée du dict Pichard six mille livres. » (A. Leroux, Invent. des Arch. comm. d'Eymoutiers.)

(2) Joseph de Pichard, seigneur de l'Eglise-aux-Bois, était le chef d'une famille des plus considérées d'Eymoutiers. L'Eglise-aux-Bois est aujourd'hui un chef-lieu de commune, dans le canton de Treignac (Corrèze).

chanta la grand'messe en musique, laquelle se chante par lesdits sieurs dans l'esglise parrochialle toutes les années à tel jour, et la prédication y fust faicte par feu M. Rubent, théologal de la dite esglise ; les Vespres y furent chantées, en musique, par les susdicts messieurs et le sieur Prévost fit la closture du Saint Sacrement, lequel y repose depuis.

M. Guillaume Bardoulat et M. Pierre Bardoulat (1), son neveu, lieutenant de la présente ville et tous deux habitans d'icelle, avaient chascun une fille dans le monastère des Ursulines de Limoges qui n'avaient pris que le petit habit de postulantes, lesquelles ils firent venir dans celluy cy, où elles prirent l'habit de novices, le 21 octobre 1629. Le mois de novembre et janvier ensuivant, la Mère Marie de la Trinité de Liberos donna l'habit à trois novices, deux sœurs de chœur et une sœur converse. Après cela elle fut rappelée par l'obedience de Mgr l'Evesque de Limoges, pour retourner dans son premier monastère de Limoges dont elle estait superieure. Elle en ramena avec elle la Mère Vallerie de Sainte-Ursule et seur Gabrielle de Sainct-Michel, laissant la Mère Marie de Jésus de Decordes pour supérieure et la seur Maureille de Saint-Augustin pour maistresse des novices. Et comme il n'y avoit pas nombre suffisant de religieuses pour satisfaire aux offices et fonctions religieuses, avant partir elle fist encore venir la seur Marie de l'Anonciation de la Motte, et seur Catherine de Saint-Nicolas, toutes deux professes du susdit monastère de Limoges, qui arriverent le 13 janvier 1630, et la Mère partit avec les sus-nommées le trentième du mesme mois.

Le 21 du mois de febvrier de la mesme année ensuivant, mourut la seur Marie de la l'Anonciation de la Motte, du mal de poulmon, avec une très grande paix, douceur d'esprit, entre les bras de sa supérieure et par obéissance, car elle expira incontinant que la mère prieure luy eust dit de mourir par obéissance comme Jésus-Christ. Elle avait aussi excellé en icelle pendant sa vie et en simplicité. Elle fut ensevelie dans l'église collégiale susdite des messieurs du chapitre qui heurent la bonté de faire les honneurs funèbres, avec toute la pompe qui se pratique en semblables cérémonies, nos Mères n'ayant pas encore de tom-

---

(1) La famille Bardoulat est aussi une des anciennes familles d'Eymoutiers. En 1652 Pierre Bardoulat, sieur de Plazanet, bourgeois d'Eymoutiers, acheta 43,000 livres, pour son fils Pierre, sieur de La Brousse, la charge de trésorier de France à Limoges, dont François-Martial de Verthamon était propriétaire.
On trouvera plus loin la vie d'Antoinette et de Gabrielle Bardoulat.

beaux. Nous devons encore icy le tesmongniage à la charité et bonté de messieurs les prévost et chanoines de ce vénérable chapitre qu'ils ont toujours continué à toutes les deffuntes qui nous sont mortes depuis celle-là, à faire la sonnerie dans leur église et venir chanter l'office dans la nostre et chanter la grand messe le lendemain, s'ils ne l'ont pas chantée le jour de l'enterrement, sans jamais avoir voulu prendre de nostre argent, et entrent dans la closture pour l'enterrer. Ce ne sont pas les seulles obligations que nous avons à ces messieurs, tant au general qu'au particulier. Dieu qui tient registre de toutes, ne les oubliera pas, comme nous l'en supplions. Neanmoins nous ne pouvons passer soubs silence les très signalées que nous avons aux deux derniers prévosts, messire Josias et Rolland de la Poumellie (1), qui ont servi la maison de suppérieur, confesseur et directeur, depuis son establissement, jusques vers la fin de l'an 1639, outre quantité d'aumônes et biensfaicts que pour abréger nous ne desduisons pas en particulier.

Messire Jean Rubent (2), chasnoine et théologal de la susdite esglise, nous rendit les mesmes charités et dans les mesmes qualités par la commission expresse qu'il en receut de Mgr de Limoges, jusqu'au 10 juillet 1641.

En suitte desquels nous avons heu messire Melchior de la Poumellie, neveu des deux premiers, qui remplit aujourd'huy autant sainctement la dignité de prévost qu'aucun de ses devanciers. Il nous fut donné pour confesseur par Monseigneur le 30 septembre 1654 ; sa modestie et humilité ne prandraient pas à gré que nous fissions icy le détail des charités que nous avons receues de

---

(1) Trois prévôts du nom de La Pomélie se succédèrent à cette époque à Eymoutiers : Josias et Roland de la Pomélie étaient fils de François Germain seigneur de la Pomélie et de Françoise de David. Josias, tonsuré en 1595, était prieur de l'Artige-Vieille en 1619, fut chanoine et prévôt d'Eymoutiers en 1627 ; il résigna en faveur de Roland, son frère, en 1639. Roland de la Pomélie, tonsuré en 1597, était curé de la Croisille en 1612, doyen et chanoine de Saint-Germain ; il fut prévôt d'Eymoutiers de 1639 à 1641. Leur frère Jean-Charles de la Pomélie, époux de Léonarde du Theil, qui a formé la branche de la Judie, eut pour fils Melchior de la Pomélie qui fut bachelier en théologie, et succéda à ses oncles ; il fut prévôt d'Eymoutiers de 1641 à 1673. (Voir *Documents historiques sur Eymoutiers*, par M. Joseph Dubois.)

(2) La famille Rubent, d'Eymoutiers, a donné à l'Eglise un bon nombre d'ecclésiastiques remarquables par leurs vertus et leurs talents, en particulier Gabriel Rubent, mort supérieur de l'Oratoire à Limoges en 1693.

On trouvera plus loin la vie de Gabrielle de la Vierge (Rubent).

luy en toutes manières. Il lui suffit que Dieu le sache. Voilà une petite partie des grandes obligations que nous avons à cet honorable corps.

Je reviens à l'an 29 que j'avais laissé, pour faire suivre ce qui se passa parmi les religieuses. Le 21ᵉ de septembre 1629, Monseigneur (1) faisant la visite de son diocèse benist avec grande solennité la croix qui est audevant de nostre monastère, qui est la seule marque extérieure qui distingue nostre maison d'avec les seculières, n'ayant point encore de bastiment regulier. Il fit cette benediction apres avoir dict la sainte Messe dans nostre chapelle, la musique chantant toujours jusques à la fin des cérémonies ; ensuite entra dans le monastère et fist la benediction d'iceluy.

Le 30 du mesme mois, deffunct M. le prévost messire Josias susnommé fist la benediction de la cloche, la musique chantant toujours. Messieurs du chapitre furent parrains et Mˡˡᵉ l'eslue Françoise Bourdicaud, marraine.

L'an 1631, la contagion estant à Limoges, la R. Mère Marie de la Trinité fist sa retraite dans cette maison, avec 25 de sa communauté de Limoges. Celles de sceans tindrent à gloire d'ouvrir leurs portes à celles qui leur avaient ouvert le ciel en leur don-

---

(1) M. François Masmoret, curé de Notre-Dame d'Eymoutiers, a écrit dans les registres paroissiaux la note suivante, à propos de cette visite :

« Monseigneur de Lymoges, Messire François de La Fayette, poursuivant le cours de sa visite veint de Treignac en ceste ville où il séjourna sept jours et fit les ordinations dans la grand eglise. Il planta la croix aux Ursulines, le jour de saint Mathieu, de matin ; et l'après-dînée par son commandement je fis une prédication dans leur chapelle ; MM. de chappitre et MM. les consuls et habitanz plus notables furent au devant de mon dict seigneur en nombre de trente chevaux, jusques à une lieue et demy de la ville. Monseigneur ayant apperceu ceste compagnie sortit hors son carosse, et là M. le prévost luy harangua et puis M. le procureur luy dit deux ou trois motz pour la ville. Mon dit seigneur pria M. le prévost d'entrer dans son carrosse, ce qu'il fit, et puis, remontés à cheval que nous fusmes, conduisimes mon dict seigneur en ville et jusques à son logis qu'estoit le logis de M. de la Vareilhe. Quelques temps après son arrivée, moy et les prestres de nostre communauté fusmes faire les offres de notre service et fusmes les très bien venus et recueillis.

« Mondit seigneur fit tonsures et les quatre moindres [ordres], le jour de Saint-Mathieu qu'estoit un vendredy, et le lendemain après, il célébra la messe pontificalement au Moustier, il y bailla de sa main la communion à plus de deux mille personnes. Les paroisses circonvoisines estoient venues icy en procession. D'icy mon dict seigneur s'en alla à Saint-Léonard. » (A. Leroux, (*Invent. des Arch. comm. d'Eymoutiers* — GG, 1.)

nant les premiers principes de la vie spirituelle et leur renaissance dans la grâce par l'entrée à la Religion. Elles y demeurèrent jusques à ce que la peste heut cessé, qu'elles s'en retournèrent, comme firent pareillement la seur Begnine du Saint-Esprit, seur Marie de l'Incarnation, seur Catherine de Saint-Nicolas, quand le couvent d'Eymoutiers fut suffisamment pourvu de religieuses pour faire les offices de la maison.

II. — *Mort de plusieurs religieuses.*

Je reviens à nos premières mères. La sœur Maureille de Saint-Augustin qui fut la première maîtresse de novices de cette maison, fust selon le témoignage de celles qui ont heu le bonheur d'estre soubs sa conduite, une accomplie dans la régularité, qui estoit exacte en tout, n'estimant rien de petit dans la Règle, remplie de l'esprit qu'elle demande, de la saincte abnegation de soy mesme et mortification de la chair. C'estait dans les premiers principes du christianisme qu'elle eslevait les novices qui estaient plus persuadées de ses exemples que de ses discours; singulièrement de ceux qu'elle donna dans sa dernière maladie qui fust presque d'un an, d'une fluction qui luy tomba sur le poulmont. Nonobstant son mal, elle ne laissait pas se lever le matin à quatre heures, jusques à quelque peu de temps avant mourir qu'elle s'alita, assistant aux heures de communauté, tirant ce semble des forces de sa faiblesse, car estant quelquefois à l'oraison elle regorgeait des pleins plats de sang, sans vouloir pour cela que ses novices se destournassent de leur oraison, pour la soulager. Ce fust dans ce zèle de son observance et ferveur d'esprit, qu'elle rendit son âme à Dieu, le 14 décembre 1630; elle fust la première qui fust ensevelie dans la closture; comme elle avait esté la première pierre vive apres la superieure du fondement spirituel de cette maison.

La seconde fust seur Marie-Esther de Sainct-Dominique, qui estoit douée d'une grande bonté, douceur et charité pour le prochain; fille fort dévote et spirituelle et adonnée à l'oraison, qui ayant esté comme une belle plante du jardin spirituel de son premier monastère, transplantée dans celluy-cy, prist de tels accroissements, qu'en peu de temps le celeste epoux estant espris des beautés qu'il avait mises en son âme, luy envoya une maladie pour avoir les dernières preuves de sa fidélité, qui fust une fièvre catarreuse, qui luy fist cracher le poulmon en peu de jours, et l'emporta le 9 d'aoust 1632.

Sœur Marie de Saint-Joseph fust la première après les deux qui viendrent postulantes de Limoges, qui prist l'habit dans cette maison. Dans sa sortie du monde elle fist paroistre la force et générosité de son esprit, surmontant courageusement les grandes difficultés qui s'opposaient à son desseing ; faisant voir à tout le monde que rien n'est capable d'empêcher une ame de servir Dieu, quand elle est une fois animée de son esprit, comme elle l'avait monstré à quitter le monde, elle le fist encore mieux paroistre en religion, en se quittant soy mesme, par la pratique solide des vertus religieuses ; ne se lassant jamais de travailler pour Dieu, faisant tout le plus pénible pour soulager ses seurs. Elle avoit une dévotion singulière à la Sacrée Vierge mère de Dieu, et y portait ceux avec qui elle conversait tant qu'elle pouvait. Il y a encore aujourd'hui, en cette ville, une de ses cousines-germaines, qui dit tenir d'elle tout ce qu'elle a de piété et de dévotion, et de plus la vie de son frère ayné qui est aujourd'hui M. le prévost, notre digne confesseur ; car estant abandonné des médecins, et on avait desjà preparé ce qui estait necessaire pour l'ensevelir, elle promit à sa mère qu'il ne mourrait pas, qu'elle prierait tant Dieu pour luy qu'il le luy conserverait. Elle avait grand jugement et conduicte accompaigné d'humilité et obeissance, grand zèle pour vouloir l'observance dans la maison, que voyant une religieuse qui estoit infirme qui ne se pouvait pas tenir dans la régularité à cause d'icelle, elle luy dit dans sa dernière maladie de se préparer, qu'elle la suivrait bientost, si elle avait pouvoir envers Dieu. Cette pauvre infirme apprehendant la mort, fist dire à la mourante de ne le pas faire, et par son confesseur, et par sa supérieure. Mais ils n'en purent avoir d'autre response que cette fille manquant de santé ne pouvait maintenir l'exactitude de la règle qui devait estre inviolable surtout dans son commencement. L'effet montra bien que cette âme si obéissante et qui defferait si fort aux sentiments de son confesseur et de sa superieure, ne se tenait pas dans cette fermeté par le mouvement de son esprit propre, car l'autre ne luy survesquit que six mois, qui estoit pourtant une bonne religieuse appelée seur Jeanne de Saint Bernard, une des deux premières qui avaient pris l'habit, quoyque ses infirmités ne luy permissent pas toute l'observance des autres, elle suppléait par la patience et humilifé qu'elle y pratiquait, et fidélité à tout ce qu'elle pouvait, surtout au silence, qu'on ne lui avait jamais veu rompre. Elle était aussi fort dévote à son bon ange, ne passant jamais, quelque affaire qu'elle heut, sans dire son chapelet. Elle disait aussi en avoir ressenti de grands secours, mais les plus grands furent à la mort, lorsque estant dans son agonie, elle fust espouvantée de la veue du démon, qui luy parust visiblement, voullant dans cette dernière heure gagner ce qu'il n'avait pu pendant sa vie. Mais il n'eust que la confusion de se voir vaincu par une jeune fille de dix-neuf à vingt ans. Car elle se leva à son seant, comme pour le combattre plus glorieusement, designant avec la main le lieu où il estoit, et priant son confesseur présent d'y jetter de l'eau beniste. Quelques moments apres, son esprit s'etant calmé elle le rendit entre les mains de son Créateur. Ce fust le 22 novembre 1632 que mourut seur Marie de Sainct-Joseph de laquelle Dieu s'était servi pour haster la seur Jeanne de Sainct-Bernard par les dernières paroles qu'elle luy dit, [paroles] qui firent telle impression dans son esprit qu'elle crut dès lors devoir bientost infailliblement mourir et se prépara pour cela ; s'alita dans l'extremité d'une éthesie et hidropisie qui l'emporta le 14 mai 1633.

La mort de celles-là fust suivie deux ans après de celle d'une postulante nommée seur Gabrielle du Saint-Esprit, qui ne garda que sept sepmaines le petit habit. On peut dire de cette chère seur qu'elle accomplit en peu de sepmaines ce que d'autres font en beaucoup d'années. Elle fist paroistre un courage masle et généreux en quittant le monde, vainquant les grandes resistances que son père et sa mère luy firent pour la faire entrer dans leur desseing, qui estoit de l'establir au monde. Des qu'elle fust entrée, elle commença sa carrière, qui ne devait pas etre longue, avec une ferveur d'esprit toute extraordinaire, se portant à tous les exercices de la communauté des le premier jour, priant sa compagne de noviciat, qui estoit une sœur laye, de l'advertir quand elle luy verrait faire quelque manquement, luy disant qu'elle en userait ainsi à son esgard, pour luy donner plus entière liberté de l'advertir. Environ quinze jours, ou trois sepmaines avant mourir, elle fist les exercices spirituels, soubs la direction du R. Père Antoine Dexpans recollet. Elle fist durant iceux des mortifications et penitences avec des dispositions d'esprit toutes extraordinaires ; ce qui la changea d'une telle manière qu'elle en estoit mescognoissable, car estant au siècle elle avait beaucoup d'affection et des petites vanités et d'attachement aux créatures. Après cela elle ne se mit plus en soing que de sa perfection, et avec un degagement si grand de tout ce qui est au monde, qu'a l'heure de sa mort, sa mère venant à la porte du couvent affligée à l'extreme, luy fist demander si elle voullait quelque chose d'elle ; elle luy fist dire de ne se pas affliger, et qu'elle mouroit contente ; qu'elle prist soing de son salut et servit cette maison. Elle ne s'alita que durant vingt-quatre heures qu'elle perdit tout son sang, une veine luy ayant été rompue dans le corps par une femme qui lui vouleut accommoder son estomac qui luy faisait mal. Pendant ce temps on lui administra tous les sacrements qu'elle receut avec grande devotion et presence d'esprit, et mourut le 4 novembre 1634. Le pere Anthoine Dexpans qui lui avait faict faire les exercices et estoit hors de la province lors de son décès, escripvit quelque temps après à la mère prieure de luy faire savoir si la seur Gabrielle du Saint-Esprit n'estait pas morte ; qu'il l'avait veue monter au ciel vestue en religieuse, accompagnée d'un grand nombre d'anges et de vierges glorieuses, marquant le jour et l'heure qui se trouva justement estre celuy de la mort de cette servante de Dieu ; elle était agée de 19 ans.

III. — *Sœur Marie-Claude de la Trinité, maîtresse des novices (de la Tour de Noaillas)*

Le grand nombre de filles qui mourut dans cette maison semblait la devoir conduire a sa dernière destruction ; car il n'en restait plus que sept seurs de chœur et deux layes, dont il y en avait encore deux professes du monastère de Limoges, personne ny voulant mettre de filles voyant qu'elles y vivaient si peu. On en prit aucune jusques en l'an 1637 que l'on donna l'habit à sept novices et à une postulante. Ce nouvel accroissement donna lieu à faire une maistresse des novices, comme n'en ayant pas heu depuis la mort de la première ; le nombre des religieuses estant fort petit la supérieure faisoit l'office de maistresse des novices.

Le 21 d'octobre 1637, la seur Marie-Claude de la Trinité fust esleue maistresse des novices. Elle estoit de la noble maison de La Tour de Nouaillas, au Haut-Limousin, de la paroisse de La Croisille (1), au diocèse de Limoges. Les rares vertus qu'elle a pratiquées durant sa vie, tant dans le monde, comme dans la religion, nous obligent d'en dire quelque chose, car pour dire

---

(1) La famille de La Tour a formé les branches de Neufvillars et de Noaillas ; c'est à cette dernière qu'appartenait Claude-Marie. Elle était probablement fille de Daniel de La Tour et d'Isabeau de La Vergne. Plus loin il est parlé de son frère Melchior de la Tour, gouverneur de Portelongone, qui procura des reliques au couvent dont sa sœur était supérieure. — Noaillas est commune de la Croisille, canton de Châteauneuf, Haute-Vienne.

tout, il faudrait un volume plus estendu que ne requiert cette simple narration. Peut estre que, quelque jour, Dieu suscitera quelqu'un qui en donnera l'histoire au public. Dieu qui la destinait pour estre un jour une pierre fondamentale de ce petit monastère, la prévint des son enfance ; car comme elle a confessé par le commandement de ses supérieurs, l'usage de raison luy fust avancé des l'age de cinq ans, (elle fit sa première communion a l'age de huit ans), pour se tourner à Dieu, duquel elle ne s'est jamais départie par aucun péché mortel, selon la déclaration de celui à qui elle avait fait confession de toute sa vie. Dieu qui avait choisi cette ame pour ce que nous dirons après, la préserva de la corruption du siècle ou elle était engagée par sa condition de damoiselle, nonobstant les visites qu'il falloit qu'elle fist ou souffrit tant qu'elle demeura avec ses parents. Outre la grâce intérieure que Dieu versoit dans son âme, il se servit d'une incommodité qu'il luy donna sur les yeux. Elle disoit elle-même que cela l'avoit séparée des compaignies, et s'estoit servi de ce moyen pour luy donner l'amour de la retraite. Dieu, comme il est croyable, luy augmenta ce mal de plus en plus, afin qu'elle ne put rien voir de ce qui charme les sens, pour s'y arrester. Il vint tellement à croistre qu'elle en perdit un œil, et fust en danger de les perdre tous deux ; on se servit de tous les remedes qu'on put, sans aucun effet, Dieu vouloit faire cette cure, et inspira ses parens a faire vœu de luy faire suivre la procession de la Fête-Dieu en chemise, nu pieds, pendant laquelle son application à Dieu fust si profonde que marchant sur des espines longues qui luy entrèrent dans les pieds, dont elle fut toute ensanglantée, ne les sentit jamais. Le lendemain se levant pour aller à la saincte Messe, se trouva les yeux ouverts et entièrement guérie, et jusqu'à la mort n'en avait ressenti de particulière incommodité. Dieu lui conserva la vue corporelle, luy faisant entendre dans le fond de son cœur qu'il vouloit qu'elle ne regardat que luy. Le zèle qu'elle a heu pour establir et maintenir la gloire de Dieu dans cette maison et pour n'y chercher que Dieu, nous donne fondement à cette pieuse croyance ; car toute la presse de ses parents, ni les partis avantageux qu'elle trouva selon sa condition, ensuite de cette guerison miraculeuse, ne furent assez forts pour l'engager au monde ; elle se sentit en ce temps la, comme elle nous a dit elle-même ; inspirée à la vocation religieuse, et luy sembloit que c'estoit de l'ordre de Saincte Claire que Dieu la vouloit, elle en fist même quelques advances. Mais Dieu qui la destinoit pour estre une des premières colonnes de cette maison naissante, fist que sa mere luy presenta d'y estre religieuse ; elle acquiessa d'abord et s'envint à nostre monastère, la veille de Noel, cinq mois après son établissement. Il ne fallut point d'autre epreuve de sa vocation que celle que l'on voyoit, que l'obéissance envers sa mère et la piété faisaient quitter son propre choix, pour entrer dans une maison si pauvre, qu'il s'en falloit de mille et cinq cents francs qu'elle eust rien vaillant. Cette pauvreté, nous a-t-elle dit souvent, ne me rebuta point. La mesme nuit de Noel on luy donna l'habit de postulante, à l'age environ de 19 ans, et celuy de novice le 13 janvier 1630. Dieu luy ayant donné cette digne maistresse dont nous avons parlé, nommée seur Saint Augustin, laquelle l'exerca dans toutes sortes de vertus, outre les occasions generales de mortification qu'elle avait a cause de la pauvrete de la maison, comme de n'avoir point de feu pour se chauffer, ni le plus souvent pour s'éclairer, mortification qui a duré longtemps et qui luy a este tres sensible, a cause qu'elle estoit tres frileuse, a quoy contribuoit beaucoup d'estre mal chaussée et mal vestue, et que le monastère joinct à la rivière qui le rend fort mal sain et incommode l'hiver. Elle ne vivoit que de pain bis, et elle a advoué ingenuement que quoy qu'elle heut des perdrix chez elle, ce changement si extraordinaire de n'avoir pas son soul de pain bis, ne luy avoit jamais este difficile, ni faict de peine. Il falloit bien qu'elle fust repue de Dieu d'un mets plus delicieux. Les pénitences la réduisirent à une extrême maladie, dont enfin elle eschappa, apres avoir esté abandonnée du médecin. Le temps de sa profession approchant, Dieu l'avait voulu disposer à l'abnegation de toutes choses et de soy mesme, qui se faict par les vœux, par la resignation qu'elle fist de soy-mesme à la volonté de Dieu pour la vie et pour la mort dans cette maladie. Dieu ne se contenta pas de sa simple disposition pour quitter ses parents à ses vœux, car le jour mesme qu'elle devait faire sa profession on lui porta la nouvelle de la mort de sa mère, qu'elle prist comme estant deja dans la disposition de la quitter par les vœux qu'elle alloit faire. Dieu vouloit le sacrifice entier, auquel il la disposa par toutes ces epreuves. Enfin elle fist sa profession le dix septiesme du mois de fevrier 1631.

Quelque temps apres sa profession, un Père Recollet donna les premiers exercices spirituels à cette maison. Notre jeune professe y pratiqua une action bien héroïque, qui fust que ce bon père la voyant d'un naturel fort douillet, lui donna par mortification de tenir pendant le diner de la communauté une teste de mort, ce qui, comme elle a advoue, luy servit beaucoup, soit pour mortifier cette repugnance naturelle, soit pour mettre dans son esprit les vives pensées des 4 fins dernières, soit pour luy donner compassion des âmes du purgatoire, estant fort pressée durant longtemps d'aider à celles-là. L'autre occasion de mortification que nous savons de ses années, fust que ayant trouve dans son potage de choux une chenille, elle quitta son potage. Sa superieure s'apercevant de cela lui en demanda la raison ; elle luy representa sa difficulte et repugnance ; la mère par une conduite bien particulière, luy renverse le potage et lui commande de le manger, a quoy elle obeit sans replique. Comme personne de nous autres n'était religieuse en ce temps là, nous ne pouvons rendre témoignage de beaucoup d'autres belles actions de mortification dont le sainct amour luy donnoit invention. Seulement savons-nous que, dans ce temps la, la supérieure commandant l'exercice manuel, les jeudis, après diner, pour forme de recréation, elle en faisait un sujet de penitence, sarclant les orties et a mesme temps elevant son esprit à Dieu pour se dire à soy mesme et aux autres qu'il fallait ainsy sarcler les mauvaises choses qui voulaient naistre dans nostre cœur. Dieu la formait de sa main, pour son œuvre. Aussy savons nous par celuy qui l'a, dans ses commencements, plus gouvernée, qu'elle estoit plus fille de grâce, que formée par la main des hommes. Il lui communiqua le don d'oraison, des son noviciat, dans lequel elle fist de si grands progres que des ce temps mesme, elle fut attirée à l'oraison affective. Dieu qui voulait qu'elle fust la première qui esleva celles qui devaient remplir ce monastère, versa en son cœur de sainctes affections, pour les communiquer bientost à ces jeunes plantes, dont elle fust eslue maistresse, comme nous avons marqué ci-dessus, dans les circonstances qu'il est bon de savoir pour cognoistre les obligations que nostre maison luy a, pour l'intérieur et l'extérieur. Le Bon Dieu prenoit son temps [pour former] ceste jeune professe. Ce n'estoit pas sans sa providence que la maison demeura 7 ou 8 ans sans que presque de filles se presentassent. Quand le temps de Dieu fust venu, qu'il la trouva assez formee a ses yeux pour eslever les novices, il donna inspiration à cette petite communauté, composée de la supérieure et de 4 seurs de voix, d'en faire choix, comme de la plus fervente et celle qui avoit le plus édifié dans les offices qu'elle avoit heu durant les six ou sept ans qui s'estoient escoulés depuis sa profession, ayant paru sy reguliere et fidele, qu'on n'avoit trouvé occasion de la blamer.

Il suffirait pour marquer la vocation de Dieu dans cest employ de maistresse des novices, la benediction que Dieu versa sur sa conduite. Nostre mere Aymee de Jésus, et nostre seur Gabrielle de la Vierge, desquelles nous dirons quelque chose de leurs rares vertus, en seroient une suffisante preuve. Mais Dieu ne limita pas ses grâces pour ne les repandre que sur ces deux âmes. Comme ce noviciat estoit le fondement sur lequel il vouloit establir cette maison, et qu'il destinoit cette digne maîtresse pour estre la superieure dans la sortie de cest employ, il lui falloit des filles qui fussent capables de luy ayder soutenir sa charge. Voilà pourquoy outre ces deux, toutes celles qui sont mortes nous ont laissé des exemples très signalés des vertus religieuses dans leur vie et dans leur mort. Et nous autres qui restons, confessons à la gloire de Dieu qu'elle nous relevoit de nos deffauts avec grande charité, zele et vigilence. Il me souvient qu'estant une fois appelee en passant par un digne ecclesiastique qui estoit au parloir, estant si mal advisee que de luy respondre sans permission, après m'avoir dans le particulier bien chapitree, m'en imposa penitence au refectoir, ce qui ne manquait jamais à toutes celles qui tombaient dans quelque deffaut. Il ne falloit pas attendre qu'ils luy fussent cachés; sa vigilence les découvrait, et son zele les chastioit, et cela avec tant de charité que nous les descouvrions nous-mesmes, ne nous rebutant point. Sa grâce allait a guérir les ames painees, de quoy nous avons plusieurs preuves. Les unes confessant que dans ce temps la, elle les avait tirees de furieuses tentations. Entre autres une nous a deposé que le diable luy avoit mis si fort dans son esprit quelque crainte sur la predestination, qu'elle estoit en danger d'alteration de son esprit, et qu'après environ huit jours [de] cette peine, se découvrant à sa maistresse, elle en avoit este des le moment délivrée. Un autre ayant declare que ayant demeuré plusieurs mois en adversion pour elle, se surmontant apres plusieurs combats et repugnances a le luy decouvrir quand elle fust sa maistresse, en fust en mesme temps delivree. Il ne falloit que la voir pour nous animer a bien faire et sa presence nous encourageait dans nos difficultés. Son grand secret estoit dans nos besoings. Apres nous avoir assez instruites par ses paroles, ouvrant notre esprit par des raisons et lumières prises dans l'oraison, de retourner à cette mesme oraison pour nous rendre facile le renoncement de nous-mesmes, que nous ne pouvions que par la grâce, elle nous inculquait fort l'abnegation et la prière. Nos recreations estoient de nous entretenir de la methode de l'oraison sans qu'elle voulut pourtant que nous bandassions nostre esprit en ce temps. Nous n'estions jamais si contentes dans nos conversations que quand nous estions avec elle ; sa presence nous portant au bien, nous le faisoit aymer.

Elle fust eslue superieure le 24 novembre 1639. Le zèle qu'elle avoit pour la régularité, luy fist prendre en mesme temps tous les moyens qu'elle put pour establir l'observance de la constitution dans plusieurs poincts qui n'estoient pas gardés. En quoy elle heust bien des peines a souffrir et des difficultés a vaincre. Elle crut d'abord qu'il falloit attaquer le mal dans sa source, et que les jeunes se tiendraient mieux dans leur devoir si elles voyaient qu'elle n'eust point d'acception des personnes, et qu'elle advertit courageusement les anciennes. Ce qu'elle fist, car ayant estably certaines jeunes professes, en qui elle croyait plus d'amour pour la régularité, à la porte pour écoutantes, il ne se peut dire combien, particulièrement la première trienne, elle essuya de croix et sentit le poids de cette charge. Il ne se passait sepmaine, que son zele n'eust occasion de reprendre quelqu'une, tantost d'avoir pris lettres sans permission, tantost de trop de familiarité au parloir, tantost de petites partialités qui eussent estouffé l'esprit de religion en son berceau, si l'esprit de Dieu n'eust animé nostre bonne superieure. Mais comme Dieu l'avoit choisie de toute eternite pour cet employ, il luy donnait grace et moyen. Les jeunes seurs luy aydoient, mais son principal recours estoit a l'oraison, et se voyant par sa charge dans de nouvelles obligations qui estoient au dessus de ses forces, elle demanda permission à M. Saigne, vicaire general, de se lever la nuict pour prier et une communion extraordinaire tous les mois. Ce fust, comme il est probable, dans ce temps que Dieu commença a luy donner ses grandes communications dans l'oraison, et ses attraits pour le Saint Sacrement qui accrurent jusques à la mort, et qui obligèrent, quelque temps après, ses directeurs, pour de bonnes raisons, de luy faire marquer par escript quelques unes de ses grâces, lesquels memoires nous seroient bien chers aujourd'huy. Mais son humilité l'obligea de commander à quelques seurs de les jetter dans le feu. La Providence pourtant en a reservé quelques fragments, dans un desquels elle parle de cette sorte : « Quoyque meschante et grande pecheresse j'ay heu toujours depuis que je suis en charge grande presse que toutes nos seurs tendissent à Dieu par sa grace. J'ay heu des contradictions de la part des créatures, renvoyee, rebutee, lorsqu'il falloit advertir, conseiller, corriger, pour le bien, voyant tout a faict que l'esprit de la creature estoit remply de l'amour de soy mesme, s'esloingnoit de ce que Jésus-Christ a dit de faire.

C'est des plus grandes souffrances que j'aye jamais heu. Me semble que mon cœur se voulloit esclater, non pas par des renvoys, mais parce qu'on resistoit a Dieu. J'essayois de toutes les façons pour destenter les esprits, par caresses, supports [des] faiblesses, et enfin par rigueurs, sans rien ganer. On me blamoit de preference, partialite, la où me sembloit avoir voulu agir pour plaire a Dieu. Au commencement de ma charge je m'estais genée dans ma conscience pour essayer de mener les creatures au bien ; je donnai offices a celles mesmes qui me blamoient, que si j'eusse regardé le plus pur je ne devois pas, attendant quelque bien de cette conduicte que Dieu n'a pas benie. Pour les inclinations, partialites, par la grâce de Dieu je ne m'en sens pas coupable ; ces occasions sont si precieuses, que si Dieu n'estoit jamais offensé, ce seroit toujours fort bon. Elles m'ont souvent recueillie et ne m'est pas permis de m'en excuser. » Voila quelle estoit sa conduite. Devant que ses 3 ans s'escoulassent, elle nous donna elle mesme les exercices spirituels ; nos constitutions voulant que nous les fassions tous les ans, et ne pouvant trouver commodement des personnes, cette ville n'ayant pas de religieux, Dieu versa une si grande benediction sur cette retraicte, que la plus part pleuroient d'en sortir, tant elles avoient gouste, sous une si saincte conduicte, combien il est doux de demeurer auprès de Dieu. Ce fust dans cette retraicte, où la mère Aymée et seur de la Vierge, de qui les graces extraordinaires avoient paru despuis le noviciat, qui avoient ete ses fideles compaignes dans les travaux de sa charge, trouvant tant de secours dans sa conduicte, parurent à la communauté plus particulièrement liees. Ce qui occasionna aux unes et aux autres beaucoup de croix, que nous dirons apres, mais aussy beaucoup de secours et de graces. Le temps estant expiré de son premier trienne, elle souhaitoit fort d'estre deschargée. A cest effet escripvit aux superieurs, lesquels, ou parce qu'ils étoient satisfaits de sa conduite, ou pour d'autres raisons que Dieu permettoit pour la tenir toujours sur la croix, car ainsy estimait-elle cette charge, ils ne procederent a cette eslection qu'un an après.

Le 29 decembre 1643 fust procede a nouvelle eslection, dans laquelle elle fust confirmee, nonobstant les presses que son humilité fist aux superieurs. Il fallut obeir. Dieu luy preparoit des combats plus rudes que les premiers, par une maladie qu'elle heut, qui fust et longue et violente, dans laquelle elle estoit dans des dispositions interieures de resignation très particulières, qui la rendaient en tout son mal très disposée a parler de Dieu, et vouloir en estre entretenue, sans s'occuper de son mal, aymant Dieu, en tout ce qu'il operait en elle, car c'estoit son attrait et disposition plus ordinaire qui luy avoit este communique un jour de Saincte Croix de may. Voici comment elle s'en explique : « Estant a la sainte Messe, fort pressée d'aymer Dieu, il me fut mis en l'esprit quil falloit que le sainct amour de Dieu fust la clef qui gardât mon cœur. Enfin je le demande a sa bonte et le voullais bien aussy, afin que rien de la terre n'y entrat, qu'il fust toujours ouvert aux operations du sainct amour. De verite j'esprouve bien que c'est sa seule nourriture, demeurant un couple d'années poussée d'estre toujours fidelle aux pratiques du sainct amour. A la fin la ferveur m'emporta a faire un vœu d'aymer et faire tout par le motif de l'amour. De quoy mon superieur me blama, m'en fist relever au jubilé. » Quels progrès ne fist pas en son âme une si sainte disposition. Les moindres paroles et actions dans une si saincte pratique, estant si relevées, et plus agréables à Dieu que de plus grandes actions avec une fin moins espurée. Que devaient estre tant de veilles dans l'oraison, tant de contradictions, tant de peines d'esprit, tant de disciplines, ceintures de fer, cilices, et autres penitences eslevees par un si noble motif. Si les moindres actions de régularité, comme de balayer, laver la vaisselle, secourir ses sœurs, faire bien un office, charme le cœur de Dieu, comment n'eust-il pas este gaigné par tant de confessions, offices divins, conferences spirituelles, communions faictes dans cest esprit. C'est cest amour qui luy donna tant d'ardeur pour le sainct sacrement. Voicy comme elle mesme l'exprime : « Je fus fort préoccupee d'une présence de Dieu qui me dura trois mois, je fis deux communions à la chambre au lict, ou je croyais par la misericorde de Dieu de grandes choses de celluy qui me faisait l'honneur de me venir visiter; j'estois preoccupee de son amour, je souffris fort une nuit a combattre voir si je demanderois, dans les grands désirs que j'avais, de le recevoir, qu'on me le donnat, et retenue par considerations humaines; enfin je surmontais tout et on me communia. Je reçus un nouvel attrait, ou tout gouste en moy la presence de Dieu, je ressentis exterieurement une odeur, la plus suave, la plus forte que j'aye jamais ressentie. Crainte de tromperie je ne fis nul estat de la chose, je suivis Celuy qui estoit au dedans de moy pour tourner de son côté toutes mes affections et m'abismer toute dans son amour. Mon esprit ne fut guere malade dans cette maladie, estant dans de grandes craintes des jugements de Dieu, et dans l'aveuglement ne sachant cognoistre mes peches, je m'empressais à les chercher et aprehendais des abus. Je demeurais deux jours bien desolée avant mes communions, après lesquelles tout s'évanouit. J'eus voulu mourir toute seule, pourvu que j'eus mon confesseur. C'estoit un jour de Sainte Croix de septembre, cela me laissa une particulière devotion aux festes de la Saincte Croix, que doucement je solemnise et procure qu'on le fasse. Un jeudy sainct, ayant demeure trois jours avant avec des peines plus qu'ordinaires, me sembloit que tout estoit perdu. J'eus voulu toujours avoir un confesseur, mesme avant m'approcher de la saincte communion je me voulus reconfesser, soudain tout passa. Estant à la messe où nous devions communier, sur les paroles que le Fls de Dieu disait à saint Pierre : Si je ne te lave, etc., je fus saisie d'une peine si grande, sur la perte de Dieu, et sur le besoing que la creature a qu'il la rende pure et afin qu'il la mette en luy. Je n'estois point dans le sentiment de ce grand sainct, car je voulois estre toute abîmee dans son divin amour et me sembloit que l'operation se faisoit dans une vue de l'exces de sa bonté. J'esperois tellement et demandois avec tant de vehemence le pardon de toutes mes fautes, a la fin je me perdis toute et demeurois 4 ou 5 heures dans l'exercice des admirations, desir d'aymer fort. M'en allant disner où je n'en avois point d'envie, trouvant un morceau de pain de la cene, le mangeant, je fus toute remplie d'une odeur celeste. Je voulois faire experience si cela venoit du dehors ; je fus reprise dans l'intérieur de curiosité. Par sa grace j'etois bien remplie de sa présence par les effets que j'en sentois qui estoient de respect, simple mouvement d'amour. Au partir de la, durant 3 heures ne pouvant converser, je me separois et pleurois du désir d'estre à Dieu. » Les mouvements dont son ame estoit remplie produisoient en nous, qui estions jeunes professes, des grâces intérieures et exterieures par sa conduite. Elle n'avait pas plus quitté le soing de nous que si nous ussions este au noviciat. Le feu sacre qui l'animoit sortit au dehors, ne se pouvant contenir au dedans de son cœur, luy ayant esté donne pour le communiquer aux autres. Dans ce temps la, outre les exercices communs qu'elle animait par sa presence, s'il y avoit du temps que la constitution ne marqua pas quelqu'exercice particulier, comme depuis la demi heure de l'oraison d'apres vespres jusques a complies, elle prenoit quelque livre affectueux, d'ou elle prenoit subjet de mettre dans nostre esprit et dans nostre cœur, les principes de la vie religieuse, les motifs pour les nous faire aymer, comme par exemple, que nous ne nous oublias-sions point, que nous avions tout quitté, que ce n'estoit pas un compliment que nous avions fait a Dieu, que ce qui estoit permis aux seculiers estoit un crime pour nous; que les vaines libertes estaient la peste du cœur, que le monde s'efforceroit de nous communiquer son poison par ses entretiens inutiles au parloir et autres verités necessaires a nostre vocation, comme d'aymer a traicter avec Dieu et se savoir passer de l'entretien des creatures, et cela avec si grande grace que nous en demeurions convaincues. Les autres y voulloient avoir part quand elles se pouvoient dispenser de leurs employs. L'effet s'en vit bientôt dans les fonctions de nostre vocation, vers le prochain, dans les classes et pensionnaires. Nos sœurs animées de cet esprit, tachoient d'eslever les pensionnaires dans la pieté. Vous eussiez dit que c'estoit un petit noviciat. On leur apprenoit a estudier leurs defauts, lesquelles touchées en faisoient leur coulpe, comme des novices, demandaient permission de faire des mortifications; ce qui faisoit que dans peu de temps elles aymaient la devotion. Cette charitable mère crut qu'elle devoit apporter un petit reglement, pour la perfection de ses seurs et pour le bien des pensionnaires, qui n'avoit pas ete observe jusques lors, de ne permettre point aux pensionnaires de parler aux seurs sans conge, si ce n'est a leurs maistresses; ce qui attira beaucoup de benedictions sur les unes et sur les autres. Beaucoup de pensionnaires ont été religieuses ceans et dans d'autres monastères, d'autres dans le monde ont donne des marques de leur bonne esducation. Cette methode continue dans la maison, par la misericorde de Dieu; mesme on tache de leur donner le goust de l'oraison. Le diable enviant cette chrestienne esducation a mis un bruit que cette maison n'estoit propre qu'a eslever des filles pour estre religieuses. On ne leur souffre point les vains ajustements du monde; on souhaite fort que leurs habits, aussy bien que leurs mœurs soient selon la modestie chrestienne. Pour les filles des classes, la benediction que Dieu y a repandue a ete grande. La pluspart donnent de l'esdification a leurs père et mère, en leur faisant part de l'instruction qu'elles reçoivent, et mesme souvent leur apprennent les principes de la foy, que leur negligence leur avait faict ignorer jusques lors. Mais le principal effet, c'est la crainte du peche qu'on leur grave. Si on scait qu'elles soient allé aux compagnies des garçons, qu'elles soient opiniatres et desobeissantes a leurs parens, si elles sont menteuses, si elles se chipotent entre elles, a quoy on tache de veiller, elles en sont plus tost chastiees que de leur lecon. Et comme les jeunes enfans prennent facilement les premières impressions qu'on leur donne, quand on a soing de leur demander : Qu'avez-vous fait aujourd'huy pour Dieu ? elles repondent : Je n'eusse pas voulu faire ce que ma mère me commandoit, cela me faschoit de luy obeir, mais je l'ay faict pour l'amour de Dieu.

Elle n'obmettoit rien pour faire venir les desseings de Dieu a chef, qui estoit non seulement de sanctifier les particulieres, ce qui par la bonté de Dieu reussissait dans celles dont nous descrirons les vertus, mais de rendre la maison entièrement régulière dans tous les points de la constitution ; ce qui estant une œuvre un peu difficile, elle prist toutes les voyes pour cela. Premierement elle mit la maison soubs la protection de la saincte famille de Jesus-Christ, et parce que saint Joseph en estoit le conducteur, elle obtint des superieurs, qu'en son honneur la communaute communia tous les 19 du mois, ce qui continue dans la communauté qu'elle nommoit ordinairement la famille de Jésus-Christ. Ce qu'elle entreprit par un mouvement particulier de Dieu qu'elle exprime en ces termes : « Ayant demeure des annees dans des obscurites et peines interieures, sans goust, ne desistant pourtant de prier, cherchant Dieu par la foy et non le goust, n'estant, dit-elle, ce dont je faisois estat, mais seulement de plaire a Dieu, me vint en l'esprit qu'il me falloit une porte pour ouvrir mon cœur à Dieu et recevoir ses graces, qui estoit de recourir à la Sainte Vierge et au grand Sainct Joseph, et fit lors grand effet en mon ame et d'union à leurs cœurs, pour l'estre, par eux, a celuy de Jesus. » Et dit que la chose ne sortit guere de sa pensee plusieurs annees, ni au commencement de ses actions, soit pour ses besoings particuliers, ou pour ceux des autres, s'y sentant fort pressée, et de laisser tout entre leurs mains, et recourir à la puissance que Dieu leur a donnee. Ce ne fut pas cette seule foys qu'elle a reçu de pareilles graces par la protection de cette saincte famille. S'il y avoit quelque chose a entreprendre pour le besoing des particulieres, ou pour ceux de toute la maison, d'abord elle recourrait a des neuvaines, ce qui est encore tout le recours de la maison dans ses besoings. Cette grace heut tant d'estendue dans son esprit que considerant que quoique toutes les seurs dussent aller au bien, toutes pourtant n'y pourraient aller d'un pas esgal, elle s'associa certaines seurs, dans lesquelles elle voyait que Dieu se communiquoit plus abondamment. Ce fust le second moyen pour faire reussir les desseins que Dieu avoit sur cette maison. Quoiqu'il réussit en son temps, ce ne fust pourtant que pour lui occasionner beaucoup de croix. Elle trouvoit grande correspondance de grace avec seur Gabrielle de la Vierge et seur Aymée de Jesus, qui etoient prevenues de Dieu par des graces si extraordinaires, qu'elles surprenoient celles qui les recevoient, et cette bonne superieure. Dieu permit, pour sanctifier les unes et les autres, ces grandes communications qu'elles avoient ensemble, lesquelles, comme elle l'assure, n'estoient que pour la gloire de Dieu, et pour adviser aupres de luy, par leur moyen, comment elles pourroient faire venir a chef cette saincte entreprise. Elle respectoit beaucoup leurs graces, les ayant beaucoup eprouvees depuis leur noviciat, par contradiction et humiliation. Presentement Dieu l'ayant mise dans une autre disposition, elle croyoit, par son humilité, leurs graces au dessus de la sienne. Dieu mesme sembloit entrer dans ce desseing, luy expliquant ses volontés par seur Gabrielle, ce qui fust occasion de murmures. Le prétexte sembloit specieux, on porta les plaintes au superieur, que celles qui estoient si zelees pour les autres estoient attachées entre elles. Cela fut representé si fortement que les superieurs jugèrent a propos qu'elle ne fust pas continuee pour superieure, à cette nouvelle election, a laquelle ils estoient venus proceder, avec commandement expres de ne point se communiquer entre elles rien de ce qui se passoit à l'intérieur. Dieu scait si cela ne leur causa pas de l'humiliation, et si la communauté ne pensa pas que, puisque les superieurs en avoient ordonne de la sorte, il falloit que ces filles fussent trompées et qu'elles s'amusassent entre elles dans leurs imaginations. Les superieurs pourtant, agissant dans cette affaire selon toutes les règles de la prudence, ne manquoient pas d'envoyer, le plus souvent qu'ils pouvoient, les personnes les plus propres et les plus spirituelles de leur cognoissance.

Cette eslection fust faicte le 18 du mois de may 1647, dans laquelle, nonobstant les tesmoignages de mescontentement de sa conduite, la communauté fust si partagée, qu'il fallut balloter par trois fois. Après quoy la mère de Saint Benoist, qui luy avoit assiste en qualite de soubs prieure, durant ses deux triennes, donnant beaucoup d'exemples des vertus religieuses, fust eslue pour superieure et nostre digne mere pour soubs prieure, ce fust alors qu'elle crust que la volonté des superieurs estoit qu'elle demeurat dans les bornes de sa charge, regardant ce temps comme un temps de penitence pour elle. Elle tachoit de se tenir cachee. Voycy quelques unes de ses dispositions en ce temps la : « Je souffris durant 7 ou 8 jours des peines extrêmes, devant Dieu seul, non pas de ma deposition, car j'en estois contente, crainte que par les ruses de nos ennemis, (car c'est le diable que je blasme et escuse toujours les creatures), de ce qu'ayant vu de grands services rendus à Sa Majesté, la Religion soustenue, la discipline régulière assez en vigueur, la volonté de Dieu fust détournée; oh ! c'estoit ma grande peine. » En quoy il faut remarquer que ce n'est pas qu'elle crust que la volonté des superieurs qui avoit faict separation, destournasse celle de Dieu, au contraire elle tesmoigne que son ame fust soubsmise au bon plaisir de Dieu. Voicy comme elle s'en declare : « Par commendement la volonté de Dieu me fust cognue dans l'obeissance et fist de si grands effets dans la soubsmission que Dieu m'en fist faire qu'elle discipa à l'instant toutes mes peines. On nous avoit divisées pour nous mieux unir, et a mesme temps dismes toutes trois le *Te Deum laudamus* de bon cœur. » Combien de vertus pratiqua-t-elle dans ce saint temps ? « Voici les gains que j'ay faits, dit elle. Me fut mis en l'esprit que Dieu m'avoit accorde en ce temps ce que j'avois tant désiré, et que me retirant des deux creatures en qui j'avois plus de confiance, vouloit que je fusse seule et dégagée de toutes les creatures, pour ne m'appliquer plus qu'à luy ; par sa grace, je goustois bien de la solitude. » En effet, elle aimoit tellement d'estre seule avec Dieu en fillant sa quenouille, que quoique la regle nous permit de nous adresser à elle, elle ne nous voulloit point recevoir, nous renvoyant toujours à la supérieure, soit par cet esprit de retraite, soit par esprit d'humilité, qui la faisoit estimer impropre a tout employ. Voici quelques-uns de ses sentiments sur ce subjet : « J'ay heu toujours peur d'aller au profond des enfers pour avoir neglige et meprise les graces que Dieu m'a faictes. Quand je sonde le fond de ma conscience, je vois en verite que je n'ay jamais rien fait. » Elle entroit dans les sentiments des personnes tentees contre elle, et se croyoit opposition aux desseings de Dieu sur elle et sur les autres. On luy donna l'office des mouchoirs et autres petits linges; quoyque soubs prieure, elle le faisoit avec tant d'agrément que le plus honorable employ de la maison. Sa vue estoit tournée sur ses pechés qui la faisoient gemir soubs le faix; luy sembloit, dit-elle, que les paroles que Nostre Seigneur dit à Judas : Il heut mieux valut qu'il n'eust point este, s'adressoient a elle et penetroient toute son ame ; et celles de Job : Pourquoy m'avez vous faict si contraire à vous ? De ses sentiments venoit qu'elle estoit fort contente que ses fautes fussent cognues. Elle nous en entretenoit avec des sentiments qui nous faisoient entrer en nous mesmes. Dieu qui revelle ses grâces aux petits, lui communiqua, un jour de la feste de sainct Psalmet, patron de cette ville (1), de qui les principales vertus ont esté l'humilité et la vie intérieure et cachée, de grandes graces par l'entremise de ce sainct, à cause, comme il est probable, du rapport qu'elle avoit avec sa vie. Nous en avons conservé quelque memoire, dans lequel voyci ses termes : « A l'heure qu'on sortoit son chef, je fus mise dans un estat fort particulier d'union et de recollection intime, grace que je confesse recevoir tous les ans ce jour, durant vingt-quatre heures. » Quoy qu'elle fust pour son regard dans ces dispositions de croyre que le temps de Dieu fust qu'elle travaillat pour elle, que ce n'estoit pas par elle que Dieu voulloit mestre ordre à ce qu'elle voyoit necessaire à corriger dans la maison, elle portoit ses pensées avec humilité à la superieure, ce qui est proprement l'office d'une soubsprieure, d'ayder, par ses conseils, à la superieure, au moyen d'establir le bien et a divertir ce que le relachement veut introduire. Elle ne manquoit point de le faire ou faire faire par les discrettes.

Les superieurs envoyèrent le R. Père du Sault, jésuite, homme éminent en piété, doctrine et grace pour la direction, qui ayant donné les exercices, cognut que l'esprit de Dieu animoit cette bonne mère et assura les supérieurs qu'elle estoit la plus propre pour conduire cette maison, ce qui seroit beaucoup pour les desseings de Dieu. Car nous pouvons croire tres probablement par les effets merveilleux qui arrivèrent apres, de sa conduite, que ce temps de retraicte luy avoit este donné pour se purifier davantage, afin qu'elle fust plus propre pour l'accomplissement de l'œuvre de Dieu en elle rendant ses vertus plus pures.

Le 23 de juillet 1651, elle fust eslue superieure, Monseigneur, avec son vicaire général, assistant à cette eslection. Elle obtint d'eux qu'on ne demeurat qu'une heure au parloir, et jamais sans ecoutante, mesme aux plus proches, et encore que l'on fust plusieurs demandées par mesme personne. Outre cela fist que les parloirs fussent fermés par des grilles de fer blanc a petits trous du costé des religieuses, outre la grille de fer qui est du coste des séculiers, en sorte que ce fust interdire toutes les visites inutiles, personne ne se plaisant, sans nécessité, d'aller voir, sans voir, des religieuses. Ce qui a tellement réussi que nous ne

---

(1) Le 13 juin, c'est à cette date que l'on célébrait alors la fête de saint Psalmet. Dans le propre du diocèse dont on se sert actuellement, elle est placée le 15 juin. Un bréviaire de 1459, le missel diocésain de 1483, et des calendriers des mêmes époques la mettent au 17 décembre. On ne sait pas pourquoi le *Martyrologe universel* l'a mise au 8 mars.

sommes pas diverties de nos exercices ordinaires par les visites, et l'exemple de cette regularité edifie beaucoup les seculiers. Voyant que nostre nature corrompue se porte assez d'elle mesme au relachement, elle vouloit fort fermer toutes les advenues au péché, sachant bien ce que dit sainct Jacques, que l'on ne saurait parler longtemps sans pecher. Ce n'estait pas assez d'avoir mis ordre a ce piege de Satan, sa vigilence luy en faisait remarquer d'autres auxquels son zele luy fist bientost mettre remède. Elle estably un vestiaire, mettant tous les habits et linges en commun, et toutes les petites boutiques que chascune avoit en particulier pour faire des *agnus*, pour empescher cette mesme propriete qu'elle regardait comme détruisant l'esprit de communauté fondamentalement. Elle ne voulut plus que les portières reçussent seules, ni donassent ce qui passait par la porte ou par le tour. N'y ayant que la clef que la portière gardait, au tour et a la porte, elle fist mestre une autre serrure à chascun, gardée par une assistante, qu'elle donna à la portière pour cet effet, tant elle craignait tout ce qui peut occasionner quelque propriete. Ce fust à ce mesme temps que rompant toutes considerations humaines, pour ne regarder que Dieu, en la personne du monde en qui en son particulier et toute la communauté avoit autant d'obligations, elle crut que le plus pur, pour luy, pour les seurs, estoit qu'il s'absenta, en quoy il ne falloit pas peu de fidelité, toute sa nature se renversant à la seule vue qu'elle avoit que Dieu voulloit ce sacrifice. Mais il fallut enfin se surmonter.

Des actes si genereux sur elle mesme obligeaient Dieu a se communiquer a elle de plus en plus. Un jour de la Sainte Trinité elle reçut une grace de laquelle elle parle en ces termes : « Je fus presque tout le jour penetree d'une lumière qui remplissait toute mon ame et l'occupoit au grand bien et joye qu'il y a en paradis, de louer, aymer, posseder Dieu purement. Cela faisait effet de joye et de souffrance tout ensemble ; ce que je sentois ne pouvoit venir de moy, ni des choses de la terre ; c'estoit dans le fond de l'âme, tout estoit rempli de ce désir et en souffroit la privation ; je sortois des larmes bien douces ; la pensee de David m'a ete mise en l'esprit, les larmes m'ont servi de pain et le fruit en sera l'accomplissement de sa sainte volonté. » En effet, elle l'embrassait en tout ce qu'elle cognaissait, et tachait de faire marcher les seurs dans ses routes. Combien de penitences donnoit-elle aux delinquantes, et dans le particulier pour leurs besoings interieurs, et en public pour les défauts qui avaient mal edifie les seurs. Ce qui ne se pratiquait pas seulement envers les novices et les jeunes, mais encore envers les plus anciennes. Elle savoit bien que l'impunité etoit la mère de tous les vices, et elle avoit remarqué par expérience, que si l'on cessoit pour quelque temps a esveiller les seurs par ses saintes pratiques, le relachement et la tiedeur s'emparoient bientost des esprits et des cœurs, et cette sainte ferveur qu'elle disoit estre l'ame de la Religion ne paraissait presque plus. Elle ne pouvoit souffrir les ames qui font l'œuvre de Dieu negligeamment ; c'est pourquoy l'amour qu'elle avoit pour Dieu et le zele de sa gloire avoient été inventifs a luy faire trouver tant de diverses sortes de mater la chair et humilier l'esprit, ne se passant presque point de jour qu'il n'y hust qui demandassent leurs deffauts au refectoir, qu'on ne disnat a terre et souvent avec un torchon de cuisine, qu'on ne dise ses coulpes, et d'autres humiliations, desquelles les seurs estoient si affamées qu'il s'en est trouve qui portoient le cilice, plusieurs jours consecutifs, ou la ceinture de fer. Plusieurs, avec elle, ne mangeaient rien despuis le disner du jeudi sainct, jusqu'au samedy. Et quoique ses infirmités fussent presque continuelles, a cause d'une grande chaleur de foye et faiblesse d'estomac, cela n'empeschoit qu'elle ne fust la première à tout, et que son exemple ne fust un plus puissant motif sur nos esprits que sa conduicte. Une des puissantes raisons pour faire ces penitences extraordinaires, estoit la conversion des âmes, ou leur plus grande sanctification ; mesme sa charité s'étendait a en faire pour les soulager dans leurs peines, soit corporelles, soit spirituelles. Elle jeûna dix ans la veille de la Feste-Dieu pour obtenir la guerison d'une de ses seurs. Une autre en qui on remarquoit fort peu d'esprit de sa vocation, fust enfin, par les prières qu'elle fist et fist faire a toutes les personnes les plus sainctes de sa cognoissance, dans une maladie de deux ans entierement changée. Une autre encore en qui elle remarquoit de la lachete et de l'amusement pour les creatures, portant cela quelques années avec grand peine, tombant dans la maladie dont elle mourut, cette bonne mère redoubloit ses prières et penitences. Cette seur fut mise dans de grandes apprehensions des jugements de Dieu, ce qui l'obligea a faire une exacte confession generale, et comme cette apprehension estoit la grace par laquelle Dieu la vouloit changer entièrement, elle la garda jusqu'à la mort, ou s'escriant : « Voicy le jugement de Dieu, appelez-moi, s'il vous plaît, la mère, » paraissant extraordinairement effrayée ; elle fust rassurée par les paroles de confiance en Dieu de cette bonne superieure, et mourut entre ses bras. Elle avoit heu connoissance particulière de la famille huguenote d'un seigneur de cette province, pour laquelle elle avoit ete pressée de prier Dieu et de faire des penitences 15 ans durant, surtout plus vivement 4 ou 5 mois sur la fin, ayant esperance que Dieu lui ferait misericorde. « Quoyque j'apprehenda fort, dit-elle, pour le chef de cette maison qui estoit fort obstiné, sachant que la divine bonté faisait plusieurs merveilles pour le convertir, et que cette ame estoit en estat de reprobation s'il continuait a refuser la grace. Enfin la nuict que Dieu lui toucha le cœur, je fus esveillee par un coup de tonnere ; me fust mis en l'esprit de prier pour cette personne. Quoyque j'apprehende le tonnere je ne m'en souviens du tout plus. Ma foy estoit vive, et sembloit que j'étois devant le throne de la divine Majesté, m'appuyant sur sa puissance et attendant tout de sa bonté, implorant la faveur de Jésus-Christ pour le salut de cette ame toute la nuict, et sembloit, sans que j'en sus rien, que je soutenois tout l'assaut que cette ame souffroit, fus portée à promettre que je ferois faire secretement durant un an, dans cette communauté, de bonnes œuvres, à l'honneur de Jesus, Marie, Joseph. A trois jours de la on me vint dire les merveilles que Dieu avoit faictes pour cette personne qui dans peu fist sa profession de foy avec sa famille. » De plus un gentilhomme de sa cognoissance pour la conversion duquel elle avoit fort prié, d'huguenost se rendit bon catholique, et luy advoua, qu'apres Dieu, elle luy avoit plus servi pour sa conversion, sans qu'il sut ce qu'elle avoit faict secrètement pour ce subjet, mais seulement à raison de ses saincts entretiens. Si elle heut du zele et de la charité pour les estrantrangers, elle l'eust encore plus grande pour ses frères qui commandaient dans les armees, et qu'elle savoit dans de grands dangers. Il en mourut un, en cette ville, pour lequel cette chere seur avoit fort travaillé auprès de Dieu, pour obtenir qu'il prist une autre vocation que celle des armes. Et quoique ce bon gentilhomme eust vescu sans reproche dans les armées, il fist un extraordinaire progres en la vertu, par la fidelité qu'il heust a mettre en effect les salutaires instructions que luy donna sa vertueuse seur pendant quelque temps qu'il demeura au pays. Voicy les belles dispositions dans lesquelles elle se trouva et durant sa maladie et sa mort : « Le sachant malade, je crus d'abord qu'il devoit mourir, et que Dieu le vouloit delivrer de peine ; et moy aussy j'avais demeuré trois ans à demander à Dieu, s'il lui plaisoit, qu'il heust un rang dans son Eglise, la pensee me fust mise qu'à la faveur de la Saincte Vierge par qui je le demandois, et a qui il avoit grande devotion, le feroit establir bientot dans la triomphante. Je voyois tant de providence de Dieu sur luy, je parlois presque immediatement à sa bonté, a la façon que les deux seurs parloient de Lazare ; durant sa maladie je n'ai point voulu converser parmi les créatures, mais avec Dieu, trois ou quatre heures durant son agonie, partout je priois avec facilité en la presence de Dieu, me sembloit par sa puissance que je voulois renverser tout l'enfer, afin que rien n'aborda, m'appuyant sur son bras. On me vint dire la nouvelle de sa mort. En disant mon office, me présentant devant Dieu, il me vint un si grand effroy, crainte qu'il ne fust damné, qu'a cet instant je souffris une peine qui traversa toute mon âme ; au mesme moment me tournant à la bonté de Dieu et luy parlant dans ma douleur, je n'escoutay point mes tendresses, j'adoray les desseings de Dieu et ses jugements. Des l'instant ma tentation passa. »

Il n'y avoit point de personnes de sa cognoissance qui lui ayant faict cognoistre des besoings particuliers, elle ne les portat devant Dieu, ou quelquefois l'estat de leur conscience luy estoit mis en vue dans l'oraison. Elle assura d'un certain prestre, du salut duquel elle craignoit beaucoup que sans une devotion qu'il pratiquait en l'honneur de la Sainte Vierge, qu'elle specifia sans l'avoir sçue d'ailleurs qu'il se trouva avoir pratiquée, il heut péri un jour, de l'âme et du corps. Ce ne sont que des eschantillons de son zele qui estoit si estendu qu'il embrassoit tous les pécheurs. Elle avoit grand respect pour les personnes apostoliques, qui travailloient pour le salut des ames.

Le 28 septembre 1654 elle fust confirmée supérieure. Ce fust dans ce temps la que la communauté prenoit un train tout particulier, goustant la conduite de cette bonne mère. Il n'y avoit point d'interieur qui lui fust caché. Les seurs trouvaient tant de facilité et de lumière, sous sa direction, qu'il falloit qu'elle donnât la pluspart du temps à les entendre. Les unes sortoient soulagées de leurs peines intérieures, les autres secourues pour les porter patiemment. A d'autres elle marquoit leurs esgarements, leur indiquant le chemin que Dieu vouloit qu'elles tinsent. Il n'y avoit point de voye a laquelle Dieu ne lui donna jour. Pour comprendre leurs voyes dans leurs plus grandes obscurités, elle savoit par la lumière de Dieu lesquelles il falloit encourager et lesquelles il falloit humilier. Generalement toutes avoient un grand amour et desir de luy obeir, prenaient de bonne part les advertissements et corrections qu'elle leur faisoit, goustoient son esprit et approuvoient sa conduite. Dieu luy donnoit en beaucoup de rencontres, pour ayder a cela, le discernement des esprits. Le confesseur assure que luy parlant d'une pensionnaire en laquelle il avoit remarqué un esprit généreux et fort ouvert pour les bonnes choses, luy tesmongna qu'il la croyoit fort propre pour la maison. « Non, luy dit-elle, elle a l'esprit de carmelite. » Ce qu'elle fust quelques années après. Sa grâce de commander venant de l'authorite de Dieu assujettissoit non seulement les esprits et volontés, mais mesme parut extraordinaire en la personne d'une seur, qui etant malade de la fièvre tierce, dont le 4e accès commença a prendre, estant demandée par son père au parloir, lequel parce qu'il estoit estranger elle ne vouloit pas le congedier, elle commanda à cette seur d'y aller, la faisant lever du lict. Des ce moment la fièvre la quitta, tant son commandement fust efficace.

Conformement à la conduite que nous avons marquée, qui estoit pour avancer les âmes, de les tourner vers Dieu et de les y tourner avec elle, ayant obtenu des superieurs, quelques années d'avant, qu'une par rang communia tous les jours, elle heust congé en ce temps qu'elles fussent trois qui heussent ce bonheur. Son secret estoit que ce fust Dieu qui formât ses espouses. La frequentation des sacrements, avec ces dispositions, portoit de merveilleux accroissements. De plus, on luy permist aussy que nous communiassions les trois jours de caresme prenant, pour donner quelque matière au zele que nous avons marqué qu'elle avoit pour la conversion des pécheurs, pour lesquels sa profession ne lui permettoit pas de faire tout ce qu'elle heut voulu. Quand il falloit qu'elle traitât avec le prochain, Dieu lui donnoit si grande ouverture d'esprit et de cœur, que sa conversation en étoit agréable et plus utile. Ce qui lui estoit osté hors de ce temps, et estoit mise, comme elle l'a advoué, ou devant, ou apres, dans des etats penibles, gardant toute la vigueur pour son âme, et tout le doux au prochain. Dieu l'appeloit à une si grande pureté de cœur, qu'il ne pouvoit souffrir que les choses qu'elle traictait par le du de sa charge, non seulement partageassent son cœur, mais y laissassent la moindre impression. « Dieu me veut fort purgée, disoit-elle, de toute image des créatures. » Cognoissant la volonté de son espoux et le deschef que cela causoit dans l'intérieur par les reprehensions que Dieu luy en faisoit se retirant dans sa saintete et n'ayant pu croyre (?) que des reproches, elle tachoit de porter grande fidelité, et d'avoir dans les choses les plus embarrassantes et qui pouvoient causer le plus de distractions, comme sont les affaires temporelles de la maison, des dispositions qui n'esloingnassent point de Dieu, comme d'agir par abnégation de son esprit et ce que Dieu la y voulloit. Et quand Dieu permettoit qu'il se trouvat des personnes revesches, qui luy disaient quelque bon mot, ou des personnes injustes qui vouloient retenir quelque chose des comptes ou dans les payements, cela ne la sortoit point de sa voye, mais lui en estoit un moyen. Qui pourroit raconter les actes héroïques que dans ces occasions elle remportoit sur elle mesme, sans que la raison humaine, comme la pauvreté de la maison, la fist sortir de l'abandon. Quoyque, comme elle nous assuroit elle-mesme, elle eust porté en divers temps, mesme plusieurs années en suite, beaucoup de delaissements intérieurs, impuissance d'agir sensiblement, ce que Dieu faisoit afin qu'elle cognut que c'estoit ses dons, et que la mesme main qui les luy avoit donnés les luy pouvoit oster, qu'elle ne s'en enorgueillit point. Il la laissoit à elle-mesme, au moins dans sa vue, quoiqu'il la soutint invisiblement, et principalement dans ce temps icy. C'estoit alors qu'elle s'humiliait, qu'elle entroit en vue de ses peches. Elle ne faisoit point comme certaines ames qui ne s'attribuent point la cause que Dieu soustraye d'elles, mais regardant cela, dans son esprit comme des espreuves, on ne lui auroit jamais fait croire que ce ne fust pas sa faute, qu'elle n'y heust donné occasion, et qu'elle n'en fust la cause. Ce qui lui causoit beaucoup de bons effets, premièrement, anéantissement d'elle-mesme qui faisoit qu'elle ne se plaignoit point, voyant que rien ne lui estoit du, mais portoit son esprit avec une grande paix, croyant que Dieu faisoit justice, lui ostant ce qu'elle n'avoit point mérité. — 2e Cela la faisait entrer dans les intérêts de Dieu, contre elle-mesme, agreant qu'il chastiat ce qu'il trouvoit opposé à ses desseings, ce qu'elle ne cessoit de punir elle-mesme : Serons nous toujours contraires à Dieu ? disait-elle. — 3e Quand il plaisoit à Dieu de l'en sortir, elle estoit fort reconnaissante, protestant qu'elle ne vouloit point son contentement, mais celuy de Dieu, faisant dire souvent, mesme à la recreation à seur Gabrielle de la Vierge, cette belle devise qu'elle avoit, à laquelle son âme trouvoit grande correspondance : Servir Dieu parce qu'il est ce qu'il est, ne cherchant dans ses dons que lui-mesme. Ce feu sacré ne se pouvoit contenir et la bouche parlant de l'abondance du cœur, elle commençoit quelquefois les recreations, particulièrement les advens et caresmes, les bonnes festes, les jours de communion, par quelque parole de Dieu, qui sortant de ce cœur embrasé, navrait les nostres, et parce que cela heut pu trop appliquer les esprits en ce temps, elle prenoit une perfection de Dieu, par exemple sa bonté, et demandoit a chasque seur, par rang, par quelle raison cognoissait elle que Dieu fust bon, et finissait la recréation en concluant qu'il falloit donc bien aymer Dieu qui estoit bon par tant de tittres. Une autrefois, nous remercions Dieu par rang de ses benefices, chacune disant le sien différent. Nous en sortions aussi encouragées pour le bien, comme si nous fussions sorties de l'oraison.

Le 9 d'octobre 1657, la Mère de la Trinité fust confirmée pour supérieure, notre constitution permettant une troisième eslection, nonobstant les sentiments de son humilité, qui lui faisoit jetter les yeux sur sa soubsprieure, charge qu'elle reçut avec larmes. La volonté de Dieu estoit qu'elle mourut soubs le poids, comme il l'avoit fait connaître à sa soubsprieure qui luy avoit assuré auparavant qu'elle seroit supérieure tant qu'elle vivroit et a sa seur Gabrielle de la Vierge, qui l'avoit assurée souvent qu'elle ne verroit pas la soixante (*sic*). Elle ne fist que 8 mois de ce triene, lesquels furent tous tissus de croix, soit extérieures, soit intérieures, entre lesquelles fust que seur Gabrielle de la Vierge, qu'elle croyoit un des principaux appuis de la Religion, tomba dans une maladie dont elle mourut apres six semaines, durant lesquelles il fallut appliquer le fer et le feu. Cela faisoit bien souffrir notre charitable mère, mais sa mort l'affligea bien davantage, quoyque cela n'empescha pas que durant toute sa maladie, par une providence de Dieu, elle ne luy fust très rigoureuse. Ses peines intérieures ne furent pas moindres. S'en expliquant à une seur deux mois avant sa mort, elle lui dit : « Ah miserable que je suis, je croyois pouvoir traverser les plus grandes difficultés, je ne croyois rien de pénible. Maintenant je vois que la moindre chose m'accable. J'entre en tendresse des traitements que j'ay faits à la seur Gabrielle de la Vierge. Je suis sensible à sa perte. Les moindres choses me sont penibles. » Elle confessa en présence d'une seur à une personne spirituelle en qui elle avoit grande confiance que cette seur depuis sa mort luy estoit presente pour la reprendre, toutes les fois qu'elle faisoit, dans son intérieur, des infidélités. Ce qui ayda beaucoup à la purifier pendant les 5 mois qu'elle vescut apres cette bonne seur.

Enfin le temps qu'elle avoit tant désiré estoit venu, car il y avoit dix ans que, lorsque les seurs faisoient leur profession, elle leur demandoit de prier Dieu qu'elle mourut bientost. Elle passa le caresme ayant les jambes enflées, et beaucoup d'ailleurs incommodee, sans que le medecin s'avisa de luy faire manger la viande. On lui donnoit deux œufs, pour lesquels elle avoit grande adversion, s'en tenant là, quoyque la communauté heut des choses pour lesquelles elle avoit plus de goust. Enfin le 11 may 1658, jour où elle avoit communié, elle tomba malade d'une fièvre qui la mit dans la frenesie qui dura toute sa maladie, hors le jour de l'Ascension que le medecin et nous, la jugeant assez libre, on luy donna le sainct viatique et l'extrême-onction. Quelques heures après elle retomba dans sa frenesie, jusqu'à 7 ou 8 heures avant sa mort. Les seurs qui la veillaient la trouvant libre environ les onze heures, on appela le confesseur. Sa disposition fust une vive douleur en vue de ses péchés. On l'entendoit qui disoit : « O bonté, ô sainteté de Dieu, je vous ay offensé ; je m'en repens. » Se confessa et communia une heure apres minuit. Après quoy, la seur qui l'assistoit luy ayant fait faire quelques actes, elle s'unit plus de vingt fois aux mérites de Jésus-Christ. On ne la laissa point pendant ce temps. Elle renouvela ses vœux. Et comme le confesseur commença la passion, elle entra dans son agonie. On luy fist gagner les indulgences de l'ordre ; après quoy, avant que la passion fust achevée, elle mourut le 8 juin veille de la Pentecoste, à six heures du matin.

IV. — *De Saint Julien.* — *Sœur Marie de Jésus (Descordes).* — *Françoise-Béatrix de Saint-Jean Baptiste.* — *Antoinette Pacifique.* — *Gabrielle de Saint-Benoît.*

Ce qui nous arriva de plus remarquable l'an 1639, fust la mort d'une petite pensionnaire, de la maison de Saint-Julien, dans l'Auvergne (1). Laquelle après avoir demeuré deux ans pensionnaire fist de très ferventes poursuites pour avoir l'habit de postulante, tant envers M. de Beauregard son père, que vers nos mères. Quoy qu'elle ne fust agée que de douze ans, elle faisoit paraistre à cet age si tendre tant de solidité en son jugement, tant de piété et de devotion en ses petits exercices, surtout en l'ardent désir qu'elle avoit de communier souvent, se servant de tout plein de sainctes pratiques pour s'y disposer, venant trouver nostre Mère Marie de la Trinité, ou seur Gabrielle de la Vierge, en qui elle avoit une particulière confiance, quelques

---

(1) La famille de Saint-Julien avait de nombreuses possessions dans la Marche et le Limousin, et en particulier dans la paroisse de Saint-Hilaire-Château, élection de Bourganeuf, et c'est probablement de ce dernier lieu, voisin d'Eymoutiers, qu'était la pensionnaire dont il est parlé ici. (Voir *Nobiliaire du Limousin*, T. II, p. 470, 602.)

jours auparavant, pour luy en demander les moyens. Mais ce qui obligeoit plus nos mères à entrer dans son desseing, estoit la haute estime qu'elle avoit de la vocation religieuse. Elle la faisoit paroistre lorsqu'elle entendoit parler au desavantage d'icelle, et quand elle trouvoit par la maison quelque chose qui servoit aux religieuses, elle le levoit révéremment, et disoit en le baisant : « O saint voille, ou saint habit, qui servez aux espouses de Jésus-Christ, vous ne devez pas estre ainsi foullés. Oh quand sera-ce que j'aurai le bonheur de vous porter ? » L'on estoit sur le point de lui donner le premier habit, lorsque Dieu y mist empeschement, se contentant de sa bonne volonté qui fust reputee devant luy pour effet, luy envoyant la petite verole accompagnee d'une fièvre ardente, qui luy fist souffrir une soif extreme, laquelle on ne pouvoit soulager à cause d'un derangement de ventre que le medecin craignoit. Pour la vouloir sauver nous la fismes beaucoup patir. On luy demanda sy elle vouloit faire testament, car elle estoit beaucoup riche du coste de sa mère qui avoit este demoiselle de la Reine. Elle dit que ouy, et qu'elle vouloit tout bailler à la Religion et a son père. Comme on luy representa sy elle ne vouloit pas laisser quelque chose à sa seur : « Non, dit-elle, elle a assez ; tout au papa et a la Religion. » Neanmoins on ne luy en laissa pas faire de peur de mescontenter ses parents. Cette fille, petite de corps, mais grande en sagesse et en vertu, nous en donna des exemples très signalés pendant le cours de cette dernière maladie, a souffrir la soif vehemente qu'elle avoit. Elle nous esmouvoit a tres grande compassion, quand elle nous demendoit a boire, nous montrant ses lèvres et sa longue, brulées et pelées par l'ardeur de la fièvre et de la soif, nous demandant pitoyablement de luy porter de l'eau qui coulait dans le ruisseau pour boire. Elle eust une grande convulsion 3 jours avant mourir. Au sortir d'icelle elle commença d'invoquer la Sacrée Vierge, les saincts et les sainctes de sa devotion, particulièrement nostre Mère saincte Ursule et saint François Xavier de qui elle vouloit prendre le nom se faisant religieuse; et cela avec des paroles si tendres et si dévotes qu'elle auroit esmu un cœur de pierre. Elle repetoit plusieurs fois : « Ouy, ma glorieuse mère saincte Ursule, je vous promets que je serai religieuse, si je releve de ce mal. Recevez moy pour vostre fille. » Apres quoy elle perdit de rechef la parole qu'elle ne recouvra plus, demeurant 3 jours en agonie, durant laquelle on luy donna le dernier sacrement de l'Esglise ; et elle expira apres la minuit du premier jour d'aoust 1639, âgee d'environ douze ans. Elle se nommoit Anthoinette de Sainct Jullien et fust ensepvelie dans nos tombeaux.

Dans l'an 1645 la mère Marie de Jésus de Descordes se retira a Limoges d'ou elle estoit professe. C'estoit celle que la Mère Marie de la Trinité de Liberos avait laissée supérieure, dans laquelle charge elle demeura neuf ans, travaillant beaucoup pour l'établissement de cette maison, souffrant de grandes pauvretés, comme desjà il a esté dict, et donnant de grands exemples des vertus chrestiennes et religieuses. Elle mourut a Limoges le...

Dans l'année 1646 mourut une jeune religieuse nommée seur Françoise Beatrix de Saint-Jean-Baptiste, laquelle fust mise pensionnaire aux Ursulines de Limoges, apres le deces de sa mère, estant encore fort jeune. Elle fust eslevee dans cette maison jusques a ce qu'elle se fist religieuse, ce qui ne luy servit pas peu a conserver la pureté de son cœur et l'innocence baptismale, selon le tesmoignage qu'en rendit son confesseur apres sa mort. Sa marraine qui estoit une des deux damoiselles qui avoient faict la fondation de cette maison (1), la dota, la faisant sortir de Limoges pour venir ici estre religieuse. Elle demeura quelques jours en cette ville, chez sa marraine sans entrer, mais on ne la put jamais obliger d'entrer dans la maison de son père pour prendre congé d'iceluy et de ses frères et seurs, quoiqu'il ne fussent esloignés que de deux lieues, crainte qu'ils ne luy retardassent tant soit peu ce qu'elle souhaitoit si fort, de se livrer entièrement à Dieu dans sa saincte maison. Elle entra donc âgée de 13 ans et quelques mois, ou elle tesmoigna tant de ferveur qu'on ne tarda guere a luy donner le premier habit de postulante, lequel elle garda, avec celuy de novice, environ 4 ans, a cause qu'elle n'avoit pas l'age porté par le concile de Trente, pour faire sa profession. Durant près de huit ans qu'elle demeura religieuse, elle nous donna de grands exemples d'humilité, innocence, simplicité, patience a souffrir de grandes maladies et des maux forts humiliants qu'elle porta avec une debonnaireté non pareille, ne donnant jamais une marque d'impatience, disant avec sa simplicité ordinaire qu'il faisoit bon souffrir quelque chose entre Dieu et soy, sans que personne en seut rien, que Dieu tant seulement. Pour luy faire plaisir, il ne luy falloit pas tesmoigner

---

(1) Françoise Pichard, veuve de Charles Bourdicaud, ou Gabrielle Pichard, veuve de François Bourdicaud.

qu'on la cognut fort malade, et de faict, ses maux estoient à l'extremité quand on les cognoissoit, tant elle avoit de ferveur pour n'en faire pas d'estat. Elle en porta un jusques a la mort, bien que penible et douloureux, qu'elle ne déclara jamais à personne qu'à sa supérieure le matin qu'elle mourut, à cause d'un scrupule qu'elle en eut, après deux ans de maux et de patience dans lesquels cette chère seur fust exercée dans sa dernière maladie qui fust d'une ethisie et hydropisie, ayant reçu tous les sacrements de l'Esglise, renouvelé ses vœux, dans la pratique desquels elle mourut. Car un peu de temps avant elle demanda de l'eau qu'elle avoit laissée dans laquelle on avoit mis du sucre, disant que ce seroit contre la pauvreté qu'elle alla a mal, et mourut par obéissance entre les bras de sa supérieure nostre tres honorée mère Marie de la Trinité, le 8 janvier 1646.

La mort de celle-là fust bientost suivie de celle de seur Antoinette Pacifique (1), qui fust une fille fort judicieuse et de grande conduite. Elle avoit de grands talents pour servir la Religion, lesquels elle employa fort fidelement pendant le peu de temps qu'elle y a vescu. Son premier soing fust de travailler rigoureusement à la mortification de ses passions et inclinations naturelles, en quoy elle eust tant de fidelité, qu'en peu de temps elle assujettit son naturel a ne faire pas d'empechement à la grace et aux desseings que Dieu avoit sur elle, se portant courageusement à la pratique de tres héroïques vertus, lesquelles, pourtant, elle ne croyoit pas avoir, Dieu luy ostant la vue d'icelles, pour luy mettre celle de ses péchés, qu'elle avoit continuellement devant les yeux pour s'en humilier et confondre ; grâce qu'elle garda jusques a la mort. Le demon s'en voulut servir pour la troubler et inquiéter dans sa dernière maladie, luy faisant voir les jugements de Dieu rigoureux et espouvantables. Mais a la faveur de la Sacrée Vierge et du secours qu'elle reçut de sa supérieure, qu'elle fist appeler pour luy ayder dans ce combat, elle en sortit victorieuse. Durant cette maladie elle avoit une présence d'esprit admirable pour faire usage des maux qu'elle souffroit, des aliments et remèdes qu'elle prenoit, selon l'esprit

---

(1) Sœur Antoinette Pacifique de Bardoulat était d'une des familles les plus considérables d'Eymoutiers. L'abbé Legros lui a consacré une notice dans *Six mois de la vie des Saints du Limousin*. T. I, p. 275.

Le 22 octobre 1629, Mlles Bardoulat, filles de Pierre et de Guillaume prirent l'habit chez les Ursulines d'Eymoutiers. (Manuscrit de M. le chanoine Tandeau de Marsac.)

de cette grâce, offrant à Dieu chaque fois ce qu'elle faisoit en union des merites de son Fils, en penitence de telle ou telle chose. Elle mourut, pourvue de tous les sacrements, dans son dix-septieme [jour] d'une fièvre chaude accompagnée de pourpre, le 11 d'aoust 1646, à 7 heures du soir, agée de 27 ans, dont elle en avoit employé six en Religion (1).

La quatriesme superieure qui fust dans la maison, y comprenant la Mere de Liberos, qui avoit faict l'establissement de cette maison, fust la Mere Gabrielle de Sainct Benoist, [de Bardoulat,] laquelle avoit este auparavant soubsprieure durant six ans. Nostre monastère n'estoit pas encore establi en ville; ses parents voyant qu'elle avoit envie d'estre religieuse, quoy qu'ils n'eussent qu'elle de fille, et qu'ils eussent beaucoup de biens, elle n'avoit que douze ou treize ans, qu'ils la menèrent à Limoges, au couvent de Saincte Ursule. Dans cette mesme année nostre maison fust establie. Elle fust amenée postulente et revestue de l'habit de novice, dans ce monastère, par la Mère Marie de la Trinité de Liberos. Elle travailla incontinent à vaincre son naturel qui estoit fort bizarre et ne se découragea jamais, quelque tentation que l'ennemi luy put livrer à cause de la pauvreté de la maison; elle perseverra genereusement à mepriser le monde, pouvant trouver les meilleurs partis de la ville. N'ayant pas l'age, il luy fallut demeurer deux ans novice. Dès sa profession elle fut fort zelée pour l'instruction des filles, ne se lassoit jamais dans ce sainct employ. Elle les encourageoit, estoit fort douce et affable en leur endroit. Les plus pauvres et mal faictes etaient celles qu'elle caressoit le plus, ne craignant point leur vermine, aymant à s'approcher d'elles quoyque le nombre des filles, qui est grand, incommode beaucoup, n'ayant pas eu encore le moyen de faire deux classes. Cela ne la desgoutoit point. Elle ne vouloit pas qu'on les rebutât de peur qu'elles ne vinssent plus et perdissent le moyen d'estre instruites de leur salut. Elle espouillioit les pauvres. Quand elles ne portoient pas de pain, cela luy perçoit le cœur de compassion. Par la tendresse qu'elle avoit du prochain, quelque peine ou desplaisir qu'on luy heut rendu, on n'a jamais remarqué qu'elle en ait parlé en mauvaise part. Elle estoit si portée a rendre service au prochain qu'elle n'en perdoit point

---

(1) Le 12 août 1646, enterrement d'Antoinette Bardoulat, ursuline comme ses deux sœurs : « laquelle avait charge dans le couvent d'enseigner les filles. » (A. Leroux, *Invent. des Arch. comm. d'Eymoutiers*).

d'occasion. Ses delices à la recréation estoient de s'entretenir de Dieu. Elle n'avoit guere d'autre discours au parloir ; ce qui édifiait beaucoup. Une fois un religieux de ses proches l'entretenant des choses du monde, après avoir souffert cela quelque temps, elle luy dit : « He, quoy, est-ce de cela que nous nous devons entretenir ? » Le desseing de la conduicte de Dieu sur cette âme, soit dans la supériorité ou ailleurs, estoit sa propre sanctification par l'abnégation intérieure et extérieure, dont elle ne manqua point d'occasions durant toute sa vie. Dieu qui vouloit que tout luy servit pour aller à luy, luy ostoit tout ce qu'elle auroit pu s'approprier, permettant à sa vue des humiliations, a sa conduicte et a ses entreprises peu de succes, mais toujours beaucoup d'occasions d'y pratiquer de très grandes vertus, a quoy elle estoit très fidele. Dans quatre ans qu'elle fust superieure elle avoit plus de peine a commander qu'a obeir, estant preste a soumettre son sentiment à toutes. Elle eut eu peine d'en faire a qui que ce soit. Ses vertus dans la superiorité estaient l'humilité, la douceur, la patience, la charité, et surtout le bon exemple. Ne vouloit souffrir de privilege en quoy que ce soit ; estait la première a tout. Sa modestie edifiait beaucoup les seurs et les seculiers. Sy elle eust cru avoir faict quelques desplaisirs a quelqu'une des seurs, a mesme temps leur en alloit faire excuse. Toutes les sepmaines elle faisoit appeler l'admonitrice pour luy dire ses fautes, qu'elle escoutoit a genoux les mains jointes. Pour preuve de sa vertu Dieu permettoit que celle qu'elle pratiquoit n'estoit pas approuvée. Il luy en vouloit reserver toute la récompense. A quoy elle n'avoit pas grande peine, ne faisant pas ses actions pour la vue des créatures, ny pour estre estimée d'elles. Comme elle estoit fort intérieure, Dieu luy fist la grâce de cognoistre qu'il la vouloit conduire par les voyes de son Fils, dans sa vie cachée et humiliee. C'est pourquoy ce qui eust esté penible consideré comme dans l'amour propre, lui estoit très facile et agréable dans cette vue. Son principal exercice estoit de sacrifier ses pensées, ses volontés, et les creatures, ne pouvant souffrir qu'elles eussent de l'attachement pour elle, afin de demeurer devant Dieu dans l'abnégation de toutes choses. Il ne luy estoit pas permis de s'appuyer dans les choses intérieures, tant Dieu vouloit le sacrifice tout entier. De la venoit cette grande application pour la prière et union avec Dieu. Quand une âme ne cherche que luy et qu'elle est dégagée des choses présentes, elle n'a pas de peine de demeurer auprès de Dieu. De la venoit aussy que les contradictions, les humiliations que son esprit recevoit ne l'estonnaient point, s'estant déjà soumise et abandonnée. Elle disoit le Rosaire tous les samedys ; entendait souvent sept ou huit messes. Son oraison estoit presque continuelle et cela avec un grand esprit de religion ; toujours grave et serieuse en toutes choses, mais particulièrement dans les choses de Dieu ; beaucoup penitente quoy qu'elle fust innocente, ayant, à l'âge de douze ans, quitté le monde qu'elle n'ayma jamais plus, ni aucune de ses maximes. Cependant, elle ne restoit pas, outre les penitences de nos constitutions, de porter une fois toutes les sepmaines la ceinture de fer ou le cilice, d'entrer dans la devotion de celles qui veillaient jusques à minuit la veille de l'Assomption de Nostre Dame, et souvent le 25 du mois. Le superieur luy avoit permis de communier le vingt cinquiesme du mois, devant qu'il fut permis à la communauté.

Après avoir passé ainsy jusques a la quarante troisième année de son age dans la pratique de tant de vertus, elle tomba dans une éthisie qui dura cinq ou six mois. Durant ce temps elle pratiqua les mesmes vertus intérieures de soubmission, resignation, abandon. Enfin le mal empirant, elle s'allita. Ne luy estant permis de dire l'office divin, elle pria son infirmière de l'aller dire auprès d'elle. Dieu qui la vouloit purifier luy donna quelque temps grande apprehension de ses jugements. Elle fust rassurée trois jours avant sa mort. Le jour mesme qu'elle mourut, elle pria le confesseur de luy expliquer le psaume *Deus, Deus, quid dereliquisti me*, qui exprime la passion du Fils de Dieu. Ce mesme jour elle communia et reçut l'extreme-onction, outre le saint viatique qu'elle avoit reçu auparavant. Elle demeura tout ce jour en grande liberté pour faire des actes de resignation et d'amour de Dieu, et mourut sur les sept heures de ce mesme soir, 13 de février 1659, agée de 43 ans (1).

V. — *Mère Aimée de Jésus* (*de la Pomélie*).

L'an 1649, nostre Mère Aymée de Jésus fust eslue maistresse des novices le 21 d'octobre. Elle avoit esté cognue dans la maison

---

(1) 1659, enterrement dans le couvent des Ursulines de dame Gabrielle Bardoulat, sœur de Saint-Benoît. (A. Leroux. *Invent. des arch. comm. d'Eymoutiers.*)

Tout ce qui précède occupe les 35 premières pages du manuscrit, numérotées de 1 à 35. Avec la suite commence une nouvelle pagination allant de 1 à 19 inclusivement.

pour une fille douée de grands talents pour la conduicte, de grande vertu et mesme de graces extraordinaires. Avant de commencer l'abrégé de son histoire nous dirons que la maison dont elle estoit sortie estoit fort noble et ancienne, et de gens fort pieux et craignant Dieu. Son père estoit de la Poumellie et sieur de la Jober; c'est dans la paroisse de Sainct-Pol, du diocèse de Limoges. Elle fust nommée au baptesme Anthoinette et Marie à la confirmation (1). Des son enfance on remarqua des particuliers secours de Dieu sur elle, qui luy donna de bonne heure le

---

(1) Antoinette Germain de la Pomélie était fille de Hercule Germain de la Pomelie, et de Françoise d'Aubusson, et nièce des prévots Josias et Roland de la Pomélie, dont il est parlé plus haut. Elle était née le 3 ou le 4 février 1622. Elle entra, ainsi que sa sœur, Jeanne, au couvent des Ursulines d'Eymoutiers. Voici le contrat de leur constitution de dot : « Au parloir des dames religieuses de l'ordre de saincte Ursule de la ville d'Esmoutiers, le dixième jour du mois de septembre mil six cent trente sept, avant midi, pardevant le notaire royal soussigné, présents les témoins bas nommés, ont été personnellement constituées damoiselle Jeanne et Antoinette de la Pomelhie, sœurs, filles à noble Hercule de la Pomeilhie, vivant, sieur de la Joubert, et de damoiselle Françoise d'Aubusson leurs père et mère. Lesquelles en présence de noble Melchior de la Pomeilhie, escuyer, sieur de la Joubert, leur frère germain, héritier sous benefice d'inventaire des dits sieur de la Jaubert et d'Aubusson ses père et mère, et dame Marie Decordes, dite sœur de Jésus, prieure et supérieure dudit monastère, dame sœur Barbe Decordes, dite de la Nativité, Gabrielle Bardoulat, dite de Saint-Benoît, Claude de la Tour, sœur de la Trinité, Jeanne de la Sagnie sœur de la Passion et Suzanne de la Tour sœur de Saint-Ursule, faisant le nombre des dites dames religieuses professes dudit couvent duement assemblées, leur ont dit et déclaré avoir été élues en volonté de quitter le monde et servir Dieu avec toute commodité dans la religion, et pour en finir les suppliaient de les recevoir et admettre en leur compagnie et communauté en ce monastère comme l'ayant jugé plus propre à l'effet de leurs intentions, et par le même moyen à supplier ledit sieur la Joubert, leur frère germain, acquiescer à leur desir et intention, et leur départir de ses biens et leurs feus père et mère pour être nourries et entretenues dans ladite communauté. A laquelle supplication le dit sieur de la Joubert leur frère inclinant et pour favoriser les intentions des dites Jeanne et Anthoinette de la Pomeilhie, ses sœurs germaines, leur a constitué et constitue par ces présentes, tant de ses biens propres et particuliers, que de ceux desdits feus sieur de la Joubert et d'Aubusson, leurs père et mère, savoir est la somme de deux mille deux cents livres et cent livres pour leurs habits . . . . A ce présent sieur François Bastide, et Jean Menot fils de Gilles, marchands de la présente ville, témoins.

(Signé à l'original) : Sœur Marie de Jesus prieure, — Jeanne de la Pomeilhe dicte sœur Angélique, — Sœur Barbe de la Nativité, — Sœur M[arie-Claude] de la Sainte-Trinité, — Sœur Gabrielle de Saint-Benoit, — Sœur de la Passion, — Toynette de la Pomeilhe ; — La Joubert, — Bastide présent, — J. Menot, — Pasquelet notaire royal. »

desseing d'estre religieuse. Elle prit le premier habit le 10 septembre 1637 et celuy de novice le 4 octobre de la mesme annee, et fit sa profession le 10 octobre 1638, âgée de seize ans et quelques mois. Elle fit paroistre estre bien appelée de Dieu, estant fort exacte dans son noviciat pour toute l'observance, fort mortifiee et penitente. Continuant dans ses sainctes pratiques, Dieu la prévint de grâces fort extraordinaires. Ce qui obligea les superieurs d'envoyer quelquefois de R. P. Jésuites, entre autres le Pere du Sault qui estoit estimé, tres entendu dans la conduite des âmes, mesme pour les voies extraordinaires ; lequel dès la première fois qu'il vint avec M. Saigne, vicaire general de Monseigneur, approuva son esprit et crut que ce n'estoit point illusion. Ce qui est remarquable. Comme la voix du peuple est la voix de Dieu, la ville fust imbue qu'ils estoient venus parce qu'il y avoit deux sainctes dans nostre monastère. Deux ans après ou environ, le bon Père, avec un autre de la Compagnie, donnant les saincts exercices à la communauté, remarqua tant de conduite qu'il la jugea propre pour estre mere des novices ; ce qu'elle fut ayant lors 24 ans. Faut remarquer que ce qui la conduisit aux graces extraordinaires fut une humiliation que sa supérieure lui fist faire. S'étant montrée opiniatre a quelque commandement qu'elle luy fist, qu'elle prétextoit de mortification, elle la dépouilla de l'habit et du voile noir et la fist dîner à terre, mortification qu'elle reçut d'un esprit si soubsmis qu'elle causa en elle un changement entier ; elle luy fist concevoir depuis et pour toute sa vie les avantages qui se trouvent dans l'obéissance et dans l'humiliation. Une autre remarque, que ces grâces luy avoient été communiquées dans les offices de la dépense et de l'infirmerie, ou on la mit d'abord sortant du noviciat, dans lesquels elle pratiquoit de grandes vertus de patience, charité, humilité, ayant trouve dans iceux des personnes qui l'exercent beaucoup. Dieu fist aussi cognoistre qu'il la vouloit pour le prochain avant qu'elle fust eslue maistresse des novices, par le changement de vie d'une personne qui conçut tant d'estime d'elle a raison de sa bonne renommée, la première fois qu'elle luy parla dans le particulier, qu'elle se sentit fort appelée à l'oraison mentale et avec le regret de ne l'avoir plustost recognue, confessant avoir bien esprouvé l'efficacé de ses prières.

Dieu qui ne faict de graces extraordinaires que pour soustenir des combats extraordinaires, l'avoit allechée pour ainsy dire, menee au Thabor, pour delà la conduire au Calvaire. Rendant compte à son directeur de ses commencements, elle dit qu'il luy fust montré que Dieu luy vouloit faire une grande grace et qu' « il désiroit, dit-elle, que je luy fus fidele. Des lors ce desir fut très grand en mon âme. Me semble qu'en ce temps il me fust dit que Dieu vouloit que je l'appelâs Père, et lors me sembla qu'il m'appela sa fille, et me dit qu'il vouloit achever l'ouvrage que sa bonté avoit commencé en moy, que je me laissas conduire à tout ce qu'on voudroit, que je souffrirois, mais qu'il me feroit la grace que cela luy seroit agréable. Ce désir fut si avant en mon ame que je me voyais preste a faire tout ce qu'il voudroit. Et comme j'entrais en quelques doubtes si c'estoit Dieu, je fus assurée que, pour marque que c'estoit luy, que de huict jours mon esprit ne sortirait de ce recueillement, et qu'il vouloit que je ne m'attachas à ses graces et travaillas au desnuement de toutes choses. » Elle confessoit n'avoir point d'attache a ces faveurs particulières. Une autre fois, rendant compte au mesme : « Je me trouvois, dit-elle, particulièrement attirée à Dieu par une parole qui me fust dite intérieurement, savoir si je ne voulois pas estre entièrement à luy, ce qui me porta a le demander ardemment, qu'il ne m'abandonneroit jamais, qu'il m'estoit proche. Dans un moment me fust mis en memoire les graces, faveurs que sa bonté m'avoit faictes. Tout m'apportoit grande reconnaissance de ses misericordes et a l'aymer. Lors me semble que je me trouvois comme un enfant entre les bras de son père : lieu d'assurance, un oubly de tout, jouissance de luy intime, tous desirs unis a celuy de luy plaire et de le posseder. Je fus portée a luy demander une pratique de vertu pour recognoissance a sa bonté de toutes choses. Et me fut dit de me mortifier en tout et à toutes occasions, afin de m'approcher plus pres de luy, me disant que je ne l'étais pas comme il le désirait. » Ces graces et d'autres semblables qu'elle recevoit dès la 3ᵉ et 4ᵉ année de sa profession, estaient des dispositions pour préparer son cœur a ce denuement que Dieu luy marquait, sa misericorde ayant parachevé, comme il lui avoit assuré, la consommation de son sacrifice, en despit du diable qui s'y opposoit, de la partie inférieure qui résistoit, des creatures qui venaient à la traverse. Car si elle a agi dans le prochain, dans les charges qu'elle a eu dans la Religion, qu'elle a exercées avec grande fidelité et telle que les superieures se confiaient plainement a elle et auraient voulu la mettre en plusieurs à la fois, c'est en patissant comme en agissant qu'elle a servi Dieu dans son intérieur et qu'elle a aydé aux âmes.

Dès qu'elle fust maistresse de novices, elle fust menacée de paralisie. Le medecin luy ayant fait faire la diete dont elle souffrit beaucoup, ne voyant point d'allégement à son mal, luy ordonna les bains chauds ou la vendange. Quoy qu'on heust la permission des superieurs, il ne fust jamais possible, disant qu'elle estoit morte au monde et que sa santé n'estoit pas si précieuse, qu'elle ne vouloit point sortir de sa closture, que la permission de ses superieurs n'estoit pas un commandement. A voir cette maistresse le plus souvent dans le lict, on eut cru qu'elle estoit inutile pour eslever les filles. Mais comme c'estoit l'œuvre de Dieu que cette esducation, ses desseings n'y portaient point d'empeschement. Ses paroles ayant moins de complaisance, et toutes dans la souffrance, portaient plus à Dieu. Ses exemples plus efficaces à ses jeunes filles qui la voyaient au moindre relache la première levée et la première non seulement aux assujettissements de l'observance, mais a des penitences extraordinaires, comme d'amasser des crachats, lecher la postume de la picote de deux novices qui l'eurent dans ce temps, trois ou quatre fois la sepmaine le cilice, la ceinture, et d'autres que la providence divine luy fournissoit. Elle en estoit mesme plus efficace dans ses paroles qui avoient eté espurées par la souffrance, et fort propres pour attirer les ames à Dieu. Elles [les novices] sortaient toutes animées de ses entretiens, facilitées pour le bien. Elle avoit cette grace particulière de Dieu de mettre dans le cœur ce qui sortoit de sa bouche, donnant de ce temps la de grandes ouvertures pour les choses de Dieu, non seulement aux novices, mais aux personnes séculières, conduisant par obéissance trois ou quatre demoiselles de cette ville. Sa grace paraissoit visiblement pour cet employ, etant fort remplie de Dieu. Elle marquoit sensiblement à ses novices et aux ames qui luy communiquaient, (en ce temps la elles étaient plusieurs), les ruses de l'amour propre, les destours de Dieu, les finesses de l'ennemi ; ne pouvant souffrir de ces lumières qui n'eschauffent point la volonté et qui ne portent pas aux effets, comme a rendre l'ame plus humble, plus assujétie et despendante. Soubs une âme si esclairée les novices avançaient dans le chemin de la vertu. Elle adjoutoit à ces deux moyens, savoir sa penitence par les souffrances, et sa cognoissance dans les voyes intérieures, la prière pour se remplir elle-mesme et pour obtenir les graces de Dieu pour celles qui estoient sous sa charge. De la venoit que toutes se sentaient soulagées, les unes des scrupules, les autres des peines intérieures, les autres de leurs difficultés dans le bien. Sa charité s'estendoit a prendre soing de leurs besoings, afin qu'elles ne fussent pas diverties, regardant ce qui leur manquoit pour y pourvoir, les servant toutes avec grande charité et douceur. Elle leur avoit mesme défendu de penser à leurs besoings, disant qu'elle y penseroit assez pour elles.

Deux années s'estant escoulées dans cet employ avec grande benediction, on la mist portiere. Elle n'estoit pas encore dans des infirmités si habituelles comme elle fust un an apres. Sachant la volonté de sa supérieure pour qu'on retranchât tout entretien non nécessaire, elle surmonta tout respect humain, congédiant honestement parents et amis. La coustume de la maison est d'en avoir deux [portières] alternativement, afin que les seurs ne perdent pas la recollection intérieure par un trop grand tracas de choses extérieures. Le jour qu'elle n'estoit pas à la porte elle l'employait à l'oraison, et mesme le temps qu'elle avoit dans l'autre. Cet exercice fait par obeissance ne lui portoit point d'empeschement à l'attention intérieure. On le pourra juger parce qu'elle en dit : « Il me semble par la presence intime de Dieu en moy, que je les vois partout et que cette vue me porte a operer tout par luy et pour l'amour de luy. Je ne fais point de distinction d'employ pour le trouver. Il m'a esté enseigné que pour estre fidele à cette disposition, il falloit que je ne parus audehors que lorsque je ne pourrois faire autrement, demeurant dans l'intérieur proche de luy. Il ne faut point sortir hors de moy pour le trouver, il me semble l'entendre au fond de l'âme qui signifie ses volontés. J'advoue à sa gloire qu'il me semble ne voir en tout qu'union de ma volonté à la sienne. »

C'est dans cet esprit qu'elle agissoit. Cette attention a Dieu luy faisoit recevoir avec plaisir les occasions plus répugnantes du dedans et du dehors. Parlant de cet estat : « Dans les difficultés, dit elle, que la nature me présente, je me jette amoureusement entre les bras de mon Dieu, la ou il me semble qu'effectivement je les trouve ouverts et je sens des affections semblables à celle d'un enfant lorsqu'il voit son père qu'il n'a pas vu de longtemps, qui le vient embrasser ; avec cette difference que l'enfant n'a pas toujours la vue de son père, regardant les allants et les venants, mais l'ame regarde toujours Dieu par les offres et donations de tout elle-mesme, pour demeurer unie à son bon plaisir. En sorte que les ames qui ayment Dieu, qui ont tant soit peu gousté combien son joubg est suave, savent que dans cet estat, les choses extérieures qui paraissent difficiles à la nature ne sont guere penibles, et que l'ame a plus besoin de retenue, de peur qu'elle ne s'emporte inconsidérément dans des penitences indiscretes, que d'estre encouragée. » Mais nostre chere seur, pour esviter cet écueil ou elle se fust précipitée comme beaucoup d'ames font, trompées par le demon sous de belles apparences, avoit pour soy l'obéissance. « Il a plu a sa bonté, dit-elle, ne me donner qu'un petit esprit, lequel ne sauroit prendre aucune resolution si l'obéissance ne la lui donne. » « Ces divines paroles, dit-elle ailleurs, me furent mises par une clarté en mon entendement, me disant de me laisser conduire ; que ce qu'il voudra que je fasse il me l'enseignera par cette voye de l'obéissance, me donnant cette nécessité de ne pouvoir rien cognoistre pour m'y déterminer qu'en traitant avec elle. Je puis protester que quand je ne le fais pas, je suis comme un enfant qui n'a la cognoissance de faire aucune chose. »

Le 23 juillet 1651, nostre seur Aymée fust tirée de la porte pour être soubs prieure. Ce fust dans ce temps que ses maladies commencerent pour ne la quitter jamais plus. Elle est demeurée depuis ce temps si oppressée d'un asthme que bien souvent elle perdoit la respiration et en estoit quasi à la mort. Durant la premiere année, sa supérieure trouva a propos de ne la pas beaucoup employer, pour quelque consideration ; la providence de Dieu le permettoit ainsy pour la sanctification de sa servante. Elle demeuroit en ce temps la quatre ou cinq heures en priere a sa chambre, et quoyque cachée on l'avoit neanmoins aperçue, deux heures et plus, prier prosternée les bras estendus en croix. Son employ lors estoit de traiter avec Dieu. Elle tachoit de voir quelles seurs estoient plus surchargées dans leurs offices afin de les soulager ; ce qu'elle a continué tant qu'elle a esté soubsprieure et que sa santé le luy a pu permettre, ne desdaignant de mettre la main a tout. Elle avoit cette prudence dans cet office que dans les difficultés qui se présentèrent, comme nous l'avons marqué dans l'histoire de la mere de la Trinité, pour establir ce qui ne s'observoit pas, sy on luy en donnoit le blame, elle en estoit contente, afin que la supérieure ne l'eust pas, et qu'elle eust les esprits à elle pour en faire ce qu'elle voudroit. Il arriva en ce temps que sentant quelque peine à la considération de ses seurs qu'elle apprehendoit ne marcher pas dans le trein de la perfection comme Dieu vouloit, cette pensée la rendoit moins gracieuse et son abord paraissoit un peu rude et austère. Ce que Dieu luy fist cognoistre qu'elle devoit corriger. Des lors elle fust plus compatissante, excusant les choses sur la tentation, et rentrant dans son interieur elle adoroit les desseins de Dieu qui permettoit les choses pour exercer ses élus, et qui en son temps savoit tirer sa gloire de tout ; qu'on ne devoit pas mépriser le prochain pour n'avoir pas les mesmes lumières que nous avons ; s'il luy faisoit tant de graces, il seroit plus fidele que nous. Voicy comment elle s'en explique davantage : « Je n'ay moment que Dieu ne me presse, mais si fort qu'il m'excite au retranchement de l'amour de moy mesme. Toute honteuse, je cours a luy, avec action de graces, de ce qu'il m'a garde de moy mesme, ne permettant aucun retour sur moy ny sur aucune créature. Cela faict deux effets en moy ; l'un, que tous les maux de la part de Dieu et des creatures ne m'estonnent point ; l'autre, quand je verrais tous les maux imaginables en mon prochain je ne l'en méprise pas, mais suis portée à prier pour luy. »

Mais pour parler à fond de la voye de Dieu sur cette ame et a quoy il tendoit par ses graces spéciales, dont on pourroit remplir plusieurs pages, luy ayant esté en deux temps differents commande d'escrire, quoyque cela luy repugnat et l'incommodat grandement, par une speciale providence, premièrement dans son commencement, qui estoit le temps qu'elle en reçut le plus de cette nature, secondement sur sa fin, qui nous marque l'esprit de mort, de séparation ou Dieu la vouloit, nous conclurons, considerant l'un et l'autre et voyant par ce qui a paru au dehors que Dieu vouloit que toutes choses fussent un sacrifice qu'elle offrit a sa Majesté. C'est pourquoy, pour abréger, nous pouvons dire que les maladies, les peines intérieures, les mespris, les contradictions, oppositions des creatures, n'estaient, a bien prendre, point fortuits, mais ordres de Dieu pour destruire tout le péché de son esprit ; et quoyque a parler chrestiennement, ce soit la vocation de toutes les âmes chrestiennes de mourir aux inclinations de la nature, pour prendre celles de Jésus-Christ, que nous recevons par le baptême, et qu'en suite ce soit encore bien plus la vocation de toute ame religieuse, qui n'embrasse certains reglements que pour mieux participer à cette vie divine et faire la séparation plus entière des choses de ce monde, nous pouvons assurer que tout a contribué à cette bonne mère à ce desseing. Voicy comment elle s'expliquoit en quelque endroit : « Voullant assujetir mon esprit a diverses considérations j'ai été en ténèbres en toutes, et me soubsmettant a la divine justice je fus appliquée sur ces paroles : Quand je seroi eslevé à la croix j'attireroi toutes choses à moy. Desireuse des choses qui attiroient à Dieu je dis de cœur : Mon Dieu, puisque vostre croix est le signal que vous donnez à l'ame, que vous l'avez rendue vostre, l'ayant racheptée par cette monnaye, la croix me fust présentée et la vue de ma faiblesse et pusilanimité me faisoit gemir, crainte que je ne renvoyas la croix, ce qui me portoit a crier : Attirez puisamment ce cœur de pierre, faictes qu'il ne resiste plus. Cette pensée me fust donnée : Je veux que tu portes ma croix par amour. Recevant avec joye et non par force, ne pouvant faire autrement ; lors j'aymois les croix quoyque je les apprehendasses. Cette apprehension me servoit pour me defier de moy-mesme et m'attacher à Dieu. »

Nostre bonne Mere instruite a l'escole de Jésus-Christ se regardoit depuis ce temps particulièrement digne de mespris et de confusion et aussy resignée a estre vu pillier d'infirmerie. C'estoit sa grande peine de voir qu'elle ne put agir et se trouver ou il falloit. Elle souffroit ne pouvant assister aux heures de la communauté. Elle offroit a Dieu cette peine d'esprit. Si elle estoit impuissante d'agir en quelque autre rencontre, elle en faisoit a Dieu le sacrifice. « Ne faut point, disoit-elle, que l'ame, qui se porte au refus de ce que Dieu veut d'elle, s'étonne s'il se cache ; ouy, dit-elle, pour un petit désir déréglé, par une legere curiosité, pour une simple recherche de soy-mesme ou acceptation de quelque leger plaisir du corps, pour n'avoir quitté promptement ce qu'on fait quand l'obéissance donne signal de quelque chose, pour une parole mal dite, comme parler de soy et du manger, etc., pour ne s'arrester soudain quand elle voit quelque chose qui tant soit peu desploit à Dieu, plus que de grandes fautes a des ames qui ne sont pas obligées de tendre a la perfection. Mon Dieu ! que l'ame doit s'humilier apres avoir fait ces fautes. Je crois que si elle y prend garde elle sentira les reproches interieurs qui luy sont veritablement dubs. »

Ces lumières et secours fortifiaient cette ame dans sa voye d'abnegation, et Dieu y faisoit concourir les choses exterieures. Nostre Mere M. de la Trinité la mit, la dernière année de sa trienne, pour aydante a la seur qui faisoit la despence, quoy qu'elle n'eust peut estre pas de vue sur cecy. Elle l'accepta dans la vue de son neant, disposition qui la tenoit toujours séparée d'elle-mesme et des choses présentes, pour s'y plaire et pour s'y arrester aussy bien que faisoit cet employ. Ce qui edifioit beaucoup la communauté, et estoit un advertissement tacite aux seurs de ne point refuser les offices, tant repugnants soient-ils à la nature, puisqu'une soubs prieure, malsaine, étoit mise dans celui-la. Elle savoit bien qu'une ame vraiment amoureuse de Dieu a le desir de le trouver, et qu'il se trouve mieux dans tels employs, la nature y ayant moins de part.

Ayant demandé l'humilité et qu'elle aymat son abjection :

« Me sembla, dit-elle, qu'à la considération de la Sainte Vierge Dieu m'accorda cette grâce et me fist d'abord très clairement cognoistre mes actions n'estre rien. » Ce que son directeur qui estoit le R. Père du Sault, jésuite, luy marquoit quelques années auparavant avoir cognu fort particulièrement que Dieu la vouloit humble. « La nuict de Noël, estant en oraison et priant pour vous, luy mandoit-il, le petit enfant de Bethleem m'a dit par trois fois a vostre égard : humilité. » Comme les humiliations sont les moyens pour acquerir l'humilité, Dieu a voulu qu'elle ait eu part aux abjections pour s'approfondir en cette vertu. Dieu seul sait combien elle en a reçu. Mais nous savons aussi qu'elle en estoit très désireuse. « Sachez, disoit-elle a une seur qui luy disoit de ne se pas tant humilier aux personnes inférieures, que quand on me traineroit à la rivière, c'est ce que je merite. » Ses humiliations sont allées jusque a son honneur.

Dieu s'est servi d'un autre subjet pour la rendre interieurement humble, qui fust la soubstraction de ces grâces et beaucoup de peines intérieures, qui durèrent plusieurs années, desquelles s'expliquant au subjet d'une seur qui en avoit de grandes, elle dit que, quoyqu'elle en eust experimenté de bien plus grandes, elle avoit toujours eu moyen d'agir quoique peniblement dans la nature. Ce qui marque qu'elle ne s'arrestoit pas au sentiment de sa peine.

« A la sainte Messe, dit-elle, considerant mon esprit si diverti de Dieu et luy demandant la grace de me tenir dans sa crainte, il m'a esté dit distinctement que Dieu ne me donneroit rien sans travail, qu'il falloit acquerir cette grâce de sa bonté, avec le merite de mes actions. Sur quoy je reçus une vue confirmée par parole, que si Dieu m'avoit faict cette grace autrefois de recueillement, c'estoit pour me faire cognoistre son excellence et par ce moyen me la faire desirer quand j'en serois hors ; et qu'à présent il vouloit que j'y travaillasse. A mesme temps j'estois mise dans le travail qui estoit une violence a la legereté de mon esprit pour l'assujetir non obstant son impuissance a se tourner vers Dieu. Si contente sans cognoissance comme dans la lumière, resolue de souffrir toute la peine des sens. »

L'autre considération dont Dieu se servit pour humilier son esprit, ce fut de se regarder en qualité de penitente, prenant ses maladies et ses humiliations dans cet esprit. « M'ayant esté dit, disoit-elle, en confession, que si je croyois avoir peché que je voudrais bien faire penitence comme Dieu ordonneroit, soit par maladie de corps, ou par peine d'esprit. Vous savez, mon

Dieu, combien cette parole me toucha, et comme je m'abandonnais à vous; afin que vous me traitassiez par toutes les voyes les plus rudes qu'il vous plaira. Quoyque j'en fis fuite dans l'aneantissement de la nature, plus je fuyois, plus vostre bonté me poursuivoit et je m'en voyois nécessitée. Si je ne resistois je serois toujours en larmes et en gemissement, vous confessant dans le fond de mon âme que j'ay peche et beaucoup. Et pour cela je ne trouve douceur aucune, ni n'en peux desirer. Mes infirmités, quant au corps, me consolent d'une part, en ce que je veux souffrir quelque petite chose. Je remarque en vous, o mon Seigneur, 4 sortes de penitence que vous portez pour mes pechés : 1° une horreur de vostre chair; 2° vostre esprit toujours dependant de vostre père; 3° vostre sentiment toujours souffrant; 4° nullement a vous mesme. » Cette ame conduite par un chemin si pur et si assuré ne pouvoit avoir que des conseils très salutaires a donner a sa superieure pour la conduite de la maison. C'est pourquoy nostre bonne mère M. de la Trinité qui cognoissoit bien la grâce et la benediction de Dieu qu'attiroit sur ses entreprises cette ame aymee de Jesus et scellée de son sceau, scavoir la souffrance, disoit qu'elle l'aymoit mieux pour soubsprieure que tout autre, quoyquelle fut dans son lict et n'eut rien faict sans son advis et particulier consentement.

L'an 1654 elle fust confirmée soubsprieure le 28 septembre. Ses infirmités augmentoient tous les jours. Elle estoit menacee d'ethisie et plusieurs maux. Nous remarquions fort journellement de grandes attaques qui attiroient la compassion de toutes les seurs. Nous estions plus ordinairement en apprehension qu'elle espirat entre nos bras. Ses estats de mort nous la faisoient considérer comme une victime de la justice de Dieu. Nous ne pûmes pas nous persuader que tant de maux naturels assembles en un corps si mince, si abattu, si extenué, et qui prenoit si peu de nourriture, et ensuite une soif si ardente, apres avoir duré trois ou quatre années ne la dussent emporter. Mais comme du moment qu'elle devoit, ce semble, expirer, nous la voyions, s'il estoit expedient, prendre force, chose qu'on n'a pas remarqué ni dix, ni vingt fois, mais qui estoit fort ordinaire, nous crûmes que Dieu estoit de la partie et qu'il la vouloit faire souffrir. Pendant que sa supérieure travailloit, pour le bien general de la communauté, elle prioit Dieu d'accepter ses souffrances pour sa gloire. Il est croyable que les prières de cette hostie immolée à son honneur faisoient tomber des mains de Dieu les fléaux de son indignation. Nous nous sentions dans des dispositions que nous n'avions pas méritées a cause de nos péchés, et que nous n'ûssions ose opérer a cause de nos infidelités, et l'œuvre de Dieu se faisoit. Les demons enrageaient d'une voye qui leur estoit si contraire, tachant de la troubler par des craintes et des fantosmes ; jusques la qu'ils la jetaient du lict a terre. Et une nuict en ces temps, pleurant par l'apprehension d'avoir adhéré à leurs tentations, elle les entendoit rire, comme luy voulant donner a croire, par là, pour la troubler davantage, qu'ils avoient eu le dessus, tant ils craignaient la guerre qu'elle leur faisoit. Voicy ce qu'elle dit d'une partie de ses combats : « Je me sentois fort tourmentée par de mauvais objets, qui me causaient beaucoup de peine. J'ai mon esprit si préoccupé et si bandé qu'il me semble que c'est le diable. Cela me laisse si abbatue que je ne saurois le dire. Parmi tout cela me semble qu'il m'est dit que je ne m'estonne, que mes ennemis fissent tout ce qu'ils pourroient, que je ne succomberois jamais. En effet il me semble que dans toutes les peines que je puis avoir je sens un secours interieur tout particulier, et je ne suis jamais sans me vouloir porter a quelque pratique de vertu. J'ay esté avertie que les démons me feroient la guerre de tous côtés, j'advoue que je l'experimente bien. Car je sens une si grande vanité de toutes choses que je ne sais que faire. Dieu m'a laissée à mes ennemis. J'ay une grande peine a me porter au bien ; un ennuy de la maladie qu'il n'y a rien que je ne fisse pour guérir. Mais ma plus grande crainte estoit l'apprehension de consentir à la malice de mon esprit ; et voyant que je ne pouvois m'assujetir a m'appliquer à la prière, cela me faisoit bien voir ce que je suis. J'avois recours a la sainte Vierge et a la sainte Famille. Je sentais, plus je les invoquois, une tristesse estrange, me croyant damnée, privée de l'amour que je leur dois. Neanmoins je ne voulois le mal que j'étais excitée, et me resolus plustost à tout souffrir en ce monde que d'offenser Dieu volontairement. »

Il ne pouvoit estre qu'une ame si prevenue de Dieu et si terrible aux demons ne fist de grands effets dans les ames. C'est pourquoy nostre Mere M. de la Trinité, trouva a propos que les seurs luy communiquassent, vu que la regle le permet, ce qui ne s'estoit plus pratiqué. Elles y reçurent beaucoup de secours. Son esprit estoit de les lier à Jésus-Christ, de séparer l'ame, selon sa portée, des choses présentes, et ce, avec tant d'onction que l'on pouvoit remarquer que la grace accompagnoit ses paroles, et que l'esprit de Dieu operoit en elle. Nous pouvons assurer en toute verité qu'elle n'a jamais parlé a aucune en communication, que cela n'ait faict quelque bon effet, tant elle estoit remplie de Dieu.

Cette abondance de lumière dont son ame estoit remplie faisoit qu'elle avoit beaucoup de moyens pour ayder les autres ; mais sa voye d'hostie vouloit qu'elle leur servit davantage par l'aneantissement de ses propres lumières et de son esprit pour laisser agir celuy de Dieu. C'estoit lorsque, separee d'elle mesme et retirée en Dieu, dans quelle voye que ce fust, elle adoroit ce qui estoit de Dieu, et pour ce qu'elle craignoit n'estre pas de ce divin esprit dans les ames, elle s'unissoit à Dieu dans la vue du néant de la creature et de son impuissance a tout bien, afin qu'il détruisit par sa grace toute recherche de l'amour propre et tout ce qui luy desplaisoit cognu ou incognu. Par ce moyen elle alloit à la source du remede qui est Dieu, et se trouvoit en mesme temps fort compatissante au prochain ne le rebutant ni surchargeant.

Cette voye dans le prochain ne la separoit point de Dieu. Elle ne la regardoit qu'en Dieu et pour Dieu. Elle nous avoit advoue qu'en traictant avec le prochain elle avoit reçu souvent de grandes graces pour elle, ce qui marque bien que son intérieur n'estoit pas tourné vers les choses qui se traictoient mais vers Dieu et qu'elle ne donnoit que de l'abondance. Elle disoit parfois à Dieu : « N'estant que néant, je ne fais rien et vous faictes ; je ne suis rien, je n'attends donc rien de moy que peché. Je ne vois rien qui soit bon que vous. » Dieu ne vouloit pas que rien separat le fond de cette ame du chemin royal de la Sainte Croix et de l'exercice de l'abnegation interieure. Tout, selon les desseings de Dieu, l'y conduisoit, et comme la partie inferieure ne meurt jamais, sitost qu'elle avoit fait quelque effet, comme de se soulager elle-mesme dans ses maux, ou de se tenir fidèle dans l'intérieur aux mouvements de Dieu pour retrancher ou accepter ce qui se presentoit dans l'esprit de penible ou d'agreable à la nature, tout aussitost Dieu ne laissoit point cela impuni. La penitence qu'il luy en faisoit faire par des reproches intérieurs luy estoit une peine plus cuisante que les soulagements qu'elle auroit voulu prendre ne luy auraient causé de plaisir. Dieu permettoit cela quelquefois pour exercer davantage son esprit, pour la rendre plus abjecte à ses yeux et à ceux des autres. S'il en paraissoit au dehors quelque chose, mesme par un premier mouvement de la nature qui tend a se soulager et a se plaindre, elle tenoit cela pour un grand crime, et quoy qu'elle n'y eut pas donné un entier consentement qui eut semblé estre assez innocent dans les extremites ou elle estoit reduite, c'estoit trop pour la confondre de s'estre regardée en elle-mesme. Elle avoit esté inspirée plusieurs fois dans son commencement d'en faire des resolutions particulières qui portent : de ne donner à son corps que ce qu'elle ne luy pourroit pas oster, de ne point regarder les choses qui la contrariaient en elles-mêmes mais dans la volonté de Dieu, de fuyr tout sentiment de la nature et de ne point donner lieu a son esprit de l'escouter mais de l'appliquer à Dieu. Elle savoit par experience que les choses regardées en elles-mesmes affaiblissent le cœur, et qu'on ne peut point trouver de force interieure qu'en en séparant son esprit et son cœur pour en faire un sacrifice. « La nature fremit, dit-elle, a la vue de la souffrance, mais pourtant la volonté embrasse tout avec celuy qui est sa force. Je me suis résolue de me mortifier en tout. »

Les grâces que Dieu luy faisoit ne tendent qu'à la rendre conforme a son fils qui ne s'est jamais plu en soy-mesme, mais a faire la volonté de son père. Quand il trouve une ame qui se laisse entierement vider d'elle-mesme et de tout ce qui est opposition a Dieu, il y prend ses complaisances. C'est pourquoy il tesmoignoit a cette bonne ame un singulier plaisir de venir en elle par la sainte communion. « Ce que ne pouvant comprendre, dit-elle, par l'indignité que je voyois en moy, il m'assura que son amour l'y faisoit plaire et l'entier pouvoir que je luy donnois sur mes volontés, me faisant voir qu'il y [estoit] maistre absolu. »

Ses plus ordinaires dispositions avant le recevoir, estoient d'estre fidele a se renoncer parmi le jour, et a recevoir Dieu comme sa force pour ne refuser aucune occasion de souffrir, voyant qu'il n'y a pas de vray amour sans croix. La sainte communion la renouveloit toute dans le désir de se donner sans reserve a celuy qui ne venoit en elle que pour en prendre possession. Elle regardoit Jesus-Christ, comme sacrifié tous les jours sur nos tabernacles, ce qui l'enseignoit, comme elle dit, que son sacrifice ne devoit pas estre pour une seule fois, mais tous les jours, a tous moments, et faisoit qu'elle recevoit avec amour ses souffrances sans se lasser. Grandement desireuse de communier souvent, puisqu'elle se voyoit dans le besoing de Dieu a tous moments, sa superieure le luy permettoit, voyant les desirs de son cœur pour s'unir a son Dieu.

Il arriva environ la fin de ce trienne, qu'estant malade de l'esquinance qui causoit qu'elle ne pouvoit rien avaler, si doux et liquide puisse estre, on apprehendoit qu'elle mourut ; les remedes humains n'ayant servi de rien. Cela avoit dure quelques jours. On luy porta le Saint Sacrement. Apres avoir avalé la sainte hostie, de la en avant eut la facilité d'avaler du bouillon et autres choses, et dans peu fut guerie. Par la sainte communion elle a reçu guerison d'autres fois. Estant supérieure, quelques années après, les superieurs trouvèrent à propos de luy permettre de communier tous les jours. Elle avoit grande devotion a demeurer devant le Saint Sacrement ; ce qui faisoit que les jours qu'il estoit exposé, ordinairement elle ne bougeoit guere de sa présence, depuis qu'on l'avoit mis en evidence, jusqu'a ce qu'on le fermoit, se contentant de prendre quelque peu de bouillon ou de potage. Elle a assuré a une personne de confiance que si elle avoit a présenter quelque chose a Dieu, pour elle ou pour la communauté, que ces jours elle n'estoit point esconduite. Quoy qu'il ne fust pas exposé, elle y demeuroit le plus qu'elle pouvoit.

Le 4 juillet 1668 elle fust eslue supérieure en la présence de Monseigneur l'Evesque, auprès de qui elle tachoit de travailler a ne pas accepter cette charge, représentant à Sa Grandeur ses infirmités, et qu'elle ne pouvoit se trouver aux heures de communauté, comme il estoit requis à une supérieure, et d'autres raisons plus grandes que son humilité lui faisoit trouver, lesquelles Sa Grandeur ne voulut recevoir. Fallut qu'elle obeit, faisant mourir son propre jugement pour despendre de Dieu en tout et par tout. La seule vue de luy, luy fist accepter cet office. Ce fust aussy dans cette dependance qu'elle a toujours agi. Son esprit de mort qui ne permettoit pas qu'elle se servit de son esprit ni de sa conduite particulière, ne permettoit pas a plus forte raison qu'elle s'en servit pour la conduite de la communauté, et Dieu qui vouloit estre le maître de son cœur dans les petites choses le vouloit bien estre dans les grandes. La première chose donc qu'elle fist pour bien commander fust de bien dependre de Dieu. Nous pouvons protester assurement qu'elle n'eust pas fait la moindre chose pour le general, soit pour les particulières, qu'elle n'eust demandé lumière à Dieu et consulté les personnes de qui elle croyoit devoir despendre, selon les rencontres, qui estoient son confesseur, la soubsprieure et les discretes. Mais a son esgard, quoyque la moindre de la maison l'eust gouvernée, c'estoit son confesseur, quel qu'il fust, qui la conduisoit dans les voyes que Dieu désiroit d'elle. Elle obéissoit à tous également, ne regardant que Dieu en eux, ainsy qu'elle déclara a quelque personne en grande confiance en ces termes : « Estant devant eux, je n'ay par la grace de mon Dieu aucune vue de la creature. »

Il y en a qui nous ont dit avoir reçu plusieurs graces de Dieu a sa considération.

Elle aymoit fort la régularité et eust estimé sa vie bien employée pour en maintenir la moindre observance. Quoy qu'elle eust esté bien mal toute la nuict, elle tachoit de se trouver a primes. Ce qu'elle pensoit de l'observance l'obligeant de se trouver, quand elle croyait pouvoir aller au refectoir, faisoit qu'il l'en falloit porter parfois demi-morte. Elle obtint des superieurs que la portière et la sacristaine ne parlassent jamais sans escoutante à la porte ni au tour. Dieu luy donnoit pour la faire souffrir davantage, et mesme pour recompenser sa bonne volonté, grand desir d'observer la regle, quoy qu'il n'en voulut pas l'exécution, aymant mieux d'elle, comme il luy a faict souvent cognoitre et comme il paroissoit assez de soy-mesme, le sacrifice de son esprit; de quoy les superieurs luy commandant absolument qu'elle ne suivit le train de la communauté. Elle estoit fort generale et charitable dans sa conduite. Ne voulant point consterner les esprits, si on avoit faict quelque faute, les rebrouant, mais doucement, elle leur faisoit cognoistre leurs defauts ; et en ayant tiré un aveu, elle continuoit avec sa charité a panser la playe et a y appliquer le remède, mais pourtant efficacement et fortement, sans respect humain, dans la vue de l'intérêt de Dieu et du véritable bien du prochain. Elle disoit souvent que les péchés de faiblesse estoient bien excusables, mais pour les défauts de volonté délibérée, ce seroit une fausse charité de les laisser sans correction et penitence ; et que la petitesse ou grandeur de la penitence qu'on devoit imposer se devoit mesurer sur la disposition de l'esprit qu'on corrigeoit ; si la douleur estoit veritable, beaucoup d'accueil et de support, mais si le cœur n'estoit point changé, soutenir l'interest de Dieu avec force, et jamais rien par ses propres lumières, toujours agir en dependance de l'esprit de Dieu invoqué par la prière, cherché par l'obéissance.

Elle n'eust fait ni entrepris chose aucune sans l'ordre des superieurs dans sa conduite pour la maison, et en faisant de mesme pour celle de son âme. Cette entière despendance jointe a sa pureté dans toutes choses faisoit que sa conduite fut agréee mesme des plus difficiles. Nous estions convaincues qu'elle ne desiroit pas de nous les choses les mesurant à la portée de son zele et de sa ferveur, mais à la fidele obeissance qu'une chascune est obligée de rendre a Dieu dans son interieur ; en un mot, nous estions convaincues qu'elle agissoit sans partialité, sans choix d'affection particulière, beaucoup désireuse de pourvoir au bien de toutes esgalement, fort compassive dans toutes nos nécessités, qui se fut voulu elle-mesme despouiller du necessaire pour pourvoir a celuy de toutes. D'où venoit que pour les seurs malades elle n'eust point regardé d'incommoder la maison. Cela servoit beaucoup, les soins inutiles étaient bannis, et l'affection à la propriété, voyant que generalement on ne manquoit de rien à la nourriture et pour le vestement. Une ame qui n'agit point par elle-mesme, mais qui laisse gouverner Dieu, il ne peut estre que, nonobstant les difficultés, tout ne réussisse à la fin pour sa gloire. C'est pourquoy elle estoit convaincue de ne devoir sortir de cette despendance qu'elle devoit à Dieu. Et puis que la sanctification des ames et l'accomplissement de sa volonté en elle, étoient l'interest de Dieu et pourquoy il les avoit mises au monde, c'estoit luy a la faire et la creature a n'y porter point d'empechement. Voicy comme elle en parle a une personne a qui elle estoit obligée de rendre compte : « Je suis dans mon estat d'abandon ordinaire; ne voulant faire aucun retour ny sur moy, ny sur les evenements, ny sur les commandements, ny sur mes sentiments. La divine volonté est a mon ame ce que la nourriture est au corps. Plus je m'aveugle en tout et m'esloingne de tout, plus je trouve Dieu proche. Je ne sens aucune volonté que celle de n'en avoir point, ne voulant que ce qu'il veut faire. Dieu me met en tous estats ou je le regarde simplement. Je l'ayme et l'adore et reçois tout pour luy. C'est plustôt son operation que la mienne, ne faisant que consentir. Il me faict souvent, ce me semble, entendre que c'est ce qu'il veut de moy que de luy laisser faire. »

Ce cœur séparé de soy-mesme et tout dans les interest de Dieu, portoit, avec esprit de penitence, tout ce qu'elle voyoit en elle ou en son prochain de contraire a Dieu. Elle gemissoit soubs le poids de ses infidélités, ne se regardant jamais que comme contraire a Dieu et opposition à ses desseings. Cela la mettoit en disposition de chatier ce corps de péché. Elle en faisoit des presses a son confesseur qui se sentoit obligé de luy en permettre beaucoup. Comme le centre d'une hostie est le sacrifice, il falloit necessairement, pour contenter Dieu, qu'il y eut toujours quelque chose de souffrant en cette âme, ou le corps, ou l'esprit, et le plus souvent tous les deux ensemble. Que Dieu est sainct. Voyant que pour correspondre totalement a ses desseings, la nature estoit trop faible, admirable dans ses voyes il disposoit par des paroles intérieures cette ame aux souffrances qu'il vouloit d'elle. Ainsy il façonnoit son espouse. Si elle regardoit les fautes du prochain elle ne les consideroit que dans cet esprit comme les siennes propres. En voicy une preuve. Elle s'exprime de cette sorte touchant quelques personnes qui, une nuict en carnaval, se battoient sur le pavé : « Vous me mîtes, mon Dieu, dans la pensée de votre justice qui vous sépare des pécheurs. Quelle peine ne sentis-je pas, voyant en moy beaucoup plus de malice qu'en ces misérables. Je me sentois accusée devant votre Grandeur de tous les crimes qui se peuvent faire contre vous, ma malice estant grande si vous ne la teniez. Je souffre pour ce nombre sans nombre de péchés commis contre vous, et encore par la crainte d'en commettre de nouveaux. Me semble, mon Dieu, que vous me fîtes voir et comme sentir quelque peine des sens que vostre justice exerce sur les pécheurs. Je sentois des tremblements, etc. Et comme la vie de Jésus-Christ crucifié seroit nostre condamnation vous me donniez un désir fort et pressant d'estre unie a vous inseparablement. Je sentois des choses bien crucifiantes dans la volonté, me faisant voir que je ne vous aymois pas dans vostre vie de la croix. Je vous le demandois instamment. Ce fust là que je ressentis de grandes peines me voyant tout péché et que je n'en avois l'horreur que je devois. Vous m'inspiriez de vous prier pour ces âmes, mais vous vouliez que je fisse un sacrifice de ma volonté à la vostre. Je le fis par vostre grace, et votre bonté me promit l'amendement de ces ames. »

Ses presses continuelles estoient de se purifier en se dépouillant de toutes choses ; la Providence de Dieu luy en fournit entre autres occasions remarquables une : Les superieurs trouvant a propos que toutes les Ursulines du diocèse fussent uniformes dans leurs constitutions, il se trouvoit que le monastère d'Ussel en avait de differentes. Les superieurs chercherent quelle religieuse seroit propre pour cela. Apres avoir longtemps considéré, ils jettèrent les yeux sur nostre supérieure. Le monastère d'Ussel la nommant pour la leur, Monseigneur l'Evesque la confirma et luy envoya son obedience pour partir. Elle fust allée en Canada, par obéissance, si elle y avoit vu la volonté de Dieu. Le mesme jour, un de ses oncles, prevost du chapitre de cette ville, auquel elle estoit plus obligée que personne du monde, estoit mort. Nostre communauté desira qu'on portât le corps dans nostre chapelle, afin de nous acquitter de nos obligations, le general et particulier en ayant de tres signalées a ce digne personnage pour le sainct et charitable zele qu'il avoit pour la perfection de toutes dans les commencements de cette maison. Nostre bonne supérieure montra bien a cette mort quel estoit son denuement de tout. Elle porta cette affliction avec grand courage, et toute conformité aux volontés de Dieu, paraissant fort morte a tout, et pourvoyoit a tout ce qu'il falloit pour son départ, comme si rien ne fust arrivé. Elle partit le 20 decembre 1660 au grand regret de toute nostre communauté. Ce qui augmenta ce regret, fust l'apprehension de ne la plus voir, estant fort incommodée et fort mal a sa sortie. Mais elle nous assura qu'elle ne mourroit à Ussel, et qu'elle reviendroit mesler ses cendres avec celles de nos chères défuntes. Comme les jours estoient fort courts, elle n'y arriva que la veille de Noel.

Dieu marqua a son arrivée que l'ame obeissante remportera des victoires. Une religieuse de cette maison déclara a la mort, en présence du confesseur et des religieuses, qu'a son entrée elle avoit esté delivree d'un esprit familier qui la suivoit partout depuis plusieurs années, et que le reste qu'elle avoit vescu, qui fut l'espace de quelques années, ne l'avoit jamais plus inquiétée. Le mesme soir elle donna le subjet d'oraison à la communauté avec tant de benediction que des lors ces bonnes religieuses en conçurent une très haute estime. Elle y establit au plustost ce que nos constitutions ordonnent et expressement pour les parloirs, sçavoir est de ne parler que derriere la grille de fer blanc qu'elle y fist mettre, a moins que ce ne soit les proches, et de n'estre jamais sans escoutante, mesme au tour de la sacristie et a celui de la porte où elle mit des garde-clefs pour servir d'écoutantes. Tout ce qu'elle y fist fut par l'ordre des superieurs qui l'autorisoient pour cette œuvre, laquelle eust este bien difficile sans leur sainct zele et appuy, le diable ne manquant pas a toutes les œuvres de Dieu d'y faire naistre quelque empeschement. Mais comme elle n'y estoit allée que pour obéir, quoyque ce soit qu'elle y fist luy estoit un, puisqu'elle obéissait. Nostre Seigneur ayant dit : Qui vous escoute, m'escoute ; elle disoit qu'elle trouvoit de grands advantages dans l'obéissance, qu'on y servoit Dieu par une action qui luy estoit agréable, on s'expose au péché en sortant de sa volonté, et quel succès qu'ait la chose commandée, on est assuré qu'on fait la volonté de Dieu. Ce fust une de ses principales dispositions pour exercer cette charge que de renouveler son vœu d'obéissance, par lequel se dépouillant de sa volonté et de son jugement, elle ne s'en devoit servir, mais prendre la volonté de Dieu qui luy estoit signifiée par ceux qui la conduisaient. Cet estat la faisoit agir avec une grande assurence et courage, paix et tranquillité pour l'interieur et pour l'extérieur, la tenoit toujours dans son estat d'hostie, dependante toujours de son bon plaisir, ne craignant rien que le péché. « Ne permettez pas, o mon Dieu, disoit-elle, que je sois opposition a vos desseings. Si je me regarde en moy mesme, j'ay un fond de malice qui gatera toutes vos œuvres, mais je me confie en vous. C'est par vous que j'entreprends choses qui me seroient impossibles. » Ainsy elle agissoit. Dieu qui avoit deux desseings, celui de sa sanctification et celuy de cette maison, fit que toutes choses correspondissent a cela. Premièrement l'œuvre se commença avec assez d'applaudissements et de succes, les esprits fort souples et dociles. Mais Dieu qui vouloit l'amer après le doux permit que les choses ne demeurassent que six mois en cet estat. « Je sentois grand desir, dit-elle, d'estre purifiée et remerciois Dieu des peines que j'avois, puisque je luy pouvois plaire, et satisfaire a mes péchés par sa grace. Je me sentois dans le fond de l'ame en grande confiance que Dieu m'aideroit a les porter, [pourvu] que je m'abandonnasse entre ses mains. »

Ce fust l'estat de son ame pendant trois ans de supériorité. Cet estat d'abandon qu'elle marque, de pureté par la souffrance, fust des choses les plus cuisantes et sensibles qu'elle eust experimentées jusqu'alors. Aussy reçut-elle de plus grandes graces que Dieu luy eut communiquées, des secours par la saincte Vierge, par saint Joseph, par son bon ange avec des paroles intérieures pour l'encourager a souffrir. Mais l'estat des choses presentes, n'y ayant que 18 mois qu'elle est morte (1), ne nous permettant pas d'en faire part au public, Dieu, pour sa gloire et pour l'édification du prochain fera cognoistre les heroïques vertus de patience, charité, humilité qu'elle y a pratiquees. Elle ne voulut jamais prendre aucune clef pour avoir le maniement d'aucune chose pour le temporel, quoy qu'elle y aida beaucoup par sa conduite, pour mieux vaquer aux spirituelles. Dans toutes ses croix elle repandoit tellement l'odeur de Jésus-Christ, qu'elle fournissoit le secours non seulement à celles du dedans, mais encore beaucoup de demoiselles de la ville venoient pour recevoir dans leurs peines la consolation, ou pour estre aydées dans leurs besoings spirituels. Pour marque de l'agrément de sa conduite, elle eust la majeure voix pour estre continuée supérieure, a quoy jamais elle ne voulut consentir. Le superieur trouva a propos d'y mettre celle qu'elle jugeroit la plus propre et qu'elle fust sa superieure pour luy donner des conseils. Ayant demeuré

---

(1) Elle mourut en février 1667 ; on voit par là que ceci a été écrit en 1668.

quelque temps dans cet office, y pratiquant les plus héroïques vertus, nous la demandâmes aux superieurs qui enfin nous l'accorderent.

Outre ses maladies habituelles dont nous avons déjà parlé, elle en eut d'autres bien violentes dans lesquelles elle venoit à l'extrémité. Les medecins qui ne luy avaient donné souvent que quatre ou cinq heures de vie, étaient bien surpris de la voir sur pied dans peu de jours. Une luy fust occasionnée par le peu de charité d'un homme qui, s'estant chargé de luy aller querir des eaux minerales, remplit ses bouteilles à une fontaine a quelques lieues de là. Le medecin voyant nostre mère à l'extrémité et si enflée, se doutant de la chose, la luy fist advouer. Le soir mesme du lendemain [la veille du jour] qu'elle partit, elle fust si mal, qu'on ne croyoit point se mettre en chemin. Mais, comme ne cherchant son repos, elle ne voulut point prendre de soulagement. Elle fist assembler la communauté, leur fit un entretien de Dieu fort touchant et leur demanda pardon avec grande humilité. L'un et l'autre causoit beaucoup de larmes à ces bonnes religieuses.

Enfin, nous eumes le bonheur de la recevoir dans nostre maison a nostre consolation le 14 decembre 1664. Nous chantames le *Te Deum* pour action de graces. Dix mois s'escoulèrent pendant lesquels elle vaquoit à la prière, fort contente de pouvoir traiter avec Dieu hors de l'embarras des charges. Les superieures trouvèrent a propos de demander aux superieurs pour la consolation de la communauté, qu'elles eussent la liberté de luy parler en particulier. Ce qu'ils accordèrent. Mais elle qui souhaitoit fort ce temps pour se préparer a bien mourir en eut beaucoup de peine. Dieu fist réussir cela à sa gloire. Les seurs trouvoient beaucoup de lumière et de force pour se porter au bien par ses advis. Nous ne pouvions doubter que Dieu nous l'eust redonnée dans notre maison, tant elle estoit efficace dans ses exemples et dans ses paroles.

Dieu avoit tellement blessé son cœur dans la partie la plus sensible que la blessure en fust mortelle. Ses croix interieures ne la quittèrent jamais plus. Cela la separoit tellement des choses de ce monde qu'elle languissoit du désir de voir Dieu et d'estre séparée de cette vie pour ne plus pecher. « Je ressens, dit-elle, grande haine du peché, et comme je ne sais rien faire, je languis dans le désir de quitter cette vie a cause d'iceluy. Neanmoins je me soubsmets a vos ordres, o mon Dieu. » Alors toute son occupation estant de traiter avec Dieu, elle avoit beaucoup en vue les besoins du general et particulier de la maison, pour qui elle avoit grande presse de prier. Un mois après son arrivée, mourut une seur de nostre communauté pour qui elle sentit de grandes presses de prier. Ce qui en estoit en partie cause, estoit que cette seur se confiant fort à elle, luy demandoit de luy parler pour ses besoings spirituels, et qu'elle n'en eut pas le temps. Ce qui luy causoit beaucoup de peine et l'obligeoit a prier fort pour elle, pendant sa maladie et après sa mort. Il luy sembla un jour qu'elle luy estoit présentée, souffrant beaucoup dans le purgatoire et pour les fautes qu'elle avoit faictes au chapitre. Elle continua ses prières pour cette ame. C'estoit son ordinaire d'en faire grande part à toutes celles du purgatoire. Elles étaient fort efficacés, nous en pourrions donner de grandes preuves.

Une des principales occupations de son âme pendant ces dix mois de repos et le reste de ses jours, fust de languir auprès de Dieu, de voir que le péché empeschoit qu'il ne fut aymé. « O la dure chose de ne faire ce que vous voulez, disoit-elle. Mon Dieu, je sens ce que je ne peux dire de ma perte quand vous me faites voir que je ne vous ayme comme je dois. Je suis sensible aussy de ne vous voir pas aymé de tous. » Après la retraite que nous fismes cette année, elle fust eslue maistresse de novices le 21 octobre 1665. Quoyque ses infirmités la tinssent bien souvent dans le lict, Dieu ne laissa pas de répandre grande benediction sur celles qu'elle avoit en sa charge. Les paroles qu'elle leur disoit en leurs coulpes et conferences particulières estoient si convaincantes a leur esprit, qu'elles avoient pensé souvent de les inscripre, croyant qu'il ne se pouvoit trouver rien de plus propre a leurs besoings. Dans ses infirmités l'exemple de patience et d'union avec Dieu estoit encore plus touchant que ses paroles ; mais son fond estoit son neant et impuissance pour toutes choses, pour se laisser posseder a Dieu. « Je ne puis expliquer mon estat, dit-elle, seulement que je vous regarde sans vous voir, et vous crois estre le tout, vous possede sans rien desirer et suis sans savoir comment vous etes à l'ame ; mais nuict et jour je fais un esloingnement de tout estre crée pour estre a vous estre incrée. Ne se faict plus de résolution pour l'advenir, mais au moment présent vous chassez le péché et gaignez tout, et on ne s'arrête a aucun sentiment, mais on est perdu en vous. Et là on demeure sans rien savoir, mais vous possedant d'une manière incognue dans un plein abandon, qui est a present par estat, ce semble, puisqu'on n'attend, ne cherche, ne desire ; mais à tous moments on se laisse a vostre divine volonté. On sent a la vérité l'amour propre qui veut raisonner et ne voudroit pas mourir, mais on vous regarde qui faites tout et l'empressement cesse. » La fidelité de cette ame et son union intime avec Dieu portoit des effets dans les cœurs.

Cette année estant escoulée, on devoit procéder à leslection de la superieure. Elle fust eslue superieure le 6 decembre 1666. Durant l'eslection son esprit estoit si appliqué à Jésus-Christ crucifié, qu'elle s'abandonnoit incessamment a souffrir le mal du corps qu'elle sentoit et la peine de l'esprit a estre mise dans cette charge. Elle l'accepta sans se plaindre, contre son ordinaire. Les seurs assemblées le soir en temoingnaient leur joie. « He bien, leur dit-elle, vous m'y avez voulu, mais que direz vous si dans deux mois il vous faut faire une autre eslection? » Ce qui arriva. Elle avoit eu plusieurs fois cognoissance non pas du temps déterminé, mais qu'elle ne demeureroit guere. De quoy le confesseur des religieuses d'Ussel pourroit donner des escripts. Dans ces deux mois elle parla a toutes dans le particulier, hors deux ou trois. Elle disoit qu'elle n'avoit point de secret pour ses seurs. Cette ouverture de cœur les gagnoit. Dans les chapitres elle paraissoit si animée qu'elle donnoit grande ferveur aux autres. Elle mit si grande union dans les esprits et si grande volonté de bien faire, dans ce peu de temps, que cela marquoit le doigt de Dieu et paraissoit extraordinaire. Enfin elle se hastoit de faire toute sorte de bien.

Un vendredy 4 février, quoy qu'elle se sentit plus mal qu'à l'ordinaire, elle ne resta pourtant de se trouver aux heures de communauté. Le soir elle tint le chapitre a la coutume, ou elle nous dit des choses admirables, pour toute nostre vie, et d'une façon si humble, si pleine de charité et de zele pour la saincte union et salut de toutes que chacune en étoit extraordinairement touchée. Nous ne pouvions douter que ce ne fust Dieu qui agit en elle, et nous dit que Dieu vouloit de nous une grande séparation des créatures et des plaisirs des sens, continuelle mort à tout. La conclusion fust ces paroles : « Plus rien, mes seurs, que mort et croix. » Répetant plusieurs fois : « Mort et croix, plus rien la bas que volonté de Dieu. Voila tout ce qu'il nous faut. Dieu par sa grace nous donne cette disposition ». Ensuite matines sonnerent, ou elle assista avec ferveur ; et apres avoir satisfaict a une seur qui l'alla trouver, elle prit très rudement la discipline. Demi heure apres qu'elle fust au lict, un froid et une grosse fièvre la prirent, et dès le matin elle fust en delire qui dura deux jours. Elle sentoit de grandes douleurs sur le cœur et a la poitrine.

Outre cela lui survint une jambe fort enflée qui luy en causoit de plus effroyables. Neantmoins elle ne dit jamais un mot qui tesmoingna de l'impatience. Elle avoit fort souhaité mourir delaissée. Sa disposition fust telle qu'un grand serviteur de Dieu luy avoit marqué, qu'il falloit avant mourir souffrir beaucoup de peines. Dieu la mit si contraire a ses œuvres qu'elle ne voyoit tout ce qu'elle avoit fait qu'avec condamnation. « Helas, disait-elle, que Dieu est sainct ! Que ferai-je ? Ou irai-je ! » La mere soubsprieure sachant le bon usage qu'elle faisoit de la saincte communion, desiroit qu'elle communia tous les jours. Ce qu'elle fist par soubsmission a sa volonté, excepté le premier à cause du delire. Mais elle y avoit de la peine a raison du sentiment qu'elle avoit de son indignité ; apprehendant ses communions, elle dit à la mesme que ses douleurs et peines intérieures surpassoient celles du corps. « Je suis, dit-elle, ce bouc chargé de péchés, et je ne suis pas digne de porter ces reliques ni ces images. » Dans ce sentiment elle vouloit qu'on lui osta celles qu'elle portoit. Les confesseurs la venant voir dans cet estat de souffrances qu'ils croyaient provenir de ses violentes douleurs, ne sachant la disposition de son ame, luy dirent : « Eh quoy, ou est l'amour de la croix ? » Après quelques moments, toujours dans sa sensibilité elle dit : « Il est bien juste que la creature se soubmette a Dieu. » Parole qui dans l'estat qu'elle portoit dans son intérieur, estoit une héroïque vertu, et la laissa dans l'extérieur moins sensible a sa peine. Son estat interieur ne la quitta point jusque à la fin. Quelque heure avant de mourir, les medecins la croyant soulager la firent saigner. L'infirmière s'apercevant qu'elle n'en pouvoit plus, luy fist gaigner les indulgences et produire plusieurs actes. Les confesseurs venus, elle demanda de se confesser et qu'on luy donna l'extrême-onction promptement. Ce qui fust faict. Elle fist un acte de grande charité. Puis on luy dit, voyant qu'elle ne pouvoit plus parler, de faire signe si elle avoit douleur de ses péchés ; elle le fit incontinant. Et enfin dans peu expira fort doucement, quatre heures apres midi, un jeudi, agée de quarante quatre ans (1).

VI. — *Reliques*

Le jour de la Sainte Trinité, 4 juin 1651, nous reçusmes des

---

(1) Cette biographie occupe 19 pages du manuscrit. Avec la suite commence une nouvelle pagination.

ossements et reliques des glorieux martyrs saincts Saturnin, Niceti, Boni, Pauli, Victoris, Genedine, Juste, Justine, Crecentianus, Gille, Theodore, très bien approuvées par l'attestation de Monseigneur *Bernardus de la Calra, archiepisc. Callaritanus*, comme il apert par l'approbation qui est enclose dans le coffret ou elles sont, données par noble Melchior de la Tour sieur de Nouialhas (1), prises par luy sur mer dans la guerre de Portelongone lorsqu'il en estoit gouverneur, et mises dans nostre chapelle au costé de l'autel le susdit jour par noble Rolland de la Poumellie, prévost de l'esglise collegiale de la présente ville, accompagné d'autres ecclésiastiques et d'une grande foule de peuple qui firent toucher leurs chapelets avec grande dévotion.

Le 23 juillet de la mesme année, elles furent visitées et authorisées par Mgr François de la Fayette nostre Reverendissime Evesque, accompagné de M. Saigne son grand vicaire (2).

VII. — *Abrégé de la vie de seur Gabrielle de la Vierge* (3).

Le 21 janvier 1617 nasquit seur Gabrielle de la Vierge dans la

---

(1) Melchior de la Tour, sieur de Nouallas, paroisse de la Croisille, qui est probablement le frère de Claude-Marie de La Tour (sœur Marie de la Trinité), était fils de Daniel de La Tour et d'Isabeau de La Vergne (*Nobiliaire Limousin*, T. IV. p. 209).

(2) Outre ces reliques, les religieuses Ursulines d'Eymoutiers en reçurent d'autres lors de la distribution du trésor de Grandmont en 1790. Voici les articles du procès-verbal de distribution qui se rapportent aux différentes communautés de leur ordre établies dans le diocèse :

« Article 32. Communauté des Ursulines de Limoges. Une relique de Sainte-Ursule, vierge et martyre, leur patronne, avec un petit reliquaire de cuivre jaune, en forme de custode.

« Article 33. Communanté des Ursulines d'Eymoutiers. Une grande partie du chef de sainte Albine, vierge et martyre, compagne de sainte Ursule, vierge et martyre, avec un sachet de taffetas cramoisi, mais sans reliquaire.

« Article 34. Communauté des Ursulines de Beaulieu. Des reliques ou ossements de sainte Albine, vierge et martyre, compagne de sainte Ursule, sans reliquaire.

« Article 35. Communauté des Ursulines de Brive. Le chef de sainte Essance, vierge et martyre, compagne de sainte Ursule, sans reliquaire; mais avec un sachet de taffetas cramoisi.

Article 36. Communauté des Ursulines d'Ussel. Des reliques de sainte Essence, vierge et martyre, compagne de Sainte-Ursule, sans reliquaire.

(3) La famille de Gabrielle Ruben a produit plusieurs personnes d'un mérite distingué par leur science et leur piété, tant dans l'état ecclésiastique que dans l'état séculier. Le Père de Gabrielle s'appelait Antoine Ruben et sa mère Antoinette de Lestrade, dame d'une grande vertu, fort charitable envers les pauvres, et de qui la famille ne le cédait en rien à celle de son mari. La Biche de Reignefort a donné une vie de sœur Gabrielle dans *Six mois de la vie des Saints*, T. III, p. 359.

ville d'Eymoutiers, d'une des plus anciennes familles, nommée des Rubens. Dans sa jeunesse elle fut si prevenue de Dieu, qu'elle assembloit des petites filles du voisinage pour les apprendre à servir Dieu, leur enseignant la manière de se mortifier, dont elle-mesme se servoit et autres, inventions que le sainct amour luy commençoit d'apprendre des ce bas age. Sa mère mourut la laissant agée d'onze ans et quatre mois. Lorsqu'elle accompagnoit le corps de sa mere dans le convoi funèbre de son enterrement, elle poussa un haut cri en disant : « Sacrée Vierge, soyez désormais ma mère et je serai votre fille », lequel cri, comme elle a dit depuis, ne procedoit pas tant du sentiment de sa perte, comme d'un puissant mouvement qu'elle sentit pour lors de la recognoistre en cette qualité. Les graces qu'elle a reçues pendant sa vie par son entremise en sont une preuve. La pureté et devotion dans lesquelles elle vivoit pendant son sejour au siècle, dans la corruption où il est, n'en sont pas des moindres. Elle demanda l'habit avec une si grande presse, que voyant qu'elle estoit d'un age assez mur, ayant 19 ans, on luy donna l'habit le jour de saint Jacques et saint Philippe 1636 (1), qu'elle ne garda que trois ou quatre heures, ses parents estant venus si tost qu'ils le surent, particulièrement un sien oncle qui avoit grande tendresse pour elle ; ils la firent sortir. Pendant quinze mois qu'elle demeura en leur compagnie, cet oncle se servit de tous les moyens pour la divertir ; premièrement de tendresse, voyant qu'elle l'aymoit fort. Quelquefois aussy l'assurant qu'elle pourroit servir Dieu aussy bien dans le monde, par les assistances spirituelles qu'il luy donneroit, estant un ecclésiastique fort savant et pieux. Mais Dieu qui la vouloit dans nostre maison fist qu'elle surmonta toutes considérations humaines et toutes les tentations et peines que l'enfer et la nature luy livrèrent ; ils sembloient avoir fait partï ensemble pour empescher ce desseing ; a quoy ayderent beaucoup les travaux, prières et penitences d'un venerable chanoine son confesseur et le nostre, et celles aussi de nostre Mere Claude-Marie de la Trinité qu'elle voyoit quelquefois au parloir.

Elle prit l'habit de postulente le jour de Notre Dame d'aoust 1637, et celui de novice le sixième de septembre de la mesme année. Sa vocation fust de Dieu, comme il parut par sa vie et par sa mort, et comme Dieu l'en assura, qu'il l'avoit mise dans cette maison pour sa gloire et pour son salut. Dieu la prevint dès

---

(1) Le 1er mai.

son noviciat, luy donnant le don d'oraison qui la recueillioit fort, la rendant attentive dans son interieur, ou elle se sentoit fort pressée à la mortification de ses sens. Le bon oncle qui s'estoit faict grande violence de consentir qu'elle se fist religieuse, avoit demandé qu'il luy fust permis souvent de la voir, a quoy il ne manquoit pas. Mais elle qui estoit inspirée a traiter avec Dieu, souffroit cela avec grand peine, et de temps en temps donnoit a entendre qu'elle estoit venue en Religion pour estre vray religieuse. Il fallut souffrir durant tout son noviciat ses visites importunes, les superieurs l'ayant ainsy trouvé à propos.

Cependant nostre bonne sœur estant fort genereuse et fort pressée de Dieu de se faire violence, entreprenoit tout ce qu'elle cognaissoit que Dieu vouloit d'elle d'un grand courage. Elle avança beaucoup dans la mortification de ses inclinations, y estant aydée devant que son noviciat achevat par des graces extraordinaires. Dieu la voulant desgouster de ses petits amusements par des choses plus délicieuses, luy donnoit le goust de la vertu qui faisoit que les choses luy estoient aisées.

Elle fist sa profession le jour de Nostre-Dame de septembre 1638. Les attraits du Dieu estoient fort pressants et l'obligeoient doucement à se despestrer de ce qui luy faisoit empeschement, qui estoit entre autres choses quelque attache pour ne pas rompre avec son oncle. Enfin elle obtint du bon Dieu la grace de se pouvoir surmonter dans ce rencontre, avec resolution de retrancher non seulement les entretiens, mais la préoccupation et affection, Dieu luy faisant cognoistre que la séparation des plus proches et mesme la perte de toutes choses luy estoit necessaire pour posseder Dieu. Ce qui luy fist entreprendre a bon escient le chemin de la perfection avec resolution de se mortifier en tout. A quoy elle s'empressoit beaucoup, comme elle a advoue, estant de son naturel fort ardente et fille d'exécution a ce qu'elle entreprenoit. Ce qui fut qu'elle se multiplioit en quantité d'actes et d'exercices et en beaucoup de sortes de mortifications, et ce avec un peu d'empressement et d'attache; en quoy son esprit n'avoit pas peu d'exercice quand l'obeissance la retenoit. De quoy elle fut venue a bout bien difficilement, si Dieu ne l'eut disposée dans l'intérieur par des graces speciales. La grace l'ayant séparée des choses exterieures, elle trouvoit encore en elle un grand empeschement par l'attache qu'elle avoit à sa volonté. Premièrement il la disposa a y travailler en luy imprimant et faisant gouster dans son oraison ces paroles de l'esvangile : Dis avec moy, lui disoit la lumière dans son interieur, je ne suis pas venu faire ma volonté, mais celle de celuy qui m'a envoyé. A mesme temps elle comprenoit qu'ayant été appelée de Dieu dans sa vocation, elle n'y estoit pas pour faire sa volonté, mais celle de celuy qui l'y avoit mise, et fust fortifiée pour se soubsmettre à l'obéissance, pour s'y laisser conduire pour ses penitences, pour la peine qu'elle avoit d'accepter les offices penibles et fuite du travail exterieur, crainte de perdre la satisfaction interieure. La grace alloit peu a peu a sanctifier cette ame par des vues interieures qui faisoient grands effets, advouant que Dieu instruisoit plus par une seule parole intérieure, que l'ame en sortoit plus fortifiée pour surmonter ses difficultés et pour se sevrer de l'attache a elle-mesme qu'elle ne feroit par toutes les instructions des créatures.

La mère trouva a propos d'avertir les supérieurs des choses extraordinaires qui se passoient en elle, lesquels envoyèrent un bon Père qui lui donna bien de l'exercice et qui l'assura qu'elle estoit trompée, et en assura les superieurs et superieure. Ce qui luy causa beaucoup d'humiliation. Ces bruits vinrent bientost en cognoissance de la communauté, disant qu'elle avoit des illusions. Il fallut essuyer toutes ces peines, ce qui dura longtemps. Mais pour accroissement on ne s'arresta pas seulement a censurer ses lumières. Il falloit par une consequence necessaire porter mesme sentiment de ses actions. Si elle vouloit agir fortement dans quelqu'un de ses offices et y maintenir la règle, on attribuoit cela a vanité, opiniatreté, tromperie. Enfin, quelques années s'estant escoulées, le Père Allange, jésuite, cognut la conduite de Dieu sur cette ame et en assura les superieurs. Depuis il luy fut permis de ne plus faire violence a ses lumières. Dieu l'instruisoit de l'economie de sa conduite sur elle : « Quand tu seras en jouissance cela te fera cognoistre que c'est ma bonté, tous les biens venant de moy, et plus tu te soubsmettras a mes graces et a croire que c'est moy par ma pure libéralité qui te les donne, tant plus tu en recevras. Ou je permettrai que tu sois dans les tentations et peines, alors tu seras soubsmise a mes volontes, resisteras a la tentation et soubsmettras ton jugement. »

Ce fust particulièrement l'an 1646 que les visites commencerent d'estre fort fréquentes. Dans les communications qu'elle recevait de Dieu il lui faisoit concevoir le mal que les ames se font en resistant à Dieu. Elle disoit que quand il n'y en auroit qu'une privee de cet amour, cela estoit une peine inconsolable a une ame qui l'aymoit bien. Combien plus voyant que le nombre est si grand. Un jour, à la saincte communion, Nostre Seigneur luy fist cognoistre qu'il vouloit establir dans cette maison la vraye et solide vertu, luy montroit les empechements pour les dire à la superieure afin qu'elle y remedia. Il se trouvoit souvent que la superieure estoit dans les mesmes dispositions, ce qui n'est pas seulement arrivé cette fois, mais plusieurs autres, non seulement pour l'estat de cette maison, mais pour plusieurs autres choses que Dieu luy manifestoit. Nous en pourrions citer un grand nombre : les unes recevoir leur condamnation éternelle, les autres delivrées du purgatoire, d'autres retirées de mauvais estats. Mais la brieveté de cette narration ne permet pas de specifier toutes ces choses. Peut-estre dans le temps Dieu suscitera quelqu'un pour en faire part au public. Nous dirons seulement qu'un jeune homme engagé dans la profession ecclésiastique depuis deux ans, voulant la quitter pour s'engager au monde, priant pour luy, Nostre Seigneur l'assura qu'il persevereroit dans sa vocation en luy disant : Je te le donne. Quelque temps après, priant encore afin qu'il vesquit dans la perfection de son estat, Nostre Seigneur luy dit : J'auray soing de celuy-là. Ce que l'évenement a bien fait voir. Une veille de Noel, estant fort intimement préoccupée de la présence de Dieu, en toutes les puissances de son ame qui la tenoit fort unie avec de grandes lumières sur la bonté de Dieu, pressée de faire une demande a cette Bonté, avec confiance de l'obtenir, il luy fust inspiré d'aller trouver sa superieure pour savoir ce qu'elle devoit demander ; laquelle luy dit de demander l'accomplissement de sa saincte volonté. « Apres la saincte communion, dit-elle rendant compte à sa supérieure, il me fust dit : Je t'oste ta propre volonté. Dans ce mesme instant je sentis une telle promptitude pour le bien qui m'estoit fait cognoistre comme si je fusse devenue tout esprit. Il me sembloit qu'on m'avoit arraché certaines choses de tout mon intérieur, ce qui me rendoit en quelque façon impuissante au mal. Je fus tellement establie en l'obéissance pour toutes choses, que le plus petit mouvement contraire m'estoit insuportable. J'ay faict une continuelle experiance depuis ce temps que, nonobstant les tres grandes tentations que j'ay souffertes, par le soulevement de mes passions, environ trois ans, accompagnées d'une revolte generale de ma nature contre Dieu, voire de l'enfer, je n'ay pourtant esté un moment que je n'ay cognu la force de cette grace. »

Nous pouvons donner tesmongniage que rien ne luy estoit si penible que la moindre marque que la superieure donna d'avoir peiné pour elle. Elle avoit une telle estime de l'obéissance, qu'elle disoit que si une ame veritablement religieuse arrivant au ciel pouvoit entendre la voix de sa superieure et qu'elle eut son choix, elle en descendroit et prefereroit un acte d'obéissance à la gloire que déja elle possedoit. Estant despencière il luy survint une maladie dans laquelle, un soir de la feste de la Pentecoste, Dieu luy donna une vue de l'amour qu'il luy avoit porté en mourant pour elle, qui la mit dans une langueur et oppression fort grande. On luy avoit envoyé ce soir les novices pour les faire divertir. Elle se faisoit de grandes violences pour ne rien faire cognoistre de la préoccupation ou elle estoit. Mais elle y fut contrainte. Voicy comment elle s'en explique : « Les novices m'estant venu voir et ne pouvant leur parler a cause de l'attraction interieure, un tremblement me saisit par tout le corps, causé par trois grands coups que je sentis au cœur, comme si on m'eut percée d'outre en outre. Les douleurs redoublerent par tout le corps, je ne pus empescher les cris. Je crus, n'y ayant que l'infirmière, que je me pouvois soulager par des plaintes et soupirs. Ce qui ne servi guere, car les douleurs s'accrurent par une forte impression de l'amour et bonté de Dieu sur moy, me représentant toutes les graces qui, depuis près de trois ans, m'avoient été communiquées, qui m'estoient lors fort particulièrement presentées avec le changement qu'elles m'avoient apporté, et que, nonobstant que je visse ce qu'il avoit souffert pour moy, je ne pouvois rien souffrir sans me plaindre ; ce qui m'imprimoit un profond sentiment de mon neant, qui me servit depuis dans les occasions. »

Cette mesme nuict, elle en eust un subjet. La mère Marie de la Trinité sachant ce qui se passoit, fut à l'infirmerie luy disant beaucoup de paroles fort humiliantes qu'elle escouta en grand respect, tenant toujours les mains jointes.

Dieu alluma tellement dans son cœur le feu de son amour qu'elle ressentoit un continuel desir de s'anéantir pour cet amour. A cet effet se sentant fort extraordinairement pressée de se confondre dans l'esprit de sa supérieure et dans son propre esprit, elle luy alla faire une déclaration entière de toutes les tentations, pensées, desirs, mouvements déreglés et pesches qu'elle avoit sentis ou consentis en toute sa vie, qu'elle se put souvenir. Elle eut désiré s'anneantir dans l'esprit de toutes les creatures et si l'obéissance ne l'eut retenue, elle eut dit ses fautes devant toute la communauté. Mais si jamais elle estoit ardente c'estoit en ce qui regardoit l'estroite observance. Elle disoit que pour empescher d'enfreindre la moindre regle elle souffriroit tout ce qui est possible. Elle disoit encore qu'elle avoit tant d'estime et d'amour pour la régularité que toutes les graces qu'elle en put recevoir lui eussent esté un enfer si elles ne l'eussent porté a pratiquer sa regle ; que l'observance estoit la pierre de touche pour cognoistre si c'estoit Dieu dans les attraits qu'elle sentoit. Voicy ce qu'elle en dit : « Mon ame met et trouve sa vraye paix et assurance dans l'exacte observance de l'obeissance et regularité. Je puis dire que c'est mon paradis, tant sont grands les adventages que mon ame y trouve, parce que c'est la que je trouve Dieu, sans crainte d'estre trompée. Je déplore les grands abus et aveuglement de beaucoup d'ames religieuses, lesquelles s'amusent de vouloir chercher à s'establir avec Dieu sans poser les fondements d'obeissance et regularité. Ce qu'il me fit cognoistre plus intimement par une parole interieure qu'il me dit sur un desir que j'avois de la communion : Ma fille, le desir de moy est bon, mais celuy d'obeir est meilleur. » Nous luy avons ouï dire, lorsque la Mere de la Trinité demandoit aux superieurs de mettre des grilles de fer blanc aux parloirs, qu'elle voudroit être condamnée a prendre autant de disciplines qu'il y a de trous et que ce point d'observance fust pratiqué. Se communiquant a son directeur des effets de l'amour divin, elle dit qu'il met l'ame dans un estat de vérité ou, si elle ne se faisoit violence a reprimer l'ardeur qu'elle sent pour se porter à la pratique des vertus d'humilité, obéissance, mepris de toutes choses, elle seroit comme une folle, faisant tout le contraire de la raison humaine. L'amour de Nostre Seigneur estoit celuy qui la faisoit agir pour tout. Elle disoit que c'estoit le moyen le plus court et le plus facile pour venir a bout de ses défauts, se servant de cette comparaison que l'on pouvoit défricher un champ en deux façons, ou en arrachant les herbes, ou en y mettant le feu. La dernière est la plus facile. De mesme en estoit-il de l'amour.

Sa devotion a la sainte Famille a esté extraordinaire. Premièrement, la devotion à la sainte Vierge qu'elle avoit depuis dans le monde, s'accrut par les vues et paroles intérieures qu'elle reçut de Dieu pour l'honorer, entre autres celle-cy : « Ma fille, je veux que tu unisses ton cœur à celuy de ma mère, car iceluy n'est qu'un avec le mien. C'est pourquoy je suis plus parfaitement loué par elle que par toutes les creatures. » Cette grace fut si efficace en elle que son cœur ne s'est jamais departy du desir de s'unir à l'intérieur de la saincte Vierge pour loüer Dieu par elle. Ce luy estoit une source de lumière et de moyens pour servir Dieu, la voyant si humble et si anneantie, dans son interieur, devant la majesté de Dieu. Elle s'unissoit a elle pour avoir part a cette grace, mais surtout voyant qu'elle n'avoit jamais discontinué son union et louange vers Dieu, elle entroit en communion de ses dispositions pour faire par cette digne mere ce qu'elle ne pouvoit pas par elle. Elle employoit tout le mois d'aoust en des pratiques a son honneur, disant chaque jour d'iceluy un *Te Deum* en action de grace à la Sainte Trinité, de tous les dons et graces qu'elle avoit communiqués à cette saincte Dame, ne mangeant d'aucun fruict de tout ce mois, passant la veille de l'Assomption, jusques a minuit, en prière devant le Saint Sacrement, ordinairement et quelquefois davantage, quand on le lui vouloit permettre. Outre les jeunes de la regle, les veilles des festes de la saincte Vierge elle prenoit le silice, la ceinture de fer, ou faisoit quelqu'autre penitence. Elle passoit ordinairement les veilles et le jour tant des festes de la Saincte Vierge, que des autres de la saincte famille, en oraison et retraite devant le Saint Sacrement. Il n'y avoit point de personne qui eut particulière communication avec elle, a qui elle n'inspirat quelque pratique à l'honneur de la Saincte Vierge. Mais ce qui estoit le plus particulier en elle estoit la devotion envers saint Joachim. Elle eut des vues tres particulières pour le faire honorer. Le superieur qui n'estoit pas homme de légere croyance pour les choses extraordinaires, après avoir vu les merveilles operées par ce grand sainct, luy permit, et a la maison, a sa consideration, d'en publier la devotion par l'office chanté solennellement comme aux grandes fêtes, et par le Saint Sacrement exposé avec predication a son honneur. Elle avoit une belle-sœur de quy les enfants venoient morts-nés ; c'estoit arrivé fort souvent ; elle luy fit faire un vœu a ce grand sainct, et lui promit que moyennant iceluy, elle s'accoucheroit heureusement du fruict dont elle estoit enceinte et que ce seroit un garçon, qu'elle voulut qui porta le nom de Joachim. Ce qui arriva de point en point comme elle l'avoit dit. L'autre d'une personne qui estoit en danger que son imagination se renversat, par un vœu a ce grand sainct fut entièrement guerie. Elle nous avoit assuré que le superieur accorderoit la permission d'honorer ce sainct dans nostre maison, de la manière que nous avons ci-dessus marqué, et nous avoit désigné le temps ; ce qui fut vray nonobstant qu'il l'eut refusé plusieurs fois. Elle disoit que Dieu feroit cognoistre ce sainct et qu'il seroit avec sainct Joseph le protecteur des siècles a venir. Elle avoit aussy grande devotion a sainct Joseph, sainct Gabriel et saincte Anne, faisant des neufvaines à la saincte Famille pour toutes les nécessités de la maison et d'ailleurs, avec experience de leur secours.

Dieu luy fist cognoistre que les graces qu'il luy feroit desormais ne redonderoient plus tant sur les sens; qu'elle sentiroit des effets d'une nature qui est a elle-mesme ; qu'elle seroit si pauvre qu'elle ne se souviendroit presque pas des graces et faveurs passées ; qu'il lui faudroit ressentir les difficultés qui se trouvent dans la pratique de la vertu. En effet, elle advoue que de ces temps, la nature estoit pesante, qu'il fallut commencer d'agir par la foy. Dieu l'esclaira beaucoup pour l'ordinaire dans cette voye, lui donnant une assurence certaine de toutes vérités de nostre religion. Des lors qu'elle regardoit par la lumière de la foy que Jesus-Christ avoit pratiqué l'abnégation de soy-mesme et qu'il avoit dit qu'on ne pouvoit pas estre son disciple, ou quelque autre vérité, au mesme temps sa volonté, par cette certitude de la foy, demeuroit amoureuse de cette vérité. Elle advoue pourtant, que Dieu quelquefois dans cet estat pour retirer son interieur de l'amusement, se servoit de quelque parole interieure de l'esvangile quoique ce ne fut pas sensiblement comme auparavant, et qu'elle ne fust mise que dans la pointe de l'esprit. Cela ne laissoit pas de renouveler tout l'interieur dans la pratique des vertus de soubsmission, résignation, obeissance, regularité, dans un regard de Dieu seul, la tenant inséparablement a tout ce qu'elle croyoit estre pour Dieu, non par sentiment, mais par la vérité de la foy. « Quelle obscurité et pauvreté, disoit-elle, qu'une [ame] aye, Dieu est toujours ce qu'il est. Si en vérité elle ne cherche que luy, elle le trouvera par dessus tout sentiment, séparée de toutes choses. » Il y avoit une douzaine d'années avant sa mort qu'elle se sentoit portée a ne vouloir que Dieu seul, tout le reste luy estant indifférent; que les choses fussent faciles ou difficiles, rudes ou agréables, pauvreté ou richesse, ne luy estant permis de rien vouloir. Voici comment elle en parle a son directeur : « Je ne trouve de croix que ce qui peut déplaire a mon Dieu, ou qui me semble ne luy estre plus agreable. Je ne crois avoir autres interets que les siens, ni en mes actions, intentions et affections que mon ame cognoisse. Je suis attirée au regard de Dieu seul. Mon ame meprise tout ce qui tombe soubs les sens et qui peut apporter quelque plaisir, tant sainct puisse-t-il estre. »

Cette ame séparée de toutes choses, a qui Dieu estoit tout, trouvoit que Dieu luy suffisoit et que tout ce qui n'estoit pas Dieu ne lui estoit rien. Tu as tout en moy, que peux tu perdre, luy dit Notre Seigneur. Et comme quelque temps apres, par un raisonnement il luy vint en pensée qu'elle le pouvoit bien perdre luy, elle en fut retirée par ces paroles : Tu m'auras toujours, ma fille. Ce qui luy fust reiteré par celles-cy : Tu ne seras point séparée de moy ; je te confirme en mon amour. Ce qui portoit effet d'assurer son salut par bonnes oeuvres. Ne faut pas s'estonner si une ame comme celle la, avoit de grands desirs de communier. Il luy sembloit qu'il n'y avoit rien qui se puisse souffrir qu'elle n'eust volontiers souffert pour une seule communion. Une des principales recherches et reflexions qu'elle avoit parmi le jour, durant quelques années, estoit de rechercher les jours de communion. « Une des plus rudes mortifications pour moy, disoit-elle, seroit de me faire desjeuner, comme aussy le disner le jour que je n'ay pas communié, a raison de l'esperance que j'ay sans cesse de pouvoir communier. Cette esperance est une des grandes consolations que j'ay en cette vie, laquelle me feroit trouver doux et plaisant le jeune perpétuel. Une seule communion me semble récompenser par trop tous les travaux de cette vie. Il me semble que je ne vis, après la volonté de Dieu, que pour communion. » Nous pouvons assurer qu'en luy entendant exprimer la vehemense de son desir pour s'unir à Jésus-Christ par la saincte communion, elle en donnoit non seulement un simple desir, mais une faim.

L'office qu'elle a exercé le plus longtemps dans la maison a esté de procuratrisse. Elle y avoit un grand talent. Cet office de Marthe ne nuisoit point à son interieur. Aussy luy avoit-il esté promis de Dieu auparavant, que les creatures ne luy pourroient nuire, que l'amour divin que Dieu luy avoit aussy assuré qu'il luy donnoit, serait comme un bouclier par lequel elle seroit mise en sureté contre tous les empeschements qu'il pourroit apporter à l'union avec Dieu. Il luy fut dit de rechef que ce mesme amour luy serviroit d'un mur impenetrable avec lequel elle converseroit avec le prochain sans dommage, et dans l'exercice et possession du mesme amour. C'est pourquoy quand elle traitoit avec le prochain des choses necessaires, elle n'y regardoit que la volonté de Dieu, y estant pour les sens et pour l'inclination en abnegation. Il ne se pouvoit faire qu'elle n'y trouvat Dieu, ayant dit en confiance à une seur, qu'elle ne s'estoit jamais prevalue pour la satisfaction de ses sens quelque office qu'elle eût eu. Une fois lorsqu'elle estoit despensière, distribuant quelque chose à la communauté, il luy vint en pensée par un premier moüvement de retenir pour elle quelque chose qui estoit selon son inclination. La fidelité de cette ame estoit exacte pour estouffer a l'abord semblables recherches de nature, neanmoins dans cette rencontre elle acquiessoit à son inclination, non pas pour se satisfaire mais pour avoir moyen de se mieux confondre et humilier en s'en allant declarer cette faute prétendue a sa superieure, avec les termes les plus exagerés qu'elle put, pour l'obliger à l'humilier et a luy en imposer penitence. Dieu lui avoit appris a accorder Marie avec Marthe. De la venoit que dans l'office de Marie elle n'estoit pas attachée pour ne pas quitter, ni dans celuy de Marthe trop empressée, ne donnant pas lieu a Marie de la laisser jouir. Dans cet office si embarrassant, elle estoit toute pleine de confiance pour les necessités de la communauté. Quoique la maison fut pauvre, elle n'avoit point peur de manquer des choses nécessaires. Elle pourvoyoit a toutes avec esprit de charité, ne regardant pas ou la portoit son inclination, ni de faire des choses de son choix et par son jugement, mais par esprit de communauté, ayant en vue que les seurs pourvues de ce qu'il leur faisait besoing, pussent mieux vaquer à leur perfection, n'en estant pas diverties par des soings superflus. Pour ne pas manquer à la regle, en faisant son office, il falloit trouver le temps d'une heure et demie d'oraison; pour cela souvent elle se privoit du sommeil et des recréations. Vous eussiez dit qu'elle vouloit garder la pauvreté et penitence pour elle seule, tant son desir estoit grand de pourvoir aux besoings de ses seurs.

Le 21 d'octobre 1652 elle fust eslue maistresse de novices. Elle demeura dans cette charge quatre ans de suite, les superieurs ayant agrée et confirmé le choix que la communauté en avoit faict, a cause de sa capacité pour les choses intérieures et grande conduite. On avoit apprehandé qu'elle ne fust pas propre pour cette charge, a cause de ces voyes qui ne pouvoient souffrir tant de methodes dans son esprit. Mais la bonté de Dieu qui pourvoit a tout, la mit, estant à l'oraison, dans la façon d'agir qu'elle devoit tenir, luy donnant moyen et grace pour la voye d'oraison, et pour descendre jusqu'aux plus petites choses necessaires pour l'instruction des novices. Dieu luy donna grande benediction, et pour le nombre, car elles estoient douze, et pour leur advancement spirituel, les faisant aller a grands pas dans les voyes de Dieu. Son zele les animoit, sa regularité les rendoit exactes a la plus petite observance, et l'amour de Dieu dont son cœur estoit embrasé animoit ses paroles pour leur dire des choses fortes et touchantes, et la réputation de sa sainteté et de ses graces extraordinaires faisoit qu'elles luy découvroient leurs coeurs et leurs défauts, dans les coulpes et communications particulières, ayant eu quelque experience que nous pourrions marquer, qu'elle les cognoissoit par autre voye. Cela faisoit qu'elle avoit grande authorité sur leur esprit, et quoy qu'elles fussent la plus part agées, en vue de ses paroles elles se rendoient subjettes comme de petits enfants. Elle ne laissoit pas un de leurs défauts sans correction et penitence, et avec cela elle estoit autant aymée d'elles que crainte. Pour attirer les graces de Dieu sur elles et pour leurs besoings spirituels, elle faisoit de très rudes penitences. Il n'y avoit presque point de jour qu'elle n'en fist quelqu'une, estant la fille la plus adonnée a ce sainct exercice et qui a le plus continué. Elle portoit quelquefois le cilice neuf jours de suite, sans le quitter ni jour ni nuict. Ses disciplines estoient pour l'ordinaire toutes ensanglantées. Elle disoit souvent, parlant de son corps, que c'estoit une vieille souche de laquelle elle pouvoit tirer beaucoup de coupeaux, voulant dire beaucoup d'occasions de mortification. Durant ses premières années de Religion, son grand soing estoit de voir ce qui la pouvoit mortifier interieurement ou exterieurement pour y courir. Si elle eut trouvé quelque chose qui luy aye fait bondir le coeur, elle ne souffroit point ces resistances dans sa nature, elle l'alloit baiser, lescher, et mesme quelquefois avaler. Ayant demeuré ses quatre années dans cet office, elle fust remise dans celuy de procuratrisse, qu'elle exerça treize ou quatorze mois, puis tomba dans la maladie dont elle mourut.

Plus tot que de parler des merveilles de cette mort, nous nous sentons obligée de rendre ce tesmongniage à la vérité par ce qui nous en a paru, que toutes ces grandes communications avec Dieu, dont nous n'avons pas touché la centiesme partie, ont butté à [ont eu pour but de] la rendre héroïque dans ses vertus. Son esprit estoit que lorsqu'il y avoit de l'honneur à rendre a Dieu, ou a empescher qu'il fust deshonoré, vous n'eussiez cru qu'elle eut de naturel a vaincre ; elle fust allée teste baissée aux humiliations et difficultés, non pas de ces choses qu'elle estimoit petites au prix de ce qu'elle eut voulu faire et endurer, mais d'estre tenaillée et de passer par le fer et le feu pour rendre honneur à Dieu. La maladie dont elle mourut fut une occasion pour faire voir que ses sentiments estoient véritables. Le 6 novembre 1657, estant au choeur, elle eut une pamoyson, apres laquelle il luy resta une douleur fort aygue en la main droite, avec une noirceur au bout des doigts. Les medecins et chirurgiens appelés luy servirent quelques remedes ; mais remarquant que toute la main estoit devenue noire, ils crurent que c'estoit la grangrene. Ils ne jugerent pourtant pas a propos de luy couper la main, tentant par leurs rasoirs et trouvant qu'elle n'avait point de sentiment. Ils jugerent qu'il estoit necessaire d'y appliquer des fers chauds, pour empescher que cette corruption n'alla plus avant. Ce qui fust inutile, le mal montant toujours dans le bras, puis jusques au coude, et enfin plus avant. Durant un mois ils appliquerent ces fers chauds. Mais ce n'estoit pas le seul mal qu'elle souffroit, outre que celuy la estoit accompagné d'une fièvre continue et qu'elle avoit esté l'espace de deux ans presque toujours dans les remedes, estant menacee d'hydropisie, ce qui l'avoit beaucoup affaiblie. Dieu la mit dans de grands exercices pour son interieur, et à l'exterieur encore, outre celuy que son mal luy causoit, ce fût que la superieure, qui estoit la mère Marie de la Trinité, en qui elle regardoit tellement Dieu et pour qui elle avoit tout le respect, que le moindre signe de ses volontés luy estoit des oracles, devint dans cette maladie, impitoyable pour elle. Elle la contrarioit dans toutes ses volontés; et comme les maux qu'elle souffroit estoient violents, si elle tesmongnoit quelque recherche de soulagement, elle s'y opposoit, la privoit de la communion. C'estoit une providence secrete et admirable qui permettoit dans le coeur charitable de cette douce mère ces sévérités envers une fille qui luy estoit chère dans la dilection de Jésus-Christ. Mais il vouloit la sanctification et consommation de l'une et de l'autre par ses croix. Le soir de la veille de sainct André (1), elle eut de grandes convulsions et fut dans une agonie durant quelques heures. On luy administra, ce soir, le sacrement de l'extreme onction. Elle vit, pendant cette agonie, qu'avant de mourir elle souffriroit encore beaucoup. Revenue d'icelle, on delibera de lui couper le bras. Ce qui fust fait. Il sembloit que naturellement elle devoit mourir dans cette souffrance. Mais son sacrifice n'estoit pas encore accompli. Il fallut encore appliquer le fer chaud pour arrester le sang, qui fust une seconde douleur. Apres quoy elle vesquit encore trois semaines. Sa volonté ne se despartoit point de celle de Dieu, ni pour les croix qu'elle portoit dans l'interieur, ni pour les douleurs et traverses qu'elle souffroit dans l'exterieur. Les seurs voulant se recommander à ses prieres, elle s'en pleignit à la mère comme d'une grande injustice. Elle faisoit beaucoup d'actes purs, de soubsmission aux ordres de Dieu, d'obeissance, de patience, que Dieu ne permettoit pas qui luy fussent cognus a cause de la sensibilité de son mal. Enfin le 21 decembre 1657, elle commença a

---

(1) Le 29 novembre.

parler a Notre Seigneur en ces termes : « Mon Sauveur Jesus-Christ, sans vous je serois damnée, mais en vous et par vous j'espere mon salut, » et cela d'une façon si humble, et si confiante, qu'elle imprimoit ces mesmes sentiments en celles qui l'entendoient. Après cela elle prit congé de sa superieure en luy disant trois fois : A Dieu. Sur les dix heures du soir elle entra dans le delire et y demeura jusqu'au lendemain matin, entre cinq et six heures qu'elle mourut. Elle avoit communié deux jours auparavant, renouvelé ses voeux, gaigné les indulgences. Elle estoit agée de 41 ans, dont elle avoit employé vingt-et-un en religion (1).

VIII. *Sœur Anne de Sainte-Thérèse*

Seur Anne de Saincte Therese prit l'habit de novice le 17 janvier 1638. Dieu ne l'avoit pas pourvue de beaucoup de talents exterieurs, mais elle avoit aussi un jugement fort solide. Son esprit ne fut guère ouvert que pour les choses de Dieu. On ne laissa pas de la faire professe, regardant plus sa bonne volonté qui est le principal qu'on demande dans la Religion. En douze ou treize ans qu'elle a vescu dans cette maison, elle fut toujours fort abjecte à ses yeux et mesme à ceux de la communauté, Dieu le permettant ainsy pour la rendre plus humble. Quoy qu'elle ne trouva jamais de lumière, elle ne laissoit pas ses exercices, aussy contente des miettes qui tombaient soubs la table de son maistre, que celles qui estoient repues au banquet. Cela luy servoit pour pratiquer beaucoup de vertus, comme de se faire instruire à ses seurs, se recommander à leurs prières, s'estimer bien petite à l'esgal d'elles. Quand elle ne savoit pas s'entretenir sur son sujet d'oraison, elle s'entretenoit sur le *Pater*. Mais toujours sans consolations sensibles, portant toujours son fond d'aneantissement et d'humiliation. Elle croyoit que rien ne luy estoit du, et par ainsy ne se plaignoit point si le pire estoit pour elle. Ainsy cachée elle ne laissoit pas d'avoir un grand desir de plaire à Dieu, et de l'honorer dans sa petitesse et vileté. Elle se regardoit plustost pour servir les autres que pour estre servie, disant en soymesme : Qu'importe pourvu que je plaise à Dieu. Apres, envisa-

---

(1) Le 23 décembre 1657, enterrement de Gabrielle Rubent, dite sœur de la Vierge, ursuline, « laquelle eust le bras droit couppé causant la gangrenne....... et nonobstant ce est morte hydropique. C'est une vierge marthyre ursuline. » (Registres paroissiaux. — A. Leroux, *Invent. des arch. comm. d'Eymoutiers.*)

geant sa disposition par l'œil de la foy, elle s'unissoit à Jésus-Christ humilié, et aymoit de luy estre conforme. Au mois de juin de l'an 1649 elle tomba malade d'une fièvre lente qui la rendit etique et la fit languir jusqu'au commencement de l'an 1650. Elle fut fort humble et patiente durant sa maladie. Le matin qu'elle mourut, elle fit chanter le *Te Deum laudamus* a ses infirmières et fut fort appliquée à Dieu toute cette matinée. Comme on la vit plus mal, on fit assembler toute la communauté à l'infirmerie pour luy administrer les derniers sacrements. Elle demanda plustost pardon a toutes les seurs avec des sentiments fort humbles, les reçut avec grande devotion, renouvela ses vœux, gaigna les indulgences, eut l'esprit et la parole libres jusques presque au dernier moment, et mourut a onze heures du matin le 23 janvier 1650,

IX. — *Sœur Saint-Paul.*

Dans la mesme année Dieu nous prit la seur de Sainct-Paul dite Leonne de son nom de bapteme. Elle estoit de la ville de Treignat en Limousin, de parents fort considérables. A l'age de 18 ans elle prit l'habit dans cette maison. Des lors qu'on luy fist cognoistre le bien, elle l'embrassa avec ardeur. Après qu'elle eut fait profession, comme on la voyoit fort résolue pour le bien et qui ne vouloit pas perdre son temps quand elle en avoit de libre, l'employant à l'oraison, la maison s'attendoit sur cette fille comme la croyant un subjet fort propre pour maintenir dans le temps la régularité. Elle eut une maladie dans la seconde année de noviciat, dans laquelle, comme elle croyoit mourir, elle n'oublia rien de ce qu'elle jugeoit la pouvoir bien disposer pour ce passage. Cette maladie contribua beaucoup a la rendre meilleure. Ce qui paraissoit le plus en elle estoit la ferveur avec laquelle elle disoit le divin office et faisoit tout ce qui regardoit le culte de Dieu, l'assiduité a l'oraison, le mepris du monde, la mortification et la patience dans ses maladies. Car depuis cette première que nous avons dit, les quatre années qu'elle a vescu depuis, elle fut toujours incommodée du mal du poulmon, mais ne laissoit pas d'assister aux heures de communauté. Dieu se contenta de ces bonnes semences et la prit fort jeune au grand regret de cette maison. Ce fust un vendredi a onze heures du soir qu'elle mourut soudainement sans recevoir les sacrements, étant suffoquée par une évacuation de sang qu'elle regorgea, le onzième de may 1650, agée de 24 ans.

X. — Sœur Isabeau de l'Assomption (de Beauvais).

Une autre suivit quatre ans apres, qui se nommoit seur Isabeau de l'Assomption. Elle estoit de la noble maison de Beauvois (1). Elle prit l'habit de novice le 24 d'octobre 1637. Des son novicia elle estoit fort fervente, et les principales vertus religieuses commencerent a reluire en cette âme qui les pratiqua toute sa vie très fidelement. Elle fist sa profession avec grande estime et amour pour la vie religieuse. En 17 ans ou environ qu'elle vescut en Religion elle y laissa par sa vie et par sa mort une tres bonne odeur et grande esdification, à cause des exemples, des vertus qu'elle a pratiquées très exactement. Premièrement elle estoit si humble qu'elle s'estimoit la plus chetive et la plus miserable de toutes. Elle prioit les seurs, par la communauté, de luy dire ses defauts qu'elle leur demandoit a genoux. Estant mal faite de corps et incommodée d'un asthme, cela la rendoit ville et abjecte à ses yeux, se croyant inutile. Mais elle ne l'estoit pas à ceux de Dieu qui regarde le cœur et non pas le maintien exterieur. La seconde vertu en laquelle elle a excellé a esté la mortification et hayne de son corps. Son ordinaire estoit de laisser une grande partie de sa portion de ce qu'elle aymoit le plus, se privoit de se chauffer quoy qu'elle fust fort frilleuse. Troisièmement elle estoit fort obeissante, faisant grande conscience des moindres choses qui estoient signifiees, a quoy elle n'eut pas manqué quand il eut fallu souffrir beaucoup d'humiliations. Quatriememeht elle estoit fort régulière nonobstant ses incommodités ; si exacte aux plus petites observances qu'elle n'eut pas dit une parole en temps de silence ; mais surtout fille de grande oraison, a quoy la pureté de sa vie contribuoit beaucoup. Sa mort correspondit bien a sa vie. Elle tomba malade le 27 février d'une fievre catereuse et fluxion sur les poulmons. Tout le temps de sa maladie fut une continuelle prière, ne voulant parler que de Dieu, et lorsqu'on luy en parloit prenoit une extrême...... Elle avoit l'esprit toujours présent pour animer toutes ses actions et les faire par obéissance ; grand mepris de son corps, desoccupée de ses besoings, patiente a souffrir, desireuse de voir Dieu, ce qui la faisoit rejouir des approches de la mort. Comme la communauté fut assemblée à l'infirmerie, elle fit sa coulpe à la supérieure, tout haut, avec des paroles fort humiliantes. Apres avoir recu tous les sacrements, renouvelé ses vœux, respondu aux

---

(1) Beauvais, seigneurie, aujourd'hui commune de Châteauneuf-la-Forêt (Haute-Vienne).

prieres des agonisants, comme la mere la tenoit entre ses bras la croyant expirée, voulut dire qu'elle estoit morte, elle se leva en sursaut et joignant les mains dit : « Mon Sauveur Jesus, j'unis mon agonie à la vostre, » et mourut, toujours priant, le 5 mars 1654 a onze heures du matin.

XI. — Sœur Marguerite de Saint-Alexis (de Cougniat).

Seur Marguerite de Saint-Alexis estoit de la maison de Cougniat, une des plus illustres du Limousin. Elle prit l'habit le 16 d'avril 1651. Son naturel luy donna beaucoup d'exercice durant quelques années. Mais comme elle trouva une maistresse qui estoit seur Gabrielle de la Vierge, qui ne l'épargnoit point, et une superieure ensuite qui veillioit beaucoup sur elle, elle se rendit très bonne religieuse. Deux ans avant sa mort, on fist les exercices, où elle reçut tant de graces et une presence de Dieu si intime, que quelquefois elle en estoit divertie de son sommeil. Des lors il y eut un si notable changement en elle pour son humeur et pour tous les vains amusements, que cela portoit grande edification. Sa ferveur obligea la supérieure de la mettre comme soubs-maistresse des novices afin de les animer par son exemple, en l'absence de la maistresse. En effet sa ferveur ne pouvoit souffrir en elles tant soit peu de lacheté ou d'irregularité. Cet attrait interieur dont elle estoit pressée depuis ces exercices, faisoit en elle grande attention sur les moindres mouvements de son cœur, pour se rendre fidele a chasque moment dans son interieur. Aussy alloit-elle se purifiant de jour en jour. Elle estoit si fidele a rendre compte dans le particulier a sa superieure, que quoy qu'il y eut un mois qu'elle ne luy eut parlé, elle luy disoit la première fois tous les manquements qu'elle avoit faits depuis l'autre, et luy en demandoit penitence. Ayant vescu ces deux ans dans une grande ferveur, elle tomba dans une maladie qui luy dura deux mois, dans laquelle elle pratiqua beaucoup de vertus. Elle nous disoit souvent qu'elle vouloit mourir dans l'exercice de la foy, esperance et charité ; donnoit grande esdification par les advertissements charitables qu'elle faisoit à celles qui avaient confiance en elle, pour sortir des défauts qu'elle leur cognoissoit. Elle estoit grandement desireuse de communier souvent, patiente dans le mal et soumise à ses infirmières. Elle avoit dit dans sa maladie, à la mère, quand elle la verroit dans l'agonie de luy dire le psaume *Exurgat Deus* et de luy jetter de l'eau benite, qu'elle apprehendoit fort les ruses du demon dans ce passage. Ce qui arriva. Car le dernier jour de sa maladie, quoy qu'elle eut communié le jour d'auparavant et reçu l'extrême-onction, pour la fortifier dans ce passage on la communia en forme de viatique, a quoy elle se preparoit par beaucoup d'actes auparavant. Elle n'eust pas avalé le saint sacrement qu'elle donna grande espouvante, criant qu'elle estoit damnée. Comme les confesseurs la voulurent rassurer luy disant qu'elle avoit communié, qu'elle esperat en celuy qu'elle avoit reçu, elle dit qu'elle n'avoit point [d'esperance], qu'elle estoit damnée pour n'avoir ni foy, ni esperance, ni charité. Par la l'on conjectura qu'elle estoit entrée dans le delire. Dans moins d'un quart d'heure elle mourut, le 12 de may 1662, âgée de 29 ans, dont elle avoit passé neuf en Religion.

XII. — Sœur Marguerite de Saint-Jacques (1).

Voicy une autre Marguerite de Sainct-Jacques que le divin espoux cueillit dans la mesme année, de laquelle Dieu avoit beaucoup esprouvé la vocation. Car ayant esté amenée à l'age de 17 ou 18 ans dans ce monastère pour y estre pensionnaire; elle gousta tellement l'esprit de nostre vocation que des lors elle eust este religieuse si son pere y eut voulu consentir. Bien loin de là, il la ramena chez luy, ni voulut jamais entendre, quelle prière qu'elle luy en fit et qu'elle luy en fit faire. Ce qui contribua beaucoup à luy donner la perseverance pour la vocation religieuse, c'est que, devant que de sortir de nostre maison, elle avoit fait la confession generale a un grand serviteur de Dieu, qu'elle prit des lors pour son directeur et qui luy aida beaucoup durant les deux années qui s'escoulerent jusqu'a ce qu'elle put venir a bout de son desseing. Ses premiers exercices dans la maison de son père furent la prière et la penitence, accompagnées de toutes sortes de bonnes œuvres. Elle portoit trois fois la sepmaine la ceinture de crins, prenoit autant la discipline, jeunoit le caresme tout entier ne faisant qu'un repas sans collation, la sepmaine saincte ne mangeoit que du pain et de l'eau une fois le jour, quoy qu'elle ne fut pas encore parvenue a l'age que l'esglise demande. Elle visitoit les pauvres du bourg quand ils estoient malades, leur faisoit le catéchisme et a ceux qui venoient de-

---

(1) Marguerite de La Breuilhe, naquit en 1624, prit l'habit religieux au couvent des Ursulines d'Eymoutiers le 16 avril 1654. La Biche de Beignefort lui a consacré une notice dans *Six mois de la Vie des Saints du Limousin*, T. III, p. 179.

mander l'aumosne a la porte, accompagnoit l'aumosne corporelle de la spirituelle, demeuroit fort retirée priant et travaillant. Ce qui dura un an, durant lequel son père la pressoit fort pour s'engager au monde. Il se présenta un parti fort avantageux qu'elle refusa courageusement, disant a ceux qui luy en parloient de la part de son père, qu'elle choisiroit plustost une potence que d'espouser un homme mortel, ne voulant d'autre espoux que Jésus-Christ. Son père voyant qu'il ne pouvoit fléchir son cœur par toutes les voyes qu'il avoit tentées, soit de rigueur, soit de tendresse, s'advisa de l'envoyer chez une de ses tantes, a huit lieues de chez elle, afin que sa tante, cousins et cousines tachassent de la divertir de son desseing. Mais voyant qu'ils n'y pouvoient rien gagner, ils y employerent mesme des personnes pieuses. Quand ils virent que tout cela ne servoit de rien, se prirent à luy faire mille injures. Ces combats durerent six mois. Le pere de temps en temps luy mandoit que, si elle ne changeoit de resolution, il l'abandonneroit. Au bout de ce temps on jugea a propos de la ramener chez son pere qui estoit moribond. En effet il mourut huit jours apres. A l'abord qu'elle fust arrivée, elle s'alla jetter a genoux devant luy pour le fléchir, laquelle il renvoya. Apres pourtant il la reçut. Elle travailla beaucoup a le pourvoir d'un bon confesseur et d'autres personnes capables qui l'assistèrent jusques à la mort. Après la quarantaine, par ordre de son directeur, elle s'en vint faire les exercices avec la communauté, et fust desterminée pour estre religieuse et prist l'habit le 16 juillet 1654 agée de 21 ans. Elle commença a pratiquer les vertus religieuses avec exactitude et ferveur, qu'elle ne quitta jamais jusques a la mort. Elle estoit fort genereuse dans le bien, ou elle ne paroissoit point novice, mais déjà avancée dans la pratique des vertus interieures et exterieures. Sa maistresse qui estoit seur Gabrielle de la Vierge, cognoissant les grandes dispositions qui estoient en cette ame pour arriver a la perfection, l'y advança beaucoup par les renvoys, mortifications et autres espreuves. Dieu mesme permit qu'il lui survint avant sa profession de grandes peines intérieures, mais elle envisageoit cela avec un courage invincible tant elle estoit prevenue de Dieu. Estant professe, sa maistresse l'exerçoit par toutes les voyes contraires a son humeur et a ses inclinations naturelles, luy reservant tout ce qui estoit le plus penible et humiliant, a cause qu'elle paraissoit avoir un air un peu vain, Mais tout cela n'abattoit point ce grand cœur. Les autres en la voyant agir étaient animées de l'air qu'elle y alloit. Elle estoit fort adonnée à la mortification interieure et extérieure. On luy en permettoit souvent d'extraordinaires. Mais la principale estoit qu'elle n'eust pas manqué a un point de régularité, quelle humiliation ou contradiction qu'elle eut. Elle disoit que cela n'en valoit pas la peine. Voyant ses compagnes dans quelque lacheté pour la pratique du bien, elle leur disoit qu'il falloit estre filles de foy, et ne se pas arrester a de semblables amusements. Elle ne vouloit jamais plaire à personne en chose qui tendit tant soit peu contre Dieu. Il permit qu'elle eut beaucoup de contradictions dans l'office de procuratrisse, mais elle ne relacha jamais de son devoir, disant que tant d'affronts luy put on faire, elle estoit preste de les recevoir pourvu que Dieu ne fut pas offensé. N'estoit point tendre sur elle-mesme, ne s'épargnant en rien. Elle avoit une telle fidelité a moderer les raisonnements de son esprit, que difficilement pouvoit ou cognoistre ce qui la contrarioit. Quoyque sa superieure l'eut traitée rudement elle ne laissoit pas d'aller en mesme temps vers elle dans la simplicité d'un enfant. Son oraison estoit fort simple, s'unissant à Dieu par la foy. Elle y estoit fort adonnée. Durant six mois elle fust dans une grande apprehension des jugements de Dieu qui la purifia beaucoup dans son interieur et la laissa ensuite dans sa dernière maladie dans une grande confiance, ce qui luy faisoit dire souvent et de bonne grace : « J'ay mis tous mes affaires entre les mains de Dieu, je n'en porte plus peine. » La ferme résolution qu'elle avoit prise d'estre fidele a Dieu luy dura toute sa vie, malgré les occasions que luy suscitèrent nos communs ennemis. Dans sa dernière maladie ne se laissa point abattre a rien de ce qui l'attaquoit, comme l'impatience et la peur de mourir estant encore jeune. Pendant sa maladie elle communia souvent. Le soir avant de mourir, elle reçut l'extreme-onction. Le lendemain matin, se trouvant grandement affaiblie on fit appeler le confesseur et la communauté. Elle communia avec grande devotion et application d'esprit, qui dura presque jusques au dernier moment, et qui sembloit venir de la fidelité qu'elle y apportoit. Après qu'on eut dit les prieres des agonisants, auxquelles elle répondit, l'heure de lire la meditation estant venue, elle voulut qu'on la lut ; laquelle estoit du refus que les juifs firent de recognoistre Jésus-Christ pour leur roy, demandant Cezar. « Ah, dit-elle, ne faict (?) pas moy, je te veux bien recognoistre pour le mien. » Elle ne demeura pas apres cela un quart d'heure a mourir. C'estoit un mercredy a cinq heures du matin, 15e de novembre 1662, agée de vingt neuf ans dont elle en avoit employé huict dans la Religion, dans une grande ferveur et exactitude, son esprit estant de ne perdre pas une occasion de tesmongnier a Dieu sa fidelité, estant grandement recognoissante du benefice de sa vocation (1).

XIII. — *Enquête à l'occasion de l'enrégistrement des lettres de confirmation accordées par Sa Majeste en decembre 1689.*

Maistre Jean-Joseph Pasquelet, diacre, bachelier de Sorbonne, théologal de ladicte esglise collegiale d'Esmoutiers et cure de celle de Nostre Dame de la mesme ville, habitant a present dans le seminaire des Ordinands de la presente ville de Limoges, d'age, comme il a dit, de vingt six ans ou environ, temoingt assigné, et ouy a la requette et sur les faits et par exploit que dessus, signé Delomenie, son serment de dire vérité, a declaré n'estre parent, allié, serviteur, debiteur, ny domestique dudict sieur Ruben, scindic desdites dames religieuses, non plus que de la dame superieure de la Resurrection, bien qu'il aye, dans ladite communauté quelqu'une de ses parentes. Dépose que de tout son souvenir il a veu lesdites dames religieuses de saincte Ursulle establies au mesme endroit qu'elles sont a present dans ladite ville d'Esmoutiers et bien loin de causer aucune incommodité ou préjudice, elles y sont de la dernière utilité, y rendant actuellement, comme elles ont fait jusques icy, tout le service qu'on pouvoit s'attendre des personnes de leur sexe et particulièrement pour l'instruction des jeunes filles, tant de la ville que du dehors, qu'elles enseignent et eslevent à la pieté et à la vertu, soit comme pensionnaires qu'elles reçoivent dans leur maison, soit dans les ecoles publiques qu'elles y tiennent à cette fin, sans qu'il y aye jamais eu aucun reproche contre elles, mais bien tout subjet de se louer de leur bonne conduite et discipline religieuse a l'adventage tant du public que des particuliers. Monseigneur l'Évesque diocesain ayant accoutumé d'en prendre et choisir de temps en temps quelques unes de leur communauté, comme il a veu luy mesme pratiquer, il n'y a pas longtemps, à l'esgard des filles de la Providence de cette ville de Limoges, et ouy dire qu'il en avoit fait de mesme à l'esgard de celles de Saincte Ursulle establies depuis peu dans la ville d'Ussel pour la reforme et reglement d'autres communautés religieuses de nouveau establies dans le detroit de son diocese, qu'est tout ce qu'il a dit

---

(1) Ici se termine le manuscrit. La pièce suivante est sur un feuillet supplémentaire attaché à la fin du manuscrit.

sçavoir. Et lecture a luy faicte de sadite déposition, a dit icelle contenir vérité, y persister sans y vouloir augmenter ny diminuer et a signé avec nous et nostre greffier en cette 3ᵉ et précédentes pages et n'a voulu de taxe. Signé : PASQUELET, DEVINCENT lieutenant géneral, et BOYSSE greffier.

Maistre Leonard Vittet, docteur en medecine demeurant en ladite ville d'Esmoutiers, agé, comme il a dit, de quarente six ans ou environ, après serment par luy faict de dire vérité, et qu'il a déclaré n'estre parent, allié, serviteur, ny domestique d'aucune des parties, temoing assigné a la requéte et par exploit que dessus, signé Delomenie huissier, qu'il nous a representé, deppose qu'il a veu de tout son souvenir les dites dames religieuses scituées dans ladite ville, au mesme endroit ou elles sont presentement, et que bien loin d'incommoder le public ny aucun des habitants, elles y sont tres utiles, profitables et de bon exemple mesme pour l'instruction des jeunes filles à la pieté, suivant les leçons qu'elles leur donnent tous les jours, tant dans l'enceinte de leur maison et closture, ou elles ont depuis tenu et tiennent diverses pensionnaires tant de la ville que du dehors, que dans les escoles publiques qu'elles y ont a cet effet faict bâtir, que c'est tout ce qu'il a dit scavoir. Et lecture a luy faicte de sa dite depposition a dit icelle contenir vérité, y persister sans y vouloir augmenter ny diminuer et a signé avec nous et nostre greffier en cette troisième page et n'a voulu de taxe de ce enquis. Signé VITET, DEVINCENT lieutenant general, et BOYSSE greffier.

Leonard Meilhat, hostelier, habitant ladite ville d'Esmoutier, agé, comme il a dit, de quarente trois ans ou environ, après serment par luy faict de dire vérité et qu'il a déclaré n'estre parent, allié, serviteur, débiteur ny domestique d'aucune des parties, tesmoing enquis et assigné à ladite requéte et par exploit que dessus, qu'il nous a présenté, signé Deloménie huissier, deppose que tout au contraire que lesdites dames religieuses puissent estre a charge aux habitants de la ville d'Esmoutiers, elles y sont si utiles et d'une vertu si exemplaire que sans leurs secours partie des jeunes filles, tant de ladite ville que de la campagne manqueroit d'une education si necessaire a ce sexe, a quoy elles travaillent journellement avec un succes qui repond à leur zèle et a leur assiduité, les ayant au surplus toujours vues dans le mesme endroit ou elles sont presentement, qu'est tout ce qu'il a dit scavoir. Et lecture a luy faicte de sa dite depposition a dit icelle contenir vérité, y persister sans y vouloir augmenter ny diminuer, et a signé avec nous et nostre greffier en cette quatriesme et precedente page. Signé MEILHAC, DEVINCENT lieutenant general et BOYSSE greffier.

Jean Rubent, huissier royal, demeurant à Esmoutiers, agé comme il a dit de vingt-huit ans ou environ, après serment par luy faict de dire vérité, et qu'il a déclaré n'estre parent, allié, serviteur, ni debiteur, ny domestique d'aucune des parties, tesmoing assigné a ladite requete et par exploit que dessus, signé Delomenie, huissier audiancier, qu'il nous a représenté, enquis sur les faicts dont il s'agit, depose que tout au contraire que les dames religieuses soyent incommodes dans la dite ville d'Esmoutiers, elles y sont tout à fait utiles, soit à cause de l'esducation qu'elles font ordinairement aux jeunes filles tant de ladite ville que dehors, qu'elles enseignent et eslevent à la piété soit dans les escoles publiques qu'elles y tiennent, soit comme pensionnaires, sans aucuns subjets de reproche contre elles, qu'au contraire tout subjet de louange, et qu'il a veu depuis le temps qu'il se peut souvenir, lesdites dames religieuses demeurer au mesme endroit où elles sont présentement, qu'est tout ce qu'il a dit scavoir. Et lecture a luy faicte de sa dite déposition, a dit icelle contenir verité, y persister sans y vouloir augmenter ny diminuer et a signé avec nous et nostre greffier en cette cinquieme et precedente page et n'a voulu de taxe. Signé RUBENT; DEVINCENT lieutenant général, et BOYSSE greffier.

Desquelles dépositions nous avons concedé acte pour servir que de raison, et nous sommes taxés, a nous deux escus, moitié moins au procureur et a nostre greffier, sauf la grosse dudit greffier. Signé DEVINCENT lieutenant général et BOYSSE greffier.

Aujourd'huy vingt-septième avril mil six cent quatre vingt dix, pardevant nous Jean-Baptiste De Vincent, escuyer seigneur de Thede, conseiller du roy, lieutenant general en la seneschaussée de Limousin et siege présidial de Limoges, en présence de M. J. de Ruaud, procureur du roy au dit siege, s'est présenté M. Bertran de Beaubrun, procureur du scindic des dames religieuses de Saincte Ursule de la ville d'Esmoutiers, lequel a présuposé les lettres de confirmation de Sa Majesté de l'establissement du monastere et couvent des dites religieuses Ursulines, datées a Versailles au mois de decembre mil six cent quatre vingt neuf et sur le reply COLBERT, et iceluy requier estre ordonné qu'elles seront enrégistrées au greffe de cette cour pour y avoir recours et ledit procureur du roy qui a aderé et a requis dudit Beaubreuil. Signé BEAUBREUIL et de RUAUD, procureur du roy. Nous avons baillé acte de requisition du procureur du roy et exposition dudit Beaubreuil, après avoir veu lesdites lettres de confirmation acccordées par Sa Majesté aux dites dames religieuses Ursulines d'Esmoutiers en bonne et dheue forme, datées et signées comme dessus, ordonnons qu'elles seront enrégistrées au greffe de la cour pour y avoir recours quand besoing sera.

Fait le dit jour, mois et an que dessus :

DEVINCENT, RUAUD procureur, BOYSSE greffier.
Veu, receu 9 livres, ce 27 avril 1690.

Religieuses Ursulines d'Eymoutiers.
Avril 1769 (1).

Sœur Marie-Anne Bachelerie, dite de sainte Elisabeth ; profession le 18 février 1754, infirmière.

Sœur Geneviève Aubusson-Dupiat, dite du Saint-Esprit ; profession le 28 juin 1761, regente de la haute classe.

Sœur Marie de Bonneval, dite de Saint Gabriel ; profession le 25 juillet 1762, regente de la petite classe.

Sœur Marie-Anne Martinière, dite de Saint Joseph ; profession le 8 juillet 1765, troisième maîtresse du pensionnat, lingère.

Sœur Marie-Anne Garat, dite de Sainte Catherine ; profession le 7 octobre 1765, dépensière.

Sœur Marie-Louise Bourzat, dite de l'Incarnation ; profession le 11 juillet 1768, regente de la haute classe.

Sœur Marie-Charlotte Tissier, dite des Anges ; profession le 22 septembre 1737, refectorière.

Sœur Jeanne Paute, dite de Saint Antoine ; profession le 21 février 1745, infirmière.

Sœur Léonarde Faucher, dite de Sainte Thérèse ; profession le 9 août 1747, appotiquairesse (*sic*), boulangère et la lessive.

Sœur Catherine Valériaud, dite de l'Annonciation ; profession le 12 avril 1750, cuisinière.

Sœur Marie-Anne Ducheron, dite de Saint Nicolas ; profession le 5 septembre 1757, boulangère.

La Reverende Mère Catherine de Verny de Marcillac, dite sœur Angèle ; profession le 14 août 1718.

La Mère sous-prieure Marie-Jeanne du Saillant, dite de Saint Viance ; profession le 29 janvier 1725.

---

(1) La pièce suivante est aux archives de la Haute-Vienne où elle n'était pas encore classée lorsque j'en ai pris copie. Elle fait connaître le personnel de la communauté en 1769.

Sœur Jeanne Tirebas, dite de Saint Benoît; profession le 8 avril 1709, troisième portière.

Sœur Léonarde Vitet, dite de Sainte Agnes; profession le 9 mai 1718, discrète et garde clef de la sacristie.

Sœur Marie La Bachelerie, dite de Saint Etienne; profession le 9..... 1724; discrète, troisième sacristaine, maîtresse des sœurs converses.

Sœur Jeanne de Neuville, dite de Saint Jean; profession le 5 février 1727, lingère, écoute au parloir.

Sœur Marie-Anne de la Pommelie, dite de la Résurrection; profession le 22 décembre 1729, discrete et garde clef de la porte.

Sœur Marie-Anne de Vareille, dite de Saint Michel; profession le 16 janvier 1743, discrete, portière et lingère.

Sœur Marie-Louise Trufit du Meignaud, dite de la Visitation; profession le 28 octobre 1743, compagne de la procureuse.

Sœur Françoise Peconnet, dite de l'Enfant Jésus; profession le 14 septembre 1747, maîtresse des pensionnaires.

Sœur Marie de Joyet, dite de Sainte Marie; profession le 24 avril 1752, sacristaine, écoutante.

Sœur Jeanne Bachelerie, dite de tous les Saints; profession le 15 mai 1752, deuxième sacristaine, préfete aux classes.

Sœur Josephine Cramouzaud, dite de Saint Louis; profession le 21 février 1752, deuxième portière, lingère.

Sœur Léonarde Cramouzaud, dite de Saint François; profession le 6 mars 1752, procureuse.

Sœur Jeanne La Bachelerie, dite de Saint Augustin; profession le 22 novembre 1752, deuxième maîtresse des pensionnaires.

Sœur Léonarde Ruben de Counouille, dite de Saint Alexis; profession le 22 novembre 1752, regente à la petite classe et écoutante au parloir.

Le 7 mars 1773, examen de Marie-Josephine de Maumont, novice pour le voile noir, dite sœur de Sainte Ursule. — Signé : Minot curé de Saint-Pierre-Château.

Le 15 mai 1773, examen de Marie Cramouzaud, pour le voile noir.

Le 26 octobre 1773, examen de Marianne de Felletin, fille de feu Jean Felletin, bourgeois, et de Léonarde Tavernier.—Signé : Louis Dupeyrat de Beaupré, vic. gen.

Le 8 juin 1773, examen de Marianne du Hautier de la Brugère, postulante. — Signé : J. CRAMOUZAUD, chanoine.

Le 6 juillet 1773, de Marie Peyrusson, de Saint-Angel. — Signé : J. CRAMOUZAUD

TABLE

I. Fondation du monastère................................ page	205
II. Mort de plusieurs religieuses....................................	210
III. Sœur Marie-Claude de la Trinité................................	213
IV. De Saint-Julien. — Sœurs Marie de Jésus (Descordes).— Françoise-Beatrix de Saint-Jean-Baptiste. — Antoinette Pacifique, — Gabrielle de Saint-Benoît....................................	234
V. Mère Aimée de Jésus (de la Pommélie)........................	240
VI. Reliques...	263
VII. Sœur Gabrielle de la Vierge (Ruben)........................	264
VIII. Sœur Anne de Sainte-Thérèse..............................	277
IX. Sœur Saint-Paul..	278
X. Sœur Isabeau de l'Assomption (de Beauvais)..................	279
XI. Sœur Marguerite de Saint-Alexis (de Cougniat)................	280
XII. Sœur Marguerite de Saint-Jacques..........................	281
XIII. Enquête pour l'enregistrement des lettres de 1689..............	284
Religieuses ursulines d'Eymoutiers en 1769......................	287

V

CHRONIQUE
DES
URSULINES DE TULLE

Le manuscrit original de cette chronique appartient à M. le comte de Lavaur de Sainte-Fortunade, qui en a déjà publié la portion la plus intéressante dans le *Bulletin de la Société des Lettres, Sciences et Arts de Tulle*. C'est un gros in-folio dont la plus grande partie des pages sont encore blanches. Il a été écrit pendant les quinze premières années par sœur Colombe du Saint-Esprit. Cette rédaction annonce un esprit cultivé. « On y devine la femme éminente par les facultés et supérieure par l'éducation. Le style est ce style naïf, simple et sans apprêt qui a semé tant de grâces et répandu un charme si particulier dans les écrits du xvie et du commencement du xviie siècle. L'écriture est nette et tracée d'une main ferme, indice d'énergique vouloir. L'orthographe, si incertaine à cette époque de formation de la langue, est presque constamment sûre. Nous la respecterons » (1).

Le nom de famille de sœur Colombe du Saint-Esprit était Antoinette Micolon ; elle avait vu le jour au mois de mai 1552 au château des Escures, diocèse de Clermont. Une marâtre, qui succédait pour elle à la plus tendre des mères, l'exila du château et la relégua parmi les pauvres de la campagne. A douze ans la malheureuse enfant ne savait pas encore s'il y avait un

---

(1) M. le comte de Sainte-Fortunade. — *Bulletin de la Société de Tulle*, I, p. 139.

Dieu. Notre-Seigneur se fit son maître. A quinze ou seize ans elle ne soupirait que vers la vie religieuse. Unie à trois filles d'Ambert, où elle s'était retirée dans sa famille, et conseillée par les Pères Jésuites d'embrasser avec elles l'institut des Ursulines, elle réussit contre toute espérance à fonder cette première maison. Elle n'avait alors que vingt-deux ans. Clermont, deux ans après, l'appelait pour une nouvelle fondation, et Tulle, deux ans après, l'appelait encore, comme Clermont, pour un nouveau succès (1).

Un parent du savant Baluze, le docteur en théologie Jean Malaurie, futur oratorien, eut le premier l'idée de faire venir les Ursulines à Tulle, sa ville natale, où aucune école n'était encore ouverte aux filles. Il intéressa à son projet le lieutenant-général Pierre de Fenis, qui fit comprendre aux officiers municipaux tous les avantages d'un pareil établissement. Le maire et les consuls s'empressèrent d'accueillir la proposition qui leur était faite et se mirent en relation avec sœur Colombe du Saint-Esprit, supérieure du couvent de Clermont, qui vint fonder la maison de Tulle (2).

Pendant quatorze ans, la Mère Colombe du Saint-Esprit fit le bonheur, non seulement de ses filles, mais de la ville entière. Sa charité était inépuisable ; on recourait à ses lumières comme à celles d'un docteur consommé ! Jean de Vaillac, évêque de Tulle, qui ne cessait de bénir la Providence de lui avoir envoyé une si belle âme, approuva ses constitutions avec éloge en 1623 (3). Le clergé de la ville et du diocèse l'entourait de son estime et de sa vénération.

---

(1) Cf. M. l'abbé Poulbrière. — *Histoire du diocèse de Tulle*, p. 274.
(2) Cf. M. R. Fage. — *Le Vieux Tulle : Les couvents de femmes*, p. 343.
(3) Règles et constitutions des Vierges Religieuses du Collège et Monastère de Sainte-Ursule de Tulle, sous la règle de Saint-Augustin, approuvées par Révérendissime Père en Dieu Messire Jean de Genouillac de Vaillac, évêque de Tulle. — In-8°, sans nom du lieu de l'impression, ni de l'année.

En 1632 elle céda aux habitants de Beaulieu qui la sollicitaient de venir fonder un couvent dans leur ville, et partit de Tulle avec deux autres de ses sœurs pour faire cette fondation.

En 1633 la comtesse de Clermont-Lodève lui demanda la même chose pour Espalion au diocèse de Rodez. Elle quitte Beaulieu, revient à Tulle et y prend six religieuses avec lesquelles elle part pour Espalion.

En 1637 le couvent de Tulle fonde la maison d'Argentat.

En 1649 la duchesse de Ventadour obtint encore des religieuses de Tulle pour les établir à Ussel.

En 1650 l'évêque de Clermont appelle Mère Colombe du Saint-Esprit dans son diocèse, et elle y fonde une nouvelle maison à Arlent. C'est là où elle termine sa carrière le 11 mars 1659.

Antoinette Micolon des Guérines par sa naissance et par sa mort appartient à l'Auvergne ; mais la Mère Colombe du Saint-Esprit appartient à la ville de Tulle. C'est là qu'elle a pris son nom ; là, pour ainsi dire, qu'elle est entrée tout entière en religion ; là, enfin, que le Souverain Pontife lui a donné des pouvoirs sans limites (1).

Le manuscrit qu'elle a laissé a été continué par les religieuses qui sont venues après elle. Il contient les noms de toutes celles qui ont embrassé la vie religieuse dans ce couvent de Tulle, jusqu'au moment où la Révolution vint les chasser de leur paisible demeure.

---

(1) *Semaine Religieuse du diocèse de Tulle*, I, 1882, p. 707.

CHRONIQUE DES URSULINES DE TULLE
1618-1789

Jesus, Maria
Sainct Augustin et Saincte Ursule.

Ce présent livre contiendra la mémoire du commencement de ce monastaire et la reception et profession des soeurs par rang et ordre, et la memoire des choses principales. Ce present livre a este commence a escripre le septiesme septembre mille six cents dix huict, par moy soeur Colombe du Sainct-Esprit, premiere superieure de ce présent Monastaire de Saincte-Ursule de Tulle.

Ce Monastaire de Saincte-Ursule de Tulle fust commencé le quatriesme de septembre mille six cens et dix huict, qui fust le jour que les religieuses arriverent en cette ville pour l'establir.

Lesdictes religieuses pour donner commencement à ce Monastaire furent prinses du Monastaire de Saincte-Ursule de Clermont en Auvergne et furent au nombre de trois. La première fust soeur Colombe du Sainct-Esprit, autrement Anthoinette Micollon pour son nom de bapteme et paternel. Elle estoit superieure audit Monastaire de Saincte Ursule de Clermont, et le fust en celluy cy la première. La seconde fust soeur Pacifique, fille de M. Pierre Balif, de Punsat en Auvergne. La troisième fust soeur Angélique de Jésus, de la maison [de Gimel] des Giraudz en Auvergne. Icelles furent conduictes en ceste ville à la solicitation de Maistre Pierre de Fenis, lieutenant general de la presante ville de Tulle, et conduites dudit Clermont icy en un carrosse fort honorablement accompagnées (1). Le jour de leur arrivée en cette ville

---

(1) Etienne Baluze, grand-père de l'historien, fut délégué par la ville de Tulle pour aller les chercher à Clermont. Il a écrit dans son livre de raison : « Le XXIe d'aoust 1618, je partis de la présente ville de Tulle, à la prière de M. de Fénis, lieutenant général au siège dudit Tulle, et de M^{rs} les Maire et Consuls d'icelle, pour aller en la ville de Clermont en Auvergne, pour quérir les dames religieuses de Sainte-Ursule, soubs la permission du seigneur evesque dudit Tulle : lesquelles, en nombre de troys et une servante, je conduisis en la présente ville, dans le carrosse de Madame de Montfort. Et fusmes contrainct de nous arrester cinq jours entiers au chasteau de Preysonnet (près Bourg-Lastic, Puy-de-Dôme) appartenant à ladite dame, à cause du mauvais temps de pluye et débordement des rivières qu'il fist ; et arrivasmes en ladite présente ville le mardy, cinquiesme de septembre en suivant (il

fust le quatriesme de septembre, comme a esté dist ci-dessus l'année mille six cens dix huict. La maison ou fust commencé ledit monastaire est le pavillon vieux d'icelluy monastaire qui fust prins à louage de Mademoiselle Lagarde de Fondion, a laquelle la maison appartenoit. Lorsque lesdites religieuses arrivèrent, la maison n'estoit encore du tout vidée, ny mise en aucun estat pour loger des religieuses. Ordre fut mis par la susdite superieure sœur Colombe du Sainct-Esprit que le tout fust promptement dressé et qu'une chambre, la plus commode, fust disposée pour chapelle provisionnelle. Cela fust faict ainsi.

Le huictiesme dudict moys de septembre, jour de la Nativité de Nostre Dame, mesme annee mille six cens dix huict, le chapitre de la grand églize cathedrale de ladite ville vint dans ladite chapelle en procession et la premiere messe y fust diste par Messire Bertrand de La Tour, doyen et vicaire general pour lors de Monseigneur l'evesque de Tulle. La messe fust diste en musique par Messieurs du chapitre. Les trois religieuses communièrent et à la fin de la messe le Sainct Sacrement fut mis dans le tabernacle de l'autel dressé à ces fins et ainsi la possetion du monastaire fust prinse et les religieuses fort consolees d'avoir leur Espoux avec elles.

Un des principaux chanoines, nommé Monsieur Baluze, théologal de l'église cathédrale, fut donné pour confesseur auxdites religieuses (1).

Le lendemain dudit jour, main fust mise à l'œuvre pour faire faire un parloir, fermer les portes, et la closture fust establie le vingtiesme dudit moys de septembre mesme année.

Il est a savoir que des susdites religieuses qui vindrent dudit Clermont, il n'y avoit que la superieure sœur Colombe du Sainct-Esprit qui fut professe, les autres deux n'estoient que novices ;

---

faut dire le mardi 4 septembre), environ deux heures après midy, et conduisimes lesdites dames relligieuses en la maison de Fondion, qui leur avoit esté préparée par les habitans dudit Tulle pour leur demeure ; et le samedy ensuivant VIII dudit moys, jour de la Nativité Notre-Dame, la chapelle préparée dans une salle basse de ladite maison fust beniste par M. de La Tour, doyen de l'esglize cathédrale dudit Tulle, vicaire général dudit sieur Evesque, qui y célébra la première messe, et après luy en furent célébrées plusieurs autres ; et l'après disné ledit sieur doyen y prescha. » (L. Guibert. — *Le Livre de raison de Baluze*, p. 71.)

(1) C'est Pierre Baluze, le cousin-germain d'Etienne Baluze qui était allé les chercher à Clermont.

et outre cela l'on n'avoit encore obtenu bulle du Sainct Père pour l'erection de ce monastaire, de façon que pour lors tout se faisoit soubs le seul congé de l'evesque, et les sœurs estoient receues à la profession soubs les veux simples.

Le vingtiesme du moys de septembre mesme annee, sœur Pacifique fust receue professe par Monseigneur l'evesque de Tulle, qui estoit Messire Jehan de Genoullac de Vaillac.

Le jour de Saincte Ursule suivante, le vingtiesme octobre mille six cens dix huict, furent receues quatre novices. La première estoit Yzabeau Tourillon qui fust appelee soeur Marie de Jesus, agee pour lors de trente ans, natifve de Soubcilianges en Auvergne.

La seconde fust Jacqueline Bouchet natifve de Billon en Auvergne qui fust appelée soeur de l'Incarnation, agee pour lors de vingt ans.

La troisième fut Yzabeau Bonnefoy natifve de Marsac en Auvergne et fust appelée soeur Benigne de Sainct Gabriel, agée pour lors de vingt ans.

La quatriesme fust Marie Laurançon, natifve de la ville de Soubcilianges en Auvergne, et icelle fust receue à la condition de soeur laye, et fust appelée soeur Marthe, agee pour lors de vingt sept ans.

Le vingtiesme de may l'année mille six cens dix neuf, soeur Angelique de Jesus, venue de Clermont, fust receue professe, agee pour lors de seize ans vingt six jours. Elle apporta au monastaire de Saincte-Ursule de la présente ville 1500 livres.

Le vingtiesme du dict moys de may et mesme annee, fust receue novice Gabrielle de Gimel, fille de Monsieur des Giraudz, soeur de la susdite soeur Angelique, native d'Auvergne, et fust appelee sœur Huphrasie, agee pour lors de douze ans.

Le troisième juillet mille six cens dix neuf, fust receue novice Thive Boulesteyx, natifve de la ville de Limoges en Haut-Limousin et fust appelee soeur Marie de Sainct-Martial, agee pour lors de vingt trois ans. Mais parce qu'elle se rendit indigne de sa vocation et pour son orgueil et malice, se laissa piper au diable par la voye des illusions, visions et revelations. Pendant tout un temps elle tint en creance que c'estoit l'esprit de Dieu qui la conduisoit. Les soeurs et la superieure et beaucoup d'autres personnes le croyoient aussi. Elle disoit qu'elle faisoit des miracles, qu'elle guerissoit les malades qui guerissoient dans la ville, disant que Notre Seigneur lui avoit revele qu'elle les avoit gueris par ses prières, mais qu'ils ne vivroient que trois ou quatre ans apres, et ces personnes en ont vescu plus de douze. Et ainsi elle se louoit qu'elle avoit des revelations, et ce n'estoit qu'imaginations. Le diable fut donc si fin et si cault que pour un temps il la fit croire et tenir pour une demy saincte en terre. Mais Dieu qui ne peust souffrir l'orgueil dont ceste pauvre creature estoit pleine, bien qu'il fust fort occult, le mesme qui humilie ceux qui se veulent exalter, humilia bien fort la susdite soeur, donnant la grace a soeur Colombe du Sainct Esprit, superieure, de descouvrir la tromperie, mille noyses qu'elle semoit parmy les soeurs, mille defauts que fort couvertement elle commettoit. Enfin se voyant recogneue pour trompee et *illudee*, qui fust le most que uza le Reverand Pere Cotton, de la Compagnie de Jésus (1), qui la voyant recogneust son illusion et dist : Ceste soeur est illudee, la pauvre receut tant de desplaisir de se voir descouverte, et le diable, se prevalant de cela, la tenta fort avant de desespoir, de blasphemes contre Dieu, avec un degoust si grand de la discipline religieuse, une obstination à mal faire, et jusques a vouloir tuer la superieure qui avoit descouvert sa tromperie, et n'y eust jamais moyen de la remettre, ny de lui faire entendre raison. Elle aima mieux quitter l'habit de la saincte Religion que de se soubsmettre a son debvoir, et faire penitence de ses pechés ; de façon qu'elle le quitta. Ses habits luy furent remis et ainsi elle fust renvoyée avec son habit seculier au monde, à Lymoges, chez ses parents. Que cecy serve de memoire aux successeresses a tenir toujours pour grandement suspectes les voyes extraordinaires, et que s'il en arrive a quelque soeur, qu'on l'examine fort, et qu'on l'esprouve en toutes façons,; surtout qu'on luy mesprise fort telles choses, et qu'on n'en tienne compte, et que la mortification et le mepris leur soient toujours fort fideles compaignes, et qu'on ne publie telles choses aux personnes du dehors, si ce n'est à quelque saige confesseur pour en avoir son advis, et qu'il ne s'en parle pas parmy les soeurs, ni qu'elles ne fassent pas plus d'estast de celle qui auroit de ces choses extraordinaires que d'une autre, qu'elles ne luy tesmoignent de la confiance,

---

(1) Le P. Cotton, célèbre jésuite, confesseur du roi Henri IV et, plus tard, de Louis XIII, jusqu'en 1617, époque à laquelle il alla prêcher des missions dans le Midi. C'est sans doute dans une de ces missions qu'il vit la sœur Thive Boulesteyx. (M. le comte de Lavaur de Sainte-Fortunade.)

car il se sait d'esperience que le diable se faict fort de cela pour attraper les ames. Qu'on soit donc très soigneux de ce costé.

Le septiesme du mois de juillet mille six cens dix neuf, la superieure soeur Colombe du Sainct Esprit, accompagnée de soeur Ursule de l'Incarnation, du confesseur et autres honorables personnes, fust à Bordeaux pour moyenner l'hunion avec Saincte Ursule de Bordeaux, suivant qu'on avoit faict esperer, et qu'une bulle servît pour toutes les maisons. Mais quand ladite superieure fust audit Bordeaux, où elle fust la très bien reçeue dans le Monastaire de Saincte Ursule, elle ne trouva pas les choses disposées a cela, et après avoir demeure la six sepmaines pour y trouver quelque expedient, et ne pouvant luy en fournir, lesdites religieuses de Saincte Ursule de Bordeaux s'efforcèrent de l'y retenir. Mais elle ne voulant laisser ses filles à Tulle seules, qui n'estoient pour lors que sept en nombre, elle s'en revient sans y avoir rien faict pour cette affaire, et arriva à Tulle le deuxième de septembre mesme annee mille six cens dix neuf, ou elle fust receue de ses filles avec tres grande joye, et ordre fust mis de faire venir une bulle expresse pour ce Monastaire de Saincte Ursule de Tulle. Memoire et supplique furent envoyés à ces fins a Rome incontinent apres le retour de Bordeaux de ladite superieure soeur Colombe du Sainct Esprit (1).

Le diable commenca fort s'eslever en ce temps la contre le Monastaire, se servant de certains religieux de la ville, qui tout ouvertement, sans aucun subjest se declairent ennemis dudit Monastaire, dissuadant les filles d'y entrer. Cette persécution passa sy avant que la superieure et les soeurs en furent fort affligées ; joinct a beaucoup d'autres afflictions qu'elles avoient souffertes de pauvrete. Car elles se virent plusieurs fois sans avoir aucune chose, chascun retirant ce qu'on avoit preste de meuble a leur arrivée, qu'elles croyoient estre leur et ne l'estoit pas. La pauvrete les avoit tellement saisies du costé du lynge et habits

---

(1) Il manquait en effet à la communauté, pour qu'elle eût une constitution régulière et complète, la consécration et l'approbation de la cour de Rome. Trop humble dans ses débuts pour prétendre à l'honneur d'une bulle spéciale, alors que des maisons plus importantes ne l'avaient pas encore obtenue, la supérieure avait entrepris le voyage de Bordeaux dans l'intention de rattacher sa communauté à celle qui existait déjà dans cette ville, pensant qu'elle profiterait de démarches collectives et d'un avantage commun. La négociation resta sans résultat. Cette bulle, comme on le verra plus loin, fut obtenue du Pape Paul V le 22 janvier 1621.

que les poux et la vermine les assailloient de fort pres. Ce qui aydoit a cela etoit la grande peine et chaleur des classes qui furent ouvertes le quatriesme novembre de l'année mille six cens dix huict, et il y avoit bon nombre d'escolieres, pas de regentes ; car en tout il n'y avoit que neuf religieuses au Monastaire. Toutes ces souffrances donc, avec la persecution du diable, les oppressions de ces bons religieux ne furent pas un petit martyre aux pauvres religieuses, et nous disions quelquefois entre nous : Jusques a quand, ô Seigneur, nous cacherez-vous le Tabor, pour ne nous faire voir que le Calvaire ? Vostre volonte soit faicte et non pas la nostre. Si vous êtes glorifie en cette persecution, qu'elle dure hardiment jusques au jour du jugement et que nous n'experimentions autre chose qu'icelle. Cela passa si avant qu'il y en eust beaucoup des principaux de la ville qui s'en prindrent contre les religieux. Sur ces entrefaictes les Reverends Peres Jesuistes s'establirent en cette ville et eux se montrèrent plus favorables et affectionnez envers nous, de façon qu'ils nous defendirent et protegèrent. Ils incitarent les filles qui avoient l'esprit de religion d'entrer parmy nous et ainsi l'orage cessa et le calme vint. Les filles de la ville commencerent à nous gouster et rechercher et a demander l'entrée (1).

L'année mille six cens et vingt, le vingtiesme feubrier, furent receues novices Louyze de Lagarde, fille de Monsieur de Lagarde de Salesse, et Anne Lay, fille de Maistre Jean Lay, natisves de la présente ville de Tulle. La première fust appelee soeur Seraphique et la deuxiesme soeur Dorothee. La soeur Seraphique étoit agée de vingt deux ans et soeur Dorothee de seize ans. Ces deux ouvrirent la porte a beaucoup d'autres de la ville et des champs qui commencerent a demander l'entrée.

---

(1) Sorti enfin de ses tribulations, le monastère de Sainte-Ursule vit luire des jours meilleurs. La munificence de la descendante d'une opulente maison, qui avait une fille religieuse, de Marie de Cosnac, veuve de Henri de Saint-Martial, baron de Conros, et arrière-nièce du cardinal Bertrand et de l'évêque Pierre de Cosnac, qui avaient, l'un après l'autre, occupé le siège épiscopal de Tulle, de 1373 à 1402, permit d'élever une église que l'historien Baluze appelle *grande et magnifique*, et dont la première pierre fut posée en 1630. Les postulantes arrivèrent nombreuses, et nous allons trouver parmi elles les noms de beaucoup de familles considérables de la province et d'ailleurs. « Leurs dotations, dit le chroniqueur de l'église de Tulle, Bertrand de La Tour, suffirent pour la construction d'un vaste et magnifique monastère, dont la réputation efface tous les autres établissements de cet ordre. »

Trente ans après, la communauté de Tulle était si nombreuse qu'elle avait pu fonder des maisons à Beaulieu, Ussel, Argentat, Espalion et Arlanc.

Le vingt cinquiesme de mars, l'année mille six cens vingt, fust receue novice Leonarde Jarrige, fille de Monsieur Jarrige, marchand, natisve de la presente ville de Tulle, Monsieur le Doyen, Vicaire general, faisant l'office, et fut appelee du nom de religion soeur Angelle, agee pour lors de seize ans.

Le cinquiesme apuril, l'annee mille six cens vingt, fust receue novice Françoise de La Vialle, fille de Monsieur de La Vialle, bourgeois, natisve de la presente ville, Monsieur le Doyen, Vicaire general, faisant l'office, et fust appelee du nom de religion soeur Jeanne-Baptiste, agee pour lors de quatorze ans dix moys.

Le quatriesme de may, l'année mille six cens vingt, fust receue novice Rose de L'Espinat, fille de Monsieur de L'Espinat, natisve d'Orliac, paroisse de Treignac en Lymosin, Monsieur le Doyen, Vicaire general, faisant l'office, et fust appelée de son nom de religion soeur Colombe de la Croix, agee pour lors de vingt deux ans, et fust receue contre la volonté de ses parens. Mais comme elle n'avoit ny pere ny mere, maistresse d'elle, poussée de Dieu, elle entra genereusement.

Le onziesme de juin, l'annee mille six cens vingt, fust receue novice Françoise Mayrignat, fille de Monsieur Mayrignat procureur, natisve de la ville de Tulle, Monsieur le Doyen, Vicaire general, faisant l'office, et fust appelee du nom de religion soeur Françoise de Saint Barnabé; elle estoit agee pour lors de dix sept ans.

Le huictiesme de septembre l'année mille six cens vingt, fust receue novice Françoise Labeilhie, fille de Monsieur Labeilhie esleu, natisve de la presente ville de Tulle, Monsieur Bertrand de La Tour, Doyen et Vicaire general, faisant l'office, et fust appelee du nom de religion soeur Marie de Sainct François, agee pour lors de seize ans.

Le mesme jour et année fust receue novice Anne Lachaize, en qualité de soeur laye, natisve de cette ville, Monsieur le susd. Vicaire general faisant l'office, et fust appelee du nom de religion soeur Marguerite, agee pour lors de seize ans. Mais parce qu'elle se rendist revesche a l'obeissance, obstinée a son propre jugement, elle fut conjediee du Monastaire par la superieure soeur Colombe du Saint Esprit et par les soeurs et remise a ses parens. Et bien qu'ils voulussent donner des commodités assez grandes pour la retenir, on ne se laissa pourtant gaigner ny porter a aucun respect humain, aymant mieux que le monde parlast, que non pas d'avoir une religieuse dans le Monastaire qui ne vesquisse pas en bonne religieuse, ains suivant ses volontés. Elle fust donc congediee, despouillee des habits religieux et remise dans le sien seculier.

Le neufviesme de mars mille six cens vingt deux, fust receue novice Marguerite Briveza, fille de Monsieur Briveza, natisve de la presente ville, Monsieur le susd. Vicaire general faisant l'office. Icelle avoit fiancé un homme de la ville. Entre les nopces et les fiancailles elle fust touchée de quitter le monde et se faire religieuse, et estant assurée par son confesseur que cela se pouvoit faire, elle se presenta et fust recue aud. Monastaire; entra la veille de la Purification de Nostre-Dame et fust appelee de nom de religion soeur Cecile, agee pour lors de vingt huict ans.

Le vingtiesme mars mille six cens vingt deux, fust receue novice Mademoiselle de la Pomelie, fille de Monsieur la Pomelie, ou l'Ajoubert, du Lymosin, Monsieur le susd. Vicaire general faisant l'office, et fust appelée du nom de religion soeur Scholastique de Sainct Benoist; elle étoit agee pour lors de vingt six ans. Mais a cause de ses infirmites et de ce qu'elle ne peust ranger son esprit à l'observance de la discipline religieuse, fust congediee, despouillee des habits religieux et remise dans le sien seculier.

Le vingt cinquiesme de mars mille six cens vingt deux, fust receue novice Helene Maruc, fille de Monsieur Maruc, natisve de la presente ville de Tulle, Monsieur le susd. Vicaire general faisant l'office, et fust appelee du nom de religion soeur Marie Magdelayne; elle estoit agee pour lors de seize ans (1).

24 juin 1622. — Marguerite De Pré, fille de Monsieur De Pré, natifve de la presente ville. — Soeur Marguerite de Sainct Jean, 22 ans.

24 juin 1622. — Jeanne Puy, en condition de soeur laye, natifve de la presente ville. — Soeur Jeanne, 22 ans.

3 aoust 1622. — Jeanne d'Amadou, fille de Monsieur d'Amadou, natifve de La Combeste, paroisse de Sainct Chamands. — Soeur Magdelayne des Anges, 18 ans.

10 aoust 1622. — Marguerite de Lagarde, fille de Monsieur de Lagarde de Fondion, natifve de la presente ville. — Soeur Thecle, 18 ans.

22 janvier 1623. — Jeanne de Maynard, fille de Monsieur Maynard, natifve de la presente ville. — Soeur Françoise Sainct Jean, 19 ans.

15 mai. — Philipe Micollon, natifve de la ville d'Amber en Auvergne. — Soeur Ignace de Jésus, 17 ans.

---

(1) La même formule se répétant constamment, je ne transcrirai plus que les dates et les noms des religieuses.

Le 29 juillet 1623. — Louise de Monzat, natifve de Colonges. — Sœur Ignace de Saint Louis, 12 ans.

1ᵉʳ novembre 1623. — Anne d'Arluc, fille de M. d'Arluc, esleu, natifve de la présente ville. — Sœur Agathe de Sainte Ursule, 18 ans.

8 novembre 1623. — Anne Sudour, fille de M. Sudour, procureur, native de la présente ville. — Sœur Claire, 19 ans.

28 novembre 1623. — Catherine Toulemon, native de la présente ville. — Sœur laye nommée sœur Anne, 20 ans.

29 janvier 1624. — Jacquete de Fénis, native de la présente ville. — Sœur Agnès de Saint Jacques, 22 ans.

8 avril 1624. — Louise de Cayron, native de Bretenoux, en Quercy. — Sœur Gabrielle de l'Annonciation, 20 ans.

2 juillet 1624. — Jeanne de la Forestie, ou Chastenet, fille de M. du Chastenet en Limousin. — Sœur Marie de l'Incarnation, 12 ans.

28 août 1624. — Jacquete de Marsit de Gruniat, native de Gruniat. — Sœur Julienne de Saint Augustin, 16 ans.

28 août 1625. — Françoise Jarrige, native de la présente ville. — Sœur Marie de Saint Joseph, 17 ans. — Ce sont les novices receues l'année 1625.

2 février 1626. — Jeanne Channac, fille de M. de Channac, native de Bretenoux en Quercy. — Sœur Anne de Jésus, 18 ans.

Même jour. — Marguerite de Channac, sœur de la précédente. — Sœur Marie des Anges, 16 ans.

24 février 1626. — Marie Lagarde, fille de M. de Lagarde, de la présente ville. — Sœur Marie du Rosaire, 18 ans.

6 avril 1626. — Jeanne Lavialle, native de cette ville. — Sœur Marie de la Resurrection, 17 ans.

12 avril 1626. — Gasparde Lagarde, fille de M. de Lagarde de Salesse, native de la présente ville. — Sœur Marie de Saint Gabriel, 20 ans.

22 juillet 1626. — Gabrielle de Pres, fille de M. de Pres, conseiller, native de la présente ville. — Sœur Gabrielle de Saint Michel, 17 ans.

29 septembre 1626. — Marguerite Albie, native de La Grolière. — Sœur Marguerite de Saint Jean, 24 ans.

8 décembre 1626. — Jeanne de Maruc, native de Beaulieu. — Sœur Pacifique des Anges, 17 ans. — Ce sont les novices reçues l'année 1626.

4 avril 1627. — Anne d'Areil, native de Beaulieu. — Sœur Françoise de la Croix, 20 ans.

14 avril 1627. — Catherine Sudour, native de la présente ville. — Sœur Catherine de Jésus, 19 ans.

3 octobre 1627. — Catherine de Gruniat, native de la maison de Gruniat. — Sœur Julienne de Saint Michel, 20 ans.

4 novembre 1627. — Françoise Borderie, native de la présente ville. — Sœur Françoise de Saint-Augustin, 20 ans.

11 novembre 1627. — Marie Brivezat, native de cette ville. — Sœur Marie des Saints, 19 ans.

Même jour. — Antoinette d'André, native de Maregou, paroisse de Maymac. — Sœur Antoinette de Saint-André, 20 ans. — Ce sont toutes les novices reçues l'année 1627.

27 janvier 1628. — Marie Dubal, native de la présente ville. — Sœur Marie de Saint-Étienne, 19 ans.

20 novembre 1628. — Françoise de La Facherdie, fille de M. de La Facherdie, autrement de la Praderie, native de cette ville. — Sœur Françoise de Saint-Louis, 14 ans. — Ce sont les novices reçues l'année 1628.

29 juin 1629. — Jeanne Cluniat, native de Périgueux. — Sœur Jeanne des Anges, 16 ans.

26 juillet 1629. — Izabeau Derives, fille de M. Derive, conseiller, native de la ville de Beziers. — Sœur Izabeau des Anges, 21 ans.

29 août 1629. — Hélène de Maruc, native de la présente ville. — Sœur Hélène de Saint-Bernard, 18 ans.

30 août 1629. — Françoise Dumas, fille de M. Dumas, procureur d'office, native de cette ville. — Sœur Françoise de l'Assomption, 18 ans.

21 octobre 1629. — Marie Fage, sœur laye, native de cette ville. — Sœur Marie de la Croix, 35 ans.

Même jour. — Marie Cayron, native de la présente ville. — Sœur Marie de la Nativité, 17 ans.

25 novembre 1629. — Jeanne La Beilhie, fille de M. de La Beilhie, esleu, native de la présente ville. — Sœur Jeanne de la Nativité, 17 ans.

26 decembre 1629. — Maureille Damadou, native de Combette, paroisse de Saint-Chamans. — Sœur Jeanne de Jésus, 19 ans. — Ce sont les novices reçues l'an 1629.

25 avril 1630. — Catherine Facherdie, fille de M. de la Praderie, native de la présente ville. — Sœur Catherine de la Croix, 23 ans.

Même jour. — Françoise de La Facherdie, fille de M. de La Praderie, native de la présente ville. — Sœur Françoise de Saint-Marc, 14 ans.

27 mai 1630. — Françoise de Saint Marsal, fille de M. de Conroz, seigneur et baron dudit lieu. — Sœur Françoise de la Trinité, .. ans.

27 mai 1630. — Michelle de Gimel, fille de M. des Girauds d'Auvergne. — Sœur Aimée de Jésus, 18 ans.

21 octobre 1630. — Anne de Lager, native de la présente ville. — Sœur Anne de Saint-Antoine, 12 ans (1).

11 novembre 1630. — Anne de Darche, fille de M. de Darche de la ville de Beaulieu. — Sœur Anne du Saint-Esprit, 21 ans. — Ce sont les novices reçues l'année 1630.

30 juin 1631. — Françoise Dodet, fille de M. Dodet de Gleton. — Sœur Françoise des Anges, 23 ans.

21 octobre 1631. — Anne de Lager, de cette ville. — Sœur Anne de Saint-Antoine, 12 ans.

1er septembre 1631. — Gabrielle des Ossines, et Françoise des Ossines, filles de M. des Ossines. — Sœur Gabrielle de Jesus, l'aînée ; — l'autre sœur Françoise de Saint-Augustin, laquelle fut congédiée n'étant pas jugée propre à la religion. L'une âgée de 13 ans, l'autre de 12 ans.

Même jour. — Thoinette Labonne, du bourg de Libersat. — Sœur Thoinette des Anges.

2 février 1632. — Thoinette Labonne, du bourg de Libersat. — Sœur Thoinette de Saint-Joseph, 12 ans.

Le même jour. — Jeanne de Juyé, de la ville d'Uzerche, fille de M. le lieutenant criminel, laquelle a été congédiée pour n'avoir été jugée propre à la religion.

21 octobre 1632. — Clemence de Laborie, fille de M. de Laborie, sieur de Compaigne. — Sœur Clemence. — Ce sont les novices qui furent reçues l'année 1632.

6 janvier 1633. — Thoinette Galmot, fille de M. Galmot, de cette ville. — Sœur Thérèse, 17 ans.

13 février 1633. — Souveraine de Miract, de cette ville. — Sœur Marie de la Purification, 17 ans.

14 février 1633. — Hélène de La Borye, fille de M. de La Borye, sieur de Compaigne. — Sœur Jacinthe, 16 ans.

21 aout 1633. — Louise de Prez, fille de M. le conseiller de Prez, de cette ville. — Sœur Louise du Sainct-Sacrement, 19 ans.

3 septembre 1633. — Marguerite Trech, de cette ville. — Sœur Marguerite de Saint-Alexis, 16 ans.

21 octobre 1633. — Marie de Saint-Marsal, fille de M. de

---

(1) Cet article fait double emploi avec celui du 21 octobre 1630.

Conroz, seigneur et baron dudit lieu et Puydeval. — Sœur Marie du Saint-Esprit, 12 ans. — Ce sont les novices reçues l'année 1633 (1).

2 juillet 1634. — Juliene de Baluze, fille de M. Baluze, marchand, native de cette ville. M. de La Tour, Vicaire général, faisant l'office. — Sœur Catherine de Saint-Julien, 20 ans.

15 août 1634. — Jeanne de Bussière, fille de M. le procureur du roi, native de cette ville. — Sœur Jeanne de la Transfiguration, 16 ans.

29 octobre 1634. — Gaspare Chasar, fille de M. Chasar, de la ville de Meymat. — Sœur Madeleine de la Croix. 20 ans.

30 octobre 1634. — Marguerite de Sulis, fille de M. de Sulis, native de Treignat. — Sœur Marguerite de la Présentation, 16 ans. — Ce sont les novices reçues l'année 1634, qui sont au nombre de quatre.

12 janvier 1635. — Anne Vouliac, native de Malesa, paroisse de Marsillac, sœur laye. — Sœur Anne de Saint-André, 20 ans.

15 août 1635. — Jeanne Curson, fille de M. de Dalvignac, en Quercy, et veufve de M. de la Combe en Limousin, paroisse du Jardin. — Sœur Marie de Saint-Jean, 40 ans.

21 octobre 1635. — Jeanne de La Tour, fille de M. de La Tour, avocat de cette ville, M. de La Tour, Vicaire général, faisant l'office. — Sœur Dauphine de Saint-Jean, 14 ans.

Même jour. — Guillemete Puy, sœur laye, native de la présente ville. — Sœur Anne de Saint-Jean, 22 ans.

1er decembre 1635. — Leonore de Chaunat, fille de M. Chaunat, paroisse de Champaignat. — Sœur Geneviève de Saint-Denis, 16 ans.

Même jour. — Catherine Labonne, fille de M. de Labonne, du bourg de Libersat. — Sœur Catherine de Saint-Dominique, 14 ans. — Ce sont les novices qui furent reçues l'année 1635, qui sont en nombre six.

3 juin 1636. — Marie Demari, fille de M. le Vicesenechal, native de Meymat. — Sœur Marie de Jesus, 16 ans.

8 juin 1636. — Françoise de Pradel, de la ville d'Uzerche. — Sœur Françoise de Saint-Clair, âgée de 15 ans.

15 juin 1636. — Juliette de Poumiés, fille de M. de Poumiers, paroisse de Lonzat. — Sœur Michele de Saint-François, 14 ans.

---

(1) A partir de cet endroit l'écriture n'est plus la même. A cette époque en effet sœur Colombe du Saint-Esprit était partie pour fonder la maison d'Espalion, au diocèse de Rodez.

8 septembre 1636. — Nicole de Bes, fille de M. de Maleret, en Combraille. — Sœur Angelique de la Trinité, 15 ans.

28 decembre 1636. — Honorete de Sulis, fille de M. de Sulis, de la ville de Treignac. — Sœur Tecle de Saint-Pol, 15 ans.

Même jour. — La sœur Martiale, sœur converse. — Ce sont les novices qui furent reçues l'année 1636 qui sont en nombre 5.

24 juin 1637. — Ester de Pompadour, fille de M. le Vicomte de Pompadour, lieutenant dans le gouvernement du Limousin. — Sœur Marie de Jésus, 13 ans.

18 octobre 1637. — Marguerite de Melon, fille de M. Melon, marchand de cette ville. — Sœur Marie des Anges.

2 février 1638. — Isabeau du Bouchar, fille de M. de La Prade du Bosquet, paroisse de Saint-Pardoux. — Sœur Isabeau de Saint-Joseph.

26 octobre 1639. — Marie Cledat, fille de M. Cledat, bourgeois d'Uzerche, M. Salvanie, curé de Saint-Julien, faisant l'office de vesture. — Sœur Marie de la Visitation.

14 mai 1642. — Marie Pensionere, Dom R. P. Prieur des Feuillans faisant l'office de vesture. — Sœur Marie de la Passion, 16 ans.

28 mai 1642. — Marie Depres, fille de M. le conseiller Depres de cette ville. — Sœur Marie de l'Ascension, 20 ans.

1e novembre 1642. — Jeanne Sales, fille de M. l'avocat Sales de cette ville. — Sœur Seraphique de Saint-Augustin, 21 ans.

14 mai 1643. — Helis Boyer, fille à M. Boyer, bourgeois d'Uzerche, M. d'Arche, vicaire général, faisant l'office. — Sœur Anne de Saint-Joseph.

28 octobre 1650. — Catherine Jaloustre, M. Moulin notre confesseur faisant l'office. — Sœur Catherine de Saint-Joseph.

15 février 1654. — Marguerite Galmot, fille à feu M. Galmot, marchand de cette ville. — Sœur Marguerite de Saint-Joseph, 18 ans.

24 juin 1654. — Jeanne D'Arche, de Beaulieu. — Sœur Jeanne de la Mère de Dieu.

22 juillet 1654. — Françoise de La Faurie, fille à M. Damas de La Faurie, de Treignac. — Sœur Françoise de Saint-Joseph, 16 ans.

22 novembre 1654. — Anne de Brivesat, fille à M. de Brivesat, bourgeois de cette ville. — Sœur Anne de Saint-Joseph, 13 ans.

28 juin 1655. — Marguerite Mazeau, fille de Gabriel, et veuve du sieur Farge, habitant Treignac. — Sœur Marguerite du Saint-Sacrement, 17 ans.

4 juin 1656. — Marie Donet, fille à M. Donet procureur de Pompadour; M. Fenis curé de Sainte-Fortunade et notre confesseur fit l'office. — Sœur Marie des Anges, 15 ans et demi.

21 novembre 1656. — Leone Duchée; M. de La Gauterie, Vicaire general et official, fit l'office. — Sœur Anne de Saint-Joachim, 22 ans.

28 avril 1658. — Marie du Chambon. — Sœur Marie du Saint-Esprit, 13 ans et demi. Deceda le 8 juillet 1660.

30 juin 1658. — Jeanne de Turenne, fille a M. de Turenne de Beaulieu. — Sœur Jeanne de Sainte-Thérèse, 24 ans.

23 mai 1660. — Marie de Fénis, fille à M. de Fenis advocat de cette ville. — Sœur Marie de la Trinité, 16 ans.

17 octobre 1664. — Leonarde Fourest, sœur de M. Mamourin de Villeneufve. — Sœur Marie de Jésus, 25 ans.

2 novembre 1664. — Claire Souzet. — Sœur Ursule de Saint-Ignace, 18 ans.

2 août 1665. — Françoise Souzet. — Sœur Françoise de Saint-Antoine, 21 ans.

21 février 1665. — Louise Deval. — Sœur Louise de Jésus, 15 ans.

22 juillet 1665. — Madeleine Donnet, fille à M. de Lanbertie de Pompadour, M. Brosar official faisant l'office. — Sœur Madeleine de Jesus, 16 ans.

26 août 1665. — Catherine Gueral, fille à M. Gueral, juge de Pompadour. — Sœur Catherine du Saint-Sacrement, 15 ans.

25 août 1665. — Marie Dufaure, fille à M. Dufaure, juge de Boutezat, 21 ans, et Louise Dufaure fille à M. Dufaure procureur de Boutezat, 18 ans.

15 septembre 1669. — Jeanne Fresse; M. Chaspelle Vicaire general fit l'office. — Sœur Marie de La Croix, 26 ans.

6 juin 1670. — Marie Donnet, fille à M. de Lanbertie. — Sœur Marie de la Passion, 14 ans et demi.

Le même jour. — La fille de M. Dufaure de Boutezac. — Sœur Marie de Saint-Jean.

31 juillet 1672. — Catherine Galant; M. Valadier fit l'office.— Sœur Catherine de Saint-Joseph, 38 ans. Deceda le 29 novembre 1703.

27 janvier 1675. — Les deux filles de M. Baluze, sieur de Bessou; M. Valladier notre confesseur fit l'office. — L'ainée sœur Marie-Anne de Saint-Joseph, 19 ans, la seconde sœur Marie de Saint-Augustin, 17 à 18 ans.

19 mai 1675. — La fille de M. Dufaure juge de Boutezat;

M. Collier, docteur en théologie, grand vicaire de Monseigneur fit l'office. — Sœur Angelique de Saint-Joseph, 18 ans.

19 octobre 1675. — La fille de feu M. l'avocat Payant. — Sœur Marie du Saint-Sacrement, 20 ans.

8 décembre 1675. — La fille de M. Jarrige du Bournazel. — Sœur Marie-Thérèse de Saint-Joseph, 17 ans.

17 avril 1678. — La fille de M. le procureur Sudour. — Sœur Françoise du Saint-Sacrement, 18 ans.

21 avril 1678. — Deux filles de M. Lagarde de Villautreys, lieutenant en l'élection de Limoges. — L'aînée sœur Sainte-Ursule de Saint-Augustin, 19 ans, la seconde sœur Marie de Saint-Alexis, 18 ans.

30 mai 1678. — La fille de M. Deval du Mont. — Sœur Thérèse de Jésus, 25 ans.

16 avril 1679. — La fille de M. le conseiller Espinasse de cette ville. — Sœur Marie du Saint-Esprit, 20 ans.

8 septembre 1679. — La fille de M. de Bardoulat, sieur du Plazanet, trésorier. — Sœur Thérèse de Saint-Bernard, 21 ans.

8 décembre 1680. — La fille de feu M. d'Arfeuille, sieur de Rabaine ; M. le theologal de Brossard, vicaire general fit l'office. — Sœur Marie de Saint-Xavier, 15 ans.

7 avril 1681. — La fille de feu Eyrolles, archer, en qualité de sœur converse ; M. le doyen de Larue, vicaire general fit l'office. — Sœur Louyse de Saint-Joseph, 22 ans.

24 juin 1681. — La fille de M. Melon, sieur du Pezares ; M. l'archidiacre de Mailhard, grand vicaire de Monseigneur fit l'office. — Sœur Jeanne de Jesus, 16 ans.

24 août 1683. — La fille de M. Durestac de Marsilhac ; Mgr l'Evêque fit l'office de véture, assisté de M. Valadier notre confesseur. — Sœur Marie de Saint-Joseph, 23 ans.

3 mars 1685. — La fille de M. de La Salle de Reyberez. — Sœur Marie Aymee de Jesus, 15 ans.

6 juin 1685. — La fille de M. Melon avocat du roi ; M. Melon curé de Saint-Julien fit l'office. — Sœur Marie Françoise des Anges, 14 ans.

17 février 1686. — La fille de M. Chasaignat de Saint-Robert ; M. Ceaux, vicaire general fit l'office. — Sœur Anne de Saint-Augustin, 15 ans.

17 fevrier 1686. — La fille de M. Daly d'Uzerche. — Sœur Marie de l'Incarnation, 20 ans. Morte le 19 septembre 1741.

21 avril 1686. — La fille de M. La Toureste. — Sœur Anne du Saint-Esprit, 20 ans. Sortie sans faire profession.

3 juin 1686. — La fille de M. Lafon, de Saint-Yrieis. — Sœur Marie du Saint-Sacrement, 19 ans.

17 novembre 1686. — La fille de M. Lagarde de Salesse. — Sœur Jeanne de la Croix, 35 ans.

1 janvier 1687. — La Marsiale, de Souletie, en qualité de sœur converse. — Sœur Jeanne de Saint-Martial, 35 ans.

2 mars 1687. — La fille de M. Plasse de Baumon. — Sœur Françoise de Saint-Joseph, 26 ans.

28 fevrier 1688. — En qualité de sœur converse, Jeanne Tremoulet. — Sœur Ursule de Saint-Jean, 25 ans.

3 octobre 1688. — La fille de M. d'Alesme, de Saint-Léonard. — Sœur Ursule de Saint-Ignace, 25 ans. Elle sortit étant encore novice.

23 novembre 1689. — La fille de M. d'Alegre, d'Alassac. — Sœur Jeanne du Saint-Sacrement, 25 ans.

24 fevrier 1690. -- La fille de M. Meyrignac. — Sœur Madeleine de Saint-Joseph, 35 ans.

24 avril 1690. — La fille de M. l'avocat du roi, Melon. — Sœur Madeleine de Jesus, 25 ans.

23 mai 1690. — La fille de M. Friguet, en qualité de sœur laye. — Sœur Marie de Sainte-Anne, 25 ans.

24 août 1690. — La fille de M. Plasse de Beaumont. — Sœur Marie de la Nativité, 18 ans.

4 novembre 1691. — La fille de M. Pandrigne. — Sœur Jeanne de Sainte-Thérèse, 18 ans.

26 octobre 1692. — La fille de M. Nicolle, de Traignac ; M. Tayssier fit l'office. — Sœur Marie de Saint-Ignace, 17 ans.

26 juillet.... — La fille de M. Demonceau. — Sœur Marie de Saint-Alexis, 22 ans.

5 mars 1696. — La fille de M. Espinet, de Bonnesagne ; M. Rabbyt fit l'office. — 32 ans.

27 décembre 1696. — La fille de M. La Porte, procureur au Parlement ; le R. P. Certain, doctrinaire, recteur de Brive, fit l'office. — 29 ans.

17 juillet 1697. — La fille de M. Servientis, de Davigniat ; M. Borie, curé de Davigniat, fit l'office. — Sœur Thérèse de Saint-Joseph, 20 ans.

17 août 1698. — La fille de M. Du Masmazel ; M. Fage, chanoine, fit l'office. — Sœur Marie-Suzanne, 16 ans.

7 juin 1699. — La fille de M. de Mentegou. — Sœur Marie de l'Ascension, 21 ans.

22 août 1700. — La fille de M. Du Masmazel ; M. Valadier,

notre confesseur, fit l'office, assisté du R. P. Alrion, jésuite. — Sœur Marguerite de Saint-Jean, 16 ans.

1ᵉʳ novembre 1701. — La fille de M. Mensat ; M. Rabby, vicaire général fit l'office. — Sœur Marie de Saint-Bernard, 16 ans.

1ᵉʳ janvier 1702. — La fille de M. Flessat, de Saint-Sauvadour ; le R. P. Coster, jésuite, fit l'office. — Sœur Jeanne des Anges, de 16 à 17 ans.

2 décembre 1702. — La fille de M. de Lauberty de Lagarde. — Sœur Marie Pacifique des Anges, 21 ans.

29 janvier 1703. — La fille de M. Bosselut, en qualité de sœur laye. — Sœur Marie de la Purification, de 28 à 30 ans.

24 juin 1704. — La fille de M. Plasse, du Chassain. — Sœur Ursule de Saint-Jean, 18 ans.

25 juillet 1705. — La fille de M. Borie. — Sœur Thérèse de Saint-Augustin, 22 ans.

15 août 1705. — La fille de M. Couriat, en qualité de sœur laye. — Sœur Marie de la Croix, 23 ans.

19 septembre 1706. — La fille de M. Place du Chassain, conseiller du roi ; M. de Lespinace, son oncle, père de l'Oratoire, fit la cérémonie de vesture. — Sœur Thérèse de Jésus, 22 ans.

1ᵉʳ mai 1707. — Mˡˡᵉ de Layrat ; M. Souiller conseiller du roi fut parrain, Michel vicaire général, fit la cérémonie. — Sœur Jeanne de Saint-Joseph, 35 ans.

15 juin 1710. — La fille de Maître Martin Delbos, en qualité de sœur converse ; Mgr de Sainte-Aulaire, evêque de Tulle, fit la cérémonie, assisté de M. Paient, notre confesseur. — Sœur Marie Charlotte, 18 ans.

23 août 1711. — La fille de M. de La Chassonie, de Gourdon ; M. l'abbé de Fargues fit la cérémonie, assisté de M. Laval, prêtre. — Sœur Thérèse de Jésus, 18 ans.

2 février 1712. — La fille de M. Desbaty, juge de Terrasson ; M. le doyen de Queyrat fit l'office, assisté de M. Albares son frère, et de M. Feix notre confesseur. — Sœur Thérèse de Saint-Joseph, 15 ans.

7 février 1712. — La fille de M. Maschat ; M. Darluc, trésorier, fit l'office. — Sœur Agnes de Saint-Jean, 18 ans.

17 juillet 1712. — La fille M. Roufie, teinturier. — Sœur Marie de Saint-Antoine, 17 ans.

25 juillet 1713. — La fille de M. du Peirat de Lagente. — Sœur Marie de Saint-Bernard, 19 ans.

26 novembre 1713. — La fille de M. Mirat de La Tour. — Sœur Marie de Saint-Etienne, 20 ans.

9 septembre 1714. — La fille de M. Lamoure ; M. Jarrige, chanoine de l'église cathédrale de Tulle fit l'office, assisté de M. Lespinat, notre confesseur. — Sœur Marie-Hélène, 20 ans.

14 octobre 1714. — La fille de M. Des Places du Chassein. — Sœur Marie-Cécile, 18 ans.

28 janvier 1715. — La fille M. de La Flamanchie en qualité de sœur laye. — Sœur Marie de la Conception, 25 ans.

10 janvier 1717. — La fille de M. Borie; M. le Prévôt de Saint-Salvadour fit l'office. — Sœur Marie de Saint-Paul, 22 ans.

23 janvier 1718. — La fille de M. Nayne, d'Uzerche ; Mgr l'Evêque fit l'office, assisté de M. Lespinat notre confesseur, et de M. Lafon. — Sœur Marie de Sainte-Claire, 24 ans.

2 octobre 1718. — La fille de M. Daluis, de Beyssac. — Sœur Marie de Saint-Augustin, 15 ans moins un mois.

8 octobre 1719. — La fille de M. Nicolet, marchand, bourgeois de la ville de Treignac ; M. Dhuamel, chanoine de la cathédrale, notre confesseur, fit l'office. — Sœur Ursule de Saint-Michel, 17 ans moins un mois et demi.

3 décembre 1719. — La fille de M. Garene, en qualité de sœur converse. — Sœur Marie de Sainte-Marthe, 20 ans et 8 mois.

21 mai 1722. — La fille de M. de Rabanide, trésorier de France ; M. l'abbé de Beaulieu, doyen de la grande église, vicaire général, fit l'office, assisté de M. Mouret notre confesseur. — Sœur Thérèse de Saint-Bernard, 17 ans et quelques mois.

29 novembre 1722. — La fille de M. Marserie, bourgeois de Betaille, pour être sœur converse. — Sœur Marie-Constance du Calvaire, 27 ans et quelques mois.

16 septembre 1725. — La fille de M. [Pasquet] de Saint-Memi, de Vigniol ; M. l'abbé Meynar fit l'office. — Sœur Marie de Saint-Charles, 18 ans.

18 novembre 1726. — La fille de M. Bourget, de Meysat, pour être converse. — Sœur Marie de Saint-Jean, 24 ans.

16 février 1727. — La fille de M. de Beysat ; Mgr l'évêque fit l'office, assisté de M. Mouret, notre confesseur, et M. Floche. — Sœur Marie de Saint-André, 15 ans, 3 mois.

28 décembre 1728. — La fille de M. Forbier. — Sœur Marie de Saint-Martial, 18 ans.

6 janvier 1728. — La fille de M. [Fenis de] Lacombe ; Mgr l'Évêque fit l'office, assisté de M. Mouret, notre confesseur, et de M. Lagrange. — Sœur Marie de Jésus, 15 ans moins 8 jours.

4 juillet 1728. — La fille de M. Laserre de Teyssier. — Sœur Marie de Saint-Joseph, 17 ans et 2 mois.

20 juin 1729. — La fille de Mlle de Duval, de Tulle, pour être sœur converse; M. l'abbé de Coetlosquet fit l'office. — Sœur Marie de Saint-Etienne, 25 ans.

3 novembre 1729. — La fille de M. Pouch, d'Allassac, pour être sœur converse; M. l'abbé Flotte, vicaire général, fit l'office. — Sœur Marie-Ursule, 22 ans.

15 juin 1732. — La fille de M. La Mothe de Teillier, de Pompadour; M. Marbot, notre confesseur, fit l'office. —Sœur Thérèse de Jésus, 26 ans.

15 juillet 1734. — La fille de M. Dumon, du Jassonnay, paroisse de Maima; M. Fraysse, prêtre, fit l'office. — Sœur Marie-Madeleine, 24 ans, 8 mois.

30 juin 1737. — La fille de M. Audebert, de Puy d'Arna, en qualité de sœur converse; M. Faugeron, prêtre, fit l'office, assisté de M. Laporte, notre confesseur. — Sœur Marie de Saint-Hilaire, 26 ans.

6 octobre 1737. — La fille de M. Bach, de Sainte-Feriolle. — Sœur Marie-Françoise, 23 ans.

6 janvier 1738. — La fille de M. Depres de Dulairit, de Tulle. — Sœur Marie de Saint-Etienne, 23 ans.

3 juillet 1740. — La fille de M. Tramont, de Tulle; M. La Porte, chanoine, fit l'office, assisté de M. Sergé, prêtre. — Sœur Françoise de Saint-Joseph, 31 ans.

11 septembre 1740. — La fille de M. Fortier, de Tulle; M. Melon de Pradou, trésorier de l'église cathedrale, fit l'office. — Sœur Marie-Thérèse, 27 ans et demi.

13 novembre 1740. — La fille de M. Regnal, de Soursac. — Sœur Aymée de Jésus, 35 ans.

18 décembre 1740. — La fille de M. Melon, avocat du roi au presidial de cette ville; M. Melon, chanoine, son oncle, fit l'office. — Sœur Madeleine de Jésus.

3 septembre 1741. — La niece de M. l'abbé de Fenis, sœur de M. [Fenis] De La Combe, procureur du roi de cette ville de Tulle; Mgr Beaumont d'Antichamp, eveque et comte de Tulle, fit l'office. — Sœur Marie de Saint-Louis, 15 ans et demi.

20 janvier 1744.—La fille de M. Montbrial, de Queyssac, en qualité de sœur converse. — Sœur Hélène de Saint-Blaise, 22 ans.

2 février 1744. — La fille de Pierre Fontenilhe, de Sauniac, diocese de Limoges; M. Sartelon, notre confesseur, fit l'office. — Sœur Marianne, 22 ans.

8 novembre 1744. — La fille de M. Chavaille, d'Uzerche. — Sœur Marie Françoise.

22 août 1745. — La sœur de M. Cledat, d'Alassac. — Sœur Marie de Saint-Jean.

25 septembre 1746. — La fille de M. de Lagente. — Sœur Marie de Sainte-Anne, 23 ans.

4 décembre 1746. — La fille de M. Jarrige, de la Rivière. — Sœur Marie de Saint-Julien, 21 ans et demi.

24 juin 1747. — La fille de M. de Guilhem, de Seuniac, pour être sœur converse; M. Sartelon fit la cérémonie, assisté de M. Basset. — Sœur Marie de Saint-Pierre, 22 ans.

11 février 1748. — La fille de M. de Noisières, du Batut, paroisse de Queyssac. — Sœur Marie de Saint-Basile, 18 ans.

21 avril 1748. — La fille de M. Du Leyris Depres, de Tulle. — Sœur Marie de Saint-Xavier, 23 ans.

16 juin 1748. — La fille de M. Melon de Pradou; M. Melon, trésorier de la cathedrale, son oncle, a fait la cérémonie, assisté de M. Sartelon, notre confesseur. — Sœur Marie de Saint-Martin, 21 ans.

1er février 1750. — La fille de M. Nayne, d'Uzerche. — Sœur Marie-Cécile, 17 ans.

26 septembre 1751. — La fille de M. La Selve, secrétaire du roi; M. l'abbé La Selve, grand vicaire, a fait la cérémonie, assisté de M. Eyrolles, notre confesseur. — Sœur Thérèse de Saint-Augustin, 22 ans.

23 mai 1752. — La fille de feu M. Cledat, d'Allassac. — Sœur Marie de Saint-Paul, 25 ans.

20 mai 1753. — La fille de M. de Segonzac. — Sœur Suzanne de Saint-Basile, 17 ans.

15 juillet 1753. — La fille de Mademoiselle de Brivezac. — Sœur Anne de Saint-Antoine, 19 ans.

15 décembre 1754. — La fille du sieur Fontanilles, de Seuniac, en qualité de sœur converse; M. Eyrolles, notre aumonier, a fait la cérémonie, assisté de M. Vedrenne. — Sœur Marie-Claire, 18 ans et quelques mois.

2 avril 1758. — La fille de Mademoiselle Grama. — Sœur Marie-Angele, 22 ans.

11 septembre 1758. — La fille de M. Chabrière; M. Lestan, curé de Champagnac, a fait la cérémonie. — Sœur Marie Saint-Roch, 22 ans.

8 février 1761. — La fille de M. Juge, d'Uzerche, pour être sœur converse. — Sœur Marie-Angélique, 18 ans et 4 mois.

3 juillet 1761. — La fille à M. et à Madame de Saint-Mayxent. — Sœur Marie-Louise de Saint-Raymond, 19 ans.

15 janvier 1764. — La petite fille à M. Chevalier, d'Uzerche ; M. l'abbé de La Selve, grand-vicaire, a fait la cérémonie, assisté de M. Duplessy, notre aumonier. — Sœur Jeanne Catherine, 18 ans.

29 janvier 1764. — La fille de M. Bos, d'Hautefage. — Sœur Anne de Saint-Augustin.

11 février 1765. — La niece au sieur Brunye, du village de La Croix, paroisse de Puy-d'Arnac, fille à feu Dufour. — Sœur Marie de La Croix, 21 ans et quelques mois.

9 novembre 1766. — La fille de M. Bos, juge de Servières, de la paroisse d'Hautefage ; M. l'abbé de Soissan, grand chantre et vicaire general a fait la cérémonie. — Sœur Marie de Saint-Benoît, environ 31 ans.

16 avril 1769. — La fille de M. Reignac ; M. l'abbé Teyssier assiste à la cérémonie. — Sœur Madeleine de Jésus, 22 ans.

23 avril 1769. — La fille à M. Lagier ; M. l'abbé Reignac assiste à la cérémonie. — Sœur Aimée de Jésus, 21 ans.

3 septembre 1775 (1776 ?) — La niece de Mademoiselle La Porte, nommée Traverse ; le Père Fraisse, notre aumonier, assiste à la cérémonie. — Sœur Therese de Saint-Augustin, 18 ans.

3 décembre 1776. — La fille de M. Bourdarie de la paroisse de Vegenes ; M. l'abbé Ternisien, grand vicaire, a fait la cérémonie. — Sœur Marie des Anges, 28 ans.

... décembre 1776. — La fille de sieur Puysalon, de la paroisse de Curemonte, pour être sœur converse ; M. l'abbé Fraysse a fait la cérémonie, assisté de M. Garenne, vicaire de Curemonte. — Sœur Marthe, 25 ans.

19 juillet 1778. — La fille de M. de Saint-Basile (?), 26 ans.

2 avril 1780. — Sœur Françoise de Saint-Joseph de Guillien, 25 ans.

9 mai 1780. — Sœur Marie de Saint-Louis de Materre de Reaux, 15 ans.

24 septembre 1780. — La fille de M. Materre. — Sœur Saint-Michel, 19 ans.

30 avril 1781. — La fille de M. Melon, avocat du ; roi M. le Prévôt de Fénis de la Combe, grand vicaire, a fait la cérémonie. — Sœur Marie-Agnes, 27 ans.

12 août 1782. — La fille de M. Pradel, d'Uzerche, avocat. — Sœur Thérèse de Jésus, 17 ans et 5 mois.

24 mai 1785. — La fille de M. Daubec, docteur en médecine, habitant de cette ville. — Sœur Marie-Thérèse, 25 ans.

3 juillet 1785. — La fille de M. Veilhan, bourgeois, habitant Neuvic. — Sœur Marie de Saint-Joseph, 25 ans.

3 juillet 1785. — La fille de M. Lestable, de Neuvic. — Sœur Marie-Ursule, 24 ans.

3 octobre 1785. — La fille de M. Calarys de Saint-Angel; M. l'abbé Dalmaric, grand vicaire, a fait la cérémonie. — Sœur Marie de Saint-Bernard, 26 ans.

15 novembre 1785. — La fille de M. Maturier, de Saillac; M. l'abbé Brival, chanoine et grand vicaire a fait la cérémonie, assisté du Père Fraysse, notre aumonier. — Sœur Marie de Saint-Martial, 20 ans et 2 mois.

4 mai 1786. — La fille de feu M. Dubac, de Servières. — Sœur Marie de Saint-André, 23 ans.

27 janvier 1788. — La fille de M. Materre, de la Feuillade, du Lonzac. — Sœur Marie de Saint-Augustin, 27 ans.

24 août 1788. — La fille d'Etienne Delbos, paroisse de Beynac, en qualité de sœur converse. — Sœur Marie-Suzanne, 22 ans.

23 août 1789. — La fille de M. Lespinasse, d'Egleton. — 18 ans (1).

---

(1) Après cette date arrivèrent la sécularisation des ordres religieux et bientôt après leur suppression. On dressa un inventaire de ce que possédait le couvent de Tulle, le 15 oct. 1790, puis quelque temps après il fut vendu par la nation. La chapelle et le cloître furent démolis, les bâtiments, susceptibles d'être affectés à des habitations particulières, reçurent cette destination.

Il était cependant réservé aux Ursulines de Brive, qui avaient fondé la maison de Limoges en 1620, de relever celle de Tulle. Mgr de Mailhet qui a rétabli aussi les couvents d'Argentat et de Beaulieu, choisit pour celui-là Cécile Vachot, fille d'un général tombé à Leipsick, alors âgée de quarante ans et qui était entrée au noviciat à l'âge de dix-huit ans. Elle appartenait à Tulle par sa naissance et à Brive par sa régénération. En 1839 elle s'installa avec ses trois religieuses dans le vieux château de Saint-Pierre, local absolument insuffisant qu'il fallut bientôt échanger. Quand elle est morte, après quarante-deux ans d'administration, le 9 août 1881, elle a laissé au bord de la Corrèze, non loin du bâtiment d'Antoinette Micolon, une maison prospère, aussi bénie que la précédente et non moins libre de dettes que riche de vertus. (Cf. l'abbé Poulbrière. — *Histoire du diocèse de Tulle*, p. 357.)

†

Dans ce costé de livre seront inseres les noms et la date des professions des religieuses de ce Monastere de Sainte-Ursule de Tulle.

Premièrement,

Le vingtuniesme octobre mil six cens dixneuf, s^r Marie de Jésus, s^r Ursule de l'Incarnation, s^r Benigne de Saint-Gabriel, s^r Marthe, les trois premières firent leur profession en qualité de s^{rs} de chœur, et la quatriesme en qualité de s^r converse, M. de La Tour, vicaire general, faisant l'office. — La s^r Ursule de l'Incarnation décéda le 28 mars l'année 1635. Sr Benigne de Saint-Gabriel décéda le 1er juin 1665, jour de saint Clair. La s^r Marthe décéda le 5 septembre 1661.

Le deuxiesme feburier mil six cens vingt, s^r Serafique, eagée de vingt deux ans, fist sa profession. M. de La Tour, vicaire general, fist l'office. — Mourut le 13 novembre l'année 1623.

Le mesme jour, s^r Dorothee, eagee de dix huict ans, fist sa profession. — Mourut le 25 aoust 1676.

Le vingt cinquiesme mars mil six cens vingt-un, s^r Angelle, eagee de dix huict ans, fist sa profession. — La Mere Angelle mourut le 23 janvier 1675.

Le douziesme apuril mil six cent vingt un, s^r Jeanne Baptiste, eagée de seize ans, fist sa profession. — Deceda le 29 novembre l'année 1673.

Le seiziesme may mil six cens vingt un, s^r Colombe de la Croix, eagée de vingt-trois ans, fist sa profession. — Deceda le 5 janvier 1673.

Le onziesme juillet mil six cens vingt un, s^r Françoise de Saint-Barnabé, eagee de dix huict ans, fist sa profession. — Deceda le 9 may l'année 1669.

Le dixhuictiesme octobre mil six cens vingt un, s^r Marie de Saint-François, eagée de dix sept ans, fist sa profession. — Déceda le 12 decembre l'année 1679.

Le vingt-huictiesme mars mil six cens vingt deux, s^r Cecile, eagee de vingt neuf ans, fit sa profession. — Décéda le 18 octobre l'année 1633.

Le quinziesme may mil six cens vingt deux, s^r Marie-Madeleine, eagee de dix sept ans, fit sa profession. — Elle est décédée à Espaillon.

Le vingt-sixiesme juin mil six cens vingt deux, s^r Marguerite de Saint-Jean, eagée de vingt trois ans, fist sa profession. — Deceda le 26 mars l'année 1625.

Le dixhuitiesme d'aoust mil six cens vingt deux, s^r Madeleine des Anges, eagee de dix neuf ans, fist sa profession. — Elle est morte à Ussel.

Le mesme jour, s^r Tecle, eagee de seize ans, fist sa profession. — Deceda le 23 janvier 1625.

Le vingt deuxiesme janvier mil six cens vingt trois, s^r Françoise de Saint-Jean, eagee de vingt ans, fist sa profession. — Décéda le 11 decembre 1674.

Le septiesme feburier mil six cens vingt quatre, s^r Ignace de Jésus, eagée de dix huict ans, fist sa profession. — La Mère Ignace de Jésus décéda le 22 octobre 1663.

Le neufviesme de juin mil six cens vingt quatre, s^r Euphrasie, eagée de dix sept ans, fist sa profession. — Deceda le 10 septembre l'année 1627.

Le mesme jour, s^r Jeanne fist sa profession, eagee de vingt quatre ans. — Décéda le 21 janvier 1664.

Toutes lesquelles susdites religieuses avaient pris l'habit et faict profession, comme dit est, de l'autorité du Seigneur Evesque, avant avoir la bulle de nostre Saint-Père ; laquelle bulle on obtint en date du 22 janvier l'an 1621, par laquelle fust ordonné que toutes les dites religieuses feraient encore un an de noviciat et seraient soubs la regle et habit de Saint-Augustin, et a la fin de ladite annee feroient leurs professions solempnelles en vertu de ladite bulle. Ce que toutes lesdites religieuses firent, en presence et officiant le sieur de La Tour, doyen et vicaire general, après l'exécution et fulmination de ladite bulle, comme il apert par les procès-verbaux sur ce dressés.

Après lesdites professions et exécutions et fulmination de ladite Bulle, furent receues à leurs professions solennelles, apres leur an de noviciat accomply les sœurs religieuses qui s'ensuivent :

Premièrement,

Le 23 juin mil six cens vingt et quatre, s^r Agathe de Sainte-Ursule, eagee de dixhuict ans, fist sa profession. M. de La Tour, vicaire general, fist l'office. — Deceda le 24 janvier 1683.

Le mesme jour et an, sœur Claire agée de vingt ans, sœur Agnes agée de vingt quatre ans, et sœur Anne de vingt deux ans firent leur profession. La sœur Anne la fist en qualité de sœur laye. M. de La Tour, vicaire general, fist l'office. — Sœur Claire décéda le 8 janvier 1688, sœur Agnes de Saint-Jacques le 15 février 1638, sœur Anne le 16 janvier 1670.

Le premier jour de novembre mil six cens vingt quatre, sœur Julienne de Saint-Augustin, agee de dix sept ans, fist sa profession. M. de La Tour, vicaire general, fist l'office. — Deceda le 5 decembre 1625 (1).

25 mai 1625. — Sr Gabrielle de l'Annonciation, 24 ans. — † à Beaulieu.

28 aout 1625, — Sr Marie de Saint-Joseph, 18 ans. — † 26 mai 1681.

21 octobre 1625. — Sr Dauphine, 19 ans.

12 juillet 1626. — Sr Ignace de Saint-Louys, 16 ans. — † 20 décembre 1652 à Argentat.

29 septembre 1626. — Sr Thérèse de Jésus, 21 ans. — † 24 avril 1629.

6 avril 1627. — Sr Anne de Jésus et s^r Marie des Anges, la 1re 21 ans, la 2e 16 ans. — Sr Anne de Jésus † 26 février 1652. Sr Marie des Anges † 2 août 1637.

6 avril 1627. — Sr Marie du Rosaire, 20 ans. — † 30 octobre 1672.

2 mai 1627. — Sr Marie de la Resurrection, 17 ans, et s^r Marie de Saint-Gabriel, 20 ans. — Sr Marie de la Resurrection † 18 juillet 1675. Sr Marie de Saint-Gabriel † 22 juin 1686.

18 octobre 1627. — Sr Marie de l'Incarnation, 16 ans. — † 17 mars 1682.

21 octobre 1627. — Sr Gabrielle de Saint-Michel, 18 ans. — † 6 janvier 1656.

21 novembre 1627. — Sr Marguerite de Saint-Jean, 25 ans. — † 15 janvier 1664.

16 janvier 1628. — Sr Pacifique des Anges, 18 ans. — † à Beaulieu.

7 mai 1628. — Sr Françoise de la Croix, 21 ans, † à Beaulieu le 6 novembre 1685, — et Catherine de Jésus, 20 ans, † 5 decembre 1685.

21 octobre 1628. — Sr Julienne de Saint-Michel, 21 ans. † le 13 janvier 1666, — et Sr Jeanne de la Croix, 20 ans. † 31 août 1648.

5 novembre 1628. — Sr Ursule de Saint-Augustin, 21 ans. — † le 25 juillet 1659.

19 novembre 1628. — Sr Marie des Saints, 20 ans. — † 30 avril 1689.

---

(1) La même formule se répétant à chaque profession, je ne transcrirai plus que les dates et les noms des religieuses.

26 novembre 1628. — Sr Thoinette de Saint-André, 21 ans.

24 fevrier 1629. — Sr Marie de Saint-Etienne, 20 ans. — † 27 juin 1684.

25 avril 1630. — Sr Françoise de Saint-Louys, 17 ans. — † à Argentat.

9 juillet 1630. — Sr Jeanne des Anges, 17 ans. — † à Argentat le 20 mai 1662.

26 juillet 1630. — Sr Isabeau des Anges, 22 ans. — † 21 juillet 1672.

25 août 1630. — Sr Hélène de Saint-Bernard, 19 ans. — † 7 janvier 1666.

1er septembre 1630. — Sr Françoise de l'Assomption, 19 ans. — † 21 janvier 1659.

20 octobre 1630. — Sr Marie de la Croix, 36 ans. — † 28 avril 1662.

Le même jour. — Sr Marie de la Nativité, sa fille, 18 ans. — † 12 decembre 1685.

8 decembre 1630. — Sr Jeanne de la Nativité, 18 ans. — † 19 aout 1672.

9 février 1631. — Sr Jeanne de Jésus, 21 ans. — † 12 fevrier 1677.

15 juin 1631. — Sr Catherine de la Croix, 24 ans, † à Ussel.

30 août 1631. — Sr Aymée de Jésus, † 19 ans.

2 fevrier 1632. — Sr Anne du Saint-Esprit, 22 ans. — † 17 mars 1663.

25 juin 1632. — Sr Françoise des Anges, 24 ans. — † 4 decembre 1651.

14 octobre 1633. — Sr Françoise de Saint-Marc, 16 ans. — † à Espallion.

21 octobre 1633. — Sr Françoise de la Trinité, 16 ans. — † 26 septembre 1686.

15 ..... 1634. — Sr Thérèse de Saint-Joseph, 18 ans. — † à Argentat.

19 février 1634. — Sr Marie de la Purification, 18 ans. — † 6 mai 1678.

26 fevrier 1634. — Sr Iacinthe de Jésus, 17 ans. — † 2 decembre 1672.

8 septembre 1634. — Sr Louyse du Saint-Sacrement, 17 ans. — † 1er mai 1678.

10 septembre 1634. — Sr Marguerite de Saint-Alexis, 17 ans. — † 1er octobre 1669.

1er novembre 1634. — Sr Anne de Saint-Antoine, 18 ans. — † 4 septembre 1649.

2 juillet 1635. — Sr Catherine de Saint-Julien, 20 ans. — † 30 août 1682.

15 août 1635. — Sr Gabrielle de Jésus, 17 ans, — et sr Jeanne de la Transfiguration, 17 ans. † le lundi de la semaine de la Passion 1672.

19 août 1635. — Sr Thoinette des Anges, 17 ans. — † 25 avril 1641.

18 novembre 1635. — Sr Madeleine de la Croix, 21 ans. — † 30 septembre 1671.

9 decembre 1635. — Sr Marguerite de la Présentation, 17 ans. — 2 novembre 1687.

2 fevrier 1636. — Sr Anne de Saint-André, 22 ans. — † 8 mai 1674.

20 juillet 1636. — Sr Thoinette de Saint-Joseph, 17 ans. — † à Espallion.

8 septembre 1636. — Sr Marie de Saint-Jean, 41 ans. — † 20 fevrier 1655.

2 février 1637. — Sr Clemence de Saint-Jean, 17 ans. † 12 juin 1672. — Sr Dauphine de Saint-Jean, 16 ans. — Sr Genevieve de Saint-Denis. † 2 juin 1671.

3 juin 1637. — Sr Marie de Jésus, 17 ans.

14 juin 1637. — Sr Françoise de Saint-Clair, 16 ans. † 8 janvier 1643. — Sr Anne de Saint-Jean, 23 ans. † 23 février 1672.

24 juin 1637. — Sr Marie du Saint-Esprit, 16 ans. — † 22 mars 1651.

13 decembre 1637. — Sr Michelle de Saint-François, 16 ans et demi. — † 16 janvier 1712.

15 fevrier 1638. — Sr Angélique de la Trinité, 16 ans. — † à Argentat.

20 juin 1638. — Sr Tecle de Saint-Paul, 16 ans. † 2 février 1654. — Sr Martiale, 25 ans. † 15 juin 1687.

24 octobre 1638. — Sr Marie des Anges, 18 ans. — † 17 avril 1644.

23 janvier 1639. — Sr Catherine de Saint-Dominique, 17 ans. — † 13 fevrier 1639.

29 juillet 1640. — Sr Marie de Jésus de Pompadour, 16 ans 2 jours, fit sa profession et Mgr le RR. évêque, Messire Jean de Genouillac de Vaillac, seigneur et vicomte de Tulle, seigneur spirituel et temporel de Roc Saint-Amadour, Laguene, Sainte-

Feriole, Brocelle et autres places fit les cérémonies. — Elle est decedée prieure de Saint-Bernard de Tulle, le 1er juin 1705.

13 janvier 1641. — Sr Marie de la Visitation, 20 ans. — † 27 mai 1680.

14 decembre 1641. — Sr Isabeau de Saint-Joseph, 16 ans 8 jours. — † 6 mai 1669.

15 août 1643. — Sr Marie de l'Ascension, 21 ans. — † 11 avril 1688.

8 novembre 1643. — Sr Seraphique de Saint-Augustin, 22 ans.

13 août 1644. — Sr Anne de Saint-Joseph, 16 ans 4 mois. — † 25 janvier 1646.

22 novembre 1648. — Sr Marie de la Passion, 22 ans. — † à Saint-Bernard 15 novembre 1677.

29 octobre 1651. — Sr Catherine de Saint-Joseph, 50 ans. — † 21 mai 1659.

11 août 1655. — Sr Gabrielle de l'Annonciation, 23 ans. † août 1655. — Sr Françoise du Saint-Esprit, 16 ans et 3 mois. † 9 mars 1656.

25 juillet 1655. — Sr Françoise de Saint-Joseph, 17 ans. — † 8 novembre 1660.

21 decembre 1656. — Sr Marguerite de Saint-Joseph, 22 ans. — † 25 decembre 1656.

4 fevrier 1657. — Sr Jeanne de la Mère de Dieu, 17 ans. — † 28 novembre 1696.

3 juin 1657. — Sr Marguerite du Saint-Sacrement, 17 ans et 6 mois. — Est sortie.

5 août 1657. — Sr Marie des Anges, 16 ans et 3 mois. — † 2 mars 1712.

28 octobre 1657. — Sr Anne de Saint-Joseph, 16 ans. — † 24 novembre 1710.

3 fevrier 1658. — Sr Anne de Saint-Joachim, 22 ans. — † 4 janvier 1716.

4 juillet 1660. — Sr Jeanne de Sainte-Thérèse, 30 ans. — † 16 août 1686.

25 juin 1662. — Sr Marie de la Trinité, 20 ans. — † 4 mars 1713.

24 aout 1666. — Sr Marie de Jésus, 17 ans. — † 5 avril 1725.

1er novembre 1665. — Sr Françoise de Saint-Antoine, 22 ans. — † novembre 1701.

24 fevrier 1666. — Sr Louise de Jésus, 16 ans. — † 21 novembre 1705.

7 avril 1666. — Sr Ursule de Saint-Ignace, 19 ans. — † 1er avril 1669.

5 septembre 1666. — Sʳ Madeleine de Jésus, 16 ans. — † 7 juillet 1688.

Le même jour. — Sʳ Catherine du Saint-Sacrement, 16 ans. — † 8 juin 1677.

12 septembre 1666. — Sʳ Marie de la Conception, 18 ans. — † 8 mars 1705.

Le même jour. — Sʳ Louyse de Saint-Augustin, 17 ans. — † 6 février 1678.

18 septembre 1671. — Sʳ Marie de la Croix, 27 ans. — † 24 avril 1700.

19 juillet 1671. — Sʳ Marie de Saint-Jean, 17 ans. — † 28 août ....

8 novembre 1671. — Sʳ Marie de la Passion, 16 ans. — † 11 janvier 1724.

16 fevrier 1676. — Sʳ Marie-Anne de Saint-Joseph, 20 ans. † 25 septembre 1712. — Sʳ Marie de Saint-Augustin, 19 ans. † 21 septembre 1716.

4 juin 1676. — Sʳ Angelique de Saint-Joseph, 16 ans. — † 13 decembre 1742.

1ᵉʳ novembre 1676. — Sʳ Marie du Saint-Sacrement, fille de M. l'avocat Payant, 20 ans. — † 24 avril 1678.

12 décembre 1676. — Sʳ Marie-Thérèse de Saint-Joseph, fille de M. du Bournazel, 17 ans. — † 14 mars 1729.

23 avril 1679. — Sʳ Françoise du Saint-Sacrement, fille de M. Sudour, procureur, 19 ans.

4 juin 1679. — Sʳ Thérèse de Jésus, fille de M. Deval-Demont. M. Courreze, official et vicaire general fist l'office, 26 ans. — † 29 janvier 1705.

23 septembre 1679. — Les deux filles de M. de Villoutreyx, de Limoges, l'aînée sʳ Ursule de Saint-Augustin, 21 ans. † 4 fevrier 1718. — La seconde, sʳ Marie de Saint-Alexis, 20 ans. † 30 novembre 1689.

30 juin 168. — Sʳ Marie du Saint-Esprit, fille de M. le conseiller Espinasse, 21 ans. — † 8 novembre 1726.

9 septembre 1680. — Sʳ Thérèse de Saint-Bernard, 22 ans. M. Saint-Prieht, trésorier et vicaire général fit l'office. — † 8 decembre 1697.

19 avril 1682. — Sʳ Louise de Saint-Joseph, fille de M. Ayrolles, huissier, 22 ans. — † 15 octobre 1752.

8 septembre 1682. — Sʳ Marie de Saint-Xavier, fille de M. d'Arfeuille de Rosiers, 17 ans. — † 19 mai 1726.

24 septembre 1682. — Sʳ Jeanne de Jésus, fille de M. Melon du Pezaret, avocat, 17 ans et 6 mois. — † 22 avril 1740.

25 août 1684. — Sʳ Marie de Saint-Joseph, 20 ans. — † 18 janvier 1728.

10 mars 1686. — Sʳ Marie-Aymée de Jésus, fille de M. de La Salle de Rebeyres, 10 ans et 10 mois. — † 17 mai 1734.

27 février 1687. — Sʳ Anne de Saint-Augustin, 16 ans. — † 9 mai 1751.

24 fevrier 1687. — Sʳ Marie de l'Incarnation, 25 ans. — † 19 octobre 1744.

15 juin 1687. — Sʳ Marie du Saint-Sacrement, 17 ans. — † 15 novembre 1756.

26 novembre 1687. — Sʳ Marie-Françoise des Anges, fille de M. Melon, avocat du roi, 16 ans et quelques jours. — † 11 février 1731.

23 novembre 1687. — Sʳ Jeanne de La Croix, 35 ans. — † 2 février 1724.

4 janvier 1688. — Sʳ Jeanne de Saint-Martial, 45 ans. — † 24 mars 1727.

28 mars 1688. — Sʳ Françoise de Saint-Joseph, 27 ans. — † 9 decembre 1692.

5 decembre 1689. — Sʳ Ursule de Saint-Jean, 25 ans. — 3 mai 1701.

5 decembre 1690. — Sʳ Jeanne du Saint-Sacrement. — † 6 janvier 1744.

27 mars 1691. — Sʳ Madeleine de Saint-Joseph. — † 6 octobre 1727.

25 août 1691. — Sʳ Marie de la Nativité, 17 ans. — † 12 mai 1693.

25 avril 1691. — Sʳ Madeleine de Jésus, de Melon. — † 5 mars 1723.

25 mars 1692. — Sʳ Marie de Sainte-Anne, 25 ans. — † 19 mai 1720.

9 novembre 1692. — Sʳ Jeanne de Sainte-Thérèse, 21 ans. — † 13 juin 1747.

8 novembre 1693. — Sʳ Marie de Saint-Ignace, 20 ans. — † 30 avril 1711.

8 septembre 1697. — Sʳ Marie de Saint-Alexis, 26 ans. — † 20 septembre 1751.

21 octobre 1697. — Sʳ Marie de Saint-Louis, 34 ans. — † 1ᵉʳ juillet 1739.

29 décembre 1697. — Sʳ Jeanne de la Nativité, 30 ans.

13 septembre 1699. — Sʳ Marie-Suzanne, 17 ans. — † 2 octobre 1753.

7 decembre 1699. — Sr Thérèse de Saint-Joseph, 22 ans. — † 22 septembre 1706.

28 juin 1700. — Sr Marie de l'Ascension, 21 ans. — † 24 mai 1715.

14 fevrier 1702. — Sr Marguerite de Saint-Jean, 17 ans. — 11 janvier 1722.

12 novembre 1702. — Sr Marie de Saint-Bernard, 16 ans. — † 24 juillet 1708.

4 fevrier 1703. — Sr Jeanne des Anges, 18 ans. — † 27 novembre 1736.

16 decembre 1705. — Sr Marie-Pacifique des Anges, 22 ans. — 17 juillet 1717.

25 mars .... — Sr Marie de la Purification, 30 ans. — † 14 fevrier 1736.

28 juin 1705. — Sr Ursule de Saint-Jean, 29 ans. — † 4 août 1707.

11 juillet 1706. — Sr Thérèse de Saint-Augustin, 23 ans. Monseigneur de Nantes fit la cérémonie. — † 21 octobre 1724.

5 septembre 1706. — Sr Marie de La Croix, 24 ans. — † 4 septembre 1713.

15 janvier 1708. — Sr Thérèse de Jésus, 24 ans. — † 14 fevrier 1709.

6 mai 1708. — Sr Jeanne de Saint-Joseph, 36 ans. — † 4 août 1724.

21 juin 1711. — Sr Marie-Charlotte, 19 ans. — † 4 novembre 1724.

18 decembre 1712. — Sr Thérèse de Jésus, 17 ans. — † 5 novembre 1729.

12 fevrier 1713. — Sr Thérèse de Saint-Joseph, 16 ans. — † 14 mai 1759.

19 février 1713. — Sr Agnes de Saint-Jean, 16 ans. — † 25 mai 1762.

23 juillet 1713. — Sr Marie de Saint-Antoine, 18 ans. — † 10 avril 1752.

29 juillet 1714. — Sr Marie de Saint-Bernard, 21 ans. — † 21 septembre 1772.

2 decembre 1714. — Sr Marie de Saint-Etienne, 20 ans. — † 31 mai 1721.

22 septembre 1715. — Sr Marie-Hélène, 22 ans. — † 28 janvier 1755.

20 octobre 1715. — Sr Marie-Cécile, 18 ans. M. Des Plasses, curé de Serandon, fit la cérémonie. — † 25 mars 1740.

16 janvier 1718. — Sʳ Marie de Saint-Paul, 23 ans. — † 23 octobre 1724.

5 février 1719. — Sʳ Marie de Saint-Benoît, 25 ans. — † 25 janvier 1728.

12 novembre 1719. — Sʳ Marie de Saint-Augustin, 16 ans. — † 27 novembre 1783.

20 octobre 1720. — Sʳ Ursule de Saint-Michel, de Nicolet, 18 ans. — † 6 decembre 1764.

16 mars 1721. — Sʳ Marie de Sainte-Marthe, 22 ans. M. l'abbé Desplaces, prieur de Clédat, notre confesseur, fit l'office. — † 21 avril 1771.

6 juin 1725. — Sʳ Thérèse de Saint-Bernard, de Rabanide, 18 ans et quelques mois. — † 13 novembre 1770.

23 avril 1724. — Sʳ Marie de la Croix, 26 ans. — † 15 juillet 1746.

6 octobre 1726. — Sʳ Marie de Saint-Charles, fille de M. de Saint-Mimi de Vigniol, 18 ans. Mgr l'Evêque fit l'office. — † 16 juillet 1755.

8 septembre 1728. — Sʳ Marie de Saint-André, 17 ans, 5 mois. — † 21 decembre 1750.

30 janvier 1729. — Sʳ Marie de Jésus, fille de M. de La Combe, procureur du roi, 16 ans et 15 jours. Mgr l'Evêque fit l'office. — † 13 decembre 1766.

30 mai 1729. — Sʳ Marie de Saint-Martial, fille de M. Fortier, de Tulle, 20 ans. — † 1ᵉʳ fevrier 1779.

10 juillet 1729. — Sʳ Marie de Saint-Joseph, fille de M. Lasserre de Teyssier, de Tulle, 18 ans et 6 mois. — † 13 decembre 1769.

2 juillet 1730. — Sʳ Anne de Saint-Etienne, 26 ans. — † 16 octobre 1748.

14 septembre 1735. — Sʳ Marie-Madeleine, de Jassonné, 26 ans. — † 25 février 1789.

28 avril 1737. — Sʳ Thérèse de Jésus, de Pompadour, 29 ans. — † 30 janvier 1777.

10 août 1738. — Sʳ Marie de Saint-Hilaire, 27 ans. — † 19 juillet 1743.

12 octobre 1738. — Marie-Françoise, fille de M. Bach, de Sainte-Ferreole, 24 ans et demi. — † 3 octobre 1743.

18 janvier 1739. — Sʳ Marie de Saint-Etienne Du Leric, 24 ans. — † 26 septembre 1768.

16 juillet 1741. — Sʳ Marie-Françoise de Saint-Joseph, de Tramond, 32 ans. — † 30 juin 1760.

22 octobre 1741. — Sʳ Marié-Thérèse de Fortier, 28 ans et demi. — † juin 1769.

19 novembre 1741. — Sʳ Aymée de Jésus, de Regnal, 36 ans. — † 14 fevrier 1755.

21 decembre 1741. — Sʳ Madeleine de Jésus, de Melon, 22 ans. — † novembre 1755.

23 septembre 1742. — Sʳ Marie de Saint-Louis, de La Combe, 16 ans et demi. — † 9 octobre 1752.

31 janvier 1745. — Sʳ de Saint-Blaise, 22 ans. — 20 janvier 1791.

2 fevrier 1745. — Sʳ Marie-Anne, 23 ans. — † 30 juillet 1796.

20 novembre 1745. — Sʳ Marie-Françoise, 26 ans. — † 8 mai 1796.

24 août 1746. — Sʳ Marie de Saint-Jean, Clédat, 23 ans. — † 28 juillet 1778.

1ᵉʳ octobre 1747. — Sʳ Marie de Sainte-Anne, de Lajante, 24 ans. — † 5 mai 1750.

26 decembre 1747. — Sʳ Marie de Saint-Julien, de Jarrige, 22 ans et demi. — † 26 juin 1799.

28 juillet 1748. — Sʳ Marie de Saint-Pierre, de Guilhem, 24 ans. — † 10 fevrier 1754.

23 fevrier 1749. — Sʳ Marie de Saint-Basile, 19 ans et quelques mois. — † 20 decembre 1749.

27 avril 1749. — Sʳ Marie de Saint-Xavier, 24 ans et quelques mois.

22 juin 1749. — Sʳ Marie de Saint-Martin, de Melon de Pradou, 22 ans. — † 2 juillet 1797.

7 février 1751. — Sʳ Marie-Cécile de Nayne, 18 ans.

1ᵉʳ octobre 1752. — Sʳ Thérèse de Saint-Augustin, de La Selve du Chassain, 23 ans. M. l'abbé de La Selve, vicaire general, a fait la cérémonie. — † 5 juin 1759.

11 juin 1753. — Sʳ Marie de Saint-Paul, de Clédat, 27 ans.

10 juin 1754. — Sʳ Suzanne de Saint-Basile, de Segonzac, 18 ans. — † 1ᵉʳ octobre 1800.

21 juillet 1754. — Sʳ Anne de Saint-Antoine, de Brivezac, 20 ans moins deux mois.

21 decembre 1759. — Sœur Marie-Claire Fontenille, 20 ans. — † 27 mai 1764.

22 avril 1759. — Sʳ Marie-Angelle Grama, 23 ans. — † 5 juin 1787.

17 septembre 1759. — Sʳ Marie-Etienne de Saint-Roc-Chabrière, 23 ans.

14 février 1762. — S⁰ Marie-Angelique Juge; 20 ans. — † 12 septembre 1791.

11 juillet 1762. — S⁰ Marie-Louise de Saint-Raymond, de Meynard, 20 ans et quelques mois. — † 14 janvier 1788.

20 janvier 1765. — S⁰ Jeanne-Catherine de Jésus Chevalier, 19 ans et 4 mois.

23 mars 1765. — S⁰ Anne de Saint-Augustin, de Bos, 33 ans.

23 fevrier 1766. — S⁰ Marie de la Croix, Dufour, 22 ans.

18 decembre 1767. — S⁰ Marie de Saint-Benoît, de Bos, 32 ans. — † 2 septembre 1802.

28 avril 1770. — S⁰ Madeleine de Jésus, Reignac, 23 ans.

29 avril 1770. — S⁰ Aimée de Jésus, Lagier, 22 ans.

10 septembre 1776. — S⁰ Thérèse de Saint-Augustin, Traverse, 19 ans.

16 decembre 1777. — S⁰ Marthe Puysalon, 20 ans.

21 decembre 1777. — S⁰ Marie des Anges, de Bourdarie, 29 ans.

17 aout 1779. — S⁰ Marie de Jésus de Saint-Basile, 27 ans.

17 avril 1781. — S⁰ Françoise de Saint-Joseph, de Guilhen, de Betaille, 26 ans.

17 mai 1781. — S⁰ Marie de Saint-Louis, 19 ans.

11 octobre 1781. — S⁰ Marie de Saint-Michel, de Materre, de Treignac, 20 ans.

26 octobre 1782. — S⁰ Agnes, 28 ans et demi. — † 3 mars 1789.

17 septembre 1783. — S⁰ Thérèse de Jésus, de Pradel, 18 ans. — † 20 mars.....

29 mai 1786. — S⁰ Marie-Thérèse, de Daubeth, 26 ans.

9 juillet 1786. — S⁰ Marie de Saint-Joseph, de Veilham, 26 ans. — † 28 septembre 1792.

Le même jour. — S⁰ Marie-Ursule, de Lestable, 25 ans.

9 octobre 1786. — S⁰ Marie de Saint-Bernard, Calary, 27 ans.

21 decembre 1786. — S⁰ Marie de Saint-Martial, de Maturier, 21 ans et 3 mois.

10 mai 1787. — S⁰ Marie de Saint-André, du Bac, 24 ans.

8 fevrier 1789. — S⁰ Marie de Saint-Augustin, de Materre, du Lonzac, 28 ans.

4 octobre 1789. — S⁰ Marie-Suzanne, 23 ans. M. l'abbé Ternisien, chanoine et grand vicaire, a fait la cérémonie, assisté de M. Massinguiral, notre aumonier.

VI

TABLEAU ECCLÉSIASTIQUE ET RELIGIEUX
DE
LA VILLE DE LIMOGES

L'abbé François Bullat, auteur du *Tableau ecclésiastique et religieux de la ville de Limoges*, est né dans cette ville le 9 septembre 1764. Il était vicaire à Saint-Pierre-du-Queyroix au moment de la Révolution. Après avoir administré pendant quelque temps cette paroisse, au nom du curé, M. Guinguand de Saint-Mathieu, député du clergé, il en fut chassé par les autorités de l'époque, et dut fuir sa patrie pour éviter la mort. Il passa en Espagne, d'où il revint dès que les circonstances le permirent. En 1801 il avait le bonheur d'inaugurer de nouveau le culte catholique dans cette même église de Saint-Pierre. Peu après il était nommé curé de Sainte-Marie, devint ensuite curé de Saint-Junien, puis en 1816 curé de Saint-André de Niort. Il est mort à Poitiers le 8 août 1836.

Il a laissé plusieurs ouvrages, tant imprimés que manuscrits. Parmi les premiers on connaît :

1° *Catéchisme des Ostensions*. Limoges, Barbou, 1827, in-12.

2° *De la nécessité d'assister à la messe de paroisse*, Limoges, Barbou, in-12.

3° *Entretiens sur les bals et les spectacles*, Limoges, Barbou, in-12.

4° *Traité des épactes et des lunaisons*, Poitiers, Saurin, in-16.

5° *Observations sur le Calendrier grégorien*, Poitiers, Saurin, in-16.

Parmi ses manuscrits nous connaissons :

1° *Essai d'explication des paroles et cérémonies du saint Sacrifice de la Messe d'après les rubriques du diocèse de Limoges.* In 4°, relié, de 83 pages. — Ce traité élémentaire, écrit dans les dernières années de sa vie, lorsque les infirmités ne lui permettaient plus de continuer son ministère, témoigne de l'érudition et de la piété de l'auteur qui le dédia à l'évêque de Limoges. Le manuscrit autographe est aujourd'hui la propriété de M. Courteix, curé d'Isle, son petit-neveu.

2° *Tableau ecclésiastique et religieux de la ville de Limoges.* Il a été tiré plusieurs copies de ce manuscrit, car la richesse des renseignements qu'il contient l'a fait apprécier de tout le monde. L'original est aussi la propriété de M. Courteix qui l'a très obligeamment mis à notre disposition. Il forme, comme le précédent, un volume in-4° relié, de 77 pages, d'une écriture très fine et très serrée. C'est le manuscrit que nous publions. Nous le faisons précéder d'un Plan de Limoges en 1785 où sont figurés les différents édifices religieux de Limoges que mentionne Bullat. Nous devons communication de ce plan à M. P. Ducourtieux qui l'a reproduit en 1884 dans son ouvrage sur *Limoges d'après ses anciens plans*.

TABLEAU

ECCLÉSIASTIQUE ET RELIGIEUX DE LA VILLE DE LIMOGES JUSQU'A L'ÉPOQUE DE LA PRÉTENDUE *CONSTITUTION CIVILE DU CLERGÉ*, PROPOSÉE AU SERMENT DES ÉVÊQUES, CURÉS, ETC. (EN 1791), DÉCLARÉE SCHISMATIQUE PAR PIE VI.

LE TOUT PRÉCÉDÉ D'UNE NOTICE GÉNÉRALE SUR LE DIOCÈSE DE LIMOGES ET D'UNE DISSERTATION SUR L'APOSTOLAT DE SAINT MARTIAL.

Filii..... narrabunt filiis.

NOTICE PRÉLIMINAIRE SUR LE DIOCÈSE DE LIMOGES.

Le diocèse de Limoges est situé sous les 45° et 46° de latitude, et entre le 18°, 20° de longitude.

C'est un des plus anciens de France : *Hermogenianus* qui en fut le 6me évêque, dès le commencement du IIIe siècle, prenait la qualité de Métropolitain, laquelle passa à l'évêque de Bourges, lorsque, après une nouvelle division des Gaules, cette ville fut déclarée Métropole de l'Aquitaine. (Voir le Rituel nouveau du diocèse.)

Le diocèse de Limoges est un des plus étendus. Outre la cathédrale il renfermait 12 collégiales, 21 abbayes d'hommes, 3 de femmes, 18 commanderies, plus de 900 paroisses, des séminaires des missions et d'ordinands, plusieurs collèges, grand nombre de couvents de l'un et de l'autre sexe, enfin une infinité de confréries.

Le siège de Limoges a été à l'élection du chapitre, sauf l'agrément du Roi, jusqu'au concordat de 1515 entre Léon X et François 1er. Charles de Villiers de l'Isle-Adam fut le premier évêque qui, en 1519, fut nommé ou plutôt présenté au Pape par le Roi.

Quatre-vingt-dix évêques ont occupé le siège de Limoges depuis saint Martial jusqu'à Mgr Louis-Charles Duplessis d'Argentré, qui comptait 33 ans d'épiscopat lorsqu'il fut obligé de se retirer pour cause du refus du serment exigé par l'Assemblée dite nationale.

On compte 7 évêques dont l'Eglise fait l'office (1), outre plu-

---

(1) Outre saint Martial, dont la fête est le 30 juin, l'Eglise de Limoges fait encore la fête des sept évêques suivants : saint Sacerdos, le 15 mars; saint Cessateur, le 23 mars; saint Aurélien, le 10 mai; saint Loup, le 22 mai; saint Rorice, le 21 juillet; saint Ferréol, le 25 septembre; saint Asclep, le 23 décembre.

sieurs autres morts en odeur de sainteté. Il y en a eu 6 qui ont été cardinaux de l'Eglise Romaine (1).

Le diocèse de Limoges a toujours été renommé pour sa foi et sa piété, aussi a-t-il fourni un grand nombre de saints. On en compte plus de soixante.

De grands et célèbres personnages ont illustré le diocèse de Limoges ; je mets au premier rang les Papes qui en sont sortis. Savoir :

1° Pierre ROGER, né au château de Maulmont (2). Il fut moine dans le monastère de la Chaize-Dieu en Auvergne ; il fut fait abbé de Fécand, garde des sceaux sous Philippe de Valois. Il fut successivement évêque d'Arras, archevêque de Sens, de Rouen, cardinal. Il succéda enfin à Benoît XIII sur la chaire pontificale. Il fut élu le 7 mai 1342, la veille de l'Ascension. Son couronnement, auquel assistèrent plusieurs princes français, eut lieu la veille de la Pentecôte.

A la demande du peuple Romain, eu égard à la courte durée de la vie de l'homme, il réduisit à 50 ans le retour de l'année jubilaire, qui n'avait lieu qu'au commencement de chaque siècle, cela à la ressemblance de l'année Jubilaire des Juifs.

Il créa des cardinaux, parmi lesquels son neveu Nicolas de Besse nommé à l'évêché de Limoges.

Il acquit au Saint-Siège la souveraineté que Jeanne, reine de Naples, avait sur Avignon en qualité de comtesse de Provence. L'empereur Charles IV en ratifia le contrat comme suzerain moyennant 80.000 florins.

Il était doué d'une mémoire prodigieuse dont il était redevable à un coup reçu à la tête.

Clément VI, qui, dit un auteur, le fut de nom et d'effet, mourut le 6 décembre 1352. Il fut d'abord inhumé dans la cathédrale d'Avignon et ensuite transféré à la Chaise-Dieu.

2° INNOCENT VI, Etienne Albert ou d'Albret, et selon d'autres Aubert, était né près de Pompadour ; il fut d'abord évêque de

---

(1) La liste des évêques de Limoges donne le nom de sept évêques qui ont été élevés au cardinalat : Reynaud de La Porte, 1320 ; Hélie Taleyran-Périgord, 1331 ; Nicolas de Besse, 1344 ; Jean de Cros de Calimafort, 1371 ; René de Prie, 1511 ; Jean du Bellay, 1535 ; Antoine Sanguin, 1539. De nos jours on compte de plus Mgr Desprez, 1879.

(2) Le château de Maumont, berceau des papes Clément VI et Grégoire XI, est dans la commune de Roziers, canton d'Egleton, arrondissement de Tulle, Corrèze, et faisait partie du diocèse de Limoges. Plusieurs auteurs l'ont confondu avec un des autres lieux du nom de Maumont, qui se trouve en Limousin, et particulièrement avec celui d'Aixe près Limoges.

Noyon, puis de Clermont, enfin cardinal évêque d'Ostie. Nommé Pape, il fut couronné en cette qualité le 23 décembre 1352. Il voulut s'attacher Pétrarque en qualité de secrétaire. Celui-ci refusa s'excusant sur sa vieillesse. Il occupa le Saint-Siège jusqu'au 12 septembre 1362. De l'Eglise d'Avignon où il avait été enterré, il fut transporté à la Chartreuse voisine dont il avait été le fondateur. Il eut pour successeur Urbain V.

Urbain V est désigné dans un abrégé de l'histoire ecclésiastique très-ancienne, comme né en Limousin (1). Il aurait été nommé Guillaume de Grissac ; selon quelque auteur, il aurait été aussi religieux bénédictin et serait mort en odeur de sainteté le 19 décembre 1570.

Selon d'autres, son nom serait Grimaud, né dans le Gévaudan ; il était abbé de Saint-Victor de Marseille. Ce qu'il y a de positif, c'est qu'il se trouve entre deux Papes limousins et qu'il fut couronné par le cardinal Audoin Aubert, neveu d'Innocent VI, son prédécesseur.

3° Grégoire XI, Pierre Roger de Beaufort, né aussi au château de Maulmont, était neveu de Clément VI. Il fut d'abord cardinal, ensuite Pape, couronné le 5 janvier 1371. Il nomma Jean de Cros, son parent au 3me degré, qui était déjà évêque de Limoges, d'abord cardinal, ensuite évêque de Palestine.

Déterminé plus par les motifs que lui présenta sainte Catherine de Sienne que par les instances réitérées des ambassadeurs Romains, il remit, malgré l'opposition des rois de France, le Saint-Siège à Rome, d'où Clément V l'avait transféré à Avignon dès 1309. Cela eut lieu deux ans avant sa mort arrivée le 27 mars 1378.

N. B. — Si le diocèse de Limoges a à se glorifier d'avoir fourni plusieurs papes, on doit avouer qu'il en était sorti auparavant un malheureux antipape, Maurice Bourdin, archevêque de Prague. Ce fut l'an 1118 qu'il prit le nom de Grégoire VIII pendant le légitime pontificat de Gelase II. C'est en sa prétendue qualité de chef de l'Eglise qu'il se permit de couronner l'empereur Henri V. Si j'ai parlé ici de ce scandale, ça été parce que j'avais à ajouter qu'étant tombé malade, Bourdin s'empressa de le réparer. Il fit sa confession devant un très-grand nombre d'assistants ; il fut admis à la participation des sacrements ; se fit coucher à terre sur laquelle il voulut expirer. Il fut enterré à Cluni.

---

(1) Bien des auteurs l'ont dit originaire du Limousin ; mais cette opinion ne semble pas suffisamment prouvée.

Le diocèse de Limoges a fourni aussi des Patriarches, savoir :
Pierre de CAZE, patriarche de Jérusalem.

Guillaume LAMY, d'abord évêque de Chartres, nommé ensuite patriarche de Jérusalem par Clément VI.

Guillaume de CHANAC le fut d'Alexandrie.

Guillaume de LAGARDE, cardinal évêque d'Ostie, fut patriarche de Jérusalem. En 1365 il couronna à Avignon l'empereur Charles IV en qualité de roi d'Arles.

Jean BARTHON de Montbas I prenait, au rapport de quelques écrivains, la qualité d'archevêque de Nazareth.

Il est encore sorti du diocèse de Limoges une infinité de grands hommes qui ont occupé de grandes dignités dans l'Eglise ou qui ont servi la religion par leurs écrits ou par les établissements qu'ils ont laissés.

Sans parler de tous ceux qui durent leur élévation surtout à Innocent VI, et qui, de l'aveu des historiens, honorèrent son choix, ne pourrait-on pas citer :

Saint ELOI, né au bourg de Chatelat, mort évêque de Noyon, 659.

Saint JUST, prêtre qui fut baptisé par Exupérius, évêque de Limoges et confesseur de la foi sous les Ariens, devint ensuite disciple de saint Hilaire, par qui il fut ordonné prêtre et refusa d'être son successeur sur le siège de Poitiers.

Saint VAAST, évêque d'Arras, dont il fut comme l'apôtre. Ce fut lui qui disposa Clovis à recevoir le baptême (1).

Saint YRIEIX, fut chancelier de Théodebert I, roi d'Austrasie. Il abandonna la cour par le conseil de saint Nicet, évêque de Trèves. Il fut fondateur et premier abbé en 570, du monastère d'Attanum qu'il mit sous la règle de Saint-Basile. Il calma l'irritation du Roi contre les habitants de Limoges qui, exaspérés de ce que le fils de Chilpéric, après avoir été battu par les Limou-

---

(1) Saint Vaast est né à Courbefy, lieu situé au sommet d'une montagne dont le versant nord appartient au Limousin, et le versant méridional au Périgord. — On a inutilement écrit, ces dernières années, différentes brochures qui fourmillent d'inexactitudes, pour trouver un autre lieu de naissance à saint Vaast. Tous les textes anciens se rapportent à Courbefy. C'est ce que constate Bernard Gui, né en 1260, évêque de Lodève et un des écrivains limousins les plus célèbres au moyen âge. Ce lieu est aujourd'hui dans la commune de Saint-Nicolas, canton de Châlus, Haute-Vienne, mais au v⁰ siècle, pouvait aussi bien appartenir au Périgord qu'au Limousin. Son oppidum gaulois, et surtout son château féodal, semblent élevés pour défendre l'entrée du Périgord au point où la voie romaine pénétrait dans cette province.

sins sous le commandement de Domnolet, étant entré ensuite en vainqueur dans la ville, avait fait passer au fil de l'épée tout ce qui tomba en son pouvoir et avait fini par les accabler d'impôts [s'étaient révoltés contre son autorité.]

Bernard GUIDONIS, né à la Roche-l'Abeille, en 1260, il fut évêque de Lodève. Ce savant est souvent cité par le P. Labbe dans sa collection des conciles.

Le cardinal de MORTEMART, évêque d'Auxerre et de Viviers. C'est aux fondations considérables qu'il avait faites, que la ville qui porte son nom était redevable de l'éducation. Un grand nombre de jeunes gens reçoivent gratuitement la nourriture et l'éducation, dans les monastères des Grands Carmes et des Augustins qu'il y avait établis.

Jean DESMONTIER DU FRAISSE, évêque de Bayonne, fameux diplomate sous François I, qui le chargea de différentes ambassades.

Marc-Antoine MURET, surnommé l'orateur des papes.

Marie de ROCHECHOUART, abbesse de Fontevrault, si distinguée par l'étendue et la variété de ses connaissances.

Limoges a donné également le poëte DORAT et le chancelier D'AGUESSEAU.

Pourquoi le Limousin ne se glorifierait-il pas, dans ces derniers temps, de Monsieur l'abbé DEVOYON, supérieur du séminaire des Missions, surnommé l'ami de la jeunesse : il est auteur, entr'autres ouvrages, de la *Perfection ecclésiastique*, dédiée à Mgr de COETLOSQUET, précepteur des Enfants de France, ancien évêque de Limoges.

NADAUD, LEGROS, prêtres, savants antiquaires, tous deux de Limoges, ainsi que M. l'abbé Devoyon.

L'abbé VITRAC aîné, aussi de Limoges, où il fut principal du Collège. Il était membre de plusieurs académies. Les différents intendants ont admiré en lui la popularité, le savoir et les talents rares.

L'abbé RICHARD, principal du collège d'Eymoutiers, si renommé par la légèreté de ses poësies limousines, dont les sujets sont si variés, si gais et annoncent une imagination très riche ; il était né à Limoges.

M. LAIRE, né à Taillefer près Guéret. Ce rare prédicateur par sa fécondité, la force et l'enchaînement de ses preuves, était appelé le Bourdaloue moderne. Son neveu, prêtre, a hérité de ses sermons ; on a dû être étonné qu'il ne les ait pas rendus publics. Le diocèse s'y attendait. Pendant la Révolution M. Laire a publié quelques ouvrages. J'ai vu bien des personnes faites pour en juger qui disaient que M. Lambert, si célèbre, ne l'approchait en rien.

On doit surtout aux quatre derniers d'observer, qu'appartenant à des familles pauvres et obscures, ils n'étaient redevables qu'à leur application et à leurs talents de cette renommée qui les a rendus si justement célèbres.

DISSERTATION SUR L'APOSTOLAT DE SAINT-MARTIAL (1).

PRÉCIS DE LA VIE DE SAINT MARTIAL D'APRÈS LA TRADITION.

MARTIAL naquit en Judée, près de Rama, à une lieue de Bethléem, l'an 15 de l'ère chrétienne ; il était fils de Marcel et d'Elisabeth. Il fut cet enfant que Jésus-Christ proposa comme un modèle d'humilité à ses disciples qui disputaient entr'eux de la suprématie. Ce fut lui qui, âgé de quinze ans, présenta à Jésus-Christ les cinq pains et les deux poissons avec lesquels ce divin Sauveur nourrit 5.000 personnes dans le désert.

Il fut témoin du martyre de saint Etienne, recueillit de son sang ainsi que quelques-unes des pierres qui avaient servi à le lapider.

Ordonné évêque et après en avoir reçu la mission de saint Pierre, accompagné d'Alpinien et d'Austriclinien, simples prêtres, ils s'acheminèrent pour aller porter le flambeau de la foi dans les Gaules. Arrivés au col du val d'Else, en Toscane, leur voyage fut suspendu par la mort d'Austriclinien qui fut inhumé au pont Gratiano. Là, Martial attendit les nouvelles instructions de saint Pierre qu'il avait envoyé informer de cette perte. Mais 40 jours après son inhumation, Austriclinien fut rappelé à la vie par le simple attouchement d'un bâton envoyé à cet effet par le Vicaire de Jésus-Christ sur terre, miracle qui fut suivi de la conversion d'un grand nombre d'infidèles, auquel rend encore témoignage le grand concours de fidèles à ce tombeau miraculeux, qui se voit dans l'église cathédrale érigée en l'honneur de saint Martial son patron.

Nos saints missionnaires se remirent en marche, traversèrent les Alpes. Arrivés à Toul-Sainte-Croix dans la Combraille, ils

---

(1) Il faut surtout consulter sur cette question : Dissertation sur l'Apostolat de saint Martial et sur l'Antiquité des églises de France, par M. le chanoine Arbellot. — Paris et Limoges, 1855.

commencèrent à y prêcher. De là ils passèrent à Ahun, où entr'autres miracles saint Martial rendit la vue à des prêtres de Jupiter et de Mercure punis d'aveuglement. Cette guérison accompagnée de celle d'un paralytique, fut suivie de leur conversion qui détermina celle de plusieurs des habitants de cette petite ville.

Au sortir d'Ahun, ils arrivèrent à Limoges où saint Martial fut logé chez Suzanne, épouse de Léocade. Suzanne ainsi que sa fille Valérie reçurent la grâce du baptême et Valérie fit vœu de virginité, ce qui lui attira la gloire de devenir la première martyre du Limousin.

C'est à Limoges que l'apôtre d'Aquitaine fixa son siège. Pour cela il transforma en Eglise mère le temple de Jupiter Capitolin et le dédia à saint Étienne en qui il avait une dévotion particulière. Dociles à ses instructions, nos pères qui jusque-là avaient suivi la religion des Druides, prêtres des faux dieux, ouvrirent les yeux à la vérité, se soumirent au joug de la foi en renonçant à leurs idoles et devinrent de parfaits chrétiens.

Plusieurs miracles secondèrent les efforts de son zèle. Léocade, sénateur de la Province, avait fiancé Valérie sa fille au proconsul Julius Silanus. Cette héroïne chrétienne ayant fait vœu de virginité refusa de l'épouser, malgré les instances, les promesses et les menaces de son père. Irrité de ce refus, le proconsul la fit décapiter. Elle apparut immédiatement à saint Martial au moment où il célébrait les saints mystères ; son corps était soutenu par un Ange, sa tête était entre ses mains.

Frappé d'un tel miracle, Julius Silanus se convertit et prit au baptême le nom d'Etienne, et il mourut en odeur de sainteté.

On dit en patois limousin, les uns : Stève le Duc, les autres : Tève le Duc. Je pense que le patois tenant beaucoup du romance, où Etienne se dit Estevan, on doit dire Stève ; d'ailleurs l'origine de ce mot ne saurait être de l'idiome limousin où tous les E sont fermés, ce qu'on ne trouve pas dans la prononciation de Tève.

Saint Martial rendit à la vie Hildebert, fils d'Arcade, légat du proconsul de Poitiers qui l'avait perdue dans la rivière de la Vienne.

Quoique Martial n'ait pas reçu la couronne du martyre, il eut cependant à éprouver de bien mauvais traitements. Je me contenterai de citer celui qu'il eut à souffrir lui et ses deux compagnons de la part d'Aurélien et d'un autre prêtre des faux dieux ; après une rude flagellation ils furent chargés de fers et jetés dans une noire prison. Mais aussitôt ils furent délivrés par un tremblement de terre, dont les secousses furent si violentes que les portes ébranlées s'entr'ouvrirent en même temps que leurs chaînes leur tombèrent miraculeusement des mains et des pieds. La foudre éclata d'une manière épouvantable et écrasa les deux prêtres des idoles qui les persécutaient. Mais de suite rappelés à la vie par les prières du saint apôtre du pays, ils ouvrirent les yeux à la vérité, reçurent le baptême et devinrent les disciples les plus zélés et les défenseurs les plus ardents de la foi qu'ils venaient d'embrasser. Leur conversion fut suivie de celle de 25,000 autres tant à Limoges qu'aux environs.

Le zèle de saint Martial ne se borna pas au Limousin, il s'étendit sur toutes les Gaules, le Poitou, l'Angoumois, la Saintonge, jusque au pays de Toulouse. Après y avoir détruit le culte des payens il consacrait et établissait partout des Evêques. Ce fut, disent les Annales d'Aquitaine, après que la mort de saint Pierre lui eût été révélée qu'il lui dédia l'église de Poitiers dont il posa la première pierre.

Dieu voulant enfin récompenser tant de travaux et de voyages apostoliques, Jésus-Christ apparut à saint Martial lorsqu'il était en prières et lui annonça sa mort qui arriva quinze jours après.

Il ne songea plus qu'à s'y préparer, ayant consacré Aurélien, par lui ressuscité, pour lui succéder, il pria pour toute l'Aquitaine, exhorta les chrétiens qu'il avait enfantés à la foi à y persévérer, leur donna sa bénédiction, après quoi il se retira dans l'église de Saint-Etienne où il s'endormit du sommeil du juste, la veille des Calendes de juillet (30 juin), l'an 73 de l'ère chrétienne, étant âgé de 68 ans.

Son corps fut déposé dans l'église de Saint-Pierre du Sépulcre qu'il avait fait élever sur le tombeau de sainte Valérie, laquelle fut bâtie sur les fondations du palais de cette princesse.

Il s'est opéré une infinité de miracles par l'intercession de saint Martial. Saint Grégoire de Tours en a recueilli quelques-uns dans son livre de la Gloire des Confesseurs.

SOURCES DE LA TRADITION SUR L'APOSTOLAT

DE SAINT MARTIAL.

Les sources de cette ancienne et constante tradition sont :

Les anciens manuscrits conservés dans les archives du chapitre de Saint-Martial où se lisaient tous les détails de l'*époque*, du *lieu*, de la *naissance* etc, de la mission de cet apôtre, tels que je viens de les rapporter.

Les inscriptions tumulaires qu'on lisait jusqu'à la Révolution dont une porte : *In isto sarcofagio sanctus Martialis apostolus primitùs, quandò fuit mortuus, requievit.* Et l'autre : *Hic requiescit corpus B. Martialis discipuli et apostoli Christi Jesus.* Ces inscriptions doivent être fort antérieures au viiie siècle.

Le catalogue chronologique des évêques consignés dans notre Rituel.

Les Annales d'Aquitaine et du Limousin.

La légende qui dans le bréviaire porte : *A beato Petro apostolo episcopus ordinatus et ab eo in Galliâs missus, constantissimâ antiquissimâque Ecclesiœ Lemovicensis traditione perhibetur.* Origène, Eusèbe, Nicéphore cités par Duplex. L'auteur de l'Art de vérifier les dates. Le cardinal Baronius auteur des Annales ecclésiastiques. Honorius dans son traité *de Geminâ animœ* cité par Raoul de Rivo, suivi par M. Thiers, traité du sacrement de l'autel : *Benedictionem episcopalem Martialis, Apostolorum discipulus, ex magisteris apostolorum tradidit.*

Les conciles de Paris en 1024, de Limoges en 1029 et 1031, qui confirment ou donnent à saint Martial le titre d'apôtre. Le décret de celui de Bourges en 1031 qui porte *statuerunt episcopi imprimis ut per omnes suarum Diœceseon ecclesias, sancti Martialis doctoris Aquitaniœ nomen et memoria non inter confessores sicut inter nos a nonnullis fieri solitum erat, sed inter apostolos proponatur sicut à Romanâ sede et a pluribus antiquis patribus definitum erat.*

L'autorité et la décision de Jean XIX. — *Consultus Joannes papa XIX, beatum Martialem, apostoli nomine et cultu gaudere posse definivit.*

OBJECTION CONTRE L'APOSTOLAT DE SAINT MARTIAL.

Les premiers missionnaires qui ont prêché l'Evangile en France n'y ont été envoyés, disent les critiques modernes, qu'en l'an 250 sous l'empire de Dèce, par le Pape saint Fabien ; donc la mission de saint Martial ne saurait remonter plus haut.

RÉPONSE A CETTE CRITIQUE.

Quelque respectable que soit l'autorité de Grégoire de Tours sur laquelle est fondée cette critique, elle ne saurait l'être plus que la tradition d'un pays qui a été le théâtre de l'apostolat de saint Martial. C'est la source la plus naturelle et la plus sûre pour vérifier la date de faits que ne saurait infirmer le passage vague d'un auteur étranger au Limousin, en qui d'ailleurs des savants ont remarqué plus de crédulité que de critique.

Pour démentir des faits et des dates qui s'appuyent sur une tradition, il faudrait que cette tradition ne fut qu'une supposition. Alors qu'on assigne quand, comment, et par qui a eu lieu celle qui fait remonter saint Martial au premier siècle.

S'il n'est venu qu'au IIIe siècle, qu'on dise à quel propos on a cherché à en imposer en disant faussement qu'il avait reçu sa mission de saint Pierre? Comment la déception aurait-elle été possible? Comment il n'y aurait pas eu de réclamation?

Il faudrait qu'il se fût trouvé bien de la crédulité et de l'ignorance d'un côté et bien de mauvaise foi de l'autre.

Si la tradition de l'apostolat de saint Martial est supposée, il faut tout bouleverser pour rectifier la chronologie des évêques dont les six premiers sont établis comme ayant occupé le siège de Limoges avant l'an 250.

Si saint Martial n'est pas venu au Ier siècle il faudra aussi réformer le calendrier de fêtes célébrées dans le diocèse, telles que celle de l'apparition de N.-S. à saint Martial le 16 juin 73, de la mort du saint apôtre 15 jours après, les fêtes de saint Aurélien, successeur de saint Martial, de sainte Valérie première martyre du Limousin.

Si saint Martial n'était mort que sur la fin du IIIe siècle, comment aurait-on pu persuader et accréditer que son tombeau, où on l'avait déposé il y avait 40, 50 ans, était célèbre dès l'an 73 par le concours des fidèles qui allaient y vénérer les reliques du saint apôtre? etc., etc.

Quelle preuve pourra-t-on donner que ce ne fut qu'en 250 qu'on vit les premiers missionnaires envoyés par saint Fabien pour prêcher la Foi en France?

Plusieurs auteurs, parmi lesquels Baronius, ne soutiennent-ils pas au contraire que la Religion chrétienne avait été prêchée dans une partie des Gaules par saint Luc et saint Crescent, disciples de saint Paul? Saint Paul n'annonce-t-il pas sa visite aux Romains à son retour de l'Espagne? Comment l'Evangile ayant été prêché par l'apôtre des Gentils dans l'Espagne, n'avait-il été connu qu'au IIIe siècle dans les Gaules si voisines de l'Espagne? Lazare n'est-il pas honoré à Marseille, comme en ayant été le premier évêque ? Donnera-t-on un démenti à l'histoire de Lyon d'après laquelle Domitien aurait ordonné en 82 de brûler tous les livres de la religion chrétienne, ce qui prouve incontestablement que la foi avait déjà fait de grands progrès dans les Gaules. Les martyrs de cette ville et ceux de Vienne en 177 laissent-ils aucun doute des profondes racines que la religion chrétienne y avait jetées dès le milieu du second siècle ?

Il n'y a donc pas lieu à s'étonner quand Innocent I assure de la manière la plus expresse, dans une de ses Epîtres parvenue jusqu'à nous, que les fondateurs des Églises des Gaules, d'Espagne et de l'Afrique avaient été ordonnés par saint Pierre et ses successeurs. C'est pourquoi saint Germain de Paris écrivait à sainte Radegonde que la foi avait été plantée dans les Gaules dès la naissance du christianisme, quoiqu'elle n'y eût fait de progrès rapides qu'au IVe siècle.

Voici un raisonnement auquel il sera difficile à la critique de répondre d'une manière satisfaisante. Il est hors de doute que les 72 disciples de Jésus-Christ durent avoir eu une mission pour aller prêcher la religion de leur Maître, et qu'ils se répandirent à cet effet dans les différents pays du monde. Pour infirmer la tradition sur l'apostolat de saint Martial, il faudrait nommer ces 72 disciples et assigner les pays où ils ont porté le flambeau de la foi, pour se convaincre que saint Martial n'était pas du nombre des disciples et que les Gaules et l'Aquitaine n'eussent eu connaissance de l'Evangile qu'au IIIe siècle, quoiqu'il eût été prêché en Espagne dès le temps des Apôtres.

Puisque c'est sur un passage de saint Grégoire de Tours que les critiques ont attaqué la tradition sur saint Martial, qu'on m'explique comment il est possible, saint Grégoire ayant existé dès le VIe siècle : 1° Que ce n'ait été qu'au XIe qu'on l'ait opposé à la tradition du pays sans que cependant elle ait été abandonnée pour cela ; 2° Que des souverains pontifes, des évêques réunis en conciles provinciaux qui n'ignoraient ni le passage de saint Grégoire, ni les conséquences qu'en tirait la critique, en se déclarant pour l'apostolat de saint Martial après de fortes discussions aient ou prononcé contre leur persuasion, égarés par la prévention ou aveuglés par l'ignorance ; 3° Que les évêques de Limoges n'aient pas du moins rétabli la vérité et aient voulu faire preuve d'entêtement dans les Bréviaires comme de mauvaise foi dans les chronologies publiées dans ces derniers temps à la tête des Rituels.

Mais dira-t-on, cette tradition repose sur une vie de saint Martial par saint Aurélien que saint Grégoire dit être un imprimé apocrif.

Je suppose que cette vie ne soit pas de l'auteur à qui on l'attribue, il ne s'en suit pas de là que les faits qui y sont rapportés soient faux. On peut bien en imposer sur un nom d'auteur, mais non pas sur des faits quand surtout ils ne sont pas éloignés et qu'ils sont généralement connus. En effet, c'est au vi^e siècle que saint Grégoire a reconnu que la vie de saint Martial n'était pas de l'auteur dont elle portait le nom. Supposons que cette vie date d'un siècle seulement. Elle n'aurait été postérieure que de deux siècles environ à l'existence de saint Martial s'il ne fût venu qu'au iiie siècle. Or ne serait-ce pas une absurdité qu'une génération si voisine des faits, et réunie sur les lieux, eût tout à coup été persuadée que saint Martial, les monuments qui y avaient rapport, dataient du premier siècle, ayant toujours cru qu'il n'était venu qu'au iiime? Ce changement intéressait trop le pays pour qu'il n'y ait pas eu de réclamations générales.

La tradition de l'apostolat de saint Martial repose donc sur les bases les plus solides, les plus naturelles, les croyances générales des Limousins et les monuments qui la constatent. Elle ne saurait donc être ébranlée par les efforts d'une critique savante, je le veux, mais purement systématique et conjecturale.

Tout s'accorde à dire et à conclure *tenete traditiones quas didicistis*. Elles sont anciennes et constantes comme nationales parmi nous. En ne nous en écartant pas, nous suivons une tradition autorisée par des Papes, confirmée par des Conciles provinciaux, adoptée par plusieurs auteurs, consignée dans différents Bréviaires et Martyrologes, appuyée en outre sur des raisons solides. Cette déclaration dans un Rituel est plus qu'une discussion de critique, c'est l'autorité compétente qui décide.

TABLEAU ECCLÉSIASTIQUE ET RELIGIEUX
DE LIMOGES.

Limoges est une ville très-ancienne.

Que Limoges tire l'étymologie de son nom du mot *prairie*, de la nature de ses environs, ou de *terre de faim*, de la stérilité de son sol, ou de *terre de limon*, à cause des marais qui l'environnent, ici je me plairai à la désigner avec plusieurs historiens sous le nom de *Ville sante* ou de *Petite Rome*, titre dont elle était redevable soit à la piété de ses habitants, soit au nombreux concours de pèlerins qui s'y rendaient pour prier au tombeau de saint Martial.

Limoges était divisée en ville, faux bourgs et cité. Dans cette dernière se trouvait la cathédrale, ainsi que le palais épiscopal. La cité avait ses franchises, sa municipalité, ses poids et mesures propres (1).

Il y avait à Limoges 2 chapitres, 13 paroisses, 1 séminaire des prêtres de la Mission, 1 séminaire des ordinands, 1 collège.

Le clergé régulier se composait de deux abbayes, 1 prieuré de Genovéfins, une maison d'Oratoriens et de 7 autres maisons religieuses.

On y comptait deux abbayes de Bénédictines et 9 autres monastères ou couvents de filles.

Il y avait en outre 6 compagnies de Pénitents, une de pèlerins et une infinité de confréries.

---

(1) Elle avait un sceau que l'on trouve dès 1303 ; il représente *une enceinte crénelée avec une porte ouverte à dextre, surmontée d'un donjon carré, aussi crénelé et ouvert d'une fenêtre géminée, accompagné de deux tourelles*. On lit autour : † *Sigillum civitatis Lemovicarum*.

Le sceau de la ville ou château, que l'on trouve dès 1206, offre le buste de saint Martial, derrière lequel passe une bande sur laquelle on lit : *S. Marcialis*. Il y a autour : *Sigillum consulatus castri Lemovicensis*.

Les armes de la ville de Limoges, qui reproduisent ce sceau sont : *De gueules, au buste de saint Martial de carnation, vétu et diademé d'or, accosté des lettres S. M. à l'antique de même, au chef cousu d'azur, chargé de trois fleurs de lys d'or*.

Voir sur cette question M. Guibert dans le Bulletin Soc. arch. Lim. XXVI, 62 et XXXIII, 1.

Il y avait plus de 40 églises.

En parlant de chacune d'elles je présenterai d'abord la statistique du clergé ou du corps religieux qui la desservait, les établissements religieux qui s'y rattachaient ; je parlerai ensuite du monument matériel où était établi le clergé, des changements, qu'il a pu éprouver et des choses remarquables qu'il renfermait ou offrait à la curiosité et à l'examen des connaisseurs.

I. — CLERGÉ SÉCULIER.

1° LA CATHÉDRALE.

Le clergé de la cathédrale se composait :

De l'Evêque, je ne parle pas des Grands Vicaires, Archidiacres, Official, Promoteur, membres de la Chambre ecclésiastique, qui en ces qualités n'avaient aucun rapport avec le chapitre, pas même droit de stalle au chœur ; du doyen, du grand chantre, sous-chantre, théologal et chanoines, formant un tout de bénéficiers.

Il y avait 14 vicaires ou semiprébendés.

L'évêque était seigneur de la cité, avec une juridiction particulière. Il l'était aussi en tout ou en partie des villes de Saint-Junien, Saint-Léonard et Eymoutiers ; il était encore conseiller-né au parlement de Bordeaux, président des administrations de l'Hôpital général et du Collège royal.

Le chanoine Aquilaire nommait aux canonicats semiprébendés ou cures à la nomination du chapitre, qui venaient à vacquer pendant sa semaine ou rang d'Aigle ; se conformant cependant aux dispositions du Concordat, établissant les droits des gradués pendant les mois de janvier, avril, juillet et octobre.

Le chanoine Aquilaire différait de l'Hebdomadier, qui était chargé seulement de faire l'Office pendant une semaine. On appelait le premier chanoine Aquilaire, parce que pour exercer son droit de nomination, il fallait être présent et être censé avoir touché l'Aigle, qui au milieu du chœur y servait de Lutrin.

Les semiprébendés pouvaient comme les chanoines nommer à leur place par résignation.

Les deux derniers seuls étaient privés de ce droit, parce que ces deux bénéfices étaient fondés pour deux enfants de chœur qui entreraient dans l'état ecclésiastique ; ils n'avaient rang qu'à la suite des autres au chœur.

Le costume pour l'été, depuis les complies du Samedi Saint jusqu'aux secondes vêpres de la Toussaint, était l'aumusse ; et le *domino* garni de rouge pour les chanoines et en noir pour les semiprébendés, était celui d'hiver (1).

Il y avait un certain nombre de musiciens qui assistaient tous les jours à l'office en soutane et en surplis. Six enfants de chœur vêtus d'aubes sur une soutane rouge et quatre sergents de chœur ou bedeaux en longue robe noire comme celle des avocats.

Il y avait tous les jours trois offices chantés, matines le matin, grand'messe à neuf heures, et vêpres à trois heures après-midi.

Il y avait station d'Avent et de Carême. Elle avait lieu à neuf heures les jours ouvriers et à deux heures les dimanches et fêtes, afin que chacun pût aller à sa paroisse pour y entendre l'office.

Le Saint Sacrement y était rarement exposé, selon l'ancien esprit de l'Eglise. Il ne l'était que le jour de la fête patronale et pendant l'octave du Saint Sacrement.

Plusieurs processions avaient lieu à la cathédrale; les principales étaient: 1° celle de saint Marc, à laquelle assistaient les Bénédictins, les Feuillants, les 3 principales paroisses, les quatre ordres mandiants et les Recolets; 2° les Rogations; les paroisses n'y assistaient pas; 3° celle de l'octave de la Fête-Dieu, qui se composait de l'hôpital général, de 6 compagnies de pénitents, devant lesquelles marchaient les pèlerins de Saint-Jacques, les Recolets, les quatre ordres mandiants, le séminaire des ordinands, les trois principales paroisses, les Feuillants, les Bénédictins, le chapitre et le corps judiciaire; 4° Notre-Dame d'Août; la composition était la même à l'exception du séminaire qui était en vacances.

On retrouvait à la cathédrale plusieurs vestiges d'antiquité tels

---

(1) L'aumusse est un vêtement porté par les chanoines depuis le XIII° siècle pendant l'office des heures canoniales, pour se préserver du froid. C'est une cape ou pèlerine plus ou moins longue terminée par un capuchon en laine, feutre, ou toute autre étoffe le plus souvent fourrée. L'aumusse des chanoines, qu'a remplacée plus tard le camail, se distingue jusqu'au XVI° siècle par deux cornes saillantes en manière de coussins, et deux longues pattes antérieures. On peut voir des chanoines de Limoges, la tête couverte de l'aumusse, sur les dalles funéraires conservées à l'intérieur du clocher de la cathédrale: à droite, celle de Jean de Peyzac (et non du Peyrat) mort en 1400; à gauche, celle de Raymond de Saint-Crépin, mort en 1350, et celle de Ramnulphe de Pompadour mort en 1362, posée provisoirement devant la précédente.

Le *domino* était le costume d'été, plus léger que l'aumusse. On verra plus loin, que le curé de Saint-Jean, qui était un semiprébendé de la cathédrale, avait droit, comme curé, au *domino* de chaque chanoine qui mourait.

que les ornements du jour de l'Epiphanie, qui étaient dans la forme de ceux dont on se servait primitivement et probablement dataient de cette époque; le chœur entièrement fermé et à trois rangs de stalles, ce qui le rendait très obscur. Au dessus du maître autel un ange sur une colonne, le tout en airain, tenait suspendu à une main un saint Ciboire garni des saintes espèces, recouvert d'un riche voile en forme de dôme. C'était anciennement une manière de mettre la sainte Eucharistie en réserve pour les malades ; on l'appelait le *Corpus elevatum* (1).

On avait encore conservé l'ancienne pratique de fermer le sanctuaire avec un grand rideau ou voile. On ne le tirait les jours de féries de Carême qu'après le *Sanctus*.

DE L'ÉGLISE COMME MONUMENT (2), SON ANCIENNETÉ, SES CHANGEMENTS ET PARTICULARITÉS.

La cathédrale, la première église des Gaules, n'était dans son principe qu'un oratoire dédié à saint Etienne par saint Martial; il reçut quelques accroissements, après quoi il fut détruit pendant les guerres de Pépin et l'incursion des Normands; ainsi disparut la cathédrale.

---

(1) Cette disposition pour conserver le Saint-Sacrement, que l'auteur signalera encore à Saint-Martial et à Saint-Martin des Feuillants, avait été adoptée par l'Eglise dès le IVe ou le Ve siècle. Dans le VIe, Fortunat en parle, et elle figure parmi les prescriptions du deuxième concile de Tours. C'est là l'origine de ces colombes, de ces tours, de ces ciboires suspendus pendant le moyen-âge à des crosses eucharistiques, placées au-dessus de l'autel. L'église de Beaulieu possède une de ces crosses du XVIIe siècle, et Auriac-Xaintrie une autre qui vient de l'abbaye de la Valette. La crosse autour de laquelle passait la corde de suspension, a été plusieurs fois remplacée chez nous par un ange : c'est ce qu'on voyait à la cathédrale, à Saint-Martial, aux Feuillants et à Saint-Yrieix.

Les plus anciens monuments de ce genre dont on connaisse l'existence dans notre province, sont ceux que saint Yrieix indique dans son testament écrit en 572 : « Quatre tours, trois petites couvertes de soie. » Une colombe succéda à ces tours dans l'église de Saint-Yrieix, et on la voyait encore à sa place il y a peu d'années.

Outre celles déjà signalées, différents documents nous font connaître des colombes eucharistiques, en or, en argent, ou en cuivre émaillé, abritées sous un pavillon, à Grandmont, Morterolles, Faux, Bousogles, La Guenne. Dans d'autres églises, la colombe est remplacée par une tour ou ciboire suspendu de la même manière; tels sont Breuil-au-Fa, N.-D. de Mazuras, La Pouge, La Croix-au-Bost, Talamy, etc.

(2) Voir : Histoire et description de la cathédrale de Limoges, par M. le chanoine Arbellot. — Paris, 1883, in-8° de 288 pages.

Alduin, évêque de Limoges, la fit relever en partie; la consécration en eut lieu le 29 décembre 1095 par Urbain II, sous l'épiscopat d'Humbauld.

Ravagée de nouveau, Aimeric de la Serre de Malmort donna une somme considérable pour la réparer et augmenter. Regnault de Laporte y appliqua la moitié du revenu de la première année des cures qui vaqueraient pendant six ans.

Roger (Gérald) ajouta la moitié du revenu des deux autres années. Jean Barthon de Montbas et après sa mort son neveu du même nom et son successeur, firent construire la nef, conjointement avec les chanoines. Ce furent Philippe de Montmorency et son successeur Charles du Villiers de l'Ile-Adam qui lui donnèrent l'étendue qu'elle a aujourd'hui; c'est-à-dire 179 pieds de profondeur sur 127 de largeur.

Jean de Langheac avait entrepris de la prolonger jusqu'au clocher, ce qui eût ajouté trois travées à la voûte, mais il n'eut le temps que de faire jeter les fondements et élever les murs à la hauteur où on les voit aujourd'hui. Mgr d'Argentré avait arrêté le projet de terminer cet ouvrage quand il en fut empêché par la Révolution de 1789 (1). M. Gay de Vernon, évêque constitutionnel, avait osé demander la démolition de la cathédrale. Il eut la confusion de voir que le Club, indigné de sa proposition, s'y opposa et réclama la conservation de ce monument gothique si précieux aux beaux-arts.

C'est aussi Mgr d'Argentré qui avait fait bâtir le palais épiscopal avec ses belles terrasses (2).

---

(1) Le projet de Mgr de Langeac et de Mgr d'Argentré a été repris par Mgr Duquesnay, qui en a béni la première pierre le 23 avril 1876. Mgr Renouard en a fait l'inauguration le 12 août 1888.

(2) Mgr d'Argentré posa la première pierre de l'évêché le 13 mars 1766, mais son oncle et son prédécesseur, Mgr du Coëtlosquet, avait déjà entrepris et préparé cet ouvrage.
Le comédien Beaumesnil a dessiné, d'après son imagination, des sculptures obscènes, qu'il dit avoir été trouvées en 1759 dans les fouilles de l'évêché, et il ajoute que leur immodestie scandalisa l'évêque de Limoges, qui s'empressa de les faire jeter dans les fondations de son palais. Pas un savant ne s'est laissé prendre à cette invention grossière, et les preuves n'ont pas manqué pour dévoiler le faussaire. Mais il est une preuve matérielle de cette invention qui n'a pas été donnée, et qui est fournie par Beaumesnil lui-même : il a écrit sur son carnet de voyage qu'il a quitté Limoges en 1747 et qu'il n'y est revenu que 23 ans après, en 1770. Il n'a donc pas pu y dessiner des pierres qu'il dit découvertes en 1759.

La cathédrale a toujours fixé l'admiration des connaisseurs ; quoique construite de pierres de granit très dur, le fini du travail et de la sculpture font regretter qu'elle n'ait pas été terminée.

On remarquait surtout, à cause de sa hardiesse, un mur tout en petites pierres qui séparait la partie de l'église bâtie d'avec celle dont les fondements sont simplement sortis de terre ; on a regretté qu'on l'ait couvert dans l'intérieur de l'église par un enduit figurant des pierres de taille.

TABLEAU DE L'INTÉRIEUR DE L'ÉGLISE.

Le sanctuaire et le chœur ne faisaient qu'un, étant renfermés et unis dans une même enceinte, dans laquelle on pénétrait par trois portes étroites et cintrées ; la principale était au fond du chœur, sous le jubé, elle était privilégiée pour les chanoines. Les deux autres étaient collatérales, chacune placée en face de l'autre, entre les marches du sanctuaire et le chœur.

Le sanctuaire contenait l'autel et le trône de l'évêque, placé à droite en entrant, c'est-à-dire du côté de l'épître.

L'autel était adossé à la muraille. Un grand encadrement assorti au devant de l'autel, qui était conforme à l'ornement du jour, y servait comme de tableau ; on l'appelait *contre-autel*.

Au-dessus de l'autel était le *corpus elevatum* suspendu par la main d'un ange ainsi que je l'ai déjà dit. Sur chacun des côtés formant le rond-point du sanctuaire, étaient placées à des distances égales, trois colonnes élégantes en bronze, d'environ dix pieds, surmontées d'un ange également en bronze, de taille environ 30 pouces, appuyé et tenant à la colonne par un pied, l'autre jeté en dehors de la colonne, portant un chandelier, reposant sur une main, et tenant l'autre appuyée sur le côté. Il est à regretter qu'on n'ait pas conservé ce candélabre aussi curieux.

L'ostensoir en vermeil était du travail et du goût gothiques.

Le chœur était terminé par le jubé ou tribune qu'avait fait construire Jean de Langheac en 1533. C'était un monument qui fixait l'attention des connaisseurs. On y voyait, avant qu'il fût mutilé par le vandalisme de la Révolution, des bas-reliefs représentant les travaux d'Hercule, placés comme dans des encadrements, séparés les uns des autres par des statues de différentes vertus, soutenues par des culs-de-lampe d'un travail fini (1).

---

(1) C'est en 1789 que le jubé fut transporté au fond de l'église, et en 1889 qu'il a été placé au fond de la partie nouvellement construite.

L'aigle qui servait de lutrin était en bronze, assortissant les candélabres.

Ce fut Mgr d'Argentré, qui deux ans avant la Révolution avait fait mettre l'autel à la romaine comme il est aujourd'hui, fit également don de l'autel en marbre (1), d'une grande croix pour l'autel accompagnée de six superbes chandeliers de grandeur prodigieuse, le tout en bronze doré.

MONUMENT, TOMBEAUX, ETC.

A côté de la sacristie on voyait le tombeau de Notre-Seigneur exécuté d'après le modèle de celui qui existe encore dans l'église de Saint-Pierre-du-Queyroix (2).

En sortant du sanctuaire par la porte du côté de l'évangile pour en faire le tour, en dehors on trouvait adossé aux murs qui en formaient l'enceinte :

1° Le tombeau de Mgr de Langheac qu'il avait fait ériger en même temps que le jubé, dans le même goût.

2° A ses côtés un buste en bronze avec la crosse et la mitre. C'était là qu'avait été placé le cœur de Mgr Sébastien de Laubespine, dont le corps fut transporté à Bourges.

3° En avançant toujours pour tourner le sanctuaire, était un évêque en marbre blanc. Sa position était couchée. La tête reposant sur un oreiller. Les pieds appuyés sur un lion et tenant un flambeau entre ses mains croisées sur sa poitrine. Ce monument passait pour le tombeau de Bernard Brun, mort évêque de Noyon.

4° De l'autre côté, après avoir tourné le sanctuaire, était le tombeau du cardinal Régnault de Laporte, mort à Avignon, le 12 septembre 1325, dont le corps transporté à Limoges fut placé dans la cathédrale en face de la sacristie.

5° Celui du cardinal Besse, neveu de Clément VI, mort à Rome le 5 novembre 1369, son corps transporté à la cathédrale y fut inhumé, on lui éleva un mausolée en marbre blanc dans la chapelle de Saint-Martial.

6° Celui du patriarche Lamy dont le corps y avait été transporté de Montpellier.

7° De Gilbert de Malemort en 1294.

8° Pierre de Montbrun, 19 février 1456.

---

(1) Le 4 mars 1789, Mgr d'Argentré posa solennellement la première pierre de cet autel.

(2) On peut voir sur ce sujet : *Etude sur les mises au tombeau*, dans le Bulletin de la Société archéologique du Limousin, T. XXXV, p. 511.

9° Henry de la Marthonie, 1618.
10° Raymond de la Martonie, 1627.
11° Aimeric de Malemort, 1273 (1).
12° Aimeric Chatti de La Jaussac, en 1389.
13° De Montbas Ier, 1485.
14° De Montbas II, 1510.

Au-dessus de la porte de communication avec la petite place du chapitre, à côté de la chapelle qui est aujourd'hui celle de la paroisse, était placé l'orgue.

La chaire à prêcher était placée à l'extrémité de la nef à quelque distance de la porte, en face du chœur.

Sur les portes collatérales de l'église, du côté de la place Tourny, étaient sculptés en relief des traits des vies de saint Etienne, de sainte Valérie ainsi que leurs martyres.

Le clocher de la cathédrale repose sur une voûte soutenue par quatre piliers renfermés aujourd'hui dans un massif prismatique pour plus grande sûreté. Il se compose de quatre étages. Aux quatre angles s'élèvent des colonnes octogones.

Dans le principe il était couronné par cinq pyramides, comme ceux de Saint-Pierre et de Saint-Michel ; mais la principale d'elles, la flèche du milieu, fut abattue par la foudre en 1483, elle tomba de nouveau en 1484 (2). Dès la fin du XIIIe siècle, Aimeri Chatti de la Jaussac avait employé une partie de ses revenus pour réparer les premières dégradations occasionnées par la chute du tonnerre. Mais la chute la plus effroyable et la plus désastreuse eut lieu le jour de la fête de saint Martial en 1571. Les pyramides qui surmontaient les quatre tourelles des angles furent renversées. La couverture qui était en plomb, les onze cloches qui formaient la sonnerie furent mises en fusion. Sébastien de Laubespine répara en partie cette perte par le don de plusieurs autres cloches ; mais on n'a pas relevé les flèches qui auraient pu attirer la foudre de nouveau. Cela n'empêche pas qu'il lui reste encore plus de 150 pieds d'élévation. Il est fâcheux que, quoique détaché de l'église, ce beau monument ne se trouve pas dans l'axe de la nef.

---

(1) Nadaud donne pour date de la mort de cet évêque, le 2 juillet 1272.

(2) Cet accident eut lieu le 25 avril 1483, jour de Saint-Marc. L'auteur a pris l'indication qu'il donne dans le P. Bonaventure de Saint-Amable. Ce dernier, après l'avoir raconté à la date ci-dessus, reproduit le texte de la *Chronique manuscrite de 1638*, qui en fixe la date à l'année 1484. Il a ensuite la distraction d'en faire un second accident arrivé le même jour un an après.

Ce fut le 19 mars [1791] que l'intrusion fut installée à la cathédrale.

Léonard Gay de Vernon, curé de Compreignac, évêque constitutionnel, arrivé le 18, *incognito*, repartit le lendemain pour le lieu appelé la Brugère, à une forte demi-lieue de Limoges, sur la route de Paris, afin que la garde nationale allant à son avancé, ce nouveau Grégoire fût introduit militairement, pour s'emparer d'un siège usurpé. En passant sous les murs de la Visitation, il fut couvert d'eau et de boue, ainsi que son costume épiscopal. Cet accident fut occasionné par l'ouverture d'un grand réservoir d'eau qui laissa échapper une grosse colonne d'eau au moment du passage de cet intrus.

Son premier vicaire général ou épiscopal, faisant fonction de curé, était M. Aubreton, ex genovéfin, vrai jacobin du temps.

2° CHAPITRE DE SAINT-MARTIAL.

Le clergé de cette église se composait dans le principe d'un certain nombre de prêtres et de clercs séculiers qui vécurent en commun, sous le nom de gardiens du tombeau de saint Martial, observant la règle monastique et portant l'habit.

Ils se séparèrent ensuite pour vivre en particulier, et continuèrent cependant à desservir le tombeau du saint apôtre sous la dénomination de chanoines.

En 848, dans le dessein d'obtenir de Dieu la cessation des fléaux qui désolaient l'Aquitaine, ils firent la demande à l'assemblée générale d'archevêques et évêques réunis à Limoges, à laquelle assistait Charles le Chauve, de reprendre l'habit monacal; ce à quoi s'opposa Stolidius, évêque de Limoges, qui se rendant néanmoins aux ordres du Roi, les soumit seulement à l'ancienne règle, qu'ils avaient abandonnée. Outre les moines il y avait douze prêtres séculiers, pour les aider dans l'exercice de leurs fonctions claustrales. Parmi ces derniers, il y en avait quatre établis hors du chœur, pour remplir les fonctions que la régularité ne permettait pas aux moines d'acquitter, comme l'aspersion de l'eau bénite, l'imposition des cendres sur les laïques, les enterrements des fidèles, qui avaient droit ou désir d'être inhumés dans cette église. Ces quatre chapelains prenaient le titre de vicaires de l'Echylle.

Ces moines dont Aimard était l'abbé prirent le titre de chanoines de Saint-Augustin sous la règle de saint Benoît; ils y furent formés par Dodon, abbé de Savin en Poitou, en faveur de qui Aimard se démit volontairement de tous ses droits.

Le relâchement étant parvenu à s'introduire parmi les chanoines de Saint-Augustin, Adémard vicomte de Limoges, en ayant obtenu le consentement d'Itérius, évêque, les expulsa pour les remplacer en introduisant dans le monastère la réforme de Cluny. A cet effet, des religieux de cet ordre sous la conduite d'Hugues leur abbé, s'introduisirent secrètement dans la ville, furent cachés dans une maison près l'église de Saint-Michel-des-Lions, d'où ils furent prendre possession de l'abbaye. Cette réforme se fit vers le milieu du xie siècle.

En 1535, les Clunistes furent sécularisés et devinrent chanoines séculiers, et par un concordat passé en 1537, confirmé par le pape, il fut arrêté que les douze prêtres vicaires ou chapelains, dont j'ai déjà parlé, seraient et demeureraient pour toujours, eux et leurs successeurs, titulaires inamovibles sous le titre de vicaires majeurs, *vicarii majores*, pour les distinguer des autres possesseurs de vicairies établies dans l'église comme bénéfices simples.

Ainsi donc, l'abbaye de Saint-Martial dont l'origine remonte au ixe siècle, dont Louis le Débonnaire avait été le fondateur, après avoir subsisté en abbaye régulière pendant environ 700 ans, fut sécularisée en 1535 à la demande de François Ier par Paul III et sous l'épiscopat de Jean de Langheac, et jouissait des titres d'église *royale, abbatiale* et *collégiale* de Saint-Martial.

Voici la composition de son clergé :

1° Un abbé ; 2° un prévôt ; 3° un grand chantre ; 4° 18 chanoines parmi lesquels un théologal ; 5° 12 vicaires communalistes, entre lesquels trois dits : vicaires de l'échylle.

L'abbé était nommé par le Roi ou plutôt présenté au Pape par le Roi. Il était crossé et mitré. Il portait la croix pectorale, même hors les fonctions ecclésiastiques. Il avait le droit de consacrer les calices, il était vicaire général-né et président du conseil en l'absence de l'évêque. Il nommait sauf les cas de résignation aux dignités de prévôt, de grand chantre, à tous les canonicats et à toutes les vicairies devenus vacants, savoir : pendant six mois de l'année aux vacances du côté droit du chœur, et pendant les autres six mois à celles du côté gauche; il avait en outre 33 cures à sa nomination.

Son revenu dépassait 22,000 fr., il avait un château appelé de Beauvais (1), à une petite lieue de la ville, sur la droite de la route de Limoges à Angoulême.

---

(1) Beauvais existe toujours dans la paroisse de Saint-Martial. C'est là que se tint, l'an 1031, quelques jours avant le second concile de Limoges, une assemblée synodale que quelques historiens ont cru avoir été tenue à Beauvais en Picardie. Le château actuel est la propriété de M. Lamy de la Chapelle.

Le prévôt portait une crosse dans ses armes, il était seigneur de la paroisse de Verneuil, où il avait un château ; il y nommait à la cure (1). M. Demassias, curé de Verneuil, qui par la profondeur et l'étendue de ses connaissances théologiques et son grand âge, inspirait la plus grande confiance, s'était déterminé à prêter le serment à la Constitution du clergé. M. Faulte, prévôt, lui écrivit aussitôt pour lui représenter le scandale qu'il donnerait.

Après avoir lu sa lettre, le vénérable vieillard fond en larmes, se met à genoux et expire de regrets d'avoir été sur le point de faire cette faute. Le prévôt avait rang d'aigle comme chanoine.

Le grand chantre portait un bâton de chantre dans ses armes, il avait rang d'aigle comme chanoine.

Le chanoine aquilaire nommait aux bénéfices vaquants, si le côté du chœur où ils vaquaient n'était pas réservé à l'abbé. Il nommait aussi aux cures dont la nomination appartenait au chapitre.

Les autres douze bénéficiers étaient pensionnés du chapitre comme vicaires perpétuels, lequel traitement emportait l'obligation d'assister à tous les offices du chœur, mais comme communalistes ils avaient un revenu en rentes foncières et seigneuriales qu'ils administraient par un syndic pris parmi eux.

Les vicaires dits de l'Echille, quoique n'ayant aucune obliga-

---

(1) Verneuil-sur-Vienne, canton d'Aixe. Les prévôts dont les noms sont connus sont : Renald en 1061 ; Geraldus de ..... acho, 1150 ; Courcillas (Albert de) 1156 ; Albertus, entre 1294 et 1303 ; Fougeras (Guy de) 1399 ; Duseilhert, après 1400 ; Lagarde (Étienne de) 1471 ; Barton (Roland), qui fut abbé de Solignac, 1514-1524 ; Puzilhon (Jean), doyen de l'église de Limoges, 1587-1595 ; Delabrousse (Jean), 1598-1618 ; Dufaure (François), 1650-1695 ; Durand (Joseph), 1700 ; Faulte, 1788.
Le castel construit par les prévôts de Verneuil, fut vendu nationalement en février 1791. Racheté par la commune au commencement de ce siècle, il a servi de presbytère et de mairie jusqu'en 1880. Ses jardins joignaient l'église et occupaient tout le terrain où l'on a construit la mairie actuelle et le nouveau presbytère. Son fronton élevé dominant l'église, le bourg et le magnifique panorama de la Vienne, sa grosse tour ronde renfermant l'escalier en hélice ; ses tourelles carrées portées sur des consoles au sommet des angles de cette vaste construction en faisaient une des plus pittoresques et des plus gracieuses habitations de tout le pays. Le prévôt Roland Barton en avait élevé la plus grande partie vers 1514. On voyait ses armes *d'azur au cerf à la reposée d'or, au chef échiqueté d'or et de gueules de trois traits* artistement sculptées sur une cheminée. Le prévôt François Dufaure l'acheva en 1673. Cette date accompagnait ses armes sur la clef de voûte du portail ; elles portent *un chevron, surmonté d'une fasce* (peut-être *d'un chef*), *brochant sur une crosse abbatiale mise en pal*.

tion à remplir en cette qualité, jouissaient d'un revenu particulier de douze setiers de seigle et neuf charges de vin et quelques légères rétributions en argent.

Le chapitre avait encore six musiciens choristes, un organiste, six enfants de chœur et trois bedeaux.

Tous les laïques qui habitaient sous l'enceinte de l'abbaye dépendaient de Saint-Martial pour les Pâques, l'administration et l'enterrement. Ils dépendaient de Saint-Michel pour le baptême et le mariage.

Le maître autel de Saint-Martial avait un privilège : on pouvait y donner la communion aux fidèles, même pendant la quinzaine du temps pascal, ce qui était défendu à toutes les églises non paroissiales.

OFFICES, FÊTES ET SOLENNITÉS.

Outre l'office canonial qui avait lieu trois fois par jour, l'aumônier de l'abbé disait tous les jours la messe dans la basse église. Elle avait lieu à 4 heures en été et à 5 en hiver. Il y avait en outre deux messes basses de fondation pendant matines, ce qui attirait à Saint-Martial un nombreux concours de fidèles, les jours ouvriers, et rendait les autres églises désertes ; mais les dimanches et fêtes chacun se faisait un devoir d'assister en sa paroisse.

Le concours était encore plus grand les lundis et jours de foire, à cause de la relique du bras de saint Martial qu'on y exposait à la vénération des fidèles.

Les stations de l'Avent et du Carême étaient les plus suivies. C'était à celles de Saint-Martial qu'assistaient les autorités de la ville qui rétribuaient le prédicateur.

Il y avait encore un sermon le jour de saint Martial, le 8 septembre, Nativité de la Sainte Vierge. On descendait tous les jours après matines et après complies, (à moins que la solennité de l'office ou du temps ne l'empêchât), pour faire une station devant la grille du tombeau de saint Martial. On commençait l'antienne au sortir du chœur, après l'oraison, on récitait le *De profundis* avec les versets et l'oraison pour les défunts. Le lundi matin il y avait absoute.

On célébrait la fête de saint Etienne-le-Duc sous le rite double mineur.

L'exposition du Saint Sacrement n'avait lieu que pendant l'octave du Saint Sacrement et à trois autres fêtes particulières.

Les fêtes qui se célébraient à Saint-Martial étaient : 1° celle de saint Martial. Comme on découvrait la grille derrière laquelle était la châsse qui renfermait les reliques du saint apôtre, il n'y avait pas d'exposition du Saint Sacrement ce jour-là. L'ouverture de la grille avait lieu dès les premières vêpres, par un échevin en costume, accompagné de sergents de ville en uniforme et hallebarde et par un chanoine. La clôture s'en faisait avec le même cérémonial ;

2° Celle de la chapelle des Arbres, le 8 septembre, ainsi appelée parce que la chapelle qui en était l'objet, placée à l'extrémité et hors du rond-point de l'église, avait une sortie sur la place du chapitre qui était plantée de tilleuls. On allait encenser l'image de la Sainte Vierge tous les dimanches et fêtes avant le *Magnificat* de vêpres, après que le Saint Sacrement avait été encensé ;

3° Le 10 octobre, celle de la translation des reliques de saint Martial à Solignac, ensuite à Turenne, château fort, pour les soustraire à l'incursion des Normands, et leur retour à Limoges le 10 octobre 832. Comme cette fête concourt avec les vendanges on la désignait par : *Sein Marsau daibro trey*, saint Martial ouvre treuil ou pressoir ;

4° Le miracle des *ardants* en 994. Comme c'était la clôture des vendanges on l'appelait : *Sein Marsau baro trey*, saint Martial ferme treuil ; elle avait lieu le 12 novembre.

Une de ces fêtes était connue, ainsi que le dimanche suivant, sous le nom de sainte Marchande. Les marchands, en effet, la prenaient pour leur fête. Cela venait de ce que, à raison du concours des fidèles, anciennement les marchands s'établissaient autour de l'église, surtout dans la rue appelée à cause de cela les Taules ou bancs d'expositions des marchandises, ou de leurs étalages. Il y a eu même une halle jusqu'environ 1780.

La solennité la plus marquante de l'année était celle du mardi de Pâques. L'évêque avait droit d'officier, ainsi que le jour de saint Martial. Pour cela une députation de chanoines allait, moins pour l'y inviter que pour savoir s'il y officierait, dans lequel cas l'abbé ne paraissait pas.

La solennité durait dès les premières vêpres du lundi et se terminait par la procession du mardi. L'ouverture des grilles avait lieu le lundi, comme la veille de Saint-Martial, jusqu'après vêpres. On les rouvrait le mardi avant matines toujours avec le concours des maire et échevins. Après la grand'messe avait lieu la procession qui attirait un concours incroyable des habitants des campagnes. Plusieurs reliques étaient portées processionnellement pour être réunies à celles de saint Martial.

Voilà la composition de cette procession : L'hôpital général en ouvrait la marche. Suivait la confrérie de Saint-Rustice, avec la châsse où reposait le chef du saint martyr. Comme étranger au pays, il marchait en tête, accompagné d'un vicaire de la paroisse de Saint-Pierre en étole. Venait ensuite la châsse de saint Domnolet, précédée du sabre de ce valeureux défenseur de la ville (1). Elle était accompagnée par les paroissiens et le curé. Marchait ensuite la confrérie des bouchers portant la châsse de saint Aurélien. Le curé de Saint-Cessateur y était comme curé pour présider la confrérie et accompagner la relique. Le clergé de Saint-Michel-des-Lions marchait avec la châsse de saint Loup. Après venait le clergé de Saint-Pierre seul : la relique de *saint Rustice* étant portée en avant. Enfin venait le chapitre suivi de la belle châsse de saint Martial, portée par seize fidèles en costume, entourée des membres de la grande confrérie. Derrière venaient les maire et échevins en costume, escortés par tous les sergents de ville. Une population de peut-être 5,000 âmes marchait à la suite dans le plus grand recueillement, presque tous le rosaire à la main. Rentrés dans l'église on remettait la châsse en place, et la solennité était finie. Elle avait été instituée en 1435 par Pierre de Montbrun, évêque.

Du reste, le chapitre de Saint-Martial, qui n'assistait à aucune procession générale, n'en faisait guère de particulières que celles des Rogations.

En voici la marche et les églises qu'il visitait pour y faire les stations :

Le lundi : Saint-Pierre, le collège, les abbayes des Allois et de la Règle, la cathédrale où se chantait la messe, les Carmélites, les Jacobins, le Séminaire, Saint-Gérald, la Mission, l'Oratoire.

Mardi : les Feuillants, Cordeliers, Bénédictins avec messe chantée ; de là, en tournant à droite pour reprendre sur la gauche, on traversait les champs pour aboutir au coin de La Grange, au milieu du chemin qui conduit à la Maison-Dieu. On faisait une

---

(1) Le sabre en question, que l'on conserve encore, est une épée à deux mains, à double tranchant, longue de 1 mètre 60 centimètres et dont la garde forme les bras d'une croix latine.

On lit sur la lame d'un côté :

JEI ESPERENCE EN JESUS CRIT
POUR CONVAINCRE MES ENNEMIS.

Du côté opposé :

JE SUIS SELLE QUE POINT NE FAULT
A MON MAITRE QUANT ON LA SAUT.

Ces inscriptions sont en lettres majuscules et ne doivent pas remonter au-delà du XVe siècle. La première est simple, modeste, conforme à l'esprit

station à Sainte-Magdeleine suivie d'un : *Libera me*, parce que c'était en cet endroit qu'avait été le cimetière de l'hôpital dés ladres, sous le nom de Sainte-Magdeleine, aujourd'hui la Maison-Dieu. On traversait le chemin pour aller à travers champs à la chapelle du Crucifix d'Aigueperse, en longeant le jardin qui appartenait autrefois à la famille Peyroche du Renou, aujourd'hui à Mme Ardent, née Peyroche. De la chapelle du Crucifix on allait aux Augustins et à la Visitation.

Le mercredi : Sainte-Ursule, Saint-Aurélien, les Clairettes, les Grands Carmes, les Filles-de-Notre-Dame, en traversant les places d'Orsay et d'Aisne, enfin Saint-Michel, où il y avait grand'-messe et sermon.

Il y avait à Saint-Martial deux confréries à peu près insignifiantes, savoir : de Saint-Eutrope et de Sainte-Agathe ; on bénissait et on distribuait des pains à ces deux fêtes ; il n'y avait pas d'autre pratique ni solennité.

Il y avait une des confréries de Saint-Martial nommée la grande confrérie. Ils [les confrères] accompagnaient toujours le chef de saint Martial; même dans la loge et pendant les ostensions, s'il était exposé à la vénération publique.

Pour cela ils avaient des cierges allumés garnis de panonceaux, au buste du saint surmonté de fleurs de lys (1).

Tous les premiers lundis du mois, le frère servant qui portait le nom d'Eveillé, allait aussitôt après minuit, à la porte de chacun des confrères. Il y chantait d'abord d'un ton lamentable et sépulcral :

    Réveillez-vous,
  Vous qui dormez, ne dormez pas si fort
  Que vous ne pensiez à la mort.
  Priez Dieu pour les trépassés !
  Que Dieu leur daigne pardonner,
  C'est un chemin par lequel il nous faut tous passer.
   Requiescat in pace. Amen.

Trois fois : *Sancte Martialis. Amen.*

évangélique; la seconde est fière, belliqueuse, et rappelle l'époque guerrière où l'épée fut forgée. Cette arme n'a point appartenu à saint Domnolet, mais elle symbolise ses vertus guerrières et rappelle la mort glorieuse du Léonidas Limousin. (H. Ducourtieux.)

(1) La grande confrérie de Saint-Martial existe toujours. Elle a son siège dans l'égise paroissiale de Saint-Michel-des-Lions, où l'on conserve le chef de l'apôtre.

Ces panonceaux portaient les armes de la confrérie qui étaient les mêmes que celles de la ville. J'ai cependant vu des écussons sur lesquels on avait remplacé les fleurs de lys par des étoiles ; ils étaient des premières années de notre siècle.

Il frappait trois coups à la porte en criant : Il est telle heure. Arrivé à une autre maison il s'annonçait par trois sons de cloche, comme il faisait en se retirant.

L'abbé faisait distribuer tous les ans au premier janvier, à chacun des membres du clergé, une très légère médaille d'argent aux armes de la ville (le buste de saint Martial entre un S et un M gothiques, avec des fleurs de lys). La distribution en était faite par son bedeau.

Après avoir parlé des solennités qui avaient lieu tous les ans, je ne peux m'empêcher de parler de celles qui avaient lieu tous les sept ans sous le nom d'Ostensions.

Leur commencement date de 1519 ou 1526 pour le chef de saint Martial. Ce ne fut qu'au xviie siècle qu'elles s'étendirent aux autres églises, ce qui les a rendues si générales, si célèbres. On peut voir là-dessus le calendrier de 1778, et le catéchisme sur l'ostension de 1827, imprimés chez Barbou (1).

DE L'ÉGLISE OU BASILIQUE DE SAINT-MARTIAL, CE QU'ELLE OFFRE DE CURIEUX, DE CE QUI Y A RAPPORT.

L'église de Saint-Martial fut construite par Louis le Débonnaire à côté de la chapelle de Saint-Pierre, où avait été placé le tombeau du saint apôtre, elle portait le nom d'église du Sauveur ; mais elle prit naturellement celui de Saint-Martial, quand ses saintes reliques y furent déposées.

L'église de Saint-Martial ayant été à plusieurs reprises incendiée ou détruite et réparée ensuite, a été consacrée à différentes époques : 1° après avoir été construite par Louis le Débonnaire ; 2° en 1027, par les évêques assemblés en concile, et 3° en 1095 par Urbain II.

Cette vaste basilique, telle qu'elle existait au moment de la Révolution (2), avait 237 pieds de longueur sur 112 de large à la

---

(1) On peut consulter aussi les trois ouvrages suivants :

J. Bandel, *Traité de la dévotion des anciens chrétiens à saint Martial*, réédité par M. Texier, — in-18 de 234 pages. — Limoges, Ducourtieux, 1858.

Les Ostensions, par M. Maurice Ardant, — in-8° de 180 pages. — Limoges, Barbou, 1848.

Les Ostensions, en Limousin, par M. Maublanc, — in-18 de 124 pages, Limoges, Ducourtieux, 1876, et surtout la seconde édition de 1890.

(2) On peut en voir le plan, ainsi qu'une vue du clocher dans l'*Art rétrospectif*, par MM. Louis Guibert et Jules Tixier (Limoges, Ducourtieux, 1886), et dans le *Livre des miracles de saint Martial*, par M. Arbellot, 1889. — Nous le reproduisons ci-contre.

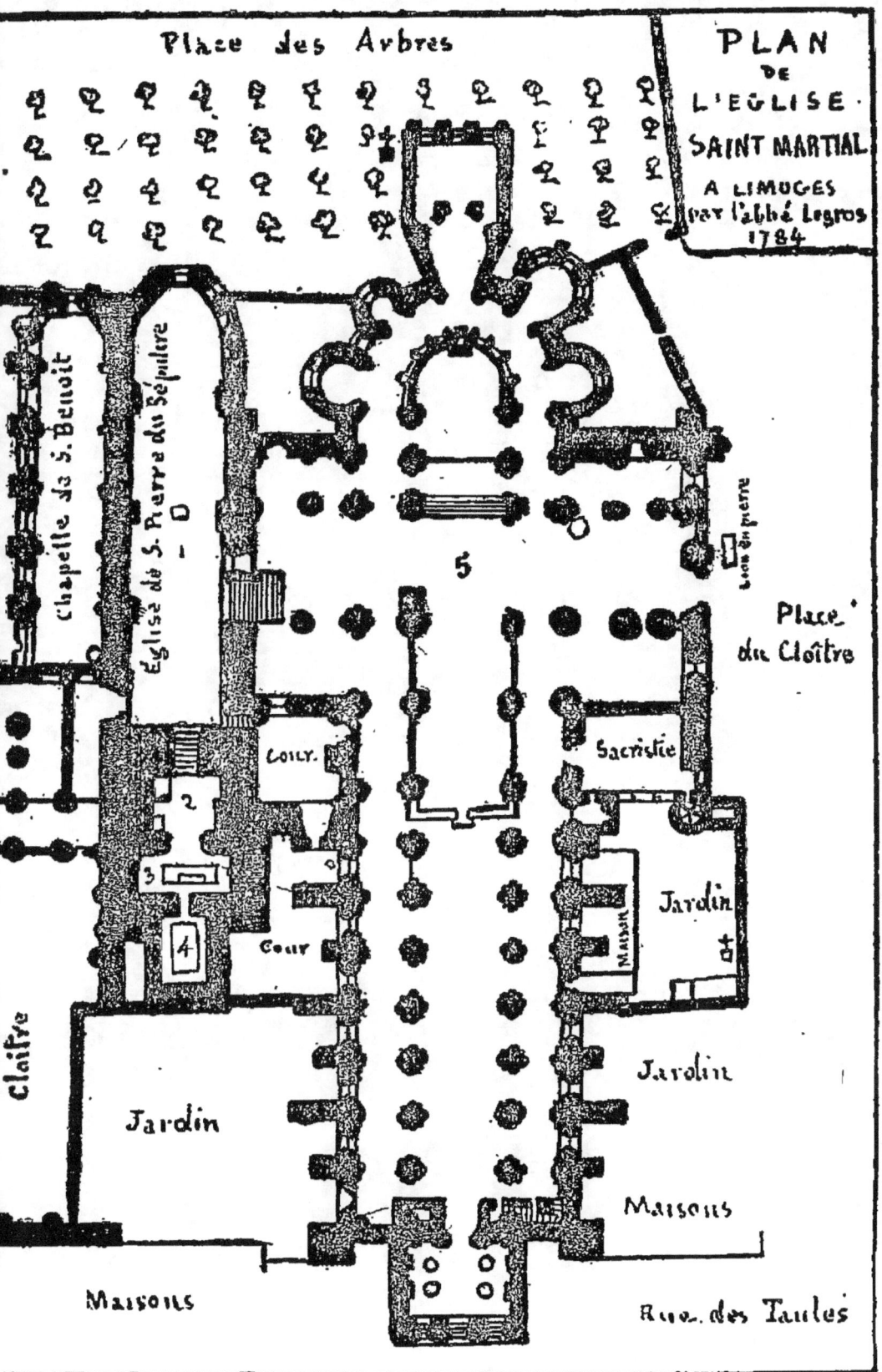

croisée et 57 à la nef. Sa principale entrée était par la porte du clocher, en face de la rue qui descend de Saint-Michel appelée rue du Clocher. On descendait dans l'église par une dizaine de marches.

Elle formait une croix au centre de laquelle s'élevait une coupole d'une telle concavité, que les connaisseurs étaient étonnés de la hardiesse de l'ouvrage.

Le sanctuaire et le chœur étaient comme celui de la cathédrale renfermés dans une même enceinte. La différence qu'il y avait consistait en ce qu'il y avait toute la distance d'un pillier à l'autre (lesquels étaient fort éloignés) entre le sanctuaire et le chœur. L'enceinte était continue entre ces pilliers par de belles grilles en fer d'un travail compliqué mais fini. A la hauteur d'environ 12 à 14 pieds elles étaient surmontées d'ornements formant la pyramide. On y voyait des anges, des cornes d'abondance dorées, etc.

Le sanctuaire, par son élévation, sa grandeur, sa clarté était très majestueux et propre aux cérémonies. Il occupait le rond-point de l'enceinte. L'autel était placé et isolé au milieu. Une seule et même table de marbre en couvrait le massif. Il y avait trois concavités carrées comme une pierre d'autel, ce qui faisait dire que trois prêtres pouvaient y dire la messe au même moment.

L'ostensoir en vermeil était d'un travail très délicat ; deux anges placés à chaque côté de la tige formaient deux poignées pour le porter. Peu d'années avant la Révolution, M. l'abbé de Montesquiou-Fesenzac en avait donné un autre d'un goût moderne et d'un travail fini. Les livres des évangiles et des épîtres étaient entièrement couverts en vermeil. Les garnitures formaient un encadrement en relief ; au milieu étaient des traits de la vie de saint Martial également en relief.

Au fond du sanctuaire était adossée au mur une superbe impériale en bois doré. Les aigrettes s'élevaient jusqu'à la voûte. Au milieu de la draperie était la châsse qui renfermait sous onze clefs le chef de saint Martial. Elle était tout en vermeil. Celle dont les confrères de la grande confrérie firent don à la fabrique de Saint-Martial en 1809 n'en approche en rien, toute belle qu'elle est, ni pour son travail, ni par sa grandeur (1). Elle datait au moins de l'an 1206.

---

(1) Cette châsse, qui abrite encore les reliques de saint Martial, porte cette inscription : *J'appartiens à MM. les Confrères de la grande Frérie de Saint-Martial, an 1809*. (*Les Ostensions*, par M. Maurice Ardant, p. 117.)

Le chef de saint Martial après avoir été séparé du corps avait été d'abord renfermé dans une cassette d'or, placée sous l'autel, et trouvée en 1130, époque à laquelle on le plaça dans une première châsse. Cette cassette fut remplacée par deux riches coupes très grandes et très épaisses en or massif, entre lesquelles on plaça le chef. Elles furent un don de Grégoire XI ; on lisait autour :

<blockquote>
PP. GREGORI DONET AQUESTAS COPPAS
L'AN M CCC IIIIxx (1).
</blockquote>

Avec ses armes qui étaient [*d'argent à*] *une bande* [*d'azur*] *accompagnée de six roses* [*de gueules*] *en orle*. (Son nom était Roger). L'écu avait pour cimier la tiare, et derrière deux chefs en sautoir. Les têtes de saint Alpinien et de saint Austriclinien, en vermeil, étaient suspendues à la coupe par deux chaînes. Ces coupes furent elles-mêmes renfermées dans une riche cassette à la façon de laquelle Pierre Vérier employa vingt marcs d'argent et deux onces huit deniers d'or. Elle portait la date de 1496 (2). La châsse, la cassette garnie de plusieurs bijoux et les coupes ont disparu à la Révolution.

La châsse de saint Martial était derrière une grille en fer, fermée elle-même par des portes garnies de fortes bandes en fer, auxquelles étaient d'énormes cadenas. Ces portes étaient masquées par un tableau représentant l'apparition de sainte

---

(1) Cette inscription, que terminent ces mots : *B. Vidal m'a fait*, se trouve dans les *Inscriptions limousines* de M. Texier, p. 240.

(2) La coupe d'or donnée par Grégoire XI pour abriter le chef de saint Martial se renfermait dans un buste magnifique, autre don généreux du pontife. En 1496, ce dernier joyau ayant été mis en gage pour garantie d'un emprunt contracté par l'abbé de Saint-Martial, l'abbé Albert Jouviond fit exécuter une cassette pour abriter la coupe et le chef vénéré qu'elle renfermait. L'inscription suivante, gravée sur le métal, faisait connaître sa valeur intrinsèque et le nom de l'orfèvre limousin qui l'exécuta :

<blockquote>
L'AN MIL CCCC IIII VINGTS ET XVI
EN JUNG, FURENT DE CEANS DU TRESOR
PRINS POUR LE CHIEF METTRE A SON AISE
XII MARC D'ARGENT, II ONCES, VIII D. D'OR,
ET TOUT PAR LE COUVENT ACCORT,
LE BON ABBÉ JOUVIONT AULBERT.
SAINT MARTIAL NOUS TE PRIONS FORT
QUE PARADIS NOUS SOIT OUVERT.
LE NOM DU MAITRE ARGENTIER
CE COFFRE FIST PIERRE VERRIER.
</blockquote>

(Texier, *Inscriptions limousines*, p. 267.)

Valérie à saint Martial après son martyre, ou par un contre-autel en drap d'or.

Au-dessus du cintre qui couronnait l'encadrement était un ange de grandeur naturelle, tenant suspendu par une main le *Corpus elevatum*. Aux deux extrémités étaient aussi deux anges adorateurs ; le tout d'une sculpture rare et d'une dorure soignée.

Deux énormes colonnes torses ornées de sculptures en relief, représentant des ceps de vigne, où se trouvaient des oiseaux, des serpents, soutenaient le dessus de l'impériale surmontée de beaux panaches avec une aigrette au milieu s'élevant jusqu'à la voûte, le tout bien sculpté et doré.

Au-dessus de l'autel était suspendu un grand dais en velours garni de crépines pour le garantir de la poussière de la voûte.

Il y avait dans le sanctuaire, du côté de l'Evangile, une statue comme d'enfant de chœur ayant un genou en terre, tenant un chandelier appuyé sur l'autre. On y entretenait jour et nuit une bougie allumée ; on regardait cela comme une amende honorable continuelle, en réparation d'un attentat qui aurait eu lieu sur la personne d'un chanoine, pendant ses fonctions dans le sanctuaire, par un échevin.

Le contour du sanctuaire était orné d'un double rang de tapisseries d'Aubusson, représentant des traits de l'Ecriture sainte. Chacun était dans un bel encadrement faisant partie de la boiserie qui formait la hauteur d'appui. Il y avait aussi dans le sanctuaire les tombeaux des cardinaux de Mende et de Saragosse.

En descendant du sanctuaire, on trouvait les grilles collatérales. C'était au bas de la dernière marche qu'avait été inhumé l'avant-dernier abbé, M. Montesquiou, qui fut exhumé quand on détruisit l'église, pour avoir la bierre en plomb, sans être arrêté par le respect que devaient inspirer ses cendres.

Plusieurs évêques de Limoges avaient été ausssi inhumés dans l'église de Saint-Martial, savoir : Ado, au IXe siècle, Enselme en 898, Gui de Cluzel en 1235, Hugues de Magnac en 1416.

Le chœur était un peu étroit. Le trône de l'abbé était au fond. Il avait deux rangs de stales d'un bon goût avec une belle boiserie qui enfermait l'enceinte. Au-dessus étaient de très anciennes tapisseries du temps des moines qu'on y voyait représentés exerçant différentes fonctions. Il était fermé par un joli jubé aussi en bois. Il y avait une porte en fer au fond du chœur.

A la suite des stales du côté gauche, à une élévation d'environ douze pieds, était l'horloge dont le mécanisme était tout à découvert. Il était en forme de pyramide de la hauteur d'environ douze pieds. A une certaine hauteur était une roue plate en forme de bande dans la largeur de laquelle étaient disposés différents timbres. Une ou deux minutes avant de frapper les heures cette roue tournait, pendant qu'un ange, ayant une baguette à chaque main, s'en servait comme de marteau pour frapper sur ces timbres un carillon qui donnait le chant du *Veni Creator*.

Un squelette assis sur une corbeille pleine de fleurs et de fruits d'où sortait un serpent, frappait les heures avec une faux qu'il tenait des deux mains. Le timbre était caché dans un globe doré sur lequel reposait la corbeille. A chaque coup que le squelette allait frapper, il tournait la tête du côté du chœur, mais elle reprenait sa position vers le sanctuaire en relevant la faux. Ce mouvement, accompagné de l'ouverture de la mâchoire, était assez effroyable. Au moment où le squelette levait la faux pour frapper les heures, le serpent levait la tête pour le piquer; mais en frappant l'heure, il le terrassait en lui mettant le pied sur la tête. L'aiguille de l'horloge ne faisait le tour du cadran qu'en 24 heures. Les différentes phases de la lune se marquaient avec la plus grande exactitude sur le cadran par le moyen d'une pièce de métal mobile derrière une ouverture ronde, du diamètre d'environ trois pouces.

Cette horloge est celle qui est aujourd'hui à la mairie et dont on a remplacé le squelette par un Saturne. Et le squelette ou la *Mort* a été placé dans l'église de Saint-Pierre ; c'était en effet sous le nom de Mort de saint Martial que le peuple désignait cette horloge aux curieux.

Il y avait plusieurs chapelles. Celle dont j'ai déjà parlé, connue sous le nom de chapelle des Arbres, en dehors du chevet de l'église; de Notre-Dame de Bonne-Délivrance : cette petite chapelle était tout entourée de tableaux représentant des mystères de la Vierge. On honore la statue de la Vierge [qui était dans cette chapelle], dans l'église de Saint-Pierre où, à la Restauration, on lui a érigé un autel par les soins de la veuve Perière.

Quatre grandes chapelles remplissaient les quatre angles qui formaient les quatre bras de la croix de la basilique. Il y en avait une autre dans le rond-point où était placé le titre de la petite vicairie des Bastide. Le rétable en était curieux : il se composait de la réunion de 18 petits cadres en émail représentant les principaux traits de la vie de saint Martial.

Au sortir du chœur on voyait dans la nef, à droite, l'orgue dont le buffet s'élevait jusqu'à la voûte ; deux lévites de grandeur de plus de six pieds, d'une sculpture achevée, étaient à chaque coin du couronnement ; ils tenaient un encensoir à la main dont le mouvement était autrefois déterminé par le jeu de deux flûtes colossales, mais qui avaient été bouchées à cause des impressions que les espèces de détonations qui en sortaient, faisaient sur certaines personnes dont la situation exige des ménagements et des précautions.

Par un large escalier en pierre situé dans l'angle à droite de l'extrémité de l'église, on montait juqu'au premier étage du clocher où se trouvait une vaste galerie qui dominait toute l'étendue de la basilique.

Le clocher était très élevé. Il se composait de cinq étages couronnés par une galerie octogone. Il renfermait neuf cloches dont la principale pesait 11,000 et avait six pieds de diamètre (1). Elle servait de tocsin. Ce fut le jour de saint Martial que retentirent au loin les plaintes, plutôt que les sons, que formaient en la brisant les marteaux révolutionnaires. Qu'ils durent frapper péniblement tous les cœurs religieux !

De la galerie on allait dans les voûtes. Voici un fait que je peux consigner comme passé sous mes yeux : M. Compreignac, chanoine, ayant aperçu de sa maison de la fumée qui sortait par dessus la toiture, courut en avertir le sacristain, nommé Périnet, qui crut dès ce moment [devoir] congédier deux prêtres, un curé et son vicaire, qu'il avait retirés dans les voûtes, où il leur portait à manger. Il leur faisait dire la messe avant l'ouverture de l'église ; on n'en avait rien su jusqu'à l'arrivée d'un grand de la cour, muni de l'ordre du roi, pour, avec un plan de l'église et du clocher, parvenir à l'endroit où se trouvaient ces deux prêtres. On espérait y trouver leurs papiers qui renfermaient les prédictions

---

(1) Cette cloche était surnommée le *Gros Jean*. On y lisait, en caractères gothiques, ce qui suit :
    LAUS TIBI DOMINE, REX ETERNE GLORIE.
    SANCTE MARCIALIS, INTERCEDE PRO NOBIS.

FECERAT INGENTEM, RURSUM RENOVAVIT ET AUXIT
NOBILE COLLEGIUM, BIS TERNIS MILLIBUS ADDENS MILLIA
QUINQUE, SUIS NOS PARCENS OPIBUS, UT PAR SIT, NEC IM
MERITO NULLI ME CEDERE CANTU, ACTUM.
    TE DEUM LAUDAMUS.
    DESIDERIUS GAULBYOT ME FECIT.
    ANNO DOMINI Mo CCCCCo LIo MENSE JULIY.

des plus grands malheurs. On sut en effet qu'ils s'étaient cachés dans les voûtes pour interpréter l'Apocalypse ; mais on n'a pu rien trouver de leurs écrits, ni savoir ce qu'ils étaient devenus eux-mêmes.

L'extérieur de l'église offrait aussi quelque chose à l'admiration des curieux. On remarquait, en effet, sur la façade du clocher trois grandes statues en pierre. C'étaient celles de saint Martial, de saint Aurélien et de sainte Valérie décapitée.

A la porte qui se trouvait dans le bras de la croix et sortant sur le chemin qui conduit à la place Tourny, on observait d'abord une demi-tête de sanglier en cuivre doré attachée à la grande porte. A côté de la porte, un lion en pierre de grandeur naturelle, mais reposant sur son ventre ayant les jambes doublées. Enfin dans la muraille, près des fondements, une pierre tumulaire en serpentine avec un bas-relief, représentait une lionne couchée, tenant entre ses pattes plusieurs lionceaux dont l'un se disposait à la frapper, et au-dessus de la lionne paraissait le haut d'un homme grossièrement sculpté pressant l'animal avec des boules qu'il tenait dans ses mains, dans la posture d'une femme qui lave du linge et le frotte de savon. On appelait l'ensemble *La chiche*, qui, en langue du pays, veut dire *avare, qui donne à regret*. Ce qui faisait dire que quatre des principaux habitants de Bordeaux, ayant été offerts en otage comme garantie du bâton miraculeux de saint Martial qu'on avait prêté à cette ville, on envoya à Limoges des otages pris dans la plus basse classe et on refusa de remettre la relique. Les habitants de Limoges, dit-on, en auraient été tellement indignés que, pour se venger d'une pareille fourberie, ils auraient mis en terre ces quatre malheureux et les auraient fait périr en dirigeant contre eux des boules qui les frappaient à la tête. Cependant l'inscription suivante, qu'on lisait au bas, fournit une interprétation plus raisonnable et moins révoltante :

Alma leona duces sævos parit atque coronat :
Opprimit hanc natus Waïfer male sanus alumnam
Sed pressus gravitate luit sub pondere pœnas.

Il paraîtrait donc que ce fut Pépin qui éleva ce monument au sujet de la révolte de Waïfre, duc d'Aquitaine, qui s'était révolté contre lui, le représentant sous la forme d'un lionceau qui se révolte contre sa mère.

Par une porte qui se trouvait à l'autre extrémité du bras de la croix, vis-à-vis celle dont je viens de parler, et par un escalier d'environ 15 degrés, de la largeur de la nef transversale, pratiqué dans le bras même de la croix, on descendait dans une seconde église qui comprenait toute l'étendue de la largeur de la voûte qui formait la croix, et de la longueur de celle qui en formait le haut. Au-dessus de cette porte était une magnifique statue de la Vierge, ayant une couronne sur la tête et un sceptre à la main. Elle avait au moins 7 pieds ; la sculpture et la dorure en étaient finies ; l'ensemble en était majestueux.

A l'extrémité [de cette basse église], en face de l'autel, était une porte grillée en fer. Par elle on descendait dans une chapelle souterraine, où avaient été dans le principe les tombeaux de saint Martial, de sainte Valérie et du duc Etienne. La vie du saint apôtre y était représentée sur plusieurs cadres en émail.

Cette seconde église remontait au VIIe siècle. Elle avait été reconstruite sur les ruines de celle de Saint-Pierre-du-Sépulcre, que saint Martial avait fait élever sur le tombeau de sainte Valérie. L'autre était dédiée à saint Crépin. Une grande claire-voie la séparait de la nef. Les maîtres cordonniers y faisaient chanter une messe, le jour de la fête de leur patron. Ils entraient dans l'église et en sortaient au son de la grande cloche, parce qu'ils en avaient fait présent.

De cette église, autrefois de Saint-Pierre, on passait à une troisième ou plutôt à une chapelle de Saint-Benoît. C'était là que l'aumônier de l'abbé disait la messe matutinale. On voyait au fond une porte murée, par laquelle on entrait dans le réfectoire des moines dont j'aurai occasion de parler. Cette chapelle avait sa sortie du côté de la fontaine qui existe aujourd'hui et en était éloignée de 25 à 30 pieds.

En sortant on trouvait un plan au milieu duquel était la fontaine qui est réputée donner l'eau la plus légère de Limoges. Elle se déchargeait autrefois dans le bassin qui sert d'abreuvoir, sous le jardin de M. Muret.

Sur la gauche était un enclos formé d'une partie d'un ancien monastère qui servait autrefois à 200 moines. On y entrait par une grande porte. A droite on voyait un beau chapitre qui avait servi aux anciens moines ; à gauche était l'ancien réfectoire voûté, soutenu par des piliers très délicats. Par un large escalier et assez doux pour qu'une voiture ou des animaux chargés puissent le monter et descendre sans danger, on parvenait au seul dortoir qui eût été conservé de cet antique monument. Les ouvertures cintrées avaient tout au plus un pied de large sur six de haut.

Elles étaient élevées à quatre ou cinq pieds de terre. Les ouvertures étaient à l'est, et chacune éclairait autrefois deux cellules. C'était dans ce dortoir que l'on déposait autrefois les grains du chapitre, ce qui le faisait appeler Grand Grenier.

Derrière le monastère était le cloître dont il existait encore une aile. La façade du monastère était couverte de peintures dont il ne restait que quelques vestiges. A l'extrémité de la façade, du côté du chapitre, était un petit clocher qui servait sans doute pour la cloche qui convoquait les religieux. Je l'ai vu foudroyer le jour de saint Pierre, une vingtaine d'années avant la Révolution.

Le reste de l'enclos était occupé par plusieurs maisons capitulaires et leurs jardins. A la gauche de la porte du lion on entrait sur la place du chapitre. Cette promenade formait une espèce de terrasse donnant sur le chemin du côté de Saint-Pierre. Elle se composait de plusieurs allées de tilleuls qui se prolongeaient jusqu'auprès de la fontaine qui se trouvait à côté, hors de la place.

L'abbaye comprenait anciennement tout ce qui entourait l'église en passant entre les maisons Romanet du Caillaud et Ardiller où j'ai vu une halle, où les marchands d'images venaient étaler; laquelle halle portait encore le nom de cloître. On prenait ensuite la rue des Taules, celle de la Monnaie; arrivé au ruisseau qui va se décharger vis-à-vis l'ancien presbytère de Saint-Pierre, on longeait la muraille qui se trouvait entre la place des Arbres et la terrasse. C'était ce qui formait l'enceinte de l'ancienne abbaye des moines et compose la place des foires royales. Toute cette enceinte était fermée les soirs par le portier du chapitre.

Là où est l'hôtel de la Monnaie était l'hôpital de Saint-Martial réuni à celui de Saint-Gérald.

Quoiqu'on fermât les portes de l'abbaye et de la place, on en laissait pendant le jour l'usage au public. Il y avait une porte à chaque extrémité, une troisième du côté de la place qu'on appelait la terrasse, une quatrième en descendant la rue Saint-François. Le régiment d'Artois-dragons qui passait la parade sur la place des Arbres, ayant manqué au chapitre par quelque exigence, on lui prouva que cette promenade n'était pas au public, en lui en fermant la porte au moment où la garde montante se présenta pour y entrer.

EXTINCTION DU CHAPITRE.

Ce fut pendant l'Avent de 1790 que le décret de suppression

des chapitres par l'Assemblée nationale reçut son exécution pour la collégiale.

Les autorités se présentèrent avec l'entourage bruyant de la garde nationale au moment où M. l'abbé Laire était en chaire. Celui-ci leur adressa une apostrophe qui les déconcerta, les força à entendre la fin de son discours et à respecter le chapitre dans ses dernières fonctions. Il enchaîna en quelque sorte leur fureur ; ils assistèrent à la grand'messe à laquelle on consomma les espèces. Aussitôt après on s'empara de l'église où on apposa partout les scellés. Un fort corps-de-garde y fut établi. Les autels furent profanés par des ordures, servirent de tables de jeu et de débauche ; plusieurs châsses en bois placées à l'extrémité du sanctuaire, contenant plusieurs ossements de saint Alpinien et de saint Nice, furent brisées et pillées.

Une grande opposition qui se manifesta empêcha le transport de la châsse de saint Martial. Elle n'eut lieu qu'environ trois semaines ensuite, en exécution d'un arrêté du département qui en ordonna la translation dans l'église paroissiale de Saint-Michel. Elle fut précédée des proclamations contre le clergé de Saint-Pierre (1), des habitants de la Boucherie et protégée par le régiment de Royal-Navarre-cavalerie, requis à cet effet malgré la répugnance qu'il éprouvait de servir la Révolution.

Aucun membre du chapitre n'avait prêté le serment.

M. de Maussac, abbé titulaire, se retira à Rome où il est mort. Deux chanoines faillirent après la dispersion du chapitre. Tous les autres membres du clergé restèrent fidèles. Plusieurs même ont péri en déportation sur les vaisseaux, etc.

Le local, ainsi que les matériaux des différentes églises et du grand grenier, furent vendus à Brousseau, entrepreneur, qui ne tarda pas à faire disparaître ces monuments religieux autrefois si chers aux habitants.

Avant de terminer, je consignerai ici quelques faits qui intéresseront les amis de la religion pour en gémir.

1° Il était d'usage qu'on fît un reposoir sous la porte du clocher, le jeudi de la procession générale du Saint-Sacrement. Des patriotes de la rue continuèrent à en faire un après l'expulsion du chapitre, afin que l'évêque schismatique y donnât la bénédiction. On avait mis l'évangile d'un côté et la constitution de l'au-

---

(1) Peut-être faudrait-il lire : « Elle fut précédée des protestations du clergé de Saint-Pierre et des habitants de la Boucherie. »

tre avec cette légende qui allait de l'un à l'autre : *Celui-ci réformé par celle-là*. Ce qui fut trouvé très beau.

2° L'entrée du Saint-Sacrement en ville était annoncée par une décharge de six coups de canon qu'on renouvelait à sa sortie pour rentrer dans les faubourgs. Un soldat du guet qui était factionnaire, se permit de dire : « *Plut à Dieu qu'ils fussent chargés à mitraille et tous les aristocrates en face nous les balayerions bien.* » A peine le dernier mot fut-il prononcé qu'une bluette se détache de la mèche que tenait le canonier, fait partir le canon en face duquel se trouvait le factionnaire, qui fut brûlé à la figure et expira après trois jours de douleurs et de désespoir.

3° Un propriétaire, dont la maison située près l'Oratoire avait été la proie des flammes, lors de l'incendie de 1790, l'avait fait réédifier en y employant des matériaux provenant de la démolition de l'église de Saint-Martial. Elle était prête à être terminée. La montrant à une personne de sa connaissance, et après quelques indécentes plaisanteries sur la sainteté d'une maison bâtie avec des pierres qui avaient été consacrées, il lui dit qu'il n'aurait rien à ajouter à sa satisfaction s'il pouvait voir répandue sur son pavé la cervelle de M. N..., chef du parti aristocratique. Il monte aussitôt rapporter aux ouvriers qui étaient sur sa toiture le propos qu'il venait de tenir. Comme il en bondissait de satisfaction, le pied lui glisse et il va s'ouvrir la tête en tombant sur son pavé de la hauteur de sa maison ; sa cervelle resta sur l'endroit.

Que de réflexions naissent de ces trois anecdotes.

II. — PAROISSES.

1° SAINT-JEAN-EN-SAINT-ETIENNE, OU LE PETIT-SAINT-JEAN.

Saint-Jean-en-Saint-Etienne, ou le Petit-Saint-Jean, était une paroisse comme celle de la cathédrale ; le curé, en effet, était un des semi-prébendés. Le domino de chaque chanoine qui mourait lui appartenait comme curé. Mgr d'Argentré, évêque, y allait dire la messe tous les ans, un des jours de la quinzaine de Pâques.

Le chapitre de la cathédrale allait en procession dans l'église de Saint-Jean pour faire la bénédiction des fonds, pendant les octaves de Pâques et de la Pentecôte. Pour cela il sortait de son église en chantant le *Magnificat*.

Pendant les deux octaves, c'était à Saint-Jean qu'on portait baptiser, exclusivement à leurs paroisses, tous les enfants de la ville, faubourgs et cité. L'enfant qui y avait été baptisé pouvait opter une des autres paroisses aux fins d'y jouir d'un bénéfice, pour lequel il fallait avoir été baptisé dans la dite église.

L'église était vis-à-vis la grande porte collatérale de la cathédrale. Elle a été démolie et on a bâti sur cet emplacement une maison faisant coin de l'autre côté de la rue de Saint-Etienne.

Le curé, inassermenté, est mort après avoir souffert de la détention (1).

2° SAINT-PIERRE-DU-QUEYROIX (2).

Saint-Pierre-du-Queyroix, *de Quadruvio*, était ainsi appelé d'une espèce de carrefour où l'église était construite, cela pour le distinguer de Saint-Pierre-du-Sépulcre où était le tombeau de saint Martial. Le clergé se composait : 1° du curé à la nomination de l'évêque ; 2° de dix communalistes anciens curés ou prêtres, enfants de la paroisse ; 3° de quatre vicaires en titre et quelques honoraires ; 4° de prêtres habitués ; 5° enfin de vingt à vingt-cinq clercs tonsurés étudiants au collège. Ils étaient exercés aux cérémonies par un des vicaires. C'était la première paroisse de la ville. Le revenu du curé se composait de quelques dîmes affermées 600 francs, de deux portions de communalistes et des oblations qui, à raison de la quantité de cire, étaient très conséquentes.

Les communalistes avaient presque tous leurs revenus en rentes. Le revenu était perçu par l'un d'eux en qualité de syndic et partagé ensuite en douze portions égales. Il fallait, outre la naissance et le baptême reçu dans la paroisse, dix ans de prêtrise pour être communaliste. Cependant on commençait à déroger à cette dernière condition en faveur des vicaires, s'il se trouvait quelque place vacante et qu'il ne se présentât pas d'anciens prêtres.

Les vicaires avaient 60 francs de traitement que leur donnait le curé, et le casuel qui ne montait jamais à 100 francs. On tenait plutôt à ces places par honneur que par intérêt.

Les vicaires honoraires avaient l'expectative et ne touchaient que le casuel.

---

(1) C'est M. Joseph Ragot, fils de Jean Ragot et de Léonarde Fournier, baptisé à Saint-Michel-des-Lions, le 28 septembre 1723, mort en juillet 1801.
(2) On peut voir : *Notice historique et descriptive sur la paroisse de Saint-Pierre-du-Queyroix*, par M. Maurice Ardant, petit in-8° de 100 pages. Limoges, Martial Ardant, 1851.

Offices ou pieuses pratiques propres à cette paroisse.

Outre les offices propres à toutes les paroisses, on peut dire que l'église de Saint-Pierre était celle où l'on officiait le mieux et à l'égal du séminaire.

Tous les jeudis, il y avait exposition du Saint Sacrement sur la table de marbre de l'autel, vêpres, complies et bénédiction. Exposition aussi du Saint Sacrement tous les troisièmes dimanches du mois à vêpres, ensuite sermon, la procession du Saint Sacrement dans l'intérieur de l'église. On faisait une station à la chapelle de Notre-Dame des Agonisants, où l'on donnait la bénédiction à voix basse, puis la bénédiction solennelle au maître-autel. A la bénédiction le prêtre ajoutait un chant de deux versets, celui de la Sainte Vierge, celui du Roi, enfin pour les fruits de la terre et pour la paix; ce n'était qu'après qu'il disait le *Benedicat vos*.

A la fin de la messe paroissiale on chantait la même bénédiction, mais elle se donnait avec la croix que portait ensuite le sous-diacre en retournant à la sacristie.

Il y avait les Quarante heures les dimanche, lundi et mardi de la Septuagésime, avec le Saint Sacrement exposé tout le jour, grand'messe, vêpres, sermon, bénédiction.

Les jours de Pâques, Pentecôte, Noël, on portait solennellement le saint ciboire par la paroisse avant la grand'messe ; ce qui se pratiquait aussi à Saint-Michel et à Saint-Maurice. Le soir, on l'exposait sur l'autel au moment où l'officiant commençait vêpres, et le même prêtre qui l'avait exposé donnait la bénédiction sans rien dire, au moment où l'officiant disait : *Divinum auxilium maneat semper vobiscum. Amen.*

Cette pratique rappelait l'usage de porter le Saint Sacrement aux infirmes à ces fêtes solennelles. A la procession du jour de la Pentecôte, il y avait un reposoir dans une maison de la Boucherie et une personne avait droit d'y communier. C'était en reconnaissance du don qu'avait fait cette maison d'un ciboire en vermeil, d'un poids et d'une dimension extraordinaires, surmonté au lieu de la croix, d'un saint Jean de près de trois pouces, parce que les bouchers le prenaient pour patron.

On portait solennellement la communion aux infirmes le jeudi après Pâques. Cette procession était très édifiante.

Tous les jeudis et dimanches après Pâques, jusqu'à l'Ascension, on allait processionnellement faire des stations dans trois églises différentes pour représenter les apparitions de Jésus-Christ après sa résurrection.

Le Samedi Saint on réunissait tous les petits enfants au-dessous de sept ans ; à une heure désignée on leur disait un petit mot pour les disposer à l'acte de contrition, après quoi on les bénissait.

Pendant toute l'octave du Saint Sacrement on chantait les petites heures, comme dans les chapitres. Le jeudi de l'octave avait lieu la procession de la paroisse avant de se rendre à la cathédrale pour la procession générale qui se faisait ce jour-là. Il y avait octave de sermons.

Le jour de la fête de Saint-Pierre, il y avait procession extérieure après la solennité finie. Chaque ecclésiastique, ainsi que chacun des fabriciens, y assistaient, tenant à la main un bouquet de fleurs dont la distribution avait été faite pendant vêpres.

La veille de saint Pierre-ès-liens, le chapitre de la cathédrale venait à Saint-Pierre pour y réciter solennellement matines et laudes. Il allait ensuite processionnellement dans la salle du presbytère où le curé se trouvait en étole. Là était une table avec un plat où était découpé en morceaux très petits un pain de froment, et trois bouteilles de vin de différentes couleurs. Après être resté un instant, le président donnait le signal du départ par la porte du jardin qui communiquait au cimetière, entre l'église et le collège. On chantait un *Libera* ; après quoi on se rendait à la cathédrale ; le lendemain on venait à la messe à dix heures. Quoique le clergé de la paroisse n'assistât pas avec le chapitre, c'était cependant le curé ou le vicaire de semaine qui chantait la messe. Le diacre était également fourni par la paroisse. Si c'était un dimanche il y avait prône. C'était le curé ou l'un des vicaires qui faisait l'instruction. Pour cela, la paroisse devait, outre le goûter de la veille, payer à la cathédrale une redevance de 18 francs.

Le jour de la fête de saint Jean, 27 décembre, était celle des clercs tonsurés. L'office était dit plus solennellement depuis les premières vêpres.

Offices propres à la communauté des prêtres.

Anciennement, les prêtres communalistes portaient l'aumusse (1). C'est ainsi qu'on les voyait représentés encore au

---

(1) L'aumusse est un habit de chœur, garni d'une fourrure, protégeant la tête et les épaules, dont se servaient les chanoines pour se prémunir pendant

moment de la Révolution, sur la porte d'une petite armoire qui était appliquée au pilier de la chapelle de Notre-Dame des Agonisants, qu'on en voit encore les traces dans une petite statue à gauche du pied du crucifix, au-dessus de la porte par laquelle on descend dans le sépulcre. Mais ils renoncèrent à ce privilège dont ils ne devaient jouir qu'autant qu'ils feraient tous les jours l'office canonial, à l'exception de matines et laudes.

Cependant ils chantaient tous les jours la messe, à moins qu'il y en eût une à la paroisse.

La communauté était sous l'invocation de Notre-Dame la Joyeuse, dont la chapelle touchait à la porte de la sacristie du côté de l'épître. C'était devant cette chapelle qu'on se rendait après vêpres, les dimanches, à moins que le Saint Sacrement fût exposé, pour y chanter l'antienne à la Vierge.

CONFRÉRIES DE L'ÉGLISE DE SAINT-PIERRE.

Baylie des âmes.

La première confrérie était la baylie des âmes.

Les confrères étaient choisis parmi les bourgeois ou marchands de la paroisse. Ils prenaient rang après les fabriciens.

Leurs fonctions étaient de faire la collecte pour les âmes du purgatoire, tous les matins à la première messe, les jours ouvriers; et à toutes les messes les jours de dimanches et de fêtes.

Leur chapelle était sous la dénomination du Crucifix; elle était placée près de la porte collatérale là où est aujourd'hui celle de la congrégation; on y faisait acquitter trois messes par semaine pour le repos des âmes du purgatoire : savoir les mercredi et vendredi à heures libres; les dimanches et même les fêtes chômées à midi. On y célébrait un service solennel le premier vendredi libre du mois.

Les confrères allaient, le premier dimanche de mai processionnellement avec le clergé, à la chapelle du Maupas, où l'on chantait une messe. Ils distribuaient des bouquets au clergé.

---

la nuit contre les rigueurs de l'hiver, lorsque l'office canonial se faisait rigoureusement aux heures qui en portent encore le nom. Ce ne fut, dans le principe, qu'une fourrure en forme de capuchon. Plus tard on allongea ces capuchons afin qu'ils défendissent les épaules; mais en été cette fourrure eût été incommode; on se contenta de la placer sur les bras. La forme, la couleur, la manière de se servir de cet habit de chœur, varient presque dans chaque diocèse où l'on en fait usage. Aujourd'hui, en plusieurs cathédrales du nord de la France, l'aumusse n'est plus qu'un objet de pur cérémonial; en tout temps on la porte sur le bras gauche. — Voir la note de la page 348.

Le dimanche avant la Toussaint, il y avait exposition du Saint-Sacrement toute la journée, sermon après vêpres et bénédiction.

Après la grand'messe et après la bénédiction, comme aussi après les premières vêpres de la Toussaint, on allait chanter un repons, faire l'absoute dans la chapelle souterraine appelée Sépulcre ; comme cela se pratiquait également le lendemain, commémoration des fidèles trépassés. Les fidèles formaient un concours édifiant pour y aller prier pour les morts. Au bas des marches était en permanence un des bayles des âmes, ayant sur une table placée devant lui un crucifix entre deux cierges allumés, et criant d'intervalle en intervalle : *N'oubliez pas les morts.* Les fidèles portaient leurs offrandes dans un plat : on y répondait par : *Dieu vous le rende*. Pendant ce temps-là, un choriste enfermé dans l'obscurité de la chapelle faisait entendre avec des repons le *Requiescat in pace ; requiem æternam dona eis, Domine*, etc., auxquels s'entremêlaient les pleurs, les gémissements, les sanglots des fidèles sous la voûte sépulcrale. Le lendemain de ces jours de solennité, il y avait un service solennel.

Confrérie du Saint-Sacrement.

Elle fut établie en 1235 : les membres de certaines familles se succédaient pour former cette confrérie comme étant leur privilège.

C'était la confrérie du Saint-Sacrement qui faisait les frais de la procession du Saint-Sacrement, qui avait lieu le jour même de la fête Dieu, après le sermon. C'était la plus élégante et la plus brillante entre celles des autres paroisses. Il y avait distribution de bouquets au clergé. La même confrérie faisait toute la dépense pendant l'octave.

Elle avait fourni un beau dais en velours cramoisi garni de crépines et brodé en bosses d'or, représentant entre autres choses sur chaque face un calice surmonté d'une hostie, avec deux anges adorateurs. On avait ajouté par la suite une belle draperie aussi en velours, attachée au devant du dais ; un beau et grand pélican brodé en bosses en garnissait le milieu.

Confrérie de Saint-Roch et de Saint-Sébastien.

Les confrères de Saint-Roch et de Saint-Sébastien prenaient rang après la baylie des âmes. Ils faisaient à la suite des fabriciens et des âmiers la quête à la grand'messe, les jours de dimanches, allaient à l'offrande et avaient droit de stale et de banc.

Leur chapelle était là où est établie aujourd'hui celle de Saint-Vincent de Paul. Le jour de la fête de saint Roch, il y avait exposition du Saint-Sacrement dès le matin, grand'messe, sermon, bénédiction, ensuite la procession à laquelle on portait la statue du Saint. Il n'y avait aucune cérémonie, l'après-midi.

Le lendemain, service pour les confrères défunts.

Confrérie de Notre-Dame des Agonisants.

Cette confrérie était établie dans la chapelle qui était sous la tribune des Pénitents blancs. On en célébrait la fête le dimanche avant l'Assomption de la Sainte Vierge. Il y avait exposition du Saint Sacrement toute la journée, sermon après vêpres, procession dans l'intérieur de l'église, avec une station à la chapelle, comme cela se pratiquait tous les troisièmes dimanches de chaque mois, ensuite la bénédiction.

Quand un paroissien touchait à son dernier moment, on le recommandait aux prières de la confrérie en cette manière. Pendant que l'agonie se sonnait au clocher, un domestique d'église allait à tous les coins des rues de la paroisse, n'importe à quelle heure du jour et de la nuit; ayant donné l'avertissement par trois coups d'une cloche qu'il portait avec lui, il criait : « Vous tous qui êtes de la Confrérie de Notre-Dame des Agonisants, priez pour N..., demeurant rue..., qui est à l'heure de la mort. »

Confrérie de Saint-Rustice, martyr.

Cette confrérie était établie à l'entrée de la sacristie, là où est aujourd'hui la chapelle du Crucifix ; c'était derrière le tableau de la chapelle qu'étaient les grilles à travers lesquelles on voyait la modeste châsse en cuivre argenté où reposait le chef du saint martyr.

Le mardi de Pâques, les confrères à la tête desquels était un vicaire, allaient à la procession générale des reliques qui avait lieu à la collégiale et marchaient ayant en tête la châsse du martyr, séparés du reste du clergé qui avait le pas sur celui des autres paroisses.

Confrérie des Bouchers.

Cette confrérie était sous l'invocation de saint Jean-Baptiste, dont il y avait une superbe statue au-dessus de la porte de la sacristie, à côté de la chapelle de Saint-Rustice. On y chantait une messe le jour de la fête.

Chapelle de Saint-Thomas.

Cette chapelle était adossée au pilier qui est en face de l'ancienne chapelle de Saint-Roch, aujourd'hui Saint-Vincent de Paul. C'était à cette chapelle qu'était fondée la messe matutinale à laquelle il y avait tous les jours un nombreux concours d'artisans.

Chapelle de Saint-Eustache.

Elle était adossée au pilier suivant. On y remarquait une statue de saint Eustache ne sachant auquel de ses enfants accourir, voyant chacun d'eux entraîné par une bête féroce.

Chapelles de Saint-Léonard et de Sainte-Claire.

La chapelle de Saint-Léonard, invoqué par les femmes en travail d'enfant, était à côté de celle de Saint-Rustice, là où est aujourd'hui celle des Pénitents de la charité.

La chapelle de Sainte-Claire, invoquée pour les maladies des yeux, était là où les Pénitents noirs ont établi la leur.

Nota. — Autrefois, le jour de Sainte-Claire, il y avait une procession qui avait lieu une année à Saint-Pierre, l'autre à Saint-Michel. Elle avait été établie en mémoire de la découverte de la trahison de la ville, qu'un nommé Pradeaux devait livrer aux Anglais (1). Cette procession avait été discontinuée depuis bien des années.

Ornements. — Trésor.

La paroisse de Saint-Pierre était très bien montée en ornements, en argenterie. Elle avait deux ostensoirs, l'ancien et le nouveau.

La forme de l'ancien mérite d'être ici décrite : la base était un quadrilataire dont les côtés se rapprochaient sur le devant. Ce quadrilataire représentait le haut des murailles de Jérusalem. Elles étaient crénelées et flanquées de quatre tourelles aux angles. Ces tourelles servaient de poignées pour porter le Saint Sacrement. Dans l'enceinte était le sommet d'une montagne. Au centre du rocher était placée la lunette pour la sainte Hostie. La montagne était surmontée de trois croix d'environ sept à 8 pouces au moins pour celle de Notre Seigneur et les deux autres ;

---

(1) Cette trahison et l'établissement de la procession [1426] ont été racontés par M. L. Guibert dans les *Récits de l'histoire du Limousin*, p. 277

celles des larrons moindres de quelques pouces : le tout en vermeil. On s'en servait les jeudis et les troisièmes dimanches.

Le second était moderne et en argent, d'un volume et d'un poids considérables. Sur le devant flottait un gros bouquet d'épis de froment et de raisins. Six énormes chandeliers en argent avaient été faits pour assortir l'ostensoir au jour des solennités. Ils avaient près de cinq pieds. Le tout avait été travaillé par Blanchard, orfèvre près l'église de Saint-Pierre, qui avait été se perfectionner à Rome.

Une croix d'environ quinze pouces ayant deux travers. Elle était en vermeil, d'un goût gothique. Elle était toute garnie de pierreries ; c'était celle que portait le sous-diacre en allant à l'autel, avec laquelle on donnait la bénédiction solennelle après chaque grand'messe.

Un superbe reliquaire en vermeil, mais très gothique. Sur sa base ronde comme celle d'un pied de calice, s'élevait également une tige qui, comme à la hauteur du nœud, soutenait un parallélogramme d'environ sept pouces de hauteur sur moitié de largeur. Il était partagé dans toute sa hauteur par un morceau de la croix de saint Pierre, et traversé lui-même par deux autres parcelles de la croix de saint André. Toutes ces pièces d'environ six lignes carrées. Ce reliquaire, qui venait du trésor de l'abbaye de Grammont, était tout chargé de pierreries.

J'ai déjà parlé de la grande custode ou ciboire en vermeil donné par les bouchers. Je ne parle pas ici des encensoirs, croix processionnelles, vases pour l'eau bénite, ciboires, calices, bâtons de chantres, reliquaires, etc., etc., le tout en argent, des livres de l'Evangile, des Epîtres couverts en vermeil.

Bâtiment de l'église ; son intérieur, ses alentours, etc., etc.

La paroisse de Saint-Pierre est très-ancienne. Ce fut Rorice II qui fit bâtir l'église dès l'an 534 ; elle est sur le pilotis. Quoique commencée à édifier dès le VIe siècle et consacrée en 1454, elle n'a été achevée ou finie de réparer qu'en 1534. De là vient sans doute qu'elle est si irrégulière dans sa forme, et défectueuse dans sa lourde architecture.

Le sanctuaire était entouré d'une galerie ayant tous les balustres en cuivre. Le devant était garni de quatre grands chandeliers ou candélabres aussi en cuivre. Un ange suspendu horizontalement en face du Saint Sacrement, tenait un chandelier remplaçant la lampe aux jours des fêtes solennelles.

La chaire à prêcher était très-belle, dans le goût de celle qui existe aujourd'hui. Chaque pierre de marbre était au milieu d'un bel encadrement, avec des guirlandes et des têtes d'anges en relief. Du dessus de la chaire s'élevaient des gondoles également sculptées en relief jusqu'à la frise du pilier qu'elle entourait en partie. Le ciel de lampe, non moins bien travaillé, allait toucher à la base du pilier. Le tout très bien doré.

L'orgue était au-dessus de la porte, en face de l'autel.

Vis-à-vis de la chapelle des Pénitents rouges, autrefois Saint-Léonard, était placée la sépulture de Notre-Seigneur connue sous le nom de *Monument*. Ce fut dame Paule Audier qui, au retour d'un pèlerinage en Terre Sainte, le fit exécuter, en 1421, sur le modèle de celui du Saint Sépulcre. Ce furent des sculpteurs vénitiens qui furent chargés de cet ouvrage. Il est aujourd'hui à côté de la porte collatérale appelée synagogue (1).

On trouvait au premier pilier de droite en entrant dans l'église, (non compris celui qui était comme masqué par la galerie de l'orgue et le banc des âmiers) une statue gigantesque de saint Christophe. Un corps d'arbre lui servait de bâton. De l'autre main il tenait Jésus-Christ sur une épaule, lequel soutenait un globe. La sculpture en était bonne (2).

On sait que le peuple a été pendant plusieurs siècles dans la persuasion que la vue seule d'une figure de saint Christophe garantissait des maladies contagieuses ; voilà pourquoi on plaçait à l'entrée des églises ces énormes statues, afin qu'elles fussent vues de tout le monde. Elle est placée aujourd'hui en face du *Monument*.

Quelque maussade que soit l'architecture, même intérieure, de l'église, les connaisseurs admirent toujours la hardiesse et la délicatesse d'une colonne, plutôt que d'un pilier, élevée en 1546 pour soutenir la voûte de Notre-Dame des Agonisants, aujourd'hui la tribune des Pénitents blancs.

A la gauche de l'autel de Notre-Dame des Agonisants était dans

---

(1) Il ne reste rien de ce *monument* qui, en son genre, était le plus ancien, non seulement du diocèse de Limoges, mais encore de la France entière. Voir notre *Etude sur les mises au tombeau*, dans le Bulletin de la Société archéologique du Limousin, T. XXXV, p. 511.

(2) Cette statue n'existe plus. — On en trouvait de semblables dans plusieurs églises du Limousin ; celle de Beaune en conserve encore une, au bas de laquelle on voit un écusson portant *un lion accompagné de trois roses, deux en chef et une en pointe*. Ce sont probablement les armes des Roger des Essarts, qui sont *d'azur à trois roses d'or posées 2 et 1*. Une branche de cette famille habitant le Poitou ajoutait un lion sur son écusson.

la base du clocher le tombeau de Bardon de Brun, prêtre fondateur des Pénitents noirs, mort en odeur de sainteté, vers la fin du xvie siècle (1). Il était gardé par une grille en fer. Son portrait était dans le fond avec cette légende : *In memoria œterna erit justus*. J'ai eu à ma disposition le missel dont se servait ce saint prêtre. Il avait été conservé dans la bibliothèque des Carmes déchaussés. Crainte qu'après ma mort, il ne fût profané, je l'ai déposé dans la bibliothèque des Filles de Notre-Dame.

Dans l'épaisseur du mur du côté du Collège, se trouve la porte par laquelle on descend dans le sépulcre ou *civori*, dans la langue du pays. On y descend par un escalier qui conduit sous une voûte placée sous le pavé de l'église, en allant vers la chapelle de sainte Madeleine. Dans l'obscurité du fond se trouve un autel bien assorti à la pauvreté et au dépouillement que doit inspirer la pensée de la mort. Le jour ne s'y introduit guère que par quelques ouvertures. L'aspect des ossements entassés derrière une claire-voie qui règne tout le long du côté gauche, la multiplicité des inscriptions ou des symboles de la mort qui dès le haut de l'escalier sont peints sur la muraille, font de fortes impressions sur l'âme et prêtent à de salutaires méditations (2).

Il y a aussi d'autres caveaux dans l'église ; le froid de 1789 n'ayant pas permis d'ouvrir de fosses dans les cimetières, et la mortalité ayant été considérable, on déposa les bierres dans le sépulcre, d'où on les retira secrètement pendant la nuit pour les déposer dans le caveau qui se trouve dans la nef qui va au maître autel.

Le Clocher.

Le clocher, quoique moins élevé que celui de Saint-Michel, est

---

(1) Plus exactement en 1625. Il était né en 1564.

(2) Le 6 septembre 1428, l'official de Limoges siégeait « *in capella civorii ecclesie parochialis Sancti Petri de Quadrivio,* » et y publiait des ordonnances et statuts (encore manuscrits et inédits, à l'évêché de Limoges). Mais ce n'est pas de cette chapelle sépulcrale appelée aussi *civoire* qu'il faut l'entendre. Celle où siégeait l'official en 1428 était dans le cimetière de Saint-Pierre, à peu près à l'endroit où se trouvent aujourd'hui les sacristies ; il n'en reste pas trace. Au contraire, le sépulcre dont parle Bullat existe toujours. On trouve au-dessus de sa porte une pierre de 0,35 centimètres de hauteur sur 0,43 de largeur, portant l'inscription suivante, qu'accompagnent une tête de mort et des ossements :

1548. — Donnet l'evesque de Betlehem quarante jour de vray pardon a q. dira Pater nr. Ave M.

cependant préféré par les connaisseurs, parce que les proportions en sont mieux gardées. Il a été souvent foudroyé, notamment en 1829 qu'il fut fort endommagé.

Cimetières. — Chapelle du Maupas.

La paroisse [de Saint-Pierre] avait trois cimetières.

Le premier était sur la place de l'église ; il était enceint d'une muraille, qui partait des deux coins ou pignons de l'église, et se terminait à quelque peu de pieds de la fontaine qui séparait la place de la Poissonnerie existant alors en cet endroit. Ces murailles étaient couvertes ou couronnées par de longues et lourdes pierres prismatiques. A l'extrémité, en face de l'autel, était une élévation en pierres de taille, avec un pupitre également en pierre. C'était là où se donnait la bénédiction, où se chantait l'évangile le jour des Rameaux.

Au côté droit de la porte était placée, le long du clocher, une croix en figures sculptées. Elle avait été enlevée du milieu de la rue de l'Arbre-peint, communiquant à celle de Puy-de-Vieille-Monnaie.

Il y avait au milieu du cimetière, en face de la porte du clocher, une grande et énorme pierre tumulaire, élevée de terre d'environ trois pieds.

Le second était celui qui existait entre l'église et le collège.

Le troisième, dont un nommé Malherbe a fait une écurie de la chapelle, était dans le chemin du Maupas, faisant coin à la rue des Tanneries. Il y avait une chapelle dédiée à saint Martial, où on allait chanter la messe tous les premiers dimanches du mois de mai.

On lisait au frontispice extérieur de la chapelle :

> « Passant, par où tu passes, comme toi j'ai passé ;
> « Par où j'ai passé aussi tu passeras ;
>   « Comme toi, vivant j'ai été,
>   « Comme moi, mort tu seras. »

C'était de ces vers qu'était venu au chemin ainsi qu'à la chapelle le nom de Maupas (mauvais pas ou passage).

Étendue de cette paroisse hors de ses limites naturelles.

La paroisse de Saint-Pierre traversait toute celle de Saint-Michel pour aller prendre à gauche de la route de Saint-Junien, le Coudert, le Maslage, et sur la droite, après avoir passé Beauvais, le village de Bellegarde, Lage, Gattesoleil, les Landes etc., etc. On croit que ces villages demeurèrent à Saint-Pierre, parce que ce fut de cette paroisse que leur furent portés les secours spirituels en temps de peste.

C'étaient les villages du Coudert et du Maslage qui payaient la dime au curé. Ils fournissaient les cordes du clocher et ils avaient la liberté de sonner toutes les cloches à l'enterrement de chaque individu des deux villages.

Observation.

Quoique ce fut l'évêque qui nommait à la cure de Saint-Pierre, elle dépendait cependant dans le principe du chapitre de Saint-Martial. Ce fut en 848, sous l'épiscopat de Stolide, époque à laquelle les chanoines ou plutôt les gardiens du sépulcre de saint Martial embrassèrent la règle de saint Benoît, que la nomination en fut dévolue à l'ordinaire.

Persécution contre le clergé.

Le clergé de Saint-Pierre repoussa le schisme. L'évêque constitutionnel étant nommé, on envoya le secrétaire général de la Mairie pour ordonner de sonner toutes les cloches : « Les cloches ne veulent pas plus participer au schisme que le clergé. Elles ne sonneront pas ; d'ailleurs ce n'est pas la sonnerie [des fêtes] qui convient dans cette circonstance, où il n'y a pas de quoi se réjouir ; mais celle qui est le signe du malheur et de l'effroi. » Telle fut la réponse des vicaires en l'absence du curé.

Les vicaires ayant refusé de faire un mariage, sur une dispense de l'évêque constitutionnel, celui-ci annonça qu'il viendrait le bénir lui-même. Sur la réponse qui fut faite qu'il n'entrerait dans l'église qu'en forçant les portes qui seraient fermées à son approche, il n'osa pas s'exposer à cet affront. Il maria les contractants dans la chapelle de Saint-Aurélien. Ceux-ci, se rappelant les instructions qu'on leur avait faites, ne purent résister au remords et dès le soir même ils se séparèrent, ne se regardant pas comme validement conjoints par un intrus.

Un des vicaires fut exposé à être renvoyé au tribunal révolutionnaire établi à Orléans, sur la dénonciation d'un nommé Germain, relieur, qui se rapportait à la confession de son fils qu'on disposait à la première communion.

M. le curé étant député à l'Assemblée nationale, par égard à cette qualité et dans l'espoir qu'on parviendrait à lui arracher le serment, on suspendit l'exécution du renvoi du clergé de la paroisse, qui étant la seule où l'on fit l'office catholique fut le rendez-vous de tous les prêtres fidèles expulsés des leurs. Faveur qui faillit coûter cher au vicaire et aux prêtres communalistes.

Voici comment :

Le lundi de Pâques, le département signifia au clergé qu'il eût à assister le lendemain avec les reliques de saint Rustice, à la procession générale, dont la réunion avait lieu à Saint-Michel, comme ayant la relique de saint Martial. Une députation se rendit au département et signa sur les régistres de la commune le procès-verbal portant refus d'assister à une procession schismatique. Le soir, signification d'un arrêté de la Mairie rendant le vicaire, qui, le matin, avait porté la parole, garant et responsable de tous les événements, troubles et excès auxquels les citoyens pourraient se porter en cette occasion.

Le mardi 25 avril 1791, la procession eut lieu le matin, sans que le clergé fût inquiété. Il regretta même de s'être caché en cas de troubles ; mais on avait ajourné au soir le plus exécrable des projets : celui de se défaire du clergé. L'enterrement du sieur Chabeau, grenadier de la garde nationale, en fournit l'occasion. Il devait avoir lieu le soir après vêpres. Au sortir de l'église, le clergé trouva tout le cimetière, en avant de l'église, ainsi que la rue qui conduisait à la porte du défunt, encombrés de peuple dont les uns proféraient des cris de mort ; les autres, en larmes, manifestaient leurs craintes sur l'exécution d'un projet qu'ils connaissaient. Ils saluaient le clergé, comme voué au martyre sans qu'il s'en doutât. En effet, arrivés à la porte du défunt, quelle fut la frayeur des prêtres, quand ils virent la compagnie de grenadiers, rangée devant la maison Vilette, rue Poulalière. Au moment où on donna l'ordre de mettre en joue, quelques membres du clergé, prenant la fuite, des personnes, mal intentionnées, se précipitèrent pour les arrêter par le surplis. Le clergé étant confondu dans la mêlée, la décharge devint impossible; alors le sieur Muret, officier commandant, vint saisir l'officiant au-dessous du cou et, tenant son sabre pointé vers la gorge de celui qui ne pouvait se défendre, il s'échappa en menaces et en injures; pendant ce temps, le convoi se mit en marche pour se rendre à l'église. Je n'insiste pas davantage sur les circonstances de cette épouvantable crise, les détails en furent consignés dans la gazette de Durosoi (1).

---

(1) Durosoy était rédacteur du journal *La Gazette de Paris*.

Expulsion du clergé.

L'évêque intrus voyant avec humeur que tous les prêtres catholiques affluaient dans la paroisse de Saint-Pierre, redoutant que la fermeté du clergé, par son refus d'assister à la procession de saint Marc, ne l'exposât à la risée et au mépris, se rendit la veille à la Mairie, pour exiger avec menaces que le clergé inassermenté fût remplacé par les constitutionnels. A neuf heures du soir, un arrêté de la Mairie fut signifié portant que l'église fût vide le lendemain matin à huit heures. Le vicaire, à qui l'arrêté de la Mairie fut signifié, le fit connaître aux différents membres du clergé; à sept heures il fut dire la dernière messe et porter le saint viatique à un malade, qui fut le dernier exercice du culte catholique dans la ville; après quoi il se retira. Il est à observer que ce fut le même vicaire qui, au rétablissement du culte, en commença l'exercice dans la ville en portant le saint viatique à un cloutier, rue Puy-de-Vieille-Monnaie ou du Canard; il s'appelait Zainzand. A huit heures du matin, se présenta provisoirement pour desservir la paroisse le curé assermenté de Saint-Just, nommé Senèque, étant assisté de trois religieux, deux ex-grands carmes et un cordelier : tous trois venaient comme vicaires. Ils assistèrent, en effet, à la procession de saint Marc.

Un des vicaires, ex-grand carme, appelé de suite pour donner l'extrême-onction, se trouva fort embarrassé, n'ayant pas trouvé de saintes huiles. Il les remplaça par la salive, observant aux spectateurs qui paraissaient mécontents, qu'en donnant le baptême, on se servait tour à tour indifféremment d'huile et de salive pour faire les onctions; ils parurent satisfaits.

Quelque temps après, on nomma curé constitutionnel un Génovéfin nommé Bandi. Il s'annonça d'une manière assez pacifique, mais il ne put pas contenir longtemps sa rage révolutionnaire [et se montra] homme de sang et de pique à figure doucereuse.

La paroisse de Saint-Pierre tenait généralement aux vrais principes. Il eût été même difficile de la corrompre sans l'événement du fameux incendie, qui en consuma une grande partie. L'Assemblée ayant décrété une somme de 300,000 fr. en faveur des incendiés, et la distribution en ayant été remise au club, les révolutionnaires se servirent de cette somme pour corrompre l'esprit général, comme ils se servaient de la distribution des reliques trouvées à l'évêché, provenant du trésor de l'abbaye de Grammont, pour les offrir en récompense de leur patriotisme aux habitants des paroisses de campagne, qui venaient les chercher en armes et ne se retiraient qu'après avoir été endoctrinés par le club et avoir prêté le serment qui les attachait à la Révolution.

M. Cognasse, prêtre catholique, étant mort, ses confrères ayant été en cachette lui rendre les derniers devoirs dans l'appartement où il était mort, la famille fit mettre le corps à la porte de la maison, d'où il fut conduit à l'église sans être accompagné de personne. Un ex-bénédictin nommé Jean Dunois, qui venait d'être attaché à l'église en qualité de quatrième vicaire constitutionnel, irrité du mépris que la famille faisait de son ministère quand, seul avec le porte-croix, il vint enlever le défunt, se permit des imprécations et poussa sa rage, jusqu'à ne vouloir faire aucun office pour cet aristocrate. Dieu le permettait ainsi, afin qu'un prêtre mort dans le sein de la vraie Eglise, ne reçût pas les suffrages d'un schismatique. Le porte-croix, révolté d'une semblable démonstration de haine, entonne et chante seul l'antienne à la Vierge *Salve regina*. Le vicaire se retire de dépit ; à peine arrivé à la sacristie, il tomba dans un état de folie, répétant à tous moments : « Malheureux que je suis !... non, je n'étais pas digne de prier pour un tel prêtre. Il est au ciel ; et moi avec mon serment où irai-je ? »

Ce fut chez M. Ardant, marchand épicier, rue du Collège, que fut déposé le Saint-Sacrement pour les malades ou autres fidèles. Cette famille éminemment catholique a eu le bonheur de le conserver jusqu'à la restauration du culte, par le moyen de prêtres cachés qui y célébraient la messe à des distances rapprochées.

M. le curé émigra en Allemagne, les vicaires en Espagne. Un seul communaliste finit par prêter le serment ; c'était lui qu'on trouva à la tête de la paroisse quand, en vertu du Concordat, le clergé reparut. Il se retira sans résistance, mais non sans humiliation et sans regret d'être renvoyé...

3° PAROISSE DE SAINT-MICHEL DES LIONS (1).

Saint-Michel était dans le principe une chapelle d'un cimetière. De là vient qu'on lui donna le nom de l'archange, qu'on croyait devoir à la fin des temps donner le signal de la résurrection générale pour le jugement universel.

---

(1) Voir : *Recherches historiques sur la paroisse de Saint-Michel des Lions, de la ville de Limoges.* — A Limoges, chez J.-B. Bargeas, imprimeur-libraire, rue Ferrerie. 1811. — Ce petit volume in-18° de 68 pages est l'œuvre de l'abbé Legros.

Elle fut notablement endommagée par l'incendie qui, en 1112, détruisit le château de la ville, au moins en partie. Ayant été réparée, Jean de Veyrac, mort à Saint-Jean d'Acre dans la Terre Sainte, en avait fait la dédicace en 1213, avant d'aller au 4e concile de Latran. Cette chapelle fut remplacée par l'église qui existe aujourd'hui, dont la première pierre fut posée le 25 mai 1364. On lui conserva le nom de Saint-Michel, auquel on ajouta des Lions, à cause des deux lions en pierre, placés à l'entrée du plan vis-à-vis la porte du clocher. On prétend qu'ils venaient du palais du proconsul, qui reposait, par les coins, sur quatre lions dont le troisième était à la porte de Saint-Martial et le quatrième au portail Imbert, dans la gueule duquel se trouve une boule mouvante (1).

---

(1) Saint-Michel n'était pas la seule église de Limoges ayant des lions en pierre. Celle de Saint-Martial en avait aussi un à sa porte méridionale, qui pour cela était appelée la porte du lion.

On ne sait pas d'une manière exacte quand et pour quel monument ces lions, de grandeur naturelle, ont été taillés dans des blocs de granit fort durs. Parmi toutes les suppositions qui ont été faites, la plus probable est celle que donne ici l'auteur. Toutefois le palais qu'ils décoraient, soit romain, soit plutôt carlovingien, avait été détruit avant 1086, car à cette date ils occupaient déjà leur place actuelle à la porte de Saint-Michel.

On a remarqué plusieurs chartes portant cette formule : *inter leones*. C'était en effet entre les lions, devant la porte de l'église, qu'avait lieu la publication des actes solennels. D'autres chartes disent simplement : « Devant la porte de l'église », parce qu'il n'y avait pas de lions, et d'autres : « Dans le cimetière » qui était attenant à l'église. Il en est même qui disent : « Sous l'ormeau » qui était devant l'église : *Actum apud Machacollum subter ulmum anno Domini M CC XII*.

Le plus ancien texte que je connaisse se rapportant aux lions de Limoges est le suivant que nous conserve le Cartulaire d'Aureil : *Factum est autem hoc donum apud Lemovicas apud leones, in manu fratris Gaucherii prioris tempore Guidonis episcopi*. L'évêque de Limoges, Guy de Laron, étant mort en 1086, ce texte est antérieur à cette date. Le même Cartulaire, dans un acte antérieur à 1140, nous fait connaître le don que Roger de Laron fit devant le lion de la porte de Saint-Martial : *Hoc donum factum est apud Lemovicas, ante portas sancti Martialis, ubi est leo*.

Outre les lions de Limoges, on en connaît plusieurs autres en Limousin, dont la plupart existent encore. On en trouve un à la porte de l'église de Saint-Maurice-les-Lions, près Confolent, un au château de Rochechouart, deux qui sont brisés au château de Ségur. Dans la Creuse, trois à Toulx-Sainte-Croix, trois à Chambon, un à Jouillat, Bonlieu, Magnat, au château de Beauvais et à celui de la Chapelle-Saint-Martial. Hors de la province, à Angers, Verdun, Montfaucon en Argonne et Bordeaux. Puis à l'étranger devant les cathédrales de Grenade et de Cordoue, ainsi qu'à l'église de Saint-Laurent in-Damaso à Rome.

Clergé et Confréries.

Cette paroisse, la deuxième de la ville, était la plus populeuse. Son clergé se composait d'un curé nommé par l'abbé de Saint-Martial. Quoique à raison des oblations son revenu fût des plus considérables, il n'en était pas moins à la portion congrue. La nomination en appartenait au chapitre, parce que saint Loup qui, avant d'être évêque, avait été chanoine gardien du tombeau de saint Martial, lui avait fait don de cette chapelle devenue cure.

Il y avait cinq vicaires titulaires, quelques communalistes et prêtres habitués. Comme à Saint-Pierre, grand nombre de clercs tonsurés étudiants assistaient aux offices, qui étaient à peu près les mêmes que ceux qui avaient lieu dans la première paroisse.

La paroisse de Saint-Michel possédait le chef de saint Loup, dont l'ouverture de la châsse attirait grand concours d'étrangers, le jour de la foire qui en porte le nom (1).

L'oraison des Quarante heures avait lieu les dimanche, lundi et mardi de la Sexagésime.

La fête de la confrérie de Notre-Dame des Agonisants n'avait lieu que le dimanche après l'Assomption de la Sainte Vierge, et celle des Ames du purgatoire, le dimanche après la fête des Morts.

Il y avait une très grande dévotion à la chapelle de Saint-Léonard.

Monument de l'église.

L'église de Saint-Michel a de profondeur 148 pieds, 61 de largeur, 30 de hauteur; l'architecture est bien observée et très-légère.

Le fond du maître-autel était l'arbre de vie qui s'élevait au-dessus du tabernacle sur un plan marbré.

L'orgue était comme celui d'aujourd'hui au-dessus de la porte collatérale, en face de celle du clocher.

Il y avait un *monument* comme celui de Saint-Pierre (2). Comme il était adossé à la prison, il fut dégradé par une ouverture pratiquée par des prisonniers, pour s'évader de leur cachot par l'église. On finit de le démolir en 1774.

La chapelle de Notre-Dame des Aides, espèce de hors-d'œuvre, du côté opposé à la sacristie, fut bâtie en 1560 à l'occasion

---

(1) Le 22 mai.
(2) V. ci-dessus, page 381.

d'un meurtre commis par un calviniste (1). En dehors et à côté de la porte qui est sous l'orgue, était une croix en pierre avec des reliefs représentant le meurtre de Pierre Bermondet, lieutenant général de la sénéchaussée en 1513 par François Pontville, vicomte de Rochechouard. Ce monument fut détruit en 1779, ainsi que son semblable, érigé par arrêt de justice, sur la paroisse de Saint-Laurent-sur-Gorre.

Clocher.

Le clocher au-dessus de la porte collatérale, à droite de l'église, ne fut commencé à bâtir qu'en 1383, dix-neuf ans après l'église. Il est composé de six étages qui s'élèvent sur une base quadrilataire. Il a été plusieurs fois frappé et endommagé par la foudre, notamment en 1604. En 1754, une des tourelles fut abattue, une partie de la voûte écrasée, l'orgue détruit et plusieurs maisons environnantes endommagées. Le tonnerre est tombé sur le clocher et s'est introduit dans l'église un 6 janvier en temps de neige. Quoique à raison de la solennité, l'église fût pleine, ce malheur étant arrivé pendant vêpres, personne ne fut atteint, le feu s'attachant à suivre tous les endroits où il y avait de la dorure.

Au commencement du siècle, quelques années après le rétablissement du culte, le clocher fut de nouveau foudroyé, le dix novembre à 7 heures du soir.

La pointe pyramidale, élevée pour lors de 210 pieds, en perdit 25 dont la chute enfonça la voûte et par suite le pavé de l'église. Malgré l'épaisseur du nuage de fumée qui étouffait la respiration de ceux qui cherchaient à pénétrer dans l'intérieur,

---

(1) L'auteur des *Annales manuscrites de Limoges* (1638) donne une version qui diffère un peu de celle de l'auteur. « L'hérésie luthérienne ayant pris peu à peu à Limoges, causa, en 1560, une grande division dans la ville, par le renversement des croix qui étaient autour de la ville, et des images; et, entre autres, de celle de Notre-Dame-de-la-Place, qui était en dehors au coin de l'église de Saint-Michel-des-Lions. Au mois de juillet, ils coupèrent la tête à cette image de la Vierge, et la portèrent sur le Pillory de la place des bancs, où l'on exécutait les malfaiteurs. * La tête et l'image furent remises en procession solennelle, en leur lieu, et Jean Champsat, chanoine de Saint-Etienne, mu de dévotion, fit enfermer ledit lieu d'une chapelle, qu'il fit couvrir de plomb, ainsi qu'il se voit à présent; laquelle chapelle porte son nom, est dite chapelle de Champsat; et à cause d'une frérie qui y fut instituée, on l'appelle aussi Nostre-Dame-des-Aydes. » Cette chapelle a disparu de nos jours.

* Le chroniqueur du Consulat de Linoges, qui était contemporain des faits, les raconte assez différemment. (V. *Reg. consulaires*, II, 202.)

on remarqua qu'aucune des lampes ne fut éteinte. On le considère comme un témoignage que Dieu a pour agréable cette espèce de culte, figuratif de ce feu sacré qui doit brûler nuit et jour dans les cœurs des véritables chrétiens et des fidèles adorateurs.

Ce dégât fut réparé en 1824; on donna 218 pieds d'élévation à la pointe, mais on l'arma d'un paratonnerre qui remplaça le signe religieux qui le terminait autrefois si naturellement.

Chapelles dépendantes de l'église de Saint-Michel.

Le cimetière de Saint-Michel était au-dessous de la place d'Orsay et occupait tout cet emplacement dont la pointe va vers le chemin qui traverse pour aller dans le faubourg Montmailler.

C'était au milieu de ce cimetière que se trouvait la chapelle dédiée à saint Antoine, parce qu'on prétend que c'était là que ce saint si célèbre commença à prêcher quand il vint à Limoges.

Cette chapelle était celle où les Pénitents gris avaient leur tribune ; ils étaient chargés de son entretien, comme de ses ornements. Aussi n'était-elle connue que sous le nom de chapelle des Pénitents gris.

L'autre était celle du Crucifix d'Aigueperse. Cette chapelle, dont tout l'ornement était un crucifix sculpté au-dessus de l'autel, avait été fondée en 1458 par Guillaume Jauvion, curé de Saint-Michel. Elle était sur le bord de la route de Paris, près le ruisseau d'Aigueperse (*aqua sparsa*) qui traverse le grand chemin. Elle était extrêmement petite, beaucoup plus large que profonde. Elle n'était fermée que par une claire-voie, afin qu'on pût y prier à toute heure du jour ou de la nuit. L'entrée était en face du chemin qui vient des terres de Poilevet.

En 1784, elle fut reconstruite sous une nouvelle forme et direction par M. Martin, curé de Saint-Michel. Ce fut M. de Montesquiou-Fezensac, abbé de Saint-Martial, qui en fit la bénédiction.

Il y avait un grand concours de peuple les dimanches de Carême, ainsi que les autres jours, surtout celui du Vendredi saint. Il s'y acquittait beaucoup de messes par les vicaires de la paroisse.

Le chapitre de Saint-Martial y allait faire une station, le mardi des Rogations.

Dispersion du clergé.

Le curé ayant refusé le serment fut expulsé par M. Laboulinière, génovéfain, curé de Saint-Brice, près Saint-Junien.

Trois de ses vicaires, ainsi que les autres prêtres, se retirèrent au moment de l'intrusion.

Un vieillard communaliste et deux vicaires prêtèrent serment. Le premier, qui devint vicaire épiscopal, y fut comme forcé, par les mauvais traitements de son père. Le second, après avoir fait une profession de foi en chaire, qui fit répandre bien des larmes, fut mis dans les fers. Il ne se montra pas moins ferme devant le tribunal. Mais cédant à la crainte, il dit : « Je ne me sens pas la force d'être martyr ». Il prêta le serment. Dès ce moment, il parut avoir perdu la tête ; ce n'était plus que scandales, disputes, même batailles avec son curé, qu'il traitait d'intrus, même dans l'église. Il le frappa avec la relique du bras de saint Martial, qu'il exposait à la vénération ; au point fut le scandale, que la garde fut obligée d'intervenir. Il finit par être guillotiné à Paris, après avoir emporté les vases sacrés de la chapelle des prisonniers de Limoges qu'il desservait (1).

Le curé légitime, M. Martin, émigra en Italie, ainsi qu'un des trois vicaires fidèles, qui se rangea ensuite parmi les dissidents de la petite Eglise, prit l'habit laïque, quoique assistant les dimanches à la messe des prêtres dont il ne voulait pas reconnaître la mission. Il rentra dans son état, après la mort de Mgr Duplessis d'Argentré, reconnut Mgr Dubourg pour évêque et finit par être nommé curé de Saint-Michel (2).

Les deux autres vicaires se réfugièrent en Espagne ; ils s'associèrent pour ce voyage aux vicaires de Saint-Pierre et autres prêtres, formant un total de quatorze. Arrivés à Uzerche, ils faillirent tous être massacrés par une partie d'un bataillon de Tulle. Ils l'auraient été le matin, malgré la bienveillance de M. Clédat, maire, si M. Ardant de la Grénerie, commandant de la garde nationale, après leur avoir procuré des passe-ports pour retourner sur leurs pas, ne les eût fait évader dans la nuit par des chemins détournés, escortés par la garde nationale. Ils

---

(1) Pierre Montet-Lambertie, né à Limoges en 1756, guillotiné à Paris le 29 octobre 1794.

(2) Jean-Baptiste Montégut, ancien curé d'Uzurat, déporté en Italie pendant la Révolution, rentra en France à l'époque du Concordat ; fut nommé à la desserte de la succursale d'Isle, près Limoges, le 23 janvier 1803, et ensuite à la cure de Saint-Michel-des-Lions, le premier novembre 1805 ; prit possession le premier janvier 1806. » (Legros. — Recherches historiques sur Saint-Michel-des-Lions.)

En 1820, il devint chanoine de Saint-Etienne et grand pénitencier, et mourut en octobre 1838, âgé de 87 ans.

repartirent de Limoges pour leur destination, par une autre route qui ne se trouva pas libre, pour eux, d'obstacles, encore moins de dangers.

Massacre de M. Chabrol, prêtre.

M. Chabrol était un simple habitué de la paroisse de Saint-Michel. Il avait donné plusieurs preuves d'une force extraordinaire ; comme on le redoutait, il fut désigné [pour être la] victime des clubistes. La nouvelle, qui arriva le dimanche de l'entrée du roi de Prusse à Verdun, en 1792, fut le prétexte dont on se servit pour exécuter l'homicide sacrilège (1). Sur les six heures du soir, (à peu près à la même heure, les clubistes sortis tumultueusement de l'église du collège, où ils tenaient leurs réunions, investissaient ou cherchaient à escalader une maison vis-à-vis celle de M. Pradeau où demeuraient deux frères vicaires de la paroisse de Saint-Pierre (2), un secours du ciel put seul les sauver), sur les six heures du soir, des grenadiers armés se présentaient chez lui pour requérir avec violence les armes qu'on l'accusait d'avoir. Pendant les pour-parler, a lieu un rassemblement organisé dès le matin à cet effet. On s'empare de la victime. M. Chabrol, ne sachant pas où on voulait le traîner, demande à être conduit devant M. Cousin, son voisin et juge de paix. On y consent. Comme il tardait à revenir, on menace de brûler la maison hospitalière, si l'on ne leur remet l'abbé Chabrol. Celui-ci entendant la menace qui est faite, fait offrir de se livrer à la condition que ce serait pour le conduire en prison. On en fait la promesse au juge de paix. Voyant qu'il faut faire son sacrifice, il se prépare à la mort. En effet, étant revenu à la merci de ces factieux qui eurent l'air de prendre le chemin de la prison, on ouvrit, par derrière, passage à une femme [nommée C..... plus] connue sous le nom de Bras-court, qui lui déchargea un grand coup du tranchant d'une hache, et lui traversa en partie le corps. Une fois abattu du coup, on finit de le massacrer à coups de

---

(1) L'abbé Chabrol fut massacré à la suite de la fête du 14 juillet 1792, anniversaire de la prise de la Bastille et de la fédération. L'entrée du roi de Prusse à Verdun dans les premiers jours de septembre 1792 fut le prétexte des troubles et des massacres qui eurent lieu à Paris et dans plusieurs villes de France. L'auteur semble avoir confondu ces deux dates.

(2) De même que l'auteur, Bullat, ne s'est pas nommé avec son frère, en parlant des vicaires de Saint-Pierre refusant de recevoir l'évêque constitutionnel, il continue à garder le même silence, en se désignant encore ici, sous le simple titre de vicaire.

sabre, de baïonnettes, de culasses de fusils. Il fut mis en terre à minuit par ordre de l'autorité. Sa mort fut celle d'un héros chrétien et non pas celle d'un Hercule, comme l'a écrit Baruel, mal informé sans doute des circonstances qui précédèrent ce massacre.

Le lendemain, la ville était dans un état de stupeur et sentait, en outre, vivement la perte qu'elle venait de faire. M. Chabrol avait de rares connaissances d'anatomie, ce qui faisait qu'il était pensionné de la province pour donner ses secours aux personnes qui avaient le malheur de se fracturer quelque jambe ou autre membre. Le lendemain de sa mort, on vit arriver à sa porte trois de ces infortunés qui s'étaient fait transporter de loin, et qui eurent le désespoir de se voir privés de ses talents, qu'il exerçait toujours avec succès et gratis.

Sa mort ne tarda pas à être vengée d'une manière qui attestait la justice sévère de Dieu. La malheureuse qui avait porté le coup de hache, étant sur le pont de Saint-Étienne, le lundi à sept heures du matin, rapportant à d'autres furibondes comment elle était parvenue à consommer son forfait; dans l'ivresse de son délire et l'exaltation de son triomphe, elle n'aperçut pas un chariot qui transportait un bois de marine, dont l'extrémité, la saisissant contre le mur du pont, lui traversa le corps presque séparé en deux. Telle fut la fin de cette cannibale.

4° PAROISSE DE SAINT-MAURICE.

Cette paroisse, la plus populeuse après celles de Saint-Pierre et de Saint-Michel, était située devant la nouvelle église de la Providence (1); elle existait dès le xi**e** siècle sous un autre nom; elle prit celui de Saint-Maurice, à raison du voisinage d'un hôpital dit de Saint-Maurice, fondé en 1318 par Rocha qui, à cet effet, avait donné sa maison, qui était en face.

Il y avait un curé, un vicaire, quelques prêtres habitués et clercs tonsurés. Cette paroisse était la seule de la cité et des faubourgs qui assistât aux processions générales avec les deux de l'intérieur de la ville.

Il y avait une baylie des âmes, une confrérie de Notre-Dame des Agonisants, et une de Saint-Fiacre; elles sont établies aujourd'hui dans l'église cathédrale.

Il y avait dans cette paroisse beaucoup de piété.

---

(1) L'église de Saint-Maurice est aujourd'hui la chapelle des Carmélites.

Lors de la Révolution, M. Petiniaud, qui en était curé, refusa le serment.

M. Audoin, son vicaire, après lui avoir suscité beaucoup de chagrins, fut consommer son apostasie à Paris, où il se maria avec la fille de Pache, ministre de la guerre.

Cette paroisse est aujourd'hui réunie à celle de la cathédrale.

5° PAROISSE DE SAINT-DOMNOLET.

Cette petite église, qui était située presque à l'extrémité du monastère de la Règle, avait été bâtie par Domnolet lui-même, sous le pontificat de saint Féréol, en l'honneur de saint Grégoire le Grand. Saint Domnolet y ayant été inhumé après avoir perdu la vie en combattant pour la défense de la ville, l'église en porta le nom.

On voyait dans cette église, entassés derrière des claires-voies, ou réunis dans une chapelle souterraine, comme celle de Saint-Pierre, les ossements des autres défenseurs qui avaient péri dans le combat.

Tous les lundis il y avait bénédiction du Saint-Sacrement, précédée de la récitation du chapelet des morts. M. Muret, qui en était curé, refusa le serment et fut un des administrateurs cachés du diocèse, pendant la Révolution (1).

Cette paroisse fait aujourd'hui partie de celle de la cathédrale (2). La cérémonie des lundis est aujourd'hui transférée dans la chapelle de la Mission, où elle attire un grand concours. Le chef de saint Domnolet est aussi dans la cathédrale.

6° PAROISSE DE SAINTE-FÉLICITÉ.

Sainte-Félicité, située au fond du plan qu'on rencontrait à la gauche de la rue qui conduit au pont Saint-Martial, fut bâtie et dédiée dans son principe à la sainte Trinité par l'apôtre même d'Aquitaine, qui y fit ses premières prédications en public ; de là était venu le nom du pont et de la rue appelés Pont Saint-Martial, faubourg Saint-Martial.

L'église de la Sainte-Trinité ayant été la proie des flammes en 1105, fut relevée sous la nouvelle dénomination de Sainte-Félicité. Elle fut détruite de nouveau en 1182 et rétablie ensuite.

---

(1) Il mourut en Italie au mois de décembre 1795.

(2) Il ne reste rien de cette église, qui était placée sur l'ancien mur de la cité, vers le milieu de la rue qui porte le nom de Saint-Domnolet. Seul un nteau de porte, de sculpture romane, marque le lieu où elle était.

En 1565, on réunit à Sainte-Félicité la petite paroisse de Saint-Lazare, fondée en 1104 par l'abbé de Saint-Augustin, devenu ensuite évêque de Limoges sous le nom de Gérald II.

La principale confrérie de cette paroisse était celle du *Stabat*. Aussitôt qu'un des confrères était à l'agonie, les autres, convoqués par le son de la cloche, accouraient la nuit comme le jour pour aller chanter la complainte de la sainte Vierge, et faire d'autres prières pour obtenir pour le moribond la grâce d'une bonne mort.

Ils solennisaient la fête du mystère de l'Annonciation.

Les années d'ostensions, la procession de la confrérie était des plus intéressantes par la représentation de sainte Félicité et de ses sept enfants, ainsi que de l'empereur et de l'impératrice qui les firent martyriser.

L'autre confrérie était celle des tailleurs qui honoraient le mystère de la Sainte-Trinité, dont leurs ciseaux, disaient-ils, étaient l'emblème. Ils ont été établis dans cette église parce qu'elle avait été autrefois celle de la Sainte-Trinité.

M. Rouard de Cars, gradué d'Angers, en était le curé ; il se déporta en Italie.

La paroisse fait aujourd'hui partie de celle de Sainte-Marie (1), où se sont également établis les confrères du *Stabat*, devenus les Pénitents violets.

7° PAROISSE DE SAINT-MICHEL DE PISTORIE.

Saint-Michel de Pistorie n'était dans son principe qu'un monastère fondé par saint Yrieix, vers le commencement du VIe siècle ; détruit d'abord par Pépin, reconstruit et ruiné de nouveau, il avait fini d'exister en 1300.

Il n'en était resté que l'église située au delà du petit chemin qui se trouve derrière les Jacobins, à l'orient de cette communauté.

Elle existait comme paroisse à la nomination du chapitre de Saint-Yrieix, sous la dénomination de Saint-Michel de Pistorie (boulangerie), à cause du grand nombre des boulangers qui étaient tout auprès. Il y avait un tableau du Christ d'un grand prix.

C'était dans cette paroisse que les Pénitents noirs avaient leur tribune.

---

(1) L'église existe encore, quoiqu'en très mauvais état ; elle est transformée en habitations pour de pauvres ouvriers.

Il y avait aussi une confrérie des femmes veuves ou mariées : de là son nom de confrérie des vieilles. Elle était très nombreuse et très renommée. C'était une confrérie de Notre-Dame des Agonisants. Anciennement il y avait sur cette paroisse une espèce de communauté appelée des Sœurs de la Rivière.

Le curé de cette paroisse, M. Cosse, parut d'abord faire partie du clergé constitutionnel ; il mourut dissident (1).

Cette paroisse se trouve réunie partie à celle de la cathédrale, partie à celle de Sainte-Marie (2).

8° PAROISSE DE SAINT-CHRISTOPHE-DE-LIMOGES.

Cette paroisse, qui dépendait des Bénédictins, se trouvait à l'extrémité de l'allée de Tourny, dans l'emplacement où est situé le logement du portier de la Maison Centrale de détention.

C'était dans cette église qu'étaient établis les pèlerins de Saint-Jacques.

M. Compreignac en était curé ; il fut déporté en Espagne (3).

Cette paroisse fait partie de celle de Saint-Pierre et de celle de la cathédrale.

9° PAROISSE DE SAINT-PAUL-SAINT-LAURENT.

Saint-Paul, dans son principe, fut un monastère fondé en 518 par Jocondius et sainte Pélagie, père et mère de saint Yrieix. On prétend que c'est là où furent enterrés saint Féréol en 597 et saint Asclèpe en 613. Ce monastère ayant été détruit par Pépin, on y construisit par la suite une église paroissiale, à laquelle on réunit une chapelle qui se trouvait dans l'enclos des Feuillants, d'où lui était venu le double nom de Saint-Paul-Saint-Laurent.

Cette église, démolie en partie pour former la place Tourny, fut rétablie par les Pénitents bleus qui y avaient leur tribune.

---

(1) « Jean Cosse, né à Limoges, le 7 avril 1739, ancien curé de Saint-Michel de Pistorie, fut emprisonné à la Règle pendant la Révolution. Il résidait à Limoges en 1802, fut nommé à la succursale de Gorre en 1803, la refusa et préféra rester à Limoges sans emploi. » (Catalogue des prêtres, manuscrit de l'abbé Legros.) — Il est mort au mois de mai 1812, âgé de 73 ans.

(2) Il ne reste rien de l'église, qui était située dans le clos Orphéroux, non loin de l'avenue du Pont-Neuf.

(3) Simon Martin de Compreignac. Il est mort à Compreignac le 11 janvier 1845, à l'âge de 87 ans.

Elle existait au haut du cours de Tourny, au tournant du chemin de la Maison-Dieu (1).

On portait à Saint-Paul les enfants travaillés de convulsions, parce que sans doute le mot patois *conversis*, signifie également conversion et convulsion.

M. Ardant, curé, refusa le serment (2).

La presque totalité de cette paroisse est réunie à Saint-Pierre, une partie à la cathédrale ; le village de Condadile, au-delà du pont Saint-Martial, est à la paroisse de Condat.

10° PAROISSE DE SAINT-MARTIAL-MONTJAUVIS.

Cette église, située sur la hauteur en sortant du faubourg Montmailler, à la gauche en allant à Bellac, fut bâtie en 994 sur les ruines d'un ancien temple de Jupiter, comme un monument religieux de joie et de reconnaissance pour la guérison miraculeuse de la maladie des Ardants, par l'inspection du chef de saint Martial qui fut porté sur cette éminence, après trois jours de jeûne.

C'est la raison pour laquelle on la dédia au saint apôtre.

On l'appelait Montjauvis, qui selon les uns signifierait *Mons Jovis*, mont de Jupiter, à cause de sa primitive destination, ou, ce qui est plus probable, *mons gaudii*, mont-joie, ce qui en patois s'exprime par *moun jeauvi*, comme on dit *sein Jeauvien* pour saint Gaudence (3).

Les Pénitents feuilles mortes y étaient établis dans une tribune.

A côté de l'église existait un ermitage jusqu'en 1765, dont on n'a conservé que le nom. C'était la résidence d'un ermite nommé par les consuls, avec obligation de prier particulièrement pour le roi, les consuls et habitants de Limoges (4).

---

(1) La gare du chemin de fer d'Orléans a fait complètement disparaître cette église et son cimetière, qui étaient à l'entrée du tunnel, à l'angle de la place Tourny.

(2) Barthélemy Ardant, nommé curé de Saint-Paul-Saint-Laurent en 1784, fut emprisonné avec des prêtres sujets à la déportation pour refus de serment.

(3) L'existence de ce temple de Jupiter n'est qu'une supposition que rien ne prouve. Au contraire, des documents positifs nous montrent que le nom de Montjauvi vient de *Mons gaudii*.

(4) Voir : *Les Ermites en Limousin*, par M. le chanoine Arbellot dans le *Bulletin de la Société archéologique de Limoges*, XXXIII, 21.

M. Vitrac aîné, en était curé ; il émigra en Espagne avec ses trois frères aussi prêtres (1).

Cette église a été démolie. Quelle ingratitude ! Ne devait-on pas la conserver au moins comme un monument d'un fait qui avait intéressé toute la province ? Il n'y a plus à Limoges d'église dédiée au patron de la ville et de la province : les étrangers auraient peine à le croire (2).

Paroisses dépendantes de l'ordre de Sainte-Geneviève.

11° PAROISSE DE SAINT-GÉRALD.

Saint-Gérald qui, au moment de la Révolution, était en même temps paroisse et prieuré régulier, n'était d'abord qu'un hôpital fondé et érigé en prieuré, sous l'invocation de saint Gérald, par Gérald II, évêque de Limoges.

En 1637, le prieuré fut reconstruit et donné aux chanoines réguliers de l'abbaye de Chancelade, près Périgueux. Ceux-ci le cédèrent plus tard à ceux de Sainte-Geneviève.

La maison conventuelle était celle où est aujourd'hui la mairie (3) ; à côté était l'église régulière, regardant l'hôpital. La cure était dans une chapelle fermée. On voyait encore l'ancien prieuré de l'autre côté du chemin qui passe devant l'hôpital.

L'hôpital général dépendait de la cure en ce sens que quoique desservi par des aumôniers honoraires et missionnaires, les bans de mariage étaient publiés à Saint-Gérald où l'on recevait la bénédiction nuptiale, à moins qu'une des parties habitât une autre paroisse. Quand on annonçait l'agonie d'un malade à l'hôpital, on disait : Paroisse de Saint-Gérald. Quand il mourait une sœur hospitalière de Saint-Alexis, on l'emportait directement et clandestinement du couvent à l'église des Missionnaires, où elle était enterrée. Encore le prieur, curé de Saint-Gérald, qui autrement se serait emparé du corps pour le conduire dans son église, faisait-il faire un acte par huissier aux fins d'empêcher la

---

(1) Jean-Baptiste Vitrac, né à Limoges en 1739, nommé curé de Montjauvis en 1783, mort en 1805, curé de Saint-Michel-des-Lions.

(2) Une paroisse, sous l'invocation de saint Martial, a été créée par Mgr Buissas, dans la partie rurale de celle de Saint-Michel-des-Lions. La première pierre de l'église a été posée le 3 juillet 1853 ; l'église a été inaugurée le 6 décembre 1857 et consacrée le 26 septembre 1858.

(3) On a démoli cette dernière et construit sur le même emplacement l'hôtel-de-ville actuel, inauguré en 1883.

prescription. Le Cavou, au-delà de Beauvais, était de cette paroisse (1).

Il y avait une célèbre confrérie de Saint-Fiacre, rétablie dans la paroisse de Sainte-Marie ; c'est celle qui, après le rétablissement du culte, fut la première autorisée par l'évêque à assister aux processions générales, avec sa croix et ses drapeaux. On solennise la fête du patron des jardiniers avec un appareil qui pique la curiosité des étrangers.

Une croix en pierre qui était sur la place de Saint-Gérald, était un but de promenade où, dans les grands jours d'été, les ouvriers entre autres allaient prier après le repas du soir. On attribuait cette dévotion à ce que des voleurs emportant de l'église des vases sacrés et les saintes espèces, un orage que rien n'annonçait éclata tout à coup avec un tel fracas, accompagné de la chute de la foudre, que les sacrilèges déposèrent bien vite leur vol au pied de la croix, où ils restèrent immobiles.

M. Martin (2), qui était le prieur-curé, refusa le serment que tous ses conventuels prêtèrent.

Cette paroisse fait partie de celle de Sainte-Marie.

12° PAROISSE DE SAINT-CESSATEUR.

Cette paroisse était située derrière l'enclos des Clairettes, dans le chemin qui conduit vers Sainte-Claire. L'église avait été plusieurs fois brûlée ou démolie dans le cours des guerres civiles et de différentes invasions.

Les Huguenots y exercèrent leur culte en 1560.

C'était là où les Pénitents de la Charité avaient leur tribune, et où était, près de l'église, un cimetière où ils enterraient les suppliciés.

La chapelle de Saint-Aurélien dépendait du curé de Saint-Cessateur.

F. Romanet, chanoine régulier et curé, devint curé constitutionnel d'une quatrième paroisse, que le schisme établit aux Jacobins, sous le titre de Saint-Thomas-d'Aquin.

La paroisse de Saint-Cessateur a disparu presque dans sa totalité, dans celle de Saint-Michel. La chapelle de Saint-Aurélien a été donnée à Saint-Pierre.

---

(1) Ce lieu, qui est en effet situé à côté de Beauvais, l'ancien château des abbés de Saint-Martial, fait aujourd'hui partie de la paroisse de Saint-Martial.
(2) Jacques Martin, natif de Limoges, nommé curé de Saint-Gérald en 1783. — Voir ce qui est dit plus loin, à l'article : Chanoines de Sainte-Geneviève ou prieuré de Saint-Gérald.

13° PAROISSE DE SAINT-JULIEN-SAINTE-AFFRE.

L'église de Saint-Julien, à la droite du petit chemin qui conduit à la Maison Centrale de détention, était connue dès le VIe siècle. Celle de Sainte-Affre, autrefois prieuré, étant ruinée, on la réunit à Saint-Julien : de là lui est venu le double nom de Saint-Julien-Sainte-Affre, depuis 1545.

Les Pénitents blancs étaient établis dans cette paroisse, fondue aujourd'hui dans celle de la cathédrale.

F. Aubreton, zélé constitutionnel, qui en était curé, devint premier vicaire de l'évêque schismatique.

SÉMINAIRES.

SÉMINAIRE DES PRÊTRES DE LA MISSION (1).

Le séminaire des Prêtres de la Mission fut fondé en 1657. On devait cet établissement précieux, ainsi que celui du séminaire des Ordinands et l'Hôpital général, au zèle de François de Lafayette, évêque de Limoges.

C'était une réunion de prêtres du diocèse, qui, sous la direction d'un supérieur, se consacraient aux missions.

Leur maison était derrière l'église, communiquant à l'hôpital général dont elle fait aujourd'hui partie.

Leur règlement de vie était à peu près celui de MM. les directeurs de Saint-Sulpice. Ils mangeaient au réfectoire. Leurs repas n'avaient rien de recherché ; on y faisait la lecture. L'habillement était modeste : soutane ronde, cheveux plats sans poudre, soutane d'étamine. La retraite était un de leurs goûts ; on les voyait rarement dans les rues ; aucune femme ne pénétrait dans l'intérieur, pas même pour le service de la maison. On les recevait rigoureusement dans un parloir, exposées à la vue de tout le monde. On ne les retenait qu'autant qu'il était nécessaire, pas au-delà.

Leurs ameublements, qui étaient des plus simples, ne se ressentaient en rien de la nouveauté, sans tapisseries, ni meubles recherchés, se réduisant au pur nécessaire.

Ils étaient chargés des missions dans le diocèse exclusivement ; leurs sermons devaient être forts de preuves et de raisonnements, mais dépouillés de tout luxe oratoire. Ils ne prêchaient jamais ailleurs que dans les églises où ils donnaient la mission,

---

(1) Voy. plus haut la chronique de l'établissement de ce séminaire.

ou dans la leur, sans s'écarter de cette simplicité qui condamnait tout sermon si justement qualifié de parade, qui dénature la parole de Dieu en parole de l'homme.

Ils devaient fournir quatre prêtres pour remplir les fonctions d'aumôniers de l'hôpital. Ils se retiraient de trimestre en trimestre.

Ceux qui n'étaient pas employés à des missions tenaient constamment le confessionnal.

Tous les dimanches, le temps des vacances (qui étaient les mêmes que celles du séminaire des ordinands), il y avait un excellent catéchisme pour les enfants de la ville, qui, ainsi que de grandes personnes, y faisaient foule. Il se terminait à deux heures et demie, après quoi on chantait vêpres, aidé par six ordinands, envoyés du séminaire à l'heure précise pour se rendre de suite après.

Les fêtes annuelles, le catéchisme était remplacé par un sermon.

Le jour de la Purification il y avait grand'messe.

Les principales solennités étaient celles de saint Charles et de saint Alexis. Il y avait exposition du Saint-Sacrement toute la journée et sermon. Tout le séminaire des ordinands assistait aux offices.

Comme l'étole est la distinction caractéristique du pasteur, jamais l'officiant ne la portait ; ce signe de juridiction était réservé seulement aux curés qui présidaient leurs paroisses.

C'est dans l'église de la Mission que fut inhumé, en 1676, Mgr François de Lafayette.

Aucun des missionnaires, quoique le nombre en fût considérable, ne prêta le serment. Comme on ne les voyait jamais dans le public, ni même assister dans d'autres églises que dans la leur, ils furent très regrettés, tant étaient grands le respect et la confiance que cette vie retirée leur avait mérités. M. Chaban, qui en était le supérieur, est mort à Orense, en Espagne.

SÉMINAIRE DES ORDINANDS.

Le séminaire des Ordinands était tenu par des prêtres de la congrégation de Saint-Sulpice, au nombre de sept, dont un avait qualité de supérieur.

Ce séminaire fut d'abord érigé en 1666 (?). Il s'établit dans celui des prêtres de la Mission, jusqu'à ce qu'on eût acquis, par les soins et les dons de M. Maledent de Savignac, le clos de Sainte-Valérie où est placée aujourd'hui la caserne de cavalerie, ce qui dut retarder l'entrée en possession des missionnaires dans leur séminaire, quoique déjà fondé pour eux.

Le respect qu'on portait aux directeurs du séminaire était le même que celui qu'on témoignait aux missionnaires. Si le hasard en faisait paraître quelqu'un dans une rue, tout le monde se levait pour le voir et le saluer avec une expression d'étonnement et un sentiment de respect.

La chapelle était d'une noble simplicité. Elle ne s'ouvrait au public que les dimanches pour vêpres seulement, afin de ne détourner personne de la messe paroissiale.

La fête principale était celle de la Présentation de la Sainte Vierge. Beaucoup de prêtres de la ville s'y rendaient pour, un cierge à la main et à genoux, renouveler leurs promesses cléricales.

Le séminaire des ordinands assistait à la procession générale du Saint Sacrement; mais quoique marchant sous sa croix particulière avant les paroisses, le supérieur ne portait pas d'étole, étant le droit exclusif des curés, qui y auraient mis opposition.

Le mardi de Pâques, tout le séminaire allait faire une station devant la grille, derrière laquelle on montrait la châsse de saint Martial. Ils y allaient en soutane, sans surplis.

Il y avait de beaux caveaux dans la chapelle, où les directeurs, les ordinands et même les domestiques, étaient déposés; ils étaient disposés dans des allées formant une croix.

Deux évêques étaient enterrés dans le sanctuaire; c'étaient Mgr de Lascari d'Urfé, qui le fut en 1695, et Mgr de l'Isle du Gast en 1739.

C'était dans la chapelle du séminaire que se faisaient les ordinations, la consécration des saintes Huiles, que se donnaient les retraites pastorales, la semaine après la Saint-Michel. Les exercices [des ordinands] commençaient le neuf octobre, jusqu'au 19 juillet qu'on entrait en vacances (1).

On suivait, pour les conférences théologiques, la théologie de Poitiers dont le cours durait deux ans.

Les directeurs du séminaire avaient le plus grand soin de recommander aux jeunes prêtres le respect dû aux anciens et de leur persuader qu'ils n'avaient appris jusqu'alors qu'à étudier et à douter; qu'ils avaient besoin de recourir aux conseils de ceux qui avaient l'expérience ainsi qu'à l'étude pour se former.

Tous les directeurs du séminaire refusèrent le serment. M. Sicelier, qui en était le supérieur, fut arrêté dans la maison de

---

(1) Voy. sur ce point la *Brève chronique du Séminaire des Ordinands de Limoges* dans les *Chartes, Chroniques et Mémoriaux* publ. par M. A. Leroux (p. 325-331).

campagne appelée Laugerie, qui était là où l'on conduisait les ordinands en promenade.

M. Chenavier comparut devant le tribunal, tandis que son supérieur était dans les fers. Il déconcerta ses interrogateurs par ses réponses qui étaient dignes d'un confesseur des premiers siècles. Ils furent mis en liberté et émigrèrent.

Le supérieur fut remplacé par le père Imbert, religieux carme assermenté.

La maison de campagne fut vendue. Le bâtiment devint une caserne.

La chapelle fut conservée comme paroisse sous le nom de Sainte-Marie, lors du rétablissement du culte. On y avait établi deux cérémonies bien imposantes : celle de la rencontre de Jésus avec sa sainte Mère, par une double procession qui avait lieu le jour de Pâques à cinq heures du matin et attirait un grand concours ; et le renouvellement solennel des vœux du baptême d'après le cérémonial, indiqué dans le *Trésor du Fidèle* par M. Perrin, missionnaire. Il avait lieu à la grande édification de la ville, le dimanche de la Trinité ; il est à regretter qu'on n'ait pas continué.

La chapelle, devenue paroisse, fut de nouveau enlevée au culte pour faire un bâtiment de caserne. On exhuma les deux évêques dont on porta les dépouilles à la cathédrale, mais on s'appropria les bierres en plomb. Le Saint Sacrement fut exposé dans le bas de la maison qu'occupaient les Carmélites, jusqu'à ce que la paroisse fût rétablie dans une partie de l'église des Jacobins que la ville fit disposer à cet effet sous le nom de paroisse de Sainte-Marie.

RÉTABLISSEMENT DU SÉMINAIRE.

Le séminaire fut rétabli quelque temps après la restauration du culte catholique, et M. Chudeau, ancien directeur, en devint le supérieur. On fit pour cela l'acquisition de l'ancienne abbaye des Allois, dont il ne restait que les appartements de l'abbesse. Mais la ville ayant déterminé d'ouvrir une rue à travers le jardin, M. Chevalier profita de cette circonstance pour proposer échange avec emplacement de l'abbaye de la Règle. Ce qui fut accepté et entraîna le diocèse dans de nouvelles dépenses (1).

---

(1) Mgr Du Bourg fit l'acquisition de l'ancienne abbaye des Allois le 26 mars 1806, et l'échange avec l'abbaye de la Règle eut lieu le 26 octobre 1811. Le séminaire y fut transféré en octobre 1815. On y ajouta de nouveaux bâtiments en 1820. La reconstruction totale du séminaire est commencée depuis 1872 ; une seule aile est terminée.

COLLÈGE ROYAL DE SAINTE-MARIE.

Le collège de Limoges fut bâti en 1525 (1). Les RR. PP. Jésuites en furent chargés en 1598. L'église ne fut commencée qu'en 1607. Henri de Martonie, évêque de Limoges, en posa la première pierre. Il ne lui manquait que d'être voûtée. Elle fut achevée en 1629. Cette église, ornée de galeries dans l'intérieur, était très régulière.

L'autel, la chaire étaient dorés avec soin, avec des ornements en relief. Il y avait, surtout à l'autel, de belles statues et grand nombre de tableaux finis, surtout celui de l'Assomption, qui était estimé d'une grande valeur. Les connaisseurs admiraient sans s'en lasser le pied de saint Pierre. Un d'eux avait offert dix mille francs si on eût voulu le lui laisser détacher, aux conditions de le remplacer par un autre. Il y avait un orgue au-dessus de la porte.

Outre l'église, il y avait dans l'intérieur de la cour, au-dessus des classes, trois chapelles, dont une servait pour la congrégation des Messieurs, la seconde pour celle des Artisans, la troisième pour celle des Écoliers.

Après l'expulsion des Jésuites [en 1762], on les remplaça par douze prêtres pour continuer l'enseignement, à la nomination d'un Bureau présidé par l'évêque qui nommait seul aux chaires de théologie.

Les nouveaux professeurs se rapprochèrent le plus possible du plan d'instruction religieuse qu'avaient suivi les Jésuites, mais seulement par rapport à leurs écoliers ; car la congrégation des Messieurs tomba avec les Jésuites ; celle des Artisans s'établit chez les Pères Récollets.

Voici les pratiques de piété ou les solennités qui furent conservées :

Les écoliers, distribués par classes, surveillés par les régents, entendaient la messe tous les jours après la classe du matin. Ils étaient tous par rangs, à genoux, le seul temps de l'Evangile excepté, et étaient tenus d'avoir leurs Heures à la main.

Cette messe se disait dans l'église qui était ouverte au public.

Chaque classe commençait par l'invocation du Saint-Esprit et l'*Ave Maria*, et se terminait par le *Sub tuum*, etc. A toutes les

---

(1) Ou plus exactement *fondé*, car les bâtiments sont de beaucoup postérieurs à cette date. Voy. *L'ancien collège de Limoges*, par M. Alf. Leroux, dans l'*Inventaire-sommaire des Archives départementales*, série D, — ainsi que *Limoges au* XVIIe *siècle*, par M. Pierre Laforest, page 141.

demi-heures tous s'agenouillaient pour réciter ensemble l'*Ave Maria*, qu'on terminait en ajoutant : *O Virgo ! studiis semper adesto nostris.* O Vierge, présidez toujours à nos études.

Tous les dimanches et fêtes de la Vierge, toutes les classes se réunissaient à sept heures du matin sous la présidence du sous-principal. On faisait la prière après laquelle on chantait très solennellement Matines et Laudes du petit office de la Vierge. On entendait la messe à laquelle il y avait une instruction.

Ces exercices avaient lieu dans une chapelle dite Congrégation des Écoliers. Elle était située au-dessus des classes donnant sur la cour et sur la rue du côté opposé à celui de l'église. Cette chapelle était très bien boisée et ornée de belles tapisseries, représentant les mystères de la Vierge. Dans le lambris étaient encadrés de très beaux tableaux. L'autel était celui qui a été transporté à Saint-Pierre, par disposition du préfet, et qui forme la chapelle de la Congrégation des Artisans.

La chapelle de la Congrégation des Artisans existait encore au moment de la Révolution ; elle était en face de celle des Écoliers ; celle des Messieurs n'avait pas été dégradée. Elle était au-dessus des classes du côté gauche de la cour et joignait le bâtiment.

Chaque écolier était obligé de présenter tous les mois un billet de confession. Tous les ans, il y avait dans la chapelle de la Congrégation une retraite qui durait une semaine entière. (Les exercices commençaient à 7 heures 1/2, jusqu'après 11 heures ; le soir ils duraient de 2 heures à 5.) On faisait une collecte pour donner un repas et quelques secours aux prisonniers.

Il y avait aussi quelques solennités publiques qui avaient lieu dans l'église qui, ces jours-là, était tendue de belles tapisseries représentant différents traits de l'Ecriture-Sainte. Six beaux drapeaux en soie garnis de crépines, avec de riches broderies en bosse d'or ou d'argent au milieu et aux coins, étaient suspendus aux tribunes.

Ces solennités, qui consistaient en ce que le Saint Sacrement était exposé toute la journée, avec grand'messe, vêpres, sermon et bénédiction, avaient lieu le jour de la Circoncision, de l'Assomption de la Sainte Vierge, les dimanche, lundi et mardi de la Quinquagésime. Le lundi avant la grand'messe, il y avait une superbe procession en ville ; les six classes d'humanités marchaient avec leur drapeau, placé au centre de chacune, distingué par un fond ou une croix de différentes couleurs.

Voici le tour de cette procession : on prenait la droite en sortant de l'église. Après avoir parcouru les rues Fourie et des Taules, Lansecot, le côté droit de la place des Bancs, Manigne, l'Oratoire, le boulevard, on rentrait par la porte Boucherie.

Le dernier jour de l'année, il y avait le soir un *Te Deum* solennel, suivi de la bénédiction. J'observerai encore ici que jamais ni le principal, ni autre, ne prenaient l'étole pastorale.

Tous les jours de l'octave, il y avait bénédiction après la messe des écoles, pendant laquelle on chantait la prose *Lauda Sion*, et tous les soirs à 6 heures.

Les professeurs étaient obligés tous les jours à une messe matutinale pour le public, ainsi que les dimanches et fêtes à 11 heures. Les âmiers de Saint-Pierre venaient y faire la quête pour les âmes du purgatoire.

Tous les membres du collège furent expulsés pour cause de refus de serment, ce qui leur avait déjà attiré bien des tracasseries et bien des menaces. Cependant deux d'entre eux qui avaient montré plus de fermeté, finirent par renoncer à leur état [et se retirèrent], l'un à Londres et l'autre à Paris.

M. Martin, chanoine de la cathédrale et principal, fut remplacé par un Cordelier assermenté, nommé Piron; il eut pour sous-principal un ex-Génovéfain, devenu prêtre assermenté, Maillot de Confolens. Il était sorti de la congrégation avant d'avoir fait profession (1).

CLERGÉ RÉGULIER.

ABBAYES.

SAINT-AUGUSTIN-LEZ-LIMOGES.

Saint-Augustin-lez-Limoges qui était, lors de la Révolution,

---

(1) Le principal du collège, que nomme ici l'auteur, ne fut pas le successeur immédiat de M. Martin. Le registre des délibérations du bureau du collège nous apprend que Foucaud lui succéda le 18 février 1791, lequel eut pour successeur, le 4 janvier 1792, Dubois, vicaire épiscopal. Il en est de même pour le sous-principal qui, le 18 février 1791, fut Imbert, remplacé le 22 septembre 1791 par Martelly, auquel succéda, le 7 mars 1792, Pierre Maillot, vicaire épiscopal. D'ailleurs, les élèves avaient fui le collège à l'arrivée du clergé schismatique, et le 11 mars 1791 il n'y avait que 17 élèves distribués dans les classes de 3e, 4e, 5e et 6e. (Registre des délibérations du bureau du collège. V. *Invent. des Archives de la Haute-Vienne*, D. 47.)

une abbaye de Bénédictins, la première maison de la réforme de Saint-Maur en France, avait subi bien des changements. Elle venait de celle de Saint-Vannes qui commença en Lorraine vers 1600.

Dans le principe, c'était une église bâtie par saint Martial, dit M. Hermant, auteur de l'Histoire des ordres religieux. Ensuite Rorice Ier, de l'ancienne famille des patrices romains, mort évêque de Limoges vers le commencement du vi[e] siècle, employa la plus grande partie de ses biens pour y bâtir la première église qu'on croit avoir été dédiée à l'évêque d'Hyppone, sous le nom de Saint-Augustin. Il en posa lui-même la première pierre. Il fit en même temps construire un monastère où il établit des chanoines. Après sa mort, il fut enterré dans l'église dont il était le fondateur. Rorice mourut en odeur de sainteté.

Ce monastère, ainsi que l'église, ayant été ruinés par l'incursion des Normands, l'un et l'autre furent réparés ou reconstruits en 929 par Turpin, aussi évêque de Limoges, à qui quelques écrivains donnent également la qualité de saint. Il était de la maison d'Aubusson. Il remplaça les chanoines, établis par Rorice Ier, par des moines de Saint-Benoît.

Ce monument de la piété de Turpin fut de nouveau ravagé dans le xiie siècle par l'invasion et les brigandages de 6,000 Brabançons. Ayant été relevé par la reine Aliénor et par son fils Richard-Cœur-de-Lion, Sebrand Chabot, évêque, en consacra l'église en 1180, toujours avec le titre d'abbaye.

Jean Rigaud, qui en était l'abbé en 1613, réunit cette abbaye à celle de Vannes ; mais en 1617, on en fit l'abandon pour y introduire la réforme et être le chef-lieu de la congrégation de Saint-Maur, en France. Le roi nommait à cette abbaye jusqu'en 1627, qu'elle devint élective. A l'époque de cette réforme, qui donna occasion à quelques réparations, on trouva sous le clocher le cercueil de la reine Rothilde (1) ou Bérengère, avec des bijoux ou des ornements évalués à 900 écus. Le corps tomba en pous-

---

(1) Cette Rothilde, dont quelques chroniqueurs ont voulu faire une épouse de Richard-Cœur-de-Lion, est apparemment la vicomtesse de Limoges, épouse du vicomte Gérard, la mère de Guy, vicomte de Limoges et des deux évêques Hildegaire et Hilduin. Le clocher de Saint-Augustin fut bâti dans les premières années du xie siècle, et la vicomtesse Rothilde, qui mourut vers cette époque fut inhumée dans le monastère de Saint-Augustin dont elle était probablement la bienfaitrice. (M. le chanoine Arbellot, dans le *Bulletin de la Société archéologique de Limoges*, xvi, 45.)

sière à l'ouverture du cercueil ; mais les vêtements étaient très bien conservés. Il y avait un mausolée, ainsi que la statue de la reine.

Il se tenait à l'abbaye de Limoges un chapitre ou diète qui avait lieu tous les trois ans.

L'abbaye des Bénédictins de Limoges devint commendataire et à la nomination du roi en 1766. Son dernier abbé régulier fut dom Col, mort à Limoges, et qui fut enterré dans le chapitre qui était dans le cloître.

Son premier et dernier abbé commendataire fut M. l'abbé de Montfrebeuf, du Bas-Limousin, près Uzerche (Gain), retiré au Piquet, où il est mort très avancé en âge après le rétablissement du culte (1).

L'église des Bénédictins était une vaste basilique, formant la croix, mais sans voûtes collatérales. Elle était extraordinairement sonore ; ce qui rendait plus majestueuses et imposantes la psalmodie et la pause qui s'observait à chaque verset des psaumes, surtout à la médiante.

Les religieux portaient aux chœurs et dans les cérémonies, une coule qui avait la forme d'une robe de palais, fermée par devant, ayant aussi de larges manches pendantes, avec un froc qui leur couvrait le capuchon de la tête. Ils chantaient Matines à minuit.

Le Saint Sacrement était rarement exposé ; à peine l'était-il trois fois dans l'année, outre l'octave de la Fête-Dieu et la tenue des diettes où l'on donnait la bénédiction le soir.

Aux processions générales, ils avaient rang immédiatement après la cathédrale. Les Feuillants marchaient sur le même rang, mais se tenaient à gauche, tandis que les Bénédictins occupaient la droite.

Il y avait eu plusieurs évêques de Limoges enterrés à Saint-Augustin. Quand un religieux était mort, on servait sa portion au réfectoire à la place qu'occupait le défunt, pour en faire une aumône après le repas. Ce cérémonial s'observait pendant 30 jours.

L'enclos des Bénédictins renfermait, outre l'église, le monastère dont on admirait l'escalier par sa largeur et sa hardiesse. Il était bien exposé. Il n'y avait encore que l'aile gauche de bâtie à neuf. La gauche servait pour le noviciat. La terrasse était

---

(1) Il était aumônier de Madame Sophie de France, tante du roi Louis XVI. Il mourut au mois d'août 1820, âgé d'environ 87 ans.

magnifique, surtout à cause de ses jets d'eau compliqués et d'une belle charmille, plantée en labyrinthe, ayant au centre une très vaste nappe d'eau entretenue par une infinité de jets d'eau, réunis en gerbe, avec une belle allée de tilleuls qui régnait tout le tour du bassin. C'était dans chacune des allées du labyrinthe que les novices demeuraient séparés l'un de l'autre, à la récréation, pendant certains jours de la semaine.

Les religieux prenaient le titre de Dom au lieu de R. Père.

Ils furent supprimés ainsi que tous les chapitres et ordres monastiques, par un décret de l'Assemblée nationale en 1790; ce qui parut vérifier cette ancienne prophétie :

En mil sept cent nonante
Il n'y aura ni prêtre, ni moine qui chante.

Les religieux, dont Dom Poncet était prieur, se dispersèrent ; les uns firent partie du clergé constitutionnel ; d'autres refusèrent le serment ; ils étaient au nombre de 12.

L'enclos des Bénédictins, y compris le vaste pré qui s'y joint, fut vendu 90,000 francs à M. Grellet des Prades, qui fit démolir la partie du monastère qui n'était pas bâtie à neuf, ainsi que la petite église de Saint-Christophe, pour en vendre les matériaux.

Son héritier, M. de Fleurel, le revendit à Bonaparte, moyennant 100,000 fr., non en papier, comme il avait été payé d'abord, mais en espèces ; encore le vendeur se réserva-t-il le pré. De cette manière, le gouvernement donna 100,000 fr. pour retirer une partie de ce qui ne lui avait pas été payé plus de 75,000 fr., à cause de la perte qu'éprouvait le papier assignat. Mais quel sacrifice n'aurait pas fait Bonaparte pour faire une maison d'arrêt pour les suspects ! C'est aujourd'hui la Maison centrale de détention (1).

ABBAYE DES FEUILLANTS DITE DE SAINT-MARTIN-SAINT-LAURENT.

On pense qu'il avait existé, dès l'an 640, une église et un monastère fondés par Eucher et Terrige, père et mère de saint Eloi, sous le nom de Saint-Martin, et qu'Alice, frère de saint Eloi en avait été le premier abbé. Ce monastère fut détruit une première fois par Pépin, et une deuxième fois par les Normands.

---

(1) Ces bâtiments ont encore changé de destination, et servent de caserne depuis 1872.

En 1010, Hilduin, évêque de Limoges, fit reconstruire le monastère de Saint-Martin et y établit des moines de Saint-Benoît. Il y fut inhumé deux ans après.

En 1622, [les religieux de] l'ordre de Saint-Benoît ayant cédé leur établissement à M. l'abbé Marchandon, il y fonda une maison de Feuillants, de la nouvelle réforme de Cîteaux. Elle existait en 1624 avec titre d'abbaye de Saint-Martin-Saint-Laurent, à cause de la chapelle dédiée à ce saint diacre, qu'on voyait encore en 1691 dans l'enclos de l'abbaye.

Il avait été un temps où les évêques de Limoges allaient se disposer à la consécration par une retraite dans ce monastère, ce qui avait fait dire : « Les évêques naissent aux Feuillants et meurent à Saint-Augustin », parce que plusieurs avaient été inhumés dans cette dernière abbaye.

L'abbaye s'était maintenue régulière. Les religieux étaient qualifiés Dom.

Le R. P. abbé consacrait les calices, il était crossé et mitré.

Le Saint Sacrement était aussi rarement exposé aux Feuillants qu'aux Bénédictins.

Ce fut en 1649 que furent bâtis de nouveau l'église et le monastère qui existent encore aujourd'hui (1), mais on plaça alors dans l'église, au-dessus du tabernacle, une petite colonne, sur laquelle un ange tenait suspendu par une main le *corpus elevatum*, comme à la cathédrale.

Il y avait une source dans le pré des Feuillants, connue par les gens de la campagne sous le nom de Fontaine de Saint-Martin. Ils s'y rendaient en foule pour y observer une pratique superstitieuse, même dangereuse quand ils avaient chaud. — Rien ne pouvait les en dissuader.

Je crois devoir consigner ici une mort bien édifiante, arrivée le jour de saint Laurent sur la petite place des Feuillants. Un cavalier du régiment de Condé établi à Limoges, après avoir obtenu son congé y vivait bourgeoisement, mais d'une manière très édifiante. Allant à la promenade avec son épouse et entendant sonner la bénédiction qu'on allait donner aux Feuillants, il va la recevoir. Ne pouvant pas entrer dans l'église, il la reçoit prosterné en dehors ; au moment du *Benedicat vos* il dit à haute voix : « Bénissez-moi, mon Dieu, d'une bénédiction qui m'unisse irrévocablement à vous. » Il expire en proférant ces dernières

---

(1) Ces bâtiments ont complètement disparu ; de 1865 à 1867 on a construit sur leur emplacement l'Hôtel de la division militaire.

paroles avec un redoublement de ferveur. Sa prière fut exaucée comme étant celle du juste.

Quelques années avant la Révolution, il était question de la sécularisation des religieux, pour être réunis à la cathédrale. Les conditions de cette réunion n'ayant pas été acceptées par les religieux dont on voulait que le titre de chacun d'eux s'éteignît à sa mort sans pouvoir résigner ni espérer d'avoir un successeur, le projet fut abandonné.

Après leur sortie de leur monastère, lors de la Révolution, ils se dispersèrent. Les uns furent fidèles, d'autres embrassèrent le schisme.

M. Barbou des Courrières, commandant pour lors de la garde nationale, acquit du gouvernement [en 1791] l'église, le monastère et le pré qui formaient l'enclos de cette communauté. Il revendit le tout [en 1810] à Mme de Brettes qui tenait un pensionnat de demoiselles.

On n'a rien touché à ce monastère qui existe toujours le même à l'extérieur.

CONGRÉGATIONS RÉGULIÈRES.

CHANOINES DE SAINTE-GENEVIÈVE OU PRIEURÉ DE SAINT-GÉRALD.

Le prieuré de Saint-Gérald se composait du curé de la paroisse du même nom et des curés de Saint-Cessateur et de Saint-Julien-Sainte-Affre, conventuels. Le prieur seul, M. Martin, refusa le serment ; celui de Saint-Cessateur devint curé constitutionnel de la paroisse schismatique établie aux Dominicains, et celui de Saint-Julien-Sainte-Affre premier vicaire épiscopal.

Ce fut M. Lamy de la Chapelle, procureur du roi, qui devint acquéreur de la maison et du jardin. Il céda ensuite le tout pour former l'hôtel de ville qui existe aujourd'hui, et la ville abandonna celui qu'elle avait commencé à bâtir sur la tour du rempart, au-dessus de la terrasse, joignant à la maison des Filles de Saint-Vincent de Paul (1).

L'hôpital dépendait de Saint-Gérald, j'aurai occasion d'en parler en son lieu.

MAISON DE L'ORATOIRE

La maison de l'Oratoire eut d'abord pour fondateur Jean de Sahuguet, chanoine de Saint-Martial, qui avait légué à cet effet

---

(1) Voir ce qui a été dit précédemment à l'article : Paroisse de Saint-Gérald.

une somme de 6,300 francs. Les Oratoriens s'établirent en conséquence à Limoges dès l'an 1624, treize ans après leur institution par le cardinal de Bérulle. Leur premier établissement fut près l'église de Saint-Martial. C'est là que mourut en 1672 le Père Lejeune, dit l'aveugle, parce qu'il l'était en effet.

Cité un jour devant la police, comme accusé d'avoir par ses gestes, en prêchant, désigné une personne qu'il avait confessée le matin. « Que ne vous êtes-vous rappelé que j'étais aveugle, vous eussiez engagé cette personne à se dispenser de faire une confession publique, vous vous seriez épargné à vous-même un ridicule, » leur dit-il avec un air de bonté (1).

L'établissement près de Saint-Martial n'était que provisoire ; on dut chercher à s'en procurer un autre. Les pères de l'Oratoire se fixèrent au centre de la rue Montant-Manigne. Mgr d'Argentré posa la première pierre de l'église et de la maison en 1763 et les Oratoriens entrèrent en jouissance en 1773.

En 1790 l'église ainsi que la maison furent entièrement consumées par les flammes le 7 septembre. Les Pères de l'Oratoire trouvèrent asile au prieuré de Saint-Gérald (2).

---

(1) Voir : *Etude sur le Père Lejeune, de l'Oratoire, surnommé le moderne apôtre du Limousin*, par l'abbé Grange. — Limoges, Ducourtieux, 1867.

(2) La Biche de Reignefort, témoin oculaire de cet incendie, en parle ainsi au T. II, page 288, de sa *Vie des Saints du Limousin* : « Le 6 septembre 1790, vers huit heures du soir, le feu se manifesta dans une maison de la rue Manigne à Limoges. Le défaut de secours suffisans dans le premier moment, et la rapidité des flammes poussées par un vent du nord très violent, concoururent à embraser presque subitement tout ce beau quartier, les deux rues des Pousses, les deux communautés de l'Oratoire et des Ursulines, la salle de spectacle, le grand jeu de paume, le bureau de tabac, le poids du Roi, et plus de cent soixante maisons particulières. Tout cela fut consumé dans moins de 36 heures, et réduisit un grand nombre de familles peu aisées à n'avoir ni pain, ni logement. Un nombre très considérable de maisons n'échappèrent à l'embrasement dont elles étaient menacées à chaque instant, qu'à force d'eau dont on arrosait incessamment les façades. Plus de la moitié de la ville fut démeublée, par la crainte qu'on avait avec trop de fondement, qu'elle éprouvât un sort semblable à celui des quartiers incendiés. Les places publiques et le pavé même des églises étaient couverts de meubles. Les communautés d'hommes se remplirent aussi de familles errantes çà et là sans asile, et de leurs misérables effets à demi consumés. Toute la nuit du 6 au 7, et tout ce dernier jour, ainsi que la nuit suivante, on sonna presque sans interruption le tocsin, pour appeler au secours les gens de la campagne, qui accoururent en effet, principalement des paroisses de Sainte-Claire et de Saint-Just. Mais personne ne déploya plus de zèle en cette occasion que le régiment de Royal-Navarre-cavalerie, qui se trouvait pour lors en garnison à

Cette maison ne se composait que de trois individus ayant à leur tête le P. Tabaraud. Celui-ci attaqua avec beaucoup de vigueur et d'esprit Gay Vernon, évêque constitutionnel de la Haute-Vienne ; il émigra en Angleterre où il devint publiciste.

Au retour d'Angleterre, au moment du concordat, il s'attendait à ce qu'on lui tiendrait compte de ses attaques contre l'évêque constitutionnel.

Il fut humilié de voir ses espérances trompées. Il se mit en opposition de principes avec Mgr Dubourg, évêque, qui, cédant à certains conseils, défendit la lecture de ses ouvrages sous peine de censures, et à ses prêtres de le fréquenter comme ayant une mauvaise doctrine, ce qui irrita sa sensibilité (1).

Mgr Dubourg étant malade, M. Tabaraud se présenta pour le voir, ce qui lui fut refusé. Ayant appris que l'évêque avait témoigné sa peine de ce qu'on ne l'avait pas laissé entrer, et avait donné des ordres afin qu'on le reçût s'il se représentait, M. Tabaraud y fut sensible jusqu'à répandre des larmes, et de suite il s'achemina vers l'évêché. Il éprouva un nouveau refus. Je doute si ceux qui mirent obstacle à un rapprochement qui aurait fait oublier bien des scandales, n'auront pas à se le reprocher devant Dieu. On a en outre privé l'évêque d'une consolation bien précieuse avant sa mort (2).

COMMUNAUTÉS D'HOMMES.

CARMES DÉCHAUSSÉS OU PETITS CARMES.

Si on s'en rapporte à la tradition, saint Martial, de retour de Bordeaux où il avait érigé la cathédrale sous l'invocation de saint

---

Limoges. Il se prêta de la meilleure grâce, et avec une intelligence, un courage et une activité au-dessus de tout éloge, à porter du secours partout où il en était besoin ; et même peu contens d'un si noble dévouement, les officiers, assemblés le surlendemain du désastre, chez leur colonel, donnèrent un nouveau témoignage de leur attachement à la ville, en envoyant cent louis à la municipalité pour contribuer à secourir les malheureux incendiés. La ville, de son côté, témoigna, autant qu'elle le put, dans ces premiers moments de trouble et d'embarras extrême, sa vive gratitude à ces généreux militaires : et depuis encore, elle décerna à tous les individus de ce régiment le titre de *Citoyen de Limoges*, comme on peut le voir dans les papiers publics de ce temps-là. »

(1) Mgr Du Bourg, par un décret du 18 février 1818, condamna l'ouvrage intitulé : *Principes sur la distinction du Contrat et du Sacrement de mariage*, et en défendit la lecture.

(2) On peut voir la biographie de Tabaraud, par M. Dubédat, dans le *Bulletin de la Société archéologique de Limoges*, T. XX, p. 1.

André qui venait de recevoir la couronne du martyre, lui aurait aussi consacré une église à Limoges, là où existait le couvent des Petits-Carmes, lors de leur établissement dans cette ville. A côté de l'église qui avait titre de prieuré, il existait un monastère, qui, dévasté à plusieurs reprises, fût reconstruit en 1180.

Etienne Vidaud, dernier prieur de Saint-André, résigna son bénéfice entre les mains de Sa Sainteté, en faveur d'un établissement de religieux Carmes déchaussés, ce qui eut lieu le 18 juillet 1625 ; après quoi il se rendit au couvent de Charanton, où il prit lui-même l'habit religieux.

Dès le XVIIe siècle, les religieux s'étaient procuré, du monastère de la Chaize-Dieu, un ossement du bras de saint André ; cette relique attirait un grand concours le jour de la fête, et était cause de beaucoup d'offrandes laissées par les gens de la campagne qui les déposaient dans le plat placé auprès de la relique, comme une espèce de rente volontaire.

Ce monastère était très richement doté en domaines dans le Bas-Limousin ; voilà pourquoi on ne faisait pas la quête, comme les autres couvents de l'ordre.

Ces religieux n'avaient d'autre chant que celui qu'ont conservé les Carmélites.

Il y avait une dizaine de religieux. Ils n'assistaient à aucune procession, même générale.

Ils avaient cessé de chanter matines de nuit.

Leur église a été démolie ; l'acquéreur en fit tomber la toiture afin qu'elle ne puisse plus servir au culte.

Le R. P. Martin, dernier prieur, avait fait renouveler tout le monastère, peu d'années avant la Révolution. Il avait fait agrandir les croisées extrêmement petites auparavant, et fermées par de petites grilles, comme celle d'un confessionnal, et les avait remplacées par des carreaux en verre ; il avait réduit en un les deux cloîtres, ombragés d'ifs et chargés d'inscriptions, emblèmes du silence et de la mort, par lesquels on parvenait au bâtiment, sans pouvoir se défendre d'éprouver de tristes, mais salutaires impressions. Il avait ouvert le grand portail qui existe aujourd'hui. L'ancien, à côté de celui de l'église, en face de la rue qui conduit à la cathédrale, fut fermé et remplacé par une muraille.

Parmi les religieux, il y en eut qui adoptèrent la constitution civile du clergé, d'autres s'y refusèrent.

Les Visitandines voulant relever leur ordre acquirent de M. Constantin l'enclos et le monastère qu'il leur céda, moyennant 30,000 francs. Celui qui avait acquis l'église, refusa de la leur vendre.

DOMINICAINS OU FRÈRES PRÊCHEURS.

Le R. P. Pierre Cellani, le premier de l'ordre qui y eut fait profession entre les mains de saint Dominique, fut envoyé par lui pour fonder des établissements dans les Gaules, ce qu'il fit à Limoges en 1219. Cette fondation fut la cinquième maison de l'ordre et la fille aînée de celle de Paris fondée quatre ans auparavant. L'établissement eut lieu d'après la permission de Bernard de Savenne [évêque de Limoges], au delà du pont Saint-Martial, à l'entrée du chemin qui conduit à Saint-Lazare, là où l'on voyait encore une petite chapelle appelée de Sainte-Anne.

Le local étant devenu insuffisant et le nombre des religieux devenant très considérable, on transporta l'établissement là où il s'est maintenu jusqu'à la Révolution. Cependant comme l'emplacement dépendait du monastère de Saint-Michel de Pistorie qui existait alors, il y eut d'abord opposition jusqu'à ce que les difficultés ayant été levées, Durand d'Orlhac, [évêque de Limoges], posa la première pierre de l'église en 1244. On y célébra la première messe en 1250. Elle ne fut cependant consacrée que près de cent quarante ans plus tard, par Mgr Aimeric Chati de l'Age-au-Chat.

Il y avait tous les premiers dimanches du mois dans l'église des Dominicains, vêpres, sermon, bénédiction du Saint Sacrement, et procession extérieure pour la confrérie du Rosaire. La croix de procession était ornée d'une espèce de rosaire en grosses pierreries. Elles formaient comme un losange en partant du haut de la croix aux extrémités des deux bras pour se réunir au bâton ou montant au-dessous des bras.

La fête du Rosaire était très brillante ; il y avait de belles illuminations à l'autel ; mais comme elle était accompagnée du scandale des danses, elle fut interdite en 1646 par Mgr de La Fayette, qui leva l'interdit quand on eut remédié à ce désordre.

C'était aussi dans l'église des Dominicains que se tenait la fête de saint Luc pour les médecins, et celle de sainte Anne pour les menuisiers.

L'église des Dominicains était belle, avec une voûte très hardie en briques. Les armes de la maison des Cars régnaient tout autour, comme étant celles de leurs fondateurs.

Le maître-autel était beau avec de belles statues ; mais il lui manquait d'être doré. Le tableau représentant saint Dominique était très estimé et d'un grand prix.

Il y avait un orgue, mais mal entretenu, devenu même hors de service.

Il y avait plusieurs tombeaux, entre autres ceux de Durand d'Orlac, qui y fut inhumé en 1245, cinq ans avant que l'église fût terminée, de plusieurs évêques, des comtes des Cars, des seigneurs de Lastours, d'Aimeric Palus, chanoine du Dorat, d'Isabelle, fille du vicomte de Ventadour, de la famille Dinematin des Salles, de Bernard Guidonis, ancien prieur de cette maison, mort évêque de Lodève, qui fut inhumé en 1331 dans l'église de son ordre, d'après ses intentions.

Les Dominicains avaient un collège où ils enseignaient la philosophie et la théologie.

Le bâtiment avait été renouvelé à neuf. La porte par laquelle on y entrait, en traversant la cour où étaient les classes, se trouvait sur le plan à côté de celle de l'église. C'était dans une de leurs salles que les docteurs en médecine tenaient leurs assemblées.

Le plus grand nombre des religieux embrassa le parti de la Révolution. L'un d'eux fut comme son missionnaire, l'orateur du club et l'aumônier de la garde nationale ; après avoir dit la messe au champ de Mars, devenu apostat, il répondait à ceux qui, après le Concordat, l'engageaient à rentrer dans l'exercice du sacerdoce : « Quand les Jacobins reviendront, je reviendrai aussi. » Avec ses talents, mais d'autres principes, il eût honoré son ordre, ainsi que Limoges, sa patrie (1).

Après la sortie des religieux on consacra l'église pour y établir la paroisse schismatique, sous le nom de Saint-Thomas d'Aquin, dont M. Romanet, ex-génovéfain, s'établit curé.

Le culte ayant cessé, l'église et le bâtiment furent très délabrés par l'action des fourneaux qu'on y avait établis pour fondre le métal des cloches.

Après le Concordat, on transporta le pavé pour faire celui de la cathédrale. Peu après la voûte se détacha et tomba ; on a fini par réparer une partie de l'église pour y mettre une paroisse de

---

(1) L'auteur ne donne pas le nom que tout le monde connaît ; c'est Jean Foucaud, né à Limoges le 6 avril 1747, et mort le 14 janvier 1818, après être revenu de ses erreurs, avoir demandé et reçu les secours de la religion. Voir sa biographie, par O. Péconnet, dans le *Bulletin de la Société archéologique de Limoges*, T. V, p. 31.

Sainte-Marie, qui avait été établie dans la chapelle du séminaire, aujourd'hui caserne.

GRANDS CARMES.

Ce fut vers le milieu du xiiie siècle que les Grands Carmes, vinrent au nombre de 30 s'établir à Limoges, d'abord dans le local qu'avaient laissé les Dominicains au-delà du Pont-Saint-Martial, pour ensuite se fixer près l'amphithéâtre des Arènes, à l'entrée de la route de Bordeaux.

L'église était vaste et belle. Le chœur des religieux était derrière l'autel qui était composé de gradins en forme pyramidale, sous un superbe pavillon, soutenu à une grande élévation par quatre colonnes torses entourées de feuillages pampres, avec des figures d'oiseaux et animaux ; cinq belles statues ornaient les coins et le milieu du dessus du pavillon. Il ne manquait à un ouvrage aussi fini que d'être doré.

Le chœur était tout entouré de tableaux qui avaient pour sujet les prophètes Elie, Elisée ou des saints de l'ordre.

Les bénitiers placés à la porte étaient supportés par un homme pliant sous le poids. A côté de la porte avant d'entrer dans l'église était la croix en pierre qui est aujourd'hui en avant, à côté de l'entrée de Saint-Aurélien.

Il y avait sermon, bénédiction et procession le second dimanche de chaque mois.

Les confréries établies dans cette église étaient celles du Scapulaire du Mont-Carmel, de saint Joseph pour les charpentiers, de saint Crépin pour les garçons cordonniers.

Une statue d'homme, de la hauteur de trois pieds, frappait les heures sur le timbre de l'horloge avec un marteau qu'il tenait à la main.

Les religieux, au nombre desquels était le Père Mourier, provincial, se dispersèrent. Les uns suivirent le schisme, les autres furent fidèles. On peut citer le P. Retouret, mort sur les vaisseaux en odeur de sainteté (1).

L'église et le local furent achetés par M. Juge de Saint-Martin,

AUGUSTINS.

Cette communauté était située vis-à-vis la muraille du jardin de la Visitation, qui est aujourd'hui le jardin des plantes sur la

---

(1) Jacques Retouret, né à Limoges le 15 septembre 1746, mort dans l'île Madame, la nuit du 25 au 26 août 1794.

route de Paris. L'église ainsi que le monastère étaient grands, quoiqu'il n'y eût guère que quatre à cinq religieux lors de la destruction. Il y avait dans l'église un orgue abandonné.

La solennité de l'amende honorable au Saint Sacrement était établie dans cette église.

Le local fut vendu pour y construire des ateliers de porcelainiers.

CORDELIERS.

Leur établissement à Limoges remontait à l'an 1223. Saint Antoine de Padoue, si célèbre dans l'histoire des saints, en fut le premier gardien (1).

L'église située sur la place Tourny, avec une cour en avant, était belle et vaste, boisée avec beaucoup d'ordre et d'élégance à la hauteur d'environ douze pieds, avec des sièges ou bancs fixes attachés à la boiserie au-dessus de laquelle était un encadrement de tableaux qui ornaient par leur régularité et leur ensemble tout le tour de l'église.

La chaire qui faisait corps avec la boiserie était très bien sculptée avec des encadrements [dans lesquels étaient en relief] des traits de la vie de saint Antoine.

C'était à l'église des Cordeliers qu'était attachée l'indulgence de la Portioncule, le 2 août.

Il y avait une confrérie de Saint-Antoine. La veille de la fête, les religieux allaient processionnellement faire la bénédiction solennelle d'un feu de joie allumé sur la place Tourny.

C'était aussi dans l'église des Cordeliers que les cloutiers célébraient la fête de saint Eloi leur patron.

La maison Ardant de la Grénerie y avait ses tombeaux.

Le couvent avait été réparé quelques années avant la Révolution. On y avait conservé la cellule de saint Antoine.

Les religieux n'étaient qu'au nombre de quatre, y compris un frère lai, lors de leur expulsion. Le P. Arbonneau qui en était le gardien se déclara contre le nouvel ordre de choses. Un des religieux, qui, de l'ordre des Récollets était passé dans celui des Cordeliers, figura comme vicaire intrus dans la paroisse de Saint-Pierre.

M. Juge de Saint-Martin jeune devint acquéreur des Corde-

---

(1) Voir: *Saint Antoine de Padoue en Limousin*, par M. le chanoine Arbellot, *Semaine religieuse de Limoges*, XVII, 581.

liers. En 1791, les catholiques devinrent locataires de l'église dont les murailles étaient toutes nues; on voulait essayer d'y jouir de la liberté du culte.

L'essai s'en fit un dimanche, après Pâques. A cet effet, on avait dressé un autel sur une table. On dit une messe basse assez tranquillement. Le soir on chanta vêpres sans être inquiété ; mais la nuit les portes furent forcées et l'autel brûlé, avec le peu d'effets qu'on y avait portés pour la célébration du culte (1).

DES PAUVRES RÉCOLLETS.

RÉCOLLETS DE SAINTE-VALÉRIE.

Sainte Valérie fut martyrisée dans l'endroit où étaient les Récollets, de l'autre côté du chemin qui passait sous le bas jardin du Séminaire.

Saint Martial, non seulement aurait consacré en l'honneur de saint Pierre, une église, la chapelle du Sépulcre, bâtie sur les fondations du palais où cette première martyre d'Aquitaine fut enterrée, mais encore érigé une chapelle en son honneur, sur l'endroit même où elle avait reçu la double palme de la virginité et du martyre.

Dès le commencement du vi^e siècle, cette chapelle fut érigée en prieuré desservi par deux moines de ceux de Saint-Martial. Ce prieuré existait encore en 1192.

En 1160 on commença la construction d'une nouvelle église qui fut consacrée en 1212 par Jean de Vérac, évêque de Limoges. La cérémonie eut lieu le 14 mai.

Les calvinistes s'en emparèrent en 1561 ; ensuite le prieuré fut destiné pour l'établissement des Récollets qui eut lieu en 1596.

Quelques années avant la Révolution, l'église et le couvent avaient été complètement renouvelés par le P. Jacquet, provincial.

Auparavant on allait à l'église, dont l'entrée se trouvait dans le chemin qui passe devant la porte de l'hôpital, par celui qui est au-dessous de la caserne.

L'autel fut mis là ou était l'entrée, et l'on entrait dans l'église par la rue du Pont ; là était une belle porte en fer. Par une allée

---

(1) Pendant la première moitié de ce siècle, le couvent des Cordeliers ou Franciscains a été occupé par la maison de roulage de MM. Pouyat ; depuis il a été traversé par l'avenue de Fleurus, et transformé par les constructions de la place Jourdan.

de tilleuls, on allait joindre un beau portail. On rencontrait un beau vestibule ; à la droite se trouvait une porte ; c'était celle du couvent, et en face était celle de l'église.

Cette église était petite, mais d'une propreté et avec cela d'une simplicité rares. Au fond de l'église, en face de l'autel, était une galerie qui s'étendait un peu sur les côtés. On y parvenait par le chœur des religieux, qui était au-dessus du vestibule avant d'entrer dans l'église.

Le bâtiment était très bien distribué et tout à neuf, ainsi que le cloître. La fête principale était celle de sainte Valérie qui y attirait un grand concours.

Il y avait à vêpres, sermon, procession et bénédiction tous les quatrièmes dimanches du mois.

C'était aux Récollets que s'était retirée la congrégation des artisans, après l'expulsion des Jésuites ; ce qui y avait transporté la fête très solennelle de l'Immaculée-Conception de la Sainte Vierge qui était la patronne de la confrérie. Il y avait tous les dimanches réunion le matin, et une retraite de huit jours tous les ans.

Les perruquiers solennisaient la fête de saint Louis aux Récollets. Les Récollets avaient la qualité de pauvres, aussi leur croix processionnelle n'était-elle faite que de deux bandes de bois peint en noir, et un cœur en couleur au milieu.

Lors de leur sortie du couvent ils pouvaient être une douzaine de religieux. Le P. Jacquet, provincial, et le P. Tuillier, gardien, ainsi qu'une partie des autres religieux repoussèrent le schisme.

La congrégation des artisans s'est rétablie à Saint-Pierre, où on a commencé à y admettre les femmes.

L'église a été rasée ainsi que le couvent, et le terrain a été vendu.

RÉCOLLETS DE SAINT-FRANÇOIS.

En 1616 une maladie contagieuse fut cause qu'on eut recours au zèle de quelques religieux de Sainte-Valérie pour aider les malades à mourir. On les logea dans une maison appelée le bâtiment de la Bayardière, qui leur fut donné en témoignage de reconnaissance, pour en faire une maison de retraite pour de vieux religieux qui porteraient le nom de Saint-François et serait indépendante de celle de Sainte-Valérie, ayant son gardien particulier.

C'était dans l'église de Saint-François qu'était la congrégation du tiers-ordre ayant pour patrons : saint Bonaventure et sainte

Elisabeth. Les chirurgiens faisaient célébrer à Saint-François la fête de saint Côme et de saint Damien, et les orfèvres, celle de saint Eloi.

Le prix de la vente d'une très grande plaque en cuivre qui gênait au milieu du pavé de l'église, et la somme de 900 francs qu'on donna au dernier gardien pour avoir accompagné le corps de M. de Maulmont jusqu'à l'église paroissiale de sa terre, où il avait demandé à être enterré, servirent à réparer le bâtiment et lui donner une nouvelle disposition.

Le P. Darsonval avait, comme gardien, trois religieux avec lui, qui refusèrent le serment.

La maison et l'église furent achetées par M. Roulhac de Rouveix. L'église devint salle de spectacle (un prêtre assermenté travailla à cette scandaleuse métamorphose); et la maison des bains publics (1).

Observations générales.

Tous les ordres religieux assistaient avec la cathédrale aux processions de saint Marc, des Rogations, de la Fête-Dieu et de l'Assomption; étaient seulement exceptés, outre les deux congrégations régulières, les Carmes déchaussés et les Récollets de Saint-François.

Les Jacobins, Grands Carmes, Augustins et Cordeliers étaient des ordres mendiants, et ce n'était que sous cette dénomination qu'ils étaient institués dans les testaments, comme les Récollets sous celle de pauvres quand on faisait des legs aux communautés.

A la mort d'un grand vicaire les ordres mendiants étaient obligés d'aller chacun séparément chanter un *Libera* devant le corps du défunt, lorsqu'il était exposé à la porte.

Aucun chef de communauté n'avait le droit de prendre l'étole pendant l'office, lors même qu'il présidait dans le chœur des religieux; ce droit appartenait exclusivement aux évêques et aux curés, hors les cas des fonctions sacerdotales, ce qui n'est pas la présidence au chœur, ni à une procession.

---

(1) C'est aujourd'hui une école primaire supérieure, dite de l'Ancienne-Comédie.

DES COMMUNAUTÉS DE RELIGIEUSES.

ABBAYES.

ABBAYE DES BÉNÉDICTINES DE N.-D. DE LA RÈGLE.

Du temps de saint Martial, il y avait à Limoges une veuve nommée Radegonde qui, d'après les conseils de ce zélé missionnaire, avait consacré une maison pour y réunir un certain nombre de vierges. Ensuite elle fit bâtir y joignant une église, sur l'emplacement même des prisons où le saint apôtre avait été battu de verges par ordre d'Aurélien et d'Anterius, prêtres des idoles.

Cet établissement finit par se régulariser avec le titre d'abbaye. Comme il était situé sur le rocher dominant la Vienne, il devint un point important de défense pour la ville, contre l'incursion des Bourguignons, envoyés en 574 par Chilpéric contre Limoges. Cette abbaye ayant été tour à tour ruinée et réparée, Pépin le Bref lui fit plusieurs donations, en réparation des dommages qu'elle avait éprouvés : ce qui prouve sa grande ancienneté.

En 810, Louis le Débonnaire en fit rebâtir l'église, avant celle de Saint-Martial. Elle ne fut consacrée qu'en 1095 par Urbain II. On y descendait par un escalier de près de vingt marches encaissées entre le chœur et le mur collatéral de l'église. En face du maître-autel était un superbe chœur, séparé de l'église par une belle et grande grille en fer, de toute la largeur de la nef et de toute la hauteur de l'église, moins cinq à six marches qu'il fallait monter pour se trouver au niveau du chœur. Le trône de l'abbesse était au fond. Au-dessus d'un double rang de belles stales, régnait un tour de galeries, pour les sœurs converses, les infirmes et les pensionnaires.

Ce fut en 1619 que Jeanne de Verthamont, abbesse, introduisit la réforme dans ce monastère. Elle mourut fort âgée et fut ensevelie dans la partie supérieure du chœur.

Cette abbaye était très riche. C'était d'elle que dépendait le prieuré de l'hôpital de la maison-Dieu, appelée des Ladres ou Lépreux, lequel fut réuni à l'hôpital général en 1659.

L'abbesse participait à plusieurs bénéfices : c'est le roi qui la nommait.

Les religieuses étaient très nombreuses. Elles chantaient tout l'office canonial, conformément au chant et au bréviaire du diocèse.

Il y avait grand'messe tous les jours, et orgues les fêtes solennelles.

L'église ainsi que le monastère furent démolis, pour en vendre les matériaux, par MM. Chevalier, qui finirent par échanger le local, où il ne restait sur pied que le pavillon de l'abbesse, avec celui des Allois.

On y a bâti le nouveau séminaire qui a l'avantage par là de communiquer avec l'évêché.

ABBAYE DES BÉNÉDICTINES DITE DES ALLOIS (DE ALLODIIS).

Il y avait anciennement une église dédiée à saint Genest.

Elle fut cédée en 1620 aux religieuses dites des Grandes Claires pour les distinguer des Clairettes, ordre plus austère que le premier. Elles firent construire une nouvelle église et un nouveau bâtiment. Leur enclos comprenait depuis Saint-Maurice jusqu'au petit Saint-Jean sur le plan vis-à-vis la porte collatérale de la cathédrale.

Les religieuses étant réduites à un trop petit nombre, furent réunies à celles de Saint-Yrieix et le couvent resta vide en 1750.

Il y avait une abbaye de Bénédictines fondée par la reine Blanche, au lieu appelé les Allois, près Limoges, sur la route d'Eymoutiers. Comme leur couvent tombait en ruine, elles obtinrent, sous l'épiscopat de Mgr Jean Giles Coetlosquet, de venir remplacer les grandes Claires.

Cette abbaye quoique royale n'était pas très-riche ; on y disait le bréviaire diocésain.

C'est dans ce qui restait de ce monastère, en partie détruit ainsi que l'église, qu'au rétablissement du culte on établit le séminaire sous la supériorité de M. Chudeau, sulpicien, ancien directeur-économe à Limoges. Mais la ville ayant fait ouvrir un chemin dans le jardin pour aller en ligne droite de la place Tourny à la cathédrale, on fit un échange avec le local de la Règle où on transporta définitivement le séminaire.

COMMUNAUTÉS CLOITRÉES.

LES CARMÉLITES.

L'établissement des Carmélites eut lieu à Limoges par la sœur Isabelle des Anges, Espagnole, en 1618, 34 ans après la mort de Sainte Thérèse (1). Elles se logèrent d'abord près la Fontaine des

---

(1) Voir sa biographie, par M. Pierre Laforest : *Limoges au* xviie *siècle*, p. 359.

Barres jusqu'en 1634 qu'elles se fixèrent près le faubourg Manigne, au haut de la rue des Petites-Maisons, là où sont aujourd'hui les Filles de Notre-Dame (1).

La porte de l'église était en face de la Fontaine, on y montait par un double perron en forme de fer à cheval ; l'autel était très élevé à cause de cinq à six marches qu'il y avait pour monter dans le sanctuaire ; il était tout en marbre travaillé à Toulouse. Il y avait de très belles statues et de précieux tableaux dans l'église.

Il y avait joignant à l'église une maison nouvellement bâtie où logeait le supérieur. Les Carmélites étaient exemptes de la juridiction de l'ordinaire.

Lors de leur expulsion, M. l'abbé Pradel en était le supérieur ou visiteur, et la mère Denise Bonin, la supérieure.

Le gouvernement national s'étant emparé du local, qui comprenait toute l'île et se terminait en angle là où est bâtie une maison en face de la rue du Pont, sépara le jardin du monastère en ouvrant la rue qui existe aujourd'hui, et le terrain fut vendu à différents particuliers.

Les acquéreurs de l'église en firent un jardin qui existe aujourd'hui et vendirent l'autel qui a été acheté ensuite par la fabrique de Saint-Pierre.

Après le Concordat, la plus grande partie des carmélites se réunirent dans leur ancien monastère dont elles n'occupèrent qu'une partie, qu'on consentit à leur louer à ferme. Elles y joignirent quelques cellules, avec le bas qu'elles achetèrent de l'acquéreur.

La mère Denise étant morte, ainsi que plusieurs autres sœurs, celles qui survécurent relevèrent leur communauté, et se cloîtrèrent dans l'ancien local de l'église et presbytère de Saint-Maurice où elles sont maintenant.

URSULINES.

L'année 1620, des Ursulines de Toulouse vinrent faire un établissement à Brive, d'où sortit la même année celui de Limoges (2). Vingt et quelques années après, elles prirent l'habit noir

---

(1) Ce couvent, situé entre l'avenue du Pont-Neuf et l'hôtel-de-ville, n'est plus l'habitation des Filles de Notre-Dame depuis environ vingt ans.

(2) Il faut ainsi changer la date indiquée ici : L'année 1608, des Ursulines de Toulouse firent un établissement à Brive, d'où sortit en 1620 celui de Limoges.

au lieu du blanc qu'elles portaient auparavant. Elles eurent des constitutions particulières ; elles adoptèrent le bréviaire de Limoges ; elles avaient un orgue.

Leur église était située dans la rue qui va de celle des Bouchers à la rampe ou escalier qui va à la mairie, autrefois Saint-Gérald. La façade du monastère était tournée du côté du boulevard, avec une belle terrasse dont on voit encore la muraille.

C'était Mgr La Fayette qui avait posé la première pierre de l'église et du nouveau bâtiment. La belle muraille qui soutient la terrasse ne fut faite que sous Mgr d'Argentré (1).

Les 6 et 7 septembre 1790, l'église et le bâtiment devinrent la proie des flammes. Ce fut un cavalier de Royal-Navarre qui fut ôter le saint ciboire du tabernacle, avec lequel il s'élança du haut de la muraille de la terrasse, tomba d'aplomb, sans aucune secousse violente, et porta le Saint-Sacrement à Saint-Gérald (2).

Plusieurs religieuses attendirent des ordres des vicaires géné-

---

(1) Elle existe toujours, et on peut encore y voir une pierre sur laquelle la date 1774 est sculptée au milieu d'un cadre, qui surmonte les deux mots S^{te} V$_{RSVLE}$ séparés par un cœur.

(2) Voir la note qui est plus haut à l'article de l'Oratoire. L'abbé La Biche de Reignefort ajoute dans la vie de la Mère Catherine Brunet, T. I, p. 147 de la *Vie des Saints du Limousin* : « Etant allé durant cette nuit, qui fut si fatale à la ville de Limoges, porter du secours aux religieuses de Sainte-Ursule, au monastère desquelles le feu venait de se communiquer par l'effet de l'impétuosité du vent, et voyant qu'il était impossible de sauver l'église, dont on avait eu la précaution de retirer le Saint Sacrement, je voulus mettre au moins à couvert le corps de saint Elisée qui reposait dans ce temple. Pour cet effet m'étant transporté à la chapelle, où il était en dépôt, et ayant demandé à des ouvriers qui étaient là, fort incertains de ce qu'ils devaient faire, comment on pourrait parvenir à cet enlèvement, tous s'accordèrent à me répondre qu'il n'y avait pas d'autre moyen que d'enfoncer la grille de fer qui était au devant de la châsse ; car où aller prendre les clefs dans un tumulte et un désordre effroyable ? Toutes les religieuses, ainsi que leurs élèves, avaient déjà pris la fuite comme des colombes effrayées. D'ailleurs, il n'y avait pas un moment à perdre ; car le feu, qui avait pris d'abord au clocher, atteignait déjà le faîte de l'église. Je propose à ces ouvriers timides d'employer le moyen qu'eux-mêmes ont indiqué. Mais tous s'y refusent (par un sentiment religieux fort louable sans doute, mais poussé trop loin en cette occasion) à moins que je ne les y autorise expressément, et que je ne prenne sur moi la responsabilité de cette effraction. Je le fais sans hésiter ; et à l'instant la grille est enfoncée à grands coups de maillet. Je fais aussitôt enlever la châsse, et la fis transporter sans éclat par un nombre suffisant d'hommes que j'accompagne, à la communauté des Sœurs hospitalières de Saint-Alexis, où quelques ursulines s'étaient déjà réfugiées. — Ce précieux dépôt a depuis été transféré dans l'église de Saint-Pierre-du-Queyroix. »

raux, avant de s'échapper. Après l'incendie, elles prirent asile dans les différentes communautés où elles se dispersèrent.

La Révolution étant venue, le terrain fut vendu à différents particuliers.

LES FILLES DE NOTRE-DAME.

Les filles de Notre-Dame s'établirent en 1634 (1) à droite en descendant le portail Imbert, et allaient par la profondeur de leur enclos jusque dans la rue des Combes. Elles étaient très-nombreuses. Leur pensionnat de demoiselles était un des mieux tenus et jouissait d'une renommée bien méritée. Elles tenaient une école gratuite pour les pauvres.

Après la Révolution, elles ont cherché à se relever : deux réunions d'abord se formèrent, l'une dans la maison Deschamps, local des Ursulines, la mère Juge de Saint-Martin en était la supérieure ; l'autre dans la maison Landouge (2), au-dessus de la terrasse, joignant aux Sœurs grises, sous la supériorité de la mère Pétiniaud.

La première division ayant appelé la mère Gonneau, qui tenait un pensionnat à Rochechouart, afin de se mettre à leur tête pour le rétablissement de leur ordre à Limoges, acheta une très grande partie des bâtiments des anciennes Carmélites, où elles se cloîtrèrent. La seconde division se réunit ensuite à la première.

LA VISITATION.

Cet établissement était sorti de celui de La Châtre, au mois de décembre (le 18) 1643. L'église était construite depuis quelques années seulement. Elle sert aujourd'hui de tribunal (3).

La communauté était très nombreuse, le pensionnat très bien tenu.

Après leur expulsion, elles se dispersèrent, et le calme étant un peu revenu, elles élevèrent divers pensionnats.

Les plus considérables étaient celui de sœur Agathe Bourdeau d'Antony réunie aux sœurs Muret, Lamy de la Chapelle,

---

(1) Voir le récit de cette fondation dans la biographie de Jeanne de Lestonac, par M. Pierre Laforest : *Limoges au* XVIIe *siècle*, p. 339.

(2) Cette maison, ainsi appelée du nom de son propriétaire, a été démolie pour agrandir la place. La même famille a aussi donné son nom à la Croix-de-Landouge près la nouvelle église de Saint-Martial.

(3) L'église fut consacrée par Mgr d'Argentré en 1775. Après avoir servi à différents usages, cet établissement a été transformé en caserne d'infanterie.

Laforet, dans la maison de Montagut, autrefois l'Aigle d'Argent, et celui de la sœur Javerdat et Sallé dans la maison Saint-Léger.

Elles se réunirent toutes ensuite sous la supériorité de Mme Cécile Lamy Deluret, remplacée après sa mort par Mme Muret, dans une portion du bâtiment des Carmélites, où elles étaient locataires.

Ce fut vers 1809 qu'elles achetèrent, pour s'y cloîtrer, l'ancien couvent des Carmes déchaussés.

LES CLAIRETTES.

Les Clairettes furent fondées en 1659 par Mlle Maledent de Meilhac, dite sœur du Calvaire, aidée de M. de Maledent de Savignac, son oncle. Il acquit à cet effet un petit monastère connu dès 1315, sous le nom d'hôpital ou prieuré des Arènes. Il était situé à l'entrée du faubourg de ce nom. Ayant été vendu par l'effet de la Révolution, on y bâtit des maisons.

Ces religieuses se sont cloîtrées dans une maison en face du palais épiscopal, où la petitesse du local doit nécessairement ajouter à l'austérité de la règle.

LA PROVIDENCE.

Les religieuses de la Providence furent fondées à Limoges par Marcelle Chambon (1). Elle acquit à cet effet une chapelle connue, dès 1246, sous l'invocation de Notre-Dame du Puy en Velay. Quoique l'acquisition en fût faite en 1654, les religieuses n'entrèrent en jouissance qu'en 1659. La fin de leur institution était de se consacrer à l'instruction et entretien des pauvres orphelines, dont le nombre était fixé.

Leur ancienne église était très petite, et comme cachée dans un impasse où on a ouvert un chemin derrière la communauté qui fut bâtie en 1660. En 1779, elles firent construire la nouvelle église en face du presbytère de Saint-Maurice, où sont aujourd'hui les Carmélites (2).

Les sœurs de la Providence ont relevé leur maison dans l'ancienne maison des sœurs de la Croix, sur la place dite de la Corderie.

---

(1) Voir sa biographie, par M. Pierre Laforest : *Limoges au* XVIIe *siècle*, page 370.

(2) Ce couvent, avec son église, est aujourd'hui une caserne d'infanterie, connue sous le nom de caserne des Vétérans.

Les sœurs Boutinaud peuvent être considérées comme les restauratrices de leur établissement, quoique dans un local différent.

COMMUNAUTÉS NON CLOITRÉES.

LES SŒURS DE LA CROIX.

Les Sœurs de la Croix s'établirent en 1687, là où sont aujourd'hui celles de la Providence, place de la Corderie. Ce ne fut cependant qu'en 1758 qu'elles firent construire une petite église, dont la porte était en face du faubourg Boucherie. Elles faisaient des vœux simples et tenaient une école gratuite de filles.

Elles se sont établies dans la maison Feytiat, où est le portail Imbert.

Au-dessus de ce portail, était, avant la Révolution, la statue en pierre du patriarche Lamy, parce que la maison avait appartenu à cette famille.

C'est aussi près des fondements de ce portail qu'est un lion en pierre dans la gueule duquel on touche avec le doigt une pierre qui se tourne en tous sens sans qu'on ait pu la faire sortir.

COUVENTS OU MAISONS DES SŒURS HOSPITALIÈRES.

COMMUNAUTÉ DES SOEURS DE SAINT-ALEXIS.

Les Sœurs de Saint-Alexis sont un établissement particulier à Limoges (1). Le chef d'ordre est dans cette ville épiscopale où elles furent établies en 1659 pour desservir l'hôpital général, quoique la communauté en fût séparée. Elles ne faisaient que des vœux simples.

Au moment de la Révolution, c'était Mme d'Alesme de Salvanet qui en était la supérieure.

La nécessité qu'on avait de leurs soins fit qu'on ne chercha pas à les faire sortir, quoiqu'elles eussent besoin de beaucoup de prudence pour éviter de tomber dans les pièges que leur tendait l'ingratitude de leurs parents, qui ne cessaient de les dénoncer et de les calomnier.

Il y a eu quelques changements dans leurs constitutions et dans leur costume ; cela sous l'épiscopat de Mgr Dubourg (2). Celles qui furent les plus zélées pour la réforme furent la sœur Augustin Filiatre, une des anciennes, et sœur Pauline Gilbert, une des

---

(1) Voir une notice sur les *Hospitalières de Saint-Alexis*, par M. l'abbé Roy-de-Pierrefitte.

(2) Mort en 1822.

nouvelles religieuses. Cette réforme fut généralement accueillie, sauf par un petit nombre, dont deux se séparèrent pour aller soigner les aliénés dans la maison appelée de force.

HÔPITAL GÉNÉRAL.

L'hôpital de Saint-Gérald dépendait du prieuré de ce nom. Comme il y en avait beaucoup d'autres en ville, il n'était pas général jusqu'en 1659, qu'on lui réunit les hôpitaux de Saint-Martial, qui en avait un là où est aujourd'hui l'hôtel des Monnaies ; des Ladres à la Maison-Dieu ; d'Aigoulène ; de Saint-Jacques et de Saint-Maurice. L'hôpital de Saint-Gérald, devint pour lors général, civil et militaire.

Il était desservi par les missionnaires ; il y avait à cet effet des chapelles intérieures, où étaient concentrées les fonctions d'aumôniers.

Au rétablissement du culte, les aumôniers, au nombre de 4, furent nommés par l'évêque. Là commencèrent des empiètements abusifs, comme celui d'officier publiquement avec l'étole pastorale, se prévalant de l'impuissance où ils voyaient les curés de faire valoir leurs droits, par des oppositions qu'ils n'auraient pas manqué de faire avant la Révolution.

On établit des classes d'enterrements, comme s'il devait y en avoir dans un hôpital, où tous meurent en pauvres. Pour ajouter à la solennité des enterrements payants, on exposa les corps à la porte extérieure de l'hôpital général, pour de là les faire transporter solennellement et extérieurement à la chapelle où devait se faire l'office. Avant la Révolution, le prieur de Saint-Gérald se serait emparé du corps, eût verbalisé contre l'usurpation de l'aumônier, et eût été faire la cérémonie dans son église ; personne n'eût été en droit de s'y opposer, et le scandale n'aurait pas été imputé au curé.

Comment peut-on enterrer en riche une personne morte en pauvre dans un hôpital ? On lui aura trouvé de l'argent, dit-on. Dans ce cas là, elle n'était pas pauvre ; sauf le suffrage de quelques messes pour le repos de son âme, le reste doit être employé en dédommagement ou restitution au profit de l'hôpital. Ce sont les parents, dira-t-on encore, qui en font la dépense. Puisqu'ils l'ont laissé mourir en pauvre, on doit l'enterrer en pauvre. C'est une blessure faite à leur orgueil qu'ils ont bien méritée ; ou qu'ils dédommagent auparavant l'hôpital des dépenses et des soins donnés gratuitement au défunt.

Les prétentions des aumôniers furent plus loin. Un d'eux se

rendit en étole pour assister à la procession générale qui eut lieu à la clôture de la mission donnée par M. Perrin. Le curé de Sainte-Marie crut devoir présenter ses observations à l'évêque, qui défendit à tout aumônier de se présenter désormais en étole aux processions.

Le même aumônier ayant prétendu bénir un mariage dont les parties habitaient à l'hôpital, en qualité de pauvres, l'évêque le manda et lui défendit de bénir un mariage, qui ne pouvait l'être que par le curé de la paroisse sur laquelle se trouvait l'hôpital.

SAINTE-MAGDELEINE, MAISON DE PÉNITENCE OU DE REFUGE.

Le refuge était une maison de pénitence dirigée par une sœur de Saint-Alexis. Elle existait sur une place qu'il y avait devant l'hôpital, en allant à l'église de la Mission, et dont on a fait un jardin.

Il y avait une église ou chapelle ouverte au public pour y entendre la messe, et il y avait une grande solennité le jour de sainte Magdeleine, à qui elle était dédiée.

Les catholiques, quand ils furent privés du culte, allaient furtivement dans la chapelle du Refuge pour y assister à la messe et aux vêpres; on y portait même les enfants à baptiser, qu'on inscrivait sur les registres des baptêmes faits à l'hôpital; on avait l'air de fermer les yeux, ce qui encourageait les fidèles. Un jour de grande fête fut choisi pour les persécuter. La garde nationale eut la perfidie de paraître les protéger le matin pour les faciliter d'y aller entendre la messe. La sœur Roger, qui était la directrice, donna dans le piège. Elle annonça qu'il y aurait le soir vêpres et bénédiction. Le concours fut nombreux.

Alors le Refuge fut cerné par cette même garde nationale; une bande de gens avides de sang se précipitèrent sur les personnes qui assistaient aux saints offices. Celles qui ne purent s'échapper par la fuite, furent maltraitées, fustigées, traînées par les cheveux, accablées de coups. De ce nombre fut M. Cramouzaud jeune, chanoine de Saint-Martial.

Une dame, très patriote et zélée pour le schisme, jouissait de cet affreux spectacle. Elle était enceinte. Dans l'ivresse de la joie, elle eut l'impiété de dire en se frappant aux entrailles : « Oui ! plutôt que l'enfant que je porte fût baptisé par ces gueux de prêtres réfractaires, je voudrais que le diable s'en saisît en naissant. » Cette exécrable imprécation aurait-elle eu son effet ? L'accouchement fut un mystère. Il est de fait que tous se sont accordés à dire dans le voisinage que personne n'avait vu l'enfant ; d'où on concluait qu'il avait disparu au moment de la naissance. Ce fut le bruit général.

RELIGIEUSES DE SAINT-VINCENT DE PAUL.

Les Sœurs de Saint-Vincent de Paul ont un établissement qu'on doit au zèle de M. Navierres, qui était curé de Saint-Pierre du Queyroix.

Ce fut en 1777 que Mgr d'Argentré, évêque de Limoges, en posa la première pierre. Elles en prirent possession et s'y établirent au nombre de trois, sous la supériorité de sœur Anne Dumoulin, l'an 1783.

Le besoin qu'on en avait fit qu'elles furent comme tolérées pendant la Révolution (1).

DIFFÉRENTES CHAPELLES DE DÉVOTION.

Saint-Aurélien.

Saint-Aurélien est une chapelle très ancienne. En 1315, Regnault de la Porte, évêque de Limoges, y fit la translation de saint Aurélien, qui, de son tombeau près de Saint-Martial, avait été transféré d'abord à Saint-Cessateur. C'est de l'époque de cette deuxième translation que la chapelle porte le nom de ce successeur de saint Martial.

Cette chapelle fut rebâtie en 1471 par Jean Barthon de Montbas I et réparée en 1647 par Goudin, curé de Saint-Cessateur.

Cette chapelle appartenait aux bouchers. Ils y entretenaient un aumônier. Comme Saint-Aurélien est plus ancien que Saint-Loup, c'est par lui que se fait la clôture des ostensions, comme l'ouverture se fait par l'exposition du chef de saint Martial.

Notre-Dame du Naveix.

Cette chapelle sur une petite éminence, au bout de la rue du Naveix, en face de la muraille collatérale des jardins des ci-devant Carmes déchaussés, en venant des Casseaux, s'appelait du Navèix (*navigium* ou *navis*), parce que c'était la chapelle de dévotion des bateliers qui retirent le bois à brûler, qui vient à

---

(1) Aujourd'hui la ville de Limoges possède trois maisons de Sœurs de charité de Saint-Vincent de Paul ; celle de la paroisse de Saint-Pierre, qui a maintenant plus d'un siècle d'existence, celle la paroisse de Saint-Joseph fondée en 1837, et celle de la paroisse de Saint-Etienne, fondée en 1873.

bûches perdues sur la Vienne, jusqu'un peu avant le Pont Saint-Etienne : ils se servent à cet effet de bateaux qui s'appellent en patois *naud,* de *navis.*

CONFRÉRIES DE PÉNITENTS OU VOILÉES (1).

On appelle confréries de pénitents celles dont les confrères sont revêtus d'un sac ou habit de pénitence ; on les appelle voilées, à raison d'un large voile qui couvre la croix de procession et tombe à chaque côté, comme aussi du voile qui leur couvre la figure.

Il y avait, avant la Révolution, sept compagnies, savoir : six de pénitents et une de pèlerins de Saint-Jacques, auxquels on pourrait ajouter l'hôpital, dont la croix [de procession] est aussi voilée.

On distingue les compagnies par la couleur de l'habit, qui sont d'après leur rang d'ancienneté les Noirs, les Bleus, les Blancs, les Gris, les Feuille-morte, les Pourpres de la Charité ; il s'en est formé une septième compagnie de Violets ou du *Stabat.*

Les *Noirs* — furent fondés par le bienheureux prêtre Bardon de Brun, dans la paroisse de Saint-Michel-de-Pistorie. Leurs fêtes étaient celles de Sainte-Croix. Ils adoptèrent la couleur noire parce que c'est celle dont on se sert dans le Romain pour l'office du Vendredi-Saint, et dont on se servait dans le diocèse avant qu'on eût un bréviaire particulier. C'était la confrérie des Pénitents noirs qui fut d'abord autorisée à donner la sépulture aux suppliciés ; mais ayant cru devoir se montrer étrangers à celle d'un de leurs confrères qui avait mérité la peine de mort, les Pénitents pourpres saisirent cette circonstance pour s'approprier le droit d'exercer cet acte de charité. Il leur fut maintenu. Après la restauration du culte, ils se relevèrent dans l'église succursale de Sainte-Marie, d'où ils furent s'établir dans celle de Saint-Pierre, où ils se fixèrent dans la chapelle ci-devant de Sainte-Claire. Je pense qu'il eût été plus naturel qu'ils eussent fait choix de la chapelle ci-devant de Notre-Dame des Agonisants, sous la tribune des Pénitents blancs, puisque c'était là que reposaient les cendres de leur fondateur où son tombeau était en grande vénération. (Voir Saint-Pierre du Queyroix).

Les *Bleus* — étaient établis dans l'église paroissiale de Saint-

---

(1) Voir : *Les Confréries de Pénitents en France et notamment dans le diocèse de Limoges,* par M. L. Guibert. — Limoges, Chapoulaud, 1879. In-8° de 196 pages.

Paul-Saint-Laurent, ils avaient pour patron saint Jérôme. Leur fête secondaire était saint Louis, à cause de quelques princes de la famille royale reçus pénitents bleus dans une des villes méridionales de la France.

La couleur de l'habit convenait aux confrères de Saint-Jérôme comme étant celle du ciel, objet continuel des vœux et de la méditation de ce contemplatif.

Les *Blancs*. — Ils étaient établis dans la paroisse de Saint-Julien-Sainte-Affre. La couleur de leur habit peut être considérée comme le symbole de l'innocence, dans laquelle a passé sa vie saint Jean-Baptiste, leur patron. Mgr de Coëtlosquet en avait été reçu confrère, quoique évêque.

Après la restauration du culte, les Pénitents blancs s'établirent dans l'église succursale de Sainte-Marie, d'où ils se retirèrent dans celle de Saint-Pierre.

Les *Gris* — étaient dans la chapelle de Saint-Antoine, au milieu du cimetière des Arènes. Ils étaient vêtus de gris qui était la couleur de l'habit de saint François, dont ils célébraient les stigmates comme leur principale solennité.

Ils étaient les seuls qui eussent une église particulière. Les jours de leurs fêtes, leur chapelle était tendue de tapisseries très précieuses, représentant les principaux traits de la vie de saint François; celle surtout, qui contenait sa naissance dans un étable, était aussi importante que le tableau le plus expressif. Il est à regretter qu'on n'ait pas conservé cette précieuse collection.

Les *Feuille morte* — établis à Saint-Martial de Montjauvis, avaient sainte Madeleine pour patronne; de là, la couleur qu'ils avaient adoptée, symbole de la mortification dont leur patronne avait exercé sur son corps les saintes austérités. De Saint-Martial où ils étaient retirés, ils se sont fixés à Saint-Aurélien.

Les *Pourpres de la Charité* — solennisaient le mystère de la Transfiguration comme leur fête patronale. Voilà pourquoi ils portaient le rouge, couleur que prend le diocèse pour faire l'office de ce jour, comme d'après l'esprit de l'Evangile le mystère des souffrances de Notre-Seigneur est lié à celui de la gloire du Thabor; ils ont un *ecce homo* brodé sur l'épaule, et la couleur de leur sac est moins rouge que pourprée, comme étant celle du sang coagulé sur le corps de Jésus-Christ quand Pilate le présente aux Juifs en disant : « *Ecce homo* ». Ils portent le cordon noir, comme symbole de deuil et de tristesse. De là était venu l'usage qu'avait cette compagnie de représenter le collège des Apôtres avec les saintes femmes, ce qui rendait si intéressante la procession qu'ils faisaient toutes les années d'ostensions, pour aller vénérer les reliques des saints le jour de l'Ascension.

Ce qui jetait le plus grand intérêt sur cette compagnie, c'était sa charité pour donner des soins journaliers aux prisonniers.

Pour cela elle nommait chaque année un syndic et douze *visiteurs*. Ceux-ci étaient chargés de faire la quête à la porte des églises, partout où le Saint-Sacrement était exposé. Ils la faisaient également trois fois la semaine à la Boucherie et au Marché. Le produit de ces quêtes servait à procurer aux prisonniers une couche commode, des aliments variés, la propreté du linge et des vêtements et autres besoins.

Quand un criminel était condamné à mort, ces douze visiteurs, revêtus de leurs sacs, parcouraient toute la ville avec un petit tronc à la main, pour solliciter des aumônes, pour faire acquitter des messes pour le repos de son âme, et lui procurer tout autre adoucissement qu'eût pu réclamer sa position, satisfaire à ses goûts dans ses derniers moments, et pourvoir à la décence de sa sépulture. S'il n'avait que de simples peines corporelles, ils ne négligeaient rien pour lui procurer, à l'instant, tous les soulagements nécessaires pour calmer la douleur et procurer la guérison.

Anciennement, quand un criminel devait être exécuté, toute la compagnie s'y rendait en habit, croix levée et un flambeau à la main de chaque confrère ; ils entouraient le gibet, pour aussitôt après l'exécution en détacher le supplicié, ce qui était une bonne œuvre qui était mise aux enchères. Après quoi, on le portait processionnellement dans l'église de Saint-Cessateur. Là, après avoir chanté l'office des morts, ils lui donnaient la sépulture dans un cimetière qui était réservé exclusivement aux suppliciés.

Un fuyard de la milice ayant tué un archer qui était allé le capturer dans un lieu où il était convenu avec lui qu'il pourrait se cacher sûrement, moyennant une somme d'argent qu'il en avait exigée, fut condamné à la mort. Irrités de cette trahison, les écoliers s'entendirent avec les pénitents pour le sauver ; ayant réussi à frotter la corde avec de l'eau forte, afin qu'elle ne pût pas supporter le poids du patient, dont on devait protéger la fuite après la chute, ce qui leur réussit. Dès ce moment, il fut défendu aux pénitents de se trouver sur le lieu de l'exécution avant qu'elle n'eût eu son effet.

Quoique on leur ait enlevé le droit de nommer des visiteurs

pour le soin des prisonniers, ils continuaient toujours les mêmes actes de charité envers les suppliciés.

Les Pénitents rouges ou pourpres, qui étaient établis à Saint-Cessateur, le sont aujourd'hui à Saint-Pierre.

Les *Violets* ou du *Stabat*. — Cette septième compagnie n'existe que depuis la restauration du culte. Ils se sont formés par l'autorisation de Mgr Dubourg, évêque ; auparavant, c'était une simple confrérie du *Stabat*. Ils eurent beaucoup à souffrir des autres compagnies qui ne virent qu'avec peine leur formation. Ce qui leur procura beaucoup de tracasseries de la part des autres fut, que Mgr ayant donné, aux pénitents et autres confréries, un règlement par lequel il les mettait sous la dépendance d'un curé où se trouvait l'établissement, il y eut révolte et refus de s'y conformer de la part des six autres compagnies. Les Pénitents violets furent les seuls qui se soumirent, et firent les stations du Jeudi-Saint, malgré les provocations, menaces et injures, dont ils furent assouvis de la part des autres.

Les Pénitents violets s'établirent dans l'église succursale de Sainte-Marie sous le double patronage de l'Annonciation du mystère de l'Incarnation, ce qui les détermina à prendre l'habit blanc, et sous celui de la Compassion de la Sainte-Vierge, dont le cordon violet était l'indice. Ils chantaient continuellement la complainte de la Vierge dans les processions. A celles des ostensions ils représentaient le martyre de sainte Félicité et de ses sept enfants, parce que c'était dans la paroisse de Sainte-Félicité qu'était, avant la Révolution, la confrérie du *Stabat*.

Pèlerins de Saint-Jacques de Compostelle. — Ils étaient ainsi appelés parce que anciennement, pour y être admis, il fallait avoir fait le pèlerinage de Saint-Jacques en Galice, et en montrer les lettres. Compostelle vient de deux mots latins *Campus stellarum*, champ étoilé, parce qu'on prétend qu'un vaisseau chargé des reliques de saint Jacques, ayant abordé la côte de Galice, un chemin, tout parsemé d'étoiles, traça la direction pour arriver ensuite au lieu où il voulait être déposé.

Les pèlerins étaient très anciennement établis à Limoges. Ils jouissaient même de quelques rentes. Après la restauration du culte, ils furent reçus dans dans l'*église de Saint-Pierre*, où ils ont fini par s'éteindre.

Avant la Révolution, c'était le goût à Limoges, et le goût dominant des habitants de tenir à quelque compagnie de pénitents. Rarement on voyait une famille ne pas continuer à faire partie d'une confrérie adoptée par les ancêtres.

On tenait à la couleur ancienne. Sur cent familles, à peine en-découvrait-on une qui ne fût d'aucune compagnie. Voilà pour quoi elles étaient si nombreuses, surtout celles des pénitents gris et des pénitents pourpres. Une année d'ostension, j'ai compté 460 de ces derniers assistant tous à la procession revêtus de leurs sacs. A celle de 1827, à peine étaient-ils 15.

Les bouchers n'étaient reçus que dans les compagnies des Feuille-morte ou des Gris.

Les années d'ostension, chaque compagnie rivalisait pour mettre le plus de luxe en évidence à l'occasion de la procession particulière de chacune pour la vénération des saints. Richesse du voile de la croix, des bâtons, des panonceaux, de l'habillement du courrier; musique pour les recevoir dans chaque église, rien n'était épargné.

Cependant les Feuille-morte se distinguaient sur tous les autres par le poids des cierges qu'ils offraient en présent devant le chef de saint Martial.

Ce goût est bien changé depuis. Ces compagnies dépérissent sensiblement. Les riches ne tiennent plus à être reçus dans celles auxquelles leurs ancêtres se faisaient une gloire d'appartenir.

Elles ne se soutiennent que par le zèle qu'ont conservé quelques artisans; aussi, privées de ressources, ne peuvent-elles plus faire le même étalage de richesses et les mêmes dépenses.

Fins des établissements des compagnies de Pénitents.

La tiédeur et le relâchement des chrétiens ont donné lieu aux associations de pénitents, qui sont ou doivent être des réunions de personnes, de n'importe quel état et condition, qui s'engagent, d'après les statuts approuvés par les évêques, à mener une vie pieuse, exemplaire, mortifiée et retirée du monde, qui, quoique entourées de ses scandales, doivent par leur régularité, leur soumission aux lois de l'Eglise, la fréquentation des sacrements et l'éloignement des maximes du siècle, en être la censure, et devenir les modèles de la vie chrétienne, comme d'assiduité aux offices, surtout à la messe de paroisse.

Pratiques et œuvres de miséricorde communes à toutes les compagnies.

Toutes les compagnies voilées assistaient aux processions générales, quand tous les corps ecclésiastiques et religieux y étaient consignés ; aussi ne faisaient-elles pas partie de celle du mardi de Pâques en l'honneur des reliques des saints, à laquelle n'assistaient ni la cathédrale, ni le séminaire, ni les religieux.

Le jour de la principale fête de la compagnie, après la bénédiction du Saint Sacrement, par laquelle se terminait la solennité, on allait processionnellement pour faire des stations dans différentes églises, et surtout dans les principales de la ville, ainsi que de la cité et des faubourgs.

Le Jeudi-Saint chaque compagnie sortait processionnellement, après le coucher du soleil, pour faire des stations dans les églises ; ces processions ne se terminaient guère qu'après dix heures de la nuit.

Anciennement tous les confrères, qui assistaient aux processions, même pour les enterrements, y étaient nu-pieds et portaient un crucifix à la main. Ces usages ont cessé ; il n'y a que celui qui porte la croix et les deux qui soutiennent les extrémités du voile, qui soient obligés d'être pieds-nus.

Comme c'est un honneur de porter la croix, il s'accorda aux enchères en faveur de la compagnie. On soumettait également aux enchères la prérogative d'offrir les cierges dont on faisait hommage aux saintes reliques qu'on allait vénérer aux processions des ostensions.

Les pénitents se réunissaient dans des tribunes pour y faire leurs offices. Il y en avait aux principales fêtes de la sainte Vierge ; mais à des heures différentes de ceux des paroisses.

Ils assistaient les confrères malades qui étaient dans le besoin, cela par des visiteurs nommés chaque année, qui devaient également visiter tous les autres confrères malades et veiller à ce qu'ils reçussent les sacrements à temps.

Quand on administrait un confrère, les autres accompagnaient le Saint Sacrement, avec un cierge à la main ; mais ils n'étaient pas revêtus de leurs habits de pénitents.

Le cas de mort arrivant, toute la compagnie assistait processionnellement et croix levée à l'enlèvement et au transport du corps, ainsi qu'à son inhumation. Le corps était porté par quatre confrères. Après qu'il était mis en terre, tous à genoux autour de la fosse chantaient le *De profundis*, après quoi, ils se retiraient en faisant sur lui l'aspersion de l'eau bénite, et en récitant l'office des morts en se rendant à leur tribune.

Le lendemain, ils faisaient célébrer un service par le curé dont ils dépendaient.

Apologie de ces établissements.

Il suffirait pour faire l'apologie des Pénitents et les venger des attaques de nos incrédules et prétendus esprits réformateurs, il suffirait de dire que ces associations respectables par leur ancienneté, si recommandables par la sagesse de leurs statuts, avouées par l'autorisation des évêques, devraient être à l'abri de toute critique. Quelle apologie plus solide pourrait-on en faire, que de rappeler que c'est dans les provinces méridionales, où ces associations sont le plus multipliées, que s'est conservé plus de foi, de zèle pour la religion ? Ce témoignage paraîtrait sans réplique ; mais comme nous vivons dans un siècle où rien n'échappe aux traits de l'esprit philosophique, il n'y a pas de ridicule dont on ne cherche à charger ces confréries, en attaquant, tantôt leur chant, tantôt leur costume, même les couleurs qui les distinguent. Il faut donc les justifier, ce qui est facile.

Du chant des Pénitents.

C'est le chant de la pénitence par sa langoureuse harmonie, l'onction de sa mélodie ; il est l'expression d'une âme qui pousse des soupirs vers le ciel, qui s'exhale en complaintes affectueuses. On ne peut nier que ce chant porte à Dieu. On peut le comparer aux gémissements des solitaires, aux échos du désert.

Ce chant est particulier aux Pénitents, comme les Carmélites, les Visitandines ont le leur propre, sans qu'on le trouve extraordinaire ; pourquoi tournerait-on en dérision celui des Pénitents ? Serait-il plus ridicule que la psalmodie des protestants, ou que les cris de la synagogue ?

Du costume des Pénitents.

Je demande ce qu'il peut offrir de si ridicule ; pour peu qu'on y réfléchisse sans prévention, on sera obligé d'avouer qu'il ne diffère guère de celui des religieux. Un large sac assujetti autour des reins par un cordon auquel pend un rosaire, un capuce ou froc qui leur couvre la tête ; n'est-ce pas le costume des solitaires ?

Peut-on trouver ridicule un habit qu'Henri III et la plupart des princes et des grands de sa suite, se trouvèrent honorés de porter processionnellement à Avignon ?

Avec un tel costume, se produire en public en chantant les louanges du Seigneur, implorant sa miséricorde, une torche à la main, comme en état d'amende honorable publique pour tous les scandales qui déshonorent la Religion et affligent l'Eglise ;

n'est-ce pas se donner en spectacle d'édification aux anges et aux hommes pour peu qu'ils aient de foi ?

On plaisante avec une ironie impie sur le voile dont ils ont la figure couverte pour se dérober charitablement aux regards des impies. Qu'aurait de plus extraordinaire ce voile, que celui dont se couvrent certains ordres religieux plus austères que les autres, ou même que celui dont il serait à souhaiter que la modestie seule fît sentir la nécessité à celles qui ne le portent que comme un étalage de vanités et de modes ?

Couleurs des habits des Pénitents.

La variété des couleurs qui distinguent chaque compagnie de Pénitents ne saurait être un sujet raisonnable de critique. Elle se trouve dans les différents ordres religieux, même dans ceux du clergé. On la voit dans les ornements dont se sert l'Eglise. D'ailleurs j'ai déjà montré dans le détail que ces couleurs étaient toutes significatives, sans qu'il y ait rien d'arbitraire dans le choix de chacun.

Je demande, d'après cet exposé, ce qu'il y a dans le chant, le costume et la couleur des habits des Pénitents, qui bien loin de prêter à la critique, ne soit de nature à édifier. Plût à Dieu qu'on vît encore de nos jours le même empressement que mettaient nos ancêtres à se revêtir de ces livrées religieuses, dans l'intention de régler leur conduite et leurs mœurs sur les leçons que donnent leur forme et leur couleur, comme aussi d'après la sagesse des statuts, approuvés pour chaque compagnie. Malgré la perversité du siècle, on verrait revivre, dans ces associations, la ferveur des chrétiens des beaux siècles de la primitive Eglise, n'ayant tous qu'un même cœur, un même esprit, réunis par le seul esprit de charité.

DES PROCESSIONS QUI AVAIENT LIEU A LIMOGES.

Les processions qui se faisaient à Limoges avant la Révolution de 1790 ont toujours fixé l'attention par le bon ordre qui y régnait.

Aux générales on n'y admettait aucun costume laïque, ce qui les rendait on ne peut plus imposantes. Je me bornerai ici à parler de celles de l'octave de la Fête-Dieu.

Procession générale du Saint Sacrement.

Préparatifs. — Dès la veille, toutes les rues par lesquelles la procession devait passer étaient couvertes en-dessus avec des toiles, qui, en empêchant le soleil d'y pénétrer y entretenaient une obscurité inspirant le recueillement, et sous lesquelles le chant du clergé et des pénitents paraissait plus porter l'âme vers Dieu. Toutes les maisons étaient ornées, sans aucun vide, de belles tapisseries d'Aubusson. On disposait de nombreux reposoirs, qui, par leur élégance, leur richesse, leur variété, représentaient quelquefois des traits de l'Ecriture sainte, ne le cédant en rien à ceux de la capitale.

Ces préparatifs rappelaient les tentes au milieu desquelles les Israélites portaient l'arche sainte, ainsi que les pierres sur lesquelles s'étaient arrêtés les pieds des prêtres chargés de porter ce précieux dépôt à travers le cours du Jourdain, lorsqu'ils se reposaient dans leur marche.

Cet appareil attirait une foule de curieux, qui, pendant plusieurs heures, encombraient les rues pour satisfaire leur pieuse curiosité. Laquelle foule se dissipait comme l'éclair, aussitôt qu'on annonçait l'arrivée de la procession ; mais grossissait de nouveau, après qu'elle avait fini de défiler, tant on était insatiable d'admirer la beauté des reposoirs. Telles les eaux du Jourdain suspendirent leur cours pendant le passage de l'arche, et le reprirent aussitôt qu'elle eut traversé le fleuve.

La procession n'avait lieu que le jour de l'Octave, pour donner aux villes de la province, la facilité de jouir de ce spectacle imposant, après avoir, huit jours auparavant, satisfait à leur piété dans leurs propres endroits.

Formation de la procession.

Voici les corps qui assistaient à cette procession, une des mieux ordonnées de France :

L'hôpital général, avec un costume uniforme ; les pèlerins avec leur habit, le bourdon d'une main, et un flambeau de l'autre ; les pénitents pourpres, feuille-morte, gris, blancs, bleus et noirs, tous revêtus de leur sac, avec un flambeau à la main.

Après les pénitents venaient les religieux : Récollets, Cordeliers, Augustins, Grands Carmes et Dominicains.

Le séminaire en surplis ouvrait la marche du clergé.

Ensuite venaient les paroisses si nombreuses de Saint-Maurice, Saint-Michel-des-Lions et de Saint-Pierre, tous en chappes.

A la suite des paroisses, on voyait les deux abbayes des Feuillants et des Bénédictins, également en riches ornements.

La cathédrale paraissait ensuite. Tous étaient revêtus d'ornements, même les enfants de chœur.

Le Saint Sacrement était porté, sous un riche dais, par l'évêque assisté des diacres et des sous-diacres, qui portaient les livres des Epîtres et des Evangiles, couverts en lames d'argent ou de vermeil.

Deux thuriféraires, successivement remplacés par d'autres, faisaient que le Saint Sacrement était continuellement encensé. On n'avait pas voulu admettre ce mélange de fleuristes qui, par des évolutions communes aux thuriféraires déterminées par un commandement, paraissaient plutôt vouloir distraire qu'édifier, et auraient pu ôter à cette procession sa gravité qui portait si efficacement au recueillement et à l'adoration.

Les juges, en robe de palais, portaient les bâtons du dais, ou suivaient le Saint-Sacrement séparés de la foule par la gendarmerie. S'il y avait garnison, elle était sous les armes; mais stationnaire, pour ne pas entraver la marche du clergé.

Sous ce ciel formé comme une tente continuelle, on entendait, sans interruption, le chant de l'Eglise. Les trompettes ou les tambours annonçaient seulement la bénédiction, que ceux qui formaient la procession recevaient profondément inclinés, sans changer de place, et se remettaient en marche au signal donné, sans que l'ordre se trouvât dérangé.

Cet ordre, qu'on observait si exactement, faisait que la procession ne se désorganisait jamais, et qu'on rentrait toujours avec celui à côté duquel on était sorti, quelque nombreux que fussent les corps qui y assistaient. En effet, quoique le tour qu'elle parcourait fût extrêmement long, traversant deux fois la cité et la ville, il est arrivé quelquefois que l'hôpital, les pèlerins et même les pénitents pourpres étaient rentrés à la cathédrale avant que le Saint Sacrement en fut sorti.

Comme la cathédrale se trouvait à l'extrémité de la cité, le Saint Sacrement était salué à son entrée en ville et à sa sortie pour rentrer dans la cité, par la décharge de six pièces d'artillerie, qui le proclamaient roi des armées et attestaient sa présence, quoique caché sous le voile des espèces eucharistiques, pour y être l'objet de nos adorations; comme autrefois, les foudres et les tonnerres attestèrent aux Israëlites effrayés, au pied de la montagne, la puissance du Dieu invisible, derrière le buisson ardent, donnant sa loi à Moïse.

Cette procession est bien différente aujourd'hui, que les compagnies de Pénitents sont presque abandonnées, qu'on ne s'honore plus d'en porter l'habit, que ce vide est rempli par des compagnies de tout sexe, où ne règne plus aucun ordre ; que les religieux ont disparu, et le clergé si nombreux réduit à un si petit nombre !!! Il fallait autrefois une heure et demie pour la voir défiler, aujourd'hui vingt minutes suffisent (1).

Les rues sont à peine parées ; cette belle tenture qui en formait comme la voûte, n'a plus lieu. Le clergé est confondu avec le militaire, inaperçu à travers les uniformes ; une confusion bruyante d'instruments guerriers impose le silence aux ministres; obligés de suspendre les chants de l'Eglise, pour trop souvent entendre des airs de théâtre ou de mort, de carnage et de sang.

Une dissipation scandaleuse ou une criminelle indifférence ont remplacé ces sentiments de foi, d'adoration, d'amour et de recueillement dont on se sentait pénétré quand on voyait s'avancer sous la sombre obscurité qu'entretenait la tenture suspendue entre le ciel et la terre, à la suite des files interminables du clergé, on voyait, dis-je, s'avancer le pontife qu'on n'apercevait qu'à travers les nuages de l'encens, portant en triomphe le Dieu que les foudres de guerre venaient annoncer, comme celui devant qui toutes les puissances du ciel et de la terre doivent fléchir le genou.

Sujet de méditation qu'offrait l'ensemble de cette édifiante procession.

Cette procession mystérieuse, qu'on pourrait considérer en quelque sorte figurée d'avance dans l'Ancien Testament, retraçait toute l'histoire de Jésus-Christ. Voici comment je crois l'y trouver :

Les religieux et le clergé, qui précédaient le Saint Sacrement avant sa sortie de la cathédrale, me rappelaient les patriarches et les prophètes, qui avaient successivement annoncé la venue du Messie.

Au moment où le Saint Sacrement sortait du sanctuaire, on pouvait adorer Jésus-Christ sorti du sein de son Père pour venir sur la terre, y être l'objet de notre foi et de nos adorations.

L'hôpital, en ouvrant la marche, rappelait naturellement la

---

(1) Voir au sujet de cette procession : *Le triomphe du Saint Sacrement*, ou la procession célèbre qu'on fit à Limoges, le jour qui finissait l'octave de la Fête-Dieu, le 20 juin 1686. — Procession qu'on fait tous les ans — mais qu'on n'avait plus fait avec tant de pompe et de magnificence. — Limoges, Jean Legier, imprimeur, in-8º de 31 pages.

Cette brochure a été réimprimée en 1876.

pauvreté, l'obscurité de la naissance du Sauveur dans une étable et de parents pauvres, entouré d'adorateurs pauvres et de simples pasteurs.

A la vue des pèlerins, on songeait à sa fuite en Egypte.

Les six compagnies de pénitents rappelaient sa vie pénitente et mortifiée. Les cinq ordres religieux retraçaient sa vie pauvre et ignorée jusqu'à l'âge de trente ans.

Le séminaire figurait son apparition sur les rives du Jourdain, où Jean-Baptiste commença à le désigner et à le faire connaître pour le Messie.

Les trois paroisses rappelaient les trois dernières années de sa vie consacrée au ministère public.

Les deux abbayes de moines figuraient le mystère de sa transfiguration sur le Thabor.

Le chapitre de la cathédrale représentait son entrée triomphante dans Jérusalem.

Entre les mains du pontife on pouvait adorer Jésus-Christ comme prêtre, instituant à la dernière scène le sacrement de son corps et le considérer comme victime sur l'autel après l'avoir été sur le Calvaire.

Le Saint Sacrement rentrant dans le sanctuaire au retour de la procession rappelait l'ascension de Jésus-Christ après sa résurrection, et la dernière bénédiction par laquelle se terminait cette imposante cérémonie, était comme celle que Jésus-Christ donna à ses disciples avant de disparaître à leurs yeux, caché dans les nuages sur lesquels il s'élevait vers le ciel.

DIFFÉRENTS USAGES QUI ATTESTENT LA PIÉTÉ DES ANCIENS HABITANTS DE LIMOGES.

On peut considérer comme une marque de la piété autrefois des habitants de Limoges :

1° Cette solennité avec laquelle on porte la sainte communion à tous les infirmes, ainsi que la pratique de porter processionnellement le saint ciboire autour de chaque paroisse, avant la grand'messe, les jours de Pâques, Pentecôte et Noël.

2° Ce goût si général d'appartenir à des confréries pour s'assurer des prières et un cortège religieux, j'ai presque dit pompeux, après sa mort.

3° Les dévotions, si anciennement établies et célébrées avec tant de solennité et de concours dans toutes les paroisses, de Quarante heures avant le Carême, de la bonne mort ou de

Notre-Dame des Agonisants, vers la mi-août, et des âmes du Purgatoire aux environs de la fête des Morts.

4° Ce zèle si général et cet empressement à soulager les âmes des fidèles défunts, par ces aumônes qu'on recueillait journellement pendant la messe.

5° Ces calvaires, autrefois érigés dans plusieurs rues. — Il y avait plusieurs calvaires au milieu des rues. L'un était sous le nom de la Croix de l'Arbre-Peint, qui fut enlevé en 1786, quelque temps avant celle de Landeix ou Manigne, érigée en 1239 et réparée en 1733. On l'appelait Croix de Landeix qui, en patois, veut dire trépied triangulaire, parce que le plan où elle était formait un triangle par la rencontre de trois rues. — Ces statues de la Sainte Vierge, des saints ou des saintes placées au coin de chaque rue, dont les habitants, qui les prenaient comme patrons ou patronnes, se réunissaient, tous les jours, pour chanter devant les cantiques du Seigneur, entretenaient une lumière, pendant toute la nuit, devant ces pieuses images dont on célébrait annuellement la fête avec tant d'appareil et de magnificence.

6° Cette rivalité, dans chaque corporation de métiers, pour solenniser avec le plus de pompe religieuse le jour de la fête de leur patron.

7° Cette ancienne pratique de représenter dans les églises la naissance de Jésus-Christ dans l'étable de Bethléem d'une manière si intéressante ; cette variété de reposoirs le Jeudi-Saint ; chaque église, chaque chapelle rivalisait pour la beauté, la nouveauté de l'allégorie ou de la décoration.

8° Cet esprit paroissial qui faisait que chaque paroissien tenait à sa paroisse de préférence à toute autre église et était toujours prêt à contribuer à sa décoration, comme aussi à en défendre et soutenir les droits.

9° Cette vénération pour les saintes reliques. La solennité du culte qu'on leur rend et dont elles sont l'objet, partout où on a le bonheur d'en posséder.

10° Cette pompe avec laquelle tout le clergé d'une église va porter le saint Viatique à un prêtre, fût-il un étranger ; cette sonnerie, suspendue seulement pendant la nuit, depuis le moment de son décès jusqu'après son inhumation ; la réunion de tout le clergé à ces cérémonies particulières, qui rendent si imposante la cérémonie de son enterrement, toujours suivi d'un service. D'où l'on doit conclure quel était, à Limoges, le respect pour les prêtres et le sacerdoce.

CONCLUSION.

Puissent ces détails, que je laisse à mes neveux, les intéresser et les porter à imiter la piété de nos ancêtres qui était telle, qu'on pouvait appliquer à la ville de Limoges surnommée la *Sainte*, comme aussi la *Petite Rome*, ces paroles d'Isaïe : *Civitas justi, urbs fidelis.* Je me féliciterai d'avoir eu l'idée de les leur transmettre, malgré tout ce qui pourrait leur paraître trop minutieux, l'ayant cru intéressant pour un peuple qui conserve toujours une pieuse curiosité pour tout ce qui a rapport à ses anciens usages religieux. En cela, j'aurai atteint le but que je m'étais proposé, comme dans mon *Catéchisme sur la solennité des ostensions*, imprimé à Limoges en 1827, chez Barbou. *Nota facere ea ut cognoscat generatio altera.*

TABLE.

Notice préliminaire sur le diocèse de Limoges...................... 335
Dissertation sur l'apostolat de saint Martial...................... 340
Sources de la tradition.. 342
Objection contre l'apostolat....................................... 343

CLERGÉ SÉCULIER.

I. — CHAPITRES.

La Cathédrale. — L'église comme monument. — Intérieur de l'église.
   — Monument et tombeaux.. 347
Saint-Martial. — Offices, fêtes et solennités. — Eglise, ce qu'elle offre
   de curieux. — Extinction du chapitre.......................... 362

II. — PAROISSES.

Saint-Jean... 372
Saint-Pierre-du-Queyroix. — Offices et pieuses pratiques. — Offices propres à la communauté des prêtres. — Confréries. — Ornements, trésor. — Bâtiment, intérieur. — Cimetière. — Etendue. — Persécution contre le clergé. — Expulsion du clergé................................ 373
Saint-Michel-des-Lions. — Clergé et confrérie. — Monument de l'église. — Clocher. — Chapelles. — Dispersion du clergé. — Massacre de M. Chabrol.. 387
Saint-Maurice.. 394
Saint-Domnolet... 395
Sainte-Félicité.. 395
Saint-Michel-de-Pistorie... 396
Saint-Christophe... 397
Saint-Paul-Saint-Laurent... 397
Saint-Martial de Montjauvis.. 398
Saint-Gérald... 399
Saint-Cessateur.. 400
Saint-Julien-Sainte-Affre.. 401

III. — SÉMINAIRES. — COLLÈGES.

Séminaire de la Mission.. 401
Séminaire des Ordinands.. 402
Rétablissement du séminaire.. 404
Collège royal.. 405

CLERGÉ RÉGULIER.

I. — ABBAYES.

Saint-Augustin... 407
Saint-Martin... 410

II. — Congrégations régulières.

Saint-Gérald 412
L'Oratoire 412

III. — Communautés d'hommes.

Carmes déchaussés 414
Dominicains ou Frères Prêcheurs 416
Grands Carmes 418
Augustins 418
Cordeliers 419
Récollets de Sainte-Valérie 420
Récollets de Saint-François 421

IV. — Communautés de femmes.

Abbaye de la Règle 423
Abbaye des Allois 424

Communautés cloîtrées.

Carmélites 424
Ursulines 425
Filles de Notre-Dame 427
Visitandines 427
Clairettes 428
Sœurs de la Providence 428

Communautés non cloîtrées.

Sœurs de la Croix 429
Sœurs de Saint-Alexis 429
Hospice général 430
Refuge Sainte-Magdeleine 431
Sœurs de Saint-Vincent-de-Paul 432

V. — Chapelles de dévotion 432
VI. — Confréries de pénitents 433

VII. — Des processions 440
VIII. — Différents usages 444
Conclusion 446

VII

PETITE CHRONIQUE
DU
CHAPITRE DE SAINT-LÉONARD

Les trois mentions que nous réunissons sous le titre de chronique sont empruntées à un terrier du chapitre de Saint-Léonard (coté *Deus meus,* n° prov. G. 5525, des Archives départementales de la Haute-Vienne, f° 277, v°.) Nous en devons la communication à M. Leroux, archiviste du département. Elles prouvent qu'à Saint-Léonard, comme dans beaucoup d'autres localités du Limousin, on a tenté dès cette époque de tenir registre des événements locaux.

PETITE CHRONIQUE
DU
CHAPITRE DE SAINT-LÉONARD
(1467-1468)

Anno milleno quadringenteno quinquagesimoque septeno, decima tercia die vero mensis a nobis qui vocatur aprilis, obiit recolende memorie vir venerabilis dictus Bernardus Avinionis (1), hujus cenobii venerandus prior ac claustri nostri hedificator, quanpocius tocius conventus obtimus (sic) reparator. Stagnum novum loci dicti *Combret* fieri fecit, in quo et super quo caritative legavit nobis fratribus pro anime salute Deum deprecantibus viginti quinque solidos. Literas per *Tillourier* receptas habemus ipsi. Nos ac Deum, valete dicens omnibus, ad rei perpetue memoriam in nostro cappitulo instituit quandam vicariam. Ecce vos omnes presentem paginam inspicite et Deum pro eo humiliter rogate ut ipsum cum suis sanctis requiescere faciat in pace. Amen.

Notum sit omnibus tam presentibus quam futuris quod die festi corporis Christi, anno Domini millesimo quadringentesimo sexagesimo tercio, fulgur seu tempestas cecidit supra pignaculum monasterii beati Leonardi et fregit unum simbolorum vocatorum *dobbliers*. Quod simbolum fuit denuo helemosinis bonarum gentium factum, die vicesima mensis augusti anno Domini millesimo quatercenteno sexageno sexto et vocatur Marcialis.

Notum sit omnibus quod anno Domini M° CCCC° sexagesimo octavo fuit facta ostencio preciosissimi capitis beati Leonardi et ibidem quamplurima miracula emicuerunt et a multis denunciata

---

(1) Ce prieur devait être de la famille de Jean Avinionis de Milhaguet, damoiseau, qui épousa Marguerite (ou Marquise) de Via. Celle-ci, étant veuve, testa le vendredi après la Saint-Martin d'hiver en 1370 (par acte signé Mercerii). Elle veut être inhumée dans le cimetière de Milhaguet, et dans le tombeau de son mari ; elle fait des legs aux églises de Pluviers et de Cussac. D'eux naquirent : 1° Marthe, mariée à Guillaume Salamo ; 2° Jordain ; 3° Marguerite ; 4° Pierre. (Nobiliaire du Limousin. I, 2° édition, 95.) — Quant au cloître bâti par Bernard Avinionis, il n'en reste absolument rien.

fuerunt (1). Et anno immediate precedenti ceciderat fulgur seu tempestas supra pignaculum ecclesie beati Leonardi et fregit dictum pignaculum a parte occidentali (2) et unam campanam ex parvis. Sed dominus Johannes Barthonis, Lemovicensis episcopus, fecit ipsum pignaculum rehedifficari, et costitit in summa ducentos francos sive libras turonensium. Et cum hoc fecit fieri bardescham sive *la fustailhe*, que fuit facta per manus cujusdam lignifabri vocati P. *Ruade*, cum quodam alio consocio vocato *Colar Bouleou*. Et constructores dicti pignaculi fuerunt Johannes *de Laleu* et Colaudus *Molin*. Prior vero et conventus ad requestam ipsius domini episcopi eorum helemosinam faciendo dederunt decem libras turonensium, et cum hoc dicta parva campana fuit reffacta. Et eciam domini consules dicte ville Sti-Leonardi dederunt XXX^{ta} libras turonensium et totam calcem sive *la cháulm* que fuit necessaria ad repparacionem dicti pignaculi, cum multis aliis juvaminibus et serviciis.

(*Suivent deux actes de l'officialité de Limoges (1493 et 1467) et cinq extraits des Chroniques de Saint-Martial et de Saint-Martin, relatifs aux Brabançons et aux Anglais (1082-1370.)*

---

(1) C'est une des plus anciennes ostensions du chef de saint Léonard, sur laquelle on trouve quelques détails. Voir : *Vie de saint Léonard*, par M. le chanoine Arbellot, p. 137.

(2) Le même accident est arrivé plusieurs fois. On trouve dans un fragment manuscrit d'un martyrologe de l'Artige que, en 1270, le 15 octobre, la foudre tomba sur le clocher de Saint-Léonard et le détruisit en partie (Bonaventure de Saint-Amable, III, 577). On peut voir dans le *Bulletin de la Société archéologique de Limoges* (XXXVI, 257), quatre procès-verbaux constatant qu'en 1600 il fut de nouveau « cimenté ». — En 1639 « remis et réparé ». — « Le 30 juillet 1789 le clocher de la ville de Saint-Léonard fut cimenté par les maîtres de la ville de Limoges, aux frais et dépens de messire Charles Duplessis d'Argentré, évêque de Limoges, auxquelles réparations ledit seigneur est tenu. » — Enfin en 1819 il reçut de nouvelles « réparations ». Ces procès-verbaux ont été trouvés dans la boule placée à son sommet, lorsqu'on a reconstruit la flèche en 1880.

VIII

CHRONIQUE PAROISSIALE
DE
THOURON

Une source de renseignements historiques, qui jusqu'alors n'a été que très imparfaitement exploitée, se trouve dans les anciens registres paroissiaux, déposés aux archives des mairies. Un très grand nombre de curés, outre les détails qu'ils ont souvent introduits dans les actes de baptême, de mariage ou d'enterrement, notent à la fin de chaque année les événements remarquables, qui intéressent leur paroisse. Quelquefois même ils sont d'une telle prolixité, qu'ils remplissent bien des pages pour des faits d'une très minime importance. C'est un peu le cas de Jean Deschamps, curé de Thouron. Il a couvert plusieurs pages des registres de détails souvent inutiles, au milieu desquels on trouve cependant une vraie chronique locale. Etienne Laurier, son successeur, a fait de même. Mais ses notes offrent plus de précision et d'intérêt ; aussi les reproduisons-nous intégralement, tandis que nous faisons un grand nombre de coupures dans celles de son prédécesseur.

Les curés qui ont régi la paroisse de Thouron, aujourd'hui canton de Nantiat (Haute-Vienne), sont :

Jean Rouger, 1450.

Vinehaud, 22 avril 1541.

De Vaucourbeil, à une date inconnue.

Pierre Barèges, 1658-1688.
Jean-Charles de La Brousse, 1692-1699.
Pierre Dutreix *alias* Dutreuil, 1700 (?) 1710.
Guy, 1711-1719.
Jean Fraysseix, 1720-1728.
Léonard Pacaille, 1728-1750.
Jean Deschamps, 1750-1782.
Etienne-Antoine Laurier, 1782-1793.

Jean Deschamps succéda dans la cure de Thouron à Léonard Pacaille mort le 14 mars 1750. Il était fils de Jean Deschamps, procureur ès sièges royaux de Limoges, et de Marie Origet, ou Lauriget. Le premier mourut à Thouron le 11 octobre 1756, à l'âge de 70 ans, et Marie Lauriget le 21 février 1752, étant âgée de 64 ans. Ils furent enterrés l'un et l'autre dans l'église. Jean Deschamps permuta en juin 1782 avec Etienne Laurier pour une vicairie de chœur à Saint-Martial de Limoges, et mourut en décembre 1790, âgé d'environ 70 ans.

Etienne-Antoine Laurier, d'abord enfant de chœur, puis prêtre à Saint-Martial de Limoges, succéda dans la cure de Thouron à Jean Deschamps, et il signe le registre à partir du 5 juillet 1782. Il était fils de Martial Laurier et de demoiselle Gondeaud. Cette dernière fut enterrée à Thouron le 24 octobre 1785. Au moment de la Révolution, Etienne Laurier prêta le serment à la Constitution civile du clergé, et resta ensuite à Thouron comme officier public.

CHRONIQUE PAROISSIALE DE THOURON
(1750-1792)

Je soussigné, curé de Thouron, y suis entré le 15 mars 1750, nommé par M. Négrier, chanoine de Saint-Martial, et y ai pris possession le 15 novembre. Cela occasionné par une contestation entre Mgr l'Evêque et M^{rs} les chanoines de Saint-Martial. — Mr de Coetlosquet, alors évêque, nommait M. le curé de Morterol, près Bessines, disant que, tous les bénéfices curiaux appartenant à M. l'abbé de Saint-Martial, lorsque l'abbaye est vacante, leur nomination lui appartient de droit. Et M^{rs} les chanoines soutenaient le contraire. Chacun faisait décider leur droit par les avocats de Paris. M^r l'évêque fut condamné. Ce qui fit qu'il me donna mon *visa* en vertu de la nomination de M. Négrier, après m'avoir laissé huit mois vicaire régent.

Monsieur Pacaille, mon prédécesseur (1), a fait grand bien dans la cure. Quand il vint à Thouron, l'église était comme une grange ; c'est lui qui la fit voûter (2), qui fit faire le rétable, qui fit boiser le sanctuaire et a fait faire la chaire et la sacristie. En outre c'est lui qui a fait faire la maison curiale, et cela la plus grande part à ses dépens. Il est le premier qui commença à faire tout à fait sa résidence à Thouron. Ses devanciers n'y résidaient presque pas du tout, selon la tradition ; aussi ça n'a pas porté beaucoup de profit à leurs successeurs. Les Messieurs de Thouron dans ces temps là se sont emparés de beaucoup de novales que, s'ils y avaient tenu la main, je n'aurais pas fait mon option. M. Pacaille a été le premier qui s'est tenu raide contre le château pour cet objet. Nous devons tous lui savoir obligation, comme à notre bienfaiteur. — Deschamps, curé de Thouron.

---

(1) « Le 15 mars 1750, Messire Léonard Pacaille, curé de la paroisse de Thouron, décédé le jour précédent, en la communion des véritables fidèles prêtres, âgé d'environ 50 ans, a été inhumé dans le sanctuaire de l'église, en présence du sieur Jacques Bouriaud, son beau-frère, et Négrier. » Il était fils de Jean Pacaille, maître boulanger de la ville de Limoges et de Anne Jouve (?) qui mourut à Thouron et fut enterrée dans l'église le 30 août 1747.

(2) Le sanctuaire de l'église a sa voûte d'arête ancienne, au centre de laquelle on a placé postérieurement une pierre portant les armes des Dupeyrat : *d'azur au château d'or, sommé de trois tours, maçonné de sable*. La voûte indiquée ici est probablement le lambris en bois de la nef, qui a été remplacé en 1888 par une voûte en briques.

1751. — Cette année j'eus une grande dispute avec Mme Vidaud de Thouron, alors seigneure dudit lieu, à l'occasion d'une chasuble verte et blanche que le P. de Thouron, carme déchaussé, son fils, qui se trouvait à la mort de mon prédécesseur, avait enlevée de la sacristie, la disant lui appartenir, parce qu'elle avait contribué ensemble avec la fabrique à la faire faire.

1754. — Cette année là je fus actionné par le contrôleur ambulant de Limoges, à payer la main-morte d'une fondation de dix livres qu'avait faite en mourant M. Jacques Dupeyrat de Thouron, dont le testament est chez M. Dauriat, notaire à Limoges, mais qui n'a jamais été contrôlé.

Je le communiquai à Mme Vidaud, alors seigneure, pour savoir si elle voulait remplir cette fondation, qui n'avait jamais été remplie jusqu'alors, et dont je n'aurais jamais eu connaissance sans cet exploit. Pour lors elle me répondit que son beau-père, ou le père de son beau-père, car je ne suis pas bien sûr lequel des deux, s'appelait Jacques, était mort ne laissant rien, et que son testament ne valait rien, qu'elle n'avait jamais payé cette fondation, et qu'elle ne la payerait jamais. Alors voyant sa mauvaise disposition, ça me détermina à y renoncer par un acte passé par le jeune Bardy, notaire à Limoges, que je portai à l'intendance, dont depuis je n'ai plus entendu parler, et cela pour éviter les poursuites de cet exploit, sachant que le testament où était écrite la fondation n'était pas contrôlé.

Il est à remarquer que la fondation qu'avait faite ce Jacques est de dix livres pour faire cinq services, savoir le lendemain des quatre bonnes fêtes de l'année, et le jour des saints Jacques et Philippe. En outre il y avait dans le testament qu'il donne trois cents livres pour le lambris de l'église; ils ont été payés; plus, qu'il donne un ornement de velours noir pour dire la messe, je l'ai reçu; plus, qu'il donne un devant d'autel de velours, qui n'a jamais été donné. Et selon ma connaissance par la tradition, ce Jacques voulait faire transporter l'église à la croix, lui ennuyant et le gênant beaucoup où elle est située; en quoi il ne peut réussir, parce que l'évêque de ce temps-là exigeait que si l'église était transportée ailleurs, il y aurait une croix à la place de l'église, et qu'on y ferait la procession comme on fait à celle du bourg. Ce qui fit qu'elle ne fut point transportée, parce qu'il ne pouvait pas renfermer la place dans sa basse-cour.

Il faut remarquer que peu de temps après avoir reçu cet exploit d'amortissement, Mme Vidaud fut attaquée d'une maladie dont elle mourut. La sachant malade je fus la voir, et je lui fis toutes les représentations possibles à l'égard de cette fondation, qui ne furent pas tout à fait rejetées, puisqu'elle me dit qu'elle consulterait Mr de Coetlosquet alors évêque, et qu'elle ferait ce qu'il déciderait. Sans doute que M^r l'évêque la décida à payer, vu qu'en conséquence elle mit entre les mains de M. Montaigut, prêtre communaliste de Saint-Michel-des-Lions de Limoges, la somme de quatre cents livres, en dépôt, dans l'intention d'établir cette fondation de dix livres et d'amortir une autre fondation d'environ deux cents livres bien établie sur les greniers à blé du bourg, dont Mrs de Thouron se sont chargés en les acheptant des Mrs Madot du présent bourg, et de toutes les deux n'en faire qu'une fondation, à condition de les remplir selon l'intention des fondateurs, et tout cela dans la vue d'achepter un fond pour établir à perpétuité ces deux fondations ensemble pour la cure de Thouron.

Cette dite année Mme Françoise Vidaud, veuve de M. Joseph de Thouron, mourut ; lui succéda Mme Henriette de Saint-George, veuve de M. Louis Dupeyrat de Thouron (1), qui retira les quatre cents livres de M. Montaigut en lui donnant un billet de sa main. Ce que ayant appris, je fus trouver Mme de Saint-George, et lui demandai si elle voulait remplir cette fondation de dix livres. Elle me répondit que, puisqu'elle jouissait du fond qu'elle avait levé de M. Montaigut, elle la remplirait (et l'a payée jusqu'à sa mort), qu'elle ne souhaitait rien tant que de trouver un fond à achepter pour placer ces quatre cents livres.

Peu d'années après, M. Montaigut vint à mourir. Mme de Saint-George retira son billet des mains de son héritier, de façon que l'intention de Mme Vidaud d'établir cette fondation n'est point accomplie, et M. Montaigut s'est dessaisi de cet argent, et Mme de Saint-George s'en est fait un propre, mais a payé tous les ans les dix livres, pendant son vivant.

Mme de Saint-George étant morte, M. Joseph Dupeyrat lui succéda, auquel je racontai ce qu'il en était de cette fondation de dix livres. Il fallait sans doute qu'il en eut quelque connaissance,

---

(1) Messire Louis Dupeyrat, chevalier, seigneur baron de Thouron, fils de Joseph et de dame Françoise Vidaud du Dognon, avait épousé à Thouron le 5 novembre 1741 Henriette-Françoise-Charlotte de la Saigne de Saint-George, fille de haut et puissant seigneur messire Léonard de la Saigne, chevalier, marquis de Saint-George et de feue haute et puissante dame Marie-Anne de Bonneval. Le mariage fut célébré par le frère de l'époux Jean-Joseph Dupeyrat, abbé de Nôtre-Dame du Palais, qui signe avec L. de la Saigne de Saint-George, D'Alesme, Des Flottes de Leychoisier.

puisqu'il me dit tout de suite qu'il continuerait à la desservir. Peu de temps après, il achepta un bien de deux vaches de M. de Belisle dans le bourg; je lui proposai de me laisser un pré de Chez-Touris, près du Pont-Vieux, pour établir la fondation de quatre cents livres; il ne voulut jamais. Cependant il me proposa un patural, au-dessous de Richefort, que je ne voulus pas non plus. Alors il ajouta qu'il me payerait tous les ans. Ce qu'il a fait jusqu'à l'année 1778; mais je ne sais si ça continuera toujours, vu qu'il n'y a aucun fondement de cette fondation de dix livres. Pour l'autre fondation de ses greniers, qui n'est que de neuf livres cinq sols, il ne peut pas la disputer, car la cure a une copie de l'acte.

1756. — M. Joseph Dupeyrat de Thouron, petit-fils de Mme Vidaud de Thouron, doit quatre cents livres que sa grand mère avait laissées, en dépôt entre les mains de M. Montaigut, communaliste de Saint-Michel de Limoges, tant pour établir une fondation de dix livres qu'avait faite M. Jacques Dupeyrat que pour amortir une autre fondation de neuf livres cinq sols, établie sur leur grenier à blé dans le bourg, faite par Hélie Mosdot du présent bourg. L'intention des premières dix livres est pour faire cinq services par an, le lendemain de chaque bonne fête de l'année et le jour des saints Jacques et Philippe. L'autre est pour faire un service le jour de saint Martial, tous les ans, et dire seize messes pour un Hélie Masdot. Mme de Saint-George de Thouron, veuve du susdit Joseph, a levé les quatre cents livres d'entre les mains de M. Montaigut, et n'a pas exécuté la volonté de sa belle-mère, ni ledit Joseph celle de sa mère qui était d'acheter un fond pour établir l'une et amortir l'autre. Ledit Joseph a toujours payé le curé.

1762. — Cette année là mourut Mme de Saint-George de Thouron; lui succéda M. Joseph de Thouron son fils.

1764. — Services fondés dans l'église de Thouron :

1° Tous les lendemains de chaque bonne fête de l'année et le jour des saints Jacques et Philippe, pour M. Jacques Dupeyrat de Thouron.

2° Tous les ans le jour de saint Martial, pour un Hélie Masdot, bourgeois du présent bourg. La copie du contrat est dans les papiers de la cure.

3° Tous les ans le lendemain de la fête de saint Pierre-aux-liens pour M. Pacaille, curé de Thouron, qui ayant achepté de Jean Crousillaud du bourg la petite cuisine, autrement la boulangerie, la donna à la cure moyennant un service tous les ans. La copie du contrat est dans les papiers de la cure.

4° Tous les ans le jour de la Purification de la Sainte Vierge on doit faire un service fondé par François Mounier, dit Mounier de la Combe, taxé deux livres, deux sols, six deniers. Le sieur Martin, notaire de Compreignac, a fait le testament environ 1724.

5° Tous les ans le jour de saint Joseph l'on doit faire un service de fondation pour Joseph Thouron de Croix-Forge, taxé une livre cinq sols. Le sieur Couty, notaire à Saint-Jouvent, a fait le testament environ 1740, 1745.

6° [Jean Testet du village de Villette, en 1770, le 21 août, par son testament passé devant Me Joseph-Mathieu Martin, notaire royal à Compreignac, selon qu'il appert par la copie qu'en a Jean Duplacieux du même village, a fondé un service tous les ans le jour de saint Jean, dans l'église de Thouron; et un autre service tous les ans à perpétuité, le jour de sainte Anne, pour Anne Durousseau sa mère, payé chacun une livre dix sols, ce qui fait trois livres requérables sur le plus solide de la succession dudit Jean Desplacieux. En foi de quoi j'ai signé : Laurier, curé de Thouron.]

M. Dupeyrat des Mas doit tous les ans deux livres dix sols à la fabrique pour droit de bancs dans l'église. Il y en a une copie dans les papiers de la cure. C'est le seul revenu fixe de la fabrique.

Gabriel Mounier, du village de la Grêle, paroisse de Saint-Jouvent, doit annuellement vingt livres, payables à Noël de chaque année. Le fondateur a été un M. Vaucourbeil du présent bourg. Le titre est dans les papiers de la cure.

J'ai ouï dire que certain Léonard Laqueyras, du village de la Combe, avait fondé un service par son testament, fait par le sieur Couteillas dit Patillaud de Compreignac environ 1705, M. Pacaille disait l'avoir lu, et que les parents, qui sont à présent Jean Desplacieux, doivent en avoir une copie; mais je n'en ai jamais eu connaissance.

Léonarde Gavet, épouse de Martial Roudier de Commeiras, a fondé un service tous les ans par son testament fait par le sieur Martin, notaire à Compreignac, l'année 1777, mais il n'aura lieu d'être servi qu'après sa mort.

En 1777 M. de Thouron m'a fait lire le commencement d'un testament de Jean Faucon, par lequel il fondait un service annuel où devaient assister tous les curés voisins, et un *libera* tous les dimanches et fêtes après vêpres. Il me cacha le reste, mais il est sûr que j'ai ouï dire, par tradition, qu'autrefois ce service et ce *libera* étaient servis (1).

1765. — On saura que de temps immémorial, les châtaignes du cimetière ont été au profit des âmes du purgatoire et que les curés en ont employé le revenu en services ; quelques paroissiens en ont bien murmuré et murmurent encore, mais ça n'a pas empêché les services.

On saura également que les offrandes qui se font aux âmes du purgatoire et qu'on vend à l'enchère à la porte de l'église, sont privilégiées pour le curé. De tout temps le curé en a eu la préférence en en donnant le prix du dernier enchérisseur.

On saura aussi que la chapelle de Magdeleine a été autrefois un benefice (2), que M. Nadaud, curé de Teyjat, m'avait enseigné que le titre était dans les papiers de M. de l'Epine, sous-délégué de Limoges, ce qu'on n'y a pas trouvé. Ce Nadaud était un déchiffreur de vieux titres ; il ne le disait pas sans fondement, puisque la tradition en a fait mention de mon temps. La maison de Thouron a des papiers qui en parlent. M. Pacaille, mon prédécesseur, en a lu quelques-uns, à ce qu'on m'a dit. Ce bénéfice, à ce que l'on prétend, est régulier, et bien caché par la maison de Thouron, aussi bien que le testament de Jean Faucon.

1766. — Etant curé de Thouron jusqu'à l'année 1769, j'ai joüi des dîmes, comme novales du Bost-de-Bat, qui est presque en entrant dans la forêt de M. de Thouron, comme qui va de Chez-Rouyeras à Massat ; dans un autre endroit de la forêt, vis-à-vis de Massat, comme qui va de Massat à la Madeleine et une metai-

---

(1) Le renseignement donné par le curé de Thouron est exact. Ce curieux testament en langue limousine est du 28 mars 1475 ; il commence ainsi : « You Johan Faulcon, chivalier, tengut segond la rosade deu monde, seignour et administratour de l'hostel et terre de Thoront et de Saint-Pardoulx ; ...... Veulh et ordonne que la sepulture de la paubre charronhe de mon corps sie en la eglise de monsieur Saint-Peix de Thoront, devant l'oustard de monseignour saint Marsau, ou est sepulturat monseignour Louis Faucon, chivalier, mon pair, au quau Nostre-Seignour face marse et misericordie et a moux predecessours..... *Item*. Veulh et ordone que, le jour que mon corps sera sepulturat, que y sians covida trente et un prestres à dire messas.... et que y aye treze paubres.... que tendrans lous dicts paubres chacusne torche de treys lioras de sero ; las qualas demororans en service de ladite egliesso..... et de lo chapelo de Magdelaine..... » Ce testament a été publié dans le *Bulletin de la Société archéologique du Limousin*, tome I, page 58.

(2) Cette chapelle de la Madeleine, dont on trouve encore quelques restes dans la forêt, avait été interdite en 1741. Le lieu de la Madeleine est toujours la propriété de la maison de Thouron.

rie appelée Chez-le-Chevalier, paroisse de Saint-Jouvent; dans un autre endroit qu'on appelle Peyrecide, près la Tricherie qui appartient à la métairie de Chez-Farpeix, que M. de Thouron fait valoir à la main, joignant le bois taillis de Vilatte. Avant mon option de la pension de cinq cents livres, M. de Thouron me donnait cinq septiers de blé, tous les ans, de ferme de ces novales. C'était sur ses champs, non pas sur les dîmes du chapitre que je les levais. Quoique j'en fis, après mon option, un abandon à M^{rs} du chapitre, M. de Thouron en a toujours joui, parce que M^{rs} du chapitre n'ont su comment s'y prendre pour lui faire payer les cinq septiers mesure de Limoges, qui sont dans l'abandon que je fis en 1769; et supposé que mes successeurs prennent jamais en rente le bien que j'abandonne au chapitre, qu'ils se resouviennent que dans l'acte de l'abandon il est fait mention de cinq septiers de blé, et de les faire payer à M. de Thouron, ou de rentrer en possession des novales susdites, parcequ'elles appartenaient bien à la cure dans ces temps-là, et M. de Thouron est redevable au chapitre des cinq septiers depuis 1769; année de mon abandon.

1769. — En 1769 pour jouir de la pension de cinq cents livres je fis abandon à M^{rs} du chapitre de Saint-Martial d'une châtaigneraie vis à vis le jardin de la cure, d'une terre de deux septerées entre le Pont-Vieux et Vilette, d'un pré fort coûteux et peu revenant où j'avais fait faire un bois taillis, d'un patural et d'une terre d'environ deux septerées que j'avais séparés par une haye près de Thouradis et se joignant aux champs de Thouradis et de Richefort et que je fis garnir tout le tour d'arbres et fermer de murs sur le chemin de Thouradis, d'une terre près de la Combette dans les champs de la Maison-neuve où je fis planter une chataigneraie. Tous ces champs m'ont coûté beaucoup pour les fermer ou mettre en état de produire, mais surtout le pré que je fis fermer de murs ou autrement. Mais comme tous ces champs étaient fort coûteux pour faire valoir, j'aimais mieux y renoncer aussi bien qu'aux cinq septiers de M. de Thouron, qui ne pouvaient pas durer toujours et aux trente-six livres que le chapitre me donnait pour mes novales et m'en tenir à mes cinq cents livres qui ne coûtaient rien de faire travailler.

1769. — Quand j'entrai curé de Thouron je jouis des biens dont il est fait mention ci-dessus, comme mon prédécesseur en avait joui, sans savoir d'où ils venaient, ne trouvant ni titre, ni fondation, et qui sans doute avaient été entièrement oubliés par le chapitre qui n'aurait pas manqué de s'en emparer, ou de les donner en supplément aux curés, puisque plusieurs chanoines me l'ont dit et ont eu regret de ne l'avoir pas fait, lorsque je leur en fis l'abandon. J'ai découvert qu'anciennement ces biens entraient en ligne de compte sur la pension de quelques Mrs de Vaucourbeil, curés de Thouron, et dans ce temps là la pension des curés ne valait que deux cents livres ; de façon que quelques curés avaient pour toute pension ces biens avec les dîmes du Pont-Vieux ; d'autres avaient eu ces biens avec le tiers des dîmes de la paroisse, et apparemment que dans la suite les pensions montant à trois cents livres et que plusieurs n'ayant point habité dans la paroisse pendant longtemps, sinon pour venir dire la messe les dimanches et fêtes, sans doute qu'ils abandonnèrent (1).

1774. — En conséquence des mauvais procédés de M^{rs} les chanoines qui n'ont pas peu contribué à m'humilier et à m'attirer des mépris et des humiliatioss de la part de mes paroissiens, toute la vengeance que j'en ai tirée, non pas pour mon honneur, mais pour l'honneur de Dieu, a été de demander une visite à Mgr l'évêque pour mon église, et étant faite, d'avoir communiqué à M^{rs} du chapitre une copie du procès-verbal. Ils n'en faisaient pas de cas, croyant apparemment qu'elle n'aurait pas de suites. Mais moi voyant leur négligence à l'exécuter, je fis saisir au nom du fabricien toutes leurs dîmes, ce qui les fit remuer bien promptement et les obligea à faire redorer l'autel, faire refaire les croisées du sanctuaire, achepter une croix de procession, un bénitier, fournir devant d'autel, toutes sortes de linges, livres, jusque même un surplis à manches, et un bonnet-carré, qu'ils disputèrent fort, enfin tout ce qui était nécessaire à l'autel, au sanctuaire et à la sacristie.

1778. — Cette présente année je fis blanchir l'église. M. et Mme de Thouron s'y opposèrent, à cause de leur lytre qui était presque tout effacée. Eux-mêmes deffendirent de leur propre autorité d'y travailler. En conséquence je les menaçais d'une plainte qui les calma tout à fait.

1779. — Cette présente année, ayant exigé le pain béni, le luminaire et le blanchissage, messieurs du chapitre, par convention avec moi, me donnèrent vingt-quatre livres, et continuent toujours depuis cette année. Cependant par arrêt de Bordeaux, que M. le curé de Saint-Maurice-les-Brousses a fait rendre contre Saint-Étienne, on lui donne quarante livres. Le chapitre de Saint-Martial est obligé à la même somme.

---

(1) La suite manque, la feuille ayant été coupée.

M. Dupeyrat des Mas doit la fondation de son banc dans l'église depuis cette présente année, savoir 2 livres, 10 sols chaque année.

1782. — En cette année 1782, le 16 juillet, M. Sallé, secrétaire de l'évêché, m'a envoyé une permission signée de Mgr l'évêque de Limoges, et consignée dans les papiers de la cure, par laquelle il permet à MM. les curés de cette paroisse d'exposer le Saint-Sacrement tous les 3es dimanches de chaque mois de l'année, et le jour de l'Assomption de la Sainte-Vierge qui est le 15e d'aoust. En foi de quoi j'ai signé : Laurier, curé de Thouron.

1783. — Le 6 juillet 1783, après la messe de paroisse, il fut convenu par assemblée de paroisse, convoquée le dimanche d'auparavant, que la paroisse souscrirait ce que de raison pour faire construire dans l'église une tribune, un banc pour les officiers de l'église, et la boiserie nécessaire aux fonts baptismaux tant en dedans qu'en dehors. — MM. Dupeyrat de Thouron, seigneur de cette paroisse, et Dupeyrat des Mas assistèrent à l'assemblée.

1784. — Cette année j'ai reçu une lettre, datée du 6 mai, de Mgr l'évêque de Limoges, par laquelle il annonce que le dessein de Sa Majesté et du Clergé de France est d'augmenter les portions congrues de MM. les curés congruistes. Ils n'ont actuellement que 500 livres, et on leur en fait espérer, en 1786, 800. Cette lettre est dans les papiers de la cure.

1785. — Le 15 janvier 1785, j'ai béni la maison de Jean Mounier, gendre à feu Frataquillas, située au village de Richefort présente paroisse.

Le 15 mai 1785. — Le nommé Leypaud, dit Tortou, journalier, habitant le village des Placieux en cette paroisse, a acheté une tombe du cimetière, qui est la seconde atteignante le vase de M. Masdot, à main droite, moyennant vingt-quatre sols, qu'il a donnés au syndic fabricien Pierre Nicole. Cette tombe n'appartenait à personne; on la lui a laissée pour lui et les siens.

Le même jour, par permission de M. l'abbé de Moussat, vicaire général et abbé de Saint-Martial, j'ai béni solennellement la grande croix de pierre que j'avais fait élever dans le cimetière.

Le 8 juin 1785, M. Lamy, curé de Compreignac, et visiteur de cette paroisse, est décédé à Compreignac, après deux jours de maladie, et ayant reçu tous les sacrements de l'Eglise. J'ai assisté à son enterrement. Il fut inhumé dans le cimetière de sa paroisse.

Cette année, après six mois de froid et de neiges extraordinaires, il a fait des chaleurs et des sécheresses si excessives, que toutes les semences vertes ont séché sur pied. Le foin s'est vendu pris au pré 7 livres dix sols le quintal. Les chanvres ont péri entièrement. Il n'y a eu que beaucoup de raisins, assez de blé dans le bon pays et quelques châtaignes. La plupart des particuliers ont été obligés d'abandonner leurs bestiaux. Les foires n'ont rien valu, et la viande était pourtant très chère. Après l'ostension de toutes les reliques, par mandement de MM. les vicaires généraux, toutes les églises de Limoges et de la campagne ont exposé le très Saint-Sacrement, fait des processions générales pour obtenir de la pluie, et le ciel s'est refusé à nos vœux. Les sources ont presque tari entièrement, et il n'y a eu que très peu de fourrages.

Le 19 août 1785, on vient de me remettre pour publier à l'issue de la messe de paroisse un arrêt du parlement de Paris, par lequel la Cour fait défense à qui que ce soit de faire aucuns achapts en foin, paille et autres fourrages au-delà de la quantité nécessaire à chacun, sous peine de 100 livres d'amende, et ordonne que tous ceux qui auront du fourrage à vendre, le fassent taxer par les juges des lieux, et que rien ne soit vendu hors de chaque paroisse sans la permission expresse des juges des lieux. Cet arrêt est du 19 juillet 1785.

Par arrêt de la Cour, les louis d'or de l'empreinte du feu roi valent 25 livres portés à la monnaie. Au mois de janvier 1786 ils n'auront plus cours et ne vaudront que 23 livres dans le commerce.

Les lettres gothiques qui sont sur la 2ᵉ grosse cloche de Thouron signifient à peu près ce qui suit : « *Jesus, Mriæ filius, salvator mundi. Sic F.* » Elle n'a guère plus de 200 ans (1).

1787. — Cette année j'ai commencé à jouir des deux cents livres d'augmentation accordées par le roi Louis XVIᵉ du nom. Les congruistes ont actuellement 700 livres fixes. Je paye aussi 66 livres de décimes.

Le 6 janvier, présente année, j'ai béni la maison de Léonard Defianas, faure, à Commérat, en cette paroisse.

---

(1) On lit sur la cloche que possède actuellement l'église de Thouron : JHS. MA. Sancte Petre, sancte Paule, orate pro nobis. Parrain noble Gilbert de La Cousse, marraine Catherine Madoz. Syndics : Jehan de Vaucourbeil, et Jehan Baritau, 1602. Celle dont parle ici le curé de Thouron doit être plus ancienne d'un siècle, l'inscription étant en lettres gothiques.

Cette année il est passé certains brouillards, qui ont occasionné des maladies épidémiques. Les gens meurent après trois ou quatre jours de maladie; ils sont attaqués par une douleur vive, sous le sein gauche; l'humeur se porte aussitôt à la poitrine, et ils meurent en pleine connaissance.

Le 13 février susdite année, j'ai commencé en l'honneur de saint Roch, une neuvaine pour les malades de Thouron qui sont en grand nombre. Les paroissiens s'y rendaient avec affluence. Il paraît que ce concours plaît au ciel; les malades donnent espérance de soulagement.

Le 24 juin 1787, j'ai béni solennellement la croix qui est sur le chemin qui conduit de Thouron à Vilette, et à Châteaumoulin, et à la croix qui est dans un champ des Placieux.

Au mois d'août dernier, par arrêt de la Cour, il s'est tenu une administration provinciale à Limoges, touchant la bonté du terrain labourable et afin de départir les impositions particulières à chaque particulier selon la bonté des fonds de terre dont il est possesseur. Tous les parlements de France ont été ou mandés, ou exilés pour avoir voulu s'opposer aux desseins du roi.

Le 11 novembre 1787, qui était un dimanche, il fit un ouragan et un vent si impétueux, qu'il enleva plusieurs couvertures de maison, arracha une infinité d'arbres et de plantes.

1788. — Le 4 mai 1788 j'ai béni l'étang de Tricherie en cette paroisse, qui s'en allait par la grande bonde. Mgr l'évêque de Limoges, propriétaire de cet étang, à raison de la réunion de l'abbaye de Grandmont à son évêché, en a fait les frais (1).

Le 7 juillet 1788, M. Duclou, commissaire de Mr d'Ablois, intendant de Limoges, s'est transporté ici pour constater les dommages causés par les pluies, orages, débordements d'eau et grêles extraordinaires de cette année.

Cette année a été des plus froides et des plus cruelles qu'on ait vues de longtemps. Le setier de seigle, mesure de Limoges,

---

(1) Jaubert de la Celle, seigneur de Thouron, successeur du seigneur Pierre de la Celle, donna à Grandmont tout son droit sur l'étang de Thouron, autrement de la Tricherie, 1260. (*Nobiliaire Limousin*. — III, 406.) Après la suppression de Grandmont, les biens que possédait cette abbaye dans le diocèse de Limoges furent unis à ceux de l'évêché, par une Bulle du 6 août 1772. (*Bull. Soc. arch. de Limoges*. XXIV, 143). Le gouvernement qui s'empara ensuite de tous ces biens, vendit, le 18 avril 1791, l'étang de Tricherie pour la somme de 14.200 livres. (*Ibidem*, 359.) Cet étang est aujourd'hui la propriété de la maison de Thouron.

a valu 10 livres. Il n'y en a pas eu pour tous ceux qui en ont voulu. La gelée a pénétré dans la terre inculte 14 pouces.

1789. — Le 4 mars 1789, s'est tenu ici l'assemblée du Tiers. Députés pour le port des cahiers : Jean Defianas l'aîné, et Jean Ruaud, laboureurs du village de Commerat. Président de l'Assemblée : M. Martin, juge de Thouron, et greffier Ruaud dit Lafontanelle.

Les Etats généraux commencés cette année à Versailles ne sont pas encore terminés, 23 octobre 1789.

1790. — Le 9 septembre 1790, je me suis rendu à Limoges accompagné du sieur Martial Merliadon, officier municipal et électeur du canton de Compreignac (1), habitant le présent bourg de Thouron, et de là chez M. Legros, vicaire de Saint-Martial, qui a eu la bonté de nous accompagner le lendemain à une des salles de l'évêché, où étant, il m'a remis les reliques des saints, avec une châsse, comme il est dit au procès-verbal, déposé, ainsi que les lettres et autres pièces à ce concernant, dans les papiers de la cure. Le onze desdits mois et an que dessus, les susdites reliques ont été conduites par moi et déposées dans la chapelle Saint-Roch en cette paroisse (2); d'où le lendemain elles ont été transportées en grande célébrité en l'église paroissiale, après vêpres. Le jour fixe annuel de leur fête, vénération et procession, est aussi indiqué dans les susdits papiers déposés parmi ceux de la cure. En foi de tout quoy nous avons signé pour servir et valoir en toute vérité (3). A. Thouron, le 11 septembre 1790. A. E. LAURIER, prêtre, curé.

---

(1) Par suite du décret du 15 janvier 1790, sur la division du territoire français en quatre-vingt-trois départements, Compreignac fut un chef-lieu de canton dans le district de Bellac. Les communes qui composaient ce canton étaient : Compreignac, La Garde-Saint-Gérald, Saint-Symphorien, Saint-Sylvestre et Thouron. (Calendrier de la Haute-Vienne, année 1792, p. 70.)

(2) La chapelle de Saint-Roch est dans l'ancien cimetière de Thouron, à la jonction des routes de Limoges et de Compreignac. Depuis une trentaine d'années la paroisse a un nouveau cimetière, mais on voit toujours dans l'ancien cette chapelle abandonnée, dont la ruine ne peut pas tarder.

(3) On voyait au-dessus et des deux côtés de l'autel de Grandmont, disposées autour du tabernacle, sept châsses toutes resplendissantes des feux des pierreries et de l'éclat des émaux. A la suppression de l'Ordre elles furent données aux églises voisines de cette abbaye : Razès, Ambazac, Saint-Sylvestre, Compreignac, Thouron et Grandmont. Celle d'Ambazac est la seule qui existe actuellement. On ne savait pas si celle de Thouron était arrivée à sa destination ; ce procès-verbal en donne la preuve. Elle a dû avoir le même sort que celles de Razès et de Saint-Sylvestre, qui furent livrées sur la réquisition de l'agent national cherchant du cuivre pour une chaudière, comme nous l'apprennent les registres de ces deux communes.

1791. — En 1791, à la pétition du conseil général de la commune de Thouron, l'évêque du département de la Haute-Vienne a transféré la fête, l'office et la procession des saintes reliques ci-dessus, au dimanche qui est entre l'octave de la fête patronale de Thouron (1). En foi de quoi A. E. Laurier, curé de Thouron.

1792. — Le 28 octobre 1702 et le 1er de la république, ayant réuni soixante-dix suffrages par scrutins individuels, j'ai été proclamé officier public de Thouron. De quoi procès-verbal envoyé au district de Bellac, 1° le 2 novembre, et 2° le 3 décembre 1792, relativement à la lettre d'avis du citoyen procureur sindic du 29 novembre dernier. — A. E. Laurier, prêtre, curé de Thouron.

---

(1) La fête paronale de Thouron est saint Pierre-ès-liens, le 1er août. — On voit qu'à cette date l'intrusion avait eu lieu et que le curé de Thouron y avait adhéré. D'ailleurs les mêmes registres contiennent ce procès-verbal de sa prestation de serment : « Le 6 février 1791, nous officiers municipaux et procureur de la commune de Thouron, certifions d'après le relaté au régistre de la municipalité dudit Thouron, feuillet 41°, que le sieur Laurier, notre curé, a prêté le serment de veiller avec soin sur le troupeau qui lui est confié, de rester fidèle à la nation, à la loi, au roi et de maintenir de tout son pouvoir la constitution décrétée par l'Assemblée nationale, acceptée et sanctionnée par le roi, le 23 janvier présente année, à l'issue de la messe paroissiale, selon son énoncé fait le 21 dudit mois, conformément au décret du 27 novembre dernier, concernant la constitution civile du clergé. En foi de quoi il a signé ainsi que nous. A. E. Laurier, prêtre, curé de Thouron, aumônier de la garde nationale, secrétaire et greffier de la municipalité. »

ERRATA

Page 29, ligne 40, au lieu de *Montaigne*, lisez *Montaigut*.
— 126, — 23, — *Montbrun*, — *Montfrebœuf*.
— 376, — 42, — *348*, — *349*.

I. — TABLE ANALYTIQUE DES MATIÈRES.

A

Abbés de Saint-Martial, 135, 355, 363, 365, 371, 391, 467.
Abbayes, 125, 126, 130, 147, 350, 355, 357, 407, 408, 409, 410, 423, 424, 469, 470.
Acquisition de maisons, 144, 151, 206, 415.
Agnus, 156.
Alexis (sœurs de Saint), 30, 41, 99, 113, 429.
Ames du purgatoire, 376, 389, 394, 445, 464.
Ange portant le *Corpus elevatum*, 350.
Apostolat de Saint Martial, 340.
Aquilaire, 348, 357.
Archevêques, 132, 134, 338.
Architecte, 169.
Archives, 462, 463.
Argentier (voir aussi Orfèvres), 364.
Armes et sceaux de Limoges, 347.
Artillerie, 442.
Assemblée des Etats du Limousin, 133.
Assemblée de ville, 183.
Assemblée de paroisse, 467.
Augustins, 159, 418.
Aumusse, 349, 375.
Avocat du roi, 86, 312.

B

Baptême (droit exclusif du), 373.
Bastide (vicairie des), 366.
Bénédiction de chapelle, 167, 206, 298.
Bénédiction de cloche, 209.
Bénédiction de croix, 209.
Bibliographie, 5, 65, 146, 148, 294, 333, 339, 362, 373, 387.
Bibliothèque, 203.
Blé (prix du), 147, 150, 469.
Bois et forêt, 464.
Boulanger, 396, 459.
Bouchers (confrérie des), 162, 374, 432.
Bulles, 57, 59, 144, 148, 188, 301, 320.

C

Cardinaux, 302, 336, 339, 365.
Carmes, 9, 404, 415, 418, 460.
Carmélites, 51, 133, 135, 147, 153, 424, 425.
Charpentier, 163.
Châsses et reliques, 159, 263, 363, 364, 371, 426, 470.
Château de Limoges brûlé, 125.

Chiche (La), 368.
Christophe (statue de Saint), 381.
Cierges, 438.
Cimetière, 383, 387, 391, 400, 470.
Civoire, 382.
Classes gratuites, 204.
Cloches, 128, 205, 209, 354, 367, 369, 384, 453, 454, 468.
Cloutiers, 386.
Chapitres, 208, 298, 347, 362, 396, 453.
Collège, 405.
Colombe eucharistique, 350.
Communalistes (prêtres), 209, 373, 375, 461.
Complainte de la Sainte Vierge ou *Stabat*, 396, 436.
Conférences spirituelles, 206.
Congrégation de Saint-Maur, 408.
Consécration d'église, 351, 362.
Conseillers du roi, 4, 144, 205, 313.
Constitutions des religieuses de Saint Alexis, 99.
Constitution des Clairettes, 55.
Consuls, 144, 173, 174, 175, 183, 184, 206.
Contre-autel ou retable, 169, 352, 365, 366.
Cordeliers, 407, 419.
Cordonniers, 369.
Corpus elevatum, 350, 365, 411.
Croix, 144, 209, 391, 467, 469.
Crosse eucharistique, 350.
Custode, 144, 169.

D

Débris romains, 165.
Directeurs du séminaire, 35.
Doctrinaires, 312.
Dominicains, 124, 125, 134, 416.
Domino des chanoines, 349, 372.
Donation d'une chapelle, 112.
Dot (constitution de), 241.

E

Eglise des Jésuites, 130.
Eglise de Sainte-Valérie, 128.
Elisée (reliques de Saint), 160, 163, 426.
Email (cadres en), 366, 369.
Enquête, 284.
Entrepreneur, 371.
Ermite de Montjauvis, 398.
Etang, 453, 469.
Eveillé, 361.

476   TABLE ANALYTIQUE DES MATIÈRES.

Evêques de Limoges, 9, 25, 33, 42, 46, 63, 73, 88, 97, 99, 101, 105, 112, 115, 125, 130, 132, 143, 144, 148, 150, 152, 160, 164, 165, 170, 173, 175, 176, 187, 205, 209, 242, 264, 335, 336, 337, 338, 339, 341, 351, 352, 353, 354, 356, 360, 365, 380, 384, 388, 389, 395, 396, 397, 399, 401, 402, 403, 404, 405, 408, 413, 414, 416, 417, 420, 424, 426, 427, 429, 432, 436, 454, 459, 461.
Evêques de Tulle, 294, 299, 302, 313, 315, 318, 323.
Evêque constitutionnel, 351, 355, 371, 384, 414.
Evêques étrangers, 37, 338, 339, 353.
Exécution des condamnés à mort, 435.

F

Feu de joie, 419.
Feuillants, 411.
Foire, 128.
Fondation des Ursulines, 143, 150, 205, 297.
Fontaine, 157.
Fontaine Saint-Martin, 411.
Fontainier, 157, 158.
Foudre, 128, 354, 370, 383, 390, 453, 454.
Franciscains, 130.
Fulmination de la Bulle d'Urbain VIII, 147, 194.
Funérailles de Henri IV, 130.

G

Garde nationale, 355, 371, 385, 392.
Gardiens du tombeau de Saint Martial, 355.
Gouverneurs de Limoges, 133, 134.
Grande Confrérie de Saint-Martial, 360, 361, 363.
Greffier, secrétaire, scribe, 111, 185, 187, 200, 285.
Greniers à blé, 370, 461, 462.

H

Hebdomadier, 348.
Hospices, 22, 164, 370, 394, 430.
Hôtelier, 285.
Horloges, 366, 418.
Huissiers, 173, 284, 286.

I

Incendie, 146, 149, 362, 413, 426.
Indulgences, 145, 419.
Inscriptions, 360, 363, 364, 367, 368, 382, 383, 426.
Instruction primaire, 139.
Intendant, 167, 170, 172, 174.

J

Jardin des plantes, 418.
Jésuites, 4, 18, 129, 133, 146, 162, 226, 242, 267, 294, 300, 313.

Jubé de la cathédrale, 352 ; de Saint-Martial, 365.
Juge, 152, 317, 470.
Juge de paix, 393.

L

Libraire, 130.
Lieutenant général, 144, 152, 285, 294, 296, 297, 390.
Lieutenant particulier, 105.
Lions en pierre, 388, 429.
Litre funéraire, 466.
Livre de raison, 146.

M

Madeleine (chapelle de la), 464.
Maire, 203, 392.
Maladie épidémique, 469.
Mandement de l'évêque de Limoges, 101.
Marchands, 144, 311, 359, 387.
Massacre de M. Chabrol, 393.
Médaille de Saint Martial, 362.
Médecins, 131, 132, 285.
Meurtre de Pierre Bermondet, 390.
Ministre d'État (Colbert), 170, 171, 173, 180, 181.
Mise au tombeau, 352, 381, 389.
Mission, 31, 401.
Monastère, 26, 47, 126.
Monument (Voir mise au tombeau).

N

Notaires, 144, 157, 158, 241, 453, 460, 463.
Novices (réception des), 148, 302.

O

Oratoriens, 208, 294, 313, 413, 414.
Orfèvres (Voir aussi Argentiers), 156, 167, 169, 380.
Ornements d'église, 156, 168, 350.
Ostensions, 134, 161, 162, 163, 362, 396, 435, 436, 437, 453.
Ouragan, 469.

P

Pain, 152, 154, 158.
Palais épiscopal (construction du), 351.
Palais (Notre-Dame du), 461.
Panonceaux, 361.
Papes, 144, 194, 301, 336, 337, 364.
Paratonnerre, 391.
Patriarches, 338, 353, 429.
Pauvreté des religieuses, 147, 153, 206, 301.
Peintres, 164, 169.
Pèlerins de Saint-Jacques, 349, 397.
Pénitents, 129, 132, 134, 433.
Pensionnat, 149, 204, 427.
Peste, 152, 209.
Petit couvent de Sainte-Claire, 47, 54.
Pistorie (Saint-Michel de), 129.
Plan de Limoges, 347.
Plan de l'église de Saint-Martial, 362.

Poètes, 339.
Portion congrue, 467, 468.
Premier président, 19, 139, 140, 184.
Prévôts d'Eymoutiers, 151, 206, 208, 241.
Prieurés, 126, 127, 129, 415, 453.
Processions, 130, 162, 349, 360, 371, 374, 396, 422, 440, 468.
Procureur du roi, 133, 144, 286, 412, 458.
Profession de religieuses, 146, 148, 319

R

Récollets, 128, 131, 135, 151, 155, 212, 213, 420, 421, 422.
Réforme de communauté, 156.
Refuge, 29, 431.
Régiment Royal-Navarre cavalerie, 371, 443.
Règles et constitutions des religieuses, 99, 294.
Relieur, 384.
Reliques, 213, 263, 264, 380, 386, 470.
Rétable, 169, 352, 365, 366.
Richesse des religieuses, 147, 153, 206, 301.
Rideau ou courtine, 350.
Roch (chapelle de Saint-), 470.
Rogations, 360.
Rosaire, 416.

S

Sabre de Saint Domnolet, 360.
Salve de canons, 442.

Sculpteurs, 158, 164, 169.
Sécheresses, 468.
Séminaire, 33, 402.
Sépultures dans les églises, 132, 207.
Serrurier, 161.
Services pour les défunts, 462.
Sœurs grises (sœurs de la Charité), 432.
Stabat ou complainte de la Sainte Vierge, 396, 436.

T

Tableaux, 158, 163, 164, 166, 169, 396, 405, 406, 417, 418, 419, 425.
Tailleurs, 396.
Tapisseries, 162, 365, 406, 434, 441.
Testaments, 125, 127, 464.
Tiers-état, 470.
Tiers-ordre de Saint François, 132.
Tombeaux des évêques, 353, 365.
Tombes, 20.
Tours et ciboires eucharistiques, 350.
Trésoriers de France, 15, 19, 23, 158.

U

Ursulines, 143, 202, 207, 264, 257, 293, 318.

V

Vicaires généraux, 38, 82, 146, 148, 160, 161, 164, 166, 194, 264, 288, 298, 308, 309, 310, 411, 315, 316, 317, 318, 319, 320, 325.
Vicomtes de Limoges, 356, 408.

II. — TABLE DES NOMS DE PERSONNES.

A

Adémard, vicomte de Limoges, 356.
Ado, évêque de Limoges, 365.
Advenet, 173, 174.
Age de Puylaurens (L'), 59.
Age de Puylaurens (Louise de L'), Mère de la Purification, 58, 59.
Agnez, prieure de la Drouille-Blanche, 127.
Aguesseau (d'), 339.
Aimard, abbé de Saint-Martial, 355.
Aimée Michelon (sœur), 156, 163.
Aimée-de-Jésus de la Motte (sœur), 154, 155.
Albares, 313.
Albert (Etienne), Innocent VI, 336.
Albiac (Léonard), 184.
Albie (Marguerite), sœur Marguerite de Saint-Jean, 305, 321.
Alduin, évêque de Limoges, 354.
Alègre (d'), sœur Jeanne du Saint-Sacrement, 312, 326.
Alesme (d'), 461.
Alesme (d'), sœur Ursule de Saint-Ignace, 312.
Alesme de Salvanet (Marie d'), sœur Saint-Joseph, 429.
Alice, frère de Saint Eloi, 410.
Aliénor, 408.
Allange, de la Compagnie de Jésus, 267.
Alrion, de la Compagnie de Jésus, 313.
Amadon (Jeanne d'), sœur Madeleine des Anges, 304, 320.
Amadon (Maureille d'), sœur Jeanne-de-Jésus, 306, 322.
Amassa (R. P. Archange), général de l'ordre de Saint-François, 130.
Andraud (Marie d'), 81.
André (Antoinette d'), sœur Antoinette de Saint-André, 306, 322.
Anne (sœur), 154.
Anne de Sainte-Thérèse (sœur), 277.
Arbonneau, cordelier, 419.
Arche (d'), vicaire général, 309.
Arche (Anne d'), sœur Anne du Saint-Esprit, 307, 322.
Arche (Jeanne d'), sœur Jeanne de la Mère de Dieu, 309, 324.
Ardant, orfèvre, 156, 169.
Ardant, marchand épicier, 387.
Ardant de la Grènerie, 392, 419.
Ardant (Barthélemy), curé de Saint-Paul-Saint-Laurent, 398.
Ardelier (Jean), 184.
Ardent (Martial), 184.
Ardilhier (Isabeau d'), sœur Saint-Augustin, 154.
Areil (Anne d'), sœur Françoise-de-la-Croix, 305, 321.
Arfeuille (d'), 157, 159.
Arfeuille (d'), secrétaire de l'hôpital, 111.
Arfeuille (d'), procureur des Ursulines, 173.
Arfeuille (d'), sœur Marie de Saint-Xavier, 311, 325.
Arfeuille (Guillaume d'), cardinal de Saragosse, 365.
Argentré (Mgr Duplessis d'), évêque de Limoges, 335, 351, 353, 413, 427, 432, 454.
Arluc (Anne d'), sœur Agathe de Sainte-Ursule, 305, 320.
Asclèpe (Saint), évêque Limoges, 335, 397.
Aubreton, curé de Saint-Julien-Sainte-Affre, 355, 401.
Aubusson (Françoise d'), 151, 241.
Aubusson-Dupiat, sœur Geneviève du Saint-Esprit, 287.
Audebert, sœur Marie de Saint-Hilaire, 315, 328.
Audier (Anne), 23.
Audier (Paule), 381.
Audoin, vicaire à Saint-Maurice, 395.
Aulaire (Mgr de Sainte-), évêque de Tulle, 313.
Aurélien (Saint), évêque de Limoges, 335, 341, 342.
Authier de la Brugère (Marianne du), 289.
Avinionis (Bernard), prieur de Saint-Léonard, 453.
Ayrolles, sœur Louise de Saint-Joseph, 311, 325.
Ayrolles, 316.

B

Bach, sœur Marie-Françoise, 315, 328.
Bachelerie, sœur Jeanne de Saint-Augustin, 288.
Bachelerie, sœur Jeanne de Tous les Saints, 288.
Bachelerie, sœur Marie de Saint-Etienne, 288.

Bachelerie, sœur Marie-Anne de Ste-Elisabeth, 287.
Bachelier, fontainier, 158.
Balif (Pierre), 296.
Balif, sœur Pacifique, 296, 299.
Baluze (Etienne), 296.
Baluze (Pierre), chanoine théologal de Tulle, 298.
Baluze, sœur Marie-Anne de Saint-Joseph, 310, 325.
Baluze, sœur Marie de Saint-Augustin, 310, 325.
Baluze (Julienne de), sœur Catherine de Saint-Julien, 323.
Bandi, curé constitutionnel de Saint-Pierre, 386.
Barberic (de). (Voir de Saint-Contest.)
Barbou des Courrières, 412.
Bardinet, prêtre de Saint-Pierre, 167.
Bardon de Brun (Bernard), 23, 129, 146, 382, 433.
Bardon (Gabriel-Joseph), directeur du séminaire, 115.
Bardoulat (Pierre), lieutenant d'Eymoutiers, 207.
Bardoulat (Guillaume), 207.
Bardoulat, 152.
Bardoullat (Jeanne de), sœur de St-Bernard, 151.
Bardoullat (Antoinette), sœur Pacifique, 237.
Bardoulat (Gabrielle), sœur Saint-Benoît, 151, 224, 238, 241.
Bardoulat du Plazanet, sœur Thérèse de Saint-Bernard, 311, 325.
Bardy, notaire, 460.
Barèges (Pierre), curé de Thouron, 458.
Barège, confesseur des Ursulines, 162, 165, 166.
Baritaud (Jean), 468.
Barton de Montbas (Jean), évêque de Limoges, archevêque de Nazareth, 338, 351, 354, 432, 454.
Barton de Montbas (Jean), évêque de Limoges, 351, 354.
Barton (Roland), prévôt de Saint-Martial et abbé de Solignac, 357.
Barry (Pierre), 184.
Basile (... de Saint-), religieuse ursuline, 317.
Bastide (Jean), consul-prévôt, 183.
Beaubreuil (Jean de), 184.
Beaubrun (Bertrand de), 286.
Beaulieu (de), doyen de l'église de Tulle, 314.
Beaumenil, 351.
Beaumont d'Antichamp, évêque de Tulle, 315.
Beauvais (de), sœur Isabeau de l'Assomption, 279.
Benigne du Saint-Esprit (sœur), 210.
Belisle (de), 462. (Voir Dufaure.)
Bellay (Jean du), évêque de Limoges, 336.

Benoît (Martial), seigneur de Compreignac, 15, 19, 51, 133.
Bermondet (Pierre), lieutenant général de la sénéchaussée, 390.
Bernard (Ithier de), 126.
Bernet (Joseph), premier président au Parlement de Bordeaux, 19.
Berthelot (Edmond), supérieur du grand-séminaire, 40.
Bes (Nicolle de), sœur Angélique de la Trinité, 336, 353.
Besse (Nicolas de), évêque de Limoges, 336, 353.
Beysat (de), sœur Marie de Saint-André, 314, 328.
Biais (Jean), consul, 174.
Blanchard, orfèvre, 380.
Blondeau (Jeanne de), Mère de la Vierge, 169, 170.
Bonin (Denise), supérieure des Carmélites, 425.
Bonnefoy (Ysabeau), sœur Benigne de Saint-Gabriel, 299, 319.
Bonneval (Marie-Anne de), 461.
Bonneval (Marie de), sœur Saint-Gabriel, 287.
Borderie (Françoise), sœur Françoise de Saint-Augustin, alias Ursule de Saint-Augustin, 306, 321.
Borie, curé de Davigniat, 312.
Borie, sœur Thérèse de Saint-Augustin, 313, 327.
Borie, sœur Marie de Saint-Paul, 314, 328.
Bos, juge à Servières, 317.
Bos, sœur Marie de Saint-Benoît, 317, 330.
Bos, sœur Anne de Saint-Augustin, 317, 330.
Bosselut, sœur Marie de la Purification, 313, 327.
Bottu de la Barmondière (Claude), directeur du séminaire, 115.
Bouchard (Isabeau du), sœur Isabeau de Saint-Joseph, 309, 324.
Bouchet (Jacqueline), sœur de l'Incarnation, alias Ursule de l'Incarnation, 304, 319.
Boulesteux (Thive), sœur Marie de Saint-Martial, 299.
Bouleou (Colas), lignifaber, 454.
Bourdarie, sœur Marie des Anges, 317, 330.
Bourdeau d'Antony (Agathe), 427.
Bourdicaud (Charles), 205.
Bourdicaud (François), 205.
Bourdicaud (Jean), 150, 152.
Bourdicaud (Jacques), conseiller du roi, 205.
Bourdicaud (Françoise), 205, 209.
Bourdicaud, sœur Dominique, 151, 154.
Bourdin (Maurice), antipape, 337.
Bourdon (Jean), supérieur du séminaire, 37, 40, 113, 115.

Bourdon (Michel), supérieur de la Mission, 32, 73, 115.
Bourg (du), évêque de Limoges, 404, 414, 429, 436.
Bourget, sœur Marie de Saint-Jean, 314.
Bouriaud (Jacques), 459.
Bourzat, sœur Marie-Louise de l'Incarnation, 287.
Boutinaud, religieuse de la Providence, 429.
Boyer (Hélis), sœur Anne de Saint-Joseph, 309, 324.
Boyer (Marie), 169.
Boysse, greffier, 285.
Bretonvilliers. Voir Le Ragois.
Brettes (de), 412.
Bridier (Jean-Baptiste-Pierre), supérieur du séminaire, 40.
Brival, vicaire général de Tulle, 318.
Brivezat (Anne de), sœur Anne de Saint-Joseph, 309, 324.
Brivezat (Marguerite), sœur Cécile, 304, 319.
Brivezat (Marie), sœur Marie des Anges, 306, 321.
Brivezat, sœur Anne de Saint-Antoine, 316, 329.
Broa (Nicolas de), curé de Saint-Maurice, 34.
Brosard, official de Tulle, 310.
Brossard (de), vicaire général à Tulle, 311.
Brousse (Jean-Charles de La), curé de Thouron, 458.
Brousseau, entrepreneur, 371.
Brun (Aymeric), 126.
Brun (Bernard), évêque de Noyon, 353.
Brun (Pierre), supérieur du séminaire, 40.
Brunet, prieur des Augustins de Toulouse, 159.
Brunet, Mère de la Croix, 156, 158, 159.
Buelly, scribe, 200.
Buissas, évêque de Limoges, 399.
Bullat (François), 333.
Bussière (Jeanne de), sœur Jeanne de la Transfiguration, 308, 323.

C

Calarys, sœur Marie de Saint-Bernard, 318, 330.
Capdeville, supérieure des Ursulines de Brive, 140.
Capelle-Marival (de la), 149.
Cars (des), 416, 417.
Cayron (Marie), sœur Marie de la Nativité, 306, 322.
Cayron (Louise de), sœur Gabrielle de l'Annonciation, 305, 321.
Cazales (le P. Jean), dominicain, 134.
Caze (Pierre de), patriarche de Jérusalem, 338.
Ceaux, vicaire général à Tulle, 311.

Cellani (Pierre), fonde les Frères-Prêcheurs à Limoges, 124, 416.
Celle (de la), 469.
Certain, doctrinaire, recteur de Brive, 312.
Cessateur (Saint), évêque de Limoges, 335.
Chabans (de), supérieur de la Mission, 32, 402.
Chabeau, 385.
Chabiron, fontainier, 157.
Chabodie, médecin, 132.
Chabrière, sœur Marie-Saint-Roch, 316, 329.
Chabrol, prêtre, 393.
Chambinaud (Françoise), 144.
Chambon, huissier, 173.
Chambon (Marcelle), fondatrice de la Providence, 428.
Chambon (Marie du), sœur Marie du Saint-Esprit, 310.
Chambreuil (Claude de), 143.
Champsot (Jean), chanoine, 390.
Chanac (Guillaume de), patriarche d'Alexandrie, 338.
Chanac (Guillaume de), cardinal de Mande, 365.
Chanac (Jeanne de), sœur Anne de Jésus, 305, 321.
Chanac (Marguerite de), sœur Marie des Anges, 305, 321.
Chapelle de Jumilhac (Philippe), seigneur de Montaigut, 29.
Chasaignat de Saint-Robert, sœur Anne de Saint-Augustin, 311, 326.
Chasar (Gaspare), sœur Madeleine de la Croix, 308, 323.
Chaspelle, vicaire général à Tulle, 310.
Chassonie (de la), sœur Thérèse de Jésus, 313, 327.
Chastagnac (Pierre), administrateur de l'hospice, 105.
Chastanhs (Jean de), 126.
Châteauneuf (Jean de), chanoine, 125.
Châteauneuf (Marthe-Brune de), abbesse de Bonnesaigne, 126.
Chastenet (Léonard), baron de Murat, 144, 184.
Chastenet ou de la Forestie (Jeanne), sœur Marie de l'Incarnation, 305, 321.
Chati de l'Age-au-Chat, évêque de Limoges, 124, 354, 416.
Chaunat (Léonarde), sœur Geneviève de Saint-Denis, 308, 323.
Chavaille, sœur Marie-Françoise, 316, 329.
Chenaud (Barthélemy), chanoine administrateur de l'hospice, 105.
Chenavier, directeur du séminaire, 404.
Chevalier, 404, 424.
Chevalier, sœur Jeanne-Catherine, 317, 330.
Chorllon (Catherine), 168.

TABLE DES NOMS DE PERSONNES. 481

Chourzat (Jeanne de), sœur de Ste-Madeleine, 154, 155.
Chudeau, supérieur du séminaire, 40, 404, 424.
Clédat, maire d'Uzerche, 392.
Clédat (Marie), sœur Marie de la Visitation, 308, 324.
Clédat, sœur Marie-Saint-Jean, 316, 329.
Clédat, sœur Marie-Saint-Paul, 316, 329.
Clermont-Lodève (comtesse de), 295.
Cluniat (Jeanne), sœur Jeanne des Anges, 306, 322.
Cluzeau (Jean), architecte, 169.
Cluzel (Gui de), évêque de Limoges, 365.
Coetlosquet (de), évêque de Limoges, 339, 351, 424, 459, 461.
Coetlosquet (l'abbé de), 315.
Cognasse, prêtre, 387.
Col (Dom), abbé de Saint-Augustin, 409.
Colbert, 286.
Collier, vicaire général à Tulle, 311.
Constantin, 415.
Cosnac (Pierre de), évêque de Tulle, 302.
Cosnac (Bertrand de), cardinal, 302.
Cosnac (Catherine de), sœur de Jésus, 143.
Cosnac (Marguerite de), sœur Béatrix, 143, 154, 156, 158.
Cosnac (Marie de), 302.
Cosse (Jean), curé de Saint-Michel de Pistorie, 397.
Coster, de la Compagnie de Jésus, 313.
Cotton, de la Compagnie de Jésus, 300.
Cougniat (de), sœur Marguerite de Saint-Alexis, 280.
Coulomb (François), 184.
Couriat, sœur Marie de la Croix, 313, 325.
Courrèze, vicaire général à Tulle, 325.
Cousin, juge de paix, 393.
Cousse (Gilbert de la), 468.
Couteillas, dit Patillaud, 463.
Couty, notaire, 463.
Cramouzaud (Henri), maire d'Eymoutiers, 203.
Cramouzaud (J.), chanoine, 289.
Cramouzaud (Joseph), chanoine, 431.
Cramouzaud, sœur Léonarde de St-François, 288.
Cramouzaud, sœur Joséphine de St-Louis, 288.
Cramouzaud (Françoise), sœur Saint-François, 203.
Cramouzaud (Marie), 288.
Croisier, 159.
Croissy (Charles-Colbert, marquis de), 170, 171, 173, 180, 181.
Cros (Jean de), évêque de Limoges, 336, 337.
Crousillaud (Jean), 462.
Curson (Jeanne), 308, 323.

D

Dalmaric, vicaire général à Tulle, 318.
Daluis, sœur Marie de Saint-Augustin, 314, 328.
Daly, sœur Marie de l'Incarnation, 311, 326.
Damadon. Voir d'Amadon.
Darluc, trésorier du chapitre de Tulle, 313.
Darsonval, récollet, 422.
Daubec, sœur Marie-Thérèse, 318, 330.
Dauriat, notaire, 460.
Dauvergne (Joseph), 184.
David (François de), 208.
Defianas (Léonard), 468.
Defianas (Jean), 470.
Delabuce (Léonard), doreur, 158, 160.
Delbos, sœur Marie-Charlotte, 313, 327.
Delbos, sœur Marie-Suzanne, 318, 330.
Deloménie, huissier, 284.
Demary (Marie), sœur Marie de Jésus, 308, 323.
Demassias, curé de Verneuil, 357.
Demonceau, sœur Marie de Saint-Alexis, 312, 326.
Després (Gabrielle), sœur Gabrielle de Saint-Michel, 305, 321.
Després (Louise), sœur Louise du Saint-Sacrement, 307, 322.
Després (Marguerite), sœur Marguerite de Saint-Jean, 304, 319.
Després (Marie), sœur Marie de l'Ascension, 309, 324.
Després du Leyris, sœur Marie de Saint-Etienne, 315, 328.
Després du Leyris, sœur Marie de Saint-Xavier, 316, 329.
Derives (Isabeau), sœur Isabeau des Anges, 306, 322.
Desbasty, sœur Thérèse de Saint-Joseph, 313, 327.
Deschamps (Jean), curé de Thouron, 458.
Descordes (Pierre), 184.
Descordes (Martial), consul, 173, 174.
Descordes (Joseph), sieur de la Grange, 184.
Descordes (Jean), chanoine, 151.
Descordes (Antoine), récollet, 151.
Descordes (Marie), sœur Marie de Jésus, 151, 152, 205, 207, 236, 241.
Descordes (Barbe), sœur de la Nativité, 149, 154, 241.
Descoustures (François-Xavier), 86.
Desmaisons (Louis), consul, 183.
Despieds (Jeanne), 151.

Desprez, évêque de Limoges, 336.
Desroches (Nicolas), sculpteur, 164, 169.
Desroches (Denis), sculpteur, 169.
Desvignes, notaire, 158.
Deval (Louise), sœur Louise de Jésus, 310, 324.
Duval du Mont, sœur Thérèse de Jésus, 311, 325.
Devincent, lieutenant général, 285.
Devoyon, supérieur de la Mission, 32, 65, 339.
Dexpans (P.-Antoine), récollet, 212, 213.
Dhuamel, chanoine, 314.
Dhuvier, sœur de Notre-Dame, 169.
Dinematin des Salles, 417.
Dodet (Françoise), sœur Françoise des Anges, 307, 322.
Dodon, abbé de Saint-Martial, 355.
Domnolet (saint), 339, 360, 395.
Dominique (sœur Marie-Esther de Saint-), 210.
Donnet (Jacques), directeur des Missions, 115.
Donnet (Madeleine), sœur Madeleine de Jésus, 310.
Donnet (Marie), sœur Marie des Anges, 310, 324.
Donnet (Marie), sœur Marie de la Passion, 310, 325.
Dorat, notaire, 144.
Dorat, poète, 339.
Dorat (Marie de), sœur du Saint-Sacrement, 154.
Dorothée, carme déchaussée, 155.
Douhet (Jean), 184.
Douhet (de), consul, 175.
Douhet (Jeanne de), 15, 19, 51, 132, 153.
Douhet (Pierre de), administrateur de l'hospice, 105.
Dubac, sœur Marie de Saint-André, 318, 330.
Dubal (Marie), sœur Marie de Saint-Etienne), 306, 322.
Dubois, prieur de Saint-Jacques, 54.
Dubois, principal du collège, 407.
Dubois (Pierre), sieur de Chamboursat, 132.
Dubois (Balthazard), consul, 184.
Dubos, de la Compagnie de Jésus, 146.
Duchée (Léone), sœur Anne de Saint-Joachim, 310, 324.
Dubourg. Voir Bourg.
Duboys (Pierre) de la Ferraye, 184.
Ducheron, sœur Marie-Anne de Saint-Nicolas, 287.
Duclou, 469.
Dufaure (François), prévôt de Saint-Martial, 357.
Dufaure de Belisle. Voir Belisle.
Dufaure (Marie), 310.
Dufaure (Louise), 310.

Dufaure, sœur Marie de Saint-Jean, 310, 325.
Dufaure, sœur Angélique de Saint-Joseph, 310, 325.
Dufour, sœur Marie de la Croix, 317.
Dulcie, prieure de Saint-Jean de Montchalm, 126.
Dumas (Françoise), sœur Françoise de l'Assomption, 306, 322.
Dumont, supérieur du séminaire, 40.
Dumon, sœur Marie-Madeleine, 315, 328.
Dumoulin, sœur Anne, 432.
Dunois (Jean), 387.
Dupeyrat, 459, 461, 467.
Dupeyrat de Touron, carme, 460.
Dupeyrat de Beaupré (Louis), vicaire général, 288.
Dupeyrat, conseiller, 144.
Dupeyrat, consul, 183.
Dupeyrat de Lagente, sœur Marie de Saint-Bernard, 313, 327.
Duplacieux (Jean), 463.
Duplessis d'Argentré. Voir Argentré.
Duplessy, aumônier, 162, 317.
Duquesnay, évêque de Limoges, 351.
Durand d'Orlhac, évêque de Limoges, 125, 416, 417.
Durand (Maureille), sœur Saint-Augustin, 149, 151, 154, 205, 207, 210.
Durestac de Marsillac, sœur Marie de Saint-Joseph, 311, 326.
Durousseau (Anne), 463.
Dutreix, *alias* Dutreuil, curé de Thouron, 458.
Duval, sœur Marie de Saint-Etienne, 315, 328.

E

Eloi (Saint), 338, 410.
Enselme, évêque de Limoges, 365.
Espinasse, sœur Marie du Saint-Esprit, 311, 325.
Espinet, 312.
Essenaud (Jacques), 184.
Eucher, 410.
Euphrasie (R. Mère), 156, 158.
Exupérius, évêque de Limoges, 338.
Eyrolles, 316.
Eyrolles, sœur Louise de Saint-Joseph, 311, 325.

F

Facherdie de la Praderie (Catherine), sœur Catherine de la Croix, 306, 322.
Facherdie de la Praderie (Françoise de), sœur Françoise de Saint-Marc, 306, 322.
Facherdie de la Praderie (Françoise de), sœur Françoise de Saint-Louis, 306, 322.
Fage, chanoine de Tulle, 312.

Fage (Marie), sœur Marie de la Croix, 306, 322.
Fargues (de), 313.
Faucher, sœur Léonarde de Sainte-Thérèse, 287.
Faugeron, 315.
Faulcon (Jean), 463.
Faulte, prévôt de Saint-Martial, 357.
Faure, sœur de Saint-Louis, 156.
Faurie (Françoise de la), sœur Françoise de Saint-Joseph, 309, 324.
Faye (Raymond), directeur du séminaire, 115.
Fayette (de La), évêque de Limoges, 9, 25, 33, 44, 63, 73, 88, 99, 105, 112, 115, 132, 150, 152, 160, 164, 165, 205, 209, 264, 401, 402, 426.
Feix, 313.
Felletin (Jean), bourgeois, 288.
Felletin (Marianne de), 288.
Fénis, curé de Sainte-Fortunade, 310.
Fénis de la Combe, vicaire général, 317.
Fénis (Pierre de), lieutenant général à Tulle, 294, 296.
Fénis (Marie de), sœur Marie de la Trinité, 310, 324.
Fénis de la Combe, sœur Marie de Jésus, 314.
Fénis de la Combe, sœur Marie de Saint-Louis, 315, 329.
Fénis (Jacquette de), sœur Agnès de Saint-Jacques, 305, 320.
Féréol (Saint), évêque de Limoges, 335, 395, 397.
Fermin, supérieur du séminaire, 40.
Filiatre (Catherine), sœur Saint-Augustin, 429.
Finet, supérieur du séminaire, 40.
Flamanchie (de la), sœur Marie de la Conception, 314, 325.
Flessat, sœur Jeanne des Anges, 313, 327.
Fleurel (de), 410.
Flotte, vicaire général à Tulle, 315.
Flottes de l'Echoisier (des), 464.
Fondion (de). Voir Lagarde de Fondion.
Fontanille, sœur Marianne, 315, 329.
Fontanille, sœur Marie-Claire, 316, 329.
Forbier, sœur Marie de Saint-Martial, 314, 328.
Forcellis (Guillaume de), 126.
Forestie (Jeanne de la) ou Chastenet, sœur Marie de l'Incarnation, 305, 321.
Fortier, sœur Marie-Thérèse, 315, 329.
Foucaud, 407, 417.
Fourest (Léonarde), sœur Marie de Jésus, 310, 324.
Foy (Marie de Sainte-), 154.
Frachet (Gérald de), prieur des Frères Prêcheurs, 125.

Frague (Louise de la), 143.
Fraisse, aumônier, 317.
Francoise Béatrix de Saint-Jean-Baptiste (sœur), 236.
Fraysse, 315.
Fraysseix (Jean), curé de Thouron, 458.
Fresse (Jeanne), sœur Marie de la Croix, 310, 325.
Friguet, sœur Marie de Sainte-Anne, 312, 326.

G

Gabrielle du Saint-Esprit (sœur), 242.
Gabrielle de Saint-Michel (sœur), 151, 152.
Gadeau, prêtre, 58.
Gaignet, supérieur du séminaire, 40.
Galand (Catherine), sœur Catherine de Saint-Joseph, 310.
Galmot (Thoinette), sœur Thérèse, 307, 322.
Galmot (Marguerite), sœur Marguerite de Saint-Joseph, 309, 324.
Gamby, 160.
Garat, sœur Marie-Anne de Sainte-Catherine, 287.
Garenne, vicaire à Curemonte, 317.
Garenne, sœur Marie de Sainte-Marthe, 314, 328.
Gauterie (de la), vicaire général de Tulle, 310.
Gavet (Léonard), 463.
Gay de Vernon, évêque constitutionnel de la Haute-Vienne, 351, 355, 384, 414.
Genouillac de Vaillac (Jean de), évêque de Tulle, 294, 299, 323.
Gérald II, évêque de Limoges, 396, 399.
Germain, relieur, 384.
Gilbert (Jeanne-Geneviève), sœur Pauline, 429.
Gimel des Girauds, sœur Angèle de Jésus, 296, 299.
Gimel des Girauds (Michelle de), sœur Aimée de Jésus, 307, 322.
Gimel (Gabrielle de), sœur Euphrasie, 299, 320.
Goudeaud, 458.
Gonneau, supérieure des Filles de Notre-Dame, 427.
Goudin, curé de Saint-Cessateur, 432.
Goy de la Bayne (Marie), 15, 46.
Grama, sœur Marie-Angèle, 316, 329.
Grégoire XI, pape, 364.
Grellet des Prades, 410.
Grandsaigne (Valérie de), sœur de Sainte-Ursule, 151, 152, 154, 163, 205, 207.
Grimoard (Guillaume de), Urbain V, 337.
Grison (de), 140.
Gueral (Catherine), sœur Catherine du Saint-Sacrement, 310, 325.

Guibert (Martial), marchand, 144.
Guibert (Catherine de), 152.
Guidonis (Bernard), 338, 339, 417.
Guilhem (de), sœur Marie de Saint-Pierre, 316, 329.
Guillien (de), sœur Françoise de Saint-Joseph, 317, 330.
Gruniat (Catherine de), sœur Julienne de Saint-Michel, 306, 321. Voir : Marsit de Gruniat.
Guy, curé de Thouron, 458.
Guy (Jehan), 184.

H

Hardy (Guillaume), 184.
Hautier de la Brugère (Marianne du), 289.
Hermogénianus, évêque de Limoges, 335.
Hildebert, 341.
Huilduin, évêque de Limoges, 411.
Honoré (le Père), capucin, 29.
Hugues, abbé de Saint-Martial, 356.
Hugon (le Père), religieux de Saint-François, 132.
Humbauld, évêque de Limoges, 351.
Hysabelle, prieure de Derces, 126.

I

Imbert, sous-principal du collège, 407.
Imbert, religieux carme, 404.
Isabelle des Anges (sœur), fondatrice des Carmélites, 424.
Isidore, récollet, 155.
Isle du Gast (de l'), évêque de Limoges, 403.
Iterius, évêque de Limoges, 356.

J

Jacquet, provincial des récollets, 420, 421.
Jaloustre (Catherine), sœur Catherine de Saint-Joseph, 309, 324.
Jarrige, chanoine de Tulle, 314.
Jarrige, sœur Marie de Saint-Julien, 316, 329.
Jarrige du Bournazel, sœur Marie-Thérèse de Saint-Joseph, 311, 325.
Jarrige (Léonarde), sœur Angèle, 303, 319.
Jarrige (Françoise), sœur Marie de Saint-Joseph, 305, 321.
Jauvion (Guillaume), curé de Saint-Michel, 391.
Javerdat (sœur), 428.
Jayac (François), 184.
Jean (sœur Saint-), 156.
Jeanne de Saint-Bernard (sœur), 211.
Jocondius, 397.
Jouve (Anne), 459.
Joyet (sœur Marie de), 288.
Juge, sœur Marie-Angélique, 316, 330.
Juge (Marie), Mère de l'Incarnation, 154.
Juge (Isaac), consul, 184.
Juge (François), curé de Saint-Pierre-du-Queyroix, 161, 166.
Juge Saint-Martin, 418, 419.
Juge Saint-Martin, supérieure des Filles de Notre-Dame, 427.
Julien (Antoinette de Saint-), 234.
Julius Silanus, proconsul, 341.
Juyée (Jeanne de), 143, 307.

L

Labeilhie (Françoise), sœur Marie de Saint-François, 303, 319.
Labeilhie (Jeanne de), sœur Jeanne de la Nativité, 306, 322.
Labiche, sieur de Reignefort (Pierre de), 105.
Labonne (Catherine), sœur Catherine de Saint-Dominique, 308, 323.
Labonne (Thoinette), sœur Thoinette de Saint-Joseph, 307, 323.
Laborie (Clémence de), 307, *alias* Clémence de Saint-Jean, 307, 323.
Laborie (Hélène de), sœur Jacinthe, 307, 322.
Laboulinière, curé constitutionnel de Saint-Michel, 391.
Labreuilhe, sœur Marguerite de Saint-Jacques, 281.
Lachaise (Anne), sœur Marguerite, 303.
Ladrat (Mathieu), 184.
Lafon, prêtre à Tulle, 314.
Lafon, sœur Marie du Saint-Sacrement, 312, 326.
Laforet, fille de Notre-Dame, 428.
Lafosse, 163.
Lafosse (Henri), 170.
Lafosse (Françoise), épouse de Barthélemy Verthamon, 159.
Lagarde (Guillaume de), patriarche de Jérusalem, 338.
Lagarde (Marie), sœur Marie du Rosaire, 305, 321.
Lagarde (Louise de), sœur Séraphique, 302, 319.
Lagarde de Fondion, 298.
Lagarde de Fondion (Marguerite de), sœur Thècle, 304, 320.
Lagarde de Salesse (Gasparde de), sœur Marie de Saint-Gabriel, 305, 321.
Lagarde de Salesse, sœur Jeanne de la Croix, 312, 326.
Lagarde de Villoutreix, sœur Ursule de Saint-Augustin, 311, 325.
Lagarde de Villoutreix, sœur Marie de Saint-Alexis, 311, 325.
Lagente, sœur Marie de Sainte-Anne, 316, 329. Voir Dupeyrat de Lagente.
Lager (Anne de), sœur Anne de Saint-Antoine, 307, 323.
Lagier, sœur Aimée de Jésus, 317, 330.
Lagrange, 171, 174, 175, 176, 177, 178.
Laire, 339, 371.
Laleu (Jeanne de), 454.

TABLE DES NOMS DE PERSONNES. 485

Lamy (Guillaume), patriarche de Jérusalem, 338, 353, 429.
Lamy, curé de Compreignac, 467.
Lamy (François), avocat du roi, 86.
Lamy (Catherine), 154.
Lamy de la Chapelle, procureur du roi, 412.
Lamy de la Chapelle, fille de Notre-Dame, 427.
Lamy de Luret, supérieure des Ursulines de Limoges, 141.
Lamy de Luret (Cécile), fille de Notre-Dame, 428.
Lamoure, sœur Marie-Hélène, 314, 327.
Langheac (Jean de), évêque de Limoges, 351, 352, 353, 356.
Lapine (Jean), maître des novices à Saint-Martial, 86.
Lapine (Marie-Valérie), Mère du Saint-Sacrement, 86.
Laporte, chanoine de Tulle, 315.
Laporte, religieuse ursuline, 312.
Laqueyras (Léonard), 463.
Laron (Guy de), évêque de Limoges, 388.
Laron (Roger de), 388.
Larue, vicaire général à Tulle, 311.
Lascaris d'Urfé, évêque de Limoges, 9, 41, 42, 97, 101, 170, 173, 175, 176, 403.
Lasserre de Teyssier, sœur Marie de Saint-Joseph, 315, 328.
Lastours (de), 417.
Latour. Voir La Tour.
Laubépine (Sébastien de), évêque de Limoges, 353.
Lauberty de La Garde, sœur Marie-Pacifique des Anges, 313, 327.
Laurançon (Marie), sœur Marthe, 299, 319.
Laurier (Etienne-Antoine), curé de Thouron, 458, 467.
Lauriget. Voir Origet.
Laval, prêtre à Tulle, 313.
Lay (Anne), sœur Dorothée, 302, 319.
Leyrat (de), sœur Jeanne de Saint-Joseph, 313, 327.
Legros (l'abbé Martial), 339, 470.
Lejeune, oratorien, 413.
Léocade, sénateur, 341.
Léonard (Jean), consul, 174.
Léonard, maître charpentier, 163.
Léonard (de), sœur de Saint-Bernard, 156, 163.
L'Epine (M. de), 464.
Lespinasse (de), oratorien, 313.
Lespinasse, religieuse ursuline, 318.
Lespinat (Jehan), 184.
Lespinat, prêtre, 314.
Lespinat (Rose de), sœur Colombe de la Croix, 303, 319.
Lestable, sœur Marie-Ursule, 318, 330.
L'Etang (Antoine de), président au Parlement de Toulouse, 139, 140, 184.

Lestan, curé de Champagnac, 316.
Lestonac (Jeanne de), fondatrice des Filles de Notre-Dame, 427.
Lestrade (Antoinette de), 264.
Lévy (Charles de), gouverneur du Limousin, 133.
Lévy (François-Christophe de), gouverneur du Limousin, 134.
Leypaud, 467.
Liberos (Marie de), de la Sainte-Trinité, supérieure des Ursulines, 143, 151, 152, 154, 185, 205, 207, 209.
Limousin (Joseph), consul, 174.
Loudeix (Louise et Marie), religieuses ursulines, 142.
Loup (saint), évêque de Limoges, 335, 389.

M

Madeleine de Saint-Bernard (sœur), 156.
Madot, 461, 462, 467, 468.
Magnac (Henri de), évêque de Limoges, 365.
Mailhard (de), archidiacre, vicaire général à Tulle, 82, 160, 161, 164, 166, 311.
Mailhet (de), évêque de Tulle, 318.
Maillot (Pierre), sous-principal du collège, 407.
Maisonnade (Annet), maître-sculpteur, 164, 169.
Maisonnade (Julien), maître-sculpteur, 164.
Maisonnade (Pierre), sculpteur, 164.
Maisonnade (Martial), maître-sculpteur, 158, 164, 169.
Maisonnade (Joseph), maître-peintre, 164, 169.
Maisonnade (Jeanne), 169.
Malaure (Jean), oratorien, 294.
Maleden (Jacques), 184.
Maleden, trésorier, 158.
Maleden de Meilhac, 6, 15, 45, 46, 51, 428.
Maleden de Savignac, 7, 13, 15, 402.
Maleden de la Borie, 105.
Malemort, évêque de Limoges, 351, 353, 354.
Malevergne, scindic des Ursulines, 158.
Malherbe, 383.
Mamourin de Villeneuve, 310.
Mangeprofit (François), fontainier, 157.
Marbot, 315.
Marchandon, fondateur des Feuillants, 411.
Marguerite de Saint-Guillaume (sœur), 156.
Marie de Saint-Joseph (sœur), 211.
Marie de l'Incarnation (sœur), 210.
Martelly, sous-principal du collège, 407.
Marthonie (Henri de la), évêque de Limoges, 130, 354, 405.

Marthonie (Raymond de la), évêque de Limoges, 143, 144, 148, 187, 354.
Marserie, sœur Marie-Constance du Calvaire, 314.
Marsit de Gruniat (Jacquette de), sœur Julienne de Saint-Augustin, 305, 321. Voir Gruniat.
Martial de Brive (le Père), 133.
Martial de chez Lostever, 158.
Martial, tailleur de pierre, 158, 163, 166.
Martin (Jacques), 155, 400.
Martin, prieur des carmes déchaussés, 415.
Martin, curé de Saint-Michel-des-Lions, 391.
Martin, chanoine, principal du collège, 407.
Martin (Jacques), curé et prieur de Saint-Gérald, 400, 412.
Martin de Compreignac, chanoine de Saint-Martial, 367.
Martin de Compreignac (Simon), curé de Saint-Christophe, 397.
Martin (Joseph-Mathieu), notaire à Compreignac, 463.
Martin, juge de Thouron, 470.
Martin de la Bastide (Martial), 105.
Martin (Marcelle), sœur Saint-Martin, 154, 155.
Martinière, sœur Marie-Anne de Saint-Joseph, 287.
Martonie. Voir Marthonie.
Maruc (Hélène), sœur Marie-Madeleine, 304, 319.
Maruc (Hélène de), sœur Hélène de Saint-Bernard, 306, 322.
Maruc (Jeanne de), sœur Pacifique des Anges, 305, 321.
Maschat, sœur Agnès de Saint-Jean, 313, 327.
Masdot, 461, 462, 467, 468.
Masmazel (du), sœur Marie-Suzanne, 312, 326.
Masmazel (du), sœur Marguerite de Saint-Jean, 312, 327.
Masmoret (François), curé de Notre-Dame d'Eymoutiers, 209.
Massinguiral (Jean-Joseph), supérieur du séminaire, 40.
Massinguiral, aumônier des Ursulines de Tulle, 330.
Masson (Pierre), directeur du séminaire, 115.
Materre de Réaux, sœur Marie de Saint-Louis, 317, 326, 330.
Materre, sœur Saint-Michel, 317, 330.
Materre, sœur Marie de Saint-Augustin, 318, 330.
Maturier, sœur Marie de Saint-Martial, 318, 330.
Maulmont (de), 422.
Maulmon (Guillaume de), archidiacre, 125.

Maulmont (Marie-Joséphine de), sœur Sainte-Ursule, 288.
Mauplot (Jean de), trésorier général de France, 23.
Maureille de Saint-Augustin. Voir Durand.
Maurensanne, supérieur de la Mission, 32.
Maussac (de), abbé de Saint-Martial, 371.
Maynard (Jeanne de), sœur Saint-Jean, 304, 320. Voir aussi Meynard.
Mayrignat (Françoise), sœur Saint-Barnabé, 303, 319.
Mayxent (de Saint-), sœur Marie-Louise de Saint-Raymond, 317, 330.
Mazeau (Marguerite), sœur Marguerite du Saint-Sacrement, 309, 324.
Meillars (de), 133.
Meilhat (Léonard), hôtelier, 285.
Melon, curé de Saint-Julien, 314.
Melon de Pradou, trésorier de l'église cathédrale de Tulle, 315, 316.
Melon de Pradou, sœur Marie de Saint-Martin, 316, 329.
Melon (Marguerite de), sœur Marie des Anges, 309, 323.
Melon, sœur Jeanne de Jésus, 311, 325.
Melon, sœur Marie-Françoise des Anges, 311, 326.
Melon, sœur Marie-Agnès, 317, 330.
Melon, sœur Madeleine de Jésus, 312, 315, 325, 326.
Mensat, sœur Marie de Saint-Bernard, 313, 327.
Mentegou (de), sœur Marie de l'Ascension, 312, 327.
Mercier (Pierre), 9, 42, 115.
Merliadou (Martial), 470.
Merlin (Léonard), 184.
Meynard, prêtre à Tulle, 314.
Meynard (de), sœur Marie-Louise de Saint-Raymond, 317.
Meyrignac, sœur Madeleine de Saint-Joseph, 312, 326.
Michel (sœur Gabriel de Saint-), 205, 207.
Michel (Etienne), consul, 175.
Michelon, sœur Aimée, 156, 163.
Micolon (Antoinette), sœur Colombe du Saint-Esprit, 294.
Micolon (Philippe), sœur Ignace de Jésus, 304, 320.
Minot, curé de Saint-Pierre-Château, 288.
Mirat (Souveraine de), sœur Marie de la Purification, 307, 322.
Mirat de la Tour, sœur Marie de Saint-Etienne, 313, 327.
Mobaye, prêtre, 162.
Molin (Colondus), 454.
Montaigut, prêtre communaliste, 461.
Montaigut (au lieu de Montaigne), 29.
Montbrial, sœur Hélène de Saint-Blaise, 315, 329.

Montbrun (Pierre de), évêque de Limoges, 353, 360.
Montégut (Jean-Baptiste), curé de Saint-Michel-des-Lions, 392.
Montesquiou-Fesenzac, abbé de Saint-Martial, 363, 365, 391.
Montet-Lambertie (Pierre), 392.
Montiers (Jean des), évêque de Bayonne, 339.
Montfort (madame de), 296.
Monfrebœuf, abbé de Saint-Augustin, 409.
Monfrebœuf (Pierre), au lieu de Montbrun, 126.
Montmorency, évêque de Limoges, 351.
Monzat (Louise de), sœur Ignace de Saint Louis, 305, 321.
Moreil (Pierre), procureur du roi, 133.
Morel de Fromental, 15, 17.
Mortemart (cardinal de), 339.
Mothe (La), sœur Aimée de Jésus, 154, 155.
Motte (La) de Tersanne (Marie de), sœur de l'Annonciation, 152, 154, 207.
Moulinier, chanoine, 132.
Mounier (Gabriel), 463.
Mounier (François), 463.
Mounier (Jean), 467.
Moussat (de), abbé de Saint-Martial, 467.
Mouret (Jean), procureur des Ursulines de Limoges, 148.
Mouret, confesseur des Ursulines de Tulle, 314.
Mouret, scribe, 185.
Mourier, grand carme, 418.
Muret, curé de Saint-Domnolet, 395.
Muret (Marc-Antoine), 339.
Muret, commandant de la garde nationale, 385.
Muret, supérieure des Filles de Notre-Dame, 427, 428.

N

Nadaud (Joseph) curé de Teijat, 339, 464.
Nators, prieure de Villevaleix, 127.
Navierre, curé de Saint-Pierre, 432.
Nayne, sœur Marie de Sainte-Claire 314.
Nayne, sœur Marie-Cécile, 316, 329.
Négrier, chanoine de Saint-Martial, 459.
Neuville (de), sœur Jeanne de Saint-Jean, 288.
Nicolas, libraire, 130.
Nicolas, sieur de Traslage, 133.
Nicolas (sœur Catherine de Saint-), 207, 210.
Nicole (Pierre), 467.
Nicolet, sœur Ursule de Saint-Michel, 314, 328.
Nicolle, sœur Marie de Saint-Ignace, 312, 326.

Noisières (de), sœur Marie de Saint-Basile, 316, 329.
Nozerines (Hélies de), 184.

O

Origet alias Lauriget (Marie), 458.
Ossines (Françoise des), sœur Françoise de Saint-Augustin, 307.
Ossines (Gabrielle des), sœur Gabrielle de Jésus, 307, 323.

P

Pabot, chanoine, 155, 163, 166.
Pacaille (Léonard), curé de Thouron, 452, 458, 459.
Paient, 311, 313, 325.
Palays, secrétaire de l'évêché, 187.
Palays, prieur d'Aureil, 129.
Palmuz (Aimeric), chanoine du Dorat, 125, 417.
Pandrigne, sœur Jeanne de Sainte-Thérèse, 312, 326.
Pasquet de Saint-Memy, sœur Marie de Saint-Charles, 314, 328.
Parot (Jacques), 184.
Pasquelet (Jean-Joseph), curé de Notre-Dame d'Eymoutiers, 284.
Pasquelet, notaire royal, 241.
Passion (sœur de la), 163, 241.
Paul (sœur Saint-), 160, 169, 278.
Palus. Voir Palmuz.
Paute, sœur Jeanne de Saint-Antoine, 287.
Payant, 311, 313, 325.
Peconnet, sœur Françoise de l'Enfant-Jésus, 288.
Pélagie (Sainte-), 397.
Pensionère (Marie), sœur Marie de la Passion, 309, 324.
Père du Liboureix (Antoinette de), sœur Bénigne, 152.
Périère (Jean), de la Compagnie de Jésus, 4, 12.
Perrière, curé de Saint-Pierre, 133.
Perrin, missionnaire, 404, 431.
Petiniaud, curé de Saint-Maurice, 395.
Petiniaud, supérieur des Filles de Notre-Dame, 427.
Petiot (Marie de), 9, 16, 99.
Petiot (Narde), 15, 19.
Petiot (Jacques de), consul, 183.
Peyroche (Étienne), 184.
Peyrusson (Marie), 289.
Pichard (Antoine de), 150.
Pichard (Joseph de), seigneur de l'Eglise-aux-Bois, 206.
Pichard (Françoise), 205.
Pichard (Gabrielle), 205.
Pied-de-Loup (Pierre), maître-charpentier, 163.
Pierrebuffière (Gui de), 127.
Pinchaud, orfèvre, 167.
Pinot, 23.
Piron, cordelier, 407.

TABLE DES NOMS DE PERSONNES.

Plasse de Beaumont, sœur Marie de la Nativité, 312, 326.
Plasse de Beaumont, sœur Françoise de Saint-Joseph, 312, 326.
Plasse du Chassain, sœur Ursule de Saint-Jean, 313, 327.
Plasse du Chassain, sœur Thérèse de Jésus, 313, 327.
Plasses du Chassain (des), sœur Marie-Cécile, 314, 327.
Pluvinet (de), 149.
Poilevet (Marguerite), sœur de Saint-André, 154.
Pomélie (Josias de la), prévôt d'Eymoutiers, 151, 206, 208, 241.
Pomélie (Melchior de La), prévôt d'Eymoutiers, 208.
Pomélie (Roland de La), prévôt d'Eymoutiers, 151, 208, 241.
Pomélie (Antoinette de La), sœur Aimée de Jésus, 151, 240.
Pomélie (Jeanne de), sœur Angélique, 151, 241.
Pomélie (de la), sœur Marie-Anne de la Résurrection, 288.
Pomélie (de la), sœur Scolastique de Saint-Benoît, 304.
Pompadour (Ester de), sœur Marie de Jésus, 309, 323.
Poncet (Dom), prieur de Saint-Augustin, 410.
Ponjon ou Ponson, jésuite, 146.
Porte (Reynaud de La), évêque de Limoges, 336, 353, 432.
Pot (Jeanne de), 59.
Pouch, sœur Marie-Ursule, 315.
Poumiers (Juliette de), sœur Michelle de Saint-François, 308, 323.
Pradeau, 393.
Pradel (Françoise de), sœur Françoise de Saint-Clair, 308, 323.
Pradel, sœur Thérèse de Jésus, 317, 330.
Pradel, visiteur des Carmélites, 425.
Pradilhon (de), 152.
Prieht (Saint-), trésorier et vicaire général à Tulle, 325.
Progen, 159.
Puy (Jeanne), sœur Jeanne, 304, 320.
Puy (Guillemete), sœur Anne de Saint-Jean, 308.
Puy (Catherine), 323.
Puylaurens. Voir l'Age de Puylaurens.
Puysalon, sœur Marthe, 317, 330.

R

Rabanide, sœur Thérèse de Saint-Bernard, 314, 328.
Rabby, vicaire général, 312, 313.
Ragois de Bretonvillers (Le), 9, 36, 83.
Raymond, notaire, 157.
Regnal, sœur Aimée de Jésus, 315, 329.
Regnaud (Jean), abbé de Saint-Augustin, 130.
Reignac, prêtre, à Tulle, 317.
Reignac, sœur Madeleine de Jésus, 317, 330.
Renouard, évêque de Limoges, 351.
Résurrection (sœur de la), 157.
Retouret (Jacques), grand carme, 418.
Reynou (Léonarde), sœur de Saint-Laurent, 154.
Richard (l'abbé), poète, 339.
Richard Cœur-de-Lion, 408.
Rigaud (Jean), abbé de Saint-Augustin, 408.
Rivet (François), dit Renier, prêtre, 132.
Robert, augustin à Rome, 159.
Rocha, 394.
Rochechouart (Marie de), abbesse de Fontevrault, 339.
Rochechouart-Pontville (François), 390.
Roger (Gérald), évêque de Limoges, 351.
Roger (Pierre), Clément VI, 336.
Roger (Pierre), Grégoire XI, 337.
Roger des Essarts, 381.
Roger (sœur), religieuse de Saint-Alexis, 431.
Romanet (Jacques), supérieur de la Mission, 32.
Romanet, curé de Saint-Cessateur, 400.
Romanet, curé de Saint-Thomas-d'Aquin, 447.
Romanet (Marie), 205.
Rorice I, évêque de Limoges, 335, 408.
Rorice II, évêque de Limoges, 380.
Rouard de Cars, curé de Sainte-Félicité, 396.
Roudier (Martial), 463.
Rothilde, vicomtesse de Limoges, 408.
Roufie, sœur Marie-Saint-Antoine, 313, 327.
Rouger (Jean), curé de Thouron, 457.
Roy-de-Pierrefitte, 203.
Ruade, lignifaber, 454.
Ruaud, 159.
Ruaud (J. de), procureur du roi, 286.
Ruaud, dit Lafontanelle, 470.
Rubent (Jean), théologal d'Eymoutiers, 207, 208.
Rubent (Gabriel), supérieur de l'Oratoire, 208.
Ruben, scindic des Ursulines, 284.
Rubent (Jean), huissier royal, 286.
Ruben (Antoine), 264.
Ruben, sœur Gabrielle de la Vierge, 264.
Ruben de Counouille, sœur Léonarde de Saint-Alexis, 288.

S

Sacerdos (saint), évêque de Limoges, 335.
Sagnie (Jeanne de La), sœur de la Passion, 163, 241.
Sahuguet (Jean de), 412.

TABLE DES NOMS DE PERSONNES. 489

Saigne, vicaire général, 218, 242, 249, 264.
Saigne (La), de Saint-Georges, 461, 462.
Saillant (du), sœur Marie-Jeanne de Saint-Viance, 287.
Saint-Contest (Michel de Barberie de), intendant de Limoges, 170, 172, 174.
Saint-Martial (Henri de), baron de Conros, 302.
Saint-Martial de Conroz (Françoise de), sœur Françoise de la Trinité, 307, 322.
Saint-Martial de Conroz (Marie de), sœur Marie du Saint-Esprit, 307, 323.
Salamo (Guillaume), 453.
Sales (Jeanne), sœur Séraphique de Saint-Augustin, 309, 324.
Salle de Reyberez (de la), sœur Marie-Aymée de Jésus, 311, 326.
Sallé (sœur), fille de Notre-Dame, 428.
Salot (Quitterie), 164.
Salvanie, curé de Saint-Julien, 309.
Sanguin (Antoine), évêque de Limoges, 336.
Sartelon, prêtre, 315.
Sault (du), jésuite, 18, 226, 242.
Savenne (Bernard de), évêque de Limoges, 416.
Sebrand-Chabot, évêque de Limoges, 408.
Segonzac (de), sœur Suzanne de Saint-Basile, 316, 329.
Selve de Saint-Avit (La), supérieur du séminaire, 40.
Selve (La), vicaire général à Tulle, 316, 317.
Selve (La), sœur Thérèse de Saint-Augustin, 316, 329.
Sénamaud, supérieur de la Mission, 32.
Sénèque, 386.
Sergé, prêtre à Tulle, 315.
Séraphique (sœur), 156.
Servientis, supérieur de la Mission, 32.
Servientis, sœur Thérèse de Saint-Joseph, 312, 327.
Sialot (Marie), 164, 169.
Sicelier, supérieur du séminaire, 40, 403.
Soissan (de), vicaire général, 317.
Solier, jésuite, 129.
Souiller, conseiller du roi, 313.
Souzet (Claire), sœur Ursule de Saint-Ignace, 310, 324.
Souzet (Françoise), sœur Françoise de Saint-Antoine, 310, 324.
Stodilius, évêque de Limoges, 384.
Sudour (Anne), sœur Claire, 305, 320.
Sudour (Catherine), sœur Catherine de Jésus, 306, 321.
Sudour, sœur Françoise du Saint-Sacrement, 311, 325.
Sulis (Honorete de), sœur Tècle de Saint-Paul, 309, 323.

Sulis (Marguerite de), sœur Marguerite de la Présentation, 308, 323.
Suzanne, épouse de Léocade, 341.

T

Tabaraud, oratorien, 414.
Taleyrand-Périgord, évêque de Limoges, 336.
Talois (Pierre), vicaire général, 146, 148, 194.
Tandeau de Marsac, 203.
Tanoarn (Julien de), supérieur du séminaire, 39, 40.
Tavernier (Léonarde), 288.
Taynes (Aymeric), chanoine, 125, 126.
Tayssier, prêtre, 312.
Ternisien, vicaire général, 317, 330.
Terrige, 410.
Testet (Jean), 463.
Tève-le-Duc (duc Etienne), 344, 358.
Texandier (Lazare), 184.
Teyssier, prêtre, 317.
Theil (Léonarde du), 208.
Théveni, sœur de Saint-Ignace, 154.
Thomas (sœur), 169.
Thouron (Joseph), 463.
Tillourier, notaire, 453.
Tindareau (Martial), maître serrurier, 161.
Tirebas, sœur Jeanne de Saint-Benoît, 288.
Tissier, sœur Marie-Charlotte des des Anges, 287.
Toulemon (Catherine), sœur Anne, 305, 320.
Tour (Bertrand de la), vicaire général de Tulle, 298, 308, 319, 320.
Tour (Melchior de la), sieur de Nouaillas, 264.
Tour (Jeanne de la), sœur Dauphine de Saint-Jean, 308, 323.
Tour de Nouaillas (La), sœur Marie-Claude de la Trinité, 213, 241.
Tour (Suzanne de la), sœur Sainte-Ursule, 241.
Toureste (La), sœur Anne du Saint-Esprit, 311.
Tourillon (Ysabeau), sœur Marie de Jésus, 299, 319.
Tramont, sœur Françoise de Saint-Joseph, 315, 328.
Traverse, sœur Thérèse de Saint-Augustin, 317, 330.
Trech (Marguerite), sœur Marguerite de Saint-Alexis, 307, 222.
Tremoulet (Jeanne), sœur Ursule de Saint-Jean, 312, 326.
Trufit du Meignand, sœur Marie-Louise de la Visitation, 288.
Tuillier, gardien des récollets, 421.
Turenne (Jeanne de), sœur Jeanne de Sainte-Thérèse, 310, 324.
Turpin, évêque de Limoges, 408.

V

Vaast (Saint), évêque d'Arras, 338
Vacherie, 146, 149.
Vachot (Cécile), religieuse de Sainte-Ursule, 318.
Vaillac. Voir Genouillac de Vaillac.
Vaillac (Tournier de), supérieur du séminaire, 40.
Valadier, 310, 312.
Valériaud, soeur Catherine de l'Annonciation, 287.
Valérie (Sainte), 341.
Vareilhe (Madame de La), 209.
Vareilhe (de), soeur Marie-Anne de Saint-Michel, 288.
Vaucourbeil (de), curé de Thouron, 457, 466.
Vaucourbeil, 457, 463.
Vedrenne, prêtre, 316.
Veilham, soeur Marie de Saint-Joseph, 318 330.
Ventadour (de), archevêque de Bourges et gouverneur du Limousin, 132, 134.
Ventadour (duchesse de), 295.
Ventadour (Isabelle de), 417.
Verdier (Pierre), abbé de Saint-Martial, 135.
Verdier (François du) administrateur de l'hospice, 105.
Verdier, (du) baron de Murat. Voir aussi Chastenet, baron de Murat), 143.
Verdier (Marie du) d'Orfeuille, Mère de Saint-Joseph, 143, 144.
Verdier (Claude du), Mère de Sainte-Ursule, 143, 149, 154.
Verdier (Antoinette du), 144.
Vereton (Marie de), soeur Sainte-Anne, 154.
Vergnaux, 166.
Vergne (Isabeau de La), 213.
Vérier (Pierre), argentier, 364.
Verneuil, jésuite, 162.
Verneuil (François), lieutenant particulier administrateur de l'hospice, 105.
Verny de Marcillac, soeur Angèle, 287.
Verthamon (Isaac-Jacques), évêque de Causerans, 37.
Verthamon (Jean-Baptiste), évêque de Pamiers, 37.
Verthamon (François-Martial de), 207.
Verthamon (Barthélémy de), 159, 165, 171.
Verthamon (Jeanne de), abbesse de la Règle, 423.
Veyrac (Jean de), évêque de Limoges, 388, 420.
Veyrat (soeur Agathe de), 141.
Veyssière, soeur Paul de saint Jérôme, 154, 155.
La Vialle (Françoise de), soeur Jean-Baptiste, 303, 319.
La Vialle (Jeanne), soeur Marie de la Résurrection, 305, 321.
Vidal, argentier, 364.
Vidaud (Etienne), prieur de Saint-André, 415.
Vidaud, provincial des Carmes deschaussés, 9.
Vidaud (Léonarde), veuve Londey, 131.
Vidaud, (Françoise) 460, 461.
Vieuville, abbé de Saint-Martial, 135.
Vigier (Mère de), 139.
Villemonteix (François de), curé de Saint-Domnolet, 155, 160, 166.
Villiers de l'Isle Adam, évêque de Limoges, 335, 351.
Vinehaud, curé de Thouron, 457.
Vitet (Léonard), docteur en médecine, 285.
Vitet, soeur Léonarde de Saint-Agnès, 288.
Vitrac (Jean-Baptiste), curé de Montjauvis, 339, 399.
Vouliac (Anne), soeur Anne de Saint-André, 308, 323.

Y

Saint-Yrieix, 338. 396, 397.

Z

Zainzand, cloutier, 386.

III. — TABLE DES NOMS DE LIEUX.

A

Ahun, 341.
Allois (Les), 154, 424.
Ambazac. 470.
Ambert, 294.
Anne (Sainte-) Saint-Priest, 127.
Argentat, 295, 318.
Arlent, 295.
Artige-vieille, 208.
Aubazine. Voir Obazine.
Aureil (Prieuré d'), 129.
Auriac-Xaintrie, 350.
Auriat, 151.

B

Beaulieu, 295, 318, 350.
Beauvais (château de), 388.
Beauvais pr. Limoges (chât. de), 135.
Beauvais, 279.
Billon, 299.
Bonlieu, 388.
Bonnat, 127.
Bonnesaigne, 126.
Bordeaux, 301.
Borie (La), près Limoges, 23.
Boubon, 126.
Bousogle, 350.
Breuil-au-Fa, 350.
Brive, 134, 139, 156, 312, 318, 425.

C

Cahors, 149.
Chambon, 388.
Chapelle-Saint-Martial, 388.
Chatelat, 338.
Clermont, 294, 297.
Combressol, 126.
Combret, 453.
Compreignac, 126, 355, 470.
Condat, 398.
Courbefy, 338.
Coyroux, 126.
Crochat (château de), 153.
Croisille (La), 208, 213, 264.
Croix-au-Bost (La), 350.
Cussac, 126, 453.

D

Derces, 126.
Drouille-blanche, 127.

E

Eglise-aux-Bois, 150, 206.
Escures (château des), 293.
Espalion, 295.

Eymoutiers, 151, 153, 203.

F

Faux, 350.
Fermiger (château du), 150.

G

Garde-Saint-Gérald (La), 472.
Grandmont, 350, 469, 470.

H

Hilaire-Château (Saint-), 234.
Hilaire-Peyroux (Saint-), 126.

I

Isle (château d'), 33, 35, 47, 112, 187.
Isle, 392.

J

Jouillat, 388.
Jouvent (Saint-), 465.
Just (Saint-), 338.

L

Laguenne, 350.
Laurent-sur-Gorre (Saint-), 390.
Léonard (Saint-), 135, 152, 209, 452.
Limoges : Aigueperse (chapelle du crucifix d'), 391.
  Allois (abbaye des), 404, 424.
  Antoine (chapelle de Saint-), 391, 434.
  Anne (chapelle de Sainte-), 416.
  Augustins, 418.
  Augustin (abbaye de Saint-), 407.
  Aurélien (chapelle de Saint-), 384, 400, 432.
  Bayardière (La), 421.
  Beauvais (château de), 356.
  Boucherie (La), 371, 374.
  Carmélites, 424.
  Carmes déchaussés, 414.
  Cathédrale, 348, 352, 354.
  Cessateur (paroisse de Saint-), 400, 436.
  Christophe (paroisse de Saint-), 397, 410.
  Clairettes, 428.
  Collège, 405.
  Cordeliers, 419.
  Croix de Saint-Aurélien, 418.
  Crucifix d'Aigueperse, 391.
  Dominicains, 416.
  Domnolet (paroisse de Saint-), 395.
  Evêché, 351.

Félicité (Sainte-), 395.
Filles de Notre-Dame, 427.
Fontaine Saint-Martin, 411.
Gérald (paroisse de Saint-), 399.
Gérald (prieuré de Saint-), 412, 413.
Grands-Carmes, 418.
Grandes-Claires, 424.
Grande Confrérie de Saint-Martial, 360, 361, 363.
Hôpital général, 13, 430.
Hôtel-de-Ville, 399, 412.
Jean-en-Saint-Etienne (paroisse de Saint-), 372.
Julien-Sainte-Affre (paroisse de Saint-), 401, 434.
Landcuge (Maison et Croix), 427.
Laugerie, près Limoges, 403.
Lazare (paroisse de Saint-), 396.
Marie (paroisse de Sainte-), 404, 418.
Martial (abbaye de Saint-) 355, 367, 369.
Martial-de-Montjauvis (paroisse de Saint-), 398, 434.
Martial (paroisse de Saint-), 399, 400.
Martin (abbaye de Saint-), 410.
Maurice (paroisse de Saint-), 394.
Michel-des-Lions (paroisse de Saint-), 387.
Michel-de-Pistorie (paroisse de Saint-), 396, 433.
Notre-Dame de Naveix (chapelle de), 432.
Notre-Dame du Puy-en-Velay (chapelle de), 428.
Oratoire, 412.
Paul-Saint-Laurent (paroisse de Saint-), 397, 434.
Pierre-du-Queyroix (paroisse de Saint-), 373.
Pierre-du-Sépulcre (Saint-), 342.
Providence, 428.
Règle (Abbaye de la), 404, 423.
Refuge, 431.
Séminaire de la Mission, 401.
Séminaire des Ordinands, 402.
Sœurs de Saint-Alexis, 429.
Sœurs de la Croix, 429.
Sœurs de Saint-Vincent-de-Paul, 432.
Ursulines de Limoges, 425.
Visitation, 415, 427.

M

Magnat, 388.
Malemort, 126.
Masgaude (prieuré de), 127.
Maumont (château de), 336.
Marsac, en Auvergne, 299.

Maurice-les-Brousses (Saint-), 466.
Maurice-les-Lions (Saint-), 388.
Mazuras (Notre-Dame de), 350.
Meuzac, 127.
Meymac, 134.
Milhaguet, 453.
Montaigut-le-Blanc, 29.
Montaigut-le-Noir, 126.
Montchalm, 126.
Morterolles, 350.

O

Obazine, 126.

P

Le Palais Notre-Dame, 461.
Pardoux-Rancon (Saint-), 464.
Paul (Saint-), 241.
Peineveyre (château de), 23.
Pluviers, 453.
Pouge (La), 350.
Preysonnet (château de), 297.
Priest-Palus (Saint-), 151.
Priest-sous-Aixe (Saint-), 9, 42.
Ponsat, en Auvergne, 297.

R

Razès, 470.
Rochechouart, 388, 427.
Roche-l'Abeille, 164.
Roziers, près Egletons, 336.

S

Sauxillanges, 299.
Sylvestre (Saint-), 470.
Symphorien (Saint-), 470.
Ségur (château de), 388.
Solignac, 359.

T

Talamy, 350.
Thouron, 457, 470.
Toulx-Sainte-Croix, 340, 388.
Traslage, 133.
Treignac, 209, 278.
Tulle, 294, 318.
Turenne (château de), 359.

U

Ussel, 257, 295.
Usurat, près Limoges, 127.
Uzerche, 134, 392.

V

Valette (abbaye de La), 350.
Verneuil-sur-Vienne, 357.
Villevaleix, 127.

Y

Yrieix (Saint-), 164.

TABLE SYNOPTIQUE.

I. — Relation de ce qui s'est passé à l'établissement de l'hôpital général de Limoges, de la mission et du séminaire des ordinands, par M. de Savignac, et à la fondation du petit couvent de Sainte-Claire, par la révérende Mère Marie du Calvaire..... 1
— Vie de la révérende Mère du Saint-Sacrement 85
— Approbation des constitutions des religieuses de Saint-Alexis. 99
— Mandement de l'évêque de Limoges concernant ces constitutions 101
— Bail d'un jardin de l'hôpital......................... 105
— Donation de la chapelle de l'hôpital................. 112
— Séparation des biens du séminaire et de la mission......... 115

II. — Extraits de la chronique des Frères prêcheurs de Limoges...... 121

III. — Chronique des Ursulines de Limoges......................... 137
— Mémoires et lettres de Mgr l'évêque de Limoges, de l'intendant de la généralité, de Colbert, etc 170
— Délibération du corps de ville....................... 183
— Requête à Mgr l'évêque de Limoges.................... 185
— Permission donnée sur cette requête................... 186
— Brevet du roi...................................... 187
— Bulle d'Urbain VIII................................. 188
— Fulmination de cette bulle 194

IV. — Chronique des Ursulines d'Eymoutiers..................... 201
(Voir la table à la page 289.)

V. — Chronique des Ursulines de Tulle................ 291
— Réception des novices.............................. 302
— Profession des religieuses........................... 319

VI. — Tableau ecclésiastique et religieux de la ville de Limoges... 331
(Voir la table à la page 447.)

VII. — Petite chronique du chapitre de Saint-Léonard.............. 449

VIII. — Chronique paroissiale de Thouron......................... 455
Table analytique des matières......................... 475
Table des noms de personnes.......................... 478
Table des noms de lieux.............................. 491
Table synoptique 493